"十一五"国家重点图书出版规划项目

·经/济/科/学/译/丛·

Economics of Development
Theory and Evidence
(Ninth Edition)

发展经济学
（第九版）

（英）A.P.瑟尔沃（A.P. Thirlwall） 著

郭熙保　崔文俊　译

中国人民大学出版社
·北京·

《经济科学译丛》总序

中国是一个文明古国，有着几千年的辉煌历史。近百年来，中国由盛而衰，一度成为世界上最贫穷、落后的国家之一。1949年中国共产党领导的革命，把中国从饥饿、贫困、被欺侮、被奴役的境地中解放出来。1978年以来的改革开放，使中国真正走上了通向繁荣富强的道路。

中国改革开放的目标是建立一个有效的社会主义市场经济体制，加速发展经济，提高人民生活水平。但是，要完成这一历史使命绝非易事，我们不仅需要从自己的实践中总结教训，也要从别人的实践中获取经验，还要用理论来指导我们的改革。市场经济虽然对我们这个共和国来说是全新的，但市场经济的运行在发达国家已有几百年的历史，市场经济的理论亦在不断发展完善，并形成了一个现代经济学理论体系。虽然许多经济学名著出自西方学者之手，研究的是西方国家的经济问题，但他们归纳出来的许多经济学理论反映的是人类社会的普遍行为，这些理论是全人类的共同财富。要想迅速稳定地改革和发展我国的经济，我们必须学习和借鉴世界各国包括西方国家在内的先进经济学的理论与知识。

本着这一目的，我们组织翻译了这套经济学教科书系列。这套译丛的特点是：第一，全面系统。除了经济学、宏观经济学、微观经济学等基本原理之外，这套译丛还包括了产业组织理论、国际经济学、发展经济学、货币金融学、公共财政、劳动经济学、计量经济学等重要领域。第二，简明通俗。与经济学的经典名著不同，这套丛书都是国外大学通用的经济学教科书，大部分都已发行了几版或十几版。作者尽可能地用简明通俗的语言来阐述深奥的经济学原理，并附有案例与习题，对于初学者来说，更容易理解与掌握。

经济学是一门社会科学，许多基本原理的应用受各种不同的社会、政治或经济体制的影响，许多经济学理论是建立在一定的假设条件上的，假设条件不同，结论也就不一定成立。因此，正确理解掌握经济分析的方法而不是生搬硬套某些不同条件下产生的结论，才是我们学习当代经济学的正确方法。

　　本套译丛于 1995 年春由中国人民大学出版社发起筹备并成立了由许多经济学专家学者组织的编辑委员会。中国留美经济学会的许多学者参与了原著的推荐工作。中国人民大学出版社向所有原著的出版社购买了翻译版权。北京大学、中国人民大学、复旦大学以及中国社会科学院的许多专家教授参与了翻译工作。前任策划编辑梁晶女士为本套译丛的出版做出了重要贡献，在此表示衷心的感谢。在中国经济体制转轨的历史时期，我们把这套译丛献给读者，希望为中国经济的深入改革与发展做出贡献。

《经济科学译丛》编辑委员会

发展经济学（第九版）

作者寄语

穷国经济和社会的发展，以及缩小世界上穷国和富国之间的差距，这两个问题是人类面临的两个最大的挑战。国家之间和人们之间收入和财富的巨大差距不仅在道德上是站不住脚的，而且也是对世界和平和稳定的严重威胁。

伟大的英国经济学家约翰·梅纳德·凯恩斯曾经在谈道是什么原因吸引他从事经济学的研究时说："经济学的思想缜密并具有向善的潜力"。他把经济学研究的对象视为一种道德科学，其目的是要去理解经济行为并设计政策，从而使我们生活的世界变得更加文明。正是这种"向善的潜力"在今天吸引如此多的顶尖经济学家从事发展经济学的研究。

我撰写这本关于发展经济学的教科书的目的是使学生能够把他们经济学的知识运用到穷国的苦境中去，希望他们能够更好地理解我们生活的世界是一个分化的世界，并且在他们今后的工作中力所能及地思考发展问题。

我教授发展经济学已超过四十年，并教授过数千来自世界的不同地方和不同国家的学生，他们中很多人在发展领域里工作——或作为国际机构以及涉及经济和社会发展的非政府组织的雇员，或者作为穷国的老师和研究者。如果新一代学习发展经济学的学生也立志从事类似的事业，这本书的目的就达到了。

我希望你们会喜欢本书，并且当你读完本书时你会发现发展经济学的学习能够丰富你作为经济学家和世界公民的经验。

无论你生活在何地，我祝愿你在学习过程中好运。

第九版前言

本书是 2006 年出版的第八版《增长与发展：特别针对发展中经济》的续篇。自从《增长与发展》在 1972 年首次出版以来，它已被发达国家和发展中国家广泛地用作增长与发展课程的教科书了，并已翻译成希腊语和中文。本书的"新版"和新格式使我有机会充分修订本书的内容，增添新的章节，更新数据，并且重新编写章节使其包含新的理论观点和机构资料，以便改进阐述，帮助学生和老师更好地理解。

但是本书的目的仍然没变：把学生引导到发展经济学这个令人激动的和富有挑战性的学科。为了阐明和理解世界穷国经济所面临的发展困难，它吸收了许多经济学分支学科的理论。这不是说本书为发展提供菜单和绘制蓝图：完全不是这样。不可能存在这样一般的菜单，即使有的话，它也不仅仅是一个经济问题。

本书把描述和分析结合起来，重点是阐述简单的和有用的经济理论模型，以便理解发展经济学这门学科所包含的各种问题。我并不为使用了传统的经济理论而感到不安。我完全赞同诺贝尔经济学奖得主西奥多·舒尔茨的观点，他针对发展经济学说了如下一段话：

> 这门经济学分支学科在理论上受到了几个方面的误解。主要的误解是贸然认为标准的经济理论对理解低收入国家是不适当的，必须有一个独立的经济理论。为达到这种目的的模型广泛受到欢迎，但后来证明它们只不过是一种理论上的好奇而已。一些经济学家对低收入国家很差的经济绩效的反应是求助于文化和社会的解释。可以理解的是，研究文化和行为的学者对他们研究的应用感到惴惴不安。幸运的是，理论研究的潮流在开始转向。越来越多的经济学家日益认识到，标准的经济理论不仅适用于高收入国家的稀缺问题，而且也适用于低收入国家的稀缺问题。（T. W. Schultz，'The Economics of Being Poor'，*Journal of Political Economy*，August 1980）

当然，这不是说，所有的标准理论对理解发展过程都是有用的和有关的。特别是，静态均衡理论的适用性可能会受到质疑。忽视增长与发展过程中的非经济因素也是不可能的。但是，事实上，发展中国家对改善物质生活的愿望是非常强烈的。经济学通过不掺有政治的、社会的和其他非经济变量的分析，的确能够提供一些有用的东西。最终的分析还是，增长和发展必须被认为是一个经济过程；也就是说，从重要实践意义上看，如果缺乏生产资源数量上的增加和质量上的提高，这个过程是不能进行的。本书特别强调发展的经济障碍和经济手段——通过这种手段，发展中国家能够提高产出的增长率和生活水平。

对于那些以前没有看过本书的读者，或现在正在使用第八版的读者，我将在下面概括一下每一章的主要内容以及新版中所作的变化。

第一篇"发展与不发展"主要包含五章，为理解发生在低收入国家中的贫困和欠发达的本质提供基础，并因此构成了本书剩余部分的一个重要的背景。

第1章讨论了发展经济学这门学科，发展的意义和发展经济学面临的挑战。本章还强调了全球化和世界经济的相互依存性，讨论了为建立国际经济新秩序所作的呼吁，包含一个千年发展目标的声明。

第2章描述了世界经济中富国和穷国之间的发展差距的程度，讨论了贫困的计量，其中包括联合国发展开发计划署（UNDP）建立的人类贫困指数和人类福利指数。在《2000/2001年世界发展报告》中探讨了世界银行基于帮助穷人并提高他们的能力的减贫方法。新的研究也回顾了全球和国际收入分配是否正在拉大或缩小。

第3章概述了不发达的特征，给出了发展差距的各个方面（包括就业与失业、教育、健康、营养和收入分配）的数量证据。不发达的主要特征包括低生产率农业的支配地位和工业化的缺乏、低水平的资本积累、迅速的人口增长、初级产品为主的出口、"自然资源的诅咒"以及松散的治理体制。这些论题在后面章节中进行了更充分的讨论。本章也论述了结构变迁过程，如工业化在这个过程中的作用。

第4章是新的一章，讨论了制度在发展过程中的作用。财产权和法律规则的重要性在这一里着重予以强调，管理市场行为和社会保险供给的一些制度安排的重要性在这一章也做了论述。本章回顾了罗德里克关于民主的重要著作，同样也回顾了阿西莫格鲁、约翰逊和罗宾逊对于殖民国家过去制度发展和现代制度之间关系的开创性研究，以及对制度还是地理因素在解释经济发展差异中的重要性所进行的争论。

第5章向学生介绍各种经济增长理论。本章各节论述了古典增长理论（亚当·斯密、马尔萨斯、李嘉图和马克思），哈罗德-多马增长模型，新古典增长理论以及"新"内生增长理论——该理论现在支配着应用增长经济学文献，它强调物质和人力资本形成以及研究与开发努力作为增长的主要决定因素的重要性。关于理解增长过程的生产函数分析和运用"新"增长理论对增长的宏观决定因素分析，本章概述了很多经验性的研究。新增加的一节基于豪斯曼、罗德里克和其他人关于增长加速的成果，以及"增长诊断"和增长约束条件的概念。如果你发现技术细节太难了，你可以直接进入第6章——但是，你将会遗漏很多有用的东西！

本书第二篇"发展过程中的要素"包含两章内容：一是关于农业和剩余劳动对工业化的作用；二是关于资本积累、技术进步和生产技术。

第 6 章论述了农业在发展过程中做出的不同贡献，其中之一就是为工业提供廉价劳动力。本章特别重视对刘易斯无限劳动供给条件下的经济发展模型的讨论。在论述了刘易斯模型之后，对工农业之间的相互影响和互补性作了详细的讨论，在农业需求的扩张作为工业增长的刺激因素和达到两部门的均衡贸易条件的重要性方面得出了一些有意义的观点。同时探讨了提高农业生产率的障碍，该问题被世界银行《2008 年世界发展报告》所强调。增添了一个新的附录，基于农业产出的不确定性和代理人风险厌恶，探讨了农村地区农业部门中的市场运作、土地、劳动和信用市场的相互联结问题。

第 7 章考察资本积累和技术进步在发展过程中的作用，这一章含有基本设施投资的重要性和有关人力资本收益率的经验证据。也探讨了适宜生产技术的选择问题，以及在推进使用更多的劳动密集型技术时带来的一些潜在的冲突：一方面是就业与产出之间的冲突，另一方面是就业和储蓄之间的冲突。还对跨国公司在引导技术选择时所发挥的作用进行了考察。

本书第三篇"不发达的持久性"，集中论述了导致持久性欠发达的因素，包括贫困本身（引致一个恶性循环）以及过快的人口增长。

第 8 章讨论了二元性和缪尔达尔的循环累积因果过程的概念。这一章描述了导致不同地区和国家间经济差距持续并扩大的机制。这一章包括普雷维什和卡尔多的早期中心—外围模型和克鲁格曼开创的新地理经济学。对马克思主义著作家的观点，如伊曼纽尔不平等交换模型也进行了介绍。

第 9 章论述了人口与发展，并就人口扩张是增长的促进因素还是阻碍因素的争论进行了评价。特别是对恩克的研究和最近的西蒙的研究进行了专门的论述。本章还对人口增长的状况进行了明确的概述，并讨论了生育率的决定因素。

本书第四篇论述了一个大的主题——"国家的作用、资源配置与可持续发展"。

第 10 章是有关发展中国家的资源配置问题的，考察了市场机制和政府的作用。本章利用世界银行《1997 年世界发展报告》的广泛分析，对市场不完善和市场失灵以及对政府有限的能力进行了详细的论述。对一些更大的发展战略问题进行了讨论，包括计划的案例。增加了新的一节讨论失败政府的问题。

第 11 章专门讨论社会成本—收益分析，阐明了项目的财务评估、经济评估和社会评估之间的区别。主要强调对利特尔和米尔利斯方法（使用世界价格）与联合国方法（使用国内价格和影子汇率）之间的比较和对比，重点讨论了影子汇率与利特尔和米尔利斯为非贸易品重新定价所使用的标准转换因子之间的关系。这一章还详细讨论了影子工资率的决定因素以及如何考虑项目选择的分配影响。

第 12 章由我的同事约翰·皮尔逊博士撰写，讨论了环境问题如何综合到社会成本—收益分析中，以及世界银行 1992 年、2002 年和 2010 年出版的《世界发展报告》讨论的可持续发展这样一个重要的新概念。新添加的一些节论述了关于气候变化的《斯特恩报告》，以及气候变化对穷人的冲击。

本书第五篇，"经济发展资金的筹措"，包括国内和国外的资源。

第 13 章讨论发展资金的国内来源问题。本章对金融自由化理论和批判以及实际利率、储蓄、投资和增长之间的关系进行了充分的讨论。它包括发展中国家的金融体系以及金融发展与经济发展之间的关系的新材料。财政政策和税收也在这一章中进行了讨论，同时还对用通货膨胀强迫储蓄的论题进行了考察。本章还对通货膨胀与增长之间关系的新近研究作了介绍。

第14章考察了发展资金的国外来源。所有有关国外资源流入的统计资料都更新了，包括从国外的汇款。对援助的全部争论和援助对发展的影响进行了评述。增添了新的节讨论援助对宏观经济的影响和对援助提出的批评。对由世界银行所作的结构调整贷款和外商直接投资在发展过程中的作用进行了考察。对由对外借款所产生的债务清偿问题进行了详细的评述，对20世纪80年代的债务危机——它至今仍然挥之不去——进行了广泛的讨论，同时还对被设计用来减少高负债国家债务负担的各种方案进行了详细论述。

本书第六篇涉及"国际贸易、国际收支与发展"的主题。

第15章论述了贸易理论、贸易政策和经济发展。本章详细讨论贸易的静态和动态收益，以及当前的贸易格局对发展中国家的相对不利因素。这一章还强调了贸易条件恶化的趋势和发生的国际收支困难。增添了新的节论述了贸易自由化的理论和实践，以及贸易自由化对进口增长、出口增长、国际收支、经济增长、国内收入不平等和国际不平等的影响。本章还考察了穷国应该寻求什么样的贸易政策和有关不同形式的贸易保护的争论。

第16章论述了国际收支和发展，讨论了国际收支约束型增长这个重要概念以及在国内和国际两个方面对这种约束的各种政策反应。后者涉及国际货币基金组织为支持国际收支而作的各种扩充性贷款。本章还考察了针对IMF的各种批判。本章分析了发展中国家能够采用的不同的外汇体制，以及1997年发生的东亚金融危机的教训。这一章最后对作为对发展中国家国际援助的特殊形式的特别提款权进行了讨论。

新版继续按章提供网址，以便使学生能够从互联网上获得相关信息和数据。下一版出版要到2016年，有关发展中国家的事实将会再次过时，毫无疑问，将会出现一些新的制度变化，关于发展战略会有一些创新性的思路。若要紧跟时代发展的脉搏，学生们应该经常翻阅如下一些出版物：世界银行的《世界发展报告》，IMF的《金融与发展》（按季度出版不同语言的版本），联合国开发计划署出版的《人类发展报告》，联合国贸易和发展会议出版的《最不发达国家报告》和《贸易和发展报告》，以及这样一些期刊：《世界发展》、《发展研究杂志》、《发展经济学杂志》、《国际发展杂志》、《经济发展与文化变迁》、《牛津发展研究》和《世界银行经济评论》等。

我要深深地感谢帕尔格雷夫麦克米伦出版社经济学栏目的编辑杰米·马歇尔鼓励我续写该书的新版，到今天该书已经近40年了。有必要出新版和进行大量的改写。万分感谢阿莱塔·伯泽伊登霍特（Aléta Bezuidenhout）一直以来的帮助以及伊丽莎白·斯通（Elizabeth Stone）精湛的编辑技术，并感谢所有帕尔格雷夫麦克米伦出版小组的成员提供的各种方式的帮助。

但是最重要的是要感谢我的合作伙伴——佩内洛普·帕凯科-洛佩斯（Penélope Pacheco-López），感谢她在制作表格、检查参考文献和拼写上的技术性协助，以及她睿智的建议。如果没有她，本书不知何日才能与读者见面，所以我将此书献给她和我们刚出生的儿子——奥利弗·安东尼（Oliver Anthony）。

欢迎访问作者网址：www. kent. ac. uk/economics/staff/profiles/tony-thirlwall. html.

中文版序言

我对郭熙保教授把我的教科书《发展经济学（第九版）》（先前的版本是《增长与发展：特别针对发展中经济》）翻译成中文表示万分的感谢！让我把增长与发展经济学领域的观点传达给世界上人口最多的、经济充满活力的国家的学生和教师，我感到莫大的荣幸。我希望学生和教师将会发现，此书不仅对理解中国的经济发展过程以及未来发展所面临的挑战是有用的，而且对理解在一个日益一体化而贫富差距不断扩大的世界上困扰所有发展中国家的问题也是有意义的。

本书每一章都是相对独立的，但还是鼓励学生们按章节顺序阅读。各章之间有其逻辑顺序。首要的是，学生们应该了解发展经济学是一个什么样的学科；怎样定义经济和社会发展；如何计量贫困，以及理解所谓的"发展中"或"欠发达"国家的主要特征：例如，它们对低生产率农业和小服务业的依赖、它们低下的物质与人力资本形成、它们对初级商品出口的依赖以及迅速的人口增长等。发展过程中制度的作用也是十分重要的，尤其是产权和法律规则。

对发展问题的分析要求掌握自西方经济学诞生之日起直到当代的思想家讨论的一些主要的增长与发展理论的知识。出于特殊的考虑，我重点论述了亚当·斯密、托马斯·马尔萨斯、大卫·李嘉图、约翰·斯图亚特·穆勒以及卡尔·马克思等生活在18—19世纪的古典经济学家的观点。在当代，有著名的阿瑟·刘易斯关于无限劳动供给下的经济发展模型（该模型对中国特别适用）；著名的罗伊·哈罗德增长模型（1939年）；罗伯特·索洛（1956年）的新古典增长模型以及罗伯特·卢卡斯与保罗·罗默在20世纪80年代最先提出的新内生增长理论。需要理解早期发展过程中农业和剩余劳动力的各自作用，以及为什么在基于静态和动态的规模报酬递增的增长后期阶段，工业增长成为其"增长引擎"。

市场和政府在配置资源方面的作用需要探讨，这对中国来说是非常有意义的。市场机制是决策分散化的一个奇妙的方式，但市场有很多的不完善，这就使政府和计划必须发挥作用。制定经济政策的技巧就是要在自由市场和政府之间保持适当的平衡。这种平衡依发展阶段的不同而不同。如果政府从社会观点来看要获得最优的资源配置，社会成本—收益分析技术就变得重要了，这是因为认识到了商品和生产要素的市场价格可能并不反映它们的社会价值。就环境后果的发展选择而言也尤其需要注意。

在市场经济中，要使资源得到有效配置，一国的金融体系是至关重要的，它使投资不局限于储蓄所发生的部门。银行和其他金融机构的作用也鼓励储蓄和投资——产出的增长最终取决于这些因素。

直到现在，本书的大部分讨论是在封闭经济中进行的。最后几章论述开放经济，考察国际金融资源的流动、国际贸易和国际收支等问题。发展中国家通过各种国外资本的流入来扩大国内资源，一些流入会产生债务；其他的则不会。中国目前是世界上最大的外国直接投资（FDI）接受国，但从国际银行系统借得很少，这有利于使它免受国际金融危机的影响，如 1997 年东亚金融危机以及 2008 年美国和欧洲的金融危机。

贸易（和工业化一起）是增长的重要发动机，这是以进出口增长平衡和各国未遭受国际收支危机为条件的。中国和东南亚"四小龙"的经济成功可能主要由它们惊人的出口绩效来解释——这给它们带来了静态和动态的利益。但是，在很多非洲和拉丁美洲国家，贸易自由化导致了国际收支问题，对它们的增长和发展进程造成了约束。国际货币基金组织（IMF）和世界银行的一个主要作用就是为各国提供国际收支支持，但是，贷款条件常常是非常苛刻的，这两个国际金融机构的政策常常遭受多方批评。这些问题在最后一章中加以讨论。

以上所说的对于理解中国现在和未来的经济都是有重要意义的。中国目前已保持多年的快速增长，已促使数以百万计的人们脱离贫困，但是按照人均收入和其他经济福利指标来衡量，它仍然是一个较穷的国家。经济和社会发展的巨大挑战和首要任务是为人民提供就业岗位以及使人民摆脱基本贫困，扩大他们的权利（entitlements）和能力（capabilities）（引用伟大的印度经济学家阿马蒂亚·森的话）。因为大量的中国人仍在土地上劳动，一个重要任务是提高农业生产率，这就要求对农业进行各种新的投入。随着农业劳动生产率的提高，这就增加了对工业品的需求，同时也为工业和其他部门释放了劳动力。刘易斯的无限劳动供给下的经济发展模型对于分析早期发展阶段的增长过程和从农业到工业的结构转变可能是有用的。丰富而便宜的劳动与现代技术结合在一起，可能是经济成功的有效途径，这正是中国所经历的。

无疑，中国过去 30 年的迅速增长是与其工业部门的扩张有关的，因为工业部门具有农业所没有的生产性质。工业日益生产出越来越多的高科技产品，这带来了中国的出口成功。这就使生产率增长率存在巨大的差别。中国的工业发展也是由外国直接投资的高流入和储蓄占国民收入的高比率——这对于投资和实际资本积累是必要的——推动的。

但是，如果各国在经济竞赛中都想跑在前面，它们就必须始终保持竞争力。为了达到这一点，它们需要维持宏观经济稳定，同时保持政治稳定和有效的政府管理。我相信，中国拥有的一切经济和政治因素将使它在未来二三十年中成为世界上最大的经济体和最富有的经济体之一。我希望本书将不仅帮助中国学生理解中国今天处在什么位置以及未来所面临的挑战，而且帮助他们理解新世纪初期全球发展所面临的挑战。目前在全球范围内按购买力平价（PPP）计算，生活标准每天不足 1.25 美元的人数仍超过了 10 亿，而每天不足 2 美元的人数超过了 20 亿。伟大的英国经济学家约翰·梅纳德·凯恩斯曾经在谈道是什么原因吸引他从事经济学的研究时说："经济学的思想缜密并具有向善的潜力"。这就是为什么今天能吸引如此多的顶尖经济学家从事发展经济学研究的原因。祝愿所有的中国学生在学习中好运。

A. P. 瑟尔沃

2014 年 11 月 10 日

目 录

目

录

第一篇

发展与不发展

第1章

经济发展研究

我要求读者（尤其是青年学生）去思考，在无知面纱的背后（Rawls，1972），他们更愿意出生在什么样的世界。一个世界是，有14亿人口每天靠不足1.25美元生活（世界银行官方贫困线），25亿人口每天靠不足2美元生活，而且只有5％的机会过上奢侈的生活；另一个是相对公平的世界，为每个人（无论他出生在最富的国家——挪威，还是出生在最穷的国家——布隆迪）提供体面的生活标准。不论你做出怎样的回答，你都将会表现出对发展经济学的兴趣。发展经济学探求理解和解释为什么一些国家是贫困的而另一些国家是富裕的，以及如何减少贫穷国家的贫困，给予每个生活在这个星球上的人们最低生活标准，摆脱饥饿和对未来的恐惧。

今天已为人们熟知而在课堂上被教授的发展经济学，是经济学的一个相对较新的分支学科，它始于第二次世界大战（以下简称"二战"）之后的早期；但是事实上国家的经济发展一直以来都是经济学探究的核心，至少从18世纪后期和18世纪前半叶伟大的古典经济学家——亚当·斯密、托马斯·马尔萨斯、大卫·李嘉图、约翰·斯图亚特·穆勒、卡尔·马克思开始。这些作者都关注国家的增长和发展过程与决定不同阶层收入分配的因素。现代发展经济学以多种形式复兴了古典经济学家对储蓄、投资、资本积累和剩余劳动力流动在农业向制造业及服务业的结构转变中的重要性的旧有兴趣。

本章我们以把发展经济学作为一门学科——和在发展过程中的学术兴趣——开始，并考虑为什么在过去60年里发展经济学得以复兴，并有如此多的世界顶级的经济学家对发展问题进行研究和写作。其中最主要的促因是世界上较为贫困的国家呼吁从世界经济运行中得到更为公平的对待，它们认为自己在世界经济中遭到了歧视。二战后建立起的所有主要的多边组织均要求建立一个**新国际经济秩序**，这些多边组织的建立是为了协调国际关系和在战前经济混乱后使世界经济运行得更为顺畅，如联合国及其附属机构、国际复兴开发银行（世界银行）和国际货币基金。我们会讨论国际经济新秩序可能包括的内容，以及 2000 年设计的千年发展目标的各个组成部分到 2015 年达到的程度。世界走上正轨了吗？

世界经济的日益全球化是对发展中国家和经济发展过程本身的兴趣和关注持续高涨的另外一个主要原由。全球化使国家间更加相互依赖。我们应该思考全球化意味着什么，以及相互依赖应该采取什么样的形式。

然后我们论述发展的内涵和经济发展的挑战，特别是聚焦于丹尼斯·古雷特和阿马蒂亚·森的思想，他们坚定而又富有说服力地认为经济发展必然不仅仅是一国在人均收入水平上的提升。一个发展的概念需要包含所有经济和社会目标以及国家为之奋斗的价值观——不是简单的物质进步，尤其是人民和国家的尊严和自由。

本章最后我们论述了不发达和贫困的持久性；也就是说，这种世界经济的力量在历史上产生过并且现在仍然在起作用，甚至造成富国和穷国之间的差距更大。国家间生产结构的差异、不平等贸易、贫穷国家对富裕国家的依赖和国际制度的运行都能够相互影响，导致贫困的"恶性循环"和一些国家的相对停滞，使其在发展"竞赛"中落后。

第一节　作为一门学科的发展经济学

发展经济学研究作为一门独立的学科是相当近期的现象。对今天的学生来说，很难体会到，就在 60 年前，发展经济学课程几乎没有列入本科生经济学教学计划，关于经济发展方面的教科书也少得可怜。现在，每个著名的经济学系至少开设一门经济发展课程，该学科有成十上百本教科书、成百上千的案例研究和学术论文。

政界和公众对世界贫困国家的关注也是新近的事情。今天存在的以促进发展为目的的大多数国家和国际机构，如国家发展银行、世界银行及其附属机构、联合国的各个机构等，都是二战以后成立的。我们所关心的那些发展中（依附）国家的经济和社会问题在战前很少有人问津，大多数今天的穷国在当时还是殖民地。也许人们对它们的事实缺乏了解，或者也许大多数人的注意力集中在发达国家的萧条和失业上。不论忽视的原因是什么，今天的情况都非常不同了。第三世界的发展（发展中国家的集合名词）——首先意味着根除基本的贫困——和环境污染以及气候变化现在一并被认为是人类面临的最大的社会和经济挑战之一。如一代人之前《皮尔森报告（1969 年）》所说的："发达国家和发展中国家之间日益扩大的差距已经成为我们这个时代的核心问题。"

怎样解释对发展经济学和贫困国家经济的态度的变化和兴趣的兴起呢？可以指出几个因素，这些因素是相互交织在一起的。

第一，20 世纪 30 年代的大萧条之后和战后，职业经济学家对增长和发展过程以及计划的理论和实践重新产生了兴趣。

第二，贫困国家也越来越认识到它们自己的落后，从而产生了追求更快的经济进步的愿望。

第三，绝对贫困人口现在比过去要多得多，这种现象触动了人道主义的心弦。

第四，所有国家都日益认识到在世界经济中国家间的相互依存性。西方资本主义和东方共产主义之间的冷战导致主要发达国家表现出对贫穷的和在意识形态方面不受约束的国家的日益增长的经济和政治兴趣。政治和军事的对峙以及世界分割为穷国和富国的危险，现在比以往任何时候都更为严重。近年来，全球化进程使所有国家在面对冲击和金融危机时变得更加脆弱，并且这种脆弱性波及贸易和资本流动，使得人们对世界经济的相互依存性的认识加深了。

□ 一、 学术界对发展的兴趣

如前所述，经济学家对增长与发展机制的学术兴趣不是一个新的研究领域，而是一个旧课题的复兴。人民和国家的进步和物质福利传统上是经济学著作和探索的中心问题。它构成了古典经济学家感兴趣的主要领域之一。亚当·斯密、大卫·李嘉图、托马斯·马尔萨斯、约翰·斯图亚特·穆勒和卡尔·马克思都相当详尽地论述了经济进步的原因和后果，尽管他们对许多问题都有分歧（见第5章）。每个时代的思想家应该对他们所处的时代发生的事件进行评论，这是很自然的事，也许在这里，处在英国工业革命时代的古典经济学家与当代很多研究发展经济学和世界贫困的经济学家之间具有相似性。世界贫困的性质在近几十年已成为世界关注的焦点。现代许多经济学家把他们丰富的智力转到研究经济发展问题，其名字可以列出一个长长的名单，读起来好像是经济学的"名人录"。一下子蹦入我脑海的著名经济学家（过去和现在）有普拉纳布·巴丹（Pranab Bardhan）、贾格迪什·巴格瓦蒂（Jagdish Bhagwati）、霍利斯·钱纳里（Hollis Chenery）、帕萨·达斯古普塔（Partha Dasgupta）、阿尔伯特·赫希曼（Albert Hirschman）、哈里·约翰逊（Harry Johnson）、尼古拉斯·卡尔多（Nicholas Kaldor）、迈克尔·卡莱茨基（Michal Kalecki）、保罗·克鲁格曼（Paul Krugman）、西蒙·库兹涅茨（Simon Kuznets）、哈维·莱本斯坦（Harvey Leibenstein）、阿瑟·刘易斯（Arthur Lewis）、詹姆斯·米尔利斯（James Mirrlees）、冈纳·缪尔达尔（Gunnar Myrdal）、劳尔·普雷维什（Raul Prebisch）、丹尼·罗德里克（Dani Rodrik）、琼·罗宾逊（Joan Robinson）、保罗·罗森斯坦-罗丹（Paul Rosenstein-Rodan）、沃尔特·罗斯托（Walt Rostow）、杰弗里·萨克斯（Jeffrey Sachs）、西奥多·舒尔茨（Theodore Schultz）、阿马蒂亚·森（Amartya Sen）、汉斯·辛格（Hans Singer）、尼古拉斯·斯特恩（Nicholas Stern）、约瑟夫·斯蒂格里茨（Joseph Stiglitz）和简·丁伯根（Jan Tinbergen）。我对省略掉的经济学家表示歉意。

发展也代表了一个挑战，这个挑战类似于20世纪30年代的萧条和大规模失业，它吸引了众多的优秀学者转到经济学，其中包括凯恩斯。但是，挑战的性质当然是非常不同的。在30年代的失业情形下，需要与一个正统的理论进行斗争，其任务是建立一个符合事实并提出政策处方的理论。结果是，解决问题的办法却非常容易：通过创造信用来扩张需求和把闲置资源投入使用。太妙了，经济问题竟然毫不费劲地解决了——天下居然真的有"免费的午餐"这种事情！

发展的挑战非常不同。理论和观察的事实不存在分离。增长和发展的源泉众所周知：各种资源的数量和质量的增加。国家之所以贫穷，是因为它们缺乏资源，或者缺乏意愿和能力来把资源投入使用。由不发达引起的问题却不能毫无代价地得到解决。但是，可以相信，增长理论的进步，伴随着对增长源泉的更详细的了解以及资源配置技术的改善，都可能使经济进步比以往更快。当然，在一些相信模型的国家中，特殊的理论模型和技术已被广泛地使用。例如，为了达到一个目标增长率而计算投资需求的模型，常常构成了发展计划的组成部分；现在所谓的"新"增长理论（见第5章）为通过教育、研究与开发和基础设施投资来改进投资质量提供了理论依据和推动力。善政也必然扮演着关键的角色。

常常提出这样的问题：当代发展中国家从古典经济学家的第一手观察中能够（如果有的话）获得什么经验教训？或者更为直接地从当代发达国家的发展经验中获得什么启示？一个明显的教训是，如果发展能够被看作是一个自然现象，那么它就是一个长期过程，至少是顺其自然。容易忘记的是，欧洲几乎花了近三个世纪的时间才从生存状态转到经济成熟。发展经济学主要关心的是时间进度，以及如何加速发展而不引起像基本贫困那样尖锐和麻烦的问题——基本贫困是发展想要减轻的问题之一。在新千年，人们希望大多数国家的基本贫困将被根除，发展经济学的发展过程无疑具有不同的形式。重点将是国家间的比较，而不是发展的过程本身和伴随着从原始农业向工业或服务业经济转变过程中的增长痛苦。

就古典理论而言，李嘉图、马尔萨斯和穆勒关于进步终将结束这样的悲观预言似乎是毫无根据的。它的确被经验所否定。人口增长和收益递减并没有一致地下降到李嘉图和马尔萨斯所设想的程度。生产率和人均收入的提高似乎与人口增长和农业的扩展并行不悖。古典发展经济学家大大低估了技术进步和国际贸易在发展过程中的有利作用，正是这两个最重要的要素抵消了古典理论的悲观主义观点。由于可以获得先进技术，当今发展中国家的物质进步将会比150年前处在类似发展阶段的国家快得多，这不仅是一个希望，而且是有些事实根据的。可供利用的技术存量以及对技术吸收的范围是巨大的。只要谨慎地加以利用，它一定会被认为是增加福利的主要手段。

但是，贸易的作用则有更多的问题。主要取决于发展中国家改变它们的产业结构的速度有多快，以及贸易条件的变动。与当前发达国家在经济史中的相应阶段相比，当前发展中国家可能处于不利地位。来自贸易的动态利益是存在的，但静态效率利益较少，大多数商品的贸易条件恶化了。尽管某些商品价格有规律地迅速提高，但从贸易中获得好处的主要是富裕的工业化国家。当然，从贸易中得到的利益分配是不平等的，这一事实并没有毁坏贸易与增长的潜在联系，或者构成反对贸易的论据。它只是代表了改变贸易结构和它所发生的贸易条件的一个挑战。

然后是计划问题。古典经济学家一般都反对对市场机制的干预，认为市场力量的自由运行将会使社会利益达到最大。但是，经济学的时尚（fashions）发生了变化，二战后对市场机制进行干预已被接受，发展中国家的计划被很多人看作是能够加速发展的主要手段之一。然而，很多国家的计划经验并不是有利的，计划已经变得臭名昭著了，这部分是由于前苏联和东欧僵化的计划经济所带来的经济混乱所致。但是，切不可忘记的是，世界上还没有一个国家曾经像苏联那样，在1918年之后通过资源有利于投资而以牺牲消费为代价的计划配置，在这样短暂的时间内取得了如此快的经济进步。计划可能实行得太快、太长，最终导致了失败，这一事实不应该掩盖另一事实，即：计划也有优点，而不受约束的自由企业也能导致经济灾难和社会剥夺。既可能有市场失灵，也可能有政府失灵。为了使社会福利达到最大，大多数发展中国家所需要的是公共企业和私人企业的明智的混合，利用市场与不同形式的计划相结合。政府在经济发展中起着重要作用（见第 10 章）。

计划要求建立一些模型，这也受到了经济学家的启发。最常用的模型形式就是计算为达到人均收入的一个目标增长率所需的投资要求，它通常被叫做哈罗德-多马模型（见第 5 章），它构成了发展中国家致力于建造的模型的基础。无论是哈罗德模型（1939）还是多马模型（1947），都不是为发展中国家现在要达到的目的而设计的。但是，他们的增长方程式已成为宏观经济计划的一个必不可少的组成部分。我们将在第 10 章考察发展计划中使用这种总量模型的优缺点，以及关于一般计划的正反两个方面的观点。

由于发展计划的明显失败和 20 世纪 70 年代许多发展中国家进步缓慢，发展经济学这门学科的地位在 20 世纪 80 年代开始受到质疑，出现了几篇宣告这门学科死亡的文章（例如，Hirschman，1981；Little，1982；Lal，1983）。这里，我将集中讨论一下赫希曼和最先强有力地敲响警钟的实践家表达的担忧。赫希曼认为，发展经济学最初产生于对单一经济学（即新古典经济学的普遍性）和新马克思主义的拒绝。新马克思主义宣称，发达国家和欠发达国家之间的经济关系只可能导致不发达的发展。拒绝单一经济学的最重要的两个论点是：（1）发展中国家农业剩余劳动的大量存在；（2）落后或晚工业化（late industrialization）——后者要求积极的国家干预。就政策而言，由发展中国家强调和追求的重要战略主题是调动就业不足的人力资源、迅速的资本积累和工业化。对于所有这一切，计划被认为是必不可少的。

赫希曼对所谓的发展经济学死亡的第一个解释是，新古典主义的复兴和对与发达国家不同的、专门适用于贫困国家的单一经济学这一观点的拒绝。对单一经济学的辩护被某些从现象上看推行自由市场经济的发展中国家（地区）如韩国、中国香港、中国台湾和新加坡（所谓的"东亚奇迹"）的明显成功以及其他采用计划经济的国家的失败所支持。

早期的发展经济学不仅宣称需要一个适用于发展中国家的单一经济学，而且相信发展中国家融合到世界经济中将会给富国和穷国都带来物质利益。赫希曼宣称发展经济学死亡的第二个解释是，这门学科不仅受到新古典学派的抨击，而且遭到了拒绝物质利益要求的新马克思主义者的抨击。于是，发展经济学受到了挤压，仿佛在政治经济领域的两端都不受欢迎。

我们能对此作出什么回答呢？为传统的发展理论和发展政策的观点进行辩护是不难的。阿马蒂亚·森（Amartya Sen，1983）和西德·纳维（Syed Naqvi，1996）指出，集中于调动剩余劳动、资本积累和工业化并没有什么不对的地方。从国际证据中可以看到，很多高增长国家（尤其对当今东南亚国家是正确的，包括中国）广泛地从农村部门吸收了大量的剩余劳动；投资和增长在各国是高度相关的；以及增长最快的国家就是那些工业产出在 GNP 中的份额上升得最快的国家。那些为拒绝单一经济学辩护的经济学家并没有退却，很少有经济学家否定国家之间的交往不会相互受益。不可想象的是，大多数发展中国家如果与世隔绝和自给自足，绝对会变得更好，但这不是说，与世界经济的某些脱钩可能不好，由一体化和相互依存产生的利益不可能更为公平地分配。

但是，有一个独立的发展经济学吗？大多数研究者仍然认为，穷国与富国在很多方面是不同的，因此需要不同的概念、模型和理论来理解它们的行为。虽然可以说，人们行为方式上的基本经济假设对所有国家是相似的，但是发展中国家在结构上与富国仍然是不同的，因此需要有不同的模型。两组国家的差异是很大的，尤其在与资源配置和长期增长有关的问题上差别很大。社会成本—收益分析主要是在发展中国家的环境下发展和完善起来的，关于经济和社会制度不均衡趋势的理论，如恶性和良性循环模型以及增长与发展的中心—外围模型等，也是在发展中国家的土壤中成长起来的。这些绝不是偶然的。但是，正如发展经济学先驱者之一的阿瑟·刘易斯在他的美国经济学会会长演说中所说的，发展经济学的中心任务是为理解增长与发展的速度和节律提供一个一般理论框架。他指出："经济学家的梦想是创立一个单一的增长理论，把一个经济从最低水平……通过一个分界线……上升到和超过西欧的水平……或者对发展中经济至少有一个好的理论……使经济到达分界线。"（Lewis，1984）。这就是发展经济学要研究的东西。发展经济学是唯一的一门试图对发展过程的性质提供恰当解释的经济学分支学科（Naqvi，1996）。

但是，即使对独立的发展经济学的需要不可能被接受，这就使该学科的地位受到威胁了吗？人们可能认为，为了让科学受到尊敬，应该有强烈的理由把经济学看作是一个统一的理论和学说，而不是一个由多个分支学科组成的学科。但是，导致经济学分支学科产生的原因是广泛的学科领域，它们导致了货币经济学、劳动经济学、区域经济学之类的描述性标签的出现，但是所有这些分支学科都大量地使用了整个经济学的共同的理论。

区分分支学科的首先是应用领域，其次才是不同的理论。经济学一个著名的定义是，"经济学是经济学家做的事情"。类似地，"发展经济学是发展经济学家做的事情"。发展文献表明，发展经济学家做了很多其他经济学家没有做的事情，在这个过程中，他们不仅创建新的模型，而且依据环境修改现有的理论。一个分支学科通过理论发展所作的贡献大大丰富了整个经济学，而且可能应用于其他学科。由发展经济学家发明的概念和观点包括：低水平均衡陷阱概念；"大推进"理论；动态外部性；二元性模型；循环累积因果关系理论；依附概念；增长极分析；人口与增长模型；乡—城人口流动模型；社会成本—收益分析的发展；贫困化增长概念；结构性通货膨胀模型；两缺口分析概念；市场缺失理论；寻租研究；等等。这些创新没有一个是从其他分支学科借鉴过来的，但是其他分支经济学却从发展经济学家建造的不断扩大的工具箱中慷慨地借用了不少东西。国际经济学的教学再也不局限于均衡经济学范围之内，劳动经济学也正在使用二元性和二元劳动市场概念，而结构性通货膨胀和两缺口分析现在成为宏观经济学语言的一部分。正如巴丹（Bardhan，1993）所总结的，"虽然世界贫困问题像以前一样是最重要的，但研究它们却产生了很多分析思想，对正统的学说提出了挑战，使我们这些在这一学科中的人们变得更明智，至少是更多地意识到我们现有的分析方法的可能性和局限性。"

最后，对发展经济学没有产生预期的结果这一指责应该如何作出回应呢？赫希曼（Hirschman，1981）指出，发展中国家"被预期像上条的玩具那样行动，专心致志地缓慢地通过各个发展阶段……这些国家被认为只有利益，而没有激情"。如果这个预期没有实现，那么可能是与这个预期不现实有关，而与缺乏发展经济学的理论和实践无关。这反过来可能与经济学家丧失历史感和历史分析有些关系。发展过程是长期而缓慢的。当前发达国家经过了 200 多年才从罗斯托的经济发展传统阶段进步到经济成熟和大众高消费。阿瑟·刘易斯（Lewis，1984）悲叹历史分析的丧失，他把这一点归因于经济学家在这方面缺乏训练："如果我们的学科正在降低视野，这可能是由于在经济学系中经济史课程的消失使我们这一代经济学家缺乏历史背景。这与 20 世纪 50 年代的发展经济学家形成了鲜明的对照，他们实际上都有某些历史训练，受到格申克龙和罗斯托的指导，重视发展过程的文明史。"

学生需要注意：学习你们的历史！

今天我们站在何处？目前，受到"新"内生增长理论和日益增多的大数据库的可得性——这些数据促进了对国家间增长实绩的决定因素的有意义的和严格的经济计量研究——的鼓舞和刺激，对增长和发展过程的学术兴趣又复活了。保罗·克鲁格曼（Krugman，1992）把 20 世纪 50 年代和 60 年代描述为"发展理论的繁荣"时代，很多重要的发展模型是在那时建立起来的，但是，由于它们构建得不甚严格，之后又被人忽视了。现在，通过更有技巧的理论家的努力，这些观点又开始重新出现。20 世纪 50 年代和 60 年代出现的中心观点是外部经济、报酬递增、部门之间的互补性以及联系效应等。这些观点在新古典反革命时期被清除了，但克鲁格曼认为，这些观点仍然是有效的。正是这些观点被"新"内生增长理论重新获得（它们仍然存在于如尼古拉斯·卡尔多和肯尼斯·阿罗这些非主流派的著作中——见第 5 章）。

新增长理论对这样一个问题提供了一个答案：当传统的新古典增长理论预测趋同时，为什么世界经济中人均收入差异似乎永久存在？答案是，随着国家变富，有很多外部因素阻止了资本边际产品下降，所以，投资水平对增长是重要的，增长在这种意义上说是内生的——不只是简单地由外部给定的技术进步率决定，这对所有国家都是共同的。实际上，技术进步主要是内生的，由研究与开发和教育所决定。这个理论告诉我们什么维持增长，但是，它没有提到什么推动增长开始。为了回答这个问题，我们需要转到经济发展的根源，它最初在于农业的进步（见第 6 章）。

□ 二、 国际经济新秩序

解释对增长和发展兴趣的兴起的另一个重要因素是贫困国自己日益认识到它们在世界上处于不利的经济和政治地位，它们渴望物质进步，通过经济实力在国际上获得更多的承认。这一点是由非殖民化和与发达国家的日益紧密的接触引起的；随着发展的进行而产生更高的预期，它从国内得到了加强。想要通过发展来提供给人民基本的生活必需品，为人民提供一定程度的自尊和自由，这些在贫困时是不可能获得的。财富和物质占有可能不会提供更多的幸福，但它们扩大了个人的选择，这是自由和福利的一个重要方面。发展中国家还要求从世界经济的运行中获得更公平的待遇，它们不无根据地认为，现在的世界经济偏向有利于已经富裕起来的国家。

1974 年联合国大会第六次特别会议上正式呼吁建立国际经济新秩序。联合国自我保证："在所有国家中，为建立一个以公平、主权平等、共同利益和合作为基础的国际经济新秩序而紧急行动起来，而不管它们的经济和社会制度如何，它们将纠正不平等，矫正现有的不公正，使消除发达国家和发展中国家之间日益扩大的差距、确保持续地加速经济和社会发展以及确保当代和后代的和平和正义成为可能。"

行动纲领要求做如下事情：（1）改善针对穷国出口的贸易条件；（2）对发达国家工业品市场的更多的准入；（3）更多的金融援助和过去债务的减免；（4）改革国际货币基金组织，在有关贸易和发展问题的国际机构的决策权方面有更大的发言权；（5）国际粮食计划；（6）更大的技术合作。

联合国各个机构也多次重申了建立国际经济新秩序的呼吁。1975 年，联合国工业发展组织（UNIDO）提出了利马宣言（Lima Declaration），它确定了一个到 2000 年发展中国家的制造业生产达到世界份额 25％的指标，而当时的份额只有 10％。由于东亚和太平洋地区快速的工业增长，这个目标刚好达到，目前这个份额保持在 29％。在货币方面，1980 年提出了一个阿鲁沙宣言（Arusha Declaration），要求联合国国际货币金融大会建立一个新的国际货币秩序，它"能够获得货币稳定、恢复可接受的就业水平和可持续的增长"，以及"支持全球发展过程"。这个目标还未实现。

1995 年，联合国世界发展高峰会议在哥本哈根召开，会议集中讨论社会发展和就业问题。哥本哈根宣言（Copenhagen Declaration）作出几个承诺：基本的优先安排应该是充分就业、男女平等以及普遍获得教育和卫生；为了社会政策领域的开支，总量发展援助应该增加；发达国家应该把 20％左右的援助用于基本的社会项目，而发展中国家应该至少把 20％的预算用于社会需要；国际货币基金组织和世界银行在设计项目时应该把更多的注意力放在社会因素上。这些领域的进步已经慢了下来。

联合国贸易与发展会议（UNCTAD）定期地要求在对发展中国家的减债、国际援助、商品政策和贸易促进这四个重要方面制定出新的政策方案。

□ 三、千年发展目标

最近世界银行和联合国承诺，到 2015 年，生活在绝对贫困线以下的人口在世界人口中的比例相比 1990 年减半。使用每天 1.25 美元的贫困线标准，这就意味着贫困比例从 41.6％减少到 20.8％。2005 年这一水平是 25.2％，虽然这在一些特定的国家比较高（见第 2 章表2—3）。另外，其他一些发展目标在案例 1.1 中全部被列出来了。它们是：到 2015 年所有适龄儿童进入小学；在性别平等，尤其是教育平等方面取得进步；降低儿童死亡率；降低孕妇死亡率；提供普遍的生育健康服务；实施可持续发展的国家战略和逆转环境资源的损失。每一个目标都针对贫困的一个方面，并且彼此共同作用。例如，较高的入学率，尤其对于女孩，能够降低贫困和死亡率。更好的基本卫生医疗可以增加入学率和降低贫困。很多穷人依靠环境生存，所以一个良好的环境能够帮助穷人。

▶ 案例 1.1　　　　　　　　千年发展目标与指标

目标 1：消除极端贫困和饥饿

指标 1：将 1990—2015 年间每天收入低于 1 美元（现在是 1.25 美元每天）的人口

比例减半。

指标 2：将 1990—2015 年间处于饥饿状态的人口比例减半。

目标 2：实现普遍的小学教育

指标 3：确保到 2015 年，无论何地的儿童，男孩还是女孩，都能够完成小学教育的全部课程。

目标 3：促进性别平等和赋予妇女权利

指标 4：消除小学和初中的性别不平等，在 2005 年较好地实现，不晚于 2015 年在教育的各个层次均实现。

目标 4：降低儿童死亡率

指标 5：1990—2015 年间，5 岁以下儿童的死亡率降低三分之二。

目标 5：改善孕妇健康

指标 6：1990—2015 年间，孕妇死亡率减少四分之三。

目标 6：与 HIV/AIDS、疟疾和其他疾病斗争

指标 7：到 2015 年 HIV/AIDS 停止传播并开始逆转。

指标 8：到 2015 年疟疾和其他疾病停止发病并开始逆转。

目标 7：确保环境的可持续性

指标 9：把可持续发展的理念融入国家政策和规划中并达到减少环境资源的损失的目的。

指标 10：到 2015 年使不能够获得稳定安全饮用水的人数减半。

指标 11：到 2020 年显著改善至少一亿贫民窟居民的生活。

目标 8：为发展而培育一个全球伙伴

指标 12：更进一步打造一个开放、基于规则、可预测、非歧视性的贸易和金融体系（包括对善政、发展和减贫的国内和国际参与）。

指标 13：满足最不发达国家的特殊需要（包括出口免关税和配额，推进债务减免和免除官方双边贷款，以及对于致力于减贫的国家给予更加慷慨的官方发展援助）。

指标 14：满足土地狭小国家和岛国发展中国家的特殊需要（通过岛国发展中国家可持续发展行动计划和第 22 届联合国大会的规定）。

指标 15：通过国内和国际措施全面解决发展中国家的债务问题，促使债务长期可持续。

指标 16：和发展中国家合作，推进和实施发展战略，为年轻人提供体面和富有生产力的工作。

指标 17：和医药公司合作，为发展中国家提供能够支付得起的基本药物。

指标 18：和私人部门合作，使新技术的便利可得，特别是信息和通讯技术。

平均来看，人均收入每增加 1％，贫困率就降低 1％。和 1990 年相比贫困率降低 50％需要人均收入从 1990 年到 2015 年提高 50％，或者大约每年 2％。很多国家步入正轨，全球到 2015 年 20.8％的贫困率的目标很有可能得到实现，但是一些非洲国家偏离了正轨，世界饥饿将会仍然高于目标。

在其他的千年发展目标上，进步是混合的。对于普遍的小学教育，似乎将近 60 个国家不能在 2015 年达到目标，仍旧主要在非洲。男孩和女孩之间在教育上的性别差异在缩小，但是到 2015 年不能够在大多数国家消除。儿童死亡率依然很高。在贫穷国家有 1 000 万儿童在 5 岁之前死去。死亡率在缓慢下降，但是到 2015 年不会减少三分之二。同样，孕妇死亡率的降低偏离了目标。在贫穷国家每年有 50 万妇女在其孕期和分娩时死亡，死亡率几乎没有下降。在同 HIV/AIDS、疟疾和其他主要疾病的斗争中所取得的进步更加令人鼓舞，如果目前的趋势能够继续，到 2015 年这些疾病的发生率可能会绝对减少。最后，对于国家的环境，尤其是环境卫生和安全水源的可获得上进展缓慢。缺乏环境卫生、水源污染和较差的卫生医疗导致每年 800 万儿童死亡。在这一领域进步的缺乏导致其他一些千年发展目标完成起来更加困难（见 World Bank，*Global Monitoring Report*）。

□ 四、 全球化与世界经济的相互依存性

对第三世界发展日益增长的兴趣和关心的第三个重要因素是世界经济的日益全球化带来了国家间相互依赖性的加强。在过去的 150 年间全球化经历了三个主要时代。第一个时代是从 1870 年到第一次世界大战（1914 年），见证了大规模的资本流动以及劳动力从欧洲向美洲大陆和殖民地的转移。第二个时代始于第二次世界大战之后的自由贸易。第三个时代从 20 世纪 80 年代开始，基于通信和交通上的技术进步。费希尔（2003）给全球化下了一个实用简洁的定义：“国家间经济上相互依存的持续进程反映在商品和服务跨国贸易量日益增多，国际资本流动和劳动力流动日益增多。”

就发达国家和发展中国家的相互依存性来讲，发展中国家依赖发达国家的资源流和技术，而发达国家则严重依赖发展中国家的原料、食品和石油，以及销售工业品的市场。所有这些就全球化而言的力量带来世界经济日益的相互依存，同时使得国家越来越多地依赖它们控制之外的力量，时间、空间和边界的重要性削弱。这些力量中最重要的是：（1）贸易的扩大和自由化。现在世界上的商品和服务的产出 30％用于贸易。（2）全球资本市场的增长和短期投机资本的巨额流动：每天超过 2 万亿美元在世界外汇市场上交易。（3）大型跨国公司更多的外国直接投资（FDI）要比很多国家政府拥有更大的力量和资本。（4）随着公司原料从最为廉价的国际市场上采购，全球价值链不断扩大。（5）和以前相比人们更加频繁地流动，打破了文化藩篱——但是也导致疾病的传播（如：AIDS）和国际犯罪，如毒品、妓女和武器。（6）信息技术的传播加剧了金融市场的传染性。（7）新机构，如世界贸易组织（WTO），拥有超过国家政府的权威；新的关于贸易、服务、知识产权的多边协定削弱了国家主权。

全球化和相互依存性的所有这些方面使得国家在应对冲击时变得更加脆弱，如：发生在 20 世纪 80 年代早期的世界经济不景气和国际贸易低迷并酿成债务危机；1997 年亚洲金融危机，以及发生在美国的 2007/2008 年的银行危机像传染病一样传播开来，不仅影响到发生危机的国家自身，而且也影响到其他国家；商品价格攀升（包括石油价格），2008 年一些基本食品的价格翻了一番多，像玉米和水稻，导致一些贫穷国家出现粮食骚乱。近年来在 WTO 会议和达沃斯（瑞士）世界经济论坛出现了一些团体性的抗议活动，这些抗议涉及全球化的危害，尤其是较为贫困的国家彻底暴露在竞争和全球资本流动的力量之中并深受其害。竞争市场是效率的最佳保障，但是不能带来必要的公

平。如联合国开发计划署（UNDP）（1999年）在《人类发展报告》中提道的："在新世纪全球化的挑战不是去停止全球市场的扩张。挑战是为更为有力的治理——地方的、国家的、区域的和全球的——找到规则和制度，以便能保留全球市场和竞争的优势，同时也可以为人类、社区和环境资源提供足够的空间，确保全球化的成果为人民分享——而不仅仅是为了利润。"

到目前为止，更多的进步是为了推动全球化的制度建设而不是保护人民免于遭受全球化带来的后果之苦。UNDP呼吁全球化与如下因素相调和：（1）种族——减少对人权的侵犯；（2）平等——减少国家内部和国家间的不平等；（3）包容——减少人口和国家的边缘化；（4）人类安全——减少国家的不稳定和人们的脆弱性；（5）可持续发展——减少环境破坏；（6）发展——减少贫困和剥夺。

当任何一个国家或一批国家做出行动，随之会给其他国家带来影响（好的或坏的），这种影响就成为一种公共产品或外部性。在这些情形下国际社会的任务就是最大化能够带来正外部性的公共"利益"（goods）的传播（如：技术、信息、卫生保健）以及最小化公共"危害"（bads）的扩散（如：疾病、污染、金融市场的传染）。国际社会为了其自身利益尤其应该帮助发展中国家，不仅是因为它们贫穷，而且是因为要使它们能够为全球必要的公共"利益"供给做出它们的贡献（和最小化公共"危害"的产出，如：非洲的AIDS）。

全球化和相互依存性尤指一些国家经济的运行失调将会对其他国家经济的运行造成损害。这种情况在20世纪80年代表现得最为明显。在这一时期，由于能源价格的上升和债务危机，世界经济出现了巨大的混乱。1980年布兰德报告，题为《北方与南方：生存计划》（1980年）和它的续篇《共同的危机：世界复苏的北—南合作》（1983年）强调了第三世界持续发展计划对所有国家的共同利益，描述了世界经济中普遍存在的不利趋势——如果不能合作地解决如下问题，这些趋势将会使未来变得黯淡。这些问题是：（1）第三世界日益增长的贫困与饥饿；（2）通货膨胀与上升的失业并存；（3）国际货币混乱；（4）大多数第三世界国家长期的国际收支赤字和不断累积的债务；（5）保护主义和国家之间为争夺能源、粮食和原材料而造成的紧张。

20世纪80年代以来没有发生什么改变。在世界上仍旧充斥着贫穷和饥饿。贫困国家数以百万计的人口缺乏有效的就业。国际货币体系混乱。国家间国际收支长期失衡，国际债务攀升。为了能源、食物和原材料，国家间关系日益紧张，2007/2008年，由于石油价格大幅度上升至超过150美元每桶，许多原材料和粮食价格翻番有余。

发展经济学关注世界经济中导致混乱出现的各种问题。

作出更大努力来提高第三世界国家的生活水平，不仅有道德方面的原因，而且有纯粹的实际原因，即也是出于对发达国家自身利益的考虑。贫困国家维持它们增长和发展的能力意味着对发达国家商品和服务的更大的需求，这就直接地产生产出和就业，也有助于维持这些国家的国际收支稳定——如果对发展中国家的产品有一个相互需求，这是非常关键的。在这个体系中从比如说贫困国家很差的农业实绩中产生的对需求的约束，或对发达国家在需求方面的国际收支约束，将会伤害整个体系的运行效率，把经济进步率降到潜力以下。把资源转移给贫困国家以维持它们的发展势头（全球凯恩斯主义），改革国际货币体系以减轻国际收支调整的负担以及把调整负担从赤字国更多地转移到盈余国，其重要性就在这里。

布兰德报告呼吁采取短期紧急计划作为长期行动的前奏。这些短期计划由 4 个重要部分组成：（1）大规模地把资源转移到发展中国家；（2）采取国际能源战略使油价陡然和迅速上涨所引起的混乱降到最小；（3）全球粮食计划；（4）在国际货币体系中开始某些重大改革。直到现在，这些计划都很少实行过。

在长期，布兰德报告要求：（1）制定一个 20 年计划，以满足穷国的基本需要，这个计划涉及每年 40 亿美元额外的资源转移（按 2009 年的价格水平为 100 亿美元）；（2）作出重大努力提高农业生产率，以结束大规模的饥饿和营养不良；（3）建立一个稳定初级商品的贸易条件的商品方案；（4）发展中国家的出口品更容易地进入世界市场；（5）制定能源保护计划；（6）为穷国开发更适宜的技术；（7）开征国际累进所得税以及贸易与武器生产税，由新的世界发展基金组织用来为发展计划而不是项目筹措资金；（8）建立新国际货币创造与对发展中国家的援助之间的联系；（9）制定政策把 1973 年以来阿拉伯石油输出国组织和 20 世纪 90 年代以来中国累积的国际收支盈余重新转移给赤字国家，以消除对需求的国际收支的约束和消除滑入国际保护主义的危险。我们能够把应对全球化后果的全球治理新形式纳入这个清单中，这个全球化治理形式同时也代表那些受到全球化危害最为严重的国家（穷国和边缘化国家）的利益。

我们将在本书中讨论这些问题。这样一个计划对所有各方，富国和穷国，都是互利的。它将建立一个投资信心，这对维持一个经济体系的动态是至关重要的因素；它将刺激贸易和投资，有助于世界经济增长的维持。

但是，要是形成这样一个印象将是错误的，这个印象是，发达国家关心世界贫困完全是由自私的目的所驱使的，即它们自私地认识到，它们自己的生存取决于经济和政治的和谐，而这种和谐在一个永远分裂为贫富两极的世界里是不可能达到的。很多发达国家对较贫困的国家也有道义上的责任。不是所有的发展援助和帮助都出于政治目的。尤其是在过去 40 年中，发达国家对第三世界国家的困境表现出真正的人道主义关心，这已促成了几个援助发展中国家的机构的建立和支持，致使 20 世纪 60 年代被称做"第一个发展 10 年"。

我们现在处在第五个发展 10 年，重申保证出于人道主义的关心来帮助发展中国家。一个国家内部公民之间的更大程度的收入平等目标，似乎正在被支持作为国家之间的一个目标，尽管还比较缓慢。而且，这个理念的宣传并不局限于超国家机构，它们是专门为促进这一目的而建立起来的。最近几年在世界不同地区已自发地建立了几个国家压力集团，它们的纲领就是废除世界贫困；教堂虽然长期保持平静和不活跃，但也不时地发出一些呼吁。对发展中国家的自愿的援助金额现在每年已超过了 50 亿美元。但是，不管动机如何，世界贫困和不发达的现实是不能视而不见的。况且，发展中国家的基本贫困可能在未来要持续很多年。经济学家有一个特别的责任促进对穷国面临的经济困难的理解，并指出可能的解决方法。这是本书致力于达到的目的。

我们首先考虑发展的意义和不发达的永久化。然后，在第 2 章和第 3 章，我们考虑贫困的度量、世界经济的发展差距的程度以及不发达的主要特征，尤其是就业状况、收入分配和营养水平以及其他基本需要，如教育和医疗保健。

第二节　发展的意义与不发达的持久性

□ 一、　发展的意义和发展经济学的挑战

发展意味着变化，正是在这种意义上使用发展这一术语，即它描述国家内部经济和社会转型的过程。这个过程常常遵循一个很有次序的序列，在国家之间显示出共同的特征。但是，如果发展成为政策的一个目标，重要的问题就产生了：发展是为了什么？不久以前，发展的概念如果按照目的或理想事态来定义，几乎完全是按照增长指标来设想的，很少关心增长的获利者是谁或产出的构成是什么。但是，就经济政策的分配结果而言，就生产出来的产品类型而言，或就生产的经济环境而言，各个社会是没有多大区别的。发展概念被要求包括各个社会为之奋斗的主要经济和社会目标以及价值观。这并不容易。在当今各种定义中，也许古雷特（Goulet，1971，2006）的定义迄今为止仍然是最好的。在这个更广的发展意义上，他区分了三个基本的因素和核心价值，被称为：生存（life sustenance）、自尊（self-esteem）和自由（freedom）。

生存涉及基本需要的满足，我们将在第3章中讨论。发展的基本需要方法是由世界银行在20世纪70年代首先提出来的。如果一个国家不能为其人民提供住房、衣着、食物和最起码的教育，它就不能说是完全发达的。发展的一个主要目标必须是使人民摆脱基本贫困，同时提供基本需要。

自尊涉及自重（self-respect）和独立性的感觉。任何国家如果受到他国的剥削，没有权力和能力在平等的基础上与其他国家相处，就不能认为是充分发达的。发展中国家为自尊而寻求发展，以便消除与低下的经济地位相联系的被支配和依附的感觉。

自由是指摆脱贫困（want）、无知（ignorance）和卑贱（squalor）这三种罪恶的自由，以便人民具备更大的能力决定他们自己的命运。如果人们不能选择，如果因生活在生存的边缘状态而受到约束，没有接受教育，没有技能，这些人就不可能有自由。物质上发展的好处是，它为个人和整个社会扩大了人类选择的范围。

所有这三个核心因素是相互关联的。自尊和自由的缺乏产生于低下的生存水平，而缺乏自尊和经济约束，由于产生了一个宿命论的意识和对现存次序的接受——加尔布雷斯（Galbraith，1980）称之为"对贫困的适应"——在一个循环的、永久化的贫困链中相互连接在一起。

古雷特的发展的三个核心因素也与阿马蒂亚·森（Sen，1983，1984，1999）的发展观点有关。它是按照权利（entitlements）和能力（capabilities）的扩展来定义的，前者给出生存和自尊，后者给出自由。森把权利定义为一个人在社会上通过使用他或她面临的各种权利和义务，能够掌握的一套可供选择的商品组合，且权利产生做某件事情的能力。经济发展应该按照权利和能力的扩展来思考，而它们不一定从总量产出和增长尺度中获得。对于大多数人来说，权利取决于他们出卖劳动的能力和商品价格。但是，不仅市场机制决定权利，而且像社会中的权力关系这样的因素，社会中资源的空间分布，如教育和卫生以及个人从国家中能够获得的东西，都能决定人的权利。

在最后的分析中，森认为自由是发展的主要目标，也是实现发展的主要手段。发展包含去除各种形式的给人们带来一些选择和机会的"不自由"。"不自由"的主要类别包括饥荒和营养不良，不健康和缺乏基本必需品；缺少政治自由和基本民权，以及经济不安全。发展应该认为是一种人们享受到的真正的自由扩张的过程。人均收入的增长仅仅是这个目的之一。阿马蒂亚·森的思想和观点在国际社会中产生了巨大的影响并且从最近以如何扩展穷人的权利、能力和自由为主题的世界银行《2000/2001 年世界发展报告》中可以看出（见第 2 章），由于他在福利和发展经济学结合上的成就赢得了 1998 年的诺贝尔经济学奖。

强调和重视扩大所有人的权利和能力，是早期发展思想从增长最大化到关心生产和消费结构以及收入分配的转变的自然扩展。森的不同观点是，收入作为权利的尺度常常是很不恰当的，他试图用世界上饥荒的影响范围来说明这一点。他发现，大多数饥荒都是与缺乏权利相联系，而不是与缺乏食物相联系。

阿马蒂亚·森

1933 年出生于印度孟加拉圣蒂尼克坦，是德里大学、伦敦经济学院、牛津大学、剑桥大学和哈佛大学经济学教授。为发展经济学很多分支做出了重要贡献，包括技术选择、项目评估、福利测度和饥荒分析。作为经济学家最重要的成就是将福利和发展经济学结合。森将发展视为"自由"——其中他的一本书以此命名。在 1998 年获得诺贝尔经济学奖。

因此，使用古雷特和森的发展概念回答发展是为了什么时，我们可以说，当基本需要改善时，当经济进步促进了一个国家和一国的人民自尊感提高时，当物质进步扩大了人民的权利和能力时，发展就真正地发生了。发展的很多因素是不可测量的这一事实并不贬低它的重要性：发展的条件既是一个由经济指标可计量的物质条件，也是一种精神状态。

发展经济学的挑战就在于构建经济理论和运用政策，以便更好地理解和满足发展的这些核心因素。显然，发展经济学所关心的问题的范围是相当不同的，由于这一点，该学科发展了它自己的研究方法，虽然它大量地利用了经济理论，像其他经济学分支学科一样。

然而，如果这是有用的，许多传统经济理论必须修改以适用于发展中国家普遍存在的条件；如果它们要对发展过程产生富有成效的见解，很多作为传统经济模型基础的假设就必须抛弃。例如，静态的均衡理论不适用于增长和变化的分析，也不适用于对个人和国家之间日益扩大的不平等的分析。正如托达罗和史密斯（Todaro and Smith, 2008）强烈指出的那样，如果要避免因实行仅根据经济理论制定的政策而造成的发展错误，经济学就需要从一个国家整个社会制度这样更广的视野来看待，它们包括价值观、信念、对努力和冒险的态度、宗教和阶级制度等。这些观点也可能是正确的。

□ 二、 不发达的持久性

经济发展的研究帮助我们理解低收入国家贫困的性质和原因，把以农业为主的社会转变为以工业为主的社会，大量的资源被用于工业活动和为之服务的服务业活动。但是，为什么有些国家从未参加这个过程，或者落后了？第一次工业革命使当前发达国家获得最初的优势，然后，它们由于各种累积因素抵消不利因素的存在，一直维持着这些优势（见 Chang，2002；Reinert，2007）。自 20 世纪 60 年代以来，发生了第二次工业革命，它使得另一组国家和地区（所谓的东南亚和拉丁美洲的新兴工业化国家和地区）实际上跨入了工业化国家（地区）的行列，很多其他国家进入了半工业化状态。但是，很多国家在半封建状态下贫穷落后，包括那些最穷的国家，它们现在成为世界银行和其他发展机构关心的重点。

有很多有关不发达持久存在的理论，但似乎没有一个理论具有普遍的有效性。农业状态是最为重要的。首先是定居农业为过去的伟大文明打下了基础。18 世纪英格兰农业生产率的提高为第一次工业革命打下了基础，并使之维持下来。如果存在一个压倒一切的因素，能够解释为什么一些国家在另一些国家之前发展起来了，为什么一些国家仍然落后，没有重要的工业部门，这就是农业的条件——在早期发展阶段，这个部门必须为工业产品提供购买力。

农业的条件取决于很多因素——制度的和经济的，物质条件也是至关重要的。气候特别影响生产条件。高温使人变得无力。高温和潮湿也降低了土壤的质量，造成了某些作物的低生产率。几乎所有的发展中国家都位于热带和亚热带气候地区，而发展在温带地区发生，这不可能是偶然的巧合。

里普顿（Lipton，1977）所称的"城市偏向"无助于农业条件，在很多国家它使农业缺乏资源。这种状况的发生是因为统治阶级一般出生于非农业环境，或者认同非农业环境；因为政策制定人由于以下两个原因而迷失了方向：一是经验证据表明发展水平与工业化之间存在高度相关性，二是早期发展模型强调对工业的投资。

很多其他的国内条件成为穷国进步的障碍，而且这种障碍以恶性循环方式相互作用。在某些国家，人口规模和增长与低水平人力资本形成结合在一起产生了问题。后者又使贫困持久存在，它是与高出生率和大家庭紧密相连的。这是一种对"贫困的适应"形式（Galbraith，1980），它使低生活水平以循环过程永久存在下去。其他国家可能缺少现代化所需的精神条件，这些精神条件是以个人主义和竞争精神为基础的，与强烈的工作伦理规范、理性主义和科学思想紧密联系在一起。这些精神刻画了 18 世纪和 19 世纪欧洲工业革命的特点，在 20 世纪下半叶东南亚新兴工业化国家和地区的兴起中也发挥了重要的作用。

国家之间的外部关系在贫困永久化过程中也起了作用，这一点导致了不发达的结构主义和依附理论的产生。历史上似乎存在着这样一般的教训，一旦一组国家获得了经济优势，这种优势将会通过缪尔达尔（Myrdal，1957）所称的循环累积因果关系（通过要素流动和贸易媒介起作用）的过程而维持下去（关于此的详细讨论，见第 8 章）。有利地区剥夺了落后地区的资本和有技能的劳动，它们通过商品贸易而获得贸易好处。殖民主义是一种极端的依附形式。曾经遭受剥削的很多国家至今仍然贫穷。另一方面，从未沦为殖民地的一些国家，如埃塞俄比亚、泰国等，同样是落后的。

但是，依附性可能采取更复杂的形式，例如，它以旧的国际劳动分工为基础，这种分工导致了富国与穷国之间的不平等交换，同时穷国要依赖富国的资本和技术来装备它们的工业部门。欠发达国家当前的负债、穷国必须为发展投入支付的价格相对于它们从出口中获得的价格在上升以及穷人数目的不断增加正是这种依附性的表现形式。"循环累积因果关系"这一命题也有例外，但是在大多数情况下，它要求有强烈的外部冲击来打破这种贫困和依附的恶性循环。

我们将在本书第三篇中研究这些问题，但是在第2章我们将把注意力转到发展中国家的贫困程度和世界收入分配问题。

▌ 小结

1. 发展经济学作为经济学中一个富有挑战性和令人兴奋的分支，研究一些基本的问题：为什么一些国家贫穷而另一些国家富裕；为什么一些国家能够在很长的时期增长速度快于其他国家，以及什么是穷国战胜贫困最好的方法。

2. 对国家进步的兴趣没什么新颖的地方。这是所有伟大的古典经济学家首要关注的，如亚当·斯密、大卫·李嘉图、托马斯·马尔萨斯、约翰·斯图亚特·穆勒和卡尔·马克思——但是发展经济学作为主题直到第二次世界大战后才得以复兴。

3. 对发展经济学学术兴趣的复燃是一些因素共同作用的结果：如对世界贫困日益关注；发展中国家要求在世界经济运行中得到公平对待；呼吁建立新的国际经济秩序，以及日益加快的全球化和世界经济的相互依存性。千年发展目标明确设定了到2015年在减贫、教育和健康（除了别的以外）方面要完成的目标。

4. 经济发展的含义不仅是一个国家人均平均收入的提高。经济（和社会）发展的定义需要包含社会为之奋斗的多重目标和价值，尤指建立在人们的权利和能力基础上的自尊和自由（使用阿马蒂亚·森的术语）。

5. 经济发展为发展经济学家和政府决策者带来一个重要的挑战。因为结构力量在国家间和世界经济中起作用，倾向于使不发达和贫困永久化，导致国家陷入"恶性循环"，它与国家间不平等的贸易以及穷国对富国援助和投资的依赖性有关。

▌ 问题讨论

1. 什么构成了发展经济学的研究？
2. 你认为发展经济学是一门独立的学科吗？反对它的论点是什么？
3. 什么因素解释了对第三世界发展的政治和学术兴趣？
4. 为什么发展经济学这门学科的地位在20世纪70年代引起了争论？
5. 你怎样定义经济发展过程？
6. 发展中国家从国际经济新秩序中想要得到什么？
7. 你认为千年发展目标能够实现吗？

8. 什么力量使不发达永久化？

9. 穷国从当今工业化国家的发展经验中能够学到什么经验教训？

10. 在什么意义上，世界经济中富国与穷国是相互依存的？

11. 你把什么看作是发展经济学和发展中国家面临的主要挑战？

网址

发展经济学的学习需要大量地阅读和熟悉案例学习资料，也需要获取数据资源。以下列表是一些常见的互联网网址，分主题、国家、地区和国际机构。其他特定主题的网址会在各章结尾处列出。

发展研究机构

加拿大国际发展局（关于国际发展的虚拟图书馆）

http：//w3. acdi-coda. gc. ca/virtual. nsf

苏塞克斯大学发展研究所（英国图书馆中的发展研究）

www. ids. ac. uk/blds/index. html

东安格里亚大学发展研究学院

www. uea. ac. uk/dev/

国际组织

世界银行 www. worldbank. org

国际货币基金组织 www. imf. org

联合国贸易和发展会议（UNCTAD）www. unctad. org

联合国开发计划署（UNDP）www. undp. int

粮农组织（FAO）www. fao. org

世界贸易组织（WTO）www. wto. org

世界卫生组织（WHO）www. who. int

联合国工业发展组织（UNIDO）www. unido. org

国际劳工组织（ILO）www. ilo. org

非洲开发银行 http：//afdb. org

亚洲开发银行 www. adb. org

泛美开发银行 www. iadb. org

世界发展运动 www. wdm. org. uk

全球发展中心（华盛顿）www. cgdev. org

非政府组织全球网络 www. ngo. org

传统基金会 www. heritage. org

数据库

佩恩表（从国民经济研究局登入）www. nber. org/pub/pwt56. html

经济增长资源（乔·坦普尔，布里斯托尔大学）www. bris. ac. uk/Depts/Economics/Growth

世界银行 http：//econ. worldbank. org/prr/globalisation

IMF/世界银行图书馆网 http：//jotis

全球化

英国国际发展部 www. globalisation. gov. uk

全球化研究中心 http：//www. globalresearch. ca

全球化网站 http：//www. emory. edu/soc/globalization/

国际经济学研究所 http：//www. iie. com/research/globalization. htm

新经济学基金会 www. neweconomics. org

第 2 章

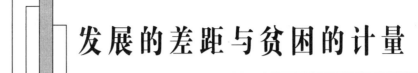

发展的差距与贫困的计量

本章围绕三个主题：一是世界经济的发展差距和世界收入分配的度量；二是全球贫困的度量和使用人均收入作为度量发展的指标带来的问题；三是经济和社会发展替代的度量指标的构建，包括由联合国开发计划署构建的人类发展指数（HDI）和人类贫困指数（HPI）。

度量发展差距和国家间收入不平等的程度，我们考虑：最富裕国家和最贫困国家之间的绝对差距；最富裕国家和最贫困国家之间的相对差距；围绕所有国家人均收入平均水平的人均收入离差，以及最后由收入分配的洛伦兹曲线得到的基尼系数。使用基尼系数时，我们要区分国际不平等和全球不平等，前者是将每个国家的人均收入分配仅作为一个观察值（而不管国内收入分配），而后者不仅考虑国家间收入分配而且还包括国内收入分配（使用家户调查数据）。我们发现从 19 世纪早期开始国际和全球不平等都在加剧，但是造成全球不平等的主要原因在于国家间的不平等，而不是国内的不平等。

但是，重要的是要认识到在度量收入不平等和贫困时，使用以官方汇率按美元计算的人均收入不是一个很好的度量本地货币购买力的指标（或者叫做购买力平价或 PPP），因为和较富裕国家相比的穷国的官方汇率并没有考虑较廉价的非交易商品的价格。我们阐述了 PPP 是如何度量的，并总体上探讨了国家间人均收入的可比性，以及使用人均收入作为一种发展的指标。

当开始进入贫困的度量时，我们讨论世界银行绝对贫困的标准，即按 PPP 计算每天 1.25 美元，并给出世界上不同地区低于这一收入水平的贫困人口指数。贫困差的概念也在这里讨论，因为人口指数并没有包含人们的生活水平在贫困线以下多远。另外一个测度贫困的方法是食物能量方法，计量在不同国家购买一定的营养摄入量所需的收入。

世界银行宣称将减贫作为一切工作的中心，并且在其 2000 年的《世界发展报告》中提出一个三管齐下的减贫战略：增进机会、促进赋权和增加保障。本章将探讨这些概念。当然，增长是减贫的中心，但是伴随着增长贫困率下降得多快（如：实现千年发展目标）取决于贫困率对增长的弹性。

为了克服将单一的人均收入作为发展指标的缺陷，联合国开发计划署构建了年度的人类发展指数和人类贫困指数。人类发展指数建立在三个变量的基础上：出生后的预计寿命、教育程度（入学率和识字率）、以购买力平价计算的生活水平。人类贫困指数也基于三个变量：人口中预期不能活到 40 岁的比例、成人识字率、在人口中不能够获得安全饮用水的比例和 5 岁以下儿童体重不足的比例基础上的剥夺指数。各国以人均收入水平的排序与以人类发展指数和人类贫困指数的排序是不一样的，因为一些国家在社会支出上投入了更多的资源，尤其是教育和卫生。

最后我们考虑到穷国是否能够赶上富国的问题，我们得出一个悲观的结论是：对于一般的穷国需要花费至少 100 年的时间才能达到发达国家现在的生活水平，如果它们努力比富国增长快一个百分点，穷国也许需要花费 300 年时间才能和发达国家生活水平保持相当。当然，这是不能够想当然的。

第一节　世界经济中的发展差距和收入分配

无论采取什么标准，证据都是确凿无疑的，即世界收入在国家和个人之间的分配是极不平等的。有很多划分世界经济的方法。首先，基本水平的划分有富裕的工业化国家，主要集中在北半球；和处于南半球的较为贫困的非工业化（或半工业化）国家——在发展的文献中通常被称为是南北划分（North-South divide）。

其次，洲际划分：一方是发达的洲，欧洲和北美洲；另一方是亚洲、非洲和拉丁美洲。但是亚非拉国家却又绝不是同质的。它们具有很多相同的特点和发展障碍，但是也存在很大的区别，尤其是自 20 世纪 60 年代以来经济绩效非常不同：东南亚、中国和印度走在前列，非洲落在后面，而拉丁美洲居中（时常遭受金融危机）。

最后，世界银行是在 1944 年《布雷顿森林协定》后建立的，作为发展机构借款给贫困国家。在其年度《世界发展报告》中将国家划分为三个主要类别：低收入国家、中等收入国家和高收入国家。中等收入国家分为中低收入国家和中高收入国家。表 2—1 给出了世界上人口在一百万以上的所有国家（地区）在 2007 年的人均收入水平，并且表下部给出了低收入、中等收入和高收入国家（地区）人均收入的平均水平。暂时忽略度量的困难（见后面），我们看到低收入国家（地区）有将近 10 亿人口，人均收入的平均水平只有 484 美元每年；较低收入到中等收入国家（地区）有 36 亿人口，人均收入的平均水平为很少的 1 832 美元，而对于高收入国家（地区）这一数字是 38 194 美元。最贫困的国家布隆迪为 124 美元，最富裕的国家挪威为 82 814 美元（都是根据官方汇率测量的）。

表 2—1　　　　　　　　　　　　　人均收入和人口，2007 年

	人口	人均 GNP		按 PPP 测算的人均 GNP	
	百万	美元	排名	美元	排名
阿尔巴尼亚	3	3 554	74	7 350	68

	人口	人均 GNP		按 PPP 测算的 人均 GNP	
	百万	美元	排名	美元	排名
阿尔及利亚	34	3 917	72	7 650	67
安哥拉	18	2 876	84	4 400	89
阿根廷	40	6 510	52	12 970	45
亚美尼亚	3	3 087	80	5 740	80
澳大利亚	21	37 365	16	33 400	19
奥地利	8	44 134	11	36 750	11
阿塞拜疆	9	3 259	77	6 630	76
孟加拉国	158	466	133	1 340	126
白俄罗斯	10	4 624	64	10 790	57
比利时	11	43 075	12	35 320	14
贝宁	8	647	126	1 410	124
不丹	1	1 518	100	4 050	94
玻利维亚	10	1 360	103	3 960	95
波斯尼亚和塞尔维亚	4	4 139	68	8 010	66
博茨瓦纳	2	6 235	53	12 760	46
巴西	190	6 886	50	9 510	61
保加利亚	8	4 965	62	10 790	56
布基纳法索	15	457	134	1 120	133
布隆迪	8	124	152	370	149
柬埔寨	14	554	129	1 720	120
喀麦隆	19	1 112	105	2 120	111
加拿大	33	39 978	15	35 500	13
中非共和国	4	392	135	710	145
乍得	11	540	130	1 220	127
智利	17	8 754	45	12 280	51
中国大陆	1 318	2 413	88	5 430	82
哥伦比亚	44	4 545	66	8 260	65
科摩罗	1	743	121	1 170	130
刚果民主共和国	62	149	151	290	150
刚果共和国	4	1 562	99	2 700	103
哥斯达黎加	4	5 708	58	10 510	59
科特迪瓦	20	940	114	1 550	122

第 2 章　发展的差距与贫困的计量

	人口	人均 GNP		按 PPP 测算的人均 GNP	
	百万	美元	排名	美元	排名
克罗地亚	4	12 862	35	17 840	34
塞浦路斯	1	24 145	25	24 040	27
捷克共和国	10	15 545	31	22 160	30
丹麦	5	58 102	3	36 800	10
吉布提	1	1 072	106	2 240	110
多米尼加共和国	10	4 304	69	7 340	69
厄瓜多尔	13	3 279	76	7 100	72
阿拉伯埃及共和国	80	1 644	95	5 090	84
萨尔瓦多	6	3 241	79	6 330	77
赤道几内亚	1	10 392	40	16 230	38
厄立特里亚	5	282	146	620	147
爱沙尼亚	1	14 448	33	18 830	33
埃塞俄比亚	79	247	148	780	141
斐济	1	3 926	71	4 210	90
芬兰	5	46 581	8	34 760	15
法国	62	42 189	13	33 850	18
加蓬	1	7 063	49	12 320	49
冈比亚共和国	2	369	141	1 200	128
格鲁吉亚	4	2 322	90	4 680	86
德国	82	40 716	14	34 740	17
加纳	23	649	125	1 350	125
希腊	11	27 321	24	27 830	22
危地马拉	13	2 526	86	4 550	87
几内亚	10	468	132	1 100	134
几内亚比绍	2	243	149	510	148
圭亚那	1	1 365	102	2 330	109
海地	10	637	127	1 060	135
洪都拉斯	7	1 638	96	3 610	97
中国香港	7	31 065	22	43 960	6
匈牙利	10	12 821	36	17 470	35
印度	1 125	1 041	108	2 740	102
印度尼西亚	226	1 836	93	3 560	98

	人口	人均 GNP		按 PPP 测算的人均 GNP	
	百万	美元	排名	美元	排名
伊朗伊斯兰共和国	71	3 985	70	10 840	55
爱尔兰	4	50 131	5	37 700	8
以色列	7	22 830	27	26 310	24
意大利	59	35 208	19	30 190	21
牙买加	3	4 560	65	7 170	70
日本	128	35 456	18	34 750	16
约旦	6	3 032	81	5 300	83
哈萨克斯坦	15	5 926	56	9 510	62
肯尼亚	38	721	122	1 550	123
韩国	48	21 693	28	26 880	23
科威特	3	46 964	7		
吉尔吉斯斯坦共和国	5	705	123	1 980	113
老挝人民民主共和国	6	679	124	1 920	114
拉脱维亚	2	12 220	37	16 770	37
黎巴嫩	4	6 217	55	10 910	54
莱索托	2	1 041	109	1 880	115
利比里亚	4	154	150	280	151
利比亚	6	9 702	41	14 710	40
立陶宛	3	11 044	38	17 090	36
中国澳门	1	35 949	17	52 260	2
马其顿共和国	2	3 750	73	9 050	64
马达加斯加	19	392	136	980	138
马拉维	14	256	147	760	142
马来西亚	27	6 882	51	13 230	43
马里	12	604	128	1 180	129
毛里塔尼亚	3	881	117	2 000	112
毛里求斯	1	5 436	59	11 410	52
墨西哥	105	9 581	42	13 910	42
摩尔多瓦	4	1 314	104	2 900	101
蒙古	3	1 476	101	3 170	99
黑山共和国	1	6 232	54	12 560	47
摩洛哥	31	2 402	89	4 050	93

第 2 章　发展的差距与贫困的计量

	人口	人均 GNP		按 PPP 测算的人均 GNP	
	百万	美元	排名	美元	排名
莫桑比克	21	340	143	730	143
纳米比亚	2	4 139	67	6 070	79
尼泊尔	28	370	140	1 060	136
荷兰	16	47 685	6	39 470	7
新西兰	4	29 784	23	25 380	26
尼加拉瓜	6	998	112	2 510	106
尼日尔	14	299	145	630	146
尼日利亚	148	1 050	107	1 850	117
挪威	5	82 814	1	56 650	1
巴基斯坦	162	895	115	2 540	104
巴拿马	3	5 435	60	10 610	58
巴布亚新几内亚	6	888	116	1 870	116
巴拉圭	6	2 035	91	4 520	88
秘鲁	29	3 470	75	7 070	73
菲律宾	89	1 765	94	3 660	96
波兰	38	10 807	39	15 600	39
葡萄牙	11	20 098	29	21 790	31
罗马尼亚	22	7 694	47	12 350	48
俄罗斯联邦	142	8 857	44	14 330	41
卢旺达	9	359	142	920	139
沙特阿拉伯	24	15 888	30	22 950	28
塞内加尔	12	942	113	1 720	119
塞尔维亚	7	5 214	61	9 830	60
塞拉利昂	5	300	144	720	144
新加坡	5	33 873	20	46 820	3
斯洛伐克共和国	5	13 298	34	19 220	32
斯洛文尼亚	2	22 919	26	26 230	25
南非	48	5 741	57	9 460	63
西班牙	45	31 195	21	30 750	63
斯里兰卡	20	1 599	98	4 200	92
苏丹	40	1 031	110	1 790	118
苏里南	1	4 769	63	6 950	74

	人口	人均 GNP		按 PPP 测算的人均 GNP	
	百万	美元	排名	美元	排名
斯威士兰	1	2 568	85	4 880	85
瑞典	9	50 714	4	37 490	9
瑞士	8	61 387	2	44 410	5
阿拉伯叙利亚共和国	21	1 944	92	4 200	91
塔吉克斯坦	7	535	131	1 700	121
坦桑尼亚	41	391	137	1 130	132
泰国	67	2 919	83	6 110	78
东帝汶	1	1 624	97	3 110	100
多哥	6	390	138	810	140
特立尼达和多巴哥	1	14 940	32	22 420	29
突尼斯	10	3 252	78	7 140	71
土耳其	73	8 886	43	12 970	44
土库曼斯坦	5	2 454	87	5 650	81
乌干达	31	381	139	1 050	137
乌克兰	47	3 023	82	6 830	75
英国	61	45 969	9	37 540	12
美国	301	45 893	10	45 890	4
乌拉圭	3	7 184	48	11 300	53
乌兹别克斯坦	27	833	118	2 430	108
委内瑞拉	27	8 392	46	12 290	50
越南	85	784	120	2 530	105
也门共和国	22	1 012	111	2 440	107
赞比亚	12	814	119	1 130	131
世界	6 614	8 252			
低收入国家（地区）	953	484		1 332	
中等收入国家（地区）	4 601	2 968		5 719	
中低等收入国家（地区）	3 660	1 832		4 225	
中高等收入国家（地区）	941	7 386		11 564	
低等和中等收入国家（地区）	5 553	2 544		4 964	
东亚和太平洋地区	1 917	2 233		4 928	
欧洲和中亚	440	6 897		11 278	
拉丁美洲和加勒比海地区	559	6 358		9 789	

27

	人口	人均 GNP		按 PPP 测算的 人均 GNP	
	百万	美元	排名	美元	排名
中东和北非	319	3 038		7 308	
南亚	1 520	950		2 538	
撒哈拉以南非洲国家	798	1 017		1 901	
高收入国家（地区）	1 061	38 194		36 349	
最不发达国家（地区）	797	533		1 252	

资料来源：世界发展指标，世界银行，2009 年 7 月，网络（华盛顿：世界银行）。

□ 一、 不平等的度量和历史趋势

（1）第一种离散度的度量方法是最富裕和最贫穷国家之间的区间或绝对收入差距。如果富裕国家和贫穷国家的经济都保持正的增长，这个差距几乎必然随时间扩大。例如，如果最富的国家挪威增长 1％，就使得挪威人均收入水平增加将近 800 美元，是最穷的国家布隆迪目前的人均收入水平的 7 倍。布隆迪增长率超过 700％才能缩小和挪威之间的绝对差距。

但是最富和最穷国家之间的差距还是低估了世界收入不平等的程度，因为它比较的仅仅是穷国家的平均收入。如果将贫穷国家最贫困人群的人均收入同富裕国家最富裕人群的人均收入相比，绝对差距甚至更大。

（2）第二种离散度的度量方法，或划分世界经济的方法，为相对收入差距，即最富裕国家（或国家集团）的人均收入对最贫穷国家的人均收入（或国家集团）的比率。目前，最富裕国家对最贫穷国家的人均收入的比率约为 700∶1，高收入国家对低收入国家的人均收入比率大致为 80∶1（如 38 194 美元/484 美元）。这种相对收入的差距是史无前例的。缩小相对收入差距的必要条件是最贫穷的国家经济增长快于最富裕的国家。

（3）第三种度量离散度的方法就是著名的标准差，或方差的平方根，方差衡量的是每个国家人均收入和所有国家平均人均收入之间差的平方和的平均值。形如，标准差（SD）的算式是：

$$SD = \sqrt{\frac{\sum_{i=1}^{n}(Y_i - \bar{Y})^2}{n}}$$

其中，Y_i 是 i 国人均收入；$\bar{Y}$ 是全体样本人均收入的平均水平，而 n 是国家数。在增长和发展的文献中，该比率向上或向下的变动意味着 σ 分别收敛或发散。

（4）第四种是变异系数，即标准差（SD）除以样本均值（$\bar{Y}$）。这就使标准差正规化了，因为均值和标准差之间是正相关关系。

（5）但是使用最为广泛的用以度量收入不均等的方法就是所谓的基尼系数，从洛伦兹曲线中得来，其用于探究国家或国家集团收入分配与人口分布之间的关系。在使用基尼系数时需要区分三种不平等的度量和概念。其一，在度量国际不平等时，将每个国家视为一单位并且在度量时赋予相同的权重。其二，国际不平等将每个国家视为一单位但是根据其人口规模赋予权重。其三，将个人（或家户）而不是国家作为度量单位的世界或全球不平等，不仅考虑到了不同国家间的收入差别，而且还包含了国家内部人民之间的收入差别。每种度量方法都有其目的，并且没有理论上的原因说明为什么这些度量指标应该一起变动（虽然从长期历史的视角来看，在实践中它们是趋于同时波动的）。

在描述洛伦兹曲线如何构建以及基尼系数如何度量之前，需要首先说明的是单单一个统计指标并不能解释分配中发生了什么，尤其是分配中的极端情况。极端的比率，如世界人口中最贫困的 10% 的人的收入和最富有的 10% 的人的收入相比，或最贫穷国家的收入和最富有国家的收入相比，要比任何单一度量指标更能够说明收入不平等和社会公平的问题。事实上，基尼系数会暗含收敛或不平等的减弱，而极端的比率是扩大的。

现在考虑图 2—1。纵轴是衡量收入比例的，横轴是衡量人口比例的。为了画出收入分配曲线（洛伦兹曲线），先把各个国家、国家组或个体人群按照它们所得到的收入百分比和所占人口百分比的比率，从低到高进行排列，然后把这些观察值累加起来，在图形上标出来。举一个简单的例子，假设我们使用世界银行的划分方法，将国家分为低收入、中等收入和高收入国家，并且低收入国家占世界人口的 20% 而只获得世界收入的 2%；中等收入国家占世界人口的 64% 并获得世界收入的 23%；而富裕国家占世界人口的 16% 并获得世界收入的 75%。人口的收入累计分配比就是 2/20，25/84（当添加中等收入国家的数据后），最后当富裕国家加入后是 100/100。将这些点绘制在图 2—1 上而后用曲线连接起来就是洛伦兹曲线。图形中的 45°线表示人口收入分配的完全平等。因此相对于 45°线的洛伦兹曲线的形状能够表示收入分配不均等的程度。越接近 45°线的洛伦兹曲线收入分配越均等，而越"弯曲"则越不均等。基尼系数是由洛伦兹曲线与 45°线之间的面积除以其所在的三角形的面积计算而得。如果洛伦兹曲线与 45°线重合，则基尼系数为零——完全平等。如果一个人获得了世界上所有的收入，洛伦兹曲线会沿着纵轴和横轴的方向并且基尼系数为 1。如果我们考察国际和全球不平等，随着时间的

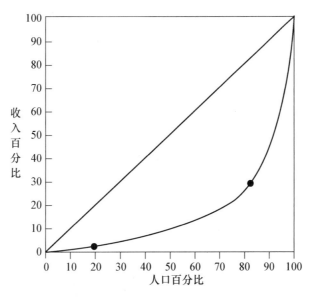

图 2—1　洛伦兹曲线图

推移我们会发现，至少自 20 世纪早期以来，洛伦兹曲线一直向外移动，并且基尼系数一直在上升，虽然一些研究者认为近年有所平缓，可是还在一个很高的水平。对于国际不平等目前水平的一个中间估计值是基尼系数为 0.55，而全球不均等的基尼系数为 0.65。但是，如同我们将发现的那样，估计值会因选取的国家样本的不同而不同，因计算方法的不同而不同，如按照人均收入还是家庭收入，是按照官方汇率还是按照 PPP 方法。

有很多新近的研究度量和总结了历史上国际不平等和全球不平等所发生的情况（如：Milanovic，2005；Bourguignon and Morrisson，2002），尤其是 20 世纪 50 年代以来发生的情况（如：Norwegian Institute of Economic Affairs，2000；Salai-Martin，2002；Maddison，2003；Ghose，2004；Wade，2004；Sutcliffe，2004；Svedberg，2004；Milanovic，2005）这些证据表明了什么？我们区分了国际不平等（不加权和按人口加权）和全球（或世界）不平等。

□ 二、 国际不平等 （未加权和加权的）

国际不平等的未加权基尼系数将每个国家视为一个单位，较少考虑人口规模，并且假设一个国家内每人都是相同的收入水平。没有考虑国家内的收入分配。集中于考虑国家，而不是人。所以，这个比率基本上是衡量国家间是否趋同，而不是世界上个人的收入分配是否或多或少变得公平了。证据表明了什么？运用 26 个国家历史上可得的最好数据，它们覆盖世界上约 80% 的人口（Maddison，2001；Bourguignon and Morrisson，2002），估计基尼系数在 1820 年接近 0.2。按现在的标准非常低。200 年前，人均收入的国际差异不是很大。麦迪逊（Maddison，2003）和伊斯特林（Easterlin，2000）的研究表明，富裕国家和贫穷国家人均收入比在 1820 年为 3∶1，现在将近 700∶1。表 2—2 表明了未加权基尼系数的长期演化过程，持续上升到 2000 年的 0.54——在近 200 年的时间内收入不平等扩大了一倍。其中部分的增加可能是由于在计算该比率时使用了较大的国家样本而值得怀疑，但是米拉诺维奇（Milanovic）的研究表明，使用与估算 1820 年基尼系数相同的 26 个国家，在 2000 年基尼系数仍超过 0.5。自二战以来，使用了 100 多个国家一致性地计算得出的基尼系数是不断增大的，从 1952 年的 0.45 增大到 2000 年的 0.54，增加了 20%。没有证据显示国际不平等在缩小，即贫穷国家平均增长要快于富裕国家。相反，它们增长较慢。

现在转向按人口加权的国际不平等的度量，表 2—2 告诉了我们略微不同的故事。基尼系数在 1952 年达到最高值 0.57，而后在 2000 年降到 0.50。这就意味着拥有较多人口的贫穷国家要比拥有较少人口的富裕国家增长得快。这是由于 20 世纪 50 年代和 60 年代拉丁美洲的一些大国经济快速增长，如巴西和墨西哥，以及日本和韩国，它们都使用这样或那样的贸易保护。20 世纪 80 年代和 90 年代，加权基尼系数的减小大部分要归因于亚洲数目不多且贫困人口众多的国家经济的快速增长，特别是印度和中国。高斯（Ghose，2004）在其对 96 个国家 1981—1997 年间的研究中发现加权基尼系数每年减少 0.7%，但是样本中 76 个发展中国家只有 17 个国家人均收入与 20 个发达国家是趋同的，大多数贫穷的发展中国家是趋异的。虽然自 1952 年以来基尼系数是减小的，但是相比 1820 年估计的 0.12 仍然是很高的。换句话说，在过去的两个世纪的大部分时间里，和较小的富裕国家相比，世界上最穷且人口最多的国家仍然生活得很差。中国和印度现在逆转了这个趋势，但能持续多久还不能确定，让我们拭目以待。

表 2—2   基尼系数的比较

年份	国际不平等		全球（或世界）不平等		
	未加权	人口加权	米拉诺维奇 (2005)	布吉尼翁和莫里森 (2002)	萨拉-伊-马丁 (2002)
1820	0.20	0.12		0.5	
1870	0.29	0.26		0.56	
1890	0.31	0.30		0.59	
1913	0.37	0.37		0.61	
1929	0.35	0.4		0.62	
1938	0.35	0.4			
1952	0.45	0.57		0.64	
1960	0.46	0.55		0.64	
1978	0.47	0.54		0.66	0.66 (1970)
1988	0.5	0.53	0.62		0.65
1993	0.53	0.52	0.65	0.66 (1992)	0.64
1998	—	—	0.64		0.63
2000	0.54	0.5			0.63

资料来源：Milanovic，2005，Table 11.1.

□ 三、 全球 （或世界） 不平等

全球（或世界）不平等的基尼系数不仅考虑国家间平均人均收入的差别，而且考虑国家内部的人均收入的差别。因为内部收入分配绝不是平等的，全球不平等必然高于未加权的国际不平等。这也意味着全球收入分配的变化是多种力量混合作用的结果，包括：国家间收入分配发生了什么变化；富裕国家和贫穷国家人口增长发生了什么变化；以及国家内收入分配发生了什么变化。证据表明了什么？就历史记录而言，布吉尼翁和莫里森（Bourguignon and Morrisson，2002）尝试使用 33 个国家（或国家集团）的样本计算追溯至 1820 年的世界居民不平等以及采用收入等分衡量国内收入不平等（把最高等分的收入获得者分为两部分）。结果如表 2—2 所示。可以看出全球基尼系数在 1820 年已经为 0.5，为国际不平等水平的两倍多，暗含国内收入不平等即使不大于国际不平等，也和其一样大。随着时间的推移，全球不平等扩大了，但是其原因是国际不平等的扩大，而不是更大的国内不平等。相反，在很多国家收入不平等在历史上是缩小的，特别是世界上较为富裕的国家。布吉尼翁和莫里森计算的国内不平等能解释 19 世纪上半叶 80％ 的全球不平等，那时多数国家或多或少处在同样的收入水平，但是到 1950 年，由于国家间不平等的增加，国内不平等只能解释全球不平等的 40％。现在这种贡献大约为 20％。全球不平等的基尼系数似乎在 20 世纪 70 年代后期达到最高，为

0.66，并且此后几乎保持稳定。至少这种变化和自 1820 年以来难以解释的增加相比看上去是较小的。但是相互矛盾的力量仍在起作用。国际不平等仍在扩大，但是和过去相比速度较慢，这是由于印度和中国的快速增长；一些国家内的收入分配的差距缩小，但是在中国和印度收入分配的差距是扩大的，尤其是在农村和城市部门之间。这可能也是现在阻碍全球收入分配的差距下降的最大的力量。

萨拉-伊-马丁（Sala-i-Martin，2002）的研究涵盖了 1970—1998 年的大部分时间，将 125 个国家的收入分配相加。除去较大样本，计算得来的全球基尼系数与布吉尼翁和莫里森的数值惊人地相似。1970 年的估值是 0.66（见表 2—2），随后逐渐下降到 1998 年的 0.63。略微下降的解释是下"尾部"的累积收入分配向右移动的幅度比上"尾部"大，大部分归因于中国和印度的发展。这两个国家快速的增长使得数以百万的人口收入上升到贫困线以上，并且减小了与较富裕国家的相对收入差距，这也足够抵消前文提到的在中国和印度内部的收入分配恶化的影响。尽管如此，我们再次证实全球不平等的规模仍然很大。

米拉诺维奇（Milanovic，2005）也从事一项艰巨的任务，从近 100 个国家 360 个家户样本统计 1988 年、1993 年和 1998 年的收入和支出，涵盖了世界人口的 80%～90%。有 86 个国家三年所有的数据，占世界人口的 84%。对相同的国家样本，使用按购买力平价衡量的家户收入或支出计算得到的全球基尼系数在 1988 年是 0.62，1993 年是 0.65，1998 年是 0.64。对于国家的全样本（1988 年 102 个；1993 年 121 个；1998 年 122 个）基尼系数和相同的国家样本恰好相同。这些估计值和萨拉-伊-马丁的估计惊人地相似，尽管样本不同，并且收入计算方式也不同。家户统计的收入或支出的均值会小于人均收入（或人均 GDP），因为前者不包含税和公共产品供给。但是，米拉诺维奇指出，如果所有调查收入同比例增加人均 GDP 和调查均值的比率，基尼系数几乎不变：1988 年 0.64；1993 年 0.66，以及 1998 年 0.64。在对于全球不平等的估计中，除去小部分能够被国家内的不平等所解释，70%～80% 归因于国家间收入均值的不同。这些结果被爱德华（Edward，2006）证实了，他使用国家消费分配数据，并把它们调整为按购买力平价计量的全球分配（用 1993 年和 2001 年美元）。全球基尼系数估计值在 1993 年为 0.61，2001 年为 0.614。超过 80% 的这种不平等是国家间差别的结果。

所有的证据和研究均表明较大程度上存在世界收入分配的不平等，而且并未得到改善。这种发展差距自然会延伸到人类福利的其他方面，如健康、营养、预期寿命、教育、就业机会等，我们会在本章后面的部分以及第 3 章论述。联合国开发计划署把世界描述为"超大的巨兽，人类和经济不平等的怪物"[1]。当然，这是一种规范性表述，但是经济学家们不会害怕作出规范性表述，如巴苏（Basu，2006）所描述的，"最富有的和最贫困的人们之间的裂痕太大了，地球上的贫困程度是不可接受的。我相信将会有那么一天，当回顾今天的世界时，人类会感到惊讶，我们是多么原始，竟然能够忍受这种不平等现象的存在"。

很多其他数据能够说明巨大不平等的存在。世界上最富有的 1% 的人获得的收入和底层 60% 的人所获得的收入一样多。或者，换句话说，最富有的 6 000 万人获得的收入和 27 亿穷人一样多。最富有的 2 500 万美国人的全部收入和世界上最穷的 20 亿人的全部收入相等。全世界 400 个亿万富翁（大多数在富裕国家）的资产超过将近世界总人口一半的收入总额。

最能唤起大家共鸣的图形来自韦德（Wade，2001），他将世界人口从最贫困到最富有分成相等的 20% 的份额（五等分），而后说明每个份额的人所获得的收入百分比。有趣且具有讽刺意味的是，图形像一个高脚杯，穷人手里是非常细小的脚，而富人手里是装有香槟的宽大且敞开的碗（见图 2—2）。

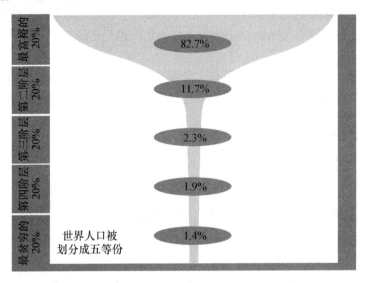

图 2—2　世界收入分配图（百分比，人口五等分按收入排序）

下面我们探讨一些关于国别人均收入的计量和可比性，以及贫困计量本身的技术问题。

■ 第二节　人均收入与发展的计量

□ 一、人均收入的计量和可比性

当我们使用人均收入数字计量贫困、区分穷国与富国、比较不同国家长期发展速度时，必须始终要记住计量国家间的实际人均收入和生活水平的困难。有两个问题需要讨论。第一个问题与发展中国家的国民收入核算有关。第二个问题是把每个国家用本国货币表示的人均收入转换成一个共同的计算单位（即美元），以便能够对生活水平作出有意义的国际比较。这就产生了人均收入的购买力平价估计这样的题目。

首先，讨论一下国民收入核算问题。首先要记住的是，只有在市场上生产和销售的产品才被包括在国民收入之中，或者按照产出法计量，或者按照支出法计量。发展中国家大量的产出从不进入市场，特别是在农村地区，生产是为了自己消费。如果不考虑自给部门，将会低估了国民收入，从而低估了人均收入。这一点也意味着，随着货币经济的扩展和经济活动从家庭和自给部门转到市场，长期增长的估计将会偏向上升。而且，如果不考虑一些国家的自给部门，比较这些国家的历史的各个阶段，比较各国增长率是不适当的。自 20 世纪 60 年代以来所观察的发展中国家 GDP 增长的趋势，可能部分是统计幻觉，它产生于非正规的自给部门和现代交换部门之间平衡的变化。

其次，除偏离和价格缩减指数的选择问题之外，在农村经济中计量货币国民收入还有一些纯粹的实际困难，在农村，通讯很差，文盲率很高，很多产品不是为了市场交换而生产和消费的。发展中国家之间自给经济程度的差别和收集数据的难易程度的差别，可能会非常明显地影响到这些国家与世界其他国家之间国民收入和人均收入差别的估计。现在，一些国家正在努力对从未进入市场的生产进行估计，但这种估计很可能产生较大的误差。

世界上 60% 的人口可能仍然靠每年 1 000 美元生活，这个难以置信的事实表明，自给部门在大多数发展中国家一定发挥着很大的作用。但这还不是这个事实的全部。

□ 二、 购买力平价（PPP）

另外一部分事实，也许是很重要的部分是，当发展中国家以本国货币计量的国民收入由官方汇率转换成美元（作为共同的计算单位）时，这些国家的生活水平被低估了。如果美元作为计算单位，用美元表示的 X 国的人均收入是由 $\frac{\text{GNP}_X}{\text{人口}} \div$ 汇率给出的。例如，如果 X 国的 GNP 是 1 000 亿卢比，它的人口是 500 万，且 10 卢比兑换 1 美元，那么，X 国按美元表示的人均收入是 1 000 亿/500 万÷10＝2 000 美元。但是，如果两国的生活水平用这种方法进行比较，就必须假定，X 国的 10 卢比能够像在美国 1 美元那样买到同样的生活水平。不过，众所周知，两国货币的官方汇率不是两国购买力平价的良好尺度，特别是对于在不同发展水平上的国家更是如此。原因是，汇率主要是由以贸易商品为基础的货币供求决定的，其价格在国际上相等。但是，购买力平价不仅取决于贸易商品的价格，而且还取决于非贸易商品的价格，后者主要是由单位劳动成本决定的，这就倾向于国家越穷，这些成本就越低。一般可以说，一国越穷、发展水平越低，非贸易商品对贸易商品的价格比例就越低，官方汇率的使用就越低估了用美元计量的该发展中国家的生活水平。

我们举一个简单的例子。汽车是一个国际贸易商品。假设一个特定样式的汽车的价格是 10 000 美元，10 卢比兑换 1 美元。忽视运输成本、关税等，印度汽车的价格将是 10 000 美元×10＝100 000 卢比，否则，汽车销售商将会在最便宜的市场上购买、在最昂贵的市场上销售。需求和供给的力量将使贸易商品的价格相等。但是，我们现在考虑一下诸如理发这样的非贸易品。假设美国的理发成本是 10 美元。按照官方汇率，印度的理发成本应该是 100 卢比。但是事实上假设它只要 25 卢比。这意味着就理发而言，卢比的价值被低估了 4 倍。理发的购买力平价汇率是 10 美元/25 卢比，或者 1 美元＝2.5 卢比。如果 X 国用卢比计量的国民收入除以 2.5 而不是 10，那么该国用美元表示的国民收入，从而美元人均收入，现在就要高出 4 倍，即人均 8 000 美元，而不是上述例子中的 2 000 美元。

随着经济的发展，非贸易商品相对于贸易商品的价格比例倾向于上升，因为非贸易商品的工资水平在上升，但生产率增长缓慢——比贸易商品部门要慢。所以，为了进行收入和生活水平的有意义的国际比较，所需要的是国家之间的购买力平价尺度，或实际汇率。

为了进行两国比较（一国对另一国）和多国比较（在这种比较中，任何一国的货币可以充当一个记账单位而不会改变国家间的生活水平比例），有几种构建购买力平价比例的方法。

构建两个国家（如印度和美国）之间的购买力平价比例的最常用的方法是，通过在每个国家挑选一篮子可比商品和服务，并对价格按每种商品在总支出中所占的比例赋予权重（w_i）。因此印度和美国之间的购买力平价汇率是：

$$PPP = \frac{w_{iI} P_{iI}}{w_{iUS} P_{iUS}}$$

其中，P_{iI} 是印度商品的价格，P_{iUS} 是美国商品的价格。

按照官方汇率计算的人均收入估计和 PPP 的人均收入估计之间的差别如表 2—1 所示。通过比较第二栏和第三栏，能够看到差别是相当大的，一般说来，国家越穷，差别越大。例如，印度的 PPP 的人均收入估计是 2 740 美元，而按官方汇率估计的是 470 美元。在肯尼亚，这个数字是 1 041 美元对 721 美元。

但是，在高收入国家，这两种估计几乎没有什么差别，使用 PPP 比率的方法，挪威享受世界上最高的生活水平，美国紧跟其后处在第二的位置。

欧文·克拉维斯（Irving Kravis，1975，1978）和他的助手们也发展了一种进行国家间人均收入多边比较的方法，这种多边比较方法使用任一国家货币作为记账单位（没有必要是美元），允许在任何两个国家之间进行直接比较。克拉维斯的开创性研究现在被他的合作者萨默斯和赫斯顿（Summers and Heston，1988，1991）定期扩展和更新了。他们已经对 1990 年以来世界所有主要国家按国际价格进行了实际人均收入的国际比较，它能够与世界银行基于官方汇率的人均收入的估计（用美元表示）进行比较。两者存在显著的差别。

□ 三、 作为发展指标的人均收入

现在，我们开始讨论用人均收入数字作为发展指标和区分发达国家与发展中国家以及穷国与富国的问题。虽然贫穷与不发达和富裕与发达之间有联系，但是有很多原因说明，为什么当只使用人均收入数字作为发展指标时，必须小心谨慎（除非把不发达定义为贫困，把发达定义为富裕）。撇开在很多国家计量收入的困难和在国家间作出比较的困难不谈，使用唯一的人均收入数字来区分发达国家与不发达国家必然会有些任意的成分，因为它忽视了国家内部的收入分配、发展潜力以及其他生活质量的物质指标的差别。低收入国家是否应该作为"不发达"或"发展中"国家，这一点没有多大的异议，但是，什么样的收入水平应该用作区分发达国家和发展中国家的标准，所有高收入国家都应该是"发达的"吗？ 在很多方面，正是国家的性质和特点决定了哪种收入水平应该作为分界线。把石油丰富的国家单独作为一类也是有意义的，它们有很高的人均收入，但不可能被认为是发达的。这一标准可见第 1 章所述。

描述不同发展阶段的术语缩写有很多。也许最有趣的一套术语缩写归于巴西经济学家罗伯托·坎伯斯（Roberto Campos），他区分了五种类型的国家：HICs，PICs，

NICs，MICs 和 DICs。这些术语分别表示几乎没有工业化的国家、部分工业化国家、新兴的工业化国家、成熟的工业化国家以及衰落的工业化国家。HICs 和 PICs 当然包含所有的低收入国家和至少是中低收入国家。NICs 包括中高收入国家和地区，如巴西、墨西哥、中国香港和新加坡等。MICs 和 DICs 包括大多数被归于工业市场经济的国家，而爱尔兰、新西兰和澳大利亚例外，它们是通过农业致富的。

但是，只要我们记住人均收入具有随意性这个缺点，有一个容易获得的、容易理解的划分国家穷富的标准仍然是很方便的，也许人均收入是我们拥有的最好的唯一指标。它也有一个正面的优点，即它集中在发展的目的上：提高生活水平和根除贫困。最后，人均收入对于各种社会的社会和经济结构不是一个坏指标。如果发展中国家根据人均收入水平定义，以便包括亚洲、非洲和拉丁美洲大多数国家，就会发现在这些洲很多国家的特征和发展障碍之间有惊人的相似性。这些特点包括：（1）从事农业的劳动力比重很高，但农业生产率很低；（2）在食物和必需品上的家庭支出比重很高；（3）出口贸易由初级产品占支配地位，进口贸易由制成品占支配地位；（4）低水平技术与很差的人力资本；（5）高出生率伴随着低死亡率；（6）人口中有很小的比例进行储蓄。

当然，有些国家根据人均收入被归于发达国家，却拥有大多数上述特点，但是这些例外是非常少的，这种情况的反面几乎是不可想象的。而且，这些国家有很多共同的社会问题，如城市失业问题越来越严重，收入分配不平等，很差的教育和卫生水平。关于这些问题，我们将在下面作详细讨论。

所以，可以说，人均收入可以被用作划分发展水平的起点，当然也能够被用来识别对发展的需要。我们在下面将必须考虑的唯一的重要保留是关于地理上的二元经济情况——在这种情况下，总量人均收入数字可能掩盖了对一国内部地域广阔的地区发展的需要，其程度与对一国自身发展的需要一样大。

但是，使用人均收入作为在某一时点上区分发达国家和发展中国家的标准与使用人均收入的增长率作为一个长期发展指标之间是有差别的。为了后一目的使用人均收入的困难是显而易见的：如果一国在一个特定阶段由于人口与总收入增长得一样快而人均收入并没有增长，人们就不得不否定这个国家发展了，即使国民产品增加了。这是把发展概念与生活水平尺度联系在一起的一个固有的缺点。

这就导致了对增长与发展的区分。没有增长的发展是难以想象的，但没有发展的增长是可能的。商业周期的上升阶段是可能有增长无发展的最明显事例；在短期迅速增长之后又倒退到相对停滞的国家中，"起飞流产"的事例是不难找到的。在历史上，阿根廷就是一个中肯的例子。另一方面，没有增长的发展几乎是不可能的。但是，如上所述，即使没有人均收入的增长，发展也是可能的。然而，使人均收入不变的发展是奇怪的和无意义的发展形式，除非人均收入的停滞只是暂时的，而且为将来的进步打下了强大的基础。因为发展的最终目的必须是提高生活水平和改善福利，虽然按人均收入度量的增加可能不是个人福利增加的充分条件，但在缺乏根本性的制度创新如"自由"产品分配时，它是一个必要条件。

收入的增加不是福利增加的充分条件，因为收入的增加涉及成本和收益。它可能是通过牺牲闲暇或生产不直接消费的产品而获得的。如果发展被看作是改善当代人的福利，那么最好的指标可能是人均工作小时（per man-hour worked）的消费。与人均收入指标相比，这个指标直接地集中于消费品所产生的直接效用，而消费品又与生产过程中工作努力这种负效用有关。

第三节　贫困的计量与千年减贫目标

□ 一、贫困的计量

世界银行把贫困定义为人们不能获得最低生活水平。这个定义引出了三个问题：我们怎样衡量生活水平？最低的生活水平是什么意思？我们如何用一个单一尺度来表示一般贫困的程度？

生活水平的最明显的尺度是个人或家庭的实际收入或支出（顾及到自产自销的产出）。然而，同样的实际收入和支出水平在不同的国家可能有不同的营养水平、寿命预期、婴儿死亡率、教育，等等，这些因素必须被看作生活水平的一个组成部分。所以，以人均收入为基础的生活水平尺度可能需要用包括其他变量的更多的尺度作为补充。我们稍后要讨论的是，联合国开发计划署（UNDP）试图建立一个人类贫困指数（human poverty index）和人类发展指数（human development index），这些指标考虑到了这些因素。

为了把穷人和不那么穷的人区别开来，必须给出一个任意的人均收入数字，它足以提供一个可接受的最低消费水平。为了计量贫困和进行国际比较，有两种主要方法用来确定一个消费贫困线：购买力平价（PPP）方法（purchasing power parity method）和食物能量方法（food energy method）。一国的购买力平价被定义为，用一美元在美国能够买到的同样数量的商品和服务在国内市场上需要多少本国的货币单位。世界银行在《世界发展报告》中发表了所有国家按购买力平价方法计算的人均收入水平（见表2—1），我们将在下面更充分地讨论购买力平价概念和它的计量方法。关于贫困的计量，这里给出一个例子，比如说，PPP贫困线是每月40美元，或者，每年480美元。根据定义，任何一个国家在这个PPP贫困线上的人拥有的购买力所获得的消费水平与其他国家处在这一贫困线上的任何人所获得的消费水平是一样的。但是，消费组合的构成很可能是不同的。PPP贫困线与从不同消费组合中获得的营养摄取量不是直接相联系的，所以，在PPP贫困线上国家之间可能存在着不同的营养状况。

确立消费贫困线的食物能量方法，是用国际上公认的最低卡路里摄入量定义的一种处理这个问题的方法。它使用消费品的营养值（非食品赋予零值）把消费品组合转换成卡路里摄入量。但是，这里的问题是，不同国家的消费者可能选择不同的食品和其他消费品组合，它们需要不同的收入来满足营养要求。实际上，社会的性质和所达到的发展阶段可能要求有不同的组合。在一些社会多余的东西在另一些社会可能被认为是必需品。联合国粮农组织（FAO）将营养不良定义为"食物摄入不能够持续有效地满足膳食能力的需求"。

因此，以消费为基础的贫困线可能被认为由两个部分构成：购买最低营养水平所需的支出的客观尺度和因国家而异的主观数量，它反映参加社会日常生活的人的成本。

所有这些都是理论上的。实践中，为了计量世界上绝对贫困的程度，世界银行只采用两个主要标准：每天1.25美元和按1995年的价格每天2美元。在早期的贫困研究中广泛引用的是之前的每天1.08美元的标准（或大约每天1美元）而不是每天1.25美元的标准，但是这一数字在2008年被世界银行修改，是因为对国别相对生活成本的重新估计（见 Chen and Ravallion，2008）。新的估计值是根据对116个国家1979—2006年间675个家户调查的结果。样本中最贫穷的15个国家平均的国家贫困线按PPP法计量是每天1.25美元，这些国家是：马拉维，马里，埃塞俄比亚，塞拉利昂，尼日尔，乌干达，冈比亚，卢旺达，几内亚比绍，坦桑尼亚，塔吉克斯坦，莫桑比克，乍得，尼泊尔和加纳。因此，将每天1.25美元的线视为全球最低生存水平。每天2美元的线是把发展中国家作为一个整体的中值贫困线。

一旦贫困线确定了，计量贫困的最简单的方法就是使用人头指标（headcount index），它只是简单地把落入贫困线以下的人数相加（给定贫困线，有时它也能以占人口的比例来表示）。对各地区的大多数最新估计值在表2—3中全部给出。2005年，生活标准低于每天1.25美元的人口数将近14亿或占世界人口的四分之一，生活标准低于每天2美元的人口数为25.6亿或大约为世界人口的40%。这些数据是惊人的。自1981年以来，生活标准低于每天1.25美元的人数大幅度减少，但是这归因于中国在减贫上的贡献。事实上自20世纪90年代早期生活标准低于每天2美元的人数没有变化。如果我们分地区观察，东亚和太平洋地区贫困快速减少，但是从绝对数上来说，在南亚、拉丁美洲和加勒比海地区，以及撒哈拉以南非洲地区，贫困是增加了。贫困最为集中的非洲50%的人口生活在绝对贫困状态，并且73%的人口生活标准每天少于2美元。

表2—3　　　　　绝对贫困和贫困率 1981—2005 年（按 2005 年的购买力平价）

地区	绝对贫困								
	每天 1 美元			每天 1.25 美元			每天 2 美元		
	1981	1990	2005	1981	1990	2005	1981	1990	2005
东亚和太平洋	921.7	623.4	175.6	1 071.5	873.3	316.2	1 277.7	1 273.7	728.7
中国	730.4	499.1	106.1	835.1	693.2	207.7	972.1	960.8	473.7
东欧和中亚	3.0	4.1	10.2	7.1	9.1	17.3	35.0	31.9	41.9
拉丁美洲和加勒比海	28.0	29.0	30.7	42.0	42.9	46.1	82.3	86.3	91.3
中东和北非	5.6	3.8	4.7	13.7	9.7	11.0	46.3	44.4	51.5
南亚	387.3	381.2	350.5	548.3	579.2	595.6	799.5	926.0	1 091.5
印度	296.1	282.5	266.5	420.5	435.5	455.8	608.9	701.6	827.7
撒哈拉以南非洲	169.4	245.2	304.2	213.7	299.1	390.6	294.2	393.6	556.7
总量	1 515.0	1 286.7	876.0	1 896.2	1 813.4	1 376.7	2 535.1	2 755.9	2 561.5
总量（不包含中国）	784.5	787.6	769.9	1 061.1	1 130.2	1 169.0	1 563.3	1 795.1	2 087.9

续前表

地区	贫困率								
	每天 1 美元			每天 1.25 美元			每天 2 美元		
	1981	1990	2005	1981	1990	2005	1981	1990	2005
东亚和太平洋	66.8	39.1	9.3	77.7	54.7	16.8	92.6	79.8	38.7
中国	73.5	44.0	8.1	84.0	60.2	15.9	97.8	84.6	36.3
东欧和中亚	0.7	0.9	2.2	1.7	2.0	3.7	8.3	6.9	8.9
拉丁美洲和加勒比海	7.7	6.6	5.6	11.5	9.8	8.4	22.5	19.7	16.6
中东和北非	3.3	1.7	1.6	7.9	4.3	3.6	26.7	19.7	16.9
南亚	41.9	34.0	23.7	59.4	51.7	40.3	86.5	82.7	73.9
印度	42.1	33.3	24.3	59.8	51.3	41.6	86.6	82.7	75.6
撒哈拉以南非洲	42.6	47.5	39.9	53.7	57.9	51.2	74.0	76.2	73.0
总量	41.4	29.5	16.1	51.8	41.6	25.2	69.2	63.2	47.0
总量（不包含中国）	29.4	24.4	18.6	39.8	35.0	28.2	58.6	55.6	50.3

图 2—3 中的图形表示世界人口在高于或低于不同人均收入水平的人数，包括每天 10 美元。世界人口的 80% 生活标准每天少于 10 美元。读过这本书的学生可能会试着靠这些微薄的收入生活并看看他们是如何过日子的！

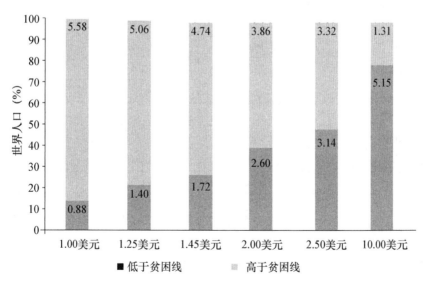

图 2—3 不同贫困水平在世界上的人口比例，2005 年

资料来源：世界银行，2008 年。

保罗·科利尔（Paul Collier，2007）称那些生活标准少于每天 1 美元的人为底层十亿（bottom billion）。根据绝对贫困的新估计值，"底层十亿"已经变为"底层十四亿"，他将"贫困陷阱"分为四种：冲突陷阱（内战）；自然资源陷阱（自然资源诅咒——见

第 3 章）；被坏邻居包锁（landlock）的陷阱；小国治理混乱的陷阱。

但是，人头指标的缺点之一是，它忽略了穷人落入贫困线以下的程度，所以，国家之间和长期的比较仅使用人头指数或贫困率不能说明全部的问题。为了克服这个缺点，贫困差（poverty gap）的概念被使用和计量。这个概念衡量低于贫困线的平均收入水平和贫困线本身之间的比例差。例如，如果贫困线是每天 1.25 美元并且穷人低于该贫困线的平均收入是每天 1 美元，那么贫困差就是（1.25 美元－1 美元）/1.25 美元＝0.2 或 20%。表 2—4 给出了 1981 年、1990 年和 2005 年不同"地区"之间的贫困差，使用每天 1.25 美元和 2 美元的标准。按每天 1.25 美元算，2005 年累积贫困差是 7.6%，按每天 2 美元是 18.6%，但需要注意的是，不同地区之间存在较大的差别。2005 年按每天 1.25 美元，东亚和太平洋地区的贫困差只有 4%，在非洲超过 20%。按每天 2 美元，非洲的贫困差是 37%。这占 GDP 的 9%。换句话说，9% 的 GDP 假如重新分配，可以把非洲的人均收入提高至超过每天 2 美元的水平。这将是一个艰巨的任务。

表 2—4　　　　　各地区贫困差指数（×100）（1981—2005 年）

(a) 每天 1.25 美元			
地区	1981	1990	2005
东亚和太平洋	35.5	18.2	4.0
中国	39.3	20.7	4.0
东欧和中亚	0.4	0.6	1.1
拉丁美洲和加勒比海	4.0	3.6	3.2
中东和北非	1.6	0.9	0.8
南亚	19.6	15.2	10.3
印度	19.6	14.6	10.5
撒哈拉以南非洲	22.9	26.6	21.1
总量	21.3	14.2	7.6
(b) 每天 2.00 美元			
地区	1981	1990	2005
东亚和太平洋	54.7	37.4	13.0
中国	59.3	40.9	12.2
东欧和东亚	1.9	2.0	3.0
拉丁美洲和加勒比海	8.9	7.8	6.7
中东和北非	7.4	4.8	4.0
南亚	40.7	35.7	28.7
印度	40.8	35.3	29.5
撒哈拉以南非洲	38.8	42.2	37.0
总量	36.5	29.1	18.6

资料来源：Chen and Ravallion，2008.

发展经济学（第九版）

世界银行目前的重点是放在根除贫困上。当 20 世纪 70 年代罗伯特·麦克纳马拉任世界银行行长时，他把绝对贫困定义为"由疾病、文盲、营养和肮脏降低的生活条件，使穷人不能获得基本的生活必需品——它具有如此大的限制性，以至于阻止了一个人生而有之的基因潜力的实现"。1992 年 5 月，当时的世界银行行长刘易斯·普雷斯顿宣布，减少贫困将作为衡量一个发展机构做得好坏的标准。并且在 2000/2001《世界发展报告》中，行长詹姆斯·沃尔芬森写道："大量贫困是世界上最大的挑战。我们世界银行的任务就是满怀热情和专业技能与贫困斗争，将此作为我们所有工作的中心"。科利尔（Collier，2007）同样写道："一个有 10 亿人赤贫的贫民区对一个舒适的世界而言变得越来越不能容忍了"。

□ 二、 达到千年减贫目标

为了到 2015 年达到绝对贫困人数比例比 1990 年减半的千年目标，需要人均收入水平持续地增长。为计算增长的需要，有必要确定贫困率对人均收入的弹性。该弹性能够使用下式估计出来：

$$\log P_i = a + b\log PCY_i \tag{2.1}$$

其中 P_i 是对国家 i 的人头贫困率，PCY_i 是人均收入水平，b 是贫困率的弹性。贝斯勒和伯吉斯（Besley and Burgess，2005）计算了把发展中国家作为整体以及不同地区的这种弹性。结果如表 2—5 所示。对全部国家样本来说，弹性是 0.73，即人均收入增长 1%（给定的收入分配）意味着贫困率下降 0.73%。我们来看一个例子。假如贫困率在 1990 年是 50%，并且目标是在 2015 年减为 25%，也就是说使 1990 年贫困率减半。在弹性为 0.73 时，这就要求人均收入增长大约 70%（即 50%/0.73），或 25 年每年增长 3%。如果人口增长是每年 1.5%，这就意味着 GDP 每年增长 4.5%。这个速度相对比较高，但是与一些国家近来的发展也基本上是一致的。事实上，从表 2—3 给出的贫困率来看，东亚和太平洋地区已经达到这个千年发展目标了。在 1990 年，按每天 1.25 美元的贫困率是 54.7%，到了 2005 年是 16.8%。东亚和太平洋地区之外的一些国家也可以达到这个目标，但是仍有很多国家不能达到，尤其是在非洲和南亚。例如，在这个地区中，与 1990 年 51.7% 的贫困率相比，2005 年仍达 40.3%。要达到 2015 年大约 25% 的目标，还要降 15 个百分点或 35%（如（15/40）×100）。如果增长的贫困率弹性是 0.59（如表 2—5 的计算），这就要求人均收入水平增长 60%（＝0.35/0.59），或者连续 10 年每年平均增长 6%；甚至更高的 GDP 增长率。而对于需要更大降幅和更小增长的贫困率弹性的非洲，则要求更快的增长率。根据陈和拉瓦雷（Chen and Ravallion，2008）的研究，中国之外的国家从 1981 年到 2005 年年均减贫率为 0.44 个百分点每年，所以除去中国，世界不能达到 2015 年贫困率比 1990 年减半的千年发展目标。2005 年的贫困率是 28.2%。2005—2015 年每年减少 0.44 个百分点，到 2015 年可以减少 4.4 个百分点或者贫困率从 28.2 降到 23.8，仍然高于目标值 6.3 个百分点。

得出的令人沮丧的结论是：很多国家，尤其是在非洲，不能够完成千年减贫目标——必要的增长率太高——除非通过收入和财富再分配以及制度变革从"底层"解决贫困问题。这也是世界银行解决贫困问题的"新"方法。

表 2—5 全球增长和贫困，1990—2015 年

	整体样本	东亚和太平洋地区	东欧和中亚	拉丁美洲和加勒比海	中东和北非	南亚	撒哈拉以南非洲
人均收入水平的贫困率弹性	−0.73	−1	−1.14	−0.73	−0.72	−0.59	−0.49
到 2015 年贫困率减半的年增长率（%）	3.8	2.7	2.4	3.8	3.8	4.7	5.6
历史增长率 1960—1990 年（%）	1.7	3.3	2	1.3	4.3	1.9	0.2

资料来源：Besley and Burgess，2003.

三、从"底层"解决贫困

贫困问题不仅仅意味着低收入和消费，以及就教育和医疗保健而言的人类发展的低水平，还包括由于穷人的不自由，生活在生存的边缘状态易于遭受更大的风险而带来的无权、脆弱和恐惧的感觉。

它对穷人意味着什么，在世界银行的研究报告（*The Voice of the Poor*）（《穷人的声音》）中得到了很好的阐述。该书询问了 60 个国家 6 万名穷人对物质和精神状态的感受。这些回答包含在案例 2.1 中，这些回答既令人动容又发人深省。最重要的是感到无助、屈辱和缺乏自尊。

世界银行提出了一个三管齐下的减贫战略：**促进机会，赋予权利和提升安全**。

促进机会部分是通过经济增长的过程扩大穷人经济上的机会，另外部分是扩大穷人的资产基础和增加这些资产的回报。个人贫困的主要原因是缺少财产或财产回报率低。重要的财产能够使人们摆脱贫困，这些财产包括：（1）自然财产，如土地；（2）人力财产，如教育和健康；（3）金融财产，如借贷渠道；（4）社会财产，如人际网络。一次性获得财产回报依赖于一个国家的制度安排、经济绩效和世界经济的运行。国家在扩大穷人的财产中发挥着重要作用，因为穷人缺乏渠道、权力和担保品，市场对他们不能很好地发挥作用。国家可以通过三个重要途径提供帮助：第一，使用自身权力重新分配资源；第二，通过制度改革提供更为有效率的服务，尤其是在卫生和教育领域；第三，通过促进对穷人的雇佣计划来帮助他们获得财产，如土地和信贷。

▶ **案例 2.1** 《穷人的声音》

60 个国家的穷人被要求分析和分享他们对于"幸福"（一种好的生活经历）和"不幸福"（一种差的生活经历）的想法。

对幸福的描述是不同的，如高兴、和谐、和平、远离焦虑和平和的心态。俄罗斯人说："幸福是不用总是担心缺钱的生活"。在孟加拉国，"远离焦虑是幸福"。在巴西，"不需要经过如此多的沟沟坎坎是幸福"。

人们把不幸福描述为缺乏物质，经历糟糕，对自己感觉很差。来自牙买加的一群年轻人将缺乏自信排在最影响贫困的第二位："贫困意味着我们不相信自己，我们很少走

出社区之外——如此灰心丧气，以至于整天都被锁在屋子里。"

虽然不幸福和贫困的内涵因地点和人而不同——政策反映的事必须要考虑——这在国家间是一个惊人的共性。这一点并不令人惊讶，物资上的幸福被证明是非常重要的。缺少食物、住所和衣服在每个地方都作为至关重要的问题被提到。在肯尼亚，一个人说："不要问我什么是贫困，因为你已经在我的房子外面看到了。看看这房子，数一数那些墙洞。看看我的工具和我穿的衣服。看看所有这一切并记录下你所看到的。你看到的就是贫困。"

除了物质上的，身体上的不健康也是贫困的显著特征。当缺少食物导致很差的身体时——或者当身体很差导致没有能力挣得收入时，这两者就融为一体了。人们谈论看上去肥胖的重要性。埃塞俄比亚的穷人说："我们骨瘦如柴"，"我们缺少食物而感到苍白无力"，在谈到生活时，"使你比实际年龄要老得多"。

收入保障也是和健康紧密相连的。但是无保障超出了不健康。穷人时常提及犯罪和暴力。在埃塞俄比亚的女人说："我们的生活每小时"都担心是否会下雨。一个阿根廷人说："你有工作，那么你就很好。如果没有，你就要挨饿。就是这样。"

不幸福和贫困两个社会方面也显露出来。对于很多穷人来说，幸福意味着选择和行动的自由以及掌控自己生活的权利。一个牙买加年轻妇女谈到贫困"就像生活在监狱，活在绷带中，等待被解脱"。

和这些感受相连的是作为社会福祉的幸福定义和对贫困耻辱的评论。如同一位保加利亚的老妇人所说："过得好就是看着你的孙子快乐和穿得好，而且知道你的孩子都过得很安稳；无论他们什么时候来看你都能够给他们食物和钱，而不是向他们寻求帮助和要钱。"一个索马里谚语捕捉到了另外一个方面："长期病痛和持续贫困会使人讨厌你。"

以下所引用的话是对在贫困中生活的诠释：

> 当然我们家是小农耕作；所有从商店买来的商品和物质都很贵；生活很艰难，我们工作但收入很少，只能购买很少的东西或商品；商品很缺乏，没有钱而且我们感觉很穷。（来自厄瓜多尔一组贫困男女的讨论）

> 当我丈夫病倒后，我们家庭面临一场灾难。我们的生活戛然而止，直到他恢复过来并且重新回去工作。（贫困妇女，查维特·苏尔坦，埃及）

> 贫困是令人羞愧的，当我们寻求帮助时要看他们的脸色，并且被迫接受粗鲁、侮辱和冷漠。（贫困妇女，拉脱维亚）

资料来源：世界银行，2000 年。

经济增长对减贫是绝对关键的，这一点最近也被以诺贝尔奖获得者、经济学家迈克尔·斯宾塞（Michael Spence）为首的世界银行增长和发展委员会所强调（世界银行，2008）。在一个停滞的经济中，贫困是不可能减少的。委员会发现国家间收入和消费的平均增长与生活标准每天少于 1 美元的人口比例之间有很强的负相关关系。收入增长每低于平均值 1 个百分点导致生活在贫困中的人口比例增加 2 个百分点。

另一方面，具有相同增长率的国家对应不同的减贫率。这是收入分配、财产和机会获取方面不平等的结果。与不平等比较突出的国家相比，收入分配较为平等的国家的增长对于减贫更有效率。据世界银行估计，当不平等程度比较低时，增长对减少贫困的效果是不平等程度高时的近两倍。如果在拉丁美洲和撒哈拉以南非洲地区的收入不平等仍然得不到改变，哪怕人均收入到 2015 年保持在每年 4% 的增长率，世界银行的减贫目标也不能实现。

赋予权利是世界银行的思想与 1990 年的报告相比的一个新起点。赋予穷人权利意味着增强穷人在决策中的参与；消除各种形式的歧视——种族、宗教、性别——并且制定更多考虑和响应穷人想法的国家制度。这里最大的挑战是改革穷国的制度结构——这些制度结构使得社会中一部分弱势群体被持续地边缘化、遭受歧视和被剥夺公民权利。法律、教会、官员和地方精英，以及风俗和传统都在起作用。国家可以通过如下手段向人们赋权：（1）遏制腐败和骚扰，并使用政府权力重新分配可行资源，使穷人受益；（2）确保司法系统公正并且便利穷人；（3）确保给地方的服务不被地方精英所侵占；（4）鼓励穷人参与政治进程；（5）政治上对反贫困的各项公共行动给予支持。

提升安全意味着减少穷人对各种不安全因素的脆弱性，这些不安全因素呈现出多种形式，如经济冲击、自然灾难、作物歉收、疾病、暴力、战争等；以及帮助人们应对不利冲击。案例 2.2 中提供了穷人所面临的各种风险。这种对风险的脆弱性要求有一系列风险管理的保险机制，如：健康和老年保险；失业保险和劳动力培训计划；社会基金和现金转移支付；微金融项目；抗作物歉收和价格不稳定的保险，等等。

但是，世界银行指出，改善机会、赋予权利和提升安全是对付贫困问题的必要条件，但在一个相互依赖和全球化的经济中并不是充分条件。国际行动同样需要以至少五种方式来帮助穷人：（1）促进全球金融稳定和减少经济危机的风险；（2）对穷国的商品开放市场（尤其是在发达国家）；（3）鼓励国际公共产品的生产，使穷人受益，例如疾病控制、农业研究和知识传播；（4）更多的外援和债务减免；（5）让穷国及其人民在全球论坛和多边机构，如世界银行、国际货币基金组织和世界贸易组织，有更大的发言权。

▶ **案例 2.2**　　　　　　　　　　　**穷人面临的风险**

1. 疾病和伤害

穷人常生活和工作在容易使他们面临更多疾病和伤害的环境中，并且他们很少能获得医疗保健。他们的健康风险和食物的可得性息息相关，这种可得性几乎遭受到穷人所面临的所有风险的影响（自然灾难、战争、农业歉收和食物价格波动）。传染病主要集中在穷人中间，呼吸道传染是导致死亡的原因。最近关于印度贫困的一项研究发现，穷人感染肺结核的概率是富人的 4.5 倍，并且两岁之前一个孩子夭折的概率两倍于富人。

疾病和伤害对家庭不仅造成了直接损失（预防、护理和治疗），还带来了机会成本（生病时损失的收入或教育）。疾病的时点、持续时间和频率也会影响到它的冲击力。一个对南印度的研究发现农户在农闲季节生病能够得到补偿，但是在农忙季节生病则会带来巨大的收入损失，特别是对小农而言时常会产生成本高昂的非正规借款。

2. 年老

很多风险是和年迈相关的：疾病、社会孤独、不能继续工作以及对转移支付能否提供一个充足的生活的不确定。老年人中的贫困差别很大。在很多拉丁美洲国家，老年人口中发生贫困的比例一般要比总人口中的比例小。相反，在很多前苏联地区国家中，老年人口的贫困程度要高于平均值，尤其是对 75 岁及以上的老人。妇女，由于她们具有更长的预期寿命，构成了老年人的主体，并且她们比男性老年人更容易陷入贫困。在发展中国家，老年人口在接下来的数十年伴随快速的人口转变将会显著增加。

与穷人的询谈表明收入保障是老年人首要关注的，其次是就近获得医疗服务、合适的住房、家庭和社区的生活质量。隔离、孤独和恐惧也常常是老年人生活的标志。

3. 犯罪和国内暴力

犯罪和国内暴力会减少收入并且使得摆脱贫困更难。而富人能够雇佣私人保镖和加固他们的家，穷人则无力保护自己免受侵犯。在巴西圣保罗，1992 年贫民区青少年男性谋杀率是富人区的 11 倍。穷人时常表达他们对暴力的恐惧和对后果的无能为力："我不知道要相信谁——警察还是罪犯。"

犯罪也会间接伤害穷人。在学校里面临暴力威胁的孩子成绩更差。一项对厄瓜多尔、匈牙利、菲律宾和赞比亚的城市社区的研究表明，困难的经济条件导致社会资本的丧失，因为社区组织参与减少，居民间非正式联系减弱，团伙暴力、破坏行为和犯罪增加。这样，暴力和犯罪可能剥夺了穷人减少脆弱性的两种最佳手段：人力资本和社会资本。

4. 失业和其他劳动力市场风险

劳动力市场风险包括由宏观经济危机或政策改革导致的失业、工资下降以及不得不从事在非正式部门的不稳定的和低质量的工作。第一批在公共部门的裁员中下岗的工人通常是那些技术含量低的，而后加入到城市穷人的行列；这一情况出现在 20 世纪 80 年代和 90 年代早期的非洲和拉丁美洲的结构调整改革中。东亚危机也表现出对劳动力市场的明显影响，真实工资和非农就业在所有受到影响的国家中都下降了。随着东欧和前苏联地区国家的国有企业私有化，那些文化较低和技能落后的工人下岗之后已没有能力在新兴行业工作，因此他们的贫困增加了。

劳动需求的波动对妇女和青年工人造成了不成比例的影响。大多数公共部门的紧缩计划对妇女就业的影响要比对男性就业的影响大，而妇女和男性相比更有可能在小公司工作，小公司对需求波动更敏感。随着收入下降，穷人家庭尝试去增加他们在劳动市场的参与，特别是妇女和儿童。

5. 歉收和食物价格波动

与气候相关的不确定性（主要是降雨）、植物病虫害给所有农民带来了收获的风险，但是在贫困地区减少这些风险的技术（灌溉、杀虫剂、抗病品种）较少。1994—1996年，在低收入和中等收入的国家能得到灌溉的庄稼地比例不到 20%（在撒哈拉以南非洲地区，这种土地的灌溉率还不到 4%）。

食物价格的波动和风险有关。由于穷人家庭收入的很大一部分都花费在食物上，甚至很小的价格上升都能严重影响到食物的摄取。所有食物都靠购买的家户要比从自给农业中获取食物需求的家户更为脆弱。

市场自由化通常提高了大宗商品的价格，这对粮食净销售者的小农来说是有利的，但粮食净购买者的城市穷人和失地农村穷人则受到了伤害，而对于从事季节性转换的农民来说，在收割后粮食充裕时便宜地出售食品，当食品缺乏并且昂贵时则购买食品。交通设施良好的地方，贸易商能够进入并且通过长期套利使价格趋同，但是在很多地区缺乏这种良好的基础设施。

资料来源：世界银行，2000 年。

～～～～～～～～～～～～～～～～～～～～～～～～～～～～～～～～～～～～～～

□ 四、 人类发展指数与人类贫困指数

为了克服把单一的人均收入尺度作为发展指标的局限性和使用人均收入作为生活水平尺度的问题，联合国开发计划署提出了两个选择性的指标：人类发展指数（HDI）和人类贫困指数（HPI）。根据两个指标，可以比较各国的发展水平和进步。这些指数在计量各国的经济福利方面与通常使用的计量尺度不一定是一致的。正如联合国开发计划署在《2004 年人类发展报告》中指出的，"虽然 GNP 的增长对于满足所有基本人类目标是绝对必要的，但是各国在把增长转化为人类发展的方式上是千差万别的。"该机构把人类发展定义为"扩大人类选择的过程"。这不仅决定于收入，而且还决定于寿命预期、教育、识字率和卫生服务等其他社会指标。

我们首先考虑人类发展指数，因为联合国开发计划署使用这一指标对各国进行排名。人类发展指数是建立在如下三个变量基础上的：（1）出生时的预期寿命；（2）教育程度，按照成人识字率（三分之二权重）以及综合的初级、中级和高级学校入学率（三分之一权重）的结合来计量；（3）生活水平，按照用购买力平价方法计算的实际人均收入来计量。

这些变量如表 2—6 的前 4 栏所示。为了建立这个指数，需要对每个变量使用固定的最小值和最大值。对于出生时的寿命预期，其范围是 25～85 岁；对于成人识字率，其范围是 0～100%；对于实际的人均 GDP，其范围是 100～40 000 美元。对于 HDI 的任一个因素，单个指数都能够按照如下一般公式来计算：

$$指数 = \frac{实际值 - 最小值}{最大值 - 最小值} \tag{2.2}$$

每个指数的范围从 0 到 1。如果变量的实际值就是最小值，那么其指数就等于 0。如果实际值等于最大值，其指数就是 1。我们以印度的寿命预期作为例子。印度的寿命预期是 63.4 岁，如果我们把这个值代入公式（2.2），就得到：（63.4－25）/（85－25）＝38.4/60＝0.64。[3]

表 2—6 的第 5、第 6 和第 7 栏分别提供了这三个指数。人类发展指数是三个指数的平均数，由第 8 栏给出。各国（地区）是按照从最高值到最低值的顺序排列的。然后，把各国（地区）的人类发展指数排序，与其人均收入排序进行比较（见第 9 栏）。在发展中国家（地区），有些国家（地区）显示出人类发展指数排序比人均收入排序要高得多，另一些国家（地区）则相反。前一类国家（地区）包括古巴、缅甸、厄瓜多尔和很多前苏联地区国家，而后一类国家（地区）包括很多石油生产国，如沙特阿拉伯、伊朗、安哥拉和赤道几内亚，以及南非和博茨瓦纳。

人类贫困指数是建立在三个主要指数基础上的：（1）预期不会活到 40 岁的人口所占的比例（P_1）；（2）成人识字率（P_2）；（3）建立在以下三个变量平均数基础上的剥夺指数（P_3）：没有获得安全饮用水的人口百分比；没有获得医疗保健服务的人口百分比；5 岁以下儿童体重低于平均水平的百分比。

表2—6

2007 年人类发展指数及其构成

HDI排序	人类发展指数，2007 年	出生时的预期寿命（岁），2007 年	成人识字率（占人口15 岁及以上人口的百分比），1999—2007 年	综合的总体教育入学率（%），2007 年	按购买力平价方法计算的人均 GDP（美元），2007 年	预期寿命指数，2007 年	教育指数，2007 年	GDP 指数，2007 年	人均 GDP 排序减去HDI 排序*
最高人类发展指数									
1 挪威	0.971	80.5	—	98.6	54 433	0.925	0.989	1.000	4
2 澳大利亚	0.970	81.4	—	114.2	34 923	0.940	0.993	0.977	20
3 冰岛	0.969	81.7	—	96	35 742	0.946	0.980	0.981	16
4 加拿大	0.966	80.6	—	99.3	35 812	0.927	0.991	0.982	14
5 爱尔兰	0.965	79.7	—	97.6	44 613	0.911	0.985	1.000	5
6 荷兰	0.964	79.8	—	97.5	38 694	0.914	0.985	0.994	8
7 瑞典	0.963	80.8	—	94.3	36 712	0.930	0.974	0.986	9
8 法国	0.961	81.0	—	95.4	33 674	0.933	0.978	0.971	17
9 瑞士	0.960	81.7	—	82.7	40 658	0.945	0.936	1.000	4
10 日本	0.960	82.7	—	86.6	33 632	0.961	0.949	0.971	16
11 卢森堡	0.960	79.4	—	94.4	79 485	0.906	0.975	1.000	−9
12 芬兰	0.959	79.5	—	101.4	34 526	0.908	0.993	0.975	11
13 美国	0.956	79.1	—	92.4	45 592	0.902	0.968	1.000	−4
14 奥地利	0.955	79.9	—	90.5	34 370	0.915	0.962	0.989	1
15 西班牙	0.955	80.7	97.9	96.5	31 560	0.929	0.975	0.960	12
16 丹麦	0.955	78.2	—	101.3	36 130	0.887	0.993	0.983	1
17 比利时	0.953	79.5	—	94.3	34 638	0.908	0.974	0.977	4

续前表

HDI排序	人类发展指数，2007年	出生时的预期寿命（岁），2007年	成人识字率（占15岁及以上人口的百分比），1999—2007年	综合的总体教育入学率（%），2007年	按购买力平价方法计算的人均GDP（美元），2007年	预期寿命指数，2007年	教育指数，2007年	GDP指数，2007年	人均GDP排序减去HDI排序*
18 意大利	0.951	81.1	98.9	91.8	30 353	0.935	0.965	0.954	11
19 列支敦士登	0.951	—	—	86.8	85 382	0.903	0.949	1.000	−18
20 新西兰	0.950	80.1	—	107.5	27 336	0.919	0.993	0.936	12
21 英国	0.947	79.3	—	89.2	35 130	0.906	0.957	0.978	−1
22 德国	0.947	79.8	—	88.1	34 401	0.913	0.954	0.975	2
23 新加坡	0.944	80.2	94.4	—	49 704	0.920	0.913	1.000	−16
24 中国香港	0.944	82.2	—	74.4	42 306	0.953	0.879	1	−13
25 希腊	0.942	79.1	97.1	101.6	28 517	0.902	0.981	0.944	6
26 韩国	0.937	79.2	—	98.5	24 801	0.904	0.988	0.92	9
27 以色列	0.935	80.7	97.1	89.9	26 315	0.928	0.947	0.93	7
28 安道尔共和国	0.934	—	—	65.1	41 235	0.925	0.877	1	−16
29 斯洛文尼亚	0.929	78.2	99.7	92.8	26 753	0.886	0.969	0.933	4
30 文莱	0.92	77.0	94.9	77.7	50 200	0.867	0.891	1	−24
31 科威特	0.916	77.5	94.5	72.6	47 812	0.875	0.872	0.92	−23
32 塞浦路斯	0.914	79.6	97.7	77.6	24 789	0.910	0.910	0.92	4
33 卡塔尔	0.91	75.5	93.1	80.4	74 882	0.841	0.888	1	−30
34 葡萄牙	0.909	78.6	94.9	88.8	22 765	0.893	0.929	0.906	8
35 阿联酋	0.903	77.3	90.9	71.4	54 626	0.872	0.838	1	−31

HDI 排序	人类发展指数, 2007 年	出生时的预期寿命（岁）, 2007 年	成人识字率（占人口 15 岁及以上人口的百分比）, 1999—2007 年	综合的总体教育入学率（%）, 2007 年	按购买力平价方法计算的人均 GDP（美元）, 2007 年	预期寿命指数, 2007 年	教育指数, 2007 年	GDP 指数, 2007 年	人均 GDP 排序减去 HDI 排序*
36 捷克	0.903	76.4	—	83.4	24 144	0.856	0.938	0.916	1
37 巴巴多斯	0.903	77.0	—	92.9	17 956	0.867	0.975	0.866	11
38 马耳他	0.902	79.6	92.4	81.3	23 080	0.910	0.887	0.908	1
高人类发展指数									
39 巴林岛	0.895	75.6	88.8	90.4	29 723	0.843	0.893	0.95	−9
40 爱沙尼亚	0.883	72.9	99.8	91.2	20 361	0.799	0.964	0.887	3
41 波兰	0.88	75.5	99.3	87.7	15 987	0.842	0.952	0.847	12
42 斯洛伐克	0.88	74.6	—	80.5	20 076	0.827	0.928	0.885	3
43 匈牙利	0.879	73.3	98.9	90.2	18 755	0.805	0.960	0.874	3
44 智利	0.878	78.5	96.5	82.5	13 880	0.891	0.919	0.823	15
45 克罗地亚	0.871	76.0	98.7	77.2	16 027	0.850	0.916	0.847	7
46 立陶宛	0.87	71.8	99.7	92.3	17 575	0.780	0.968	0.893	3
47 安提瓜和巴布达	0.868	—	99.0	—	18 691	0.786	0.945	0.873	0
48 拉脱维亚	0.866	72.3	99.8	90.2	16 377	0.788	0.961	0.851	3
49 阿根廷	0.866	75.2	97.6	88.6	13 238	0.836	0.946	0.815	13
50 乌拉圭	0.865	76.1	97.9	90.9	11 216	0.852	0.955	0.788	20
51 古巴	0.863	78.5	99.8	100.8	6 876	0.891	0.993	0.706	44
52 巴哈马群岛	0.856	73.2	—	71.8	20 253	0.804	0.878	0.886	5

第 2 章　发展的差距与贫困的计量

续前表

HDI排序	人类发展指数，2007年	出生时的预期寿命（岁），2007年	成人识字率（占15岁及以上人口的百分比），1999—2007年	综合的总体教育入学率（%），2007年	按购买力平价方法计算的人均GDP（美元），2007年	预期寿命指数，2007年	教育指数，2007年	GDP指数，2007年	人均GDP排序减去HDI排序*
53 墨西哥	0.854	76.0	92.8	80.2	14 104	0.850	0.886	0.826	-8
54 哥斯达黎加	0.854	78.7	95.9	73.0	10 842	0.896	0.883	0.782	19
55 利比亚	0.847	73.8	86.8	95.8	14 364	0.814	0.898	0.829	2
56 阿曼	0.846	75.5	84.4	68.2	22 816	0.841	0.790	0.906	-15
57 塞舌尔	0.845	—	91.8	82.2	16 394	0.797	0.886	0.851	-7
58 委内瑞拉	0.844	73.6	95.2	85.9	12 156	0.811	0.921	0.801	7
59 沙特阿拉伯	0.843	72.7	85.0	78.5	22 935	0.794	0.828	0.907	-19
60 巴拿马	0.840	75.5	93.4	79.7	11 391	0.842	0.888	0.790	7
61 保加利亚	0.840	73.1	98.3	82.4	11 222	0.802	0.930	0.788	8
62 圣基茨和尼维斯	0.838	—	97.8	73.1	14 481	0.787	0.896	0.830	-6
63 罗马尼亚	0.837	72.5	97.6	79.2	12 369	0.792	0.915	0.804	1
64 特立尼达和多巴哥	0.837	69.2	98.7	61.1	23 507	0.737	0.861	0.911	-26
65 黑山共和国	0.834	74.0	96.4	74.5	11 699	0.817	0.891	0.795	1
66 马来西亚	0.829	74.1	91.9	71.5	13 518	0.819	0.851	0.819	-5
67 塞尔维亚	0.826	73.9	96.4	74.5	10 248	0.816	0.891	0.773	8
68 白俄罗斯	0.826	69.0	99.7	90.4	10 841	0.733	0.961	0.782	6
69 圣卢西亚	0.821	73.6	94.8	77.2	9 786	0.810	0.889	0.765	8
70 阿尔巴尼亚	0.818	76.5	99.0	67.8	7 041	0.858	0.886	0.710	23

HDI排序	人类发展指数，2007年	出生时的预期寿命（岁），2007年	成人识字率（占15岁及以上人口的百分比），1999—2007年	综合的总体教育入学率（%），2007年	按购买力平价方法计算的人均GDP（美元），2007年	预期寿命指数，2007年	教育指数，2007年	GDP指数，2007年	人均GDP排序减去HDI排序*
71 俄罗斯联邦	0.817	66.2	99.5	81.9	14 690	0.686	0.933	0.833	−16
72 马其顿（属于前南斯拉夫共和国）	0.817	74.1	97.0	70.1	9 096	0.819	0.880	0.753	8
73 多米尼加	0.814	—	88.0	78.5	7 893	0.865	0.848	0.729	10
74 格林纳达	0.813	75.3	96.0	73.1	7 344	0.838	0.884	0.717	18
75 巴西	0.813	72.2	90.0	87.2	9 567	0.787	0.891	0.761	4
76 波黑	0.812	75.1	96.7	69.0	7 764	0.834	0.874	0.726	11
77 哥伦比亚	0.807	72.7	92.7	79.0	8 587	0.795	0.881	0.743	4
78 秘鲁	0.806	73.0	89.6	88.1	7 836	0.800	0.819	0.728	7
79 土耳其	0.806	71.7	88.7	71.1	12 955	0.779	0.828	0.812	−16
80 厄瓜多尔	0.806	75.0	91.0	—	7 449	0.833	0.866	0.719	11
81 毛里求斯	0.804	72.1	87.4	76.9	11 296	0.785	0.839	0.789	−13
82 哈萨克斯坦	0.804	64.9	99.6	91.4	10 863	0.666	0.965	0.782	−10
83 黎巴嫩	0.803	71.9	89.6	78.0	10 109	0.781	0.857	0.770	−7
中等人类发展指数									
84 亚美尼亚	0.798	73.6	99.5	74.6	5 693	0.810	0.909	0.675	16
85 乌克兰	0.796	68.2	99.7	90.9	6 914	0.720	0.960	0.707	9
86 阿塞拜疆	0.787	70.0	99.5	66.2	7 851	0.751	0.881	0.728	−2
87 泰国	0.783	68.7	94.1	78.0	8 135	0.728	0.888	0.734	−5

续前表

HDI 排序	人类发展指数, 2007 年	出生时的预期寿命（岁）, 2007 年	成人识字率（占 15 岁及以上人口的百分比）, 1999—2007 年	综合的总体教育入学率（%）, 2007 年	按购买力平价方法计算的人均 GDP（美元）, 2007 年	预期寿命指数, 2007 年	教育指数, 2007 年	GDP 指数, 2007 年	人均 GDP 排序减去 HDI 排序*
88 伊朗	0.782	71.2	82.3	73.2	10 955	0.769	0.793	0.784	-17
89 格鲁吉亚	0.778	71.6	100.0	76.7	4 662	0.777	0.916	0.641	21
90 多米尼加共和国	0.777	72.4	89.1	73.5	6 706	0.790	0.839	0.702	7
91 圣文森特和格林纳丁斯	0.772	71.4	88.1	68.9	7 691	0.774	0.817	0.725	-2
92 中国大陆	0.772	72.9	93.3	68.7	5 383	0.799	0.851	0.665	10
93 伯利兹	0.772	76.0	75.1	78.3	6 734	0.851	0.762	0.703	3
94 萨摩亚群岛	0.771	71.4	98.7	74.1	4 467	0.773	0.905	0.634	19
95 马尔代夫	0.771	71.1	97.0	71.3	5 196	0.768	0.885	0.659	9
96 约旦	0.770	72.4	91.1	78.7	4 901	0.790	0.870	0.650	11
97 苏里南	0.769	68.8	90.4	74.3	7 813	0.729	0.850	0.727	-11
98 突尼斯	0.769	73.8	77.7	76.2	7 520	0.813	0.772	0.721	-8
99 汤加	0.768	71.7	99.2	78.0	3 748	0.778	0.920	0.605	21
100 牙买加	0.766	71.7	86.0	78.1	6 079	0.778	0.834	0.686	-2
101 巴拉圭	0.761	71.7	94.6	72.1	4 433	0.778	0.871	0.633	13
102 斯里兰卡	0.759	74.0	90.8	68.7	4 243	0.816	0.834	0.626	14
103 加蓬	0.755	60.1	86.2	80.7	15 167	0.584	0.843	0.838	-49
104 阿尔及利亚	0.754	72.2	75.4	73.6	7 740	0.787	0.748	0.726	-16
105 菲律宾	0.751	71.6	93.4	79.6	3 406	0.777	0.888	0.589	19

HDI排序	人类发展指数，2007年	出生时的预期寿命（岁），2007年	成人识字率（占15岁及以上人口的百分比），1999—2007年	综合的总体教育入学率（%），2007年	按购买力平价方法计算的人均GDP（美元），2007年	预期寿命指数，2007年	教育指数，2007年	GDP指数，2007年	人均GDP排序减去HDI排序*
106 萨尔瓦多	0.747	71.3	82.0	74.0	5 804	0.771	0.794	0.678	−7
107 叙利亚	0.742	74.1	83.1	65.7	4 511	0.818	0.773	0.636	5
108 斐济	0.741	68.7	—	71.5	4 304	0.728	0.868	0.628	7
109 土库曼斯坦	0.739	64.6	99.5	—	4 953	0.661	0.906	0.651	−3
110 巴勒斯坦	0.737	73.3	93.8	78.3	—	0.806	0.886	0.519	—
111 印度尼西亚	0.734	70.0	92.0	68.2	3 712	0.758	0.840	0.603	10
112 洪都拉斯	0.732	72.0	83.6	74.8	3 796	0.783	0.806	0.607	7
113 玻利维亚	0.729	65.4	90.7	86.0	4 206	0.673	0.892	0.624	4
114 圭亚那	0.729	66.5	—	83.9	2 782	0.691	0.939	0.555	13
115 蒙古	0.727	66.2	97.3	79.2	3 236	0.687	0.913	0.580	10
116 越南	0.725	74.3	90.3	62.3	2 600	0.821	0.810	0.544	13
117 摩尔多瓦	0.720	68.3	99.2	71.6	2 551	0.722	0.899	0.541	14
118 赤道几内亚	0.719	49.9	87.0	62.0	30 627	0.415	0.787	0.955	−90
119 乌兹别克斯坦	0.710	67.6	96.9	72.7	2 425	0.711	0.888	0.532	14
120 吉尔吉斯斯坦	0.710	67.6	99.3	77.3	2 006	0.710	0.918	0.5	20
121 佛得角	0.708	71.1	83.8	68.1	3 041	0.769	0.786	0.57	5
122 危地马拉	0.704	70.1	73.2	70.5	4 562	0.752	0.723	0.638	−11
123 埃及	0.703	69.9	66.4	76.4	5 349	0.749	0.697	0.664	−20

第2章　发展的差距与贫困的计量

续前表

HDI排序	人类发展指数，2007年	出生时的预期寿命（岁），2007年	成人识字率（占15岁及以上人口的百分比），1999—2007年	综合的总体教育入学率（%），2007年	按购买平价方法计算的人均GDP（美元），2007年	预期寿命指数，2007年	教育指数，2007年	GDP指数，2007年	人均GDP排序减去HDI排序*
124 尼加拉瓜	0.699	72.7	78.0	72.1	2 570	0.795	0.760	0.542	6
125 博茨瓦纳	0.694	53.4	82.9	70.6	13 604	0.473	0.788	0.82	−65
126 瓦努阿图	0.693	69.9	78.1	62.3	3 666	0.748	0.728	0.601	−4
127 塔吉克斯坦	0.688	66.4	99.6	70.9	1 753	0.691	0.896	0.478	17
128 纳米比亚	0.686	60.4	88.0	67.2	5 155	0.590	0.811	0.658	−23
129 南非	0.683	51.5	88.0	76.8	9 757	0.442	0.843	0.765	−51
130 摩洛哥	0.654	71.0	55.6	61.0	4 108	0.767	0.574	0.62	−12
131 圣多美和普林西比	0.651	65.4	87.9	68.1	1 638	0.673	0.813	0.467	17
132 不丹	0.619	65.7	52.8	54.1	4 837	0.678	0.533	0.647	−24
133 老挝	0.619	64.6	72.7	59.6	2 165	0.659	0.683	0.513	2
134 印度	0.612	63.4	66.0	61.0	2 753	0.639	0.643	0.553	−6
135 所罗门	0.610	65.8	76.6	49.7	1 725	0.680	0.676	0.475	10
136 刚果	0.601	53.5	81.1	58.6	3 511	0.474	0.736	0.594	−13
137 柬埔寨	0.593	60.6	76.3	58.5	1 802	0.593	0.704	0.483	6
138 缅甸	0.586	61.2	89.9	56.3	904	0.603	0.787	0.368	29
139 科摩罗	0.576	64.9	75.1	46.4	1 143	0.666	0.655	0.407	20
140 也门	0.575	62.5	58.9	54.4	2 335	0.624	0.574	0.526	−6
141 巴基斯坦	0.572	66.2	54.2	39.3	2 496	0.687	0.492	0.537	−9

续前表

HDI 排序	人类发展指数，2007 年	出生时的预期寿命（岁），2007 年	成人识字率（占人口的百分比），15 岁及以上人口的 1999—2007 年	综合的总体教育入学率（%），2007 年	按购买力平价方法计算的人均 GDP（美元），2007 年	预期寿命指数，2007 年	教育指数，2007 年	GDP 指数，2007 年	人均 GDP 排序减去 HDI 排序*
142 斯威士兰	0.572	45.3	79.6	60.1	4 789	0.339	0.731	0.646	-33
143 安哥拉	0.564	46.5	67.4	65.3	5 385	0.359	0.667	0.665	-42
144 尼泊尔	0.553	66.3	56.5	60.8	1 049	0.688	0.579	0.392	21
145 马达加斯加	0.543	59.9	70.7	61.3	932	0.582	0.676	0.373	21
146 孟加拉国	0.543	65.7	53.5	52.1	1 241	0.678	0.530	0.420	9
147 肯尼亚	0.541	53.6	73.6	59.6	1 542	0.477	0.690	0.457	2
148 巴布亚新几内亚	0.541	60.7	57.8	40.7	2 084	0.594	0.521	0.507	-10
149 海地	0.532	61.0	62.1	—	1 155	0.600	0.588	0.408	9
150 苏丹	0.531	57.9	60.9	39.9	2 086	0.548	0.539	0.507	-13
151 坦桑尼亚	0.530	55.0	72.3	57.3	1 208	0.500	0.673	0.416	6
152 加纳	0.526	56.5	65.0	56.5	1 334	0.525	0.622	0.432	1
153 喀麦隆	0.523	50.9	67.9	52.3	2 128	0.431	0.627	0.510	-17
154 毛里塔尼亚	0.520	56.6	55.8	50.6	1 927	0.526	0.541	0.494	-12
155 吉布提	0.520	55.1	—	25.5	2 061	0.501	0.554	0.505	-16
156 莱索托	0.514	44.9	82.2	61.5	1 541	0.332	0.753	0.457	-6
157 乌干达	0.514	51.9	73.6	62.3	1 059	0.449	0.698	0.394	6
158 尼日利亚	0.511	47.7	72.0	53.0	1 969	0.378	0.657	0.497	-17
低人类发展指数									
159 多哥	0.499	62.2	53.2	53.9	788	0.620	0.534	0.345	11

续前表

HDI 排序	人类发展指数，2007 年	出生时的预期寿命（岁），2007 年	成人识字率（占15 岁及以上人口的百分比），1999—2007 年	综合的总体教育入学率（%），2007 年	按购买力平价方法计算的人均 GDP（美元），2007 年	预期寿命指数，2007 年	教育指数，2007 年	GDP 指数，2007 年	人均 GDP 排序减去 HDI 排序*
160 马拉维	0.493	52.4	71.8	61.9	761	0.456	0.685	0.339	12
161 贝宁	0.492	61.0	40.5	52.4	1 312	0.601	0.445	0.430	−7
162 东帝汶	0.489	60.7	50.1	63.2	717	0.595	0.545	0.329	11
163 科特迪瓦	0.484	56.8	48.7	37.5	1 690	0.531	0.450	0.472	−17
164 赞比亚	0.481	44.5	70.6	63.3	1 358	0.326	0.682	0.435	−12
165 厄立特里亚	0.472	59.2	64.2	33.3	626	0.570	0.539	0.306	12
166 塞内加尔	0.464	55.4	41.9	41.2	1 666	0.506	0.417	0.469	−19
167 卢旺达	0.460	49.7	64.9	52.2	866	0.412	0.607	0.360	1
168 冈比亚	0.456	55.7	—	46.8	1 225	0.511	0.439	0.418	−12
169 利比亚	0.442	57.9	55.5	57.6	362	0.548	0.562	0.215	10
170 几内亚	0.435	57.3	29.5	49.3	1 140	0.538	0.361	0.406	−10
171 埃塞俄比亚	0.414	54.7	35.9	49.0	779	0.496	0.403	0.343	0
172 莫桑比克	0.402	47.8	44.4	54.8	802	0.380	0.478	0.348	−3
173 几内亚比绍	0.396	47.5	64.6	36.6	477	0.375	0.552	0.261	5
174 布隆迪	0.394	50.1	59.3	49.0	341	0.418	0.559	0.205	6
175 乍得	0.392	48.6	31.8	36.5	1 477	0.393	0.334	0.449	−24
176 刚果	0.389	47.6	67.2	48.2	298	0.377	0.608	0.182	5
177 布基纳法索	0.389	52.7	28.7	32.8	1 124	0.462	0.301	0.404	−16

HDI 排序	人类发展指数，2007 年	出生时的预期寿命（岁），2007 年	成人识字率（占 15 岁及以上人口的百分比），1999—2007 年	综合的总体教育入学率（%），2007 年	按购买力平价方法计算的人均 GDP（美元），2007 年	预期寿命指数，2007 年	教育指数，2007 年	GDP 指数，2007 年	人均 GDP 排序减去 HDI 排序*
178 马里	0.371	48.1	26.2	46.9	1 083	0.385	0.331	0.398	−16
179 中非共和国	0.369	46.7	48.6	28.6	713	0.361	0.419	0.328	−5
180 塞拉利昂	0.365	47.3	38.1	44.6	679	0.371	0.403	0.320	−5
181 阿富汗	0.352	43.6	28.0	50.1	1 054	0.310	0.354	0.393	−17
182 尼日尔	0.340	50.8	28.7	27.2	627	0.431	0.282	0.307	−6
阿拉伯国家	0.719	68.5	71.2	66.2	8 202	0.726	0.695	0.736	—
中欧、东欧及独联体地区	0.821	69.7	97.6	79.5	12 185	0.745	0.916	0.802	—
东亚和太平洋地区	0.770	72.2	92.7	69.3	5 733	0.786	0.849	0.676	—
拉丁美洲和加勒比地区	0.821	73.4	91.2	83.4	10 077	0.806	0.886	0.770	—
南亚	0.612	64.1	64.2	58.0	2 905	0.651	0.621	0.562	—
撒哈拉以南非洲地区	0.514	51.5	62.9	53.5	2 031	0.441	0.597	0.503	—
OECD 国家	0.932	79.0	—	89.1	32 647	0.900	—	0.966	—
欧盟（EU27）	0.937	79.0	—	91.0	29 956	0.899	—	0.952	—
GCC 国家	0.868	74.0	86.8	77.0	30 415	0.816	0.835	0.954	—
最高人类发展指数	0.955	80.1	—	92.5	37 272	0.918	—	0.988	—
最高人类发展指数：OECD 国家	—	80.1	—	92.9	37 122	0.919	—	0.988	—
最高人类发展指数：非 OECD 国家	—	79.7	—	—	41 887	0.912	—	1.000	—

第 2 章　发展的差距与贫困的计量

续前表

HDI排序	人类发展指数，2007年	出生时的预期寿命（岁），2007年	成人识字率（占15岁及以上人口的百分比），1999—2007年	综合的总体教育入学率（%），2007年	按购买力平价方法计算的人均GDP（美元），2007年	预期寿命指数，2007年	教育指数，2007年	GDP指数，2007年	人均GDP排序减去HDI排序*
高人类发展指数	0.833	72.4	94.1	82.4	12 569	0.790	0.902	0.807	—
中等人类发展指数	0.686	66.9	80.9	63.3	3 963	0.698	0.744	0.614	—
低人类发展指数	0.423	51.0	47.7	47.6	862	0.434	0.477	0.359	—
世界	0.753	67.5	83.9	67.5	9 972	0.708	0.784	0.768	—

* 在第9栏中，正数代表HDI排名高于PCY排名，而负数则反之。
资料来源：《2009年人类发展报告》（纽约：牛津大学出版社）。

人类贫困指数的公式为：

$$HPI = \left[\frac{1}{3}(P_1^3 + P_2^3 + P_3^3) - 3\right]^{1/3} \qquad (2.3)$$

22 个较低人类发展国家的说明性结果如表 2—7 所示。

人类贫困指数的统计数据显示被剥夺和痛苦的程度，以及人类贫困的各个方面。在 21 世纪初，世界上大约有 10 亿多人缺乏安全的饮用水，差不多 10 亿人是文盲，大约有 5 亿人将活不到 40 岁。但是，联合国开发计划署估算，在全球范围内根除贫困的成本与其收入相比是相当小的，政治上的承诺（而不是财政资源）是根除贫困的实际障碍。在发展中国家，只要在 10 年中花费 600 亿美元，就能使全体人民获得基本的社会服务。再经过 20 年，花费 600 亿美元，就能够在全世界根除收入贫困。总的 1 200 亿美元的成本只相当于全球收入 60 万亿美元的 0.2%。

表 2—7　　　　　　　　　　　　　人类贫困指数

HDI 排名	人类贫困指数		预期不能活到 40 岁的人口所占的比例	成人识字率	未能获得安全饮用水的人口	低于平均体重的 5 岁以下儿童
低人类发展指数	排名	数值（%）	（%）2005—2010 年	（占 15 岁及以上人口的百分比）1999—2007 年	（%）2006 年	（%）2000—2006 年
159 多哥	117	36.6	18.6	46.8	41	26
160 马拉维	90	28.2	32.6	28.2	24	19
161 贝宁	126	43.2	19.2	59.5	35	23
162 东帝汶	122	40.8	18.0	49.9	38	46
163 科特迪瓦	119	37.4	24.6	51.3	19	20
164 赞比亚	110	35.5	42.9	29.4	42	20
165 厄立特里亚	103	33.7	18.2	35.8	40	40
166 塞内加尔	124	41.6	22.4	58.1	23	17
167 卢旺达	100	32.9	34.2	35.1	35	23
168 冈比亚	123	40.9	21.8	—	14	20
169 利比亚	109	35.2	23.2	44.5	36	26
170 几内亚	129	50.5	23.7	70.5	30	26
171 埃塞俄比亚	130	50.9	27.7	64.1	58	38
172 莫桑比克	127	46.8	40.6	55.6	58	24
173 几内亚比绍	107	34.9	37.4	35.4	43	19
174 布隆迪	116	36.4	33.7	40.7	29	39
175 乍得	132	53.1	35.7	68.2	52	37
176 刚果	120	38.0	37.3	32.8	54	31
177 布基纳法索	131	51.8	26.9	71.3	28	37

续前表

HDI 排名		人类贫困指数		预期不能活到40 岁的人口所占的比例	成人识字率	未能获得安全饮用水的人口	低于平均体重的 5 岁以下儿童
低人类发展指数	排名	数值（%）	（%）2005—2010 年	（占 15 岁及以上人口的百分比）1999—2007 年	（%）2006年	（%）2000—2006年
178 马里	133	54.5	32.5	73.8	40	33
179 中非共和国	125	42.4	39.6	51.4	34	29
180 塞拉利昂	128	47.7	31.0	61.9	47	30
181 阿富汗	135	59.8	40.7	72.0	78	39
182 尼日尔	134	55.8	29.0	71.3	58	44

资料来源：《2009 年人类发展报告》（纽约：牛津大学出版社）。

第四节　穷国能赶上来吗？

如果说生活水平主要是由工业的生产率水平和增长决定的，有趣的问题是：发展中国家是否能赶上富裕的工业化国家的生产率水平？至少有三个可能的机制，使赶上成为可能。

第一，有时认为，一个国家的技术、生产率和人均收入与先进国家的生产率水平之间的差距越大，一个穷国吸收现存技术和赶上较富裕国家的可能性就越大。技术被认为是公共产品，所以，对于一个既定的技术投资量，一个穷国能够获得很高的报酬，因为它没有付出任何开发成本。显然，还有投资意愿和投资能力问题，生产率差距是赶上的一个必要条件，但不是充分条件。

第二，发展过程是以资源从低生产率农业向高生产率工业和服务活动转移为特征的。假定其他条件不变，这应该也导致趋同，因为穷国资源的转移要比富国大。

第三，主流新古典增长理论假定资本收益递减，因而预测趋同将会发生（见第 5 章）。人均资本丰富的富国将比穷国有更低的资本生产率。这样，如果爱好和偏好相同，穷国同样的储蓄和投资量将会导致比富国更快的增长。

检验趋同假设的结果是混合的。标准检验是在国家间建立一个简单的函数关系，把人均收入的增长率（y）作为因变量，把初始的人均收入水平作为自变量，然后，看看它们是否显著地呈负相关关系。如果是，这就意味着人均收入在穷国比在富国增长得快——这是趋同发生的必要条件（在文献中常常称为 β 趋同）。对这种趋同的一项最早研究（Baumol，1986）表明在工业化国家中，一国的生产率水平和它的平均生产率增长之间呈强烈的负相关关系，在中间发展阶段，这种关系也存在；但是，对于较穷的国家而言，没有证据显示这种趋同。

津德（Zind，1991）集中研究了 89 个发展中国家，对以 1960 年人均收入水平为基础的人均收入增长率进行了回归。他没有发现总体的趋同证据，但是，在人均收入超过

800 美元的国家之间,有些证据表明了趋同的发生。一个原因似乎是,在这些国家人均收入和人均投资增长率之间呈正相关关系。

由道里克(Dowrick,1992)进行的另一项对 113 个国家的研究表明,虽然在过去几十年中,在增长率与初始生产率水平呈负相关的意义上,呈现出某些追赶现象,但另一些因素却引起了人均收入水平越高,人均收入增长越快,在世界上呈现出生活水平差距拉大的现象。

同样,普里切特(Pritchett,1997)考虑了 1960—1988 年间 117 个国家,在相对于领先国家的初始人均收入水平上,对人均收入增长率进行了回归,回归结果没有显示出无条件的趋同,如表 2—8 所示,因为系数 0.4 是一个正数。但有趣的是,当考虑国家之间的投资和教育的差别时,系数变成了负数(−0.32),表示有条件的趋同。然而问题是,富国能够储蓄和投资得更多,能够把更多的资源用于教育,因而导致了它们的增长永远处于领先地位。表 2—8 中的第 3 栏和第 4 栏显示了初始的人均收入水平和投资水平与小学入学率之间呈强正相关关系。尽管有落后赋予的潜在优势,但穷国有可能比富国增长得更慢。但是,当发现有条件趋同时,要区分追赶的各种来源(是作为公共产品的技术的易获得性:资源转移,还是资本报酬递减)是不可能的。初始人均收入变量的负号或者是受其中一个因素的影响,也可能是受所有三个因素的影响。

表 2—8　　　　　　　　　人均 GDP 增长的解释,1960—1988 年

	无条件趋异	有条件趋同	较富裕国家积累较快	
	平均人均 GDP 增长率(1)	平均人均 GDP 增长率(2)	投资水平(3)	小学入学率(4)
相对于领先者的初始人均 GDP 水平	0.4	−0.32	4.43	14.57
平均投资水平	—	0.07		—
小学平均入学率	—	0.03		—

资料来源:Pritchett,1997.

所有这些被我们前面的发现所证实:由基尼系数度量的国际收入分配没有缩小的倾向。基尼系数减小的必要条件是穷国增长的速度快于富国,但是这并没有全面发生。一些穷国缩小了和富国之间的差距,但是其他国家仍然落后,使总的收入分配没有变化。

于是,一个有意义的问题提出来了:穷国能追赶上吗?要多久才能赶上?我们来考虑两个问题:

第一,给定穷国现在每年大约 3% 的增长率,穷国要达到现在富裕的发达国家的平均生活标准需要多长时间?

第二,假设富国每年的增长率是 3% 而穷国的人均增长率提高到每年 4%,需要多久穷国才能赶上富国?(很明显,穷国一定要比富国增长得快是追赶的必要条件,否则趋同是不可能的。)

我们能够使用简单的复利公式来回答这两个问题:

$$S = P(1+r)^n$$

式中,P 是"初始"的收入水平,S 是收入水平按照年增长率 r 增长的 n 年金额之和。

对第一个问题的回答，需要假设在穷国（P）当前的人均收入水平是每年 1 200 美元，在富国（S）是 25 000 美元，并且穷国当前的增长绩效（r）是每年 2%，穷国需要 153 年才能够赶上当前富国的生活标准。[4]

对第二个问题的回答是，在给定 2010 年人均收入水平最初的差别的情况下，平均每年 4% 的增长率的穷国需要用近 300 年的时间才能赶上以每年 3% 的速率增长的富裕国家。[5]

上述结论对最初的收入水平与假定的穷国和富国的增长率是敏感的，但是不得出追赶的时间极为漫长的结论是困难的。

当然，有人可能争辩说，世界收入平等是一个不切实际的理想，全世界的主要目标不是生活水平相等，而是所有国家"可忍受"的生活水平。这是一个非常不同的主题。假设底层人民的收入没有降低，而贫困人口减少或没有增多，那么收入不平等的上升"不应该视为是负面的"，这一点似乎是世界银行在其《2000 年世界发展报告》中所强调的立场。问题是如何定义"可忍受"的生活水平，以及如何保证这种实际收入平均水平的一个比较公平的分配。达到"可忍受"生活水平所需要的时间显然比完全消除差距所需要的时间少，但是即使这样，如果工业化国家目前享有的平均人均收入水平被认为是可忍受的，我们估计，按照目前的增长率，一般的穷国要达到这个水平大约要经过 100 多年的时间。这些国家能够等待这么久吗？

另一方面，世界划分为富国和穷国，只是近代才发生的现象，这一点容易被人遗忘。所有的国家曾经都处在生存的水平上。200 年前，在英国工业革命开始时，国家之间的生活水平的绝对差别不可能是很大的。今天的发展中国家的人均收入水平大约是 1 400 美元，这个数字相当于西欧在 19 世纪中叶的人均收入水平（按现行价格衡量）。如果我们把 1 400 美元只是作为刚刚高于生存水平，发达国家和发展中国家之间的当前收入差别大部分一定是在过去一个世纪中产生的。一些国家由于运气和设计两者的结合，增长得比其他国家快得多。工业化和与之相连的技术进步产生了巨大的影响力。工业化和生活水平的密切联系提供了明白无误的政策信息，即仅仅把发展政策建立在农业活动上是不适当的，而不管像"回到土地"和"小即美"这些警句对于那些对发展中国家工业化实践深感失望的人可能听起来多么有吸引力。萨特克利夫（Sutcliffe，1971）下面一段话是正确的。他说：

> 由于人们对英国 19 世纪工人阶级所受的压迫的朦胧的记忆，对美国机器时代的社会的恐惧以及斯大林对俄国农民的打击，对工业化抱有敌视的感情是可以理解的。但是，像甘地那样完全反对机器，或者认为没有工业化在长期也能提高生活水平，这不过是感情用事而已，特别是当未工业化世界的大多数人的境况变得越来越坏时更是如此。不过，要求工业化过程应该尽可能地人道和无痛苦，要求随着工业化过程的进行，应该记住在更高的生活水平上实现更公平的目标，这不是感情用事。

在西方世界，工业化对生活水平的集中影响由下面这个观察来强调：如果把 1850 年以前 6 000 年的人类文明看作是一天，则最近的这一世纪则表示半个小时；然而，在这"半个小时"，发达国家所生产的实际产出则超过了以前一天的产出。1950 年以来，发展中国家的生活水平的确提高得比过去任何一个时期都要快，但是，发达国家的生活水平也提高得比以往任何时候都要快，因此，富国和穷国之间的差距继续在扩大。虽然发展不只是包含人均收入的提高，但是收入的悬殊是所谓"发展差距"的核心。

小结

1. 富国和穷国之间的差距很大。富国和穷国之间人均收入的绝对差距在增大，并且高收入发达国家对低收入发展中国家的人均收入的比率目前处于历史最高水平，为 80∶1。

2. 国际不平等的基尼系数从 1820 年的 0.2 上升到 0.5。全球不平等的基尼系数从 1820 年的 0.5 上升到现在的 0.6，并且没有下降的迹象。

3. 这种世界经济的收入差距和收入不平等从人类福利的其他方面得以诠释，如健康、营养、预期寿命、教育和就业机会（见第 3 章）。难怪联合国开发计划署把世界描述成"超大的巨兽，人类和经济不平等的怪物"。

4. 世界上生活标准低于按购买力平价计算的每天 1.25 美元的人数是 14 亿，低于每天 2 美元的人数是 25 亿，或将近世界人口的 40%。在非洲有 73% 的人口生活标准低于每天 2 美元。

5. 国家的平均人均收入，虽然可以转换为购买力平价，但并不是衡量一个国家发展的好指标，因为它忽视了收入分配和人类发展的其他方面，如教育和健康。

6. 联合国开发计划署构建了经济发展和进步的替代性指标——人类发展指数和人类贫困指数，包括教育、识字率、健康、预期寿命等。各国按人均收入、人类发展指数和人类贫困指数依序不同排列。

7. 世界银行试图通过改善机会、赋予权利和提升安全的方式，从"底层"解决贫困问题。

8. 穷国以目前的人均收入的增长率至少需要 100 年才能赶上目前发达国家享受的生活标准，并且需要 300 年才能达到相同的生活标准。这是对发展"鸿沟"的一些度量。

问题讨论

1. 如何计量世界经济中的发展差距？
2. 为计量收入不平等，你怎样构建洛伦兹曲线和计算基尼系数？
3. 在过去国际和全球的收入分配发生了什么？
4. 使用美元表示的穷国的人均收入的计量和比较会带来什么困难？
5. 你对购买力平价概念理解了多少？你如何对国家间人均收入进行购买力平价计算？
6. 在贫困计量中会遇到什么困难？
7. 为了达到 2015 年贫困人口的比例减半的千年目标，你如何计算增长率？
8. 世界银行反贫困的新思想是什么？

9. 联合国开发计划署构建人类贫困指数和人类发展指数的原理是什么？

10. 有没有一些理论上的原因认为穷国可能追赶上富国？

11. 你是如何分析穷国需要增长多快才能赶上富国的？

注释

[1] 联合国开发计划署（1997）。

[2] 1990 年和 2000 年/2001 年《世界发展报告》，由世界银行出版，专门讨论发展中国家贫困的度量、程度和性质以及如何解决它。

[3] 收入指数的构建有点复杂。见联合国开发计划署（2001），技术注释 p. 240。

[4] 给定复利利率，重新整理算式：

$$n = \frac{\log(S/P)}{\log(1+r)}$$

代入假定的数值：

$$n = \frac{\log(25\,000 \text{ 美元}/1\,200 \text{ 美元})}{\log(1.02)} = 153 \text{ 年}$$

[5] 从表达式获得的解法是：

$$S_r(1+r_r)^n = P_p(1+r_p)^n$$

其中，S_r 是富国的初始收入；P_p 是穷国的初始收入；r_r 是富国假定的增长率（=3%）；r_p 是穷国假定的增长率（=4%）。因此，

$$n = \frac{\log(25\,000 \text{ 美元}/1\,200 \text{ 美元})}{\log(1.04) - \log(1.03)} = 287 \text{ 年}$$

关于贫困和收入分配的网址

世界银行（减贫学习网）www. prln. org；www. worldbank. org/poverty

联合国贸易和发展委员会/联合国开发计划署 www. unctad-undp. org

联合国开发计划署（人类发展报告）http://hdr. undp. org

泛美开发银行 http://www. iadb. org/sds/pov/index-pov-e. htm

乐施会 www. oxfam. org. uk

对抗贫困 www. waronwant. org

发展经济学（第九版）

第3章

不发达的特征与结构变化

本章讨论贫穷发展中国家的显著特征，以及为了提高生活水平所需的结构变化过程。如果没有劳动人口人均产出的增长或劳动生产率的提高，就不可能有生活水平的提高和贫困的减少。这是发展的必要条件。富国具有较高的劳动生产率水平，穷国较低。为什么穷国的生产率较低？什么是生产率增长的主要源泉？

造成穷国较低水平的生产率和较差的经济绩效的主要显著特征是：农业和小服务业在经济结构中的支配地位；低水平的资本形成——物质上的和人力上（教育）；快速的人口增长和初级产品主导的出口。不发达的这些特征中有些既是贫困的原因，也是贫困的结果；例如，低储蓄和投资、很差的教育和快速的人口增长既是贫困的原因，又是贫困的症状。

除了探讨的穷国的那些主要特征，一些穷国还受到被称为"自然资源诅咒"的困扰，也就是，因为高估的汇率（荷兰病）、腐败和寻租行为，过度依赖自然资源的开采和出口对一个经济体的有害影响。

很多穷国具有软弱的制度结构，如知识产权的缺失、法律制度的缺乏和政治上的不稳定，所有这些都是投资的抑制因素。

在本章我们还讨论穷国贫困的其他方面，如失业、收入不平等、很差的营养和健康、食物生产和饥荒，以及人们的基本需要。

本章最后讨论各国经历的增长和发展的阶段以及国家进步与资源从农业转向工业和服务业之间似乎存在的强联系，文献上被称为"卡尔多增长定律"。今天增长最快的发展中国家也是那些工业在 GDP 中占比上升最快的国家；这不是巧合，因为制造品具有生产和需要的特点，使之成为"增长的引擎"。

第
3
章

不
发
达
的
特
征
与
结
构
变
化

第一节　不发达的特征

□ 一、农业和小服务业的支配地位

贫穷的发展中国家的主要显著特征之一是这样一个事实：它们的经济由农业和小服务业活动所支配。许多最贫穷的国家几乎没有什么制造业。表 3—1 表明了低收入、中等收入和高收入国家的经济各部门的就业分布。可以看到，在低收入国家，61% 的劳动力仍然依靠农业生活。与之相比，中等收入国家只有 22% 的劳动力从事农业生产，高收入国家 4% 的劳动力从事农业生产。

表 3—1　　　　　　　　　　各部门的就业分布（%）

国家	农业	工业	服务业
低收入国家	61	19	20
中等收入国家	22	34	44
高收入国家	4	26	70

资料来源：国际劳工组织，2009 年。

穷国大多数在土地上劳动的人不是自给性农民（只是为自己生产）、佃农（无土地占有权，没有增加产出的积极性），就是无地劳动者（在日常劳动市场上出卖他们的劳动力）。某些高生产率的商业性农业也的确存在，但在全部农业活动中只占很小的一部分。农业的支配地位对发展中国家来说具有很多含义，引起了不少问题。首先，农业是一个报酬递减的活动，因为土地最终是一个固定的要素。经济学中只有几个没有争论的规律，其中一个规律是，如果可变要素加到固定要素中，它的边际产品最终将会下降：边际报酬递减规律。这个原理可用图 3—1 来说明。

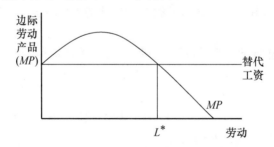

图 3—1　报酬递减规律

当劳动加到土地上时，劳动的边际产品最初是上升的，因为它为使每个单位劳动发挥最大效率要求有一定数量的劳动，但是随后，边际产品开始下降，可能下降到零。（甚至在极端的情况下变为负数。这种极端情况是指，在一块固定土地上劳动是如此之多，以至于每个人相互影响，造成总产出下降！）

如果劳动的边际产品降到生存工资以下，这个单位劳动就不能生存下来，除非总产出是共享的。这一点可能描述了家庭农场的特点。但是，如果劳动是雇佣的，或在商业

农场劳动，以利润最大化为目标的农场主就不会支付高于劳动边际产品的工资。我们得到一个结论：在一个像农业这样的边际报酬递减的活动中，始终存在一个由最小生存工资决定的就业限制。这可能会导致公开的或隐蔽的失业（见第 6 章），尤其是在人口迅速增长而其他就业机会有限的社会里。

第二，在需求方面，对大多数农产品（和来自土地的其他初级产品）的需求是收入无弹性的。这意味着需求的上升在比例上低于收入的上升，对农产品需求的增长小于由劳动力增长和劳动生产率增长所决定的供给潜力的增长。例如，假设劳动力增长 2%，而劳动生产率增长 1%，从而生产潜力的增长是 3%，但是，对农产品需求的收入弹性只有 0.5%。所以，对农产品的需求只增长 1.5%。供给和需求的增长缺口是 1.5%，这就产生了失业。

农业剩余劳动有两个主要来源：一个产生于对农产品需求的低收入弹性；另一个产生于农业报酬递减活动，使得由最低生存工资确定的劳动就业存在一个限制。这些剩余劳动将怎么样呢？首先，他们可能待在农村地区，对现有工作进行分摊，使每个劳动者工作一个次优的劳动日。这被描述为"隐蔽性失业"（见第 6 章）。当然，这就降低了劳动生产率，从而降低了人均收入。其次，农业剩余劳动可以迁移到城镇寻找别的工作。如果在经济中的正规部门不能找到工作，劳动者就会试图在非正规部门从事各种小服务活动（如街道小商人、理发、擦皮鞋、搞搬运等）以维持生活。这些也是生产率非常低的活动。

工业与农业有非常不同的特点。它不是一个报酬递减的活动。如果有的话，它是一个报酬递增的活动。所有生产要素都是可变的，就业的限制不是由劳动边际产品下降到最低生存工资以下决定的。其次，对大多数工业品的需求是有收入弹性的，从而，对劳动的需求可能上升得比劳动生产率快，从而导致就业的增加——至少是在工业化早期阶段。而且，资本积累有更大的余地——资本积累能够提高劳动生产率。总的说来，工业劳动生产率要高得多。正如我们后面所要讨论的，各国在人均收入、产出增长与资源用于工业活动的份额之间以及工业增长与经济增长之间存在很强的联系。

□ 二、 低水平的资本积累

发展中国家的第二个主要显著特征是它们低水平的资本积累，包括物质资本积累和人力资本积累。物质资本是指在产出生产中使用的工厂、机器和设备。人力资本是指教育、技能和专长，它们凝结在劳动力中，通过教育和训练而获得。（教育在发展过程中的作用将在本章稍后进行讨论。）低水平资本积累是低生产率的原因，但也是贫困的结果，因为资本积累要求有投资和储蓄，对贫穷的社会来说，储蓄是不容易的。发展过程可以被描述为一个一般化的资本积累过程，但穷国的资本积累水平和速度是很低的。在一个典型的发展中国家，物质资本量（劳动必须与之一起工作）只相当于欧洲和北美资本积累水平的二十分之一。这反映了富国更高的储蓄和投资率的长期累积性结果。低收入、中等收入和高收入国家的储蓄和投资率如表 3—2 所示。

表 3—2　　　　　　　　　　储蓄和投资占 GDP 的百分比，2009 年

国家	总国内投资	总国内储蓄
低收入国家[a]	24	17
中等收入国家	25	25

国家	总国内投资	总国内储蓄
高收入国家	20	21

a. 包括中国，中国的储蓄占 GDP 的 55%，投资占 GDP 的 44%。

资料来源：世界银行，2009 年。

国内投资可能与国内储蓄不同，因为有来自海外的投资。低收入国家的数字被中国的数字扭曲了，2009 年，中国的储蓄和投资率高达国民收入的 50%。如果不包括中国，我们能够看到，低收入国家的储蓄率还不到中等收入和高收入国家的一半，当然，它们的投资率仍然比较高，因为有大量的外资流入。但是，这些并不始终是稳定的。

著名的发展经济学家阿瑟·刘易斯曾经把发展描述为，把一个国家从 5% 的净储蓄率和投资率转到 12% 的储蓄率和投资率。[1] 罗斯托在他著名的《经济增长的阶段》（Rostow，1960）一书中，按照国民收入的 10%~12% 的临界储蓄和投资率来定义自我维持增长的起飞阶段（见后面关于罗斯托模型的讨论）。这个比率的意义是什么？它与一个简单的增长公式有关。这个公式最初来自英国著名的经济学家罗伊·哈罗德的增长模型（见第 5 章）。其公式如下：

$$g = s/c \tag{3.1}$$

式中，g 是增长率（$\Delta Y/Y$），s 是储蓄率（S/Y），c 是增量资本—产出比——即为了增加一个单位的产出需要几个单位的投资发生（$I/\Delta Y$）。把 s 和 c 的定义代入方程（3.1）表明，在一个记账意义上，该公式是一个恒等式，因为在国民账户上 $S=I$。

$$\Delta Y/Y = (S/Y)/(I/\Delta Y) \tag{3.2}$$

即，如果 $S=I$，那么 $g=s/c$。

现在，为了使人均收入水平上升，产出增长必须超过人口增长。如果人口增长是 2%，产出必须超过 2%。从方程（3.1）中可以看到，增长所需的储蓄和投资（作为国民收入的比例）有多少取决于增量的资本—产出比（c）。如果在投资的整个寿命中，每年生产一个单位的产出需要四个单位的投资，那么 $c=4$。对于 2% 以上的产出增长，就必须有 8% 以上的国民收入的净储蓄率和投资率。如果要维持人均收入的持续增长，净储蓄率和投资率必须高于 8%。在大多数发展中国家，净储蓄和投资比例都高于这个临界值，但是，事实仍然是，发展中国家的低生产率和贫困的主要原因是劳动必须与之一起工作的低资本水平。案例 3.1 对印度和中国的储蓄和投资环境的差别进行了讨论。

▶ **案例 3.1**　　**印度和中国的储蓄和投资：一个比较**

2000 年，印度的人口是 10.16 亿，是世界人口第二大国，排在中国之后，中国的人口是 12.75 亿。这两个国家的人口占世界总人口的 38%。到 2050 年，据预测，印度会有更多的人口。根据联合国人口基金会，到那时其人口可能在 15 亿左右。对这两个大国的比较是不可避免的。按照历史的标准，两国都表现良好，但是中国在经济绩效的多数指标上表现得更好。

发展经济学（第九版）

1980 年，两国的人均实际收入几乎相同。但是，到 2000 年，根据世界银行，中国按购买力平价计算的人均国民总收入比印度的 3 920 美元高了近 70%。根据世界银行，20 世纪 90 年代中国的实际人均国内总产值每年增长 9%，而印度是 4.1%。这就是 10 年人均收入增长 140% 和 50% 的差别。

在中国经济超级增长的背后是国家较高的储蓄率。和印度的 24% 相比，2000 年中国的储蓄率达到国民总产出的 40%。累积资本—产出比率（投资率和增长率的比率）在两国类似。这意味着两国在配置资本的效率上是相同的。

世界银行和印度工业联合会对印度投资环境合作进行的一项研究，分析了从个体商业层面对国家经济活力的一些阻碍因素。这能够帮助解释中国对国外投资者的相对吸引力和其贸易的优秀表现。

在印度开展商业活动需要 10 个许可，中国需要 6 个，而在印度需要花费的时间平均是 90 天，在中国是 30 天。在印度，一个典型的国外电力工程需要中央政府层面的许可 43 个并且需要另外的州层面的许可 57 个。这些障碍在中国少得多。

在雇佣和解雇工人的限制上，印度在 2001 年《全球竞争力报告》中 75 个国家里排第 73 位，中国排第 23 位。对较大企业而言，破产几乎不可能。在到印度高等法院之前，60% 的清算程序要持续 10 年以上。公共管理也很差。在海关平均需要 10.6 天才能完成清关进入印度，而进入中国需 7.8 天。

与对竞争力的监管障碍一样重要的是印度糟糕的基础设施。道路硬化仅占总道路的 56%，在中国超过了 80%。从印度运送一个集装箱的纺织品到美国要比从中国运同样的产品贵 35%。由于电力短缺，69% 的印度公司有它们自己的发电机，相比之下中国仅有 30%。

资料来源：《金融时报》，2003-04-04。

□ 三、 迅速的人口增长

大多数发展中国家的第三个显著特征是，它们的人口增长比发达国家快得多，比世界历史上任何一个时期都要快（第 9 章对此有详细讨论）。这可能带来某些好处，但它也造成了尖锐的问题。发展中国家作为一个整体的人口增长平均每年是 1.3%，由每 1 000 人出生 24 人的出生率（或 2.4%）和每 1 000 人死亡 11 人的死亡率（或 1.1%）所导致。与历史趋势相比，人口增长加速的主要原因是死亡率的急剧下降，而出生率没有相应的下降。发达国家的人口增长平均每年不超过 0.7%。低收入、中等收入和高收入国家的人口增长率如表 3—3 所示。低收入国家的人口增长率是高收入国家的三倍。

表 3—3　　　　　　　　　　人口增长，2000—2007 年（% 每年）

低收入国家	2.2
中等收入国家	1.0
高收入国家	0.7

资料来源：世界银行，2009 年。

迅速的人口增长，像低资本积累一样，可以被认为既是贫困的原因，也是贫困的结果。高出生率本身就是贫困的函数，因为儿童死亡率在贫困社会中很高，以及父母想要拥有一个大家庭，为年老时提供保险。高出生率也与很少的教育和妇女就业机会的缺乏以及对避孕技术的无知息息相关。如果人口增长减少了储蓄、减少了人均资本和降低了农业劳动的边际产品，它反过来就会促使贫困的永久化。人口的压力也可能对政府支出造成紧张，导致过分拥挤，损害了环境和对粮食供给造成压力——所有这一切都阻碍了发展过程，至少是在短期。在较长的时期，人口增长可能促进投资和技术进步；如果有互补性资源和可利用的生产要素，它可能不会引起这么大的问题，但是短期成本可能会超过较长时期的利益。

□ 四、 以初级产品为主的出口

发展中国家的第四个显著特征是，它们的贸易是出口以初级产品为主，进口以制成品为主。这种贸易格局对发展中国家的贸易条件、发达国家与发展中国家的贸易利益的分配以及国际收支状况产生了不利的后果——所有这一切可能对人均收入有不利的影响。表 3—4 显示了初级产品作为各个地区总出口的百分比。非洲、拉丁美洲和加勒比地区的贸易仍然以初级产品为主。只有亚洲正在减少对初级产品出口的依赖。

易货贸易条件衡量出口价格对进口价格的比率。在过去 100 年左右的时间里，初级产品相对于制成品的贸易条件呈现出长期恶化的历史趋势——每年大约平均下降 0.5%。这种趋势在文献中以普雷维什-辛格命题（Prebisch-Singer thesis）而闻名（见第 15 章）。商品价格在 2007/2008 年猛涨必然被认为是有悖于实际商品价格长期恶化的趋势的（见第 15 章）。出口相对于进口的价格下降减少一国的实际收入，因为为了获得一个既定数量的进口品，需要出口更多的出口品。

表 3—4　　　　　　　　　　初级产品占总出口的百分比，2007 年

东亚和太平洋地区	23
拉丁美洲和加勒比地区	46
中东与北非	84[a]
南亚	34
撒哈拉以南非洲地区	70[a]

a. 数据是 2006 年的。
资料来源：世界银行，《2009 年世界发展指数》（http://data.worldbank.org/indicator）。

第二个要指出的论点是，世界贸易中初级产品的需求收入弹性小于 1，而制成品的需求收入弹性则大于 1。这意味着随着世界收入的增长，对初级产品的需求以较慢的速度增长，但是如果发展中国家以与世界经济同样的速度增长，它们对制成品进口的需求就会以更快的速度增长。结果，专门从事初级产品生产的发展中国家遭受严重的国际收支平衡困难。对发展中国家调整国际收支可以利用的唯一手段常常是，降低进口的增长，放慢经济增长速度。

与制成品价格相比，初级产品的价格也更容易发生周期性波动。这也可能会引起一国国际收支的混乱，如果它严重依赖贸易税，还会引起政府税收收入的减少。这种不稳定造成计划的困难，可能会阻止私人国内投资和海外投资。

由于所有这些原因，贸易结构对很多发展中国家造成了严重的问题，如果它们不能够生产和出口更多的工业品，它们可能会变得更穷。如果不考虑专门从事初级产品生产所带来的富国与穷国的不平等贸易关系和国际收支结果，要想理解增长和发展过程以及世界经济分工体系的永久化是不可能的。

□ 五、 自然资源诅咒

总的来说，似乎是自然资源越丰富的国家，其表现越差。这种现象在文献上被称为"自然资源诅咒"（Sachs and Warner，2001；Gylfason，2001）。图 3—2 显示了 105 个国家（地区）1965—1998 年间人均收入的增长与第一产业中雇佣劳动力的比例之间关系的散点图。存在强负相关（$R^2 = 0.721\,8$），并且回归系数为 $-0.087\,1$，意味着一个国家（地区）第一产业高于平均水平 11 个百分点就有人均收入低于平均水平 1 个百分点（控制初始人均收入水平）。这反映了福利的真实损失。

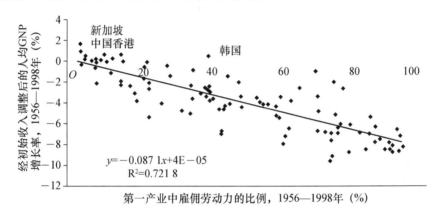

图 3—2　自然资源与经济增长

当人均收入的增长对自然资源的出口占 GDP 的比例进行回归时，同样的负相关的情形出现；并且甚至在控制其他变量的情况下，如对国家间投资水平的差异以及对气候和地理的控制，负相关仍然成立（Sachs and Warner，2001）。最近几十年发展速度很快的国家起初都是资源贫乏的而不是丰裕的。但对这个一般规则也有一些例外，如马来西亚、泰国、印度尼西亚和博茨瓦纳。但是这些例外的大多数国家增长得快不是通过自然资源的开采，而是通过制造业的多元化。

隐藏在"自然资源诅咒"背后的原因是什么？需要提到的一些相关因素似乎会对发展中的一些重要的决定因素有反作用。哥理法森（Gylfason）的研究显示，各国在第一产业中劳动力的比例和出口表现，与国内和国外投资以及教育是负相关的，而和外债规模、保护程度、腐败和收入不平等是正相关的。我们已经看到为什么初级产品能导致较差的出口表现，因为对于收入来说很多自然资源是缺乏弹性的，并且随贸易条件恶化而受损，但是为什么自然资源丰富的国家会忽视投资和教育以及产生更多的腐败？有两种解释。

其一，丰富的自然资源可能会通过两种机制"挤出"其他活动：（1）自然资源部门的高工资或高收入会抑制其他部门的创业活动和创新；（2）自然资源的出口收入使汇率虚高，使得经济的剩余部分失去竞争力。这就是所谓的"荷兰病"——如此命名是因为在 20 世纪 60 年代荷兰天然气的发现对汇率和经济的其他部门的影响。萨克斯和沃纳（Sachs and Warner，2001）对 99 个国家检验了这种"挤出"的假设并且发现丰富的自然资源和国内价格水平之间是正相关的。而后发现较高的相对价格水平阻碍了制造业产品的出口增长。一个自然资源丰富的国家也可能会忽视发展经济中的其他部门。

为什么自然资源丰富可能会导致较差的绩效表现的第二个解释是来自自然资源的租金可能会被政治家和官僚不当使用。民主和法制似乎与丰富的自然资源之间逆相关，并且哥理法森（Gylfason，2001）的研究表明在自然资源丰富的国家腐败更加盛行。这一点并不令人惊讶，因为对资源的获取是限制性的，这就需要租金，在国家拥有资源的地方，其官僚会通过接受贿赂而给予开发权。赚取租金的官员可能并不会关心办学和教育，而是关心他们自己的腰包，和他们自己没有受过教育的孩子。因此，寻租导致对教育和入学率的支出的降低。同样的情况是，一个以第一产业为主的经济对教育的需要和一个更加多元化的经济也是不同的。

□ 六、 软弱的制度结构

在一个制度真空的环境下经济是不能运行的，否则会出现经济（和政治）混乱。如果个人想要创业，冒险投资，至少需要法制、产权保护以及对权力和腐败的限制。在很多发展中国家，法制和产权保护仍然是很原始的，并且很多政治家（和官僚）滥用自己的权力。很多经济学家（如 Acemoglu，2003；Rodrik，2007）最近研究认为软弱的制度结构是欠发达的根本原因，因为制度的特点是诸如投资、技术、教育和贸易进步的近因的决定因素。经济学家重点关注的一些度量制度质量的方法将在第 4 章详细讨论。三种最主要的方法是：私人产权的法律保护范围，治理质量（包括法制的力量）和对政治领导人的限制。试图通过计量分析区分出和其他因素（包括地理）相比相对重要的制度因素，用以解释世界各国不同的人均收入水平，是有意义的，但结果是具有争议的。罗德里克等（Rodrik et al.，2002）选取了发达国家和发展中国家的一个较大的样本，主要使用了一系列的要素组合指标来度量制度质量，这些要素捕捉由产权提供的保护，并总结道："我们的结果表明制度质量超过其他影响因素。在控制制度后，地理至多对收入具有弱的直接效应，同样，贸易对收入没有直接的正效应。"伊斯特利和莱文（Easterly and Levine，2002）也考察了 75 个富的和穷的国家与地理和政策变量相比制度的影响，发现制度似乎对决定人均收入影响最大。甚至具有"坏政策"的国家由于有了好的制度而表现得也很好。我们会在下一章详细检验对此的证据。

但是，人们已经认识到，制度和经济发展之间的相关性被发现具有相反的因果关系，或忽略的因素。我们需要找到制度的外生变化的来源，使制度的差别和变化与其他因素无关。阿西莫格鲁等（Acemoglu et al.，2001）探讨了作为外生变量的不同的殖民经历，在极端的殖民者建立的专门掠夺的制度（开采矿产和其他初级产品）——如奴隶制和强迫劳动——既不提供给居民产权，也不去限制精英的权力。这是在非洲和拉丁美洲的经历。另外一个极端，殖民者创造居民社会，复制欧洲的制度形式，保护私人产权和控制精英和政治家，这些国家有澳大利亚、新西兰和北美。但是，是什么原因决定了在一些国家定居下来而在其他国家没有？阿西莫格鲁等认为早期定居者所面临的死亡率是最主要的决定因素，并且发现在过去的死亡率和现在的制度质量（因为制度存留了下来）之间以及过去的死亡率和现在的人均收入水平之间均存在强烈的负相关。事实上，75 个国家人均收入近 50％的差别是与一个计量"防止没收"的特殊制度质量指标的差别有关的。作者得出结论说："士兵、主教和水手在殖民地和欧洲定居点所面临的死亡率之间，在欧洲定居点和早期制度的度量之间，在早期的制度和现在的制度之间，存在着高度的相关性。我们使用差别来源估算了制度对人均收入的较大效应。"他们还表示，"这种关系不受异常值的影响，并且在控制了纬度、气候、当前疾病环境、宗教、自然资源、土壤质量、民族语言的分割和当前种族的构成后的结果仍然是稳健的"。但是这也是争议的开端，因为假设早期殖民者的死亡率影响到制度的性质，死亡率也受到能够导致疾病的地理因素的强烈影响。同样，萨克斯（Sachs，2003）认为阿西莫格鲁等关于 200 年前死亡率和现在的人均收入之间负相关的发现，只是简单地表示疟疾的有害影响（仍然在继续），而不是制度。发展不仅是好的治理和制度。制度会使减贫政策更有效率，但是仅此而已。穷国需要资源去和疾病做斗争，提供教育和基础设施以及发展中所需要的其他资源。萨克斯结合制度和地理因素将国家分为三类，这是一种合理的做法：（1）制度、政策和地理上都是相当有利的国家，如东亚的沿海地区；（2）地理上有利而制度较弱的国家，如很多东欧和前苏联的转轨经济；（3）由不利的地理环境——如内陆国和那些被疾病困扰的国家——和很差的政府治理结合在一起导致贫困的国家，如很多撒哈拉以南非洲国家。

政府治理不善和较弱制度的一种表现就是国内战争（内战）和国家间战争。根据牛津饥荒救济委员会（Oxfam，2007），自 1990 年以来非洲的冲突导致损失 1 500 亿美元，和同期接受外国援助的总额相当。对经济的破坏是巨大的。在如刚果民主共和国、布隆迪和卢旺达这些国家，战争造成国家产出减少超过 20％。这就是"冲突陷阱"，源于科利尔（Collier，2007）的书《底层十亿》。在饱受战争蹂躏的国家，通货膨胀、债务和失业率都很高；在教育、卫生和基础设施上的公共投资受到阻碍；预期寿命较低，并且人们更容易生病和营养不良。

第二节 发展差距的其他方面

发展中国家的剥夺不仅仅是一个低人均收入水平的问题。在富国和穷国之间有很多其他发展差距问题。与发达国家相比，发展中国家一般会经历一个更高的失业问题——包括公开的和隐蔽的失业。教育、卫生和营养水平常常极低，它们的收入分配也倾向于更不平等。发展中国家的政策越来越多地涉及发展差距的其他特征。发展的基本需要思路是由世界银行首先提出来的，它反映了重点从特别关心人均收入到这些更广泛的发展问题的转变。

一、失业

发展中国家具有数量巨大的剩余劳动后备军。长期以来，尤其是自从人口迅速膨胀以来，穷国的一个显著特征是在农村存在着大量的就业不足和隐蔽性失业（见第 6

章）。最近几年所发生的情况是，农村隐蔽性失业已转变为城市公开的失业。发展中国家城市的公开失业是另外一个问题，而且越来越严重。乡—城人口流动的原因稍后考察，但是首先我们概述一下就业和失业的事实。按照日内瓦国际劳工组织的估计，发展中国家有 10 亿人处于失业或就业不足状态。这个数字相当于全部劳动人口的三分之一。[2]

尤其在预计劳动力到 2025 年将再增加 15 亿之多时，这一点对发展中国家是非常严重的挑战。国际劳工组织支持发展中国家把就业创造作为政府新的政策目标，而不是把当前的失业水平作为市场力量的自然和不可避免的结果，好像是无能为力的一样。世界银行在《1995 年世界发展报告》中专门讨论发展中国家的就业条件，描绘了一幅阴郁的图景。[3]为了阻止失业的上升，就业必须每年至少增长 2%。这就要求产出每年至少增长 4%。没有多少国家能够持续增长得这样快。

所有这些都是总量分析。这里要提到的是日益上升的城市失业问题。这不是一个总需求意义上的劳动需求不足的问题，原因与劳动者从农村向城市迁移的刺激有关，城市地区由于缺乏与劳动相匹配的其他必要的生产要素而不能提供大量就业机会。关于人口流动问题，有推力和拉力两种因素在起作用。

推力因素与农村地区有限的工作机会以及由教育和通信的改进助长的迁移意愿有关。拉力因素与城市工业活动的发展有关——这些活动提供的工作所获得的工资比农村地区能够获得的收入要高得多，因此，即使迁移者有时失业了，他或她也可能迁移到城市，比在农村部门生活得更好。如果在农村地区完全没有工作，除了大家庭制度提供的保障之外，迁移者就没有任何损失。农村部门工作机会的增长率取决于农村部门产出需求的增长率，以及工作被生产率增长所"毁掉"的速度。

如我们在前面例子中看到的那样，如果农产品需求每年以 1.5% 的速度增长，生产率每年以 1% 的速度增长，那么对劳动需求的增长将是 0.5%。但是，如果劳动力以 2% 的速度增长，劳动需求与供给之间就存在 1.5% 的缺口。如果农村部门的隐蔽性失业水平不提高，这个数字就构成了迁移者潜在的数量。如果城市的劳动力规模只有农村劳动力的二分之一，1.5% 的农村劳动力的迁移就代表了城市劳动力增加 3%。

一般说来，这大约是发展中国家农村部门向城市地区人口流入的数量。除此之外，还要考虑城市劳动力的自然增加，这个增加的幅度为 2%。如果城市地区创造的工作机会只增加 3% 左右，那么每年大约有 2%～3% 的城市劳动力将成为失业者，这样年复一年地增加了城市的失业量。

从历史上看，发展过程始终是与大批人口离开土地的过程联系在一起的，并且是以此为特征的，这个过程持续了几个世纪。当前状况的独特性不是人口流动本身，而是其数量和速度。问题是城市部门不能吸收那么多的人就业。在一定的技术水平下，城市工业部门能够吸收迁移者的速度主要取决于资本形成率。如果劳动和资本以固定的比例结合，资本形成率只有 3%，那么工作机会的增长率也可能只有 3%。但遗憾的是，如我们将在第 6 章指出的那样，通过城市部门的较快的资本形成率并不一定能够解决这个问题，因为人口流动不仅仅是两个部门真实报酬的实际差别的函数，而且是城市部门工作机会水平的函数。如果工作创造率增加了，这可能只是增加迁移者的流入而不会减少城市失业。解决的办法似乎是在农村部门创造更多的工作机会。但是，这不仅要求投资方向的调整，而且要求教育和运输设施的扩大——在过去几年中，这本身就成了人口流动过程的强有力的推进因素。以前剩余的劳动力可能仍然待在家庭农场，处于就业不足状态，但现在教育和便宜的运输却为寻求别的就业机会提供了刺激和手段。当教育和交通的改善本身是人们向往的目标并促进了发展时，它们也扩大了人口从农村向城市迁移的数量。

人口流动背后的拉力因素是不难识别的。由城市工业环境提供的工作和闲暇机会与农村乡土生活的保守性和令人窒息的环境形成了鲜明的对照，这就自然而然地成了那些收入低或没有工作的农村人口尤其是年轻人的磁石。由于城市部门高得多的工资，甚至预计在城里很长时间找不到工作，这也不能减弱人口流动的刺激性。而且，选择不一定是在留在农村部门和迁移到城市部门而长时间处于失业之间进行。城市失业者常常能够在工业部门的边缘上，特别是城市经济的非正规服务部门中，找到工作或为自己创造工作。工资可能很低，但是，有些收入总比没有收入要好。换句话说，城市地区的失业可能表现为就业不足的形式，或成为隐蔽性的，如同在农村部门一样，其表现形式是低收入。这导致了失业的收入标准的概念的出现，它需要增加到登记的失业中去，以便获得一个失业和劳动供给总量的真实衡量标准。

衡量以低生产率/低收入工作为特点的隐蔽性失业的程度的一种方法是，计算在标准以下的收入水平上工作的实际劳动数量与被要求在可接受的人均收入水平上生产一个既定产出和服务的劳动数量之间的差数。当然，在计算开始前，必须定义可接受（标准）的收入水平。它可能是由贫困线确定的水平——低于这个水平，健康与福利就会受到严重的损害。于是，失业的收入计量标准是：

$$U = L - L^* = \frac{O}{O/L} - \frac{O}{O/L^*}$$

这里，L 是实际就业量，L^* 是与可接受的人均收入相一致的就业量，O/L 是实际生产率水平，O/L^* 是可接受的人均收入水平，O 是产出。我们给出一个例子。假设一种活动或一种服务，如擦鞋或理发，一年的产出量是 100 万美元，现有的就业人数是 5 000 人，于是，生产率水平是 200 美元。现在假设生产一个可接受的人均收入水平的可接受的生产率是 500 美元（大体上为每天 1.25 美元的新的国际贫困线）。这样，失业的收入计量是：

$$U = \frac{1\ 000\ 000}{200} - \frac{1\ 000\ 000}{500} = 3\ 000$$

即，在产出水平对于那些为维持一个适当的生活水平而当前在工作的劳动者来说是不够的这种意义上说，有一半以上的现有劳动者处于隐蔽性失业状态。

上述对发展中国家就业和失业趋势的分析指出了一些政策意义——国际劳工组织在 1969 年也强调了这些含义——在这一年，该国际机构第一次派考察团赴几个国家对就业问题进行了详细的调查和诊断。[4] 当然，雇佣第一次进入劳动市场的工人和吸收生产率增长效应所造成的失业要求有一个适当的产出增长率，但是，还要求得更多。它要求使用更多的劳动集约型的生产技术（见第 7 章）；乡—城人口流动问题尤其是青年人迁移问题需要通过促进城市中心之外的就业机会的增加来解决。没有这些措施，失业，特别是城市地区的失业，将会继续增加。亚洲开发银行的菲利普和哈斯（Felipe and Hasan，2006）认为创造就业和与失业做斗争是亚洲经济今天面临的主要发展挑战，因为失业是贫困和社会动荡的主要原因。

□ 二、 教育

发展差距的另一个方面是富国和穷国在教育机会上的差别，它表现为发展中国家的小学、中学和大学入学率低得多；文盲率高得多；以及一般的人力资本形成水平较低。这种状况对增长和发展过程造成了很多不利的后果。低水平的教育和技能使这些国家更难发展新的工业，吸收新的技术；它使人民对变化较不适应和较少作出反应；它损害了各个层次的管理企业和组织的能力。

表3—5中的统计数字表明很多穷国的教育设施和机会供给不足，最穷的国家有很低的识字率。前三栏显示了小学、中学和大学中相应年龄组的入学比例。在小学和中学，有时比例超过100%，因为毛入学率是总入学人数（不管年龄）对与该教育层级相适应的年龄组的人数的一个比例。小学的年龄组可能在5~11岁，但是比该年龄大的孩子会入学。入学率也和毕业率不完全相同，在低收入国家毕业率只有65%，在非洲仅60%。而且，入学和毕业并不必然意味着接受到良好的教育。对于经济发展来说，不仅教育的数量很重要，教育的质量也是重要的。

表3—5 　　　　　　　　　　　　　　　教育的参与率

	学校总入学率			成人识字率	
	相关年龄组所占百分比			年龄在15岁及以上所占百分比	
	小学 2006	初中 2006	高中 2006	女性 2007	男性 2007
世界	**105**	**66**	**25**	**79**	**88**
低收入	**94**	**38**	**6**	**55**	**72**
中等收入	**111**	**70**	**24**	**80**	**90**
中低等收入	111	65	19	77	88
中高等收入	111	91	42	93	95
低收入和中等收入	**106**	**61**	**19**	**75**	**86**
东亚和太平洋地区	110	73	21	90	96
欧洲和中亚地区	97	88	53	96	99
拉丁美洲和加勒比地区	118	89	31	90	92
中东和北非地区	105	71	25	65	82
南亚地区	108	—	10	52	74
撒哈拉以南非洲地区	94	32	5	54	71
高收入	**101**	**101**	**67**	**99**	**99**

资料来源：《2009年世界发展指数》，http://data.worldbank.org/indicator。

但是，值得注意的是，在中等教育的供给上存在巨大的差距，在低收入国家中超过11岁接受教育的占其所在年龄组的比例不到一半。这相当于大约2.65亿儿童没有接受中等教育。这就要求在穷国重新调整优先发展的选项（如：减少武器和浪费性补贴的支出，接受更多捐赠国的援助和更多世界银行的帮助）。穷国目前在中等教育上的花费是将近 1 000 亿美元，但是如果要达到千年发展目标，需要额外的 200 亿～400 亿美元。

和富国相比，穷国在教育上目前的不足之处表现为其较高的成人文盲率。在低收入国家三分之一的成人不能读写；同样明显的是巨大的性别差距。男性仅不到 30% 的是文盲，女性近 50% 是文盲。在穷国中，中国表现得好一些，但是在非洲很多最穷的国家的女性文盲率超过了 50%。性别的差距随收入的增加而缩小，但是仍旧明显。

发展中国家忽视了教育供给处于危险的境地。研究表明各国在人力资本形成、增长绩效和减贫之间存在强相关性。例如，鲍尔达奇等（Baldacci et al.，2005）发现，使用 120 个发展中国家 1975—2000 年的面板数据，GDP 在教育上的支出每增加 1%，平均增加三年的教育年限，并且 15 年后使每年 GDP 增加 1.5 个百分点。这就使人均贫困率减少 17%。在第 5 章和第 7 章将更进一步地讨论教育和增长之间的关系。

□ 三、 不平等： 纵向的和横向的

在发展中国家，除了平均人均收入低之外，收入分配、财富和权力一般也非常不平等，而且比发达国家的不平等更甚。在穷国发生的增长和发展往往使少数富人得益，而大多数人却没有什么变化。农村和城市贫困仍然很普遍，如果有什么变化的话，很多发展中国家内部收入不平等的程度增大了。个人和家户之间的收入分配方式称为纵向不平等。但是，还有一个横向不平等的概念，它涉及社会如何对待基于种族、宗教、语言、阶级、性别等不同的群体。和纵向不平等一样，横向不平等也一样能影响到人们的福利。我们首先考虑纵向不平等，而后考虑横向不平等。

但是，这不应感到惊讶，经济从原始生存状态，在基本的资本主义的框架内，转变到工业社会，在发展的初期必然伴随着个人收入分配的不平等的扩大。一些人比另一些人更勤奋、更擅长积累财富。就事物性质而言，机会不是对所有人都是平等的。在缺乏有力的收入再分配税收时，收入不平等将不可避免地与工业化相伴随，因为技能和财富是不平等的，而这些不平等是由个人的能力和创造精神的差别以及工业化所造成的。

观察到收入不平等先随发展水平的提高而增加，而后下降，通常被称为库兹涅茨曲线，是以著名发展经济学家西门·库兹涅茨的名字命名的，他对 20 世纪 50 年代和 60 年代（如 Kuznets，1955，1963）结构变化和收入分配方面做出的开拓性的研究使其赢得了 1971 年诺贝尔经济学奖。库兹涅茨证明了，在当今许多发达国家，不平等的程度首先上升，然后在工业化后期下降，呈现出一条倒 U 形的曲线。阿德尔曼和莫里斯（Adelman and Morris，1971）对发展中国家的开创性研究和波克特（Paukert，1973）的扩充研究也得出了较明确的结论，不平等在某个发展阶段是上升的，然后开始下降，在图形上形成了一条倒 U 形曲线，类似于库兹涅茨对发达国家所作的研究。发展中国家更大程度的不平等主要是由于最富有的 5% 的收入获得者获得了更高的收入份额——在发展中国家这个份额近 30%，与之相比，在发达国家是 20%。

关于世界收入不平等的最新研究是由世界银行的邓宁格和斯夸尔（Deninger and Squire，1996）作出的。他们概述了关于 100 多个国家（地区）682 项有关收入分配的

研究，计算了每个国家（地区）的平均基尼系数以及 20％最高收入获得者获得的收入份额对 20％最低收入获得者的收入份额的比例。结果如表 3—6 所示。从基尼系数（乘以 100）中可以看到，拉丁美洲和加勒比地区以及非洲收入不平等程度最高，在很多国家（地区）基尼系数高于 50，例如，巴西是 57.3，墨西哥是 53.8，南非是 62.3。与之相比，亚洲和太平洋地区、东欧的收入不平等似乎要小得多。在按人口计量的世界上两个最大的国家——中国和印度——基尼系数刚刚超过 30，与高收入国家一样。一般说来，基尼系数越高，20％最高和最低收入获得者的收入之比越大。在南非，这个比例是 32∶1，在巴西是 23∶1。

缩小收入分配差距存在几个巨大的障碍。其一，很多经济具有二元性质（见第 8 章），由于封建土地占有制度以及投资资源配置的城市偏向而持久存在。其二，教育设施分配存在着不平等，尤其是在最穷的人集中的农村地区缺乏教育设施。其三是农村隐蔽性失业和由人口流动造成的城市就业不足与公开失业，以及投资资源的短缺和不适当的技术选择。除非发展政策解决了这些问题，否则大量的绝对贫困和明显的收入分配不平等将会持续存在。当决定投资资源的分配和项目选择时，需要重点选择那些能提高收入分配中最穷的人收入的项目（见第 11 章）。

表 3—6　　　　　　　　20 世纪 90 年代所选经济体的收入不平等

地区和经济体	观察值数目	平均基尼系数	收入最高的 20％对收入最低的 20％的比率
撒哈拉以南非洲地区	**40**	**44.71**	**11.61**
博茨瓦纳	1	54.21	16.36
喀麦隆	1	49.00	—
中非共和国	1	55.00	—
科特迪瓦	4	39.18	7.17
加蓬	2	61.23	19.79
加纳	4	35.13	5.97
几内亚比绍	1	56.12	28.57
肯尼亚	1	54.39	18.24
莱索托	1	56.02	20.90
马达加斯加	1	43.44	8.52
毛里塔尼亚	1	42.53	13.12
毛里求斯	3	40.67	6.62
尼日尔	1	36.10	5.90
尼日利亚	3	38.55	8.67
卢旺达	1	28.90	4.01
塞内加尔	1	54.12	16.75

续前表

地区和经济体	观察值数目	平均基尼系数	收入最高的20%对收入最低的20%的比率
塞舌尔	2	46.50	—
塞拉利昂	1	60.79	22.45
南非	1	62.30	32.11
苏丹	1	38.72	5.58
坦桑尼亚	3	40.37	6.63
乌干达	2	36.89	6.01
赞比亚	2	47.26	12.11
津巴布韦	1	56.83	15.66
东亚和太平洋地区	**123**	**36.18**	**7.15**
中国大陆	12	32.68	5.17
斐济	1	42.50	—
中国香港	7	41.58	9.46
印度尼西亚	11	33.49	5.22
日本	23	34.82	7.06
韩国	14	34.19	6.29
老挝	1	30.40	4.21
马来西亚	6	50.36	14.18
菲律宾	7	47.62	12.00
新加坡	6	40.12	6.71
中国台湾	26	29.62	4.67
泰国	8	45.48	11.65
越南	1	35.71	5.51
南亚	**60**	**34.06**	**5.50**
孟加拉国	10	34.51	5.72
印度	31	32.55	4.98
尼泊尔	1	30.06	4.34
巴基斯坦	9	31.50	4.68
斯里兰卡	9	41.71	7.98
东欧	**101**	**26.01**	**4.05**
亚美尼亚	1	39.39	23.88
白俄罗斯	1	28.53	4.30
保加利亚	28	23.30	3.24
捷克斯洛伐克	12	22.25	3.08

续前表

地区和经济体	观察值数目	平均基尼系数	收入最高的20%对收入最低的20%的比率
捷克共和国	2	27.43	3.75
爱沙尼亚	3	34.66	6.62
匈牙利	9	24.65	3.61
哈萨克斯坦	1	32.67	5.39
吉尔吉斯斯坦	1	35.32	6.31
拉脱维亚	1	26.98	3.83
立陶宛	1	33.64	5.20
摩尔多瓦	1	34.43	6.06
波兰	17	25.69	3.75
罗马尼亚	3	25.83	3.79
斯洛伐克	2	20.50	2.76
斯洛文尼亚	2	27.08	3.77
乌克兰	1	25.71	3.71
前苏联	5	26.94	4.06
南斯拉夫	10	32.62	5.63
中东和北非地区	**20**	**40.77**	**7.14**
阿尔及利亚	1	38.73	6.85
埃及	4	38.00	4.72
伊朗	5	43.23	—
约旦	3	39.19	7.39
摩洛哥	2	39.20	7.03
突尼斯	5	42.51	8.25
拉丁美洲和加勒比地区	**100**	**50.15**	**16.02**
巴巴多斯	2	47.18	17.56
玻利维亚	1	42.04	8.58
巴西	15	57.32	23.07
智利	5	51.84	14.48
哥伦比亚	7	51.51	13.94
哥斯达黎加	9	46.00	13.13
多米尼加	4	46.94	11.06
厄瓜多尔	1	43.00	9.82
萨尔多瓦	1	48.40	10.64
危地马拉	3	55.68	20.82

续前表

地区和经济体	观察值数目	平均基尼系数	收入最高的20%对收入最低的20%的比率
圭亚那	2	48.19	9.15
洪都拉斯	7	54.49	27.74
牙买加	9	42.90	8.75
墨西哥	9	53.85	17.12
尼加拉瓜	1	50.32	13.12
巴拿马	4	52.43	22.64
秘鲁	4	47.99	9.21
波多黎各	3	51.11	22.20
特立尼达和多巴哥	4	46.21	18.31
委内瑞拉	9	44.42	10.93
工业国家和高收入国家	**238**	**33.19**	**6.63**
澳大利亚	9	37.88	8.32
巴哈马群岛	11	45.77	14.14
比利时	4	27.01	4.26
加拿大	23	31.27	5.54
丹麦	4	32.09	6.29
芬兰	12	29.93	5.35
法国	7	43.11	6.31
德国	7	31.22	5.35
希腊	3	34.53	6.37
爱尔兰	3	36.31	8.91
意大利	15	34.93	4.94
卢森堡	1	27.13	4.11
荷兰	12	28.59	4.43
新西兰	12	34.36	6.78
挪威	9	34.21	7.39
葡萄牙	4	37.44	7.44
西班牙	8	27.90	4.34
瑞典	15	31.63	5.64
土耳其	3	50.36	15.22
英国	31	25.98	4.03
美国	45	35.28	8.46
合计	682	36.12	7.80

资料来源：Deininger and Squire，1996.

现在我们转到讨论横向不平等（HI），它涉及如何将经济差异、社会界定和政治权力结合起来使社会中不同的群体在赋权和能力上产生差距。不同的群体能按很多不同的方式定义，如前所述，按种族、宗教、性别、地域、阶层、语言，等等。斯图尔特（Stewart，2001）提出了一个假说：横向不平等不仅引起很多社会内部的冲突，而且也通过各种方式对发展过程产生影响。例如，一些群体被拒绝获得公共产品，如教育和医疗保健。这不仅会带来群体的贫困，而且对整个经济也是不利的。特定的地区可能会被剥夺基础设施的投资，因为一些特定群体住在那些地区，这不仅给该地区带来伤害，而且对整个经济的进步也是有害的。基于特定群体特征的歧视会产生心理效应，而且影响到第1章中所探讨的发展的核心目标：生存、自尊和自由。因而，横向不平等是衡量福利的一个重要维度，并且可能具有对发展非常有害的经济和政治后果。即使如此，国际发展政策也很少关注缩小群体分裂。如果群体间可以流动，或者是个人能够自由选择归属哪个群体，那么横向不平等就不再那么重要了，但是在高度分化的发展中国家这是鲜少发生的。斯图尔特（Stewart，2001）给出了一些关于横向不平等的基础和后果的案例分析，例如，在墨西哥、巴西、斐济、马来西亚和南非。在案例3.2中列出了这些国家的情形。很明确的是，发展政策需要解决群体间的横向不平等问题，而且包括关于个体间收入分配的纵向不平等。

▶ **案例 3.2**　　　　　**群体间不平等会加剧冲突和紧张**

暴力冲突的根源绝不简单。但是如下述例子所示，一个共同的主题出现于近期对冲突的研究：群体间的社会经济和政治上的不平等在导致紧张和暴力中所能起到的作用。很少人研究群体的文化排斥可能起的作用（诸如缺乏语言或宗教活动的认同），但是这些排斥也会导致动员和抗议，这些也可能是冲突的重要根源或触发器。

20世纪60年代，马来西亚针对华人的严重骚乱主要归因于在政治上占主导地位但是经济上处于弱势的多数裔的土著马来人针对经济上占主导地位的少数裔的华人的仇视。

20世纪80年代早期斯里兰卡的内战与泰米尔少数民族和占多数的僧伽罗人之间的不平等带来的紧张关系有关。殖民当局在经济上倾向于泰米尔少数民族，但是这种优势在僧伽罗人获得权力以后马上逆转，并且在如教育机会、公务员招录和语言政策上，泰米尔少数民族逐渐被边缘化。

在乌干达说班图语的民族（主要在中部和南部）与非班图语的民族（主要在北部）相比，在经济上占优势但在政治上被边缘化。这些经济上和政治上的不平等在大的冲突中发挥了作用，包括伊迪·阿明（20世纪70年代）发动的暴力冲突和第二次发生在奥博特时代（1983—1985年）的暴力冲突。

在墨西哥的恰帕斯州的土著居民在政治和社会经济上长期受到剥夺。他们要求更大的政治自治权，改善社会经济条件和保护他们的文化遗产，最后在四个都市区针对墨西哥政府的起义达到顶点。

1994年以前，在南非多数裔的黑人在政治上和社会经济上处于严重劣势。在1976年到权力转移的1993年期间发生了多次起义。

自 16 世纪以来，北爱尔兰的天主教徒在经济上和政治上受到剥夺。20 世纪 20 年代北爱尔兰作为英国的一部分的时期，确保了基督教徒在政治和经济上享有永久的统治地位——这就引发了北部的天主教徒要求成为主要是天主教徒的爱尔兰共和国的一部分。暴力冲突从 20 世纪 60 年代后期开始，直到 90 年代才得到缓解，此后，政府为减少这些不平等进行了不懈的努力。

在斐济发生了宪法危机和政变，著名的发生于 1987 年和 1999 年，因为在经济上遭边缘化的斐济土著人害怕对经济上占统治地位的印度裔斐济人失去政治上的控制。

在印度尼西亚中苏拉威西省的波索市，穆斯林教徒和基督教徒之间日益紧张的关系在 20 世纪 90 年代中期开始浮出水面，因为穆斯林社区从新经济政策中获得的利益比土著的基督教徒多。

从殖民时期开始，土著的危地马拉人就饱受政治上和经济上的歧视，这就导致了国家的持续冲突。

1996 年发生在尼泊尔的毛派叛乱，可能归咎于来自对某些种族群体、种姓和妇女的系统性边缘化和排斥的深切不满。

资料来源：联合国开发计划署，2004 年。

四、 增长与分配

观察到随着发展水平的提高而收入不平等先上升而后下降的事实，并不是说一国国内经济增长的加快必然会带来收入分配的恶化。现今的国际证据显示，迅速的结构转变和快速的经济增长对穷人和富人都是有利的。也不是说，不平等是增长的一个必要条件，因为它可以产生更多的储蓄，正如它有时声称的那样。纳维（Naqvi，1995）详细考察了 40 个发展中国家，发现高增长率与分配公平（以及宏观稳定）是可以同时达到的。这也是多拉尔和克雷（Dollar and Kraay，2000）的结论，他们对 80 个国家 40 年间的增长和收入分配之间的关系进行了考察。他们发现穷人（底层的 20％的人口）的收入同整体增长之间是一对一的增长，并且这种关系在穷国和富国没有不同。贫困和增长之间的关系并没有随时间的改变而改变。换句话说，增长对穷人和富人都是有利的，所以相对不平等（基尼系数）仍然是一样的（虽然绝对不平等仍在扩大，当然，因为同样的收入增长给一个富人带来的美元要比穷人多）。

在不平等是否促进增长的问题上，回答似乎是否定的。如果基尼系数包含在解释国家间增长差别的截面等式中，系数通常是正的，而不是负的（见 Forbes，2000）。换言之，一个更加公平的收入对增长是有益的。收入平等在这里可能是增长诱导要素的代理变量，这些要素如善政、公民社会、公平的产权和机会均等。亚洲成功的"四小龙"要比其他发展中国家有更为公平的收入分配和善政。

五、 贫困加权的增长率

达到快速增长和更为平等的收入分配双重目标的进步能够通过建立贫困加权的增长指数（poverty-weighted indices of growth）同时进行考察。

作为常规计量的 GNP 增长是不同阶层收入增长的加权平均——相关的权数是每个

阶层在总收入中的份额。计量的增长率没有考虑收入分配。一个经济可能出现高增长率，但是这可能只是使富人获益。例如，假设三分之一的最低收入者获得 10% 的收入，三分之一的中间收入者获得 30% 的收入，而三分之一的最高收入者获得 60% 的收入。GNP 的增长率将按下式计算出来：

$$\text{GNP 的增长率} = r_1(0.1) + r_2(0.3) + r_3(0.6)$$

这里，r_1、r_2 和 r_3 表示三个阶层各自的收入增长率。假设 $r_1 = 1\%$，$r_2 = 1\%$，$r_3 = 10\%$。于是，GNP 的增长率就是 6.4%，这个增长率看上去非常不错，但是，最穷的阶层的地位将几乎没有什么改变。

建立贫困加权的增长指数的观点是即使不对穷人给出更大的权数，至少也对社会所有阶层给出同样的权数，以便获得一个对总福利的增长更好的衡量标准，它把收入增长与其分配结合起来了。例如，在上述例子中，如果每个阶层都给予三分之一的相等权数，福利增长的计量公式就变成了：

$$\text{福利的增长} = 1 \times 0.33 + 1 \times 0.33 + 10 \times 0.33 = 4\%$$

当分配因素被考虑时，这个增长率就比按 GNP 增长率的常规计量标准低很多。

一个社会可以走得更远，比如说，它对三分之一最富有的阶层的收入增长给予零权数值，把所有的权数给予较低收入阶层，比如说，给三分之一最低收入者 60% 的权数，给三分之一中间收入者 40% 的权数。于是，福利的增长看上去微不足道：

$$\text{福利的增长} = 1 \times 0.6 + 1 \times 0.4 + 10 \times 0 = 1\%$$

这种方法被世界银行的经济学家（见 Ahluwalia et al., 1979）试验过，他们对国家进行比较，把 60% 的权数给予 40% 的最低收入者，把 40% 的权数给予 40% 的中等收入者，给 20% 的最高收入者零权数。在收入分配恶化的国家中，这种计量福利增长的贫困加权计量方法与 GNP 增长率相比，没有显示出什么改善；而在收入分配改善的国家中，与 GNP 增长率相比，贫困加权增长率提高了。

□ 六、 营养与健康

富国与穷国发展差距的另一个方面是，在发展中国家，大多数人口营养和健康状况差。据罗马联合国粮农组织（FAO），世界上大约有 10 亿人遭受各种营养不良，其中包括世界 15 亿儿童的一半。10 亿人遭受蛋白质能量营养不足，13 亿人缺铁，10 亿人缺碘，3 000 万儿童缺维生素 A，导致失明和死亡。10 亿多人缺少可靠的饮用水。超过 20 亿人无法获取适当的卫生设施。穷困近半数的人口感染与水相关的疾病。由饮用不干净的水造成的腹泻每年夺去 150 万儿童的生命。儿童可能一年发生几次严重的腹泻，使身体变得虚弱，儿童越虚弱和营养不良，就越容易感染和生病；因为没有食欲、饮食困难和消化不良，越容易感染，营养越不良。儿童的营养不良特别严重，因为它会阻止成长和智力发育，为贫困的恶性循环又增加了一个因素。营养不良也是婴儿死亡率高的主要原因。发展中国家的婴儿死亡率是发达国家的两倍。

在著名的印度经济学家帕萨·达斯古普塔（Partha Dasgupta, 1993）的开创性著作《福利与贫困研究》（*An Inquiry into Well-being and Destitution*）中，他试图了解出生在贫穷国家以及在穷国农村社会中生活和死亡的人们的共同环境。他把主要注意力放在营养及其对健康和工作努力的影响这个问题上。低收入和食物摄取量的关系当然是双向的。低收入是营养不良的主要原因，而营养不良又是低收入的原因，因为它损害了工作效率和生产率。营养不良的指标和计量或者以按不同食品的营养要求为基础，或者以食物能量为基础。这两者都影响劳动生产率。营养学家认为有效的工作和健康生活所需的食物要求比生活在发展中国家的大多数人所获得的水平高得多。缺乏热量引起体重丧失、容易疲倦、萎靡不振和大脑功能的退化。热量对于吸收蛋白质也是必要的：如果满足了热量要求，蛋白质要求通常也能够得到满足，但并不始终如此。瓦希奥科（Kwashiorkor）病（我们在电视上看到的那种饥饿和营养不良的儿童胀起的大腹和呆滞的目光）主要是由于缺乏蛋白质，因为他们主要通过木薯和山芋之类的低蛋白质根系食物摄取热量。蛋白质对于生命头 3 年的大脑发展是至关重要的，因为大脑发育的 90% 是在这个时期完成的。由蛋白质缺乏造成的大脑损害是不可逆转的。

当谈到营养和工作努力的能力之间的关系时，营养一般是按照能量要求来定义的。在这种情况下，达斯古普塔把营养不良定义为这样一种状态，"在这种状态下，一个人的身体功能受到了损害，直到他在体力劳动中或在抗御各种疾病影响或从各种疾病影响中恢复过来时不能维持一个适当的业绩水平"。当一个人从事吃饭和维持基本健康的最低量活动而不考虑工作和娱乐时，他的最小能量或维持生命要求（r）就是每天的热量要求。按照营养学家的观点，r 是基本新陈代谢率的 1.4 倍。生产率与能量摄入的关系如图 3—3 所示。

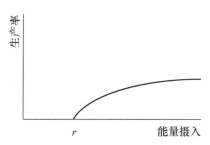

图 3—3　生产率与能量摄入的关系

这里一个有趣的事情是图中曲线的斜率。在图 3—3 中，它是下降的，但它可能是线性的，甚至在某个范围内是上升的。布利斯和斯特恩（Bliss and Stern，1978）在评述文献时发现，这条线在 r 的右边附近的区域是线性的。最近的研究证实了这一点[5]，表明根据工作中生产率的增加和在学校花费的时间的生产率的增加以及在处理营养不良和较差身体的后果中的成本节约，对营养和健康进行投资可以获得很高的经济和社会收益。防治各种营养不良的成本相对于看得见的收益和处理营养不良所造成的后果来说是微不足道的。防止 6 个月到 3 岁的儿童的营养不良——这是儿童最脆弱的时期——可能只花费 50 美元（按现期价格）。防止营养不良的一年的成本只相当于治疗其后果一天的成本。缺乏维生素 A 是失明的原因，扶养一个盲人一年的成本至少是防止他缺少所需的维生素 A 的成本的 1 000 倍。缺乏碘是患甲状腺疾病的原因，它导致了呆小病和聋哑病。为防止这种疾病发生而使用碘的成本每人每年还不到 0.01 美元。这样的事例举不胜举。不仅对个人而言，而且对整个社会的福利的实际经济意义来说，防止营养不良都胜于治疗其后果。

世界银行作过计算，缺乏维生素 A、碘和铁而导致的残废、死亡和生产率的降低，对发展中国家的成本而言相当于 GDP 的 5%。医治成本不少于 10 亿美元。世界银行现在在中国这样的国家开展了一个微量营养素项目，以克服营养不良所导致的失明、智力迟钝、学习困难和低工作效率。

生存不仅取决于营养，而且还取决于传染和疾病的防治。在这个领域的重要投资努力也会产生重大的收益。这些主要的传染病使得发展中国家数以千万计的人生命枯萎，尤其是在非洲。宿敌仍旧肆虐，如结核病和疟疾。新的敌人是艾滋病，它开始对非洲经济带来毁灭性的影响。

结核病一年夺去 300 万人的生命，比其他传染病更严重。这是可以控制的疾病。对于 4~6 个月的婴儿的治疗需要一天 4 粒强效抗生素。搞清楚每天服用的剂量需要密切的观察，但是世界卫生组织在印度所作的研究表明，如果一年在这个有效的控制项目上花费 2 亿美元，由于减少了治疗病人的成本和提高了生产率，经济收益将达到 7.5 亿美元之巨。

疟疾每年直接或间接地夺走 2 300 万人的生命。社会和经济损失巨大。自 1970 年以来，造成非洲 GDP 减少了 1 000 亿美元。尽管这样，在疟疾控制上每年接收到国际社会的援助仅为 3 亿美元。据估计，至少需要 10 亿美元才能有效控制疟疾，用于分发蚊帐以及支付医疗和疫苗的费用。但是，未来是有希望的。科学家们正在进行全球基因组计划，已经对疟疾寄生虫和传染疟疾的蚊子种类的基因密码解密。这为新一代用于疟疾的疫苗、杀虫剂和驱虫剂的研制铺平了道路；当然，前提是研制它们对医药公司是有利可图的。

但是后天获得的艾滋病（AIDS）很快就变成最大的杀手。联合国预测到 2020 年会有 7 000 万人死于艾滋病。目前，全球范围有 5 000 万人是 HIV 和 AIDS 感染者，其中 3 500 万人在非洲。感染者的人数每年增加 500 万，并且每年近 300 万人死去。由 AIDS 造成的非洲人的死亡 10 倍于武装冲突。社会和经济上的影响是多方面的。在一些国家感染最严重，如南非、博茨瓦纳、津巴布韦和赞比亚，预期寿命已经减少到 40 岁以下（见案例 3.3）。这正剥夺着一些国家有技术的和有生产力的劳动者，包括教师，并且导致工作过程中的高缺勤率。这使数以百万计的孩子变成孤儿和不能接受教育。治疗的成本对很多国家的医疗预算带来很大的压力，减少了可用于对付其他疾病的资源。世界银行估算，8% 的 HIV/AIDS 感染率使各国人均年收入增长减少 0.4 个百分点，并且 25% 的感染率使各国人均年收入增长减少 1 个百分点。这对产出是一个巨大的损失。相比之下，治疗的费用对于国际社会而言很容易负担得起。联合国艾滋病规划署（UNAIDS）估算在预防和控制上需要 150 亿美元，而国际社会的支持也就仅花费 50 亿美元。在非洲用于医疗保健的发展援助目前仅为 100 亿美元，还要覆盖所有的健康问题。在经过与各国和 WTO 的激烈争论后，世界上多数的医药公司现在同意对制定了有效卫生规划的国家按成本价提供抗逆转录病毒的药物。

▶ 案例 3.3   AIDS 和预期寿命

根据美国政府的研究，在 AIDS 大流行的压力下撒哈拉以南非洲地区的大部分预期寿命很快下降，下降水平自 19 世纪以来前所未见。平均寿命在 51 个国家会减少，主要是在非洲和加勒比地区，如同专家预测的那样，如果疾病感染了中国、印度和东南亚大多数人口，就会使全球性的大灾难更为严重。

在博茨瓦纳，39％的成年人口 HIV 呈阳性，如果没有 AIDS 的流行，在 2010 年预期寿命是 74 岁零 5 个月。目前是 33 岁零 11 个月。在 2010 年预期寿命低于 40 岁的国家有安哥拉（35）；莱索托（36.5）；马拉维（36.9）；莫桑比克（27.1）；纳米比亚（33.8）；卢旺达（38.7）；南非（36.5）；斯威士兰（33.0）；赞比亚（34.4）；津巴布韦（34.5）。

AIDS 也逆转了 20 世纪 80 年代和 90 年代早期横跨非洲南部的婴儿死亡率下降的趋势，如斯威士兰和津巴布韦，很多国家的婴儿死亡率比没有流行病时将近翻番。在博茨瓦纳、津巴布韦、南非和纳米比亚四个国家，到 2010 年由于 AIDS 死亡的婴儿数量会超过由其他疾病所引起的。

	预期寿命（年）	
	没有 AIDS	有 AIDS
安哥拉	41.3	35.0
博茨瓦纳	74.4	26.7
莱索托	67.2	36.5
马拉维	59.4	36.9
莫桑比克	42.5	27.1
纳米比亚	68.8	33.8
卢旺达	54.7	38.7
南非	68.5	36.5
斯威士兰	74.6	33.0
赞比亚	58.6	34.4
津巴布韦	71.4	34.6

资料来源：*The Times*，8 July，2002.

皮特·皮奥特（Peter Piot），联合国艾滋病规划署（UNAIDS）的执行董事，认为艾滋病现在是历史上最严重的流行病："比以前投入更多的资金，但是如果你看一看在最穷的国家里呈阳性的人数和治疗，仍旧还有很长的路要走。某种意义上，我们在阻止流行病的扩散上是失败的。"

除了肺结核、疟疾和艾滋病这些大杀手之外，还有四种主要的热带疾病长期持续地使热带亚洲、非洲和拉丁美洲成百上千万的人变成了残废。这四种疾病是：麻风病、盘尾丝虫病、恰加斯病（南美洲锥虫病）和淋巴丝虫病。由于现代医学和抗生素，现在有机会消灭这些疾病。还有 100 万麻风病患者，但是，由于有三种抗生素混合使用，与 20 年前 500 万患者相比，现在患者的数目大大地降低了。由于白蛉的寄生传播，有 30 多万人患有盘尾丝虫病，但是现在已有一种药物在 11 个西非国家消灭了这种疾病的传播。恰加斯病是由血吸虫传播的，在非洲一年传染 1 700 万人，死亡 4.5 万人。淋巴丝虫病是通过蚊子传播的，在 70 个国家有 1.2 亿人染上此病，引发了从象皮病（由丝虫引起的人体寄生虫病）到肾脏损坏一系列病症。为治疗犯这些疾病的人，据估计，每年花费仅为 4 亿美元（与治疗疟疾、肺结核和 AIDS 的 150 亿美元的预算相比）而且能挽救 50 万人的生命。

在发展中世界，疾病与营养不良摧残了成百上千万男人、女人和儿童的生命。对营养和疾病预防的小的投资就会改变他们的生活质量，提高这些国家的生产潜力，但是，世界宁愿把机器人送上火星！

联合国和其他组织呼吁每年增加 200 亿美元的医疗援助用于和艾滋病以及其他传染病做斗争。这一数量对于富国 10 亿公民而言每人仅为 20 美元：对于改善我们称为"全球社区"上的同胞的健康和生命机会而言不是很多。

为世界卫生组织提供的《塞奇报告》建议成立一个全球健康资源基金，每年投入资本 15 亿美元。报告估计，到 2015 年年均总成本 380 亿美元能够救活 800 万人的生命——仅相当于富国 GDP 的 0.1%。[6]

很差的营养和疾病与简陋的卫生设施结合在一起，导致了低寿命预期和高婴儿死亡率。每年有 50 万妇女也会死于孕期或分娩。千年发展目标中提到的到 2015 年孕妇死亡率减少 75% 将不会实现。表 3—7 提供了与卫生有关的统计数字，包括卫生支出占 GDP 的百分比；人均卫生支出；获得安全饮用水和环境卫生设施的人口百分比，以及婴儿死亡率。值得注意的是，富国人均花费在卫生上的支出是每年 4 000 美元，穷国仅为 23 美元。基本医疗设施的缺乏反映的事实是，在低收入国家婴儿死亡率是 80‰，而高收入国家仅为 6‰。鲍尔达奇等（Baldacci et al.，2005）推算卫生支出占 GDP 每增加 1% 会使 5 岁以下儿童的存活率增加 0.5% 和人均收入增长 0.5%。

表 3—7　　　　　　　　　　　　卫生指数

	卫生支出	人均卫生支出	可获得安全饮用水	可获得卫生设施	婴儿死亡率
	占 GDP 的百分比（2007 年）	美元（2006 年）	人口百分比（2006 年）	人口百分比（2006 年）	每 1 000 出生数（2006 年）
世界	**9.8**	**722**	**86**	**60**	**47**
低收入	**4.3**	**23**	**68**	**39**	**80**
中等收入	**5.4**	**140**	**89**	**60**	**35**
中低等收入	4.5	75	88	55	38
中高等收入	6.3	412	95	83	21
低收入和中等收入	**5.3**	**114**	**84**	**55**	**51**
东亚和太平洋地区	4.3	83	87	66	22
欧洲和中亚	5.5	304	95	89	21

续前表

	卫生支出	人均卫生支出	可获得安全饮用水	可获得卫生设施	婴儿死亡率
	占 GDP 的百分比（2007 年）	美元（2006 年）	人口百分比（2006 年）	人口百分比（2006 年）	每 1 000 出生数（2006 年）
拉美和加勒比地区	7.0	374	91	78	22
中东和北非	5.7	133	89	77	32
南亚	3.5	26	87	33	59
撒哈拉以南非洲地区	5.7	53	58	31	89
高收入	**11.2**	**4 033**	**100**	**100**	**6**

资料来源：2009 年世界发展指数，http://data.worldbank.org/indicator。

对卫生服务、教育、住房、环境卫生、供水和充足的营养的提供，在 20 世纪 70 年代（并且由世界银行支持）作为经济发展中的基本需求方法开始在发展理论界为人熟知。这个方法的原理是，对这种商品和服务的直接提供可能比简单地试图加快增长速度或依赖于提高穷人的收入和生产率这些战略更直接地减轻绝对贫困。有五个理由被用来支持这种战略上的改变：（1）增长战略通常不能使那些应得到受惠的人受惠；（2）穷人的生产率和收入首先依赖的是卫生和教育设施的直接供给；（3）穷人收入的增长可能需要很长的时间，这样才能使他们负担得起这些基本需求；（4）穷人倾向于不明智地花费他们的收入，并且某些设施（如供水和环境卫生）只能由公共提供；（5）在缺乏基本需求的供应时，很难按同一种方式帮助所有穷人。基本需求方法在世界上最穷的国家与贫困和疾病的直接斗争中没有失去其合理性。

□ 七、饥荒

在人的各个年龄段，穷国中的穷人都经历了饥荒的各种条件，这是营养不良和死亡的主要原因。欧·格拉达（O'Grada，2007）在其对最近和过去经历的饥荒的原因和结果的全面研究中，将饥荒定义为"大范围缺乏食物直接导致由于饥饿或饥饿诱发的疾病带来的过高的死亡率"。据测算，20 世纪有近 7 000 万人死于饥荒，比前一个世纪要多。20 世纪的三大饥荒是，斯大林时期的俄罗斯 1932—1933 年的饥荒；1942—1944 年的大孟加拉地区饥荒；中国"大跃进"时期 1959—1961 年的饥荒。最近的有，1972—1974 年孟加拉国遭受的严重的大饥荒，以及很多非洲国家遭受的饥荒：尼日利亚 1969—1970 年；埃塞俄比亚 1984—1985 年；苏丹 1995 年；马拉维 2002 年和尼日尔 2005 年。但是，大体上来说，按历史的标准，今天在我们电视屏幕上生动地展现出来的饥荒是很小的，因为对它们的了解非常容易就扩散开了，于是很快就被纾解了。

但是，饥荒并不一必然意味着食物供给的缩减，也不一定意味着那些被剥夺食物的人就会死去。其他人可能会因饥荒期间传播的疾病而死去，尤其是在营养不良的儿童和被迫住进难民营的人中间。传统上认为，食物可得性的缺乏，或食物可得性的下降是出现饥荒的原因，但事实上，有很多因素能够导致饥荒，不仅包含由于极端天气或作物病虫害造成的粮食绝收和坏收成。其他原因包括食物封锁（可能会发生在战争时）；内乱；囤积食物；以及投机，哄抬食物价格使人们买不起。

导致饥荒原因的传统观点首次受到阿马蒂亚·森所著的具有很强说服力的著作《贫困与饥荒》（Amartya Sen，1981a；Sen，1981b）的有力挑战。森的论点是，饥荒不仅取决于（或甚至主要取决于）粮食的可得性——食物变得稀缺——而且主要取决于人们获得粮食的权利，尤其是社会中较为脆弱的部分。如森（1981b）指出，"饥饿是有些人没有足够食物吃的问题，而不是没有足够食物吃的问题"。后者能成为前者的原因，但并不一定是最重要的原因。人们的权利取决于他们的资源禀赋和把资源禀赋换成食物的能力。存在"直接禀赋的失败"或"贸易禀赋的失败"。资源禀赋大部分依赖人们出卖自己劳动力的能力、他们获得的工作和财产的所有权。把资源禀赋交换或交易成食物的能力取决于食物价格，食物价格可能会由于囤积和投机而不是食物自身的缺乏而上涨。因此，很显然，权利的恶化与食物供应的总体减少无关。失业人数会增加；实际工资和生产率会下降，而另外一些人可能变得更好，从而需要更多的食物（这也会推涨价格）。

森从1943年大孟加拉地区的饥荒、埃塞俄比亚1943年的饥荒和1974年孟加拉国的饥荒等经历来阐述他的理论（也见Ravallion，1997）。似乎是，所有这些饥荒都是在人均粮食可得性没有明显下降的情况下发生的。例如，在大孟加拉地区饥荒期间，有300万人死亡，然而就粮食总的可得性而言，1943年并不是一个异常的年份。饥饿发生的原因是人们对食物的权利丧失，造成这种结果的原因在于：军事行动带来食物价格的上涨；随着人们转向食物消费，其他商品价格下降（导致其他生产者收入下降）；最为重要的是囤积和投机。森描述了农民和粮食商人是如何把"产量的温和短缺"转变为"市场销售的异常短缺"的，并得出结论说饥荒主要是由于"投机者"在管理混乱的刺激下提款和对大米的恐慌性抢购。拉瓦雷（Ravallion）1997年对1974年孟加拉国饥荒的研究证实了森的研究，认为饥荒和过高的死亡率受到投机危机的波及，导致上涨的大米价格超出穷人的购买能力。

在其他案例中，饥荒是由其他原因导致的。斯大林时期的俄罗斯在1932—1933年的大饥荒和中国1959—1961年的大饥荒，是极权主义政权施行灾难性的经济政策的结果，并设法把他们的行动隐藏起来。其他地方，战争和内乱是饥荒的原因。

现在大多数经济学家都接受森的分析，但是并非没有批评的声音，仍有一些问题需要回答，包括在将来预防或纾缓饥荒的政策建议。对森的一个批评是他低估了总体食物可得性的重要性。如欧·格拉达（O'Grada，2007）认为，只有很少"完全"的权利缺失的饥荒。大多数饥荒都伴随着各种形式的食物可得性的下降。一部分是由于预期食物的短缺导致囤积和投机。重要的一点是大多数饥荒中人均食物消费量的下降首先发生，而后农民变卖财产和牲畜获取更多的食物。在中国1959—1961年的大饥荒，由于天灾和政府使农业资源枯竭导致粮食产量下降了近30％，并且政府没有在防止饥饿中采取行动。在2005年的尼日尔，歉收是发生饥荒的主要原因，但是在这种情况下，食物援助及时，使死亡率很低。

其他对森的批评是他的分析没有特别的新意，因为食物价格上涨，不管出于什么原因，很显然人们不能购买更多食物。同样，一些人可能宁愿挨饿一阵子也不去变卖财产购买食物。另一个观点认为国家和人民的健康环境要比权利更为重要，因为疾病要比饥饿带来更多的死亡。在这一点上多少有些道理。欧·格拉达（O'Grada, 2007）的研究显示在饥荒中大多数死亡是由传染病导致的并且尤其是儿童太虚弱，不能抵抗麻疹、疟疾和痢疾。

与阻止和纾缓饥荒所要求的公共行动相关的问题包括：（1）权利缺失的主要原因是什么？（2）饥饿是不是仅由权利缺失引起？（3）饥荒中的脆弱性是由什么决定的？（4）国家内部的市场和制度是帮助还是阻碍了那些冲击性事件影响公众权利的方式？

关于最后一点，过去很多饥荒状况是由于公众行动的失败使情况变得更糟，如缺乏社会安全网，阻止人们迁移去寻找食物，或阻止国家内各地区间食物的再分配。极权主义政权缺乏民主和舆论自由使情况变得更坏，这就容许政府隐藏它们的行动所带来的后果，或缺乏行动（事实可能如此）。

拉瓦雷（Ravallion, 1997）为防止和纾缓未来饥荒提出了如下建议：

（1）建立早期预警系统监控，诸如粮食价格、就业和失业、实际工资、农民财产买卖等——所有这些会对人们禀赋和他们把禀赋换成食物的能力产生影响。自19世纪以来印度就已经较早地建立起预警系统，并且在1949年独立后得到了加强。除了干旱之外，印度避免了严重的饥荒——事实上印度的民主与舆论自由也对此有帮助。

（2）促进国内食物的生产，即使饥荒主要不是由食物可得性下降引起的。

（3）通过现金发放方式为人们提供补贴。据观察，私营商人把食物分给饥荒受害者在行动上要快于政府或援助机构。这也避免了饥民成群前往难民营，在那里疾病很容易快速传播。

（4）通过由公共工程项目提供非技术雇佣岗位的方式提供补贴。自1978年以来中国（和其他社会主义国家）的饥荒消失，已和人均食物产量提高没有多大的关系，但是与补贴系统通过有保障的就业和社会保障供应的转变有很大的关系。

（5）贸易规则：控制食物出口，并在饥荒时增加食物的进口。

（6）建立粮食储备系统以在需要时发放。这种储备系统应在易于发生饥荒的地区由国际社会支持和资助。

（7）改善交通设施以便食物从一个地方运输到另一个地方更为便捷，这样也会促进食品市场的统一和防止国家不同的地方之间较大的价格差异。

尤其重要的是，公共行动需要粮食保障计划——它能保证人们在任何时候都可以获得足够的粮食，再加上营养计划——通过针对孕妇和儿童的诊所发挥作用。[7]

□ 八、 粮食生产

世界粮食问题不是由世界不能生产足够的粮食来养活它的居民引起的。由马尔萨斯在1798年表达的悲观主义——粮食将只会以算术级数增长，而人口以几何级数增长——实际上没有得到证实（见第5章）。全球粮食生产与人口增长保持了同步，自从1950年以来，粮食生产的增长速度已经远远超过了人口增长的速度。人口增加了150%，而粮食生产却增加了300%。自1970年以来，世界谷物的生产每年从10亿吨增加到20亿吨，人均谷物产量从300公斤增加到400公斤，而长期粮食价格相对于工业品价格下降了近50%。

如果需要的话，世界大概能够养活它相当于目前10倍的人口。有一些悲观主义者，如华盛顿的世界观察研究所的莱斯特·布朗，但也有一些较为合理的评价，如蒂姆·戴森（Tim Dyson, 1996）在他的著作《人口与粮食》中所作的评价。戴森得出结论说，能够养活80亿人口（预测的2020年的世界人口）是完全可能的，"预计在2020年世界农业能够养活更多的人口是完全合理的，这个世界不会变得更坏，也许可能比今天活得更好"。绿色革命并没有完全丧失它的力量，生物技术正预示着新的黎明，在很多国家，特别是在非洲，现有技术下的生产率潜力还没有充分挖掘出来。例如，印度的种植条件像非洲一样，但能够在相当于非洲13％的土地上成功地养活两倍于非洲的人口。很大一部分世界人口的饥饿和营养不良可能仍然是一个分配问题，而不是一个生产能力问题。

虽然全球粮食供给增加了，但这种状况对于很多个人和国家来说仍然是不稳定的。联合国世界粮食计划署在20世纪90年代对40多个国家的几百万人发放了紧急救济，收成差、政治动乱或购买进口粮食的外汇短缺使这种救济变得必不可少。很多发展中国家的粮食仍然不能做到自给自足，甚至在正常年份也不能做到。

2007年和2008年出现了严重的食物紧缺，很多基本农产品的价格剧烈上涨，如大米、玉米、小麦、糖、大豆和奶制品。大米这种数以百万穷人主要的消费商品的价格在一年内上涨超过300％，小麦的价格翻番。在2007年整个食品价格指数上升了40％，并且在2008年又上升了40％。超过40个国家出现了食品骚乱；这并不令人惊讶，因为穷人要将其收入的80％用于食物。很多因素造成了价格的突然上升：首先，需要牢记的是短期内食物的供给和需求是缺乏弹性的，所以供给或需求方的任何冲击都会带来巨大的波动。在供给方，不利的气候条件导致在一些国家粮食相对歉收，这就推高了价格。燃料价格的上涨增加了商品生产和分配的成本。库存依然很少，而更多的谷物用于生物燃料。在2007年，美国40％的玉米用于生产乙醇。在需求方，在快速发展的国家（如中国和印度）的快速增长起到了一定的作用，在投机上也是这样。近年来，一些大的投行发起农产品基金。2008年，有1 500亿美元投资到这些基金中，而2004年是150亿美元。

当我们要进入第三个千年时，似乎令人难以置信的（实际上是难以忍受的）是，世界上成百上千万人的生命将会年复一年地受到气候的多变性或政治不稳定的威胁。当前紧迫的需要是发展中国家的农业改革（见第6章）和新的世界粮食计划。

从技术上说，世界有能力大规模地增加农业生产。所需要的是国际上和发展中国家两个方面的积极性和政治意愿，使根本的变革成为必要。至于国际发展机构，它们可以增加援助和对农业项目的投资，特别是在能导致农业生产有重大突破的项目上进行投资。例如，投资40亿美元消灭热带非洲传染地区的采采蝇，就可以开垦几百万平方公里土地用于动植物生产。还必须有真正的国际合作和协议，保证世界粮食供给。可能的话，在国际监督下在世界范围内建立一些战略性的粮食储备系统，它能够把富裕的北方的剩余粮食储存起来，以满足急需之用。这不一定妨碍在长期获得更大程度的自给自足所必需的根本性农业改革。

粮食可得性和安全不仅是一个农业政策问题，也是贸易政策问题。例如，增加农业贸易自由化鼓励大量小农为出口生产经济作物，而忽视了为自己的需要而种植粮食，而来自经济作物的收益还不足以购买他们对粮食的需要量。来自经济作物的收入常常是很低的，因为这么多的购买力集中在几个大跨国商品购买者手里。而且，当经济作物的供给增加时，它们的价格就会下降。农业的贸易自由化可能会对很多国家的粮食安全产生严重的后果。

第三节　结构转变与工业化

□ 一、　发展阶段与结构变化

常常认为，在发展过程中，各国要经过几个发展阶段，并且按照某些特征来区分这些阶段，一个国家就能被认为达到了某个发展阶段。最简单的阶段理论是费雪（Fisher，1939）和克拉克（Clark，1940）的部门学说，他们把第一级生产、第二级生产和第三级生产的区分作为发展理论的基础。国家被假定为从初级生产者开始，然后，当基本生活必需品被满足之后，资源就转移到制造业或第二级活动。最后，由于收入的提高、更多的闲暇和日益饱和的制成品市场，资源转移到服务业或第三级活动——这些活动生产具有高收入弹性的"商品"。

自然，根据这个理论，欠发达国家从事初级生产，较发达国家生产制成品，而成熟的发达国家则在服务业部门有很高比例的资源。

资源转移是发展过程的一个组成部分，这些转移的主要决定因素之一是商品需求的收入弹性差别，以及随着经济发展，这些弹性也相应地发生变化。这些可能是没有争论的。但是，在没有限定的情况下，把发展和福利与人均收入水平等同起来必须小心谨慎，还必须审慎地把不发达、工业化和成熟的不同程度与从事不同类型活动的资源刚性比例等同起来。这样的联系忽视了比较优势学说——该学说认为，各国必须专门从事那些具有相对优势的商品生产，这些相对优势主要是由自然的和获得的自然禀赋所决定的。一个国家主要生产初级产品而另一个国家主要生产制成品这一事实，并不表示它们处在不同的发展阶段，特别是当初级生产部门的生产率与工业部门的生产率差不多时更是如此。这种联系也忽视了不同形式的服务活动，这些不同的服务可能存在于一个国家历史中的不同阶段。服务活动有三大类。较新的服务活动与闲暇的扩大和大众高消费相联系，它们具有很高的需求收入弹性；与制造业增长有关的服务也在增长，但是增长率在下降；工业以前的时代的传统服务业在下降。简言之，第三级生产是很多不同类型的服务活动的加总，有些与低收入有关，有些与高收入有关。所以，用于服务业的同样比例的总资源可能是与不同发展水平相联系的。

尽管这么说，但事实仍然是，费雪-克拉克观点仍然得到大量的经验支持：各国的发展模式显示了很多共同的特征，尤其是资源从农业向工业的转移。

图3—4通过对2005年69个国家的简单回归分析，描绘了人均收入水平和从事农业、工业和服务业的劳动力的比例之间的关系。费雪和克拉克的一般命题得到了证实：在低收入国家，平均超过40%的劳动力在农业中就业（并且在非洲最穷的国家会更高），而不到15%的劳动力在工业中就业。与之相比，在高收入国家中，平均不到5%的劳动力在农业中就业，近30%在工业中就业。在服务业中就业的劳动力的比例必然会提高，但是服务活动的本质是有区别的，简单的服务业在低收入国家而复杂的服务业在高收入国家。

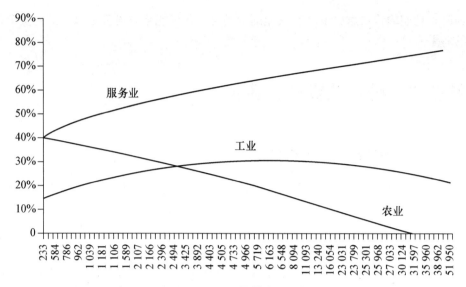

图 3—4　2005 年劳动力分布

资料来源：世界发展指数（WDI）和国际劳工组织（ILO）69 个国家的数据。

对劳动力的部门分布是真实的东西对于产出部门的分布也是真实的，但它们之间的比值存在着很大的差别，因为各部门的生产率存在着显著的差别。图 3—5 显示了在 2005 年 141 个国家产出的部门分布，也对人均收入份额进行了回归。平均起来，在低收入国家农业份额占整个 GDP 的 30％，就业份额超过 40％，因为农业比工业的生产率低。在穷国，工业在产出中的份额是 20％，就业份额是 15％。在服务业中的产出份额和就业份额大体相当。

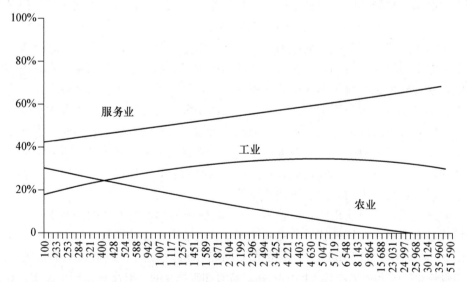

图 3—5　2005 年产出分布

资料来源：世界发展指数（WDI）和国际劳工组织（ILO）141 个国家的数据。

同样值得注意的是，农业份额持续下降，而服务业份额持续上升，随着国家的富裕，工业的就业和产出份额先上升后下降。这被称为脱工业化的过程。这种过程开始于

发展经济学（第九版）

多年前的发达国家（见 Rowthorn and Ramswamy，1999），但是现在在一些中等收入国家（甚至一些低收入国家）开始出现（见 Pieper，2003；Tregenna，2009）。仅在东亚和太平洋地区工业的重要性增加，而一些非洲和拉丁美洲的国家在它们还没有达到适当的工业化之前开始"去工业化"了！

表 3—8 按世界不同的地区给出了各产业占 GDP 的产出份额。

表 3—8 | 按地区的 GDP 中的产出份额

	农业	工业		服务业
	占 GDP 百分比	总的占 GDP 百分比	制造业占 GDP 百分比	占 GDP 百分比
世界	**3**	**28**	**18**	**69**
低收入	**25**	**30**	**16**	**46**
中等收入	**9**	**37**	**19**	**53**
中低等收入	13	41	—	46
中高等收入	6	33	19	61
低收入和中等收入	**10**	**37**	**18**	**53**
东亚和太平洋地区	12	47	—	41
欧洲和中亚	7	34	19	60
拉丁美洲和加勒比地区	6	33	18	61
中东和北非	11	40	12	49
南亚	18	29	17	53
撒哈拉以南非洲地区	15	32	14	53
高收入	**25**	**29**	**12**	**46**

资料来源：2009 年世界发展指数，http://data.worldbank.org/indicator。

如前面所提到的，产出和就业结构的变化是对不同产品的不同需求收入弹性的函数。对不同商品的需求收入弹性进行估计是可能的。使用的估计公式如下：$\log V = \log a + b \log Y$，式中，$V$ 是对产品 X 的人均增加值或人均产出，Y 是人均收入，b 是对产品 X 的需求收入弹性。收入弹性小于 1 意味着，随着收入的增长，该产品在总产出中的份额下降。反之，收入弹性大于 1 意味着，该产品在总产出中的重要性将会增加。为了估计收入弹性，公式被用于处在不同发展阶段的各国之间的数据。在这样做了之后，对农产品的收入弹性一般被估计为 0.5 左右；而对于服务业，收入弹性估计为高于1。对于工业的收入弹性是非线性的，达到一个特定的收入水平，弹性高于 1，而后降到 1 以下（和工业产出份额先升后降是一致的）。[8]

在工业部门内部，各种产品的需求收入弹性也存在着差别，随着经济的发展，这将会引起工业格局的变化。最显著的需求变化是从基本必需品和低附加值产品相对地向高附加值耐用消费品转变。

□ 二、 罗斯托的增长阶段

对发展阶段理论的兴趣由于罗斯托《经济增长的阶段》（Rostow，1960）的出版获

第 3 章 不发达的特征与结构变化

得了新的刺激，它代表了一个替代马克思主义历史观的尝试，本书的副标题就是"非共产党宣言"。罗斯托不仅对各国的增长与发展模式进行了描述性的经济研究，而且提供了一个政治理论。

☞

沃尔特·罗斯托

于 1916 年出生于美国纽约，卒于 2003 年。麻省理工学院经济史教授（1950—1961），20 世纪 60 年代在肯尼迪和约翰逊执政时期的美国政府工作，得克萨斯大学奥斯汀分校政治经济学名誉教授。因其《经济增长的阶段：非共产党宣言》（1960）这部富有争议的畅销书而闻名，在该书中他确定了国家从起飞到持续经济增长的一些必要条件，其中重要的是农业革命，投资率至少占 GDP 的 10%，以及一个有益于创新的制度环境。

罗斯托理论的核心是，对发展阶段进行区分和按照这些阶段对社会进行分类，不仅在逻辑上，而且在实践上是可能的。他划分了五个发展阶段：传统阶段、过渡阶段、起飞阶段、成熟阶段和大众高消费阶段。

关于传统社会我们要说的是，对罗斯托来说，牛顿以前的世界全部由这种社会组成。例如，中国的王朝、中东、地中海和中世纪的文明，等等。传统社会的特点是生产率有一个最高限制，这种生产率限制是由科学的局限性所造成的。传统社会有其显著特征——很高比例的劳动力从事农业，同时有很少的流动性和社会变化，高度不平等的财富分配以及分散的政治权力。被作为传统的这种社会如果有的话，可能除了一些原始部落如在亚马逊流域或巴布亚新几内亚，今天也很少了。大多数社会在某个时期以前还是处在传统阶段。这些社会主要是在外部挑战、侵略和民族主义的影响下开始转变的。不是从传统国家发展而来的例外就是罗斯托所描述的那些"生而自由"的国家，如美国和一些英国自治领。在这里，起飞的前提条件是通过建立社会基础资本和从国外引进工业这个较为简单的方式创造出来的。但是，对于世界其他地方，变化是更为基本的和根本的，不仅要有经济转变，而且还要有脱离封建主义的政治和社会转变。

封建主义与起飞之间的阶段被罗斯托称为过渡阶段。过渡阶段的主要经济要求是，投资水平应该提高到至少占国民收入的 10%，以确保自行持续的增长。投资的主要方向必须是运输和其他社会基础资本，以便建成社会基础设施。投资率提高的前提条件包括人们放贷风险资本的意愿、企业家的存在以及整个社会管理与工厂和劳动分工原则相适应的经济制度的意愿。但是一个国家的资源从农业中转移，前提是需要能养活自己，所以一场农业革命也是必要的。

在社会前沿，必须出现一个新的精英阶层来建设一个工业社会，它必须在权力上超过传统社会以土地为基础的精英阶层。新精英阶层必须把剩余从农业转到工业，必须有承担风险的意愿和对物质刺激作出反应。而且，因为过渡时期的任务巨大，建立一个有效率的现代政府是至关重要的。过渡期的时间长度取决于本国人才、精力和资源投入现代化以及推翻旧秩序的速度，在这一点上，政治领导人将发挥着重要作用。

然后是起飞阶段。起飞阶段的特点有时很难与过渡阶段的特点区分开来，这是罗斯托与批评者之间的争论焦点。但是，让我们像罗斯托认为的那样描述一下起飞阶段——

一个在发展文献中经常谈到的阶段。因为起飞的前提条件在过渡阶段已经得到满足，起飞阶段是一个时间较短的发展阶段，在这个阶段中，增长成为自我维持。投资必须提高到超过国民收入的10％的水平，以便人均收入提高到足以保证未来有充分的储蓄和投资。此外，重要的是要建立罗斯托所谓的主导增长部门。在历史上，为起飞建立的国内资金似乎来自两个源泉：一是来自一部分农产品的转移，它通过土地改革和其他手段达到。常常引用沙皇俄国和明治日本作为例子，在这些国家中，政府债券用来代替土地所有者对租金支付的要求。二是来自具有企业家精神的地主自愿地把租金用于商业和工业。

实际上，主要出口部门的发展有时也导致了起飞，因为它允许有大量的资本品进口。美国、俄国和加拿大的粮食、瑞典的木材、在较小程度上英国的纺织业是经常被列举的事例。像美国、俄国、瑞典和加拿大这样的国家在起飞阶段还从大量的外国资本流入中获得了好处。导致起飞的部门似乎各国都不一样，但在很多国家，铁路建设似乎是非常突出的部门。当然，国内交通工具的改善，除了对煤、铁和工程等部门有直接影响之外，对于扩大市场和促进出口也是至关重要的。但是，罗斯托认为，任何部门都可能发挥主导部门的作用，只要它们满足如下四个条件：（1）产品市场在迅速扩大，为产出增长提供了一个坚实的基础；（2）主导部门产生次级扩张；（3）该部门有充分的和连续的来自利润的资本供给；（4）新生产函数能够连续地引入该部门，意味着为提高生产率提供了机会。

罗斯托认为，在大多数国家，起飞的开始都能够追溯到一个特殊的刺激。它可能采取各种形式，如技术创新，或者更为明显的是政治革命，例如，1848年的德国、1868年的日本明治维新、1949年的中国和1947年的印度独立。但是，罗斯托极力强调起飞没有单一的模式或起飞的顺序。因此，当今发展中国家不需要重复英国、俄国或美国的发展过程。关键的要求是，起飞的前提条件必须满足，否则无论采取何种形式，起飞都不会发生。投资必须提高到占国民收入的10％以上；一个或多个主导部门必须出现；必须存在或出现一个促进扩张的政治、社会和制度框架。这方面的例子有1914年以前的阿根廷、1895年以前的印度、中国和加拿大的铁路建设，它们没有发动起飞，是因为从传统社会的完全过渡还没有完成。当今一些发达国家的起飞日期是：英国，1783—1802年；法国，1840—1860年；美国，1843—1860年；德国，1850—1873年；瑞典，1868—1890年；日本，1878—1900年；俄国，1890—1914年。

然后是成熟阶段。罗斯托把它定义为社会已经有效地把现代科学技术应用于大量资源的时期。在成熟阶段，新的主导部门代替旧的主导部门，罗斯托把钢铁部门的发展看作是成熟的标志之一。在这一点上，美国、德国、法国和英国大致上是同时进入成熟阶段的。

伴随着工业结构变化的将是社会结构变化，如劳动力职业分布的变化、城市人口的增长、白领工人比率的提高以及工业领导从企业家转到经理。

成熟也有重要的政治特点。这是一个国家增强自信和努力奋斗的时期——例子有俾斯麦时期的德国和斯大林时期的俄国。这也是一个社会在使用更大财富的问题上必须作出基本的政治选择的时期。它应该被用于大众高消费，建立一个福利国家，还是用于帝国主义的目的？在国家内部和在国家之间，这些可能性的平衡在长期是多种多样的。但是，最终每个国家将可能达到大众高消费阶段，而不管在成熟阶段作出何种选择。不过，因为发展中国家在可预见的未来还不可能达到这个阶段，只是很少几个国家已经达到了这个阶段，这里我们将忽略这第五个阶段。

罗斯托的理论对发展过程提供了很有价值的描述，强调了某些关键的增长变量。这里我们只是评价一下罗斯托的论点和考虑这种阶段理论的有用性。大多数批评者都集中于发展阶段的划分，特别是过渡阶段和起飞阶段的划分以及起飞阶段与成熟阶段的划分，是否有效，是否有操作上的意义。批评者力图指出，罗斯托对他的不同阶段所描述的特点对那些阶段不是唯一的。所以，起飞阶段和过渡阶段之间的界限是不清楚的，因为在过渡阶段发生的变化似乎也在起飞阶段中发生了，对起飞阶段和成熟阶段之间的界限也有同样的问题。

尽管批评者提出了很多批评性意见，罗斯托阶段理论对发展过程仍然提出了很有价值的观点。虽然阶段的概念可能有些含糊，阶段理论被认为不适合作为发展的蓝图，但是该理论揭示了发展过程的某些特点，即发展过程的确遵循一个有次序的阶段序列。而且发展有一些前提条件，而很多国家很危险地忽视了它们。如果要满足从起飞阶段进入自我维持的增长的前提条件，农业在发展的早期阶段中的作用，连同基础设施的提供和政治稳定，是极为重要的。投资的作用也被强调了：如果人均收入增长要保持是正数，投资必须达到 GDP 的某个比例（至少 10%）。最后，从农业社会向工业社会的过渡与以主导部门的发展和外贸为基础的增长一起，推动一个社会从起飞阶段进入成熟阶段，最终是大众高消费时代。工业化的过程是至关重要的。

□ 三、 多样性

结构转变的另一个特征是，与资源从农业转移到工业和服务业一样，随着国家的发展，产出结构也趋于更加多样化，至少在人均收入达到一个相对高的水平之后，有证据表明再次开始专业化。这在埃姆比斯和瓦克齐亚格（Imbs and Wacziarg，2003）关于"多样性的阶段"（也见 Felipe，2009）的研究得到了很好的验证。他们采用了不同的工业集中的度量方式（包括基尼系数）并使用国际劳工组织和联合国工业发展组织的数据，显示了就业集中和增加值是如何随着国家变富到大约人均 9 000 美元（按 2000 年的价格计算）趋于下降而后上升的，是一个 U 形曲线。对这种模式的明显解释是随着人们变得更为富有，其偏好得到扩展，并且更多的风险偏好者愿意进行新的投资，这就扩大了多样性。但是在发展的后期阶段，由于聚集效应（规模报酬递增）和交通成本的降低，国际贸易使专业化程度加深。

□ 四、 工业化与增长

考察一下世界各国，生活水平与资源投入工业部门的份额，至少是到达某一点之前，似乎存在着密切的联系。在非常穷的国家中，实际上没有工业活动，而中等收入和高收入国家则把 20%～40% 的资源投入工业。世界上只有三个国家是靠农业变富的，它们是新西兰、澳大利亚和加拿大。在所有其他国家中，生活水平只是随着资源从农业转到工业而迅速提高。

此外，研究[9]也证实了各国在工业增长与 GDP 增长之间存在着密切的关系。或者更精确地说，工业增长超过 GDP 增长的幅度越大，即当工业在 GDP 中的份额上升得最快时，GDP 增长得就越快。图 3—6 显示了 131 个发展中国家 2000—2005 年间的这种关系，图中 GDP 增长率以纵轴计量，工业增长率以横轴计量。图中的散点代表一国的观察值。通过各点斜率小于 1 的线表示工业增长超过 GDP 增长的幅度越大，GDP 似乎增长得越快。该线与 45°线相交的点给出了一个平均的增长率，它把各国分成两类：一类是工业份额正在下降和增长缓慢的国家，另一类是工业份额正在上升和增长迅速的国家。图 3—6 给出了散点图拟合的线性方程，回归结果如下：

$$g = 2.529 + 0.394x \qquad r^2 = 0.507$$

该方程表明，对所有国家来说，一个国家工业增长高于所有国家平均水平一个百分点，GDP 的增长高于其平均水平 0.394 个百分点；回归线与 45°线相交的点给出了一个将近 4.5% 的平均增长率。[10]这个工业的增长率把缓慢增长的国家和较快增长的国家区分开来。

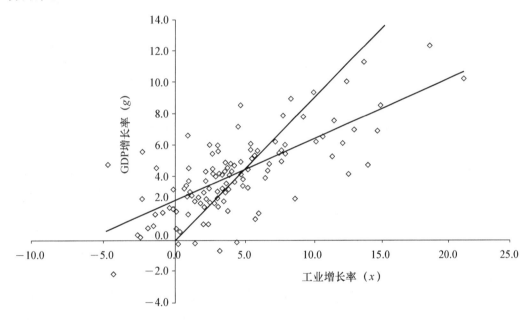

图 3—6　工业增长和 GDP 增长的关系图

资料来源：作者根据 UNSD 数据库自己计算所得。

问题是：工业尤其是制造业有什么特殊的性质？解释这些经验性联系使工业成为"增长的发动机"。因为 GDP 增长的差别主要由劳动生产率增长的差别来说明，因而工业的增长与劳动生产率的增长必定存在着联系。这预计有两个主要原因。第一，如果工业存在着规模报酬递增——静态的和动态的，那么工业产出的增长和工业劳动生产率的增长之间的关系被预计是存在的。静态的规模经济是指大规模生产的经济，据此，商品的大规模生产使它们能够以较低的平均成本生产出来。动态的规模经济是指产出增长对资本积累和资本中包含的新技术进步的诱致效应。劳动生产率随着产出的增长通过干中学也在提高。第二，如果工业之外的活动是报酬递减的，即劳动的边际产品小于其平均产品，那么随着工业的扩张，当资源从这些活动转到工业部门时，非工业活动的劳动平均产品将上升。中国的工业革命的一些特征在案例 3.4 中概述。

工业增长、生产率增长与 GDP 增长之间的这些关系在增长和发展文献中被叫做卡尔多增长规律，因为该规律是由剑桥著名经济学家尼古拉斯·卡尔多在 20 世纪 60 年代 (Kaldor，1966，1967) 首先阐述的。

▶ **案例 3.4**　　　　　　　　　　**中国的工业革命**

过去五年中国的制造业增长得如此之快，以至于最后全世界的制造商现在不得不在它们的战略中把中国考虑进来。

中国工业品产出十年间每年增长率为 5%～10%，而且中国现在占全球制造产品产量的比例估计是 7%，该比例在今后几年时间里会大大提高。

自 20 世纪 90 年代中期以来，近 5 000 亿美元的国外投资流向中国，大部分流向制造业。

国外企业占中国经济的 10%～15%，并且这一比例在制造业中可能更大。

2003 年，中国是美国之后第二个最受外国投资欢迎的国家，在电信、汽车、电子、能源和化工这些部门中的支出最多。一些观察者认为，就全部的产品和部件而言，到 2007 年全球电子工业三分之一来自中国。

在电子行业的一些专业领域，中国已经占主导地位。人们认为，个人电脑的核心"主板"占世界产量的 70%，直到最近其中很多都是在台湾生产。

在中国一些最大的单人制造投资商有摩托罗拉、西门子、飞利浦、通用电气、诺基亚和惠普。每个公司投资都超过 10 亿美元。

而中国制造业的快速扩展多是基于廉价工人的可得性（通常工资只相当于主要工业国家工人的 5%），高技能的工程经理的短缺已成为一个严重的问题。

中国的大学每年能培养出大约 40 万合格的科学家和工程师，虽然在外国公司有管理经验的高级工程师紧缺。

中国在世界研发中的支出占比日益增加，这一因素将有助于解决这个短缺。根据经合组织，中国是继美国和日本之后，世界第三大研发投入国。

中国研发投入从 1996 年占国内生产总值的 0.6% 上升到 2001 年的 1.1%。2001 年大约 60% 的研发投入来自国内和国外的公司。

资料来源：*Financial Times*，21 June，2004。

□ 五、 卡尔多增长规律

有三个基本规律在发达国家和发展中国家通过使用截面数据（即国家间的数据）和时间序列数据得到了广泛的检验。

第一个规律是，制造业产出（g_m）的增长和 GDP（g_{GDP}）的增长之间存在一个强正相关关系，即：

$$g_{GDP} = f_1(g_m) \qquad f_1' > 0 \qquad\qquad (3.3)$$

其中，f_1 是函数关系，它假定为正数。

第二个规律是，制造业产出的增长和制造业生产率的增长（p_m）之间存在一个强正相关关系，即：

$$p_m = f_2(g_m) \qquad f_2' > 0 \qquad\qquad (3.4)$$

其中，f_2 是假定为正数的函数关系。这个规律也被称为维登（Verdoorn）规律，因为荷兰经济学家 P. J. 维登在 20 世纪 40 年代首先发现了东欧国家有这样一种关系。

第三个规律是，制造业产出增长和非制造业生产率的增长（p_{nm}）存在一个强正相关关系，即：

$$p_{nm} = f_3(g_m) \qquad f_3' > 0 \qquad\qquad (3.5)$$

其中，f_3 是假定为正数的函数关系。

对这些规律最严格的检验是国家间的截面检验，或一国各地区之间的截面检验，对某个方程进行相关分析和回归分析。我们将就最近的一项有趣的研究来说明这一规律，这项研究运用该模型，用 1965—1991 年间的平均数据对中国 28 个地区进行了检验（Hansen and Zhang，1996）。

用这些数据对方程（3.3）进行拟合，得出如下回归结果：

$$g_{GDP} = 1.79 + 0.56(g_m) \qquad r^2 = 0.67$$

r^2 度量两个变量的相关性，所以这个方程表明，中国 28 个地区之间产出增长率 67% 的差别可以由各地区制造业产出增长率的差别来解释。这是一个很高程度的解释力。系数 0.56 是说，如果一个地区制造业产出的增长率比所有地区的平均产出增长率高 1%，那么该地区 GDP 的增长率就比所有地区的平均 GDP 增长率高 0.56%。

但是，在使用该方程支持把制造业作为增长的发动机这一假设之前，提出一些警告是合理的。如果工业产出占总产出一个很大的份额，从某种程度来说，这个相关性就可能是虚假的，因为同样的变量出现在方程的两边。但是，有几种方法可以克服这个问题。一种方法是产出增长对工业和非工业产出增长的差额进行回归。另一种方法是非工业产出增长对工业产出增长进行回归。而且，由于制造业被作为特殊部门，它需要被证明总产出增长与其他主要部门（如农业和服务业）之间没有重要关系。

关于第二个规律，用中国的地区数据对方程（3.4）进行拟合，得到如下结果：

$$p_m = -0.009 + 0.71 g_m \qquad r^2 = 0.73$$

我们再次看到，相关性是很高的，地区之间劳动生产率差别的 73% 是由产出增长的差别来说明的。平均说来，1% 的增长差别导致 0.71% 的劳动生产率的差别。这个系数称为维登系数。该系数比一般发现的系数（0.5）要高，但这可能反映了在发展的早期阶段所获得的大规模经济。再次，由于制造业被认为是一个特殊部门，第二个规律（维登规律）对缺乏规模经济的其他活动来说应该弱一些。

第三个规律难以直接检验，因为计量制造业之外的很多活动的生产率增长是非常困难的，特别是服务业活动，在这个部门中产出可能只按照投入来计量，例如，教育、卫生、国防和政府等公共服务就是这样。但是，它能够间接地通过把总量生产率的增长

（p_{GDP}）作为被解释的因变量来检验，把它与非工业活动（e_{nm}）的就业变化联系起来，假定工业的产出的影响是不变的。这样，被检验的方程是：

$$p_{\text{GDP}} = a_3 + b_3 g_m + c_3 e_{nm} \tag{3.6}$$

这里期望 $c_3 < 0$。

用中国所有地区的资料对式（3.6）进行拟合，得出：

$$p_{\text{GDP}} = 0.02 + 0.49 g_m - 0.82 e_{nm} \quad r^2 = 0.70$$

e_{nm} 的系数显著地为负，所以，工业之外的就业增长得越慢，总量劳动生产率增长得就越快。

关于工业增长和发展过程的关系的完整的卡尔多模型还包含一些附带的命题。首先，当从报酬递减活动中吸收劳动的余地耗尽时，GDP 的增长将会放慢下来。东南亚成功的新兴工业化国家将不会继续以接近每年 8% 的速度永远增长下去！第二，有一个问题是：什么首先决定工业增长的速度？在发展的早期阶段，它必须是来自农业部门的需求，因为正是这个部门支配着经济。但是，在发展的后期阶段，正是出口需求推动这个体系。国内需求常常太小，不能获得规模经济，在国内生产销售不能提供外汇，以支付必要的进口品。最成功的发展中国家就是那些适应出口市场的国家。第三，出口和产出的快速增长能够建立一个增长的良性循环，其他国家如果不作特别的努力和保护是很难打破的。这可能会导致国家之间的两极分化，这是增长和发展的中心—外围模型的基本性质。我们将在第 8 章中讨论它。

最后，有一个政策问题，即如果要加速增长和发展，发展中国家应如何导致有利于工业活动的结构变化？一切是让给市场力量，还是发挥政府的作用？剑桥发展经济学家阿基特·辛格（Ajit Singh）讲了一个故事。当他第一次到剑桥成为卡尔多的学生时，卡尔多教给他三件事情：第一，发展中国家必须工业化；第二，它们只能通过保护才能实现工业化；第三，任何人谈一些别的事情都是骗人的！的确值得记住，除了英国之外——它是第一个实现工业化的国家，当今的发达国家没有一个是在自由贸易的基础上发展起来的。所有的国家都以这种或那种方式来保护和促进它们的幼小工业（见 Chang，2002；Reinert，2007）。当然，以下说法只是一种神话：东南亚高度成功的国家都是在最小国家干预的基础上，只是让市场自由发挥作用而发展起来的（Wade，1990）。日本、韩国、新加坡和其他"亚洲虎"，在促进工业发展时国家进行了大量的干预，常常是通过银行系统进行的。问题不是要不要保护，而是在保持效率和国际竞争的同时怎样来保护和促进工业。这些问题我们将在第 15 章论述贸易和发展时进行讨论。

▶ 案例 3.5　　　　用非洲各国数据检验卡尔多增长规律

自 20 世纪 80 年代以来非洲的显著特征之一是几乎没有任何结构转变。毫无疑问，这是对其增长绩效较差的解释之一。在 1980—1996 年间，GDP 平均增长率为年均 2.09%。制造业产出增长率为 2.11%，农业和服务业产出增长率都是 2.07%。另一方面，一些国家比其他国家增长得快（例如，乌干达、博茨瓦纳、毛里求斯、赤道几内亚、斯威士兰和佛得角增长得特别快）。某种意义上讲，这种增长绩效的差异能被制造业的绩效差异所解释吗？

将 GDP 增长率对 45 个国家的制造业增长率（g_m）与非制造业增长率（g_{nm}）之差作回归（卡尔多第一定律的单边检验），得出：

$$g_{GDP} = 0.021 + 0.408(g_m - g_{nm}) \quad r^2 = 0.188$$

这就意味着一国制造业增长率超出非制造业 1 个百分点，GDP 增长率高于平均值 0.41 个百分点。

当 GDP 增长率对农业增长率与非农业增长率之差进行回归时，存在强烈的负相关关系。

估算卡尔多第二定律时给出的维登系数是 0.878，意味着在工业中存在很大的规模报酬递增。

估算卡尔多第三定律，得出：

$$p_T = 0.020 + 0.524 g_i - 1.606 e_{ni} \quad r^2 = 0.712$$

这表明非洲各国的总的生产率增长（p_T）和工业增长率（g_i）成正比，但是和非工业就业率（e_{ni}）成反比。

这些结果支持了卡尔多结构命题，工业活动的一些特殊性质使其成为"增长的引擎"。

资料来源：Wells and Thirlwall，2003.

▋小结

1. 穷国的贫困和不发达与一些其他特征相联系，它们综合在一起使得劳动生产率低下。

2. 穷国的经济结构倾向于由生产率低的农业和微小服务业占主导。在很多穷国仍有超过 50% 的劳动力在农村部门生活和劳动，在农村部门的人均附加值仅有每天 2 美元。

3. 穷国储蓄和投资水平低下，因为穷人自然没有能力储蓄，并且投资是有风险的。

4. 穷国比富国的人口增长率要高，虽然这能带来一些好处，但由于压抑了储蓄，对食物供应和环境带来压力，增加了失业，高人口增长也造成了很大的困难。

5. 一些穷国深受"自然资源诅咒"之苦。矿产和石油生产导致了腐败和寻租行为并且推高了汇率，使得其他商品的生产和出口失去竞争力。

6. 穷国的失业率很高，因为在土地上的就业机会有限，并且其他就业机会的增长由于缺乏投资而受到抑制。乡—城人口流动加剧了城市的失业。

7. 人力资本的形成对提高生产率水平是重要的，但是中学入学率低下，并且文盲普遍，尤其是在妇女之中。

8. 营养不良也能造成劳动生产率低下。

9. 在很多穷国，食物生产低于需求，但是，如阿马蒂亚·森指出的，饥荒主要不是由于缺少食物可得性，而是由于对获取食物权利的缺乏。

10. 在穷国，收入分配往往比富国更不公平，并且社会各阶层之间的权利关系也是不平等的。基于性别、宗教、种族的歧视随处可见。

11. 国家通常经历这样一些发展阶段——如罗斯托所描述的传统阶段、过渡阶段、起飞阶段、成熟阶段和大众高消费阶段。很多穷国现在仍处于传统或起飞早期阶段。完全起飞的特定前提条件必须得到满足，包括农业革命；基础设施的投资；经济中主导产业的出现；储蓄和投资至少要占 GDP 的 10%，以及有助于风险承担和投资的制度结构。

12. 当资源转移到工业活动时，国家增长加快并且生活水平提高，因为制造业有相当大的静态和动态的规模报酬。这是历史经验，也是当今世界快速增长国家的当代经验（卡尔多增长规律）。

问题讨论

1. 一些国家富裕而另一些国家贫穷的主要原因是什么？
2. 报酬递减活动和报酬递增活动的区分有什么重要意义？
3. 经济学家为什么把投资对 GDP 的比率作为自我维持增长的必要条件？
4. 发展中国家日益扩大的城市失业的原因是什么？
5. 失业的收入标准是什么意思？
6. 很差的教育和卫生以什么方式影响一个经济体的绩效？
7. 为什么发展中国家的收入比发达国家更不平等？
8. 考虑一下这个观点：饥饿和营养不良的存在是分配问题，而不是一个粮食短缺问题。
9. 关于发展的"基本需求方法"你有哪些理解？
10. 在发展的过程中将发生什么重要的结构变化？
11. 什么可以说明这个事实：工业增长与 GDP 增长之间存在着密切联系？
12. 罗斯托发展阶段理论对理解发展过程有什么贡献？

注释

[1] "净值"是指投资在弥补工厂和机器的折旧之后的一个余额。

[2] 国际劳工组织，《就业年度报告》（日内瓦：ILO，2008）。

[3]《1995 年世界发展报告：一体化世界的工人》（牛津大学出版社为世界银行出版，1995 年）。

[4] 见托尔贝克（Thorbecke，1973）对哥伦比亚、肯尼亚、伊朗和斯里兰卡的考察。

〔5〕全面的研究，见贝尔曼（Behrman，1993）。

〔6〕见杰佛瑞·萨克斯为世界卫生组织所作的研究报告《宏观经济学和卫生委员会报告》（Jeffrey Sachs，2001）。

〔7〕见德雷兹和森（Dreze and Sen，1989）关于世界发展经济研究所（WIDER）的饥饿和贫困项目。

〔8〕结构转变的开拓性研究，见钱纳里和塞尔昆（Chenery and Syrquin，1975），钱纳里、罗宾逊和塞尔昆（Chenery，Robinson and Syrquin，1986）。更多的新近评估，见纳克维（Naqvi，1995）。

〔9〕见，例如，关于卡尔多增长规律的研讨会，由瑟尔沃（Thirlwall）编写，发表在《后凯恩斯经济学杂志》，1983年春；Bairam（1991）；Drakopoulos and Theodossiou（1991）；Hansen and Zhang（1996）；and Wells and Thirlwall（2007）。

〔10〕设 $g=x$，解得 x 是 2.529/（1−0.394）=4.5%。

关于卫生、营养、饥荒、教育、结构转变和收入分配的网站

食物生产和数据

粮农组织 www. fao. org

国际食物政策研究所 www. ifpri. org

美国布朗大学世界饥饿项目 www. brown. edu/departments/world-Hunger-Program

世界粮食计划 www. wfp. org/index. html

卫生

世界卫生组织 www. who. int

AIDS www. int/emc-hiv；www. worldbank. org/aidsecon

泛美卫生组织 www. paho. org

劳动力市场数据

国际劳工组织 http://laborsta. ilo. org

收入分配

得克萨斯大学不平等项目 http://utip. gov. utexas. edu

教育

联合国教科文组织 www. unesco. org

世界银行教育数据 www. worldbank. org/education/edstats/

联合国儿童基金会女童教育 www. unicef. org/girlseducation/

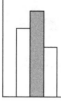

第4章　制度在经济发展中的作用

增长和发展不可能发生在制度真空中。经济成熟和市场增长需要一个制度框架，这样可以使交易能够有序地进行，市场主体知道他们所作出的决策和所签的合同会受到法律的保护并得到执行。如果想做出理性的、最优的决策，储蓄者、投资者、各类消费者、企业家、工人和风险承担者都需要一个规则框架。他们也需要一些对经济运行的稳定性和确定性的保障，只有良好的政府管理和有效的经济政策制定者才能提供这些保障。缺少产权、法律、秩序和政治稳定的另一种说法就是经济无政府主义——和失败的国家（见第10章）。

本章论述一般情况下正式制度在提供一个能够给经济带来繁荣和兴盛的经济、政治和社会环境中的作用，并考虑一些制度发展和经济发展关系的经验证据。

第一节　制度的作用

诺贝尔经济学奖获得者道格拉斯·诺斯第一个提出制度在经济发展中的作用。对"制度最重要"进行现代阐述的有哈佛大学的丹尼·罗德里克（Dani Rodrik）以及麻省理工学院的达龙·阿西莫格鲁（Daron Acemoglu）、西蒙·约翰逊（Simon Johnson）和詹姆斯·罗宾逊（James Robinson）。诺思在他的著作《制度、制度变迁与经济绩效》（1990）中说道：

> 我想要确信社会中制度的根本性作用：它们是长期经济绩效的潜在决定性因素——第三世界国家之所以穷，是因为制度约束限定了政治/经济活动的一套收益，该收益不鼓励生产性活动。

诺思也说过："社会缺乏建立有效执行低成本合同的能力，这也是历史上的停滞和现代第三世界欠发达的最重要的原因"，因为可靠的财产权和合同权的缺失抑制了投资和专业化。曼瑟尔·奥尔森（Mancur Olson，1982）在其经典之作《国家兴衰探源》（1992）中也做出了同样的表述。

给出制度的一个一般且更狭窄、更正式的定义是可能的。诺思本人将制度宽泛地描述为"支配人类行为的正式的和非正式的规则"。一个类似的宽泛定义是由林和纽金特（Lin and Nugent，1995）给出的："基于人性设计的行为准则，支配和塑造人类之间的交易活动，协助他们形成对其他人行为的预期"。更为正式和准确地，制度能在一定范围内定义为财产权的保护；一定程度上法律和制度能够公平执行；政府保护个人免受经济冲击并提供社会保护，以及政治腐败的能力。

当经济学家对制度结构和经济绩效之间的关系进行实证研究时，当然有必要对被讨论和评估的重要的制度进行定量分析。把所有制度全部放进单一的"制度质量"的指数中会掩盖哪种制度起作用的不同渠道。

为什么制度结构和行为规则是经济繁荣的一个必要条件？其原因在于激励和价格信号，这对市场经济是至关重要的，如果没有它们，市场经济就不能很好地运行。如罗德里克（Rodrik，2008）所说："市场需要制度，因为市场不能自生、自律、自稳，或自我合法化"。哪些制度是重要的，哪些是不重要的，因一国的历史、地理、发展阶段和其政治抱负，随时间和空间而有所不同，也就是，其人民想要什么样的社会。在微小的农村社区，人们相互认识，欺骗性的、不诚实的和不兑现的契约实施范围受到限制。与交易成本相连的信息、谈判、监督、协商和实施合同的成本都很低，并且通过遵守行为准则，社区得以维系。相比之下，在大型的现代工业社会，交易是非人际的，存在大范围的投机行为（Bardhan and Udry，1999）。如果没有制度结构来消减这种行为，交易成本（和生产成本）会很高。这些制度结构有产权和法律的实施、有限责任的规定、合同保障、专利保护，等等。这样，在低交易成本并且知晓产权是安全的情况下，公司和市场能专注投资。

并没有一套适合所有国家的制度体系，但是在发展经济学家中存在一个共识，至少有五种主要的市场支持制度是快速经济进步的必要条件，但不是充分条件（见 Rodrik，2000，2008；Rodrik and Subramanian，2008）。（1）产权和具有法律约束的合同：市场创建制度；（2）监管制度：市场监管制度；（3）宏观经济稳定制度：市场稳定制度；（4）社会保障制度：市场合法化制度；（5）冲突管理制度：市场合法化制度。

罗德里克（Rodrik，2000）强调以下的制度安排，很明显在穷国是缺失的：（1）明晰的产权体系；（2）能够控制欺诈、反竞争行为和道德风险的监管结构；（3）展现信任和社会合作的适度和谐社会；（4）能够规避风险和控制社会冲突的社会政治制度；（5）法律规则和廉洁政府。经济发展的健全制度结构的这五个主要前提条件简单描述如下。

产权和具有法律约束的合同。它们之所以重要，是因为如果代理人不能控制他们所积累财产的回报，他们就缺乏投资和创新的激励。控制权比所有权更重要。如果没有控制权，正式的产权意义不大；但是在没有明晰的产权的情况下，控制权能够刺激企业家的创业行为（中国可以明证）。

监管制度。如果市场存在欺诈或反竞争行为，那么市场失灵。市场要正常运作需要监管制度。当市场是自由的时候，为了避免风险性行为的后果，例如在银行系统不能妥当监管时出现的金融危机（如2008年世界经济出现的那样），监管架构也是必要的。弥补资本市场的不完善和协调失灵的制度也必然是促进创新和增长的"监管"架构的有机部分。一个很好的例子就是发生在20世纪60年代和70年代韩国和中国台湾当局干预促进工业发展的方式。所有成功的经济体都有一套监管制度，这套监管制度能够监督不同的市场，如产品市场、金融市场和劳动市场。因为发展中国家市场失灵要比发达国家更为普遍，所以发展中国家需要更多的监管制度。

宏观经济稳定制度。货币和财政制度对提供一个私人投资可行的环境是必要的。市场经济是不能自我监管的，而宏观经济不稳定会产生风险和不确定性。企业在作出正式的、长期的投资决策时，风险最小化是至关重要的。金融市场固有的不稳定，能够产生破坏性的实际效应，因而需要认真监管。一个中央银行、一个负责任的银行系统和财政审慎是宏观经济稳定最重要的部分。

社会保障制度。如果个人接受改变，那么它们是必要的。在农村社会，农民处于生存边缘，改变可能意味着灾难，但是进步（尤其是在农业上）需要愿意承担风险。如果传统农业社会要转型，则对失业、歉收和农产品价格波动的保险是最重要的。如果对保护弱势群体的社会保险制度不够重视，那么任何形式的经济改革都会遇到阻力，尤其是在市场自由化的进程中。在一个市场经济的结构转变过程中，社会稳定和社会和谐需要社会保险和安全网。

冲突管理制度。很多发展中国家有严重的种族、部落和宗教的分裂。社会冲突损害经济是因为社会冲突把直接流向生产活动的社会资源分流，进而产生抑制投资的不确定性。最小化冲突需要广泛的制度——法律规则、公平的法律体系、少数族群的政治声音——这清晰地表明，社会冲突的潜在获胜者不会得到好处而潜在失利者将会得到适当的保护。

问题在于所需要的好的制度是怎样的？由于历史和国家的多样性，并没有一套独一无二的制度适合每一个国家。"在市场和需要维护的一整套非市场制度之间没有单一的路线图"（Rodrik，2000）。罗德里克把制度比作技术进步，认为其能够使国家将投入转变为更高水平的产出，向外扩展一国的生产可能性边界。但是技术方案在一种情况下能够运转良好，在另外一种情况下就不一定。制度也是如此。至少在没有一些改进的情况下，"市场经济"不能简单地从一个国家转换到另外一个国家。如罗德里克和苏布拉马尼亚姆（Rodrik and Subramanian，2008）指出的："越来越明显的是，制度安排有大量的要素背景特质，这些特质来自历史轨迹、地理、政治经济和其他起始条件的差异；……制度创新必然不是一帆风顺的"。

促进制度变革也是不容易的。存在一个集体行动问题，它限制了潜在获利者，使他们从要求变革转向既得利益集团（Bardhan and Udry，1999）。还有一个是分享变革成本的搭便车问题；另外一个是关于分享变革潜在收益的谈判问题。潜在获利者对潜在失利者的补偿是困难的，例如土地改革的案例。在不破坏市场、自身不受特殊利益集团影响或在没有由于政治家和官僚寻租行为带来腐败的情形下，政府在培育制度变革和发展中发挥重要作用。

罗德里克（Rodrik，2000）疾呼："制度需要本地化发展，依赖于现成的经验、本地知识和试验"。一些有特殊目的的制度模板能够借用（例如，金融监管形式），因为它们能直接应用并节省成本，但是有些制度需要从基础开始构建。从下至上构建需要参与性的政治制度，它能够使用和评估本地知识，以便使创建的制度能得到认同并合法化。"从上至下"强加的制度通常会失败。罗德里克发现国家间民主政治结构和经济成功之间有联系；但是其他研究则是不可知的。

第二节　制度的测度和制度与地理的争论

要做制度对增长和发展的影响的严肃经验研究需要对制度发展进行度量。但是有些事情需要注意，因为如果使用制度质量的度量，与经济绩效的关联性大多肯定会找得到的，因为度量本身就是发展阶段和经济成功函数的一部分。需要的制度度量是没有"质量"的。说明同样的观点的统计方法是，使用的制度变量应该是严格外生的；但是我们知道，实际上制度发展部分是增长和发展自身的函数，这就使很多制度变量内生化了。为了解决这个困难，要么找到关于当前制度（见下面）的代理工具变量，要么将初始（或基期）制度水平而不是当期制度水平作为独立变量。在确定制度的影响时，也存在其他计量上的困难。很多制度变量互相高度相关，因而很难计量各自的影响，并且很多制度的度量是序数的（它们简单地将国家排序），而不是基数的，这就意味着它们不能够衡量国家间制度变量的差异程度。

在经验研究中使用了几个不同的制度计量方法：

宏观治理指数（aggregate governance index），由考夫曼等（Kaufman et al.，1999）提出的六种制度度量指数的平均值。这些度量指数包括：（1）话语权和问责制——公民能够选择他们的政府以及享有政治权利、公民自由和独立的媒体的程度；（2）政治稳定性和不存在暴力——政府不能被非宪法或暴力手段推翻的可能性；（3）政府效率——公共服务提供的质量和能力以及行政部门的独立性；（4）监管负担——政府对商品市场、银行系统和国际贸易控制的相对缺乏；（5）法律规则——保护个人和财产免受暴力和盗窃，独立和有效的法官，以及合同执行；（6）廉洁——公权不能为了私利滥用或腐败。这些度量指标都能单独计量。

产权和侵占风险的计量，使用《国家风险国际指南》（ICRG）和《商业环境风险评估》（BERI）。基弗和奈克（Keefer and Knack，1995）使用了这些指数。ICRG指数包括对侵占风险、法律规则、被政府否定的合同、政府腐败和官僚质量的度量。BERI指数包括合同的可执行性、国有化的潜在可能性和官僚体制的拖延。

民主、政治权利和公民自由指数，如关于政治权利和公民自由的自由之家指数（Gastil，1983，1986）。

政治不稳定，由革命和政变的次数以及暗杀的次数来度量（Barro，1991）。

腐败指数（透明国际组织）。

经济自由（遗产基金会）。

社会分裂指数，如种族多样化。

除了罗德里克，另外一个关于制度对理解发展过程是第一重要的观点的现代提倡者，以及回答了为什么一些国家富裕而一些国家贫穷的是阿西莫格鲁等（Acemoglu et al.，2001，2002）。他（Acemoglu，2008）本人描述了好制度的三个重要特征：（1）产权和法律规则的实施，这样能激励个人进行储蓄、投资和承担风险（如之前所讨论的）；（2）对那些权力职位的限制，这样他们就不能为了自身利益侵占国家资源；（3）对所有人机会均等，这样每个人都有激励来改善自身和高效参与社会。

阿西莫格鲁和他的同事认为世界上各国发展水平差异的根本原因是制度演化的差异（特别是产权），这种差异是有历史根源的，并且可以找到一个当今制度的外生变量，它与发展水平自身（或地理）没有联系：即 17 世纪和 18 世纪殖民者在殖民地定居的方式。这是由士兵、水手和传教士在世界不同地方的死亡率决定的。

阿西莫格鲁等（Acemoglu et al.，2001）提出的制度发展模型是（潜在）殖民者的死亡率决定殖民的程度，殖民程度决定早期制度的形式，并且早期的制度决定现行的制度以及能够解释现在的经济绩效。换句话说，早期殖民时代各国的死亡率能够被用于预测制度和现在各国的人均收入水平。

我们来更具体地论述这个理论和一些证据。模型基于三个基本前提。第一，不同的殖民政策产生了不同的制度形式。一个极端例子是，在一些国家（主要在非洲）"攫取国"被创造出来的主要目的是尽可能多地从殖民地转移资源。私有产权没有建立起来，没有很多殖民者在那里定居。另外一个极端例子是，在如美国和澳大利亚这样的国家，欧洲人大量定居并且尝试复制欧洲的制度，非常强调私人财产，并对政治精英和既得利益集团的权力加以抑制。第二，殖民战略在很大程度上依赖于定居的可行性，尤其是疾病和死亡的发生率。第三，殖民时期所创建的制度在殖民地独立之后仍然被保持了下来。

作者提供了大量证据，表明死亡率是如何影响不同的殖民地定居的意愿的，以及欧洲殖民者的存在或不存在是如何成为殖民地采取不同殖民形式的关键决定因素的。大量的历史证据也显示在殖民时期未被定居的"攫取国"建立的控制结构，如在非洲和拉丁美洲的部分地区，一直保留到现在，而保护私人产权的制度、法律和规则在定居地建立起来，如澳大利亚、加拿大、美国、中国香港和新加坡，也一直保留到现在。

阿西莫格鲁等使用"侵占风险"指数来计量当今的制度，这一指数首先被基弗和奈克（Keefer and Knack，1995）使用。[1] 指数从 0（产权保护的水平最低）到 10（最高），每年对每个国家计量。他们使用了 64 个前殖民国家在 19 世纪定居者死亡率、目前对侵占风险的保护和 1985—1995 年间的生活水平的数据来检验他们的模型。使用简单二元回归，显示：（1）当今的人均收入（PCY）和定居者每千人死亡率之间存在强的负相关；（2）PCY 和对现在侵占风险的保护之间存在强的正相关；（3）定居者死亡率能够解释侵占风险指数 25% 的变化。当定居者死亡率作为具有内生性的侵占风险指数（用以度量制度质量）的工具变量时，甚至在控制住其他可能与定居者死亡率相关的变量如殖民权力的确认、自然资源禀赋、土壤质量、宗教、温度和湿度后，发现其对各国人均收入的目前水平有显著的负效应。事实上，作者完全撇开了地理的影响。此外，显著的结果并不依赖于具有好制度的定居多的国家，如美国、加拿大、澳大利亚和新西兰，如果将非洲国家从样本中剔除，结果也是一样的。当在方程中使用非洲作为虚拟变量时，统计上是不显著的，这将会使作者得出结论：非洲之所以穷不是因为地理而是因为差的制度，源自过去殖民当局建立的"攫取国"。

在另一项独立分析中，阿西莫格鲁等（Acemoglu et al.，2002）试图通过表明由于"制度逆转"造成各国在 16 世纪和当代之间财富的变动来支持他们的理论。事实上，那些在 1500 年相对富裕的国家现在相对穷，反之亦然，并且这要归因于上面所讨论的在殖民时期各国所实施的两种不同形式的制度。使用城市化率和人口密度度量 1500 年的经济繁荣。用任一变量都显示出 1500 年的繁荣程度和当今 PCY 的水平之间负相关。给出的解释是在先前贫穷的地区，欧洲殖民主义带来了私有产权制度的发展，因为这些地区人烟稀少，使得欧洲人能够大量定居并能发展惠及所有人的制度。相比之下，在先前繁荣的地区，人口稠密伴有精英统治，殖民者发现维持或引进攫取性体制更为简单、更为有利可图。有现成的劳动力可以利用而且收税相对容易。此外，人口越稠密的地区，疾病越多，并且死亡率越高。相对收入在 18 世纪和 19 世纪出现逆转，具有好的制度的社会利用这个机会进行工业化："在 19 世纪，制度和工业化的机会的相互作用在前殖民国家的长期发展中起到了主要的作用"（Acemoglu et al.，2002）。作者发现 1500 年繁荣的计量和现在侵占风险（不安全的产权）的计量之间是负相关的。一些基本的计量经济结果是：(i) 1500 年城市化率低 10 个百分点与当今 PCY 水平翻番相关；(ii) 1500 年人口密度高 10% 与当今 PCY 低 4% 相关。

作者再次撇开了地理的作用，因为地理是"不变的"而且能预测出经济产出的持续性。如果地理是发展中最重要的因素，殖民前最（不）繁荣的地区应该继续是最（不）繁荣的，但是实际不是这样的。地理不能解释财富的逆转。作者认识到了他们所称的地理假说的"高级版本"；某些地理特征对 1500 年成功的经济绩效是有害的，而后当新型作物和新技术使得温带能够比更为繁荣的热带（文明开始的地方）更具生产力，并且交通成本下降时，这种有害性变得不那么重要了。但是他们认为，没有证据表明在 18 世纪和 19 世纪国家间经济财富的逆转与农业或更为有利的交通环境有关。逆转和工业化关系最为密切。作者总结道："如果你想去理解为什么一个国家现在穷，你必须去看看它的制度而不是地理"。

但是制度和地理不能如此轻易地隔离开。地理及其对疾病的作用影响殖民的形式，因而影响到制度的特征。阿西莫格鲁（Acemoglu，2008）实质上承认了这一点，他说："地理因素也可能影响到欧洲引进的制度"。罗德里克等（Rodrik et al.，2004）（也见 Rodrik and Subramanian，2008）试图从实证上解决这个问题。考虑到制度的内生性，他们估计了国家收入水平对地理、制度的一系列回归值。制度发展是由产权强度和法律规则的复合指标来度量的。他们得出的结论是：

> 制度质量是唯一显著正向决定收入水平的因素。一旦控制住制度，总体上对收入没有直接影响，而地理有弱的直接效应。这些结果是非常稳健的。

罗德里克等（Rodrik et al.，2004）声称，制度质量压倒其他任何因素，但是也像阿西莫格鲁一样承认，"地理通过影响制度的质量对其有较强的间接效应"。因而，终究地理或许是根本的决定因素！

实际上，萨克斯（Sachs，2008）指出疟疾发生率本身足以解释 19 世纪世界不同地区英国士兵死亡率与当今人均收入的低水平之间负相关。萨克斯对只强调制度在解释国家间经济绩效差别的作用提出批评，仿佛没有其他是重要的："当今最穷的国家在经济发展中的障碍要比制度缺陷更为复杂⋯⋯制度和资源禀赋都很关键，而不只是一个或另一个"。

另一个提出批评的是巴丹（Bardhan，2005b），他认为除了产权和法律规则，还有些制度也是重要的，尤其是协调制度能够克服协调失败，在穷国协调失败就像地方病一样需要制度来对付它们。即使产权是安全的，它们仍然是重要的。按巴丹的观点，"文献对安全和产权制度的偏见，时常排除了其他重要制度，严重限制了我们对于发展过程的理解"。巴丹质疑殖民定居者的死亡率是否真的抓住了主要的历史动力，从而决定殖民地的经济和社会结构。

试想一下当今国家间的差异，都具有类似的疾病环境，例如巴西、印度或非洲的刚果，更不必说那些从未被殖民过的国家，如埃塞俄比亚和泰国。在殖民之前具有历史的国家：巴丹称之为古国，指的是一个国家是否具有一个统一的国家结构。根据这个标准，亚洲要比拉丁美洲和非洲排名高，在后者，作为殖民统治的结果，后殖民国家常常与前殖民时期的政治结构和地理边界是不一致的。这已是政治动荡和不稳定的主要根源。在统计分析中，巴丹发现古国变量（定居者死亡率）是当今人均收入差别的重要决定因素。

第三节　民主的作用

除了制度和地理的争论之外，对制度在经济发展中的作用所做的实证研究大多是关于政治不稳定、政治结构的影响和民主的作用等方面。对于任一政府的挑战是，不管其结构如何，在解决集体行动问题中提供领导地位（Bardhan，1993），意味着为了所有人民的利益去制定和实施发展政策的承诺，防止各个集团各行其是。民主使这一点变得更加困难，因为政治家会屈服于利益集团并且做出短期决策。另一方面，独裁可能对最大化总产出没有多少兴趣，并且在分配资源方面非常无效率。民主使腐败精英分子的生活变得困难。在讨论民主和增长时，对作为自由的多党选举的民主和作为公民与经济自由的民主之间作一区分也是重要的（Alesina and Perotti，1994）。一些非民主国家首先（如中国）赋予它们的公民很多经济权力，反之亦然。

巴罗（Barro，1991）早期的研究通过统计各国革命和政变次数以及政治暗杀的次数度量制度质量。在98个国家的样本中，控制其他变量后，发现这些度量指标与经济增长是负相关的（见第5章）。

但是政治不稳定和政治制度的本质是不相同的。这里我们需要强调的是罗德里克（Rodrik，2000）和巴罗（Barro，1996a，2008）的两篇关于民主作用的主要研究。罗德里克对90个国家1970—1989年间的数据进行检验，使用政治权利和公民自由的自由之家指数（Gastil指数）来度量民主，将各国按从0到1排列。他得出四个重要的结论：（1）民主实现更加可预测的长期增长率；（2）民主产生更大的短期的稳定性；（3）民主更好地掌控不利冲击；（4）民主促进更公平的收入分配。

民主以这些方式产生更好的结果，因为它们能产生更适合当地条件的好制度。很少有民主国家的平均增长率高于较为独裁的国家的证据，但是民主国家在均值附近的波动明显较低。之所以如此，一方面是因为对冲击的调整需要管理社会冲突，而民主制度对冲突管理是更为有效的制度。民主能带来更好的制度结果，因为它们倾向于为人们创造更多公平的机会，尤其是在健康、教育和就业机会的领域，表现为工资在国民收入中有更高的份额。因此，总的来说，民主对建立以当地知识为基础的更好制度是有帮助的："参与式和分权式政治体系对我们处理和聚合当地知识是最为有效的方式。我们可以将民主视为一种为建立其他好的制度的元制度"（Rodrik，2000）。另一方面，巴罗（Barro，2008）对处理民主的影响更为谨慎。大体上赞同民主倾向于跟随经济发展，而不是先于经济发展；对民主一旦出现就能对维持发展起作用的观点存在争议。巴罗认为，在发展的早期阶段，民主阻碍增长，多数表决制倾向于支持重新把收入从富人分配给穷人的计划，包括增税和其他降低激励的扭曲措施。同样，民主可能会屈服于压力集团，使资源进行有利于他们的重新分配：例如农业游说团体、国防承包商和工会。其次，非常重要的是，民主能够遏制专制（独裁）政府的腐败。在考察民主和增长之间关系的统计研究中，巴罗使用在《世界上的自由》（1983，1986）中发表的 Gastil 政治权利指数度量民主程度。政治权利的定义是："有意义地参与政治进程的权利。在一个民主社会这就意味着所有成人拥有投票权、公共岗位需要竞争、当选的代表对公共政策具有决定性的投票权。"巴罗的研究结果认为，各国民主与增长之间是弱的负相关关系，但统计上是不显著的。最为有趣的发现是它们之间的非线性：即当政治自由很弱时，更多民主促进增长，但是当达到中等程度的自由时却抑制了增长（或许是因为，如前面所说的，民主屈服于压力集团而从事更多的再分配）。巴罗得出的结论是："民主不是经济发展的关键；……先进的西方国家会对穷国的福利做出更大的贡献，通过输出它们的经济制度，尤其是产权和自由市场，而不是它们的政治制度，通常在达到适当的生活水平后这类政治制度才能发展"。巴罗的结论与艾莱辛那和佩罗蒂（Alesina and Perotti，1994）早期对增长的政治经济学研究是一致的，她们说："政治体制（民主或独裁）的性质和政治体制的稳定性对增长没有太大的影响……从独裁向民主过渡会出现典型的低增长阶段，伴随着社会经济的不稳定。"

对于现今的发达国家的历史证据，如张（Chang，2003）所引证的，似乎支持这一宽泛的结论。他考虑六类在 19 世纪发达国家使用的制度——民主；官僚制度（包括司法制度）；产权；公司治理制度；金融制度；以及福利和劳动制度——并得出以下结论：第一，现今的发达国家不是在民主基础上发展起来的。普选制仅在 20 世纪才出现。现今贫穷的发展中国家实行普选的收入水平低于现今发达国家。第二，历史上公职和司法制度是腐败的。任命不是根据功绩，而是通过阶级或政治联系，并且司法制度通常是缺乏独立性的，按阶级和种族实施裁决。第三，产权，如合同法、公司法、破产法、税法和土地法历史上都是松懈的。知识产权也是缺乏保护的。张在讨论专利、版权和商标时说："在当今发展中国家，保护的力度远落后于要求"。第四，在多数现今发达国家，现代公司治理结构出现在工业发展之后而不是之前。直到 20 世纪才出现公司审计、破产法和竞争法。第五，在 19 世纪银行监管是有名无实的，直到 20 世纪早期，银行才变成专业借贷机构，服务于所有人。最后，事实上社会保障制度是不存在的。

历史的经验是，对于当今贫困的发展中国家，被认为重要的很多制度是出现在经济发展发生之后而不是之前,并且这些制度的出现从认识到需要到完全成熟需要很长一段时间。张的总结是正确的,但是,这并不意味着"时钟应该逆转";当然,制度发展不是经济发展的必要条件,而且发展中国家的制度改革不应来自外界的强加,而是需要从内部自然演化而来。

这一点符合罗德里克的中心结论,即我们所知晓的关于经济发展的一切表明,大规模的制度转型对启动增长进程不是必需的,但对于维持增长是重要的。这个结论是基于豪斯曼等(Hausmann et al.,2005)关于"增长加速"的开拓性研究。经济成功的秘诀是在发展的早期阶段使用"增长诊断"找到增长的"紧约束"(见第5章)。这并不需要全面的制度改革。

▣ 小结

1. 制度结构和行为规则是经济繁荣的必要条件,因为如果没有激励和价格信号,市场经济就不能正常运行。

2. 至少有五种主要的市场支持制度是经济快速进步的必要条件,但不是充分条件:产权和具有法律约束的合同;监管制度;社会保障制度;冲突管理制度;宏观经济稳定制度。

3. 穷国通常表现出信任和法律规则的缺失的特征;以减轻风险和控制社会冲突为目的的制度的软弱;不明晰的产权制度;控制欺诈、反竞争行为的监管制度的不足;廉洁政府的缺失。

4. 没有产权和法律规则,经济增长最终依赖的投资激励就非常弱。

5. 促进制度变革是不容易的。存在一个集体行动问题,它会限制从促使针对既得利益集团的社会变革中获得利益的潜在获利者,包括搭便车问题和利益分配的谈判问题。

6. 度量制度发展和其对经济绩效的影响不是件容易的事,因为制度发展本身对经济发展是内生的。需要一种制度的外生度量尺度。

7. 在实证研究中使用了一些不同的度量制度的指标,如产权和侵占风险;宏观治理指数;民主指数;政治权利和公民自由;政治不稳定指数;腐败指数;经济自由指数和社会分裂指数。

8. 经济学家阿西莫格鲁、约翰逊和罗宾逊认为当今世界各国发展水平的差异的根本原因在于历史上制度的演化,例如非洲,世界上这些地方环境差,殖民者建立了没有可靠产权的"攫取国",而在其他殖民地(如美国和澳大利亚)殖民者大量定居并建立了有利于发展的制度。在19世纪疾病和死亡率作为制度的外生变量。地理的作用(常量)被摒弃了。

9. 如果地理是发展中最重要的要素,殖民前最(不)繁荣的地区仍应该继续最(不)繁荣,但是现在事实不是这样的。另外,地理及其对疾病和死亡率的作用,影响到殖民形式的选择和制度特征。所以,地理的作用是有争议的。

10. 除了对制度与地理的争论外,很多对制度在经济发展中的作用的实证研究都从民主和政治稳定性对经济绩效的影响入手。

11. 罗德里克发现民主国家要比非民主国家具有更易预测的长期增长率，产生更大的短期经济稳定，能更好地对付不利的冲击和促进收入分配更为公平。

12. 但是，张证明了很多对于现今发展中国家重要的制度出现在经济发展产生之后，而不是之前——例如，民主和产权、合同法、公司法、破产法和税法。他的观点是：制度应该从内部自然演化，而不是由外部强加而来。

■ 问题讨论

1. 为什么制度结构和行为规则是经济繁荣的必要条件？
2. 你认为什么制度对发展中国家鼓励投资最为重要？
3. 在建立合意的制度中当地知识的重要性是什么？
4. 在检验制度和经济发展之间的关系时，主要的实证问题是什么？
5. 简要描述阿西莫格鲁、约翰逊和罗宾逊理论中殖民主义、制度和经济发展的联系。
6. 在解释国家间发展水平差异时，区别制度和地理的作用是可能的吗？
7. 民主能以什么样的方式帮助和阻碍经济发展？

■ 注释

[1] 基弗和奈克（Keefer and Knack，1995）早期的研究，通过使用合同可执行性和侵占风险的复合指标，考察各国在 1974—1989 年间产权对经济增长的影响，发现产权具有强烈的正向影响；要比政治不稳定性或公民自由指标具有更强的效应。

■ 关于制度和市场行为的网站

透明国际组织 www. transparency. com
传统基金会 www. heritage. org
全球发展中心 www. cgdev. org
自由之家 http://www. freedomhouse. org/template. cfm? page＝1

第5章　经济增长理论：为什么各国增长率不同

　　增长与发展理论像经济学本身一样古老。18 世纪和 19 世纪伟大的古典经济学家都是发展经济学家，他们的著作研究的是欧洲国家正在进行的工业化过程中决定国家进步的力量。亚当·斯密常常被认为是现代经济学之父，他的重要著作的书名为《国民财富的性质和原因的研究》（简称《国富论》），于 1776 年出版。这本著作时至今日仍然被广为引用，因为斯密认识到与农业中的专业化相比，工业活动中的专业化能够带来报酬递增和劳动生产率的大幅提高。

　　在本章中，我们将考察古典经济学家增长和发展的理论是如何演化为现代那种要素决定经济增长速度的思想的。除了斯密之外，其他著名的古典经济学家有托马斯·马尔萨斯、大卫·李嘉图和约翰·斯图亚特·穆勒，由于人口对食物供应的压力和农业的报酬递减，他们对于增长和发展进程是悲观的，他们认为这会降低工业的利润率。最终会达到一个稳态。更为悲观的是卡尔·马克思，他预言资本主义会毁灭。

　　现代增长理论始自罗伊·哈罗德 1939 年著名的论文《略论动态理论》。他的主要目的是把凯恩斯静态的收入决定理论动态化。为了做到这一点，他说明了短期经济如何不稳定，以及长期如何表现，国家可能会要么因储蓄供给超过需求出现长时期的经济停滞，要么因劳动力增长超出资本增长出现结构性失业（如同很多发展中国家）。

　　作为新古典主义对哈罗德模型的回应，罗伯特·索洛的著名增长模型（Solow，1956）试图证明，如果生产要素的价格是可变的，并且劳动和资本是可替代的，国家能够达到所谓"自然增长率"的长期均衡，这个自然率是由劳动力的增长和劳动节约型的技术进步决定的。对什么决定劳动力增长和技术进步却没有给出解释。由于假定资本报酬递减，投资本身对长期增长并不重要。该模型也预测资本稀缺的国家要比资本充裕的国家增长更快，导致全世界人均收入的趋同，因为穷国的资本边际产品比富国高。

　　但是如我们在第 2 章所看到的，各国生活水平的趋同并没有出现，因而这就带来了20 世纪 80 年代所谓"新"增长理论或内生增长理论的发展，它放松了资本报酬递减的假设，主要方法是重新定义资本，使其包含了人力资本的改善和通过研发（R&D）支出带来新生产技术。在这些"新"模型中，趋同只是有条件的趋同，而且投资对长期增长是重要的，因为资本边际产品并不随更多的投资而下降。

我们不仅考察理论，也进行经验分析，看看新古典生产函数是如何用来分析发展中国家的增长源泉的，以及"新"增长理论家是如何在经验分析中处理他们的模型的。

在论述过程中，我们力图阐述这些理论的当代意义。事实上，我们将发现，车轮转了一个大圈，大多数最近的内生增长理论复兴了古典经济学家的许多观点，尤其是亚当·斯密强调与制造业投资有关的报酬递增的观点，以及在古典和凯恩斯主义理论中一般强调的资本积累的作用和与此有关的各种体现的技术进步的观点。

本章最后讨论的主题是增长诊断和探明对增长的紧约束。

第一节　古典的增长理论

产出增长和收入在工资和利润之间的分配这些宏观经济问题是所有伟大的古典经济学家致力于研究的重要问题，这些经济学家包括亚当·斯密、托马斯·马尔萨斯、大卫·李嘉图和卡尔·马克思。我们首先讨论亚当·斯密，因为虽然斯密对增长和发展过程持乐观主义的观点，但后来的古典经济学家却持悲观主义的看法。这使历史学家托马斯·卡莱尔（Thomas Carlyle）把经济学描述为"阴郁的科学"——我希望学生们在阅读本书时不要持有这种伤感。

☞

亚当·斯密 （Adam Smith）

1723 年生于苏格兰寇克卡迪，卒于 1790 年。格拉斯哥大学伦理学教授。被称为"现代经济学之父"。两本主要著作是：《道德情操论》（1759 年）和《国富论》（1776 年）。自由市场和自由贸易的积极倡导者，但最为重要的是，他认识到报酬递增基于劳动分工或专业化原理的增长和在发展过程中的作用，劳动分工或专业化尤其体现了制造业的特征。

□ 一、亚当·斯密与报酬递增

斯密最重要的贡献之一是把以劳动分工为基础的报酬递增概念引入了经济学。他把劳动分工（或专业化的利益）看作是社会经济的基础，否则每个人可能就变成了鲁宾逊·克鲁索（Robinson Crusoe），生产自己所需要的一切。正是以劳动分工为基础的报酬递增概念，成为了对作为自生过程的经济进步持乐观主义观点的核心。与之相比，后来的古典经济学家相信由于农业报酬递减，经济最终将会停止在静止状态；而马克思认为，由于资本主义的"内在矛盾"——他所说的这个内在矛盾是指资本家之间的竞争减少了利润率和对工人的异化，资本主义终将崩溃。

由于报酬递增非常重要，斯密模型的精髓基本上是简单的，他所强调的很多性质在本章和其他章节中将反复出现。产出和生活水平的提高最重要的是依赖投资和资本积累。投资又依赖利润的储蓄，利润主要产生于工业和农业以及劳动专业化程度（劳动分工）。劳动分工决定劳动生产率水平，但劳动分工受到市场范围的限制。而市场范围部分地取决于作为人均收入决定因素的劳动分工。这里我们有一个循环累积的相互影响过程，但也不是没有约束，我们将在下面讨论这一点。

报酬递增概念表面看来也许是相当小的事情，但对于如何看待经济进步的方式却有重大的意义。如果不区分哪些活动属于报酬递增，哪些属于报酬递减，我们就不可能理解世界经济的分工和所谓的增长和发展的"中心—外围"模型（见第 8 章）。报酬递增意味着劳动生产率和人均收入随着产出和就业扩张而上升，而报酬递减意味着劳动生产率和人均收入下降，劳动就业限制在某一点上——在这一点之后，劳动的边际产品下降到生存工资的水平。超过这一点，就业机会不再增加，隐蔽性失业就会出现（见第 3 章和第 6 章）。报酬递增在大多数工业活动中普遍存在，而报酬递减则是农业和采矿业等以土地为基础的活动的特点，因为土地是一个固定的生产要素——而且一个无可争辩的经济规律是，如果一个可变要素增加到固定要素，它的边际产品最终将下降（报酬递减规律）。贫穷的发展中国家专门从事报酬递减活动，而富国专门从事报酬递增活动，这是对世界经济中富国—穷国分化的基本解释之一。如同我们下面将看到的那样，报酬递增概念（更精确地说，资本非递减报酬）是新内生增长理论的核心。

我们回到亚当·斯密。他给出了从劳动分工中获得的报酬递增的三个来源：

> 由于劳动分工，同样多的人能够完成的工作量的大量增加是由三个不同的情况引起的：一是某个特定工人灵巧性的增加（我们现在叫做干中学）；二是节约了从一个工作转到另一个工作所损失的时间；最后是发明了多种机器，便利和节约了劳动，使一个人能够从事很多人的工作。

这就是说，通过使用机器使复杂过程分解为简单的过程，专业化为资本积累提供了更多的机会。但是，专业化的能力或劳动分工的能力取决于市场范围的大小。斯密用制针例子来说明。如果针的市场很小，装配不同的机器来处理制针的不同工序是没有意义的。使用成本节约的机器只有在市场很大的情况下才是经济的。如果市场很小，就会出现剩余产品。这里再次引用斯密的话：

> 当市场很小时，没有人愿意完全从事一种工作，因为他不能用他自己的劳动产品超过他自己消费的剩余部分，在他需要的时候交换别人劳动产品的剩余部分。

但是，斯密认识到，建立在劳动分工基础上的报酬递增性质在工业比在农业大得多。他指出：

> 其实，农业的性质，不像制造业，不允许有这样细的劳动分工，也不允许把不同的工作完全分开。把牧民的工作与农民的工作完全分开，像木匠业的工作与铁匠业通常分开的那样，是不可能的。

当然，这不是说农业在发展过程中不重要。恰恰相反，即使工业为劳动分工提供更大的范围，但如果没有农业剩余，工业是很难发展的，至少是在不存在进口的情况下是这样。斯密认识到，农业剩余对支持工业人口是必不可少的，农业生产率的提高所释放出来的劳动力能够用于非农产品的生产。所以，农业从供给角度来说对工业化的确是重要的。在需求方面，正是农业剩余产生了对其他产品的需求——农业能够用剩余的农产品来购买其他产品。如斯密指出的，"所以，那些拥有超过他们自己消费的更多粮食的人，总是愿意用剩余来交换其他满足（工业产品）"。在这里，我们有一个工业与农业的相互需求：工业需要农业提供的粮食来供养工人，而农业用它的剩余交换工业产品。要使增长和发展过程不受到阻碍，农业和工业的平衡增长是必要条件。后来产生的许多经济发展模型都反映了这个观点（见第6章和第10章）。

劳动分工受到市场规模的限制。这是斯密模型的核心原理。市场规模将部分受到贸易约束的限制；因此，斯密支持自由贸易和自由放任，无论是国内的还是国外的。产品必须能够在工业和农业中自由地交换。但是，对工业品的需求也能够来自国外，斯密认识到，出口在发展过程中的作用是：

> 没有对外贸易市场，工业在如下两类国家是不可能兴旺起来的：一是国内市场狭小，适度扩大就会达到饱和的国家；另一类是国内各地区的交通非常困难，任何特殊地方的商品不能享有一个国家能够提供的整个国内市场的国家。

关于贸易与增长以及出口引导的增长，我们将在第15章进行详细的讨论。

斯密的发展模型是由来自工业利润产生的资本积累来驱动的。同所有古典模型一样，对投资的刺激来自利润率。如果利润率下降了，投资的意愿就会下降。斯密对于发展过程中利润率将发生什么变化有些模糊不清。一方面，他认识到，随着资本存量的增长，利润率将趋于下降，因为资本家的利润和工资上升之间存在着竞争。另一方面，新投资机会提高了利润率。这样，利润率在发展过程中可能上升，也可能下降，这取决于是对新技术投资，还是对旧技术投资。即使有趋向静止状态的趋势——利润率下降到零，从而不再有更多的投资刺激，在斯密模型中这种趋势也是非常遥远的。与之相比，在马尔萨斯、李嘉图和马克思的模型中，利润率的下降被认为是必然的趋势。

但是，在我们回到这些模型——这些模型集中研究发展过程中固有的一些更为阴郁的性质——之前，有必要指出，斯密关于把以劳动分工和工业报酬递增为基础的发展作为累积的相互影响过程的观点在1928年以前实际上被人遗忘了。在这一年，美国经济学家阿林·扬（Allyn Young，1928）发表了一篇题为《报酬递增与经济进步》的论文。[1]该文复活了斯密的观点，但这篇意义深刻的文章长期被人忽视了。扬评论说：

> 亚当·斯密著名的定理（劳动分工取决于市场范围，市场范围取决于劳动分工）等于是说劳动分工在很大程度上取决于劳动分工。但这不是一个同义反复。它意味着连续地破坏趋向均衡的力量的相反力量比通常认识到的更为普遍、更为根深蒂固……变化成为累进性的，并以积累的方式扩展。

对于扬，报酬递增并不简单地局限于提高单个工业部门生产率的因素，而是与所有工业部门的产出有关。他认为，所有部门必须被看作是相互关联的整体，现在有时被称为是规模的宏观经济。例如，产品X的更大的市场可能使得在其生产中使用更多的机器是有利可图的，这就减少了X的成本和机器的成本，然后，使得在其他部门中使用机器变得更为有利可图，依此类推。在某种条件下，变化将成为累进性的，并以累进方式扩散。确切的条件是报酬递增和对产品有弹性的需求，以便当相对价格下降时，在比率上销售得更多。以钢和纺织品为例，这两种商品都属于报酬递增和有价格弹性的。当钢供给增加时，它的相对价格（或交换价值）就下降。如果需求是有价格弹性的，纺织品生产者在比例上就需要更多钢,于是在比例上用更多纺织品来交换。纺织品的生产增加了,而它的交换价值下降了。如果需求是有价格弹性的,钢生产者在比例上需要更多的纺织品,如此等等。如扬所说:"在这些环境下,扩展过程是没有限制的,除非需求在超过某个限制之后变得无弹性了,规模报酬不再增加了"。

以上描述的过程不可能在报酬递减和无弹性价格需求的活动中发生。大多数初级产品具有这种特点。迅速的发展与工业化过程联系在一起是不足为奇的。但是,的确,扬的观点在20世纪50年代以前也被人忽视了。在20世纪50年代,有几位经济学家如冈纳·缪尔达尔(《经济理论与不发达地区》,1957年)、阿尔伯特·赫希曼(《经济发展战略》,1958年)和尼古拉斯·卡尔多(《经济发展的战略要素》,1967年;《没有均衡的经济学》,1985年)开始对均衡理论发起了挑战,并发展了一个非均衡的增长与发展过程模型。卡尔多过去开玩笑说,在斯密《国富论》第一卷第四章以后,经济学都是错误的,因为第四章以后,斯密放弃了报酬递增转而赞成报酬不变,这为新古典均衡理论打下了基础。与此形成鲜明对照的是,现在斯密和扬对报酬递增的强调已成为新内生增长理论的核心。

□ 二、 古典悲观主义者

斯密以后对经济发展过程的古典主义观点基本上是悲观主义的,它集中讨论迅速的人口增长与由农业报酬递减和成本上升所造成的粮价上升对工业利润率施加的影响。最大的悲观主义者之一是托马斯·马尔萨斯。可以说,就他的人口论而言,马尔萨斯的言论至今仍然困扰着很多发展中国家。但是,马尔萨斯的著作分为两个部分:他的人口论和他的维持有效需求对发展的重要性的论述——"有效需求"这个概念后来被凯恩斯所借用,他已表达了对马尔萨斯的感激。事实上,马尔萨斯是强调需求对决定产出的重要性的唯一古典经济学家——所有其他古典经济学家都信奉萨伊定律:供给创造它自身的需求,因此产出水平和增长只是物质投入供给的函数。对于马尔萨斯来说,如果要维持作为投资刺激的利润,有效需求必须与生产潜力保持一致增长,但是,没有什么因素能保证这一点。马尔萨斯集中探讨了地主的储蓄和储蓄的供给与资本家的计划投资之间的不平衡,它可能阻碍发展。如果地主的储蓄超过了资本家想要借贷的数量,马尔萨斯建议把对地主征税作为一种解决办法。

但是,马尔萨斯是以他的《人口原理》(1798年)而出名的,在这本书中,他宣称,所有的生命都存在一个不变的趋势,即其增长会超过为他们准备的营养水平。按照马尔萨斯的观点,"人口每25年将增加一倍,或者说按几何比率增加",而"一般可以说……,生活资料以算术比率增加"。把世界作为一个整体,马尔萨斯得出如下结论:

> 如果不受控制的话,人类将会按照1、2、4、8、16、32、64、128、256的数字增加,而生活资料则按照1、2、3、4、5、6、7、8、9的数字增加。这意味着两个世纪后人口对生活资料的比率将是256:9;三个世纪后,这个比率将是4 096:13,两千年后,其差距是无法计算的。

粮食生产只以算术比率增加当然意味着农业的报酬递减。人口增长与粮食供给的增长之间的不平衡将会导致各国人均收入围绕着生存水平上下波动,或者陷于现在有时所称的"低水平均衡陷阱"（见第9章）。由技术进步引起的人均收入的任何增加都会导致更高的出生率，接着就把人均收入降到生存水平。早期的"大推进"发展模型的提出就是要使经济跳出这个陷阱。马尔萨斯认识到需要对这个过程进行某些控制，他把它分为预防性控制和积极控制——这些控制在当今一些国家仍然起作用。对于那些有困难赡养大家庭的人来说，预防性控制是禁欲或者是避孕。不过，马尔萨斯是反对避孕的。在预防性控制很弱时，就要采取积极的控制，包括瘟疫、疾病和饥荒等。马尔萨斯对人口困境的解决办法是在一个无罪恶的社会里推迟结婚！

☞

托马斯·马尔萨斯（Thomas Malthus）

1766年生于英国萨里郡，卒于1834年。东印度公司学院历史和政治经济学教授。因其《人口原理》而出名，他预言由于农业的报酬递减，人口增长将超过食物供应。发展中国家的一些社会仍具有马尔萨斯特征，并且一些"环保主义者"预言将来会出现一个马尔萨斯世界。

虽然马尔萨斯经济学可能在非洲和亚洲一些地方仍然有些意义，但马尔萨斯阴郁的预言在全世界并未变成现实，因为预防性控制已经变得很强了，粮食生产不再以算术比率增加而是比人口增长得更快（见第3章）。农业的技术进步已经抵消了报酬递减。正是因为对农业技术进步估计不足使所有古典悲观主义者都犯了错误。

大卫·李嘉图是另一个伟大的古典悲观主义者。1817年他出版了《政治经济学及赋税原理》。在这本书中他预测，资本主义经济最终将会结束于静止状态，没有增长，这也是因为农业的报酬递减。在李嘉图模型中，像斯密模型一样，增长和发展是资本积累的函数，资本积累取决于利润的再投资。但是，利润是支付生存工资和地主的地租之后余下的部分。当土地报酬递减和成本递增造成粮价上升时，地租就会增加。李嘉图把经济设想为"一个大农场"，在这个农场上粮食（或谷物）和制成品以固定的比率消费，所以谷物能够用作记账单位。图5—1阐述了这个模型。

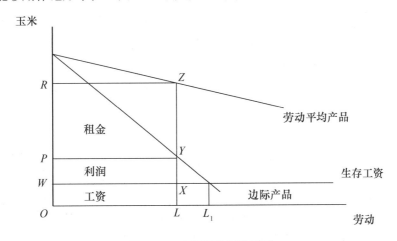

图5—1 李嘉图的经济模型

对于 L 的就业量，总产出为 $ORZL$。地租是由在土地上工作的劳动平均产品与边际产品之间的差额决定的，它等于区域 $PRZY$。工资等于 $OWXL$，利润是地租与工资之间的差额，它等于 $WPYX$。随着产出的增加，劳动的边际产品下降到生存工资（L_1），利润消失了。在均衡中，农业的利润率等于工业的利润率。当农业的利润率下降时，资本将转移到工业，引起工业的利润率下降。利润也被压低了，因为按照粮食表示的工资上升了。但是，对于李嘉图，与马尔萨斯不同，没有有效需求不足的问题。李嘉图没有看到能够使用的资本量的限制，因为他接受了萨伊定律：供给创造它自身的需求。和平的首恶是工资。他写道："需求没有限制——只要有利润，资本的使用也没有限制，无论资本变得多么丰富，除了工资上升之外，没有其他原因导致利润的下降。"当利润下降到零时，资本积累就会停止，预示着静止状态的来临。正如李嘉图指出的：

> 实际工资上升的必然结果是实际利润的下降，所以，当一个国家所有的土地都投入耕种时，当在土地上使用更多的劳动力而不能生产出大于养活这些劳动力所需的粮食时，该国的资本和人口的增加就受到了限制。

像我们在第 6 章中将看到的那样，阿瑟·刘易斯的著名的发展模型"无限的劳动供给下的经济发展"就是一个古典的李嘉图模型，但是在土地上的隐蔽性失业被吸收完之前，工资被假定是不变的。

由于在李嘉图有关经济进步的观点中资本积累是最为重要的，因此任何降低资本积累的事情（包括工资的上升）都将减慢经济增长。因此，李嘉图反对对生产体系中的投入品征收任何形式的税收，包括对进口食品的关税。实际上，他相信，便宜的食品的进口由于压低了由食品表示的工资，从而可以无限期地延缓预测的静止状态的到来。他指出：

> 一国可能会无限地增加它的财富和人口，阻止这种增加的唯一障碍是粮食和其他初级产品的稀缺性和相应的高价值。如果用制成品交换国外的食品，就很难说有什么限制你停止积累财富和从它的使用中获得利润。

正是由于这个原因，李嘉图为废除 19 世纪英国的《谷物法》而展开斗争。该法最终于 1846 年被废除，这对实业家有利，但对农民却是不利的。在当今发展中国家，政府常常试图人为地保持农产品的低价，以便把工资维持在低水平上（按食品来计量）。然而这样做降低了农民的生产积极性。确定农业和工业的均衡贸易条件（使两个部门的产出达到最大）是一个困难的实证问题（见第 6 章）。

☞

大卫·李嘉图（David Ricardo）

1772 年生于英国伦敦，卒于 1823 年。作为政治家、工业家、投机者和经济学家，一生丰富多彩。著作《政治经济学及赋税原理》（1817 年）使其成为 19 世纪上半叶最伟大的古典经济学家。他预言由于农业报酬递减会消减工业的利润率，经济最后会停止在一个稳定的状态。参与废除英国《谷物法》的论战以降低粮食价格。最为著名的是其构想的比较优势原则：经济学中少数非凡的理论之一。

最后讨论以其《资本论》（1867 年）而著名的卡尔·马克思以及他对资本主义崩溃的预测。古典学派的所有经济学家都一致认为，资本利润率将随经济增长而下降，但是对下降原因的解释却各不相同。亚当·斯密把利润的下降看作是资本家竞争的结果；李嘉图把利润率的下降看作是土地报酬递减的结果，利润被挤压在工资和地租之间，最终导致静止状态；马克思认为经济不会永远地增长下去，但其结局不是来自静止状态，而是来自与生产过剩和社会动乱有关的"危机"。但马克思的模型与其他古典经济学家有很多类似之处。资本家剩余是资本积累的来源和增长的主要源泉。人口增长以马尔萨斯方式对工资作出反应，把工资压低，利润率在长期趋于下降。

我们简要地考虑一下马克思的模型和他对危机的预测。总产出由三个部分构成：可变资本或工资（v）；不变资本（c），即工厂和机器以及在生产中使用的原材料；剩余价值或利润（s）。劳动工资是由最低的生存水平（马克思称之为工人阶级再生产成本）决定的；剩余价值（由劳动唯一创造）是每个工人的产出和最低工资之间的差额；剩余价值率，或马克思所称的"剥削程度"，由 s/v 来表示。利润率是由剩余价值率对总资本的比率表示的，即

$$s/(v+c)=(s/v)/(1+[c/v]) \tag{5.1}$$

其中，不变资本对可变资本的比率被定义为"有机资本构成"。随着生产技术变得越来越资本集约化，有机构成随时间而提高；随着有机构成的提高，利润率下降，除非剩余价值上升。虽然 c/v 的提高是无限的，但 s/v 的提高却是有限的。只要有剩余劳动存在以保持低工资，马克思就认为不会发生重大问题；但是，他预测，随着资本积累的进行，他所称的"劳动后备军"就会消失，推动工资上升，利润下降。于是，资本家的反应或者是试图压低工资，导致"工人的贫困化"和社会冲突，或者是用资本代替劳动，这又会由于提高 c/v 而恶化这个问题。

马克思认为，投资的意愿和必要性是由资本家的心理素质内在决定的。"积累，就是要夺得社会财富，增加由他剥削的人口，然后扩大资本家的直接和间接的影响。"因此，资本家的格言是："积累，积累！这就是摩西和先知"。但是，当资本代替劳动时，还会出现另外一个问题：劳动者不能消费所有的产品，"实现危机"是由有效需求不足引起的。资本主义最终由于它自身的"内在矛盾"而崩溃。权力转到工人阶级手中，因为越来越少的人从资本主义获得好处。资本主义被社会主义所取代，由此，工人阶级拥有了自己的生产资料，分配和交换，最终国家走向消亡。

☞

卡尔·马克思（Karl Marx）

1818 年生于德国特里尔城，卒于 1883 年。1848 年定居英国并受到弗里德里希·恩格斯的资助。他的主要著作《资本论》（1868 年第一卷，另外三卷在去世后出版）受到左翼思想家对资本主义不平等批判的启示。他预言随着利润率的下降和工人的贫困化导致社会革命，资本主义会毁灭。社会革命没有出现是因为在一个增长经济中随着技术进步实际工资和利润率之间没有冲突。

马克思的分析包含了对资本主义的运行很有价值的看法，但是他的预测像他以前的经济学家的预测一样没有实现。为什么？似乎有两个基本的原因。第一，在马克思的著作中，货币工资与实际工资被混淆了。随着剩余劳动的消失，货币工资的上升并不必然意味着实际工资的上升；但无论如何，实际工资的上升可能被生产率的提高所抵消，使利润率保持不变。第二，如同其他古典经济学家低估了作为抵消报酬递减的因素的农业技术进步率一样，马克思也低估了工业技术进步对劳动生产率的影响。从方程（5.1）可以看到，即使c/v是上升的，如果技术进步以相同数量超过工资增长率，则利润率仍能保持不变。技术进步还意味着实际工资和利润率没有必然的冲突。两者都可以上升。

在1883年马克思逝世后差不多60年中，增长与发展理论实际上处于休眠状态，在艾尔弗雷德·马歇尔的《经济学原理》（Marshall，1890）的影响下，经济学逐渐被静态的新古典价值理论所统治。马歇尔把增长和发展看作是一种"自然"现象：一个类似于自然界生物发展的进化过程。现代增长理论开始于英国经济学家罗伊·哈罗德的经典论文，题为《略论动态理论》（Harrod，1939）[2]，该文导致了现在被称为哈罗德-多马增长模型的发展。[3]这个模型在战后时期思考发展问题起到了重要的作用，在发展计划中仍然被广泛地使用（见第10章）。

■ 第二节　现代增长理论

□ 一、 哈罗德-多马增长模型

哈罗德最初的模型是对凯恩斯静态均衡分析的一个动态的扩张。在凯恩斯的《通论》中，收入和产出达到均衡的条件（在封闭经济中）是计划投资等于计划储蓄（或者在收入循环流量中，注入应该等于漏出）。哈罗德提出的问题是，如果收入的变化引诱投资，为了在长期增长的经济中保证一个移动均衡，在计划投资等于计划储蓄的条件下，收入增长率必须是多少？此外，能够保证这个要求的增长率将会实现吗？如果不能，将会发生什么？在静态的凯恩斯理论中，如果储蓄和投资的均衡受到干扰，经济就会自行矫正，通过投资乘数就会达到一个新的均衡。如果增长均衡受到干扰，它将会自行矫正，还是自行加重？其次，在生产能力增长率为一定的条件下，这个均衡率将等于经济能够维持的最大增长率吗？如果不能，将会发生什么？无论是发达国家还是不发达国家，这些都是理解一国增长实绩的基本问题。哈罗德在经济思想史中的地位由于他简明地并富有洞察力地回答了这些问题而得到了保证。

为了考虑以上提出的问题，哈罗德区分了三个不同的增长率：他把它们称为**实际增长率**（g）、**有保证的增长率**（g_w）和**自然增长率**（g_n）。实际增长率被定义为：

$$g = s/c \tag{5.2}$$

其中，s是储蓄对收入的比率（S/Y），c是实际的增量资本—产出比，即增加的资本积累或投资对产出流量的比率（$\Delta K/\Delta Y = I/\Delta Y$）。实际增长率的这个表达式（方程（5.2））从定义上说是正确的，因为它表示了储蓄等于投资的核算恒等式。我们从方程

（5.2）中可以看到这一点。将 s 和 c 的表达式代入方程（5.2），即有：$s/c=(S/Y)/(I/\Delta Y)=\Delta Y/Y$，这里假定 $S=I$，$\Delta Y/Y$ 计量产出的增长。

但是，要知道实际增长率是否为未来的稳定增长（即计划投资与计划储蓄在充分就业时相等）提供基础，我们需要的不只是一个定义方程。这就是有保证的增长率和自然增长率概念变得重要的原因所在。

哈罗德把有保证的增长率定义为：

> 这样一个增长率——如果它发生，将使各方都感到满意，他们已生产的量既不多于也不少于一个正确的量。或者换句话说，它将使他们处于这样一个心境——促使他们都自愿地维持同样的增长率。

换言之，有保证的增长率就是这样一个增长率，它将引诱投资刚好等于计划储蓄，所以保持资本完全被使用（即既没有能力过剩也没有能力利用不足），从而制造商愿意在未来以和过去相同的比率进行投资。这个增长率是怎样确定的呢？任何时点上的计划储蓄由凯恩斯的储蓄函数给出：

$$S=sY \tag{5.3}$$

其中，s 是储蓄倾向。这个公式给出了投资品的潜在供给。对投资的需求是由**加速原理**给出的（或者哈罗德所谓的"关系"），在这里，c_r 是加速系数，由生产一个单位产出所需额外资本和投资量来计量，由技术条件决定。其公式为：

$$c_r=\Delta K_r/\Delta K=I/\Delta Y \tag{5.4}$$

对投资的需求由加速原理给出，于是有：

$$I=c_r\Delta Y \tag{5.5}$$

因为计划储蓄等于计划投资，故我们有：

$$sY=c_r\Delta Y \tag{5.6}$$

对于随时间移动的均衡要求的增长率为：

$$\Delta Y/Y=s/c_r=g_w \tag{5.7}$$

这就是有保证的增长率 g_w。对于动态均衡，产出必须以这个比率增长。以这个增长率，对消费品的支出将等于消费品的生产，这是企业家将对他们所做的事情感到满意的唯一的增长率，它不会促使他们修改投资计划。

现在假设偏离均衡率。将会发生什么？均衡的条件是：$g=g_w$，或者，由方程（5.2）和方程（5.7），$gc=g_wc_r$。首先假定实际增长率超过有保证的增长率。容易看到，如果 $g>g_w$，那么 $c<c_r$，这意味着实际投资下降到满足产出增加所需的投资水平以下。结果出现了设备的短缺、存量的减少和对更多投资的刺激。于是，实际增长率离有保证的增长率甚至越来越远。相反，如果实际增长率小于有保证的增长率，即 $g<g_w$，那么 $c>c_r$，将会出现资本品过剩，投资受到抑制，引起实际增长率下降甚至越来越低于均衡增长率。可见，如哈罗德指出的，我们在动态环境下拥有的均衡条件与在静态条件下的均衡条件刚好相反。偏离平衡，不是自行矫正，而是自行加重。这是哈罗德增长模型中的短缺商业循环问题。

☞

罗伊·哈罗德（Roy Harrod）

1900 年生于英国诺福克，卒于 1978 年。他的整个学术生涯都是在牛津大学基督学院度过的。作为凯恩斯圈内的一员，他在 20 世纪 30 年代后期把静态凯恩斯理论动态化，并完成了开拓性的现代增长理论。他是 20 世纪最具原创性的经济学家之一，对公司理论、国际经济学和动态经济学做出了重要贡献。他是《归纳逻辑学》一书的作者，同时也是凯恩斯第一本传记的作者。

美国经济学家埃维塞·多马与哈罗德独立地研究，也得到了哈罗德的中心结论，但运用的方法稍微不同。多马认识到，投资是把双刃剑：它通过乘数增加需求，通过对生产能力的扩张的影响增加供给。因此，多马提出的问题是：为了使在充分就业条件下供给与需求保持一致，必须具有什么样的投资增长率？这个关键的投资增长率可以用如下方式获得。投资水平的变化通过公式（5.8）增加需求：

$$\Delta Y_d = \Delta I / s \tag{5.8}$$

投资本身通过式（5.9）增加供给：

$$\Delta Y_s = I\sigma \tag{5.9}$$

式中，σ 是资本生产率或每单位投资的产出（$\Delta Y/I$）。对于 $\Delta Y_d = \Delta Y_s$，我们必须有：

$$\Delta I / s = I\sigma \tag{5.10}$$

或者，

$$\Delta I / I = s\sigma \tag{5.11}$$

换句话说，投资必须以等于储蓄率与资本生产率的乘积的速度增长。由于储蓄—投资比率不变，这意味着产出也以 $s\sigma$ 的速度增长。如果 $\sigma = 1/c_r$（在充分就业的水平上），那么哈罗德-多马关于均衡增长的结果是一样的。

但是，即使增长以资本存量充分利用和移动均衡所要求的速度进行，它仍然不保证劳动的充分就业，这取决于自然增长率。自然增长率从 $Y^* = L^* (Y/L)^*$ 这个恒等式中获得，这里，Y^* 是潜在产出水平，L^* 是潜在劳动，$(Y/L)^*$ 是潜在劳动生产率，或者，用增长率表示：$y^* = l + q$。所以，自然增长率（g_n）由两个因素构成：潜在劳动力增长率（l）和潜在劳动生产率增长率（q）（哈罗德称之为效率单位表示的劳动力增长率）——这两者在哈罗德模型中都是外生决定的。[4]自然增长率在哈罗德增长模型中从两个方面发挥着重要作用。第一，它限定了生产能力增长率或长期充分就业均衡增长率。第二，它对实际增长率确定了一个上限，使得在哈罗德（商业循环）模型中累积的扩张有一个限度。如果 $g > g_w$，g 只能在它达到 g_n 之前，即在所有劳动都完全被吸收之前，才会持续地偏离 g_w。g 不可能长期大于 g_n。于是，经济的长期问题是 g_w 和 g_n 的关系，即资本增长与劳动力的增长（以效率单位计量）之间的关系。由于生产系数是固定的，劳动的充分就业显然要求 $g = g_n$。劳动和资本的充分就业要求：

$$g = g_w = g_n \tag{5.12}$$

剑桥著名经济学家乔安·罗宾逊曾经把这种情况称为"黄金时代"，以强调它的神话性质，因为在哈罗德模型中没有什么东西将自动地产生这种令人快乐的巧合。

现在我们考虑一下如果有保证的增长率偏离自然增长率将会发生什么。如果 $g_w > g_n$，将会长期趋向萧条，因为实际增长率将绝不足以刺激投资需求以达到与充分就业条件下的储蓄量相一致。资本和储蓄太多了。这就是经济学家在 20 世纪 30 年代担忧的事情，特别是预测发达国家人口规模将会下降时担忧更甚，因为净再生产率已经下降到 1 以下（即一个妇女没有生育一个女孩）。如果 $g_w < g_n$，将会发生需求膨胀，因为自然增长率将趋向于超过引诱投资与储蓄相一致所需的增长率。但是，伴随着通货膨胀压力的将是日益增加的结构性失业，因为资本增长下降到低于有效劳动力的增长，生产技术也没有发生变化。

发展中国家在什么地方与这种情景相符呢？在大多数发展中国家，自然增长率超过了有保证的增长率。如果人口增长比如 2%，劳动生产率每年增长 3%，按效率单位计算的劳动力增长率就是 5%。如果净储蓄率比如是 9%，要求的增量资本—产出比是 3，那么有保证的增长率就是 3%。这会产生两个重要结果。第一，这意味着有效劳动力增长比资本积累得更快，这部分解释了发展中国家日益增加的失业。第二，它意味着计划投资比计划储蓄要大，因而产生了通货膨胀的压力。如果 $g_n = 5\%$，$c_r = 3$，那么对于 15% 的储蓄将有一个有利的投资机会，但实际储蓄只有 9%。

在发展中国家，通货膨胀和失业并存不是一个谜。像许多发展政策一样，它也能够容易在哈罗德增长模型的框架和假定内解释。给定不等式 $g_n \neq g_w$，或 $l + q \neq s/c_r$，我们能够看到，有四种方法可以使 g_n 和 g_w 协调，如果 $g_n > g_w$，第一个可能性是减少劳动力增长率。由于这一点，控制人口规模的措施作为解决失业问题的一个贡献可能是合理的。第二，劳动生产率增长率的下降将是有帮助的，但这当然会降低劳动者生活水平的提高。就业与效率之间存在着冲突。第三，储蓄率的上升能够缩小这个差距。这是发展中国家货币和财政政策的核心（见第 13 章）。最后，通过使用更多的劳动集约型的技术降低要求的资本—产出比，可以使自然增长率与有保证的增长率达到一致。关于发展中国家对适当的技术的选择，是否能够使用更多的劳动集约型技术而不损害产出和牺牲储蓄，还存在着热烈的争论（见第 7 章）。

所有这些调整机制能够用一个简单的图形（见图 5—2）来说明。

纵轴计量增长，横轴计量储蓄—投资比率。增长—投资比率通过 c_r，即要求的增量资本—产出比联系起来。储蓄比率与增长率无关。图 5—2 描述了这样一种情况：自然增长率（g_n）超过有保证的增长率（g_w）。为了使 g_n 和 g_w 相等，我们能够通过控制劳动力的增长使 g_n 降低到 g_w；我们能够通过货币和财政政策（还可以通过国外借款）向右移动 S/Y 曲线，使 g_w 提高到 g_n；或者我们能够通过使用更多的劳动集约型生产技术减少 c_r 来旋转 I/Y 曲线。

哈罗德的理论结构不仅对理解发展中国家的某些发展困难是有用的，而且对于计划目的也是有用的。如果一个国家确定的目标增长率是 5%，要求的资本—产出比是 3，该国知道，如果要达到这个目标增长率，就必须储蓄和投资 GDP 的 15%。如果国内储蓄低于 GDP 的 15%，就有一个投资—储蓄缺口需要填补，这可以通过向国外借款来做到（见第 14 章）。

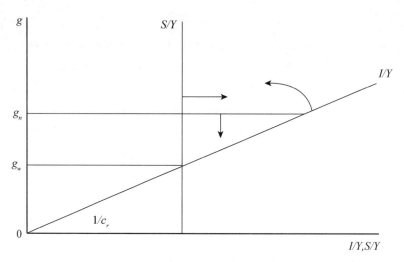

图 5—2　g_w 与 g_n 的调整

在理论水平上，自动调整机制是否能发挥作用来协调 g_n 和 g_w 的不一致，在文献中有很多讨论。在哈罗德模型中，组成模型的参数与变量 I，q，s 和 c_r 都是独立决定的。哈罗德本人认识到，在长期储蓄率可能不是固定的，而是将会调整。具体地说，在萧条时期，储蓄可能下降；在需求膨胀时期，储蓄可能上升。储蓄发生这种变化的途径是通过收入在工资和利润之间的功能分配的变化。这是一个可能的调整机制，由剑桥凯恩斯主义经济学家所强调——这些经济学家的代表是乔安·罗宾逊、尼古拉斯·卡尔多、理查德·卡恩、鲁基·帕西内蒂和其他经济学家。如果 $g_w > g_n$ 且经济趋向萧条，就将会减少利润在国民收入中的份额并提高工资份额，如果来自利润的储蓄倾向高于来自工资的储蓄倾向，收入分配的这种变化将降低总储蓄率并从 g_w 降低到 g_n。但是，利润份额的下降有一个限界，它是由企业家可接受的最低利润率来确定的。如果 $g_w < g_n$ 且经济倾向需求膨胀，国民收入中的利润份额将趋于上升，增加总储蓄率并从 g_w 提高到 g_n。但是，利润份额的上升也有一个限界，它是由工人愿意看到他们的实际工资减少的程度确定的——乔安·罗宾逊把它称为"通货膨胀障碍"（见第 13 章）。

与英国剑桥的凯恩斯主义学派（后凯恩斯主义）经济学家形成鲜明对照，在美国马萨诸塞剑桥集结了一大批经济学家，以罗伯特·索洛、保罗·萨缪尔森、弗朗科·莫迪利亚尼和其他人为代表。他们在 20 世纪 50 年代同时发展了一个所谓的新古典增长模型，用来抨击哈罗德和后凯恩斯主义学派。他们指出，哈罗德关于达到充分就业的稳定增长的可能性的阴郁结论是假定了固定的生产系数；如果资本—劳动比被允许变化，按照自然率均衡增长是可能的。如果资本增长得比劳动快（$g_w > g_n$），经济将通过价格机制顺畅地转到更多的资本密集型技术，长期的增长将以一个外生给定的自然率进行。相反，如果劳动增长得比资本快（$g_n > g_w$），工资率相对于资本的价格就会下降，经济将采用更多的劳动密集型技术，增长将再次按照自然率进行。

该模型的一个主要性质是，投资对长期增长是不重要的——这一点在近几年受到"新"增长理论的持续抨击。储蓄和投资比率的任何增加都被资本—产出比的增加抵消了，使长期增长率（自然增长率）维持不变。但是，这个论点依赖当资本—劳动比上升时，资本生产率下降（c_r上升）。这一点遭到了"新"增长理论家的驳斥。如果随着投资的增加，一些机制能够阻止资本生产率下降，那么投资对长期增长就是重要的，增长从这种意义上说是内生的。但是，在我们讨论新增长理论和对增长的宏观决定因素这些新的重要研究之前，我们需要讨论一下新古典增长理论的假定和预测，看看它在经验上是如何被用来理解发达国家和发展中国家的增长源泉的。

□ 二、 新古典增长理论

新古典增长理论有三个基本命题：

（1）在长期稳定状态，产出的增长是由有效的劳动力增长率，即劳动力增长率加上劳动生产率增长率（在哈罗德自然增长率中是外生给定的）决定的，与储蓄和投资对GDP的比率无关。之所以如此，是因为更高的储蓄或投资比率被更高的资本—产出比或更低的资本生产率抵消了，而后者是由于新古典模型假定资本报酬递减。

（2）但是，人均收入水平取决于储蓄和投资对GDP的比率。人均收入水平与储蓄—投资比率成正向变化，与人口增长率成反向变化。

（3）假定各国之间有一致的爱好（即对储蓄和消费的偏好是一样的）和技术（生产函数），各国在资本—劳动比和资本生产率之间有一个相反的关系，所以具有很小人均资本的穷国应该增长得比拥有大量人均资本的富国快，从而导致人均收入和生活水平在全世界趋同。

现在我们来讨论这些基本的命题是怎样得到的。基本的新古典增长模型是由罗伯特·索洛和特雷弗·斯旺（Trevor Swan）在1956年首先提出来的[5]，自那时以后，该理论在增长分析中具有很大的影响，尤其是在总量生产函数的使用上影响很大，我们将对此进行讨论。该模型是以三个关键的假定为基础的（暂时忽视技术进步）：（1）劳动力以外生的不变速率增长。（2）产出是资本和劳动的函数：$Y=F(K, L)$。把产出与投入联系起来的生产函数表现为不变的规模报酬、单个生产要素报酬递减，并且要素具有单位替代弹性。（3）所有储蓄都被投资了：$S=I=sY$。没有独立的投资函数。

建立基本的新古典增长模型所要表明的是，一个经济将会趋于长期的均衡资本—劳动比（k^*），在这一点上，人均产出（或收入）（q^*）也处在均衡之中，这样，产出、资本和劳动将以同样的比率 l 增长。所以，该模型预测以自然率达到长期增长均衡。

☞

罗伯特·索洛 （Robert Solow）

1924年生于美国纽约。他的整个学术生涯都是在麻省理工学院度过的，他因对于经济增长和技术变化的理论的开拓性研究而闻名，在他1956年《对增长理论的贡献》的论文中挑战了长期非均衡增长的刚性哈罗德模型。他也对数理经济学、资本理论和宏观经济学做出了重要贡献。于1987年获得诺贝尔经济学奖。

最常用的具有不变规模报酬的新古典生产函数是所谓的**柯布-道格拉斯生产函数**：

$$Y=bK^{\alpha}L^{1-\alpha} \tag{5.13}$$

其中，α 是产出对劳动的弹性，显然，$\alpha + (1-\alpha) = 1$，即 K 和 L 增加 1% 将导致产出 Y 增加 1%，这就是产出显示有不变规模报酬的意思。

方程（5.13）也可以写成劳动集约形式。将方程两边同时除以 L，得到一个人均产出是人均资本的函数：

$$\frac{Y}{L} = \frac{bK^{\alpha}L^{1-\alpha}}{L} = b\left(\frac{K}{L}\right)^{\alpha} \tag{5.14}$$

或者，简写为

$$q = b(k)^{\alpha} \tag{5.15}$$

这就是新古典生产函数的劳动集约形式，它能够用图形描述出来，如图5—3所示。函数下降的斜率表示资本边际报酬递减。

现在从原点画一条射线，沿此射线，资本的增长率与劳动的增长率相等，因此资本—劳动比不变，资本—产出比也不变。这种情况可以由下式给出：

$$q = (l/s)k \tag{5.16}[6]$$

其中，s 是储蓄比率。假定劳动增长率 l 不变，那么这条从原点出发而斜率为 l/s 的直线表示这样一种 q 的水平——它将使人均资本保持不变，和这样一种 k 的水平——它将使人均产出保持不变。把方程（5.16）加到图5—3上，便得到图5—4。

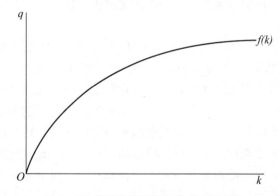

图5—3 劳动集约型的新古典生产函数

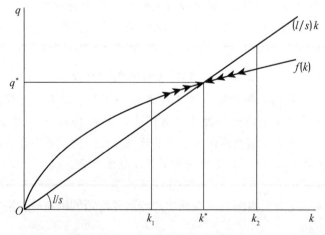

图5—4 人均产出和资本劳动比均衡

从原点到生产函数任意一点的射线的斜率决定了在这一点上的资本—产出比。从图5—4中很清楚地看到，只有在这两条线相交时才是均衡的资本—劳动比（k^*）和人均产出（q^*）。在 k^* 的左边（如 k_1），$q>(l/s)k$，q 大于维持 k 不变所需的产量，这就是说，相对于劳动力的增长，储蓄和资本积累太多了，稳定的增长要求有更多的资本集约型技术。资本将从 k_1 移到 k^*。资本—产出比调整到使资本和劳动的增长率（或有保证的增长率和自然增长率）达到一致。类似地，在 k^* 的右边（如 k_2），$q<(l/s)k$，q 小于维持 k 不变所需的产量。储蓄和资本积累太少了，不足以与劳动生产率保持同步，稳定增长要求有更多的劳动集约型的技术。资本将从 k_2 移到 k^*。如果选择了一套技术，资本—产出比就要发生调整。

当 k 达到均衡时，q 也达到了均衡，所以产出必须与劳动增长得一样快。所以，产出、劳动和资本全部都按同样的速度 l 增长，即按自然增长率增长，而资本—产出比不变。这就是新古典理论。

现在，我们可以看到，如果储蓄和投资对国民收入的比率（s）增加了将发生什么。如果 s 上升，就会降低图 5—4 中 l/s 线的斜率，这就提高了均衡的人均收入水平和资本—劳动比，但是使均衡增长率不变。这就正式地证明了在前面所提出的新古典增长理论的头两个基本命题。较高的储蓄或投资比率并不影响长期均衡增长率的原因是，更高的储蓄—投资比率被更高的资本—产出比抵消了，资本—产出比被动地进行调整，以保持资本的增长与劳动力的增长一致。

如果技术进步引入该模型，这些结论丝毫不发生改变。如果技术进步只是增加了劳动生产率（所谓的哈罗德中性技术进步，它使资本—产出比不变），有效的劳动力现在以 $l+\dot{q}$ 的比率增长，这里，$\dot{q}$ 就是劳动生产率的增长率。方程（5.16）定义了 q 和 k 的关系，保持资本—劳动比和资本—产出比不变，现在在它变成：

$$q=\frac{l+\dot{q}}{s}k \tag{5.17}$$

这意味着在图 5—4 中，l/s 线变得更陡了，这是因为，为了在有效劳动力增长更快时提供为保持资本—劳动比不变所需的储蓄和资本积累，现在人均产出必须提高。在均衡 k^* 上，我们现在有 $\Delta K/K=l+\dot{q}$，在均衡 q^* 上，我们有 $\Delta Y/Y=l+\dot{q}$，从而 $\Delta Y/Y=\Delta K/K=l+\dot{q}$，并且人均产出和人均资本以 $\dot{q}$ 的速率增长，即由于哈罗德中性技术进步率，

$$\Delta Y/Y-l=\Delta K/K-l=\dot{q} \tag{5.18}$$

当然，这与我们在实际世界中观察到的情况是一致的——产出和资本比劳动力增长得快。但是，储蓄和投资对 GDP 比率的上升对均衡产出增长仍然没有影响，除非更高的投资水平提高了劳动扩张型的技术进步增长率，但已被新古典的假定排斥了，因为技术进步被假定是外生给定的。

新古典增长理论的第三个基本命题是穷国应该比富国增长得更快，从而导致人均收入的趋同，因为穷国的资本—劳动比低，因而将有较高的资本生产率（或较低的资本—产出比）。现在我们来证明这个命题。资本—产出比可以写为：

$$\frac{K}{Y}=\frac{K}{L}\cdot\frac{L}{Y} \tag{5.19}$$

由于资本报酬递减（从而，Y/L 并不与 K/L 同比率上升），能够看到，较高的 K/L 比率将与较高的 K/Y 比率相联系。这意味着如果储蓄和投资对 GDP 的比率在所有国家都是相同的，资本丰富的国家应该增得比资本贫乏的国家要慢。但是，有必要指出，如果资本报酬递减不存在，比如说，资本报酬不变，那么较高的资本—劳动比将会被较高的产出—劳动比所完全抵消，结果趋同不会发生。如果没有资本报酬递减，这也意味着即使有更多的投资，资本—产出比也不会上升，所以储蓄和投资对 GDP 的比率对增长是重要的。增长在这种意义上说是内生决定的。它不是简单地由劳动力增长率和技术进步决定的。这是"新"（内生）增长理论的起点，它寻求解释在世界经济中，为什么生活水平实际上没有趋同，与新古典理论的预测相反（见第 2 章）。由新增长理论提供的解释是，有很多力量在起作用——当国家变富而投资越来越多时，这些力量在阻止资本的边际产品下降（或资本—产出比上升）。然而，在讨论新增长理论之前，我们首先考虑一下新古典生产函数怎样被用来分析增长的源泉。这就需要我们更细致地考察生产函数概念和柯布-道格拉斯生产函数的性质——这个函数在发达国家和发展中国家的增长分析中仍然被广泛地使用。

第三节　增长分析的生产函数方法

我们已经看到，有几种方法可以表示一国的收入和产出的增长，但是通常它们由恒等式构成，它们几乎没有告诉我们增长的原因和来源是什么。例如，在哈罗德-多马模型中，增长能够表述为投资对 GDP 的比率与投资生产率的乘积，所以根据定义，缓慢的增长是低投资比率和（或）低资本生产率的结果，但是这本身并没有促进我们对不同国家增长过程的进一步理解。一些国家为什么比另一些国家储蓄和投资得更多？为什么资本生产率会不同？同样，我们已经看到，产出的增长能够表示为劳动力增长率和劳动生产率增长率之和。根据定义，缓慢的增长应归因于劳动力的缓慢增长和（或）劳动生产率的缓慢增长。但是，各国的劳动生产率为什么不同？是因为资本积累的差别，还是因为技术进步的差异？这里所说的技术进步是一个广义的概念，它包括劳动质量的提高、规模经济、知识的进步、生产过程中资本和劳动更好的组织等因素。增长恒等式不能对这些竞争性假设进行区分。

增长分析的生产函数方法是对这个挑战的反应。它接受了总量生产函数的概念，试图把增长的来源分解为劳动、资本、技术进步以及包括在生产函数中被认为影响增长过程的其他任何变量的贡献。从这种意义上说，它是一个具有多种用途的方法。但是，这是一个偏向供给的方法。它没有告诉我们资本、劳动、技术进步和其他要素的增长率在长期或在各国之间为什么是不同的。增长的来源被认为是外生的。但是，实际上，大多数资源对一个经济体系的供给是内生的，是对它们的需求的反应。资本是生产的生产资料，来自产出增长本身；来自国内和国外的劳动供给是有弹性的；技术进步本身部分取决于产出增长，来自静态的和动态的规模报酬。

这样，虽然生产函数方法能够把增长率分解为各种不同的促进增长的来源，能够按照这些来源"解释"增长率差别，但是它不能回答更根本的问题：为什么劳动供给、资本积累和技术进步在不同国家以不同速率增长？对这个问题的回答必定是对各国产品需求强度的差别。在发展的早期阶段，它主要取决于农业的繁荣（见第 6 章）；在发展的后期阶段，取决于该国相对于进口倾向的出口状况（见第 16 章）。

虽然这么说，但生产函数方法还是能够提供一个有用的增长核算练习，事实上它被广泛地使用。这里撇开决定哪个增长的决定因素被列入生产函数和精确地计量自变量问题不说，主要问题是使恰当的生产函数适合数据的方法论问题，即详细说明把产出与投入联系在一起的函数。

□ 一、 生产函数

宏观经济假设一个理想的性质，除了应与观察到的事实相一致之外，还应与微观经济理论相一致，并可以从微观经济理论中推导出来。我们所称的**增长分析的总量生产函数方法**在某种程度上就具有这种理想的性质。它从厂商理论中借用了生产函数这个概念。正像对于一个厂商来说产出是生产要素——土地、劳动、资本和技术水平（或要素效率）——的函数一样，总产出也可以写成要素投入和现行技术的函数，即：

$$Y = f(R, K, L, T) \tag{5.20}$$

其中，R 是土地，K 是资本，L 是劳动，T 是技术。[7]

问题是怎样在经验上把要素投入的增长对于经济增长的贡献与其他可导致更高产出的因素区分开来，后者包括在 T 中，如规模经济（由于技术变化和要素供给的增加）、投入要素质量的提高、知识进步、要素更好的组织等。要做的工作是建立一个适当的、正确规定的生产函数——如果可能的话，它不仅要把要素投入对增长的贡献与每单位投入的产出增加的贡献（"总"要素生产率的提高）区分开来，而且也要把能够提高要素生产率的一些因素（例如，教育、资本质量的改善、规模经济等）区分开来。

在讨论可能使用的生产函数形式之前，我们先来较为详细地考察一下生产函数的性质。我们已经说明，总量生产函数表示总产出与投入存量之间的函数关系。如果把土地包括到资本中，假定技术不变，就只剩下两个要素，生产函数就可以画成一个二维图形，如图 5—5 所示。纵轴度量资本（K），横轴度量劳动（L），每个函数代表能够用资本与劳动的不同组合所生产的一个固定水平的产出。根据每种要素的边际增量都增加

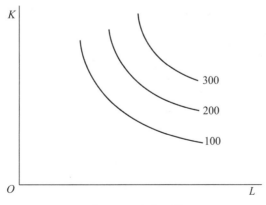

图 5—5 生产函数

总产出——即要素有正的边际产量——的假设，各函数曲线从左到右向下倾斜。它们都凸向原点，表示假定要素的边际生产率随着供给的增加而递减，因而为保持产出不变，减少一单位的要素，就需要用越来越多的另一种要素来替代。函数的位置一般反映了技术水平的高低。技术越"先进"，平均每单位总投入的产出水平越高，代表一个既定产出的生产函数就越靠近原点。

从这个简单的生产函数图上，很容易明白怎样可以使产出增加。首先，要提高生产水平，可以增加物质要素 L 和 K 的投入。或者是其中之一增加，或者是二者都增加。如果只增加一种要素，向更高的生产函数移动将涉及要素组合的变化，产量不可能无限制增加，因为这种可变要素的边际产量最终将等于零。这可以用图 5—6 来说明。图中，对于给定的资本存量 OK_1，当劳动供给的增加（OL_1、OL_2等）超过所示的极限时，产出不可能增加到 300 以上。在资本不变的条件下，可变要素（劳动）的生产率递减，在图中由生产函数在连续的 L_1、L_2 点上的斜率越来越平表示出来，直到在极限上生产函数成为水平的，劳动的边际产量为零。

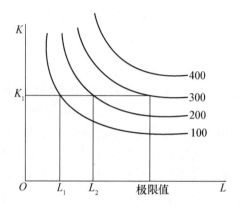

图 5—6　生产函数图

但是，如果两种要素的供给都增加，产出就有可能无限地增长。事实上，如果两种要素的供给都增加，生产就有可能出现报酬递增，以致产出增加在比例上高于所有投入的增加。如果是这种情况，平均每单位总投入的产出量就将增加，表示产出等量增加的生产函数，例如 100、200、300，等等，就会越来越靠近，如图 5—7 所示。

相反，在报酬递减的情况下，函数将相距越来越远。最后，在报酬不变的情况下，函数间的距离将保持相等。

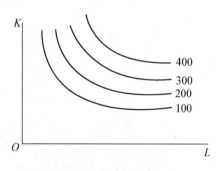

图 5—7　报酬递增的影响

报酬递增也可能产生于技术进步，而与要素供给的增加无关。这种情况称为技术的规模经济。在这种情况下，每单位投入的产出增加在生产函数图上或者通过重新标示函数或者重新标示纵横轴来表示。如果是重新标示纵横轴，同样数量的要素投入表明能生产比以前更高的产出，或者同样的产出能够表明由更少的投入量生产出来。如果是重新标示生产函数而不是坐标轴，这就相当于是所有的生产函数向原点移动。所有技术进步形式或增加物质投入生产率的任何因素都意味着生产函数向原点移动。

总之，用生产函数结构可以区分增长的三个主要源泉：第一，要素供给的增加；第二，报酬递增；第三，广义的技术进步，即除了报酬递增以外的其他一切可提高要素生产率的因素。

□ 二、 柯布-道格拉斯生产函数

通常对总量数据进行拟合的、在经验上区分这三个主要增长源泉的生产函数是无约束形式的柯布-道格拉斯生产函数，它是以两个首创者查尔斯·柯布（数学家）和保罗·道格拉斯（经济学家）的名字命名的。在 20 世纪 20 年代和 30 年代，他们最先在应用经济增长领域进行了开创性的研究（Cobb and Douglas，1928）。柯布-道格拉斯函数可以写为：

$$Y_t = T_t K_t^{\alpha} L_t^{\beta} \tag{5.21}$$

其中，Y_t 是 t 时的实际产出；T_t 是技术指数，即"总"生产率指数；K_t 是以不变价格计算的资本存量指数，即资本服务的指数；L_t 是劳动投入指数（更恰当地说是人时指数）；α 是资本的产出偏弹性（反应性）（假定劳动不变）；β 是劳动的产出偏弹性（假定资本不变）。

假设技术变化是外生的，与要素投入的变化无关，技术进步对生产要素集约度的影响是中性的（见第 7 章有关技术中性的定义）。如果函数是无约束的，T_t、α 和 β 就是在经验上被估计出的常数。如果在为估计目的使用函数之前规定 α 和 β 的值，这种函数就称为被约束型函数。正常情况下，在要素的边际生产率递减的假定下，α 和 β 通常小于1。各生产要素的产出偏弹性之和表示函数的规模报酬，即函数的齐次性：$\alpha + \beta = 1$ 表示报酬不变，$\alpha + \beta > 1$ 表示报酬递增，$\alpha + \beta < 1$ 表示报酬递减，于是函数分别称为齐次为1、大于 1 和小于 1 的生产函数。

如果不是对 α 和 β 进行经验估计，而是假定两者之和为 1，在此情况下函数被约束为报酬不变，那么报酬递增或递减将反映在 T_t 的值上，后者是总要素生产率的指数。如果报酬递增，则 T_t 的值会偏高，如果报酬递减，则会使 T_t 的值偏低。柯布-道格拉斯函数在实践中通常就采用 α 和 β 之和被规定等于 1 这样的约束形式。然后根据劳动和资本在国民收入中所占比重确定 α 和 β 的值。在完全竞争的假设条件下，如果生产的规模报酬不变，每种要素获得它们的边际产品价值，则要素的份额反映每种要素的产出弹性。[8]

虽然事实上发达国家和发展中国家都远不是完全竞争的，但有趣的是，人们注意到，当对 α 和 β 进行经验估计时，得到的值常常并不显著地偏离要素在国民产品中的份额的估计值。事实上，有时就以此为合理的理由，在要素份额的基础上确定 α 和 β 的值，以免除经验估计中的麻烦。

要利用方程（5.21）来区分前述的三种主要增长源泉的影响，我们必须首先把它变为增长率的形式使之能够运算。对变量取对数，并对时间求微分，我们就可以做到这一点：[9]

$$\frac{\mathrm{d}\log Y_t}{\mathrm{d}t} = \frac{\mathrm{d}\log T_t}{\mathrm{d}t} + \alpha\frac{\mathrm{d}\log K_t}{\mathrm{d}t} + \beta\frac{\mathrm{d}\log L_t}{\mathrm{d}t} \qquad (5.22)$$

或者，

$$\frac{\mathrm{d}Y}{\mathrm{d}t}\times\frac{1}{Y} = \left(\frac{\mathrm{d}T}{\mathrm{d}t}\times\frac{1}{T}\right) + \alpha\left(\frac{\mathrm{d}K}{\mathrm{d}t}\times\frac{1}{K}\right) + \beta\left(\frac{\mathrm{d}L}{\mathrm{d}t}\times\frac{1}{L}\right)$$

以上方程在时间上都是连续的。取变量的年变动率，离散近似值可写为：

$$r_Y = r_T + \alpha r_K + \beta r_L \qquad (5.23)$$

其中，r_Y是每一时期产出的年增长率，r_T是总生产率的年增长率或技术进步的年增长率，r_K是资本的年增长率，r_L是劳动的年增长率，α和β分别为资本和劳动的产出偏弹性。

换句话说，方程（5.23）表示，产出增长率等于"总"生产率增长率、以资本产出偏弹性为权数的资本增长率和以劳动产出偏弹性为权数的劳动增长率之和。如果知道r_Y、r_K、r_L、α和β，作为第一步就有可能把要素投入对增长的贡献与以r_T表示的平均每单位投入的产出增加区别开来。现在我们举一个例子来说明。假设$r_Y = 5\%$；$r_K = 5\%$；$r_L = 1\%$；$\alpha = 0.25$，$\beta = 0.75$（以要素份额为基础决定的）。代入方程（5.23），我们有：

$$5.0 = r_T + 0.25 \times 5.0 + 0.75 \times 1.0 \qquad (5.24)$$

资本对于增长的贡献是$0.25 \times 5.0 = 1.25$个百分点；劳动的贡献是$0.75 \times 1.0 = 0.75$个百分点；r_T作为剩余为3.0个百分点。如果对α和β进行经验估计，存在报酬递增（$\alpha + \beta > 1$），则要素贡献的意义会增强，r_T会小一些。

在规模报酬不变的假定下，为了分析人均产出的增长，也可以以所谓的劳动集约形式来估计生产函数（见方程（5.14））。如果从方程（5.23）两边减去r_L，并假定$\alpha + \beta = 1$，于是，$\beta = 1 - \alpha$，我们便得到：

$$r_Y - r_L = r_T + \alpha(r_K - r_L) \qquad (5.25)$$

这意味着人均产出增长率（即劳动生产率）等于总量生产率增长率加上人均资本增长率乘以资本的产出弹性之和。以上述例子来说明，如果$r_Y = 5\%$，$r_L = 1\%$，那么劳动生产率增长率就是4%。所以，

$$4.0 = r_T + 0.25 \times (5.0 - 1.0) \qquad (5.26)$$

人均资本（资本深化）对生产率的贡献是1%，剩下的3个百分点即为r_T的贡献。

r_T被称为技术进步、知识进步，等等，但是，按定义，它包括的是那些不能归因于生产要素贡献的产出增长部分，如提高劳动和资本的生产率的各种因素、资本和劳动投入的计算误差等。如果不作进一步的分析，r_T也许最好被称为余值，或者更恰当地说，

发展经济学（第九版）

是"无知的系数"。

r_T 中的一个重要部分——可能被认为是计算误差——也许是资源从低生产率活动向较高生产率活动转移所造成的。因为上述分析是总量性质的，因此除非用于对投入加总的权数不断修改，否则实际产出的变化与产出构成的变化必然会混淆不清。如同对许多先进国家的研究所显示出来的那样，在发展中国家的生产函数研究中，资源从农业向工业的转移的影响可能预计是非常突出的。

□ 三、 柯布－道格拉斯生产函数的局限性

在讨论运用柯布－道格拉斯函数分析经验数据所得到的一些结果之前，我们要简要说明一下它的局限性。一般认为，它的局限性主要有四个。首先，因为在任一时间上，只能观察到投入要素的一种组合，所以就存在一个将函数移动（技术进步）和沿着函数曲线移动（要素集约性变化）区别开来的识别问题，除非假定技术进步是中性的。但是，技术进步可能不是中性的，因而技术进步的结果和要素集约性变化的结果就可能会混淆，从而歪曲了要素投入和技术进步对增长贡献的结果。

第二，假定技术进步与投入要素的增长无关是有问题的。但是，这不是函数本身特有的错误。运用柯布－道格拉斯函数可以把技术进步作为投入增长率的函数，即所谓的内生的技术进步模型。

第三，柯布－道格拉斯函数具有这样的局限性：无论要素集约性怎样，要素间的替代弹性都固定为 1。[10] 不变弹性的假定意味着该函数不能表示资本与劳动替代性的变化。如果要素的替代弹性显著不等于 1，要素增长率又差别很大，单位弹性的假定就可能很成问题。例如，资本和劳动间的替代弹性显著小于 1，而资本比劳动增长快，这就会高估资本对增长的贡献而低估其他要素的作用。对于这种偏差的直观解释是：替代弹性越小，由于报酬开始急剧递减，只依赖一个要素的增加来达到产出的增加在实践中就越困难。如果假设替代弹性大于 1，增长较快的要素的重要性就被夸大了。如果弹性很高，报酬递减不成为问题；如果资本与劳动以相同的比率增长，增长显然就与替代弹性无关。[11]

最后一个批评与产出及投入的计量有关。有些人提出这样的问题：将如此多的异质项加总在一起的函数，其意义是什么？特别是，在不同时间、以不同成本生产出来的、其生产率各不相同的资本品加总起来的意义是什么？这样的资本品如何在一个总量资本计量中相等？

一般来说，上述所有的批评大都是理论上的担忧，其实践意义是难以确定的。至少在发达国家，对技术进步性质的研究表明，中性假定是一个有效的假设。技术进步可能依赖于要素积累这一事实可以包括在柯布－道格拉斯分析结构内。资本和劳动会以很不相同的比率增长，这与替代弹性有很大关系。但是，研究结果表明，替代弹性非常接近于 1。最后，虽然不同质的产出和投入的加总可能产生严重的问题，特别是资本的加总问题，它无法用物质单位直接计量，但是各种研究使用的加总技术获得了一些成功。

□ 四、 柯布－道格拉斯生产函数的应用

把柯布－道格拉斯函数运用于经验数据，其结果是什么？先来看看它在发达国家的

运用及其得出的结论。我们首先从柯布-道格拉斯本人的开创性研究开始。具有讽刺意味的是，柯布-道格拉斯生产函数最早并不是要区分增长的各种源泉，而是用于检验新古典的边际生产率理论，即看看弹性是否与要素份额相一致。道格拉斯观察到，1899—1922 年，美国制造业的产出曲线始终位于生产要素的两条曲线之间。他向他的朋友数学家柯布提议：建立一个公式来衡量所讨论时期的劳动和资本对于产出增长的相对影响。这个故事是道格拉斯在他的引人入胜的评论文章《存在生产规律吗》中描述的。作为一种归纳法的观点，有一段相关的话值得引用：

> 在计算了美国制造业 1899—1922 年间就业人数指数和制造业固定资本量（缩减为接近不变的购买力美元），然后用对数形式把它们绘在图形上，与制造业日物质生产指数联系在一起之后，我观察到产量曲线始终位于两条生产要素曲线之间，并且劳动指数曲线（显示这一时期最小的增加）和资本指数曲线（显示最大的增加）之间的相对距离趋向于接近四分之一。我向我的朋友查尔斯·柯布建议，我们可以尝试建立一个能计量劳动和资本对这一时期产出的相对影响的公式。他建议把公式 $Y=TK^{\alpha}L^{1-\alpha}$ 中的指数之和设定为等于 1……在相当广泛的研究基础上，存在相当程度的一致性，指数之和接近于 1。这个事实相当清楚地表明生产规律确实存在，它能够通过归纳研究近似地得到，我们至少正在接近它们（Douglas，1948，p. 20）。

他们所得到的估计函数是 $Y=1.01K^{0.25}L^{0.75}$。这就支持了报酬不变和边际产品定价的新古典模型。当时，在计算增长时没有讨论生产要素以及 T 变量的相对重要性问题。直到阿布拉莫维茨（Abramovitz，1956）和索洛（Solow，1957）证明了，在 20 世纪的美国经济中，人均产出增长的 80%～90% 不能归因于人均资本的增加，这时生产函数真正地开始被用作一种应用增长经济学的技术。阿布拉莫维茨评论说：

> 给生产率增加以如此重要的地位，这一点是令人吃惊的，从某种意义上说，即使不会令研究经济增长的学者心灰意冷，也会令他们幡然醒悟。因为我们对生产率增长的原因知之甚少，这个因素显示出来的重要性可能被认为是我们对美国经济增长原因的某种无知的计量，以及表明我们需要把注意力集中在这个问题上（Abramovitz，1956，p. 11）。

阿布拉莫维茨的研究结果得到了索洛的支持，他在考察 1919—1957 年美国经济中非农业部门的数据时发现，人均产出增长的近 90% 不能用人均资本来解释，即使用方程（5.25）有：

$$r_T/(r_Y-r_L)=0.90 \tag{5.27}$$

阿布拉莫维茨和索洛的发现使得在这一信念——投资和资本积累在增长过程中发挥着决定性作用——下熏陶出来的经济学家们感到不安。即使考虑到计算资本存量的统计困难，以及该函数中使用数据（例如，假定报酬不变和中性技术进步，加上高度的加总）的局限性，也很难逃避这一结论：资本存量的增长对于解释总产出的增长是相当不重要的。

此后，在增长这一领域中所进行的大多数研究努力都是要推翻这一结论，或者宁愿把构成余值因素的增长源泉归因于生产要素——或者与要素投入的增长相互联系，或者依赖要素投入的增长。后来的研究工作大体上是沿着两条途径展开的。一条途径是试图分解剩余因素，用常规方法计算要素投入；另一条途径是试图按照要素质量和要素构成的变化来调整劳动投入和资本投入系列，以便把更多的增长首先归于要素投入的增加。例如，按照教育增加所产生的劳动质量的改善和因性别—年龄变化所引起的劳动构成的变化，对劳动投入系列进行调整。同样，资本存量系列也做了调整，从而能反映其构成的变化，而且更重要的是考虑这样的事实：由于技术进步，任何一条生产线上增加的新资本存量都可能比现有资本存量有更高的生产率。这是一种体现的或内生的技术变化的观点，不同于原始的柯布-道格拉斯函数的外生技术变化的假定，后者假设所有各个时期的资本平均分享技术进步。

因此，技术进步被区分为体现的和非体现的——体现的技术进步是指只能通过新投资才能引入生产体系的技术改进，而非体现的技术进步是外生的，不依赖于资本积累。有几种方法可以通过适当调整资本存量系列以反映最新投资的更大的生产率，来把体现的技术进步从剩余因素中分离出来。净结果增强了资本积累在增长过程中的作用。

还有人试图通过明确考虑劳动和资本从低生产率部门向高生产率部门的转移来克服与产出加总相关的问题，这样做也降低了剩余因素的意义，使得劳动和资本在增长中的作用增大了。

自从阿布拉莫维茨和索洛在 1956 年和 1957 年报告了他们的研究以来，关于增长源泉的大量经验证据不断增加，对总量生产函数的各种特性进行了试验。遗憾的是，这些证据是不系统的。所选取的时期、采用的数据、考察的经济部门、使用的方法无论在一国之内还是在国家之间都不相同。这里所能做的是把注意力放在一些主要的研究上，让学生们自己来检查一下这些研究的性质。

直到最近，可获得的大部分证据都是有关发达国家的，并主要从这些证据中明智地或不明智地推出有关发展中国家发展战略的结论。对发展中国家的研究受到了阻碍，这是由于缺少研究人员，缺乏可靠的统计数据，与发达国家相比，发展中国家的总量生产函数及其暗含的假定可能更令人怀疑。要素份额可以被用来作为衡量资本和劳动对增长的相对贡献的权数这一假定，在发展中国家也可能比在发达国家更值得怀疑。劳动的价格差不多总是超过其边际产品，而资本的价格则低于其边际产品，以致归于劳动的收入份额超过产出对于劳动的弹性，归于资本的收入份额低于产出对于资本的弹性。而且，投入和产出的加总一般来说更加困难，资源利用不足的问题更大。但是，近年来，出现了一些针对发展中国家的生产函数研究。

□ 五、 发展中国家生产函数研究

两个对发展中国家增长源泉的生产函数研究包括麦迪逊（Maddison，1970）和罗宾逊（Robinson，1971）（这两项研究与其他研究由纳德里（Nadiri，1972）进行了评述）。最近更多的研究包括沙尔丁（Shaaeldin，1989）、世界银行（World Bank，1991）、扬（Young，1995）、胡和卡恩（Hu and Khan，1997）、菲利普（Felipe，1999）、森哈吉（Senhadji，2000）和萨拉-伊-马丁（Sala-i-Martin，1997），他对其他研究进行了评述。我们将考察这些研究，主要强调它们的结论，尤其是和发达国家的研究结论进行重要比较。

早期对发展中国家生产函数的研究的主要结论有:

(1) 资本积累作为增长源泉比总生产率增长更重要,在发展中国家比在发达国家重要。

(2) 通过提高健康、营养和教育水平来改善劳动质量是重要的。

(3) 资源转移并不像期望的那样重要,或许是因为发展中国家总体上劳动剩余和工业部门生产性就业岗位吸收劳动力的能力差。

现在我们转向最近更多的研究。沙尔丁(Shaaeldin,1989)把方程(5.23)运用于4个非洲国家的工业部门,表明20世纪60年代中期与80年代早期之间,总要素生产率的增长在3个国家中是负数。这些结果如表5—1所示,它再次证实了资本形成对增长过程是极为重要的。

表5—1 肯尼亚、坦桑尼亚、赞比亚和津巴布韦的要素投入和总生产率增长对工业增长的贡献(%)

	产出的增长	劳动的贡献	资本的贡献	总生产率增长
肯尼亚,1964—1983	7.99	1.99	6.89	−0.89
坦桑尼亚,1966—1980	8.06	3.16	5.41	−0.51
赞比亚,1965—1980	4.98	1.20	9.38	−6.60
津巴布韦,1964—1981	5.28	1.88	3.39	+0.03

资料来源:Shaaeldin,1989.

表5—2提供了世界银行1960—1987年间的研究结果,表明各洲的要素投入和总生产率增长对产出增长的贡献。显然,增长的主要源泉不是生产率增长,而是投入本身的增长。

表5—2 68个发展中国家要素投入和总生产率增长对经济增长的贡献(1960—1987年)

	GDP增长(%)	劳动的贡献	资本的贡献	总要素生产率
非洲	3.3	1.0	2.3	0.0
东亚	6.8	1.1	3.8	1.9
欧洲、中东和北非	5.0	0.7	2.9	1.4
拉丁美洲	3.6	1.2	2.4	0.0
南亚	4.4	0.9	2.9	0.6
68个国家	4.2	1.0	2.6	0.6

资料来源:World Bank,1991.

扬(Young,1995)最近使用生产函数模型批驳了这种观点:4个亚洲国家(地区)中国香港、新加坡、韩国和中国台湾(所谓"四小龙")有一个"增长奇迹"。扬使用生产函数方法表明,虽然产出增长在1960—1990年间非常显著,但大多数增长可以由迅速的要素投入增长来解释,关于总要素生产率的增长并不突出。表5—3提供了这些数字。扬把这种计算描述为"数字的冷酷无情"(tyranny of numbers),意思是说没有什么特别需要解释的。在扬的计算的基础上,克鲁格曼(Krugman,1994)把"亚洲奇迹"描述为一个神话。但是,投入的惊人增长则需要作些解释。资本和劳动的迅速增长是由出

发展经济学(第九版)

口市场的持续的和成功的驱动所带动的国内活力引起的，部分是由有目的的政府干预所精心安排的。东亚不是常常所说的自由市场经济的典范。要素投入的增长将来可能会下降，但是这4个经济体直到1990年的增长绩效实际上仍然是很突出的，虽然总要素生产率的增长率还比较低。

表5—3　　　　　　　　东亚"四小龙"产出与总要素生产率的增长

	产出增长	总要素生产率的增长
中国香港	7.3	2.3
新加坡	8.7	0.2
韩国	8.5	1.7
中国台湾	8.5	2.1

资料来源：Young, 1995.

胡和卡恩（Hu and Khan, 1997）使用生产函数[12]的方法来理解中国1953—1994年间快速增长的源泉，以及1978年进行改革开放后加速增长的原因。1953—1978年，GDP年均增长5.8%，而后1979—1994年年均增长加速到9.3%。为什么会出现这种情况？估计这段时期劳动、资本和全要素生产率（TFP）对增长的贡献，GDP中的要素份额被看作是产出对劳动和资本的弹性，劳动的弹性将近0.4，而资本的弹性将近0.6。结果如表5—4所示。

表5—4　　　　　　　　中国增长的源泉，1953—1994年（%）

	1953—1994年	1953—1978年	1979—1994年
产出增长	7.2	5.8	9.3
资本投入增长	6.8	6.2	7.7
劳动投入增长	2.6	2.5	2.7
总要素生产增长	2.1	1.1	3.9
资本贡献率	55.6	65.2	45.6
劳动贡献率	14.9	16.8	12.8
生产率增长贡献	29.5	18.0	41.6

资料来源：Hu and Khan, 1997.

举个例子，在改革前的1953—1978年间资本增长率是每年6.2%。6.2乘以0.6（资本弹性）得出资本对增长贡献了3.72个百分点，占总的产出增长率5.8%的近65%。在这一时期，资本积累到目前为止对增长的贡献最重要。但是，在改革后的1979—1994年间，可以看出生产率增长的贡献大幅提升，几乎和资本的贡献持平。TFP增长率超过三倍，从每年1.1%到3.9%，对增长的贡献超过40%。根据胡和卡恩，改革进程以多种方式刺激生产率的增长，包括资源从农业向工业的转移；资源从公共部门向私人部门的再分配；对外国直接投资（FDI）的鼓励和快速增长的出口。

菲利普（Felipe, 1999）评述了对东亚整体TFP增长的研究，大多数研究都是用生产函数的方法。他对多数研究提出了批评，表明对 TFP 的估计如何随所取时期要素投入增长的估计与假定的产出对劳动和资本的弹性而变化。记住 TFP 是作为要素投入的贡献已计算之后的一个残差而获得的。前面讨论的与生产函数的使用相联系的各种方法上和概念上的问题也被强调了，尤其是技术进步和要素投入是外生的和相互无关的假设。

使用总量生产函数对增长源泉进行了最全面的近期研究来自 IMF 的森哈吉（Senhadji，2000）。他对 1960—1994 年间 66 个国家（包括 46 个发展中国家）的生产函数进行了估计，采用的形式是：$Y = TK^{\alpha}(LH)^{1-\alpha}$，其中 T 是 TFP，K 是资本存量，L 是活动人口，H 是人力资本指数。使用变量的水平值（对数）和对水平值取差分（增长率的形式——见式（5.22））来估计函数。对于资本的产出弹性（α）的估计各国（和地区）存在很大的不同，而且也和采用变量的水平值还是差分有关（这是另外一个问题）。使用水平值，α 的估计值从撒哈拉以南非洲地区的 0.43 到中东和北非的 0.63。使用差分，α 的估计值从东亚的 0.30 到拉丁美洲的 0.62。使用水平估计的等式中估计的 α 的平均值给出了不同地区增长的源泉，如表 5—5 所示。

表 5—5　　　　　　　　世界各地区增长的源泉，1960—1994 年

地区	产出增长率（%）	各要素贡献（百分点）			总要素生产率
		资本	劳动	人力资本	
东亚	6.49	4.50	1.27	0.44	0.28
南亚	4.66	2.87	0.99	0.25	0.55
撒哈拉以南非洲	2.83	1.79	1.39	0.22	−0.56
中东和北非	5.05	3.99	0.84	0.25	−0.03
拉丁美洲	3.42	2.31	1.22	0.28	−0.39

资料来源：Senhadji，2000.

表 5—5 再次表明在所有地区资本积累到目前为止是增长的最重要贡献者。增长最快的东亚 TFP 小的贡献证实了扬的结论。同样值得注意的是，在非洲 TFP 的贡献是负的（这支持了沙尔丁的结果），在拉丁美洲也是一样。人力资本形成对所有地区的增长都有正的贡献，但是相对较小。

令人满意的是，从使用不同的技术和不可靠的数据进行的一些研究中所得出的结论大致表明了相同的趋势。第一，发展中国家增长的主要源泉是要素投入的增加，由卫生和教育条件的改善提高的劳动质量也发挥了作用。第二，与发达国家相比，发展中国家的"总"生产率增长较慢，这可能部分是经济发展的不同阶段的反映。第三，资源从农业向工业转移是很重要的增长源泉，但并不如人们所预计的那么重要。随着工业部门吸收剩余劳动的能力的提高，这一因素将变得更为重要。

最后，我们要再次指出，得出上述结果的总量模型是粗糙的工具。但是，它们对各种起作用的力量提供了一个重要思想，对各种要素的可能数量意义提出了粗略的看法。生产函数法也是一个较为通用的分析工具。萨拉-伊-马丁（Sala-i-Martin，1997）评述了一系列关于生产函数的研究，发现研究者在使用生产函数解释增长时，除了资本和劳动的增长外，至少还包含 62 个不同的变量。

第四节 "新"（内生）增长理论与增长的宏观决定因素[13]

□ 一、理论分析

自 20 世纪 80 年代中期以来，对试图理解和解释世界产出增长率和人均收入增长率的差别的应用增长经济学的文献和研究如潮水般涌现出来，很多学者受到所谓的"新"增长理论或内生增长理论的激励。截面研究陡然成为热点，似乎是受到如下一些因素的刺激：（1）对世界较穷的地区的经济绩效日益增大的担忧，尤其是对各国和各洲之间惊人的差别的担忧；（2）越来越多的标准化数据的可得性（例如，Summers and Heston，1991 和世界银行的世界发展指数），使可靠的经济计量研究成为可能；（3）没能发现世界经济中人均收入趋同的开创性研究（如，Baumol，1986），与新古典增长理论基于资本报酬递减的预测相反——这一预测是，假定各国有同样的偏好和技术，资本报酬递减应该导致穷国比富国增长得快。

正是这后一个研究（虽然不是新的，如第 2 章概述的那样）成为"新"增长理论发展背后的重要刺激。新增长理论放松了资本报酬递减的假定，证明在报酬不变和报酬递增的条件下，不可能推测人均收入在全世界趋同，或者单个国家不可能以自然增长率达到长期稳态的增长均衡。如果没有资本报酬递减，投资对长期增长就是重要的，增长在这种意义上说是内生的。这些"新"的内生增长模型的开创者是罗伯特·卢卡斯（Lucas，1988）和保罗·罗默（Romer，1986，1990）。在这些模型中，假定有正的外部性——这些外部性与人力资本形成（如教育和培训）以及研究与开发相联系，它阻止了资本边际产品的下降和资本—产出比的上升。我们有一个资本的生产函数：

$$Y = AK^\alpha \tag{5.28}$$

这里，K 是资本的综合指标（如物质资本加上其他形式的可再生资本），并且 $\alpha = 1$。这就是所谓的新增长理论中的 AK 模型。如巴罗和萨拉-伊-马丁（Barro and Sala-i-Martin，1995）所说的，"报酬递减在全球范围内不存在似乎是不现实的，但是如果我们从广义上思考 K，例如把人力资本包含进来，这个想法变得更为可信"。实际上，从资本—产出比的表达式

$$\frac{K}{Y} = \frac{K}{L} \cdot \frac{L}{Y} \tag{5.29}$$

中能够看到，以与 K/L 相同的比率提高劳动生产率（Y/L）将保持资本—产出比不变。阿罗（Arrow，1962）和卡尔多（Kaldor，1957）精神中的干中学和体现的技术进步以及来自贸易的技术溢出（Grossman and Helpman，1990，1991）和外国直接投资（de Mello，1996）是教育和研发之外的另一些影响增长的因素。

对"新"增长理论的第一个粗略检验是要看看穷国是否比富国增长得快，或换句话说，看看人均产出的增长与初始的人均收入水平之间是否有相反的关系。如果有，这就为新古典模型提供了支持。如果没有，这就支持了新增长理论的论点：资本的边际产品

第 5 章 经济增长理论：为什么各国增长率不同

不是下降的。估计的方程是：

$$g_i = a + b_1 (PCY)_i \tag{5.30}$$

这里，g_i 是国家 i 的若干年中人均产出的平均增长，PCY_i 是初始人均收入水平。b_1 的显著负值估计就是**无条件趋同**或文献中所称的 β 趋同的证据。这就是说，不考虑各国之间其他任何经济、社会或政治上的差异，穷国比富国增长得快。正如我们在第 2 章所看到的那样，没有一项运用发达国家和发展中国家大样本的研究能够发现无条件的趋同。b_1 的估计不是显著的负值；事实上，它常常是正值，表明趋异。[14]

但是，在得出拒绝新古典模型这一结论之前，必须记住新古典的趋同预测假定：储蓄或投资比率、人口增长、技术和所有影响劳动生产率的因素在各国都是相同的。因为这些假定显然是不真实的，因此，绝不能推测无条件的趋同（即使有资本报酬递减），而只能是**有条件趋同**，即假设影响人均收入增长的所有其他因素都不变。这些因素包括人口增长（p）、投资比率（I/Y）和影响劳动生产率的因素，如教育（ED）、研究与开发支出（$R+D$）、贸易（T）甚至像按照革命和政变计量的政治稳定（PS）之类的非经济变量。所以，估计方程为：

$$g_i = a + b(PCY)_i + b_2(p)_i + b_3(I/Y)_i + b_4(ED)_i + b_5(R+D)_i \\ + b_6(T)_i + b_7(PS)_i + \cdots \tag{5.31}$$

要提出的问题是，当这些其他变量被引入方程时，初始人均收入变量（PCY）的符号将发生什么变化？当考虑这些其他变量时，如果这个符号是负值（$b_1 < 0$），就可以设想是对新古典模型的恢复（见 Barro，1991）；即，如果在增长过程中这些其他重要变量在富国和穷国之间没有差别，就有一个趋同。"新"增长理论得到以下研究的支持：教育、研究与开发支出等是重要的，正是这些因素阻止了资本的边际产品下降，导致了世界经济的实际趋异。关于我们所讨论的问题，表 2—8 给出了一个很好的经验说明（第 2 章）。

这里需要注意的是，如果 AK 模型代表"新"增长理论的模型，如式（5.28），这能与哈罗德–多马增长等式等价。假设 $\alpha = 1$，对式（5.28）全微分，再除以 Y。这就得出

$$dY/Y = A(dK/Y) = A(I/Y) \tag{5.32}$$

其中 dY/Y 是增长率，I/Y 是投资率，A 是资本（dY/I）的生产率，dY/I 是增量资本—产出比的倒数。这与哈罗德增长方程 $g = s/c$ 是相同的，其中 s 是储蓄率，c 是增量资本—产出比，或者与多马方程 $g = s\sigma$ 是相同的，其中 σ 是资本生产率。

如果各国资本的生产率相同，各国增长率和投资率之间完全相关，这种关系的斜率是增量资本—产出率（c）的倒数。如果没有完全相关，那么按定义，资本生产率或资本—产出比必然在各国不同。"新"增长理论的方程试图解释各国间增长率的差异（如式（5.31）——以及后面的经验研究），实际上是问（希望回答它）：为什么各国资本生产率不同（假设 I/Y 包含在等式中）？

我们前面说过，有条件的趋同使新古典经济学家感到很高兴，因为它被解释为对具有报酬递减的新古典增长模型的复活，但是这可能是一个匆忙的判断。在新古典框架之

外，还有另外一些不同的文献认为，经济增长与初始人均收入水平应该成相反的关系，因为一个国家越落后，**追赶**的可能性就越大，即可以吸收大量的现成技术（见 Gomulka，1971，1990；Abramovitz，1986；Dowrick and Nguyen，1989；Dowrick and Gemmell，1991；Amable，1993）。这样，关于人均收入变量的负号可能被看作是追赶效应，追赶概念在理论上不同于生产函数的形状，而不管资本报酬是否递减。这两种效应应该怎样区分？而且，产出增长将是发展阶段的函数，因为农业、工业和服务业生产率增长率存在着部门差别，以致趋同可能部分是结构性的，与报酬递减和追赶无关（见 Cornwall and Cornwall，1994）。这就进一步增加了解释把国家增长率与初始人均收入水平联系起来的系数的复杂性。

现在，我们来讨论资本—产出比问题。资本的非报酬递减或资本—产出比不变是"新"增长理论的核心，这是由卢卡斯和罗默最先提出来的——他们强调教育和研究的外部性。但是，根据历史记录应该记住，多年以前伟大的剑桥经济学家尼古拉斯·卡尔多就指出了这一事实：虽然有连续的资本积累和人均资本的增加，但资本—产出比大致上保持不变，意味着某种形式的外部性或不变的资本报酬。完整地引用卡尔多的原话是必要的：

> 关于资本主义社会的经济变化和发展过程，我提出以下形式化事实作为构建理论模型的起点……（4）长期稳定的资本—产出比；如果考虑资本利用程度的差别，至少没有明显的上升和下降的长期趋势。这意味着或反映了，对于整个经济和很长时期，生产增长的百分比和资本存量增长的百分比接近相等，收入和资本倾向于以相同的比率增长。（Kaldor，1961）

卡尔多的解释（作为对新古典生产函数的批判）存在于他对**技术进步函数**的创新，它把人均产出的增长率（q）与人均资本的增长率（k）联系起来，如图5—8所示。

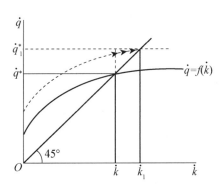

图5—8　卡尔多的技术进步函数

函数的位置取决于外生的技术进步率，函数的斜率取决于资本中体现的技术进步程度。沿着45°线，资本—产出比是不变的。人均产出的均衡增长将位于 q^* 点。技术进步函数的向上移动——例如，与新的发现、技术突破或更多的教育有关——将会使曲线向上移动，引起产出增长超过资本的增长，提高利润率和吸引更多的投资，得到一个新的人均产出均衡增长，均衡点为 q_1^*。如果没有这个曲线的向上移动，资本积累的增加将会引起资本—产出比上升。"新"增长理论早就被精确地提出来了。卡尔多的技术进步函数是内生增长理论真正的原本。

适用于一国长期的东西同时也适用于某一时点的不同国家——这些国家在相同的资本—产出比条件下具有不同的增长率，这与不同技术进步函数相联系。我们再次引用卡尔多的话：

> 低资本—劳动比并不意味着低资本—产出比——其实，相反的情况倒还常常出现。具有最高机械化工业的国家，如美国，并不要求有更高的资本对产出的比例。美国的资本—产出比在过去 50 年中是下降的，而资本—劳动比却稳步上升；当今美国的制造业与很多不发达国家的制造业相比，其资本—产出比还要低。(Kaldor，1972)

换言之，富国和穷国不是处在相同的生产函数上。

□ 二、 经验研究

在这一节中，我们评述一下最近有关国家增长率差别的 6 个研究，这些研究都受到了"新"增长理论的激励。表 5—6 总结了这些研究结果。在讨论单个研究之前，我们首先要提到的是，只有 4 个变量是显著的，这就是说，无论其他变量是否包括在方程中，这 4 个变量在统计上都是显著。考虑一下这种形式的方程：

$$Y = b_i I + b_m M + b_z Z + \mu \tag{5.33}$$

其中，I 是一组在回归中始终存在的变量，M 是权益变量，Z 是加到回归中的一组次要变量。作为第一步，对 I 变量进行回归（如人均收入）和权益变量（如投资）。然后，加上其他 3 个变量，观察权益变量的显著性。如果这个变量在没有改变符号时仍然是显著的，这个变量就被认为是显著的，否则就是不显著的。在大部分研究中发现的唯一显著的变量是储蓄和投资对 GDP 的比率、人口增长、初始人均收入水平和按中学入学率计量的人力资本的投资，所有其他变量则很不显著。

这里评述的 6 个研究是巴罗（Barro，1991）、曼昆等（Mankiw et al.，1992）、莱文和雷尼尔德（Levine and Renelt，1992）、莱文与泽沃斯（Levine and Zervos，1993）、巴罗与哈·李（Barro and Wha Lee，1993）、奈特等（Knight et al.，1993）。

表 5—6 　　　　　　　　　　　　增长的宏观决定因素

研究	因变量	趋同	储蓄—投资比	人口增长	教育	政府消费扭曲	政治不稳定	货币与财政变量	贸易变量	通货膨胀
Barro (1991)[1]	人均收入增长	有条件	未考虑	未考虑	显著(+)	显著(—)	未考虑	未考虑	未考虑	未考虑
Mankiw et al. (1992)[2]	人均收入水平	有条件	显著(+)	显著(—)	显著(—)	未考虑	未考虑	未考虑	未考虑	未考虑
Knight et al. (1993)[3]	劳动者人均产出增长	有条件	显著(+)	显著(—)	显著(+)	未考虑	未考虑	未考虑	显著(+)	未考虑
Barro and Wha Lee (1993)[4]	人均收入增长	有条件	显著(+)	未考虑	显著(+)	显著(—)	显著(—)	未考虑	未考虑	未考虑

研究	因变量	趋同	储蓄—投资比	人口增长	教育	政府消费扭曲	政治不稳定	货币与财政变量	贸易变量	通货膨胀
Levine and Renelt (1992)[⑤]	人均收入增长	有条件	显著(+)	不稳健	显著(+)	不稳健	不稳健	不稳健	不稳健	不稳健
Levine and Zervos (1993)[⑥]	人均收入增长	有条件	未考虑	未考虑	显著(+)	未考虑	显著(—)	弱	弱	不显著

① 98 个国家，1960—1985 年。
② 98 个国家，1960—1985 年。
③ 98 个国家，1960—1985 年。
④ 116 个国家，1965—1985 年。
⑤ 119 个国家，1960—1989 年。
⑥ 98 个国家，1960—1985 年。

罗伯特·巴罗是"新"增长理论的主要研究者之一。他考察了 98 个国家 1960—1985 年间人均收入增长。他基本上对检验由人力资本形成扩大的新古典增长模型感兴趣。初始人均收入水平与人均收入的增长没有明显的相关性。从表面上看，这是与新古典模型相矛盾的，支持了"新"内生增长模型——该模型假定资本非报酬递减。但是，他没有考虑投资比率和人口增长的差别，而是通过考虑人力资本形成（以学校入学率为代表）来扩大这一模型。有了这个增加的变量，发现人均收入增长与初始的人均收入水平有正向关系。他认为，这一发现支持了新古典（有条件）的趋同假设（虽然物质资本形成的差别仍然不清楚）。

各洲之间的有趣的差别是很明显的。太平洋盆地国家在 1960 年的人力资本形成比根据人均收入水平预测的要高，而且增长迅速，而非洲与根据人均收入预测的相比有较低的人力资本形成且增长缓慢。具有高比率的人力资本形成的国家也似乎有较低的生育率和较高的物质投资对 GDP 的比率，这意味着人力资本变量可能被用来解释人口增长与投资比率的差别。

曼昆等（Mankiw et al.，1992）把 1960—1985 年间的国家分为 3 个样本：98 个非石油生产国、76 个发展中国家（不包括小国和数据有疑问的国家）、22 个人口超过 100 万的 OECD 国家。首先，他们把人均收入水平作为因变量，发现储蓄率和人口增长的差别解释了大样本国家的 50% 以上的收入差别，这一点支持了新古典增长理论的第二个基本命题。但是，这个截面回归暗含着产出对资本的弹性大大高于资本在国民收入中的份额，因此，这个经验模型预测过度了。于是，作者用人力资本形成（以中学入学率为代表）的差别来扩展这个模型，发现扩展的索洛模型"解释"了人均收入差别的 80%，人力资本形成在 3 组国家样本中是一个有意义的变量。在初始人均收入水平上，对人均收入增长进行回归，没有显示趋同的趋势（除了在 OECD 样本之外）。但是，如果考虑到投资比率和人口增长的差别，有证据表明存在有条件的趋同。所以，作者宣称，数据支持了索洛新古典模型，而否定了"新"内生增长模型——由于资本非报酬递减假定，该模型预测各国的人均收入差别将会无限期地存在，甚至扩大。

奈特等（Knight et al.，1993）从两个方面扩展了曼昆等的研究。第一，他们使用组数据（即混合的时间序列和截面数据）考察具体国家的影响。第二，他们假定技术进步率受贸易政策的"外向型"和基础设施投资的存量（以流量变量和政府固定投资占 GDP 的比重为代表）的影响。贸易被假定从两个方面影响技术进步：技术转移和外汇，它们使各国能够购买技术先进的资本品。模型的检验分为两个样本（76 个发展中国家和 22 个 OECD 国家）表明，劳均产出增长与储蓄比率成正向关系，同人口增长和初始人均收入水平成反向关系，即存在着有条件的趋同的证据。人力资本投资是有意义的，提高了物质投资的生产率。贸易开放性和基础设施投资的作用的检验也显示出有意义的正效应，增大了物质资本的系数。

巴罗和李（Barro and Wha Lee，1993）分析了 1965—1985 年间的 116 个国家，发现有 5 个因素把缓慢增长的国家与迅速增长的国家恰当地区分开来。(1)初始人均收入水平，相对于教育和卫生水平，有一个负效应（即存在有条件趋同的证据）；(2)投资率（＋）；(3)政府消费对 GDP 的比例（－）；(4)市场扭曲，由外汇黑市率计量（－）；(5)政治不稳定，由每年政治革命的次数计量（－）。这 5 个变量"解释"了各国 80％的增长率差别。贸易变量没有包括在分析中。

莱文和雷尼尔德（Levine and Renelt，1992）证明，国家间回归结果对模型选择和数据集很弱，但是至少有两个稳健结果引人注目：投资和增长的关系以及投资比例和国际贸易对 GDP 的比例的关系。作者首先考虑 119 个国家 1960—1989 年这个时间段，使用人均收入的增长作为因变量。使用的 I（不变）变量（见式（5.33））是投资比例、初始人均收入水平、中学入学率的初始水平和人口增长。使用的一组 Z 变量包括政府支出、出口、通货膨胀和通货膨胀的差异、国内信用扩张及其差别、政治不稳定，等等。当 Z 变量加到 I 变量中时，投资比例仍然是稳健的，初始人均收入水平仍然是稳健的（即存在有条件趋同的证据），中学入学率是稳健的，但人口增长并不稳健。但是，Z 变量本身没有一个是稳健的，它们取决于条件变量，即取决于哪些其他 Z 变量被引入。作者重做了巴罗的研究（Barro，1991），只是发现投资比例与初始人均收入水平是稳健的。财政和货币指标没有一个是稳健的，贸易变量也不是稳健的。作者表明，贸易的重要性可能通过投资（而不是通过改进的资源配置）发挥出来。

莱文和泽沃斯（Levine and Zervos，1993）通过采取一组不同的 I 和 Z 变量报告了有关变量强弱程度的新证据。I（使用的一组常量）就是巴罗（Barro，1991）初始人均收入、初始中学入学率以及革命与政变的次数。这些结果大大支持了莱文和雷尼尔德（Levine and Renelt，1992）较早的研究结果，但是，投资变量不在其中。作者特别重视金融变量和通货膨胀的作用。金融深化的各种指标是稳健的（它们可以作为投资的代表），表面上看，没有任何 Z 变量使增长和通货膨胀成为负相关。他们评论说："由于经济学家和政策分析家一致的观点是，为了促进经济繁荣，具有高通货膨胀的国家应该采取降低通货膨胀的政策，不能发现简单的国家间回归支持这一论点是令人惊讶的，也是令人不安的。"[15]

□ 三、 我们学到了什么?

这些研究（和在此未阐述的许多其他研究）对国家间经济增长差别的源泉已经揭示了不少。有趣的是，有意义的变量就是那些在传统上成为主流增长和发展理论核心的变量，特别是投资和资本积累的重要性。

另一方面，实际上常常会存在各种研究得出冲突性结论的情况，并且国家之间增长率差别的很大一部分（40％之多）仍然没有得到解释。为什么是这样的？一组原因是与数据的可得性和质量，以及用于检验的计量程序有关。通常数据是不充分和不可靠的，并且所使用的计量方法不仅不同而且也是有问题的，因为没有考虑到变量之间的关系的滞后性或者变量之间的相互关联性。第二组原因是各国在结构和制度上的异质性表现超出大多数研究所容许的范围。如肯尼和威廉姆斯（Kenny and Williams，2001）指出，"各国在结构和制度上的异质性，使得横截面分析的结果存在矛盾并且缺乏稳健性。"他们认为，"或许更多的精力应该放在理解真实经济复杂和丰富的内部运行情况，而不是试图把它们吸收进抽象一般的模型中"。

　　普特曼（Putterman，2000）也得出了同样的观点，他认为最近50年各国增长率不同的一个最重要的原因是发展的起始条件不同，包括制度结构（例如，政府力量）、税收制度、农业状况、知识和思想的储备等，而初始的人均收入水平不能很好地包含这些要素。对起始条件和为什么各国对工业化的可能性的反应不同的强调，又回到了罗斯托起飞的前提条件的思想上。换句话说：经济历史是重要的！问题是如何测度"前现代"的发展水平。普特曼专注于农业的一般条件，如人均可耕地、人口密度和灌溉的普及程度。当把这些要素和投资率、人口增长、教育一起放到回归方程中时，对增长率变化的解释比例增加了。

　　"新"增长理论的另一个严重缺陷是，很多模型都是封闭型经济模型，没有需求约束。很难想象，如果不考虑贸易，不考虑各国的国际收支平衡——在大多数发展中经济体中这些构成了对需求和产出增长的重要约束（见第16章），那么各国的增长率差别是如何得到解释的。在贸易变量包括在检验的模型中的地方，它常常是不显著的，或者当与其他变量结合在一起时，丧失了它的显著性。考虑到在贸易和增长的关系（见第15章）方面有丰富的理论和经验文献，所有这一切都让人迷惑不解。至少有两个可能的解释。第一，贸易可能通过投资发挥作用。实际上，在某些直接考察投资决定因素的研究中，贸易和出口被发现是重要的。第二，贸易的计量是非常静态的，通常是用贸易在GDP中的份额来计量的。这可能说明贸易的静态利益，但它不能说明其动态利益。在一个增长模型中，最明显的贸易变量是出口的增长，它将从需求角度（特别是通过放松国际收支对国内需求的约束）和供给角度（通过提高进口能力）促进经济增长。笔者对65个国家1960—1988年间的研究（Thirlwall and Sanna，1996）表明，出口的增长与投资比例、人口增长和初始人均收入水平一起是国家间增长率差别的非常重要的决定因素。普格诺（Pugno，1995）的一项有趣的研究也得出了同样的结论，它证明了追赶和趋同是由出口推动的需求增长的函数。

　　最后，一个更为根本的问题被普里切特（Pritchett，2000）提出，他认为用单一的时间趋势来刻画很多发展中国家的增长是困难的，因为增长是不稳定的。伴随快速增长阶段而来的常常是停滞和急剧下滑。迅速的和缓慢的增长多半都是短暂的。很少国家会经历永远的成功或永远的失败。国家增长率在各个时期（例如5～10年）显示出非常低的相关性。考察111个国家25年的时间段，普里切特表明其中55个国家在此期间至少有一次增长加速或减速超过3个百分点。在40%的发展中国家，尝试对产出增长的时间趋势进行估算，得出的相关系数小于0.5；而对于围绕着趋势的波动幅度，发展中国家要大于发达国家。所以普里切特提出了一个问题：当增长是如此短暂和不稳定，一个国家增长的哪个方面是增长理论试图解释的？如果增长是如此不稳定，那么传统变量对增长变化的解释相对低就不足为奇了。重要的是对增长率从一个阶段向另一个阶段转变的决定因素的分析和解释。

豪斯曼等（Hausmann et al.，2005）试图要做的就是这一点。他们选取了 106 个国家 1957—1992 年的时间段，把"增长加速"定义为每年 PCY 的增长率达到或超过 2％，超过 8 年的时间最低增长率为每年 3.5％。而且后加速产出水平必须超过前期收入水平的最高值（为了排除从大萧条中纯复苏的情况）。他们发现 83 次增长加速，并且 106 个国家中有 60 个至少有一次。平均增长加速是 4.7 个百分点。但是，当他们考察加速的原因时，它们的不可预测性给了他们当头一棒。增长的传统决定因素和增长加速之间仅有微弱的联系。投资、贸易和真实汇率贬值的联系最强烈，但是似乎标准经济改革的一揽子计划和增长加速有很少的联系。只有 14％ 的加速与经济自由化有关系。仅对于 18％ 的改革事件和 14％ 的政权更迭随之而来的是增长加速。作者得出"增长加速好像大多由特殊原因所驱动"的结论。这可能是因为增长的"硬约束"是"特殊的"并且在特定的时间段会得到缓解。这就把我们带到对由豪斯曼等（Hausmann et al.，2008）最先提出的增长诊断和对增长的硬约束的主题的一个简要讨论。

第五节　"增长诊断"和增长的硬约束

一个较差的增长和发展绩效可能是由很多因素造成的，但是一个全面的改革计划（"华盛顿共识"），包括金融和贸易自由化、企业的私有化和削减公共支出，可能解决不了问题。这是豪斯曼等（Hausmann et al.，2008）所称的对经济决策的"喷枪"法，它可能不足以解除对增长和发展非常重要的硬约束，并且在任何情况下都因国情不同而不同。他们认为更好的方法是进行"增长诊断"，找出经济绩效中的硬约束，并且直接以它们为目标，从消耗的资源中得出最有利的结果。

"增长诊断"框架包含了所有主要的发展战略。它的重要性就在于哪些战略最可能是有效的。既然投资是长期增长的关键，增长诊断显然的起点就是回答为什么投资低这个问题。融资成本高还是缺乏融资渠道？是社会投资回报率本质上就低，还是回报不容易被私人经营主体占有？如果问题是成本和金融资源的可得性，这可能和低储蓄率、高利率或巨大的国际收支赤字密切相关。如果社会回报率低，这可能是因为不利的地理环境、基础设施缺乏、教育和卫生差以及技术动力的缺乏。如果占有回报的能力有困难，这可能是因为不稳定的经济政治环境、高税收、法律规则的缺失和弱的产权。一旦诊断完成，特定的政策改革随之铺开而其他的事情就被排除在外，以节省时间和精力。而政策必须尽可能近地瞄准扭曲和硬约束。

作者通过比较对照三个发展中经济体：巴西、萨尔瓦多和多米尼加共和国来阐明他们的方法。根据对硬约束的识别，政策建议是不同的。例如，巴西似乎受到金融短缺而不是投资回报低的束缚，所以政策建议是提高国内储蓄并且吸引国外资金。相比而言，萨尔瓦多的硬约束不是投资资金的短缺，而是与缺乏技术动力相联系的较低的社会回报，需要对新的工业活动进行投资。多米尼加共和国又是另外一个不同的故事，它没有能力应对冲击。在这里，制度和政治改革可能会获得最高的回报。涉及冲突管理的制度对应付冲击和变革的后果是非常重要的（见第 4 章）。

以诺贝尔奖获得者迈克·斯宾塞为主席，委员包括罗伯特·索洛的世界银行增长与发展委员会，证实有 13 个国家（地区）自 1950 年起至少有 25 年年均增长率超过 7％。有关数据在案例 5.1 中列出。它们成功的要素也被强调：高储蓄和投资率；快速的出口增长；稳定的宏观经济；知识和技术的引进；以及市场友好型政策。

▶ **案例 5.1**　　　　　**增长和发展委员会的调查结果**

以诺贝尔奖获得者迈克·斯宾塞教授为首的世界银行增长与发展委员会证实有 13 个国家（地区）自 1950 年起至少有 25 年年均增长率超过 7％。这些国家列表如下：

经济体	高增长时期	人均收入	
		增长时期之初	2005 年
博茨瓦纳	1960—2005	210	3 800
巴西	1950—1980	960	4 000
中国大陆	1961—2005	105	1 400
中国香港	1960—1997	3 100	29 900
印度尼西亚	1966—1997	200	900
日本	1950—1983	3 500	39 600
韩国	1960—2001	1 100	13 200
马来西亚	1967—1997	790	4 400
马耳他	1963—1994	1 100	9 600
阿曼	1960—1999	950	9 000
新加坡	1967—2002	2 200	25 400
中国台湾	1965—2002	1 500	16 400
泰国	1960—1997	330	2 400

委员会确认成功的六个主要因素是：

1. 致力于增长，结合有效治理；
2. 高储蓄和投资率；
3. 快速的出口增长；
4. 宏观经济稳定；
5. 知识和技术的引进；
6. 市场友好型政策。

资料来源：World Bank, 2008.

▌小结

1. 18 世纪和 19 世纪所有伟大的古典经济学家一定意义上都是发展经济学家，他们都在那时关注欧洲工业革命期间经济发展的原因和结果。

2. 亚当·斯密对增长和发展过程是乐观的，这一过程是建立在工业中报酬递增的基础上的。

3. 马尔萨斯、李嘉图、穆勒和马克思对发展过程都是悲观的，因为农业报酬递减而工业的利润率是下降的。农业（抵消报酬递减）和工业（容许实际工资上涨而利润率没有下降）中快速的技术进步，使得古典悲观主义遭受挫败。

4. 现代增长理论源自哈罗德 1939 年发表的著名论文《略论动态理论》，在该论文中他把增长率分为三种：实际增长率（g）、有保证的增长率（g_w）和自然增长率（g_n）。g 和 g_w 之间存在的差异会导致短期不稳定。g_w 和 g_n 之间存在差异，如果 $g_w > g_n$，将导致长期停滞，或如果 $g_w < g_n$，会造成伴随通货膨胀而来的结构性失业的增加（大多数发展中经济体是这种情况）。在哈罗德模型中没有 g、g_w 和 g_n 相等的机制。

5. 索洛 1956 年的新古典增长模型提供了一个将 g_w 和 g_n 放在一起的均衡机制，这样在长期所有经济体以它们的自然增长率的增长是由劳动力的增长和劳动生产率的增长决定的。在索洛的原始模型中，投资对于长期增长是不重要的，因为假定了资本报酬递减。

6. 索洛模型也预测穷国应比富国增长得快，带来世界各地人均收入的趋同，但是我们没有观察到生活水平的趋同。"新"增长理论，或内生增长理论，试图回答这个问题。有很多因素能够防止资本边际产品的下降，越是富裕的国家，投资越多，如教育、研发支出、干中学、贸易等，所以投资对长期增长是重要的，而不是简单地由自然增长率外生决定的。AK 模型是最简单的"新"增长理论，它假设资本报酬不变。

7. 新古典柯布-道格拉斯生产函数能够被用于将增长的源泉分解成劳动投入的贡献、资本投入的贡献和全要素生产率的增长贡献。事实上，任一变量都可以包含到一个生产函数中，而且能够估计出其对产出的贡献。

8. "新"增长理论在分析增长的源泉时使用了很多与生产函数法相同的变量，但是尤其重视教育、研发努力和制度变量，并将初始人均收入水平放到估计方程中来检验条件趋同。

9. 但是，跨国分析不能解释单个国家的增长和发展经验，所以增长诊断在识别增长中的硬约束，尤其是经济的硬约束，以及国家内部和增长加速有关的要素时，是重要的。

10. 快速增长和发展的主要决定因素有：高投资、快速出口增长（以购买进口品为目的）、宏观经济稳定、高水平的人力资本形成和促进增长的制度框架（如：安全的产权、法律规则和政治稳定）。

问题讨论

1. 当亚当·斯密说劳动分工受到市场范围的限制，市场范围受到劳动分工的限制时，他的意思是什么？这些命题的经济意义是什么？

2. 亚当·斯密之后的古典经济学家为什么对增长和发展过程持悲观主义观点？

3. 哈罗德是如何定义有保证的增长率和自然增长率的？如果自然增长率超过了有保证的增长率，这对一国的意义是什么？

4. 在新古典增长理论中，使有保证的增长率调整到适应自然增长率的机制是什么？你认为它是理想机制吗？

5. 新古典增长理论的基本命题是什么？投资对长期增长不重要这个结论是怎样得出来的？

6. 柯布-道格拉斯生产函数的特殊性质是什么？该函数可以被用来计算增长的来源吗？

7. 外生和内生的技术进步的差别是什么？

8. 全要素生产率的增长取决于什么因素？

9. 在发展中国家，对增长来源的生产函数研究的重要结果是什么？

10. 概述一下"新"（内生）增长理论的基本命题。

11. 我们从发展中国家增长的宏观决定因素的重要研究中获得了什么？

12. "增长诊断"的练习有多大的用处？

■ 注释

[1] *Economic Journal*，December 1928。

[2] *Economic Journal*，March 1939。

[3] 美国经济学家埃弗塞·多马在 1947 年独立研究得出哈罗德的结果，因此将两个名字联系在一起（'Expansion and Employment'，*American Economic Review*，March 1947）。

[4] 实践中，g_n 是对 g 的反应。这是自然增长率内生性的思想。（见 Leon-Ledesma and Thirlwall，2002）

[5] 来自麻省理工学院的罗伯特·索洛在 1987 年被授予诺贝尔经济学奖，部分是由于其对增长理论的开拓性贡献。

[6] 这一点可以把等式重新整理成 $qs/k=I$，这里 $q=Y/L$；$s=S/Y=\Delta K/Y$（因为所有储蓄都用于资本积累）；$k=K/L$，并且 $I=\Delta L/L$。所以 $(Y/L)(\Delta K/Y)(L/K)=\Delta L/L$，或者 $\Delta K/K=\Delta L/L$。

[7] 一直以来，这个与资本的总量测度相连的令人生畏的问题被忽视了。

[8] 证明如下。资本对产出的弹性 α 是 $(dY/Y)/(dK/K)=(dYK)/(dKY)$。现在如果资本按其边际产品支付，那么 $dY/dK=r$，这里 r 是资本租金。因此 $\alpha=rK/Y$，这里 rK/Y 是资本在总产出中的份额。这样，在完全竞争的假设下任何要素的产出弹性都和该要素占总产出的份额相等。

[9] 另一种方法是，对方程（5.21）进行全微分，其结果除以产出，也可以把方程转变为增长率形式。

[10] 替代弹性（σ）把相关要素投入的相对变化与劳动和资本的边际替代率（MRS）（或者以边际生产率理论为基础的相关要素价格比率）的相对变化联系起来。

所以，替代弹性可以写成：

$$\sigma = \frac{\partial \log(L/K)}{\partial \log MRS}$$

证明 $\sigma = 1$ 是非常简单的：

$$MRS = \frac{\partial Y}{\partial K} \Big/ \frac{\partial Y}{\partial L} = \frac{\alpha L}{\beta K}$$

$$\log MRS = \log \frac{\alpha}{\beta} + \log \frac{L}{K}$$

对 $\log MRS$ 进行微分，有：

$$1 = \frac{\partial \log(L/K)}{\partial \log MRS} = \sigma$$

[11] 当要素增长率不同时，为了克服柯布-道格拉斯函数的约束性质，使用更为一般的不变替代弹性的生产函数是可能的，其中柯布-道格拉斯函数是一个特例。这个函数也有一个设定误差，但这里我们不能讨论这个函数。仍然存在一个不变性假定——这个假定的缺点是，人们可能会把弹性的变化归于技术的变化，而实际上是由于要素比率的变化。这个局限性只能够在具有可变替代弹性性质的函数中得到克服。

[12] 这里使用的生产函数是超越生产函数，容许投入之间的替代弹性的差别。

[13] 对内生增长理论的源泉和其对发展中国家的相关理论，见 Romer（1994），Pack（1994），Ruttan（1998）和 Temple（1999）。高级教材对该主题的处理方法，见 Barro and Sala-i-Martin（1995）。

[14] 关于趋同问题的高级理论讨论，见 *Economic Journal*，July 1996 的专题论文；也可参见 Islam（2003）。

[15] 见第 13 章有关通货膨胀和增长的关系的讨论。

▌关于增长理论的网址

社会研究的新学派（纽约）http：//cepa. newschool. edu/het/home. htm

英国布里斯托大学乔·坦普尔管理的经济增长资源 www. bris. ac. uk/Depts/Economics/Growth

海外发展研究所 www. odi. org

国际发展高级研究基金会 www. fasid. or. jp/english

日本贸易振兴会发展经济学研究所 www. ide. go. jp/English/Research/index. html

维也纳国际经济研究所 www. wiiw. ac. at

卡内基国际和平基金会 www. ceip. org

第二篇

发展过程中的要素

第6章 农业和剩余劳动力对工业化的作用

真正的经济增长与发展理论的任务必须要解释为什么一些社会比另一些社会发展得快；为什么一些社会经历了生活水平的迅速提高，而另一些社会则落后了；以及发展为什么没有扩散。

答案一定是，在不同的发展阶段对进步的不同约束在起作用。虽然某些因素可能是社会的和政治的，但主要约束可能是经济的约束。在发展的早期阶段，一个最关键的因素是农业部门的健康发展，因为没有超过生存需要的粮食剩余，别的什么事情也干不成。将没有剩余劳动，没有储蓄，没有投资，没有粮食来养活从事其他活动的劳动者。

人类的物质进步首先开始于8 000年前的美索不达米亚地区（文明的摇篮是现在的伊拉克），这绝不是偶然的。在这个地区，第一次出现了定居农业。除非农业是定居的，否则农业生产率就不可能提高，为非农业活动的发展、城市的建立等提供基础。在实行轮耕农业的地方，如博茨瓦纳和纳比亚的卡拉哈里沙漠的游牧部落所从事的那样，没有为农业剩余提供基础。

同样地，如世界银行在其《2008年世界发展报告》论及"以农业促发展"的主题时说道：

> 农业发展是工业革命的先导，在18世纪中叶，从来自英格兰的温带世界中间扩散到19世纪后期的日本。最近，中国、印度和越南农业的快速增长也成了其工业崛起的先导，作为早期增长的基础的农业，其特殊地位业已建立。

在当今很多发展中国家，农业仍然极为落后。低生产率是贫困的主要原因，它阻碍了整个经济的发展。超过30亿人口生活在农村地区，并且他们中的大多数人依靠从事家庭农业每天赚取几美元的收入。世界银行认为"无论是为了实现以农业为基础的国家的增长，还是为了减少农村地区的贫困，农业都必须排在发展议程中显著的位置"（World Bank，2007）。它还认为政府在为农业部门提供主要公共产品和为投资农业部门提供激励方面都具有重要的作用。

在本章中，我们将分析农业落后和生产率低下的一些原因；考察传统农业转变过程和货币经济的增长，以及农业和工业增长相互关系的模型；使用阿瑟·刘易斯的"无限劳动供给下的经济发展"（1954）的著名模型，来阐明农业（或其他部门）剩余劳动在发展过程中和促进工业增长中所发挥的重要作用。本章还要论述剩余劳动的精确含义，也包括城乡人口流动过程。附录描述了农业社会的一些市场——土地、劳动和信用——以及它们如何相互联结。

▊ 第一节　农业在经济发展中的作用

农业为经济发展过程作出四个方面的重要贡献：产品贡献、要素贡献、市场贡献和外汇贡献。

□ 一、 产品贡献

农业的产品贡献是指这样的事实：为了养活在其他部门工作的劳动者，农业必须提供超过生存需要的粮食。如果经济中其他部门要得到发展，劳动者必须要有饭吃；在出口活动发展起来可以为支付进口提供外汇之前，它不能通过进口来解决。第 3 章中我们论述过，在罗斯托的经济增长模型中，农业革命必须是发展的起飞阶段的前提条件。其实，英国成为第一个工业化国家的一个重要原因就是英国是第一个经历了重大的农业革命的国家，这次革命是建立在农奴制的废除和圈地运动基础之上的，它提高了农业生产率，为支持工业扩张提供了剩余劳动和粮食。

农业总产出与生存需要之间的差额被称为**市场剩余**。在发展的早期阶段，经济进步要求市场剩余的增加，而这又要求劳动生产率的提高。如果生产率没有自然地和"自愿地"增加，市场剩余就能够被强制性地取得，像在日本明治维新时期（1868 年）强制性地向地主征税那样；俄国在 20 世纪 20 年代则榨取了更大的市场剩余，那时，该国推行斯大林集体化计划，对富农实行了大规模的灭绝活动。

市场剩余在发展过程的新古典模型中是非常重要的概念，因为除非市场剩余随着粮食需求的增加而增加，否则粮食的价格就会上涨。这将使得贸易条件变得不利于工业；较高的工资将不得不支付给工业部门的工人，这将会吃掉利润和资本积累。所以，市场剩余成为工业增长的重要约束。

□ 二、 要素贡献

农业的要素贡献由两部分组成：劳动贡献和资本贡献。工业和其他活动的劳动必须来自农业，但是只有在农业生产率提高的情况下，这些劳动才能释放出来。剩余劳动（或隐蔽性失业）的存在在发展过程中发挥着重要的作用，当我们考察具有无限劳动供给的经济发展的著名刘易斯模型时，我们将会看到这一点。工业劳动的成本越低，工业扩张的速度就可能越快，但是这取决于农业部门释放劳动的速度。当今东南亚增长迅速的许多国家的工业发展就是由来自农业的便宜劳动力所驱动的。在这一点上，中国的潜力是巨大的。

农业是为工业发展而进行储蓄和资本积累的一个源泉。储蓄可能是自愿的，也可能是不自愿的。自愿储蓄的例子是富裕地主自愿地投资工业活动（英国的工业革命部分是这样融资的）和农民把小额储蓄投资于农村银行。非自愿储蓄可能采取政府对农业征税然后把这些收入用于投资的形式，或采取更激进的形式，即通过没收和集体化强制性榨取农业剩余（如斯大林时期的俄国）。

政府对农业部门征税的另一种方式是通过专门为销售农产品而设立的**销售局**的定价政策。支付给农民的价格低于市场的销售价格——这个差额为政府提供了净收入。

发展中国家保持农产品低价格的一般政策有两个主要原因。一是低价使工业部门受益；二是农民眼界狭隘，对刺激没有反应，所以如果价格较高，他们可能实际上会生产得更少，因为他们所感兴趣的就是一个固定的货币收入。这就是**向后弯曲的努力供给曲线**概念。可以肯定地说，保持农产品低价的政策对发展中国家的农业部门造成了巨大的损害。我们在后面即将看到，有大量的证据表明，农民对价格刺激是有反应的。他们对价格上升的反应，不仅是增加供给，而且是随着相对价格变化而转换作物。

□ 三、 市场贡献

农业的市场贡献是指来自农业的需求必须是工业品自动需求的重要来源。如果工业要增长和繁荣，它就必须能够卖出它的产品。在发展的早期阶段，农业部门可能为工业品提供最大的市场。农业和工业具有互补性。这已被发达国家的历史经验和当代世界经济所证实了。在关于日本经济发展的著名研究中，洛克伍德（Lockwood，1954）写道：

> 农业生产的增长始终是与工业化和城市化密切相关的……随着工业的发展，它为农村的粮食和原材料剩余提供了日益扩大的市场……另一方面，农业的生产率的增加也为制造业和服务业创造了一个日益扩张的国内市场。

世界银行《1979年世界发展报告》指出，"在很多发展中国家，停滞的农村经济购买力低下，从而阻碍了工业的增长"。《1982年世界发展报告》描述了各国在农业发展和工业扩张之间的密切关系："工业的迅速增长和农业的停滞不前只有在以石油或矿产为基础的国家里才存在，这些国家包括阿尔及利亚、厄瓜多尔、墨西哥、摩洛哥和尼日利亚等。……这些国家都是例外，而不是规律。"换句话说，迅速的工业增长的前提条件是农业部门的迅速扩张，至少从购买力这个角度来说是如此。

这对农产品相对于工业品的定价——或称为农业（或工业）贸易条件——是有意义的。从供给潜力观点来看，低农产品价格对工业是有利的，因为它意味着工业能够买到便宜的原材料投入品和工资品，这将增加工业的利润。另一方面，对农产品价格从需求角度来看又是不利的，因为这意味着农业购买力低，从而对工业品的需求低。为了获得两个部门的平衡增长，需要两个部门的贸易条件达到均衡，以便工业增长不会因农产品价格太高受供给方面的制约，也不会因农产品价格太低受需求方面的限制。在本章后面，我们把两个部门结合在一个均衡框架中，得出使整个体系的增长率达到最高的均衡贸易条件。

□ 四、 外汇贡献

在发展的早期阶段，外汇的唯一来源可能是初级产品的出口。所以，农业作出了重要的外汇贡献。外汇如同储蓄一样是一种资源。它能够获得国内不能生产或从机会成本意义上说只能以很高成本生产出来的产品。通过农产品出口使进口成为可能，这将是有生产性的——如果进口的是发展所需的投资品，则其生产率更高。世界上没有多少国家是由于外汇充裕而增长不快的。贸易、国际收支和增长的联系将在第 15 章和第 16 章中作充分的探讨。

第二节 农业发展的障碍与转变

□ 一、 农业发展的障碍

因为农业部门供给粮食、释放劳动、提供储蓄、促进工业品市场以及赚取外汇，它必须生产不断上升的超过生存需要的农业剩余。因为土地的供给是相对固定的，这就要求农业生产率不断上升。经济发展的"重农"（grass-roots）学派——因反对强调不惜任何代价实现工业化而闻名——强调把提高农业生产率水平的政策作为最重要的优先发展政策和长期发展战略的必不可少的因素。总的说来，发展中国家的总量农业生产率还不及发达国家二十分之一的水平，而且国家间的差别甚至在扩大。表 6—1 给出了世界各国农业生产率数据。

表 6—1　　　　　　　　农业生产率，农业劳均增加值，2005 年　　　　　　单位：美元

国家	农业劳均增加值	国家	农业劳均增加值
阿尔巴尼亚	1 495	贝宁	536
阿尔及利亚	2 219	不丹	138
安哥拉	196	玻利维亚	783
安提瓜和巴布达	2 751	波黑	10 051
阿根廷	10 762	博茨瓦纳	367
亚美尼亚	4 198	巴西	3 218
澳大利亚	33 252	文莱	86 426
奥地利	22 775	保加利亚	7 239
阿塞拜疆	1 212	布基纳法索	179
孟加拉国	346	布隆迪	64
巴巴多斯	15 333	柬埔寨	337
白俄罗斯	3 445	喀麦隆	666
比利时	39 812	加拿大	47 181
伯利兹	6 696	佛得角	1 510

发展经济学（第九版）

国家	农业劳均增加值	国家	农业劳均增加值
中非共和国	384	几内亚	193
乍得	225	圭亚那	3 383
智利	5 720	洪都拉斯	1 489
中国	430	匈牙利	8 102
哥伦比亚	2 821	冰岛	53 483
科摩罗	436	印度	402
刚果民主共和国	149	印度尼西亚	596
哥斯达黎加	4 643	伊朗	2 687
科特迪亚	817	爱尔兰	14 641
克罗地亚	10 916	意大利	25 416
捷克共和国	6 241	牙买加	1 759
丹麦	40 052	日本	37 842
吉布提	65	约旦	1 392
多米尼克	4 817	哈萨克斯坦	1 652
多米尼加共和国	4 943	肯尼亚	344
厄瓜多尔	1 778	基里巴斯	8
埃及	2 128	韩国	12 275
萨尔瓦多	1 700	吉尔吉斯斯坦	966
赤道几内亚	1 198	老挝	457
厄立特里亚	94	拉脱维亚	2 974
爱沙尼亚	3 021	黎巴嫩	32 025
埃塞俄比亚	177	莱索托	427
斐济	1 867	立陶宛	5 020
芬兰	33 738	卢森堡	30 035
法国	47 153	马其顿	3 739
加蓬	1 663	马达加斯加	175
冈比亚	224	马拉维	109
格鲁吉亚	1 937	马来西亚	551
德国	26 418	马里	244
加纳	332	毛里塔尼亚	356
希腊	9 105	毛里求斯	5 338
格林纳达	1 522	墨西哥	2 821
危地马拉	2 652	摩尔多瓦	891
几内亚比绍	246	蒙古	1 030

第 6 章　农业和剩余劳动力对工业化的作用

续前表

国家	农业劳均增加值	国家	农业劳均增加值
摩洛哥	1 623	苏里南	3 166
莫桑比克	154	斯威士兰	1 376
纳米比亚	1 134	瑞典	36 162
尼泊尔	210	瑞士	24 526
荷兰	44 232	叙利亚	3 382
新西兰	28 271	塔吉克斯坦	426
尼加拉瓜	2 172	塔桑尼亚	306
挪威	38 218	泰国	615
巴基斯坦	717	多哥	353
巴拿马	4 004	汤加	3 340
巴布亚新几内亚	601	特立尼达和多巴哥	1 408
巴拉圭	2 047	突尼斯	2 630
秘鲁	1 526	土耳其	1 946
菲律宾	1 097	乌干达	179
波兰	2 260	乌克兰	1 872
葡萄牙	6 279	阿联酋	27 487
罗马尼亚	5 294	英国	27 701
俄罗斯	2 629	美国	47 463
卢旺达	184	乌拉圭	8 482
萨摩亚	1 768	乌兹别克斯坦	1 927
沙特阿拉伯	16 651	瓦努阿图	1 219
塞内加尔	227	委内瑞拉	6 916
塞舌尔	433	越南	313
新加坡	46 408	赞比亚	204
斯洛伐克共和国	5 848	津巴布韦	205
斯洛文尼亚	47 995	**世界**	939
所罗门群岛	613	**低收入国家**	330
南非	2 670	**中等收入国家**	673
西班牙	18 054	低中等收入	532
斯里兰卡	705	高中等收入	2 947
圣基茨和尼维斯	2 228	**低等收入及中等收入**	599
圣卢西亚	1 246	东亚和太平洋地区	458
圣文森特和格林纳丁斯	2 215	欧洲和中亚	2 228
苏丹	661	拉丁美洲和加勒比地区	3 158

续前表

国家	农业劳均增加值	国家	农业劳均增加值
中东和北非	2 313	**高收入国家**	27 680
南亚	417	**最不发达地区**	254
撒哈拉以南非洲	287		

资料来源：世界银行，世界发展指数，2009 年 6 月（华盛顿：世界银行）。

在中国，劳动生产率是每年 430 美元；在印度，是每年 402 美元；而在美国，是每年 47 463 美元。在很多国家人均产出勉强能够满足生存需要。最不发达国家的数字是254 美元。近年来，一些特定国家的特定作物已取得了一些进步，但农业部门的表现仍然是令人失望的，缺少市场剩余在很多方面阻碍着发展。那么，什么因素阻碍着农业生产率的增长？有几个因素特别与地理和土地—劳动比、对待农业和资源配置方面存在城市偏向以及在世界市场上的不公平竞争有关。但是，最重要的因素是乡村社会的结构、农业组织和正在发生影响的土地占有制度。

至于地理因素，气候和地形在很大程度上决定了一个国家生产什么产品、人均可耕地数量和土地的肥力。从某种程度上说，资本对土地的应用能够补偿不利的自然力量，但显然是有限度的。高山不容易弄平，沙漠不容易浇灌。这就是地理决定论的概念，它就可以独立地作为欠发达的一个假说。不过，虽然这么说，自然条件和土壤肥力的差别顶多只能对低生产率作部分解释。穷人不仅在亚洲和南美洲的贫瘠的高原上能找到，而且沿着尼罗河高生产力的冲积河岸也能找到。

生产率也受到土地—劳动比的影响。例如，低生产率可能与高人口密度和劳动对土地的高比例有关。在这种情况下，通过使用较少资本建设排灌系统和化肥生产等，生产率可以大幅度提高。另一方面，低生产率也可能是与土地对劳动的高比例这种相反情况相关的。在这种情况下，低生产率的解决办法是投入大量的资本来装备劳动。亚洲大多数国家的劳动对土地的比例高，而在非洲情况刚好相反，如同许多当今最富裕的国家如美国、加拿大和澳大利亚在其经济史的相同发展阶段中的情形一样。

不利于农业的城市偏向采取了多种形式：（1）压低农产品价格以促进工业/城市部门；（2）把投资集中于工业；（3）对工业的税收刺激和补贴；（4）高估汇率，使工业投入品的价格和农产品出口的国内价格保持很低；（5）对工业的关税和配额保护，以提高化肥、种子和设备的价格；（6）在城市地区对教育、培训、住房、营养和医疗设施方面的更大的支出，所有这一切都影响生产率和生活质量。

不公平竞争包括发达国家对其农民的补贴和发达国家在进口发展中国家的农产品时强加的关税。仅美国和欧盟每年对农场的补贴就达到 4 000 亿美元（或每天超过 10 亿美元）。这就导致了两个主要的后果。第一，它导致生产过量，而后剩余的粮食源源不断地倾销到发展中国家的市场上去，导致其国内农民破产。第二，发展中国家的农民在国内自己的市场都不存在竞争力，更何况是在国外市场。这种状况进一步恶化，发展中国家在国际协定中被迫降低进口农产品的关税，而发达国家继续保护它们自己的农业部门。欧盟的农产品平均关税超过 50%。墨西哥的玉米种植者竞争不过来自美国的廉价玉米；更不用说西非的棉花种植者和每年对 20 000 个棉花种植者 40 亿美元补贴的美国南部诸州了。发达国家和发展中国家在农产品市场上的不公平竞争是世界贸易组织

（WTO）正在进行的世界贸易谈判的中心问题之一。

但是，地理因素、土地对劳动的比例、城市偏向和与发达国家的竞争只能解释许多发展中国家农业生产率低下的一小部分原因。最根本的起作用的力量是乡村社会的结构、农业组织、生产刺激和投入品供给。

在一个典型的发展中国家，乡村社会由富裕的地主、农民、收益分享耕种者、佃农和工人所组成。除了地主，农村部门的大多数其他人极度贫穷。因为他们生活在生存的边缘状态，因而倾向于**回避风险**。必须记住，在所有的发展中国家，农民的自给性农业是一种传统的生活方式，提高生产率的努力将会改变这种生活方式，必然会遇到风险。正如西奥多·舒尔茨（Schultz，1980）在他的诺贝尔奖讲演中敏锐地指出的：

> 世界上大多数人是穷人，所以，如果我们知道穷人经济学，就基本上知道了真正重要的经济学。世界上大多数穷人依靠农业生活，所以，如果我们知道农业经济学，就基本上知道了穷人经济学。富人发现很难理解穷人的行为。经济学家也不例外，因为他们也很难理解决定穷人作出选择的偏好和稀缺性约束。我们大家都知道世界上大多数人是穷人，他们靠劳动挣得微薄的收入，这些微薄收入中一半以上支出在食物上，他们绝大多数居住在低收入国家，他们大多数依靠农业维持生存。很多经济学家不能理解的是，穷人并不比富人少关心改变他们及其子女的命运。

处在生存边缘状态的穷人可能不愿意为提高生产率进行必要的改变，这是因为，一旦发生了问题，就会招致灾难。但是，即使穷人想要改变他们传统的行为方式，也存在着严重的约束——缺少信贷机构，为购买新种子、化肥、杀虫剂、排灌设施等筹集资金。

还存在一个改变刺激的问题。在存在佃农的地方，租佃关系没有保障，因此缺乏积极性为改善生产方法而进行投资。在存在收入分享制的地方，一定比例的产出必须交给地主，这也降低了投资的积极性。土地改革的任何严肃计划必须为农民提供更大的租佃保障，产生提高农业生产率的刺激，同时还要使农民获得信贷、水、化肥和咨询推广服务，这就提出了农业组织和土地改革的全部问题，我们现在就来进行讨论。

本章的附录详细描述了在农村社会中的土地、劳动和信用市场；它们是如何相互联结的，以及作为发展中国家农业部门的结构导致的无效率。

□ 二、 土地改革

在很多发展中国家，土地占有和耕种制度是提高生产率的严重障碍。由于历史的原因，各国的农业结构并不相同，但是这些结构却有许多共同的特征，这些特征造成生产率水平低下。在很多国家，土地高度集中在少数人手里。在拉丁美洲，土地集中带来的基尼系数的均值是 0.8，而在亚洲是 0.4。在拉丁美洲，近 70% 的土地由 1% 的地主所占有。在巴西，90% 的土地由 15% 的地主所有。在拉丁美洲的很多地方，农业是以少数富人所拥有的大地产（大庄园，latifundios）和常常难以维持一个家庭生活的小农场（小庄园，minifundios）的结合为基础的。在土地由大庄园占有和耕种的情况下，土地常常得不到充分的利用，耕作没有效率，因为耕种这些土地的农民没有土地使用权保障，且要把大部分产出交给地主。在这样的环境下，是不可能有增加效率和提高生产率的刺激的。

在亚洲，农民的农业组织也是生产率的一个重要的决定因素。由于人口密度高，主要的问题是太多的小农场是由收获分成种植者和佃农耕种，而土地是由在外地主占有。当家庭扩大或债务增加时，土地不断被出售或分割，导致土地结构非常无效率。

土地改革分为两个方面，第一，有利于无地或少地家户的土地再分配；第二，有利于收获分成农民和其他形式的佃农的租佃制改革。这种涉及土地产权和佃农租佃权保障的改革，可以促进土地利用强度的提高和效率的增加，特别是如果允许佃农获得他的所有劳动成果，佃农的生产主动性就会大大提高。土地改革的压力在案例 6.1 的例子中加以描述。

▶ 案例 6.1   土地改革

在很多发展中国家，土地是一个既重要又敏感的问题，并且越来越多的穷苦人民要求改革土地所有制和使用了几个世纪的不平等的分配制度。

巴西的无地农民运动（MST）大约有 150 万会员，在过去 20 年里占据和开垦了数以百万英亩的荒地。

如今在拉丁美洲出现了一种无地农民运动，厄瓜多尔、玻利维亚、巴拉圭和智利这些国家中越来越多的农民和土著人在夺回土地。他们背后有强大的国际农民集团如农民之路（Via Campesina）的支持，现在农民之路在 87 个土地改革被认为是主要问题的国家开展工作。

非洲土地改革是由南非的无地人民运动领导的，认为官方的再分配进程对无地的农村人不够迅速。如在巴西一样，土地改革在非洲被视为在纠正几个世纪的剥夺制度中是至关重要的。

现在很多土地改革集团是有联系的，并且一个国际政治运动正在兴起。几乎所有的无地运动都主张其自身种植食物的权利，而不是为了出口、生态农业或为了阻止转基因农业。

资料来源：*The Guardian*，25 October，2007。

十分明显的事实是，在土地制度变革使生产者自己能够获得新技术好处的地方，农民乐意打破过去的习惯和传统。说服生产者采用更现代的生产方法，购买改良的种子和化肥的任务也变得不太困难了。在一篇来自中国 1978 年的研究中，林（Lin，1992）发现从集体经营向家庭经营的转变极大地促进了农业生产率的提高，这种转变与财产和土地权利的获取有关。类似地，韦斯利和伯吉斯（Besley and Burgess，2000）在一篇对印度的研究中发现，土地改革能减少农村的贫困，尤其是改革能加强土地的产权。在越南，自从 20 世纪 90 年代集体化终结以来，效率提高了，贫困减轻了。

阿马蒂亚·森（Amartya Sen，1964）使用印度的数据首次发现，小农场要比大农场有更高的生产率（每公顷）。这一点在后来的其他很多研究中也得到了证明。原因是土地在小农场中倾向于更肥沃，并且家庭劳动在土地上倾向于更多的精耕细作。换言之，小农场比大农场倾向于在每单位土地上投入更多的劳动。这样，土地从大地产所有者重新分配给小农家庭能够提高农业产出和农业就业，同时减少贫困。

土地改革可能是提高生产率的必要条件，但显然不是充分条件。它需要其他的农业改革措施相配套。土地所有者必须能够获得信贷、水、化肥和咨询推广服务。农民必须在有组织的货币市场上获得信贷，减少乡村高利贷者的作用——他们常常索要极高的利率。农业生产工具和灌溉设施的改善以及新的社会结构可能是重要的。还需要改进农业研究的扩散问题。农业的推广服务常常形同虚设，缺乏效率，因为推广人员没有受到良好的训练，推广用的设施也很差。各国的条件非常不同，但是至少在理论上，土地改革与互补性投入的使用相结合为提高农业生产率提供了很大的机会。[1]

□ 三、 农业的供给反应

为了增加供给，提高农产品对工业产品的相对价格可能是必要的。传统上，为了保持有利于工业部门的贸易条件，人们总是力图以压低价格的方式来向农业部门"征税"。这种政策之所以被认为合理，是因为人们普遍相信，在传统社会中农业生产者对价格刺激缺乏反应。这种假设被证明是错误的。降低贸易条件降低了农业产量，使得如何养活不断增长的工业人口成了问题。

许多国家不得不采取积极的价格政策来刺激农业生产和当条件允许时改变农产品的构成。事实证明，正如经济理论所预言的那样，生产者特别是靠近大市场具有良好的交通运输设施的生产者，对价格变化的反应是积极的。舒尔茨（Schultz，1964）早就提出警告："穷国的农民是无效率的，或对价格变化作出反常反应的教条是极为错误和有害的。建立在这一教条基础上的价格政策一直在伤害农业的效率。"

但是，在讨论农产品对价格的供给反应时，需要区分三种情况：（1）个别农产品的相对价格变化引起的农产品构成的变化；（2）与工业品相比较的农产品相对价格的提高所引起的农产品总产量的增加；（3）由农产品价格的提高所引起的市场剩余的增加。大多数关于发展中国家农业供给对价格反应的研究，都是与生产者如何对不同农产品相对价格变动作出反应的问题有关的。当然，某种商品的供给对于价格可能有很大的弹性，但农产品的总供给和市场剩余却是相当缺乏弹性的，甚至价格提高时它反而下降了。

但是，虽然这么说，还是有理由相信，如果各种商品的供给弹性都是正的，特别是在作物不是为自给目的种植的地方，另外两个弹性就可能是正的。例如，对于任何商业性的作物生产，市场供给的弹性总是等于产出的弹性。除非投入是从其他农产品的生产中抽出的，否则农业总供给的弹性也会是正的。只有在农民只满足于固定货币收入，或者一种商品所有增加的生产都在自给部门内部被消费掉了的情形下，才会在供给的价格弹性为正的同时，市场供给的弹性为负或零。这种情况不可能普遍存在。

关于农业供给反应的经验研究可以分为四类：（1）国家横向比较研究——它考察各国产出差别与其价格差别的关系；（2）时间序列研究——它研究一国长期的产出变动与价格变动的关系；（3）截面数据研究——它考察一国各农场的产出差别与价格差别的关系；（4）部门间的一般均衡模型——它研究当经济中农产品价格相对于其他商品价格变化时，农业产量是如何变化的。

证据表明，农业产出的总供给弹性的范围为 0.3～0.9（Chhibber，1988）。[2] 长期

发展经济学（第九版）

弹性显然高于短期弹性；在较先进的和土地丰富的发展中国家，弹性一般更高。农民对价格变化的供给反应关键是取决于农民对价格信号的反应能力，这又取决于交通运输、基础设施和对农业投入品的获得。在基础设施不充分的较为贫穷的国家，供给弹性较低（0.2～0.5）。事实上，农业对非价格因素（如公共产品和服务的提供）的供给弹性要比对价格的供给弹性高得多，尤其是在基础设施和市场条件很差的较穷的发展中国家，这种弹性更高。在一项对埃塞俄比亚家庭农场的研究中，阿巴拉等（Abrar et al.，2004）发现不同的农作物对价格供给的反应是不同的，但是非价格因素（如化肥、土地、基础设施和市场）通常比价格在决定为市场种植什么农作物和种植多少上更为重要。

国际货币基金组织（IMF）和世界银行自然关心在各种调整计划下它们贷款的国家的农业部门的表现问题（见第 14 章和第 16 章）。它们提出了 3 个相互关联的问题：（1）农业与其他部门的贸易条件；（2）农业部门的效率；（3）农业对价格变化的供给反应。关于农业贸易条件，IMF 通常坚持认为，由国家销售局支付给生产者的价格必须提高。传统上，政府通过农业销售局对农业部门征税，使得支付给生产者的价格与该商品的市场价格之间的差额很大。所以，提高生产者价格意味着政府收入可能下降。如果预算是有约束的，这意味着政府支出紧张。只有当产出对生产者价格的供给弹性大于 1 时，政府的收入才不会下降。但是，正如我们前面看到的那样，供给弹性一般都小于 1。

为了增加农业的效率，IMF 集中支持这样一些因素：改进仓储和运输设备、增加农业投入的可得性、改善推广服务和增进农业的公共企业的效率——后者是通过坚持产出与投入的经济定价以及使销售和推广服务私有化来实现的。

我们在前面看到，农民对价格变化的供给反应主要取决于反应能力，这又依赖于基础设施、运输、投入品的获得，等等。政府在这里可能处于两难境地：因为提高生产者价格和降低他们自己的收入可能会伤害他们对基础设施和其他服务的支出能力。如果非价格因素的供给弹性高于价格的供给弹性，就影响农业部门而言，削减公共支出似乎是不明智的。

□ 四、 传统农业的转变

但是，转变传统农业的任务不只是一个土地改革和价格政策问题。传统农业的转变也要靠**新投入**。如果要使农业吸引到适当份额的投资资源，政策问题就是决定新投入应当采取的形式。这就不只是一个资本供给的问题了。

把传统农业转变为一个有活力的增长源泉的办法，就是通过投资来生产新的农业投入品，并使采用这种新投入的农民获得好处。农业部门不是不愿意接受新思想，而是缺少为农业部门服务的公共支出及特定公共活动的组织。农业研究和提高人的能力的人力投资被忽视了。

非洲的农业现状是令人痛心的。农业产出低下，食物短缺以及营养不良泛滥。很多对非洲的农业支持在 20 世纪 70 年代被世界银行结构调整计划取消了（见第 14 章）；例如，对肥料和种子的补贴、农作物价格保障和研发——所有这些支持政策在亚洲被称为绿色革命，在 20 世纪 60 年代使农作物的产量提高了三四倍，如小麦、水稻和玉米。

世界银行（2007）现在为其对非洲农业的忽视而道歉，但是提高生产率的任何重新弥补对到2015年达到千年发展目标中贫困、营养和健康的具体目标而言都已经太晚了。2009年，58个国家在意大利亚桂拉市宣布对非洲的190亿美元的农业投资计划来帮助养活自己。

20世纪60年代的绿色革命（绕过非洲）之父是诺曼·博洛格（Norman Borlaug），它在墨西哥工作时将日本矮秆小麦与当地抗病品种杂交培育成高产的杂交小麦。为人熟知的墨西哥矮秆小麦作为技术对农业生产率产生了影响是最好的实例，与此同时或许从饥饿中拯救了10亿人。在非洲需要类似的突破或"启动"。出于这个目的，2006年一个非洲绿色革命联盟（Agra）的成立获得了洛克菲勒基金会和比尔·盖茨基金会1.5亿美元的资助，将和位于肯尼亚内罗毕的非洲农业技术基金会一道，通过改善耕作方法、新种子和肥料来提高产出。其中的大项目之一就是开发"节水"的小麦来应对非洲南部长时间的干旱。

总之，20世纪60年代第一次革命之后，在农业中需要一场第二次绿色革命，这场革命现在已经在进行中（见案例6.2）。现代科技是有帮助的。生物科技（包括转基因技术）有潜力提高真实的生产率以及减少饥荒和营养不良的发生。转基因作物是这样一种作物：使用基因工程技术，将不同品种或种类的一个基因或一组基因注入它的基因物质中。

▶ **案例 6.2**　　　　　　　　**该是第二次绿色革命的时候了**

如何在相同数量的土地上种植出更多的食物，是人类历史上永恒的挑战。新的答案是容许人口增长和生活水平的提高，但是由于当今的食品价格猛涨，提高农业生产率的需要再次变得紧迫起来。种出更多的食物是可能的——但是如何种或在哪里种，提出这个问题有些教条主义，是不明智的。

20世纪60年代小麦和水稻每英亩耕地令人瞩目的增产现在已经减慢到每年仅为1%。这并不是因为创新停滞了，而是因为当一些土地退化时，边际土地被投入生产。能源投入要素——石油和化肥的价格上涨——将不可避免地降低互补性投入品——土地的生产率。

正是因为农业生产率增长降低的原因是多方面的，所以必须付出各种努力来提高它，并且与富国较高的生产率能够降低食物价格一样，发展中国家的高效农业也能降低食物价格。

然而，有两个原因对于发展中国家尤其重要。第一，提高缺乏化肥、机械和灌溉的生存小农的生产要比促进富裕国家的农工商企业可能更为容易。第二，高的食物价格常常对农村穷人有不利冲击，最为困难的是他们缺乏资本和政治权力。因此，对小农的帮助可能会比往常减贫的方式更为有效。

所以，富国应把它们的发展援助更多地放在农业上，这是一个已不再时髦的战略。但是它们必须十分小心——在农村发展上针对性不强的支出会变成浪费。

20世纪60年代绿色革命的一些方法——例如，大量使用化肥——现在也不是很经济的。对易受破坏的土壤和水源的管理将是21世纪农业生产率提高的一部分。

但是，如同它们以前所做的一样，最为关键的是新品种和新耕作技术。很多是有前景的。生物技术不仅有希望让作物能抗虫和抗病，而且能高效地把稀缺的水和营养转化成食物。对它们的开发和使用最大的障碍是欧洲的消费者和政府对转基因作物的抵制。但是，食物的纯度可能不再是这种问题，现在是食物的数量受到质疑。

资料来源：*Financial Times*，3 June，2008。

目前全世界大约 10％的农地（近 1.2 亿英亩）用于转基因作物的种植。很多作物在研究过程中，但是所有的作物只有五种：大豆、玉米、小麦、棉花和油菜。消费者和环境组织以对人类健康有风险为由对转基因作物强烈反对，但是转基因作物已经在食物链中，它们被广泛用于生产食物添加剂和动物饲养。目前，还没有科学证据认为它们是有害的。

转基因技术的好处在于使用它生产出的作物更有营养、抗虫害、能在盐碱地上生长、抗旱、使用氮肥更有效而且能够储存的时间更长。例如，英葛·帕罗卡斯（Ingo Potrykus）在苏黎世工作，运用基因工程使一种大米（"黄金大米"）包含 β-胡萝卜素，是一种能够产生维生素 A 的色素。这是一项非常重要的突破，因为每年由于缺乏维生素 A 而死亡的儿童有 200 万，还有更多的盲童。这项研究不是由关注知识产权保护和专利最大化回报的生物科技公司资助，而是由瑞士政府和洛克菲勒基金会资助。计划由国家研究中心免费分发新稻种给种植者，由马尼拉的国际水稻研究所来监督。如果国内没有完善的农业推广服务，农业创新不可能繁荣。现在研究已进入在"黄金大米"中移植三个基因来提高铁元素含量以战胜贫血，在发展中国家有很多人贫血。英葛·帕罗卡斯也在研究一种高蛋白的小麦，包含很多氨基酸，这能够大幅度减少死于营养不良的儿童人数。转基因棉花由于抗病性更强，在印度的产量几乎增加了 100％。

一些人认为转基因是唯一一个能够避免未来世界的粮食危机和基本食物价格上涨的技术。营养不良仍旧是发展中国家一个主要的灾祸，并且到 2020 年仍会有额外的 20 亿张口需要喂养。迫切需要新技术的应用。

最重要的是农民扩大生产的刺激和相关的机会，这可以通过对农业研究和提升人的技能的投资来达到。我们再次强调，自给性农业是一种不确定的活动，因而风险很大，特别是在生存遇到威胁的时候。这是造成保守以及在机会面前踌躇不前的另一个因素。穷人喜欢安全而不是担忧。他们宁愿要收入较低但相对确定的结果，而不要平均报酬较高但风险较大的前景。他们是风险回避型的。对于生活在生存边缘上的穷人，这显然不是不合理的行为。为了克服这种惯性，农业改革的一个不可缺少的部分是制定这样一些政策，通过提供各种类型的保险来使风险和不确定性达到最小（见第 2 章）。案例 6.3 突出了印度农业改革的挑战。

▶ **案例 6.3**　　　　　　　**印度农业改革的挑战**

有近 75％的印度穷人生活在农村地区，印度政府认识到提高农业生产率对减少贫困至关重要。印度农业占 GDP 的份额由 20 世纪 50 年代的 60％左右降到现在的大约 25％。但是务农仍旧是全国三分之二强的人口的一种生计。农业直接从业人口大约是

2.35亿，或者占印度所有劳动力的58%。

经济学家们相信，政府必须更为紧迫地进行农业改革，来阻止印度农村以农业为基础的邦（其人均平均收入只有最富的邦的一半）和城市化更高的邦之间不断扩大的差距。

当今印度农业的特点是：一边是人数日益增多的独立农民，一边是无地劳动者和勉强糊口的农民，其经营的土地还不如两个足球场大。

通过很多方式，印度农业仍然是圣雄·甘地（Mahatma Gandhi）描述的那样："大规模的人在生产，但没有规模生产"。但是在这种小规模的农场，农民对投资机械化或作物多样化有很少的激励，例如，这解释了为什么印度水稻的产量只有中国的一半。

经济学家们担心除非农业能够赶上其他部门的增长，否则它会束缚经济的其余部分。"这就意味着我们被小农经济卡住了"，高级农业经济学家，巴林·森说，"如果你想要更大的农场，你必须赶走一些人。政治上，你就搁浅了。"

按照贸易经济学家比瓦吉·达尔的说法，就像印度专注于发展它的信息技术和电信工业一样，政府应该积极行动把农业变为"智慧部门"（savvy sector）。

达尔博士说，除非印度能够使其农业现代化，否则农村人是不可能觉醒的。"我们对社会和政治的不满会导致在城市生活不安全。我们会在政治冲突中完蛋。"

资料来源：*Financial Times*，9 December，2003.

□ 五、 货币经济的增长

改变习惯与传统的意愿问题自然导致了对这个问题的思考：在典型的情况下，一个仅仅为消费而生产的农民自给经济是怎样转变为与出口部门和工业部门一样的货币经济的呢？从历史经验看，有两个因素似乎对于扩张农业部门和最终为国内外市场交换生产产品是至关重要的。一是运输系统的扩大。它为剩余产品创造了销路和市场，也刺激了剩余本身的生产。另一个是中间人阶层或进出口商人的出现，他们充当着世界市场和国内农业部门之间的代理人。如果具备这些条件，纯粹的自给农业就可能首先发展为混合农业，其中一部分农作物保留下来用于维持生存，一部分在市场上销售；最终再发展为现代农业，完全为市场生产，而且常常是以生产一种作物为基础。在从自给农业开始转变的过程中，当自给作物完成时，就可以利用闲散劳动和土地生产经济作物。但是，只有当农民有了可提高生产率的投入品、购买投入品的信贷以及市场设施时，转变为混合农业才成为可能。

现代农业严格按追求利润的商业规则管理，以一种作物为基础；因为国内市场的规模一般太小，它必须依赖于出口。现代商业化农业体系是很多发展中国家获得出口收入的基础，它常常被称为**农业综合企业**。它包括所有经营的过程，不仅涉及商品生产，而且涉及与生产过程相关的前向和后向联系。在投入方面，如资金、机器、化肥、种子的提供；在产出方面，如产品的加工、制造和销售。

当今，跨国公司具有强大的力量，掌握着发展中国家生产的主要农产品的生产和出口。例如，3家美国厂商控制了全世界一半以上的香蕉贸易；5家欧洲公司控制了在西方销售的茶叶的90%；两家最大的咖啡公司控制了世界市场的20%。

出口能力和国内销售能力意味着有了超过生存需要的剩余产品，正是这种剩余的规模将基本上决定了自给部门能够向货币经济转变的速度。我们再次得到这样的事实：除非农业生产率提高，否则货币化部门的扩大就会随着耕地的开垦完毕而日渐减弱。当可耕地全部开垦完毕时，发展就遇到了限制。

出口部门的出现为货币经济的发展和扩大提供了有力的刺激。出口创造了进口能力，对外国产品的购买刺激了进一步的出口专业化。那些尝到进口品甜头的人为生产者出口得更多提供了刺激。在新产品和新技术的情况下，有强烈的证据表明，小农生产者对刺激是有反应的，他们与有时所说的"西方经济人"没有什么不同。进口为工业化也提供了刺激。如果外国制成品市场建立起来了，借助于关税的保护，国内制造商建立企业就比较容易，而且风险较小，因为市场有了保证。进口品也可以替代国内资本，直接提高增长率。

当农民开始专门生产出口产品，而过去由自己生产的一些产品则依赖于其他生产者时，货币经济将从外贸部门向国内经济的其他部门扩展。正是劳动的国际分工导致了在一国之内和国家之间对交换手段的需要。

出口部门的出现、货币经济的扩大、工业的建立一般是同时发生的。工业化采取什么形式，首先取决于其原动力来自何处。我们提到的一个工业化刺激是进口，它为能在国内没有多大困难生产的产品创造了市场。自然导致工业化的另一个明显因素是，从土地上可以获得大量的资源，这为国内工业奠定了基础。在这种情况下，工业化采取了原料加工的形式。没有几个国家不拥有某些自然资源，每个国家在生产这种或那种能够被加工的原材料方面具有相对优势。这些就是前面所提到的农业综合企业。

今天的许多发展中国家，过去曾受殖民统治，它们的工业化的最初推动力是外国人对资源的开发。因此，工业活动最初采取了采矿和种植园农业的形式。外国飞地的建立无疑对发展产生了影响，但是如果让这些国家自行发展，发展是否更迅速，对这个问题还存在着争论。有人宣称，这些国家的长期发展受到了损害，因为从生存部门获得便宜的劳动力抑制了较为现代的生产机器的装配；还认为，外国人对一国资源的占有和开发因利润汇出东道国而降低了该国潜在的投资水平。这就是依附论者的观点，我们将在第8章详细讨论这一理论。

□ 六、 传统农业的融资

多年来，传统农业严重缺乏投资资源。传统农业虽然占有 30% 的产量和 50% 的就业人口，但是吸收的投资资源仅为 10%。传统农业中的高风险和低收入无疑阻碍了私人资本的投资。至少直到最近，公共机构对农业的投资也很少。1947—1959 年世界银行的开发贷款为 40 亿美元，其中只有 1.24 亿美元投入到了农业。通过多边和双边的渠道募集资金投向农业领域的官方发展援助（ODA）在 20 世纪 70 年代大幅增长，但是自从 1979 年后 ODA 用于农业的份额从 18% 减少到 2004 年的 3.5%。按绝对值算，在 1984 年达到最高值 80 亿美元（按 2004 年美元计算），2004 年降到 34 亿英镑（World Bank，2007）。

在以农业为基础的发展中经济体，农业占公共支出的份额也从 1980 年的 7% 下降到 2004 年的 4%（World Bank，2007）。农业在一定程度上被忽视了，发生在 2007/

2008 年的世界粮食危机和粮食价格上涨也部分归咎于此。

发展中国家的公共部门和多边机构如世界银行，有责任对农业进行投资以提高生产率和消除贫困。某些项目涉及通过更有效地使用种子、化肥和水增加传统作物的产量。另一些项目是关于改变从自给性作物到高价值作物的产品组合的。

目前，灌溉是世界银行向农业贷款中的最大项目，它使耕种面积扩大，通过种植双熟作物也使土地更为集约耕种成为可能。世界银行贷款的灌溉系统对亚洲的水稻单位面积产量和总产量产生了重大的影响。世界银行也已成为发展中国家化肥厂建设的金融与技术援助的最重要来源，这些援助在增加单位产出和总产出方面发挥了重要作用。世界银行也为农村基础设施建设（如道路建设项目）提供贷款以缓解销售和供给瓶颈，也为电力工程建设提供贷款。农业推广是世界银行援助农村部门的另一个重要方面。在印度，"联系"农民把从推广工作者那里学来的改进的技术知识传播给他们的邻居，这样做使 1 000 多万农民家庭得到了帮助。农村穷人现在可以更广泛地和更容易地获得世界银行融资的信贷。在印度，大量的信贷被小农用于补充性的灌溉设施。

最后，世界银行管理各种多重目的的项目，这些项目把许多活动结合在一起——通常是与地区发展计划相联系。在墨西哥，于大约 30 个地点通过对灌溉、水土保持、发电、学校、医疗保健、水供给和销售服务方面的投资，使大约 75 000 个低收入家庭从这个项目中获益。世界银行对农村发展的每一美元投资都获得地方投资的补充。世界银行一针见血地指出，只有国家在价格、税收、土地改革等方面推行适当的政策，它对总资源流量的贡献才能够发挥效果。世界银行援助农村穷人的项目很大一部分现在仍在实施过程中，所以很难可靠地加以评估，但是有证据表明，把增加资源、制度改革和国家对改善农村部门的责任结合在一起可能会产生重要的效果。

除了世界银行之外，还有其他的一些帮助传统农业的多边组织，特别是联合国国际农业发展基金会（IFAD），它正在设法把小农和无地劳动者结合到发展过程中。该组织指出，它将优先考虑"对改善发展中国家的粮食生产，尤其是农村人口中最穷部分的获益有重大影响的项目"。直到 2008 年，该组织已经支出了 20 多亿美元用于这个项目。

在缺乏国外机构投资的情况下，在发展的早期阶段，为农业和工业扩张的资本来源是相当有限的。从经济意义上说，一个真正的生存经济只能生产自身所需要的东西而没有更多的剩余产品，每一个人都是罗宾逊·克鲁索，他们只能缩减当前的消费来为自己提供资本。随着出口产品生产的专业化以及生产者对筹集资本来扩大生产能力的需要，机制会自发地创造出来，以满足对信贷的需要。需求会以某种价格创造供给者。这是一个很好的市场定律。供给者一般都是乡村放贷者、商店店主、地主，有时还有教堂——特别是在南美洲——它们索取的利率通常高于 50%。

□ 七、 农业与工业的相互依存

一旦农业摆脱停滞和生存状态，开始专业化和为出口生产，在农业增长的影响下工业开始发展，农业和工业这两个部门就变得相互依存了。工业部门增加对农产品的需求，吸收剩余劳动，从而可以提高农业的生产率。反过来，由于农业部门的实际收入提高，又为工业品提供了市场。如果生产率提高得快于商品的需求，它可以通过转移资源而对发展作出要素贡献。

来自农业的需求是对工业化一个主要的刺激。阿德尔曼（Adelman，1984）将这一过程描述为"农业需求引致的工业化"。沃格尔（Vogel，1994）采用低收入和高收入经济体的 27 个社会核算矩阵，表明农业对工业的影响远远大于工业对农业的影响，并且会随收入水平的提高而增加。在低收入水平，每 1 美元的农业支出会带来对非农投入和服务的引致需求增加 2.75 美元，并且在高收入国家增加 10 美元。农村地区家户的需求对后向乘数的贡献最大；这使得沃格尔得出："早期发展理论家没有明确阐明农户对消费品的需求的重要地位，没有认识到发展中国家农业生产联系的这些制度反馈的中心作用，是发展经济学理论的最大失败之一。"在一些发展中国家，农村部门的停滞抑制了工业的发展。

从农业向工业转移的资源可以是资本、劳动，或者是二者。因为大多数低收入国家都拥有丰富的劳动供给，所以除了在收获季节，从农业向工业转移劳动是不困难的。无论如何，由于工业部门有更好的就业机会和更高的实际收入，劳动者将自然而然地向城市流动。工业部门的实际劳动报酬可能是农村工资的两倍以上。如果工业部门要保证获得足够的劳动供给，工资差别是必不可少的，因为在城市环境中实际生活成本更高，丧失了乡村生活的好处和在工业部门中更大的就业不确定性。这些都要由更高的收入来补偿。实际报酬较高也可能是由于工业部门因劳动与更多的生产要素一起工作而有更高的生产率。大多数乡—城人口流动模型把人口流动作为城乡预期工资差的正函数。这个预期的工资差别是指按照城市总就业劳动力的比例（作为找到工作的概率的代表）进行调整的城市工资与农业实际工资之间的差别（见后面的模型概述）。

资本可能不如劳动的"流动性"强，如果无法在自愿基础上从农业部门抽取足够的资金，就有必要由政府采取征税方式从农业部门强制转移储蓄。前面已指出，明治维新时期的日本和革命以后的苏俄就是依靠这个方法。1880—1900 年间日本的土地税提供了将近 80% 的中央政府税收。在俄国，强制抽取农业剩余采取了没收土地和消灭劳动力的形式。西方的工业化，特别是英国，在很大程度上也要依靠土地所产生的剩余提供资金。但是，这种剩余的转移是通过银行系统的迅速扩张而自愿进行的。今天的发展中国家虽然可以得到外国的资本资源，但是也必须主要依靠从农业中抽取剩余为工业化提供资金。困难在于，怎样在不伤害对生产的刺激和生产率增长——这是农业剩余不断增长赖以存在的基础——的条件下，决定抽取资金的最好方式。经济发展的融资问题将在第五篇中更充分地讨论。

第三节 二元经济的发展

□ 一、 劳动无限供给条件下的经济发展

从生存状态发展到货币经济的过程是由阿瑟·刘易斯在他的著名论文《劳动无限供给条件下的经济发展》（1954）中建立的。[3] 在那篇论文中，他提出了一个"古典的"二元经济模型，其目的——正如他所说——是要考察在解决分配、积累和增长问题的古

典框架中能够得到什么结论。他的最终目标是要强调资本主义剩余在经济发展过程中的决定性作用。

☞ ━━━━━━━━━━━━━━━━━━━━━━━━━━━━━━━━━━━━━━━

阿瑟·刘易斯（Arthur Lewis）

1915 年生于英属西印度群岛圣卢西亚岛，卒于 1991 年。曼彻斯特大学、西印度大学和普林斯顿大学经济学教授。西印度大学副校长和加勒比地区开发银行总裁。撰写的第一部关于发展经济学的教科书是《经济增长理论》（1955），但最为著名的是其 1954 年发表的论文《劳动无限供给条件下的经济发展》，是发展经济学最有影响力的论文之一，现在仍然被广泛引用。刘易斯是发展经济学的"先驱"之一并于 1979 年获得诺贝尔经济学奖。

━━━━━━━━━━━━━━━━━━━━━━━━━━━━━━━━━━━━━━━

所以，刘易斯模型从现代交换（资本主义）部门和土著生存（非资本主义）部门并存的二元经济的假定开始，而且假定在生存部门中有无限的劳动供给，意即在生存工资条件下劳动的供给超过了对它的需求。也就是说，生存部门中劳动者的边际产品等于或低于生存工资或制度工资，以致工人数量的减少不会降低劳动的平均（生存）产量，甚至有可能提高。

我们已经说明，在一个发展水平相当低而人口增长率较高的经济中，劳动的边际产品可能等于零或负数。事实上，刘易斯自己说过："发展中经济体大多数部门的劳动边际生产率可以忽略不计、为零或者甚至为负"。

农业的一个显著特点是：由于土地的供给是固定的，农业活动受报酬递减支配。如果人口增长很快，劳动者除了在土地上之外就没有什么其他就业机会，这样的阶段就会到来：土地不能为更多的工人提供生计，除非现在的劳动者大大减少他们的劳动时间。图 6—1 表明了这种情况。在图 6—1 中，所画曲线表示在土地上连续增加的劳动单位的边际产品。在劳动就业超过 X 以后，由于报酬递减，劳动的边际产品下降。超过 X_1 之后，劳动对于产出的边际贡献低于生存工资；在 X_2 之后，劳动对于产出的贡献变成了负数，总产品将随劳动的连续增加而下降。

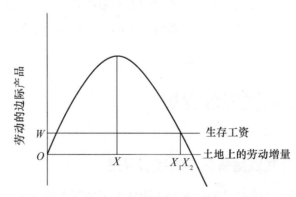

图 6—1　土地上连续增加的劳动单位的边际产品

同样的趋势也可以用第 5 章中介绍的生产函数图形来表示，如图 6—2 所示。在土

发展经济学（第九版）

地数量固定为 K 的情况下，被雇用的劳动超过 X_2，劳动的边际产品就为负值，进一步追加劳动供给而不相应增加土地数量，将把经济推向较低的生产函数。例如，当劳动为 X_3 单位时，总产出将从 100 单位下降为 50 单位。

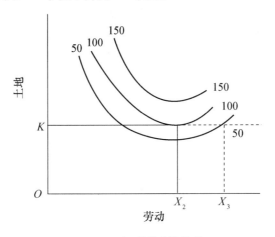

图6—2　报酬递减的趋势

　　避免报酬递减和农业边际产品为零主要有三种方法：第一，把越来越多的农业人口吸引到工业中，使生产率的提高比人口增长更快；第二，通过农业部门的技术进步，增加劳动的边际产品；第三，通过资本积累直接提高生产率，也可以成为技术进步的媒介物。

　　在刘易斯的模型中，劳动超过图 6—1 中的 X_1，对工业部门就是有完全供给弹性的，而不论工业工资水平怎样。[4]工业或资本主义部门用图 6—3 表示。曲线 NR 表示资本主义部门中劳动的边际产品，W 是工业工资。根据利润最大化的假定，所雇佣的劳动在资本主义部门要达到边际产品等于工资率的那一点，即 M 的劳动将被雇佣。超过 M 的工人挣到他们在生存部门所能得到的工资。假设工业工资的决定与在生存部门所能得到的工资有某种关系。工业工资和生存工资的差（WW_1）是许多因素的函数，其中的一些因素我们也提到过，例如，资本主义部门中较高的实际生活成本和工作的较大不确定性。假定工业工资以生存部门的工资为基础，资本家就可以从压低生存部门的生产率中得到直接的好处。刘易斯评论说，在近代，非洲每个帝王权力的记录都是一个使生存部门贫困的记录。

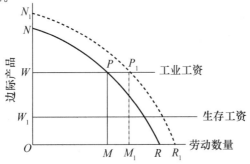

图6—3　工业/资本主义部门

在图 6—3 中，劳动的总产品（$ONPM$）被分为以工资形式支付给劳动的部分（$OWPM$）和资本家的剩余（WNP）。资本主义部门的扩张和对生存部门的劳动的吸收率依赖于资本家剩余的使用。如果剩余用于再投资，形成更多的资本，就将增加劳动的总产出。边际产品曲线将向右上方移动，比如说移到 N_1R_1，这意味着，如果工资保持不变，现在资本主义部门可雇用更多的劳动，这将从生存部门迁移出 MM_1 的工人。资本主义部门的剩余将从 WNP 增加到 WN_1P_1，它可用于进一步的再投资，这一过程还可以继续下去。这就是刘易斯发展过程理论的基本内容。在资本主义部门，利润率刺激投资。因为如果实际工资不变，提高生产率的所有好处都归资本家，所以利润率随时间的推移必定提高。[5]

按照刘易斯的观点，利润在国民收入中的份额（P/O）也将提高。第一，在资本主义部门中，利润份额（P/C）将会提高；第二，资本主义部门相对于国民收入的比例（C/O）也趋于扩大。这就是说，如果 $P/O = P/C \times C/O$，则当 P/C 和 C/O 提高时，P/O 就将提高。对于刘易斯来说，后者更为重要。他说："如果问为什么欠发达国家储蓄得那么少，答案不是因为如此贫穷，而是因为它们的资本主义部门太小。"

当资本积累赶上人口增长，以致在生存部门不再有可以被吸收的剩余劳动时，刘易斯所概述的过程就结束了。当所有的剩余劳动都被吸收时，工业部门的劳动供给就变得不再有完全的弹性。现在，因为劳动的边际产品不再低于制度工资，生存部门的生产者从其利益出发也会争夺劳动。达到这一点时，农业部门就可以说商业化了。生存部门中生产者行为的这种变化也就是起飞阶段的结束（Ranis and Fei，1961）。

刘易斯模型中暗含这样的假设：资本主义部门中的就业增长与资本形成率是成比例的。但是，如果利润被再投资于劳动节约型技术，情况就不会这样。工业部门的就业增长率以及对农业部门的吸收率就可能是非常低的。

由于资本家剩余的扩展受到阻碍，在生存部门的剩余劳动被完全吸收之前，这一吸收过程就可能会过早地停止。首先，资本积累和劳动吸收可能会因与资本主义部门自身扩张有关的原因而受到阻碍。例如，当资本主义部门扩张时，贸易条件可能变得对它不利。如果对粮食的需求扩张得比农业产出更快，资本主义部门就得对用来交换工业品的粮食支付较高的价格，从而减少资本家剩余的规模。这会产生两个效应：

第一，如果资本家买的东西价格较高，而卖得较便宜，这意味着为投资而进行的储蓄就减少了。如果农业生产率迅速提高，就不会发生这一问题，但是，刘易斯自己也承认，在许多发展中国家，农业生产率提高不快，这可能是阻碍工业部门扩大的主要因素。如果这样，刘易斯的批评者认为，非农业就业的增长可以说是依赖于农业剩余的增长。事实上，与古典模型仅仅强调资本供给不同，这正是**新古典发展模型**的起点（见 Jorgenson，1966）。

第二，如果粮食短缺，来自资本主义部门扩张的影响是，工业实际工资不得不提高，从而进一步抑制资本家剩余。如果需要在农业中投入劳动来满足对粮食的需求，则在实际工资不变的条件下，无限的劳动供给实际上就是非常有限的了。劳动无限供给的假设是奠定古典发展理论研究基础的中心命题。乔根森指出，古典方法的成败就依赖于这一假设。当然，从历史上看，农业和工业中的实际工资都提高了。资本主义部门扩张得也很快，这支持了古典和新古典方法的中间观点。刘易斯本人承认资本积累和粮食供给的重要性，正是这一观点形成了他支持工农业部门平衡增长观点的基础。

工业部门的资本积累也可能因与其扩张和粮食需求无关的一些原因而受阻碍。例如，实际工资可能因工会的直接压力而提高，或者也可能由于农业生产率提高，生存部门的实际工资提高，间接迫使工业部门提高工资。刘易斯本人（Lewis，1954）指出：

> 提高生存部门生产率（人均平均产品）的任何情况都将提高资本主义部门的工资，因而将减少资本家剩余并使资本积累率下降，除非它同时更多地引起贸易条件向着不利于生存部门的方向变化。

刘易斯得出这一结论是因为，他的古典两部门模型的简单假设之一是，资本主义部门的扩张仅仅受资本短缺的限制，从而农产品价格和农民购买力的提高都不是对工业化的刺激，而是资本主义部门扩张的障碍。这如何使农业部门为工业品提供市场的观点与世界银行（《1979 年世界发展报告》）的"购买力低下的停滞的农村经济阻碍了许多发展中国家的工业增长"这种观点相协调呢？看来，答案是相互矛盾的。因为古典方法强调供给而忽视需求，或者想当然认为始终存在一个工业品的市场出清价格。事实上却是存在一个最低价格，低于这一点，工业品的价格不可能下降，而是由工业中的生存工资来决定。

约翰斯顿和梅勒（Johnston and Mellor，1961）多年前就认识到了刘易斯模型这一令人担忧的性质。他们深刻地指出，"强调农业为整个发展提供必要的资本和强调提高农民购买力作为工业化的刺激因素，这两者之间存在着明显的冲突。这一冲突是不易调和的。"协调绝不可能那么容易，但是，如果从一开始就认识到在这两个部门之间存在着互补性，并且记住必定存在一个均衡的贸易条件使这两个部门的供求达到平衡，那么这一冲突是有办法解决的。这一模型的基础最初来自卡尔多（Kaldor，1979）。

□ 二、 工农业互补性模型 [6]

我们已经看到，农业通过提供市场剩余而为工业的资本积累提供了可能性。剩余越多，工业就越能便宜地得到粮食，储蓄和积累也就越多。这是供给方面的情况。但工业也需要有工业品市场，在经济发展的早期阶段，这个市场必须主要来自农业。这是需求方面的情况，而且农产品价格越高，农业购买力也就越大。低粮食价格对工业供给有利，高粮食价格对工业需求有利，这是有矛盾的。解决这一矛盾，需要一个简单的模型能够把农业和工业结合在一个均衡结构之中——在这一结构中，工农业贸易条件提供一种均衡机制，保证供给与需求在每个部门中均以同样的比率增长。

我们首先构造与贸易条件有关的农业部门的增长模型，再建立工业部门的增长模型，然后把这两个部门结合起来。农业的增长率是农业的投资在产出中的比例以及投资生产率的函数。"节约"下来的粮食可以交换多少工业投资品，取决于工业品相对于粮食的价格，即工农业贸易条件的高低。投资品价格越高，生产一定量粮食的投资可能越少，供给能力的增长也越低。工业贸易条件（相对于粮食价格的工业品价格）和农业增长率（g_A）之间的反向关系如图 6—4 所示。

工业增长率也是其投资比率和投资生产率的函数。但存在一个最低贸易条件，低于这一点，因为所有的产出都得用于支付工人的工资品（食品），工业就不能进行任何投资。如果所有的工资都消费掉，工业中平均每单位产出的粮食投入成本将依赖于实际工

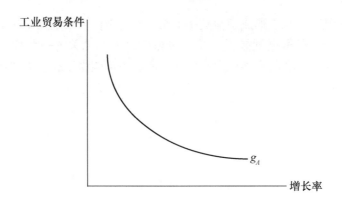

图6—4 工业贸易条件和农业增长率

业工资率除以劳动生产率，即 $w/(O/L)=W/O$，其中，w 是实际工资率，W 是工资额。工业品价格必须包括 W/O，这决定了相对于粮食价格的工业价格的下限。在另一个极端，工业增长不可能超过某一最大值，在这一点上粮食的价格相对于工业品太低，致使所有的工业品都用于工业再投资，实际上，投资率接近 100%，增长的这个上限取决于投资的生产率。工业贸易条件与工业增长率（g_I）之间的关系如图6—5所示。

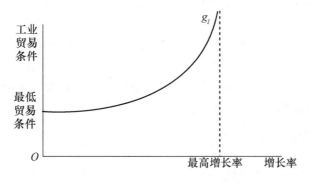

图6—5 工业贸易条件与工业增长率

如果为简单起见（但不失一般性）我们假定，对农产品和工业品的需求收入弹性为1，则在既定的贸易条件下，农产品的增长率就表示对工业品需求的增长率，工业品的增长率就表示对农产品需求的增长率，在 g_A 和 g_I 相交之处（g^*），农业和工业将在均衡贸易条件（P^*）上实现平衡增长。图6—6说明了这一情况。[7]在这个工农业互补的模

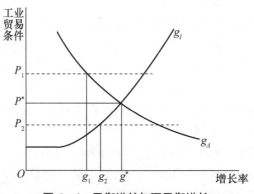

图6—6 平衡增长与不平衡增长

型中，我们可以看到，贸易条件如果不处于均衡状态可能会发生什么情况，也可以看到刘易斯曾提到的对工业增长的阻碍。

如果贸易条件不均衡——如果粮食价格相对于工业品价格"太低"或"太高"——则工业增长或者受需求限制，或者受供给限制。例如，如果图 6—6 中的贸易条件为 P_1，因为粮食价格"太低"，工业增长率将因缺乏农业对工业品的购买力而被限制在 g_1。工业可以积累资本，但不能销售其产品。反之，如果贸易条件低于均衡点而处于 P_2，则工业增长将由于粮食价格太高损害了资本积累而被限制在 g_2。农业有能力购买，但工业无能力供给。增长在 P^* 处达到最大。

我们现在可以考察如果曲线移动，将会发生什么情况。显然，曲线的移动会引起增长率和均衡贸易条件的变化。农业生产率的提高使 g_A 向外移动，这意味着工业增长率较高以及工业的贸易条件得到改善。在这里，提高农业生产率的重要性充分表现出来了。工业生产率的提高使 g_1 向外移动，它也意味着工业增长率提高了，但工业的贸易条件恶化了。[8] 但是，如果存在一种趋势：工业实际工资的提高与生产率的提高相一致，则 g_1 曲线将保持不变，贸易条件将不会向有利于农业和不利于工业的方向变动，除非农业生产率下降，g_A 曲线向内移动。

我们也能很容易说明刘易斯模型中工业扩张所受的阻碍。工业实际工资的提高将会使 g_1 曲线向内移动，这会阻碍工业的扩张，除非农业生产率以相应的速度提高，使 g_A 曲线向外移动（参看上文的刘易斯的引文）。

这一模型的最终含义是：如果随着时间推移，农业出现报酬递减，农业生产率将下降，g_A 向内移动，将降低工业增长率。如果 g_1 曲线相对稳定，工业增长基本上依赖于农业中土地节约型创新速率（技术进步），这种创新可以抵消报酬递减的影响。

第四节 人口流动与失业

□ 一、 乡—城人口流动和城市失业

刘易斯曾指出，城乡工资大约 30% 的差距可以把劳动吸引到工业部门。近年来发生的情况是，这种差距大大扩大了，远远超过了上述水平——出现了规模空前的城乡人口流动，但工业部门的扩大却没有为所有能够工作的人提供足够的就业机会。乡—城之间的工资差在中国超过 300%；在危地马拉是 300%，在越南是 210%（World Bank，2007）。这样，正如第 3 章所描述的那样，人口流动使失业从农村转向城市。2008 年，人类历史上第一次出现城市人口超过农村人口。非正规的城市经济部门成了这些从农村转向工业就业的劳动者的避难所。从这种现象得出的结论是：尽管存在长期失业的可能性，但城市工资的预期值仍然超过农村工资，只要情况仍然如此，人口流动过程就会继续。在这种环境发生变化的情况下，发展理论把它的注意力集中于城市失业以及对它的对策问题。大多数乡—城人口流动模型对使用传统手段——如对劳动进行补贴或在城市实施公共工程计划等——减少城市失业水平持悲观主义观点。原因是：从土地上迁移出来的人口不仅是实际的城乡工资差距的函数，而且是就业机会的函数。就业机会增多会

暂时减少失业，但同时鼓励了更多的人口流动。这样，城市就业增长率的提高实际上是否会减少失业，就成为一个经验问题。但是，这样的实际可能性是存在的：只要在土地上仍然有剩余劳动，而发展政策又集中于现有城市（工业）中心的新生产活动，城市地区就可能陷入"高水平失业均衡陷阱"。

最早的和最简单的乡—城人口流动过程模型之一是托达罗模型（Todaro，1971），该模型也是可以检验的。我们来讨论它的主要性质和含义。

假定城市部门的劳动供给是预期的城乡工资差距的函数，其中预期的城乡工资差距等于实际城市工资乘以在城市得到工作的概率，再减去平均的农村工资。因此，

$$S=f_s(d) \tag{6.1}$$

其中，S 是对城市部门的劳动供给，且

$$d=w\pi-r \tag{6.2}$$

其中，w 是城市的实际工资，r 是平均农村工资，π 是在城市得到工作的概率。

假定，在城市部门得到工作的概率直接与新工作创造率正相关，而与失业的工作寻找者对现有工作机会数量的比率负相关[9]，即：

$$\pi=\frac{\gamma N}{W-N}=\frac{\gamma N}{U} \tag{6.3}$$

其中，γ 是城市新工作创造率，N 是城市就业水平，W 是城市总劳动力[10]，U 是城市失业水平。把式（6.3）代入式（6.2），得到：

$$d=\frac{w\gamma N}{U}-r \tag{6.4}$$

如果假定当预期的城市工资等于农村工资（即 $d=0$）时，人口流动将停止，我们可以从式（6.4）得到均衡失业水平：

$$U^e=\frac{w\gamma N}{r} \tag{6.5}$$

从式（6.5）中可以看到，实际城市工资的减少将降低失业的均衡水平，农村工资的提高也将降低失业的均衡水平。但是，新工作创造率的提高将通过提高获得工作的概率和刺激人口流动而提高失业的均衡水平。所以，像工资补贴那样的政策是否能减少失业，要看对劳动需求的增加是大于还是小于引致的供给。

从方程（6.5）中，我们可以解出失业对就业的均衡比率，得出这一模型的数量概念。方程两边同除以 N，得到 $U^e/N=w\gamma/r$。这样，例如，如果工业工资是农村工资的两倍（$w/\gamma=2$），$\gamma=0.05$，失业对就业的均衡比率就等于 10%。

为了更全面地考察上述模型的政策含义，对"在什么条件下城市失业的实际水平会提高"这样的问题作出回答，我们假设城市工作创造率是城市工资（w）和政策参数（a）（即增加就业的政府政策变量）的函数。则：

$$\gamma=f_d(w,a)\quad\frac{\partial\gamma}{\partial a}>0 \tag{6.6}$$

如果城市劳动需求的增长加快，劳动供给的反应可以写成：

$$\frac{\partial S}{\partial a}=\frac{\partial S}{\partial d}\frac{\partial d}{\partial \gamma}\frac{\partial \gamma}{\partial a} \tag{6.7}$$

现在，通过偏微分，从式（6.4）中我们得到：

$$\frac{\partial d}{\partial \gamma}=w\frac{N}{U} \tag{6.8}$$

把式（6.8）代入式（6.7），得到：

$$\frac{\partial S}{\partial a}=\frac{\partial S}{\partial d}\frac{wN}{U}\frac{\partial \gamma}{\partial a} \tag{6.9}$$

如果政策变化所导致的劳动供给的增加量超过新创造的工作数目，城市失业的绝对水平就会提高；即，如果

$$\frac{\partial S}{\partial d}\frac{wN}{u}\frac{\partial \gamma}{\partial a}>N\frac{\partial \gamma}{\partial a} \tag{6.10}$$

现在，从等式两边消去 N 和 $\partial \gamma/\partial a$，并用 d/w 和 U/W 乘以两边，失业增加的条件就是：

$$\frac{\partial S/W}{\partial d/d}>\frac{d}{w}\frac{U}{W} \tag{6.11}$$

或把式（6.2）代入式（6.11）：

$$\frac{\partial S/W}{\partial d/d}>\frac{w\pi-r}{w}\frac{U}{W} \tag{6.12}$$

简言之，式（6.12）表明：如果城市劳动供给（由于人口流动）对城乡工资差距的弹性超过预期城乡工资差距对城市工资的比例乘以失业率，那么为增加就业的政策变化反而导致城市部门的失业增加。式（6.12）显然是可检验的。事实上，式（6.12）满足一个很低的弹性。例如，假设实际城市工资是农村工资的 2 倍[11]，城市部门获得工作的概率是 0.8，失业率是 10%，则如果城市劳动供给对于预期城乡工资差距的弹性是 0.03，失业水平就会提高。

需要指出的是，人口流动所导致的总劳动供给的增长（$\partial S/W$）与人口流动增长率（$\partial S/S$）不是一回事，因此，对工作机会变动的供给弹性和对工作机会变动的人口流动弹性也不是一回事。但是，对式（6.10）两边同乘以 U/S 而不是 U/W，我们可以把式（6.12）变换为对 $\partial d/d$ 的人口流动弹性。即有：

$$\frac{\partial S/S}{\partial d/d}=\frac{w\pi-r}{w}\frac{U}{S} \tag{6.13}$$

由于失业与人口流动的比率（U/S）大大高于（U/W），人口流动本身的弹性必然高于劳动供给的弹性，因为扩大就业的计划造成失业增加。如果我们假设，如前一样，$w/r=2$，$\pi=0.8$，$U/S=2$，由于失业增加，人口流动弹性会超过 0.6。从原则上说，这一弹性是容易估计的，通过设立一个人口流动函数，在这一函数中，假定影响人口流

动的其他因素不变，则人口流动为预期的城市工资差距的函数。关于一个有趣的案例研究，可以参见由巴纳姆和萨巴特（Barnum and Sabot，1977）所作的坦桑尼亚的研究。他们假定其他因素不变，估计人口流动对城市工资本身的弹性在 $0.7 \sim 2.0$ 之间。[12]

□ 二、隐蔽性失业：类型和计量

农业中的劳动边际产品越高，关于农业剩余的增长决定非农业就业的增长的新古典论点就越有力量。现在，我们必须更仔细地来考察劳动无限供给的古典假设。劳动无限供给是按边际产品低于生存工资来定义的。

如果农村中劳动的边际产品为正（只要边际产品低于生存工资，刘易斯模型并不排除这种情况），从生存部门抽出劳动就会使总产出减少。因此，认为在劳动无限供给的基础上谋求发展不仅可能而且痛苦较小，其理论的背后一定暗含着这样一个假定：劳动的边际产品实际上等于零。"隐蔽性失业"这一术语通常就是用这种方法来不严格定义的。问题是，如果劳动的边际产品是零，或者虽是正的但低于生存工资，那么劳动者怎样依靠土地生存呢？谁会雇用这样的劳动呢？如果大量的劳动迁移，生存部门的产出会不受影响吗？总之，"隐蔽性失业"的精确含义是什么呢？它能够量化吗？我们凭什么来论证在劳动剩余的经济中，工业发展是一个痛苦较小的过程呢？

为了更正规地描述文献中常常发现的隐蔽性失业的三种可能解释，我们按照报酬递减重画图 6—1。在图 6—7 中，令 A 为可雇用的实际工人数，则 A 与 S 之差，即可就业的工人数与使劳动的边际产品等于生存工资的就业数的差就是一种隐蔽性失业。这就是刘易斯模型中劳动无限供给的定义，在这里，如果劳动的边际产品低于制度工资或生存工资，土地所有者就没有兴趣保留这些工人，从而不与工业部门争夺劳动力。

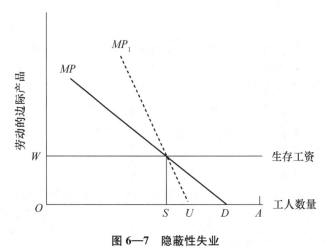

图 6—7　隐蔽性失业

对隐蔽性失业的第二种可能的计量方法是 A 和 D 之差，即可就业的实际工人数和劳动的边际产品为零时的就业水平之差。这个差有时被称为**静态剩余**。这种剩余明显地比按照劳动边际产品低于制度或生存工资来定义隐蔽性失业时所计量的剩余要低。

隐蔽性失业的第三种计量方法是实际可就业的工人数目与这样一种就业水平的差——在这一水平上，如果发生某些变化就能用较少的人生产同样水平的产出，则劳动的边际产品为零。这种情况是通过把边际产品曲线旋转到 MP_1 来表示的。现在，隐蔽

性失业用 A 和 U 的差来计量,它有时被称为**动态剩余**。动态剩余显然包括隐蔽性失业的许多"类型",因为有很多原因——特别是在发展中国家——使劳动没有完全发挥它们的潜力,只要技术和生产组织稍加变化就可以释放出大量的劳动。

判断是否存在使劳动的边际产品为零的剩余劳动主要有三种方法。第一种方法是,考察相当数量的农业劳动力从土地上撤出,或者在工业化项目上劳动,或者由于疾病,看看在这种情况下农业产出是否下降了。

这种方法被舒尔茨(Schultz, 1964)采用了,他考察了 1918—1919 年在印度发生的流感瘟疫的影响。这次流感瘟疫夺去了近 8% 的农业劳动力的生命。他发现在下一年农业面积和产量都下降了。从而得出结论说,印度农业的剩余劳动是不存在的。但是,对舒尔茨研究的一个重要批判是,他没有区分瘟疫后的一年的夏季和冬季。梅拉(Mehra, 1966)表明,就在瘟疫之后的夏季生产事实上并没有减少,而且由舒尔茨发现的 1919—1920 年农业生产的下降是由于冬季作物减少所致,它可能是雨水少造成的。不过,虽然遭到批判,但这也是一种研究的方法。

估计静态剩余的第二种方法是,计算可利用的劳动与在既定技术条件下生产目前水平的农业产出所需要的劳动之间的差,不过这里要适当考虑到生产的季节性因素。在这种情况下,剩余劳动量的估计值将因各地条件而不同,也将因对正常工作日的理解不同而不同。

第三种方法是,估计农业生产函数(见第 5 章),检验一下对于劳动投入的产出弹性是否显著地不等于零。这种方法只能用来估计是否存在剩余劳动,但不能计量剩余的数量。

在讨论农业劳动的边际产品和隐蔽失业时,需要作两个重要的区分:收获期和非收获期;雇用劳动的农场和不雇用劳动的农场。在生产函数方法中,这种区分是很清楚的,而且是非常有效的方法。就雇用劳动和不雇用劳动的区别而论,如果雇用工人,那么家庭劳动的边际产品可能就不会为零,如果支付工资,雇用工人的边际产品也不可能为零。

现在我们转到关于计量动态剩余的问题。所谓动态剩余是指实际就业的劳动与在技术发生一些小变化的条件下(包括每天工作时数的增加)所需劳动之差。

很遗憾,计算动态剩余的研究者一般都没有对剩余的各种原因作出区分,也没有对他们赖以估计劳动所需的假定作出明确说明。对是否存在隐蔽性失业以及隐蔽性失业范围的估计和看法之所以不同,主要原因即在于此。如果只是简单地依靠估计生产一个既定产出所需的劳动量(按照研究者的观点)和实际的劳动量之间的差来计量剩余,就不能区分生产率低下是由什么原因造成的——是由于健康不良、缺乏刺激、对闲暇的偏好、原始技术造成的,还是由于生产的季节性质造成的。

有人认为从农业的劳动边际产品很低这个意义上说,确实存在着隐蔽性失业,而另一些人不同意这种观点。为了调和对隐蔽性失业的这两种观点,有人就把就业的劳动时间和就业人数区分开来。在工资制度下,使用劳动一直达到边际产品为零的那一点的情况确实是不存在的。如果工资是正的,边际产品也就是正的。但是,利润最大化行为与多余劳动是相当一致的。劳动使用达到这样一点,在这一点上,一单位劳动时间的边际产品等于工资。这样,隐蔽性失业就表现为每个劳动者工作的时间较少。这不是劳动时间太多了，而是使用的劳动者太多了。如果从土地上撤出劳动者，总产出就会减少，除非留下的劳动者工作更长的时间来加以弥补。可见，对隐蔽性失业的估计，要看究竟如何定义正常工作日长度。如同对待动态剩余一样，估计值可能是主观的。但是，假设留下的人工作更努力或更长时间，按照古典的观点，劳动的无限供给是存在的。我们用图形来说明这种情况。

在图 6—8 中，原点以上的纵轴量度总产出，横轴量度总劳动时间。令 L_1 点为对应于总产量 Q 的劳动时间，在这一点上，劳动时间的边际产品等于生存工资。原点以下的纵轴量度劳动者人数，因而角 OYL_1 的正切（$\tan a$）则给出每单位劳动的平均工作小时数。如果角 OXL_1 的正切被认为是正常的工作日长度，那么同样的产量 Q 可以用 X 的劳动而不是 Y 的劳动生产出来，则隐蔽性失业就等于 XY。容易看到，如果劳动力从 Y 减少到 t，人均工作时数不变（即 $\tan OtS = \tan OYL_1$），总产出会从 Q 减少到 P。如果认为正常工作时数大于或小于 $\tan b$ 给出的时数，隐蔽性失业就将大于或小于 XY。我们举一个实例。假设生产者雇用 10 个人（$Y=10$），每人一天做 5 小时工作（$\tan a=5$），第 50 个小时的边际产品等于生存工资（$L_1=50$）。如果一个工人离开（例如 Yt），总产出将从 Q 减少到 P，除非现在 9 个工人干以前 10 个工人干的 50 个小时的工作，即工作时间必须增加 5/9 小时。如果认为 10 小时是正常的，则只要 5 个工人就能干 50 个小时的工作，5 个人被认为是隐蔽性失业。

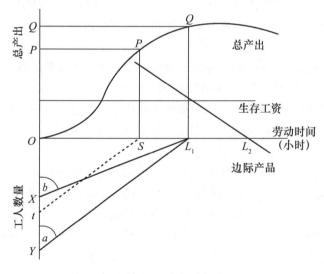

图 6—8　动态剩余

剩下的劳动力将提供更多的工作努力这个精确条件是由森（Sen，1966）提出来的。如果工人是理性的，他们将工作到来自劳动收入的边际效用（dU/dL）等于劳动的边际负效用（dV/dL）这一点为止。现在劳动的收入边际效用能够表示为：

$$\frac{dU}{dL} = \frac{dY}{dL} \cdot \frac{dU}{dY} \tag{6.14}$$

其中，dY/dL 是劳动的边际产品，dU/dY 是收入的边际效用。所以福利最大化意味着

$$\frac{dY}{dL} \cdot \frac{dU}{dY} = \frac{dV}{dL} \tag{6.15}$$

或者,

$$\frac{dY}{dL} = \frac{dV}{dL} \cdot \frac{dU}{dY} = \frac{劳动的边际负效用}{收入的边际效用} \tag{6.16}$$

森把劳动的边际负效用对收入的边际效用的比例作为**实际的劳动成本**。现在考察一下图6—9。

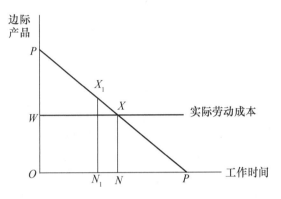

图6—9 劳动力的退出效应

在 N 点上,边际产品等于劳动的实际成本,此时达到均衡。一个工人的退出使总产出从 $OPXN$ 下降到 OPX_1N_1,边际产品从 X 增加到 X_1。如果劳动的实际成本不变,即劳动的边际负效用对收入的边际效用之比不上升,均衡将再次在 N 点恢复。如果实际的劳动成本上升了,对损失的产出就不会有完全的补偿。换句话说,在零边际产品意义上的隐蔽性失业(或对损失的产出的完全补偿)意味着一个非递增的劳动边际负效用和一个非递减的收入边际效用。森提出了一些理由,说明为什么那些工作少和闲暇多的处在生存状态的人可能是这种情况;例如,如果人们生活得更好,欲望的上升和对教育之类的公共支出的增加可能会阻止收入的边际效用下降,以及更高的收入可能会阻止劳动的边际负效用上升。

农业组织的资本主义化程度越低,未充分利用的劳动量可能就越大。事实上,如果不存在工资支付制度,没有竞争压力,并且追求最大化的欲望不高,对一个一单位劳动和一单位劳动时间的区分就基本上是多余的了。也许这就是古典模型的创始人最初所考虑到的环境类型。例如,在大家庭制度下,劳动者和劳动时间的边际产品都可能低于生存工资。平均产品对整个群体重要,而对最后一个人或最后一小时的产品是不重要的,而且当劳动时间的边际产品很低时,平均产品可能仍高于生存水平。在同一个图形上,难以表明这两种情况。但是,如果劳动的边际产品为零,劳动时间的边际产品就一定为零(也可能是负的),因此,我们可以以劳动时间为单位来说明这一论点,见图6—10。

图6—10的基础与图6—8一样。当劳动时间的边际产品在 L_2 点上为零时,劳动的平均产品为 P_1。PP_1 是超过生存工资 P 的部分。劳动时间可以增大到 L_3,而不会使劳动时间的平均产品下降到生存水平以下,劳动时间的数量可以由劳动者人数和工作小时的任意组合构成。如果劳动者人数为 Y_1,在劳动时间的平均产量不低于生存水平的条

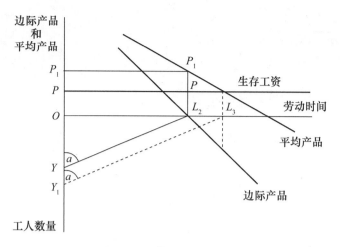

图6—10　最大可维持劳动

件下，工作小时等于 OY_1L_3 的正切。虽然劳动时间 L_2L_3 的边际产品是负的，但如果总产品平均分配，所有劳动者都能维持生存。如果工作具有正效用而不管对产出有什么影响，则零或负的劳动时间边际产品与理性工人的行为是不矛盾的。

在图 6—11 中，假设在 4 小时工作之后的一单位劳动时间的边际产品为零，但是在这一点上，闲暇的边际效用仍然是负的。工人可以用工作来替代闲暇，例如，尽管事实上 4 小时之后，劳动时间的边际产品已为负，但仍然要工作 6 小时。如果观察到这样的行为，就得作这样的假设：工作的边际效用超过了由于较低的平均产品而造成的效用损失。人们从工作中得到正效用的事实，可以部分地解释为什么在穷国中人们的工作习惯比发达国家更悠闲。

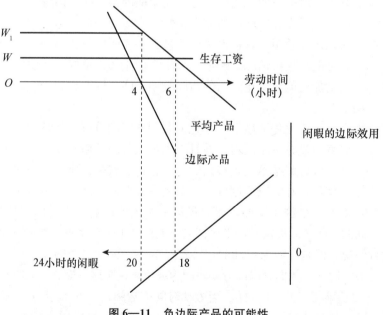

图6—11　负边际产品的可能性

□ 三、 刺激和劳动转移的成本

在劳动向外迁移时，劳动者是否愿意更紧张地工作以弥补损失的产量，或者资本是否被用来代替劳动以提高生产率，这需要讨论一下在农业为主的经济中，劳动者的动机以及对工业化的一般态度。

为了使农业劳动者工作更长的时间，总需要某些经济刺激。至少要有与他们的剩余产品相交换的商品。但是，人们有时认为，农民生产者习惯于传统的生活方式，可能对这样的刺激没有反应——他们的眼界如此狭隘，以致没有用购置资本或延长劳动时间的方式来增加其剩余的愿望。这种观点的必然结论是：随着劳动生产率的提高，劳动者最终将减少他们的工作时间。这就是**向后弯曲的努力供给曲线**的概念，它可以用图6—12来说明。SS是努力的供给曲线，它把工作小时与工资联系起来，工资由生产率决定。总收入等于工作小时和工资的乘积。在收入水平$SWZX$之前，供给对工资的反应是正的。但是，工资超过SW，工作小时将减少。正是在这一点上，工作与闲暇的正替代效应（工资越高，闲暇越"昂贵"）被由低愿望所造成的负收入效应抵消。

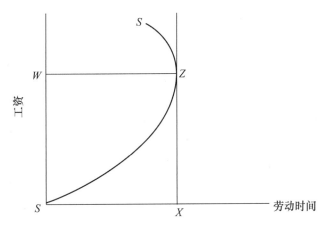

图6—12　向后弯曲的努力供给曲线

但是，向后弯曲的努力供给曲线未必表示农民为一种固定的收入而工作。只要工作时间的减少在比例上低于工资的增长，总收入就将增加。但是，对刺激的需要意味着要付出一部分社会实际资源，这就很难支持这样的观点：大量的隐蔽性失业可以"毫无成本地"被用来建造"生产性"产品和扩大工业部门。不仅农业劳动的机会成本不是零，而且为了从农业中抽出资源，资源成本还包括为增加努力和提高生产率提供刺激。这种资源成本包括农业投资品的供给、农民购买的消费品、为迁移者服务的工业部门的社会资本等。

在计划资源的社会最优配置以及决定工业部门活动的劳动集约程度时，所有这一切都与劳动过剩经济中劳动如何定价这样一个重要问题有关。即使劳动的机会成本微不足道，劳动转移的资源成本也必须被视为一个社会扩大工业部门的成本。

还需要考虑增加消费的问题，如果一个劳动过剩经济的目标是使增长最大化，而不是现期消费水平最大化，那么劳动转移还将涉及增加消费这种额外的"成本"，因此，如果用机会成本估价劳动，资本家剩余的规模就会减小。考虑图6—13。

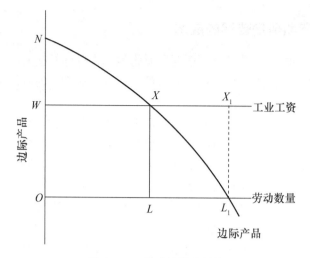

图 6—13　劳动的社会估价

该图形表示经济的资本主义部门。按通常的利润最大化的假设，劳动的使用将达到边际产品等于工业工资的那一点，资本家剩余是 WNX。但是，假定对工业部门的劳动供给对社会是"无成本的"，计划者给定一个概念上的（影子）零工资。在这一计划体系中，劳动的使用会达到 L_1 点。给定的工业工资是 W，假设工资的消费倾向是 1，超过 L 所雇用的每一单位的追加劳动都将引起超过生产量的消费。如果使用 LL_1 的追加劳动，可投资剩余的规模就会减少 XX_1L_1。因此，在一个以增长为目标的经济中，当估计使用从农村的剩余劳动进行工业扩张的社会成本时，必须考虑迁移者的消费和劳动产量之间的关系。如果在边际上，追加储蓄的价值比一单位追加消费的价值更大，一单位劳动从农村转向工业的成本就必须包括所增加的消费。在第 11 章讨论社会成本—收益分析和影子工资的决定因素时，我们将更全面地研究这一问题。

小结

1. 在一国经济发展的早期阶段，农业发挥着至关重要的作用。超出生存需要的农业产品剩余——市场剩余——对于养活其他活动中的劳动力，为工业释放劳动力，为工业投资提供资本、购买其他国内生产的产品，以及为进口商品提供外汇，是必不可少的。

2. 农业能够为经济发展做出各种贡献的必要条件是农业生产率的提高。在大多数发展中国家农业生产率十分低下，这也是那么多人如此贫穷的原因。

3. 农业生产率低的原因有很多，包括恶劣的地理和气候条件，投资和知识的匮乏，土地占有制度，以及对卫生、教育和基础设施的资源分配上的城市偏向。

4. 很多国家需要土地改革打破无效率的大地产，为佃农提供有保障的租佃权以便能够激励他们对新投入要素进行投资。

5. 需要注意农产品定价能够刺激对农业供给的反应。

6. 传统农业的转变需要新要素的投入，如新型良种和适当的灌溉。转基因食品一

发展经济学（第九版）

直是个有争议的问题。对购买新投入品的融资是至关重要的。

7. 随着农业生产率的提高，农业部门和经济中的其他部门越来越相互依赖。农业中被释放出来的廉价劳动力能促进工业的增长。这是阿瑟·刘易斯的"无限劳动供给下的经济发展"著名模型的核心思想。工业利润的再投资能驱动工业的扩张。

8. 但是工业需要为其产品提供市场，所以农业部门的购买力是重要的。如果经济增长不受需求约束，如果农产品价格太低，或由于价格过高导致供给的约束，理顺农产品和工业品的贸易条件就是关键的。

9. 土地上的剩余劳动导致了一个巨大的乡—城人口流动的过程，加剧了发展中国家城市的失业和不充分就业的程度。托达罗乡城人口流动模型解释了为什么尽管城市地区找到工作的概率很小，但人口流动还是很高。

10. 有多种不同的劳动剩余定义，或所谓的隐蔽性失业的不同度量方法。静态剩余和动态剩余最重要的区别是静态剩余假设劳动边际产品为零，而动态剩余是从农业中被释放出来而又不使农业产出下降的劳动力的数量，可以通过如延长劳动时间或对生产技术的微小改善来提高劳动生产率。

11. 劳动力从农业向工业的转移或从农村向城市的转移，对于个人或整个社会都不是一个无成本的过程。拥堵的经济和社会成本尤为严重。

■ 附录： 农业社会的市场运行 [13]

在成熟的发达国家，市场倾向于专业化；土地、劳动和信用市场是分开的。每个市场都有它自己的一套制度系统，都有它们自己的专业化功能。在发展中国家，至少在贫困的农村社区，市场是不同的，各种交易是相互联结的，一项交易的条件取决于另外一项交易。土地、劳动和信用市场是互相联结的。例如，在没有收入来源时，地主可能会在淡季为佃户和劳动者提供信贷，在农忙时用特定劳动偿还；或者商人会给农民提供信贷，作为回报按事先约定的折扣价格偿还一定量的作物。这些联结式的交易使得很多市场是非常不完善的，不仅仅是因为它们对于新人的进入制造了严重的障碍，而且一个市场的无效率可能会是另外一个市场不完善的原因和结果。无效率是由于信息的缺乏、激励的缺乏和不能履行契约，等等。市场不完善和无效率是贫困的发展中经济体经济运行的一个特征，并且它们是非正式制度性安排的基础，这种安排统治着农村社会的经济行为。

下文分别讨论土地、劳动和信贷市场，但是随着我们的分析深入，将发现它们是如何相互联结的。我们将发现的是传统小农做出的契约选择取决于技术、经济和社会条件，这些条件在不同的环境中决定风险和交易成本。农业生产有三个显著的特征：（ⅰ）生产具有不确定性，（ⅱ）生产具有季节性以及雇工是必要的，（ⅲ）劳动监督成本是很高的。这些都在决定不同市场所达到的制度安排和契约形式中发挥着作用。

□ 一、 土地市场

土地市场的特征之一就是土地交易的量（购买和出售）相对于土地存量是很低的。

这和穷国土地所有权的不平等是有关的，并且也和对于大量在土地上劳动的人缺少财产权有关。土地所有权高度集中在少数人手上，大多数人无法获得土地，会对一个经济的总体发展带来严重后果。土地可能没有有效地使用，大片土地可能没有充分利用，粮食生产有可能低于潜在生产能力，而且那些可能想要耕种和在土地上劳动的人已经流向过度拥挤的城市了。

土地集中的程度和农场规模在各洲之间的分布存在着差别。到目前为止拉丁美洲有最高的土地所有权集中度，其基尼系数在巴西、秘鲁、乌拉圭、哥伦比亚和委内瑞拉超过 0.8。在亚洲，集中的程度较低但是仍然很高——基尼系数在孟加拉国、印度、泰国、印度尼西亚和尼泊尔都超过 0.4。拉丁美洲也有最大的农场，这也不令人吃惊。平均少于 5 公顷的小农场的比例低于 50%，而只占到全部土地面积的 2%。90% 的土地由超过 50 公顷的农场耕种。相比之下，在亚洲 90% 的农场面积小于 5 公顷，占农地面积超过 50%。土地集中程度和农场规模的数据如表 A6.1 所示。在非洲，情况有所不同，因为大多数土地是公有的。农业的主要形式是基于村庄的生存农业。大面积的土地也实行轮作，但这种耕作方式现在在衰退，因为食物供应的人口压力日益剧增。它已经开始被小农经营所取代。事实上不存在与大地主的收获分成制。

表 A6.1　　　　　　　　亚洲和拉丁美洲的土地集中程度及农场规模

国家	土地集中程度的基尼系数	农场和农田所占百分比				佃户分成制占比
		低于 5 公顷		高于 50 公顷		
亚洲		农场	面积	农场	面积	
孟加拉国	0.42	90.6	62.6	—	—	91.0
印度	0.62	88.7	46.7	0.1	3.7	48.0
印度尼西亚	0.56	92.9	68.7	0	13.6	60.0
尼泊尔	0.56	97.2	72.1	0	0.8	48.3
菲律宾	0.51	84.8	47.8	0.2	13.9	79.3
泰国	0.45	72.3	39.4	0	0.9	29.0
拉丁美洲						
巴西	0.84	36.8	1.3	16.3	84.6	—
哥斯达黎加	0.82	48.9	1.3	14.5	79.7	9.4
哥伦比亚	0.86	59.6	3.7	8.4	77.7	49.4
秘鲁	0.91	78.0	8.9	1.9	79.1	0
乌拉圭	0.82	14.3	0.2	37.6	95.8	4.7
委内瑞拉	0.91	43.8	0.9	13.6	92.5	

资料来源：Otsuka et al.，1992.

农场生产中没有很多规模经济。实际上，事实证明小农场每公顷的产量比大农场要高（见 Sen，1964；Ray，1998）。一种解释是在小型（家庭所有）农场中的劳动更为密集地使用，因为所使用劳动的机会成本非常低，而大农场雇佣劳动并且支付市场工资，结果单位面积土地的劳动投入比小农场的低。自耕农使用家庭劳动力一般都比使用雇工的机械化大农场，或没有产权的租赁农场有更高的生产率，因为对效率的激励更大（见Biswanger and Deininger，1997）。

如果小型自耕农比大农场生产率更高，那么大土地所有者把他们的土地卖给小的家庭单位并占有剩余，这样效率或生产率会提高。但是土地市场并没有按这种理性的方式运行。第一，土地载有权力，可以为其他目的而用作抵押。第二，实际上很多土地不是富人卖给穷人，而是穷人卖给富人，因为穷人常常不得不出售土地去还债和生存，而且他们是信用约束型的（见后面）。如果地租和分成制取代了自耕家庭农场，这对效率来说是重要的。这是一个集体行动问题，唯一的解决方法是政府干预土地改革，它能够强制性地把土地从富人转让给穷人。

土地改革可以采取三种主要的形式。第一，土地可以从地主转让给已经在土地上耕作的佃农，如同历史上发生在韩国、日本和中国台湾的那样。韩国是一个有意义的案例，土地改革发生在 1949 年日本停止其殖民统治后。日本人和国内大地主把其拥有的农地的一半转让给占农村人口 60％ 的佃农。第二，土地改革可以采取大地产向小农场转让的方式，如同发生在 1917 年革命后的墨西哥的那样。第三，对大地产采取没收和分割的方式重新分配给新定居者，如同现在发生在非洲的一些国家的那样（但是通常会带来灾难性的结果，如在肯尼亚和津巴布韦）。从历史上看，多数土地改革和政治变革同步进行，通过制定民主制度，将政权从腐败的精英手中转移到"人民"手中。土地改革是一项重要的制度变革，能够赋予产权和为投资提供刺激。

在有佃农的地方，佃农和地主之间的安排在世界各地不尽相同。在拉丁美洲，佃农倾向于支付固定的租金来从地主手中获取耕种的权利，但是保留 100％ 的产出。在亚洲，佃农倾向于分成地租，和地主分享在商定基础上的百分比产出，比例是多少取决于环境，通常是 50∶50。固定租金的契约，佃农要承担产出波动的风险。但是，贫穷的农民是风险厌恶的，因而他们倾向于分成地租，和地主共担风险。一般认为相对于固定地租，分成地租是没有效率的，因为劳动的激励较弱。对于固定地租，佃农能够保留任何多余的产出，而对于分成地租必须放弃一定的份额，因而分成地租的佃农将会倾向于努力不足（当然，除非地主能够无成本地监督和强制他们劳动）。但是，经验证据表明（见 Ray，1998），在控制其他因素之后，租佃的土地生产率要比分成地租的土地生产率高。

那么问题就来了，如果分成地租是无效率的，为什么它在实际中应用得如此广泛呢？答案是，无论是地主还是农民，分成制在减少风险和成本上都是有利的。斯蒂格利茨（Stiglitz，1974）率先正规地证明了分成地租反映了风险共担和劳动激励之间的妥协。从地主的角度，他们能够使用分成地租契约作为筛选机制在较富裕、较高生产率的佃农和较穷、较低生产率的佃农之中选择——前者获得固定地租契约而后者获得分成地租契约。另外，和雇佣劳动的自耕相比，分成地租更便宜。劳动招募和劳动努力的监督成本很高。这是一个典型的委托—代理的例子，地主和劳动者的利益是不同的。委托人（地主）自然希望尽可能多的努力和产出，但是努力工作带来负效用，劳动者就会偷懒。地主没有办法知晓劳动者的产出多少是出自他的努力，多少是来自外生因素。委托人不容易监督和加强劳动者工作的努力程度，除非雇用监督员。如果投入成本由地主和佃农共同承担，分成地租也可能是首选。投入成本分担是一种抵消在产出分享契约下使用投入的抑制效应的方法（Otsuka et al.，1992）。成本分担可以视为对佃农的生产贷款，佃农用产出偿还，在产出被分享之前从总产出中减去。

从佃户的角度，不用支付固定的地租能大大减少风险，因为在遇到歉收时佃户会相当困难，生活受到威胁。地主也知道这一点。对于地主，他可以改变他所得的份额以便在好坏年景都能够获得和采用固定地租一样多的收入。实际上，近些年佃农分担的成本下降了，因为地主承担了越来越多的机械化的成本。但是更大的总体效率只有与给收获分成者更大的产出份额结合在一起，才能吸引更多的努力，为佃农提供保障，以便为佃农提供投资激励。

□ 二、 劳动市场

在发展中国家的农村部门有两种主要形式的劳动。第一种形式是短工，按天雇佣并且工资日结或按具体任务"计件"。大地主需要比家庭劳力更多的劳动者在他们的大地产上工作，如果人们是无地的或仅有很小的农场，他们就需要赚取额外的收入来补充营养和生存。第二种形式是长工，由地主按长期契约雇佣。两种形式劳动的功能是不同的。临时工从事日常工作易于监管。只需要最低的收入来保持足够的营养和能量，使之有效地工作——即所谓的效率工资。如果劳动力没有土地并且没有其他的收入来源，这就是将获得的最低工资。但是，如果劳动力有其他收入来源，来自小农场或其他财产，他能够以一个更低的门槛工资提供劳动，因为其他收入能够购买其所需要的营养。另一方面，随着非劳动收入增加，劳动者愿意劳动的最低工资也上升了，因为人们更加珍视闲暇。因此，在劳动市场上存在着相互冲突的力量（Ray，1998）。在低水平的非劳动收入下，为较低工资率工作的可得性占主导；而在较高水平的非劳动收入上，工作的意愿占主导。这就在农村地区产生了两种形式的失业，或两类劳动剩余。第一种是自愿失业，工人能够工作但是由于非劳动收入高而不愿去工作。第二种是"非自愿"，因为工资率没有高到使工人有效地工作。在这些情形下，土地改革和收入分配能够增加农业总产出，因为如果给无地农民分配土地，就能够增加他们的非劳动收入，从而增加他们工作的能力，并且和先前较低水平的收入比更加"富裕"，从而能够增加对工作的激励。支付一个最低水平的效率工资是必要的，这是为什么在农村经济中工资倾向于向下刚性的原因之一。另外一个解释是分割的劳动市场的现象，农村雇主雇用当地工人，虽然有时外地的工人更便宜。制度和社会规范常常决定经济产出，而不是市场的自由力量。

从经济发展的角度，短工市场主要的缺点是雇主（地主）没有兴趣改善工人的工作条件或者对工人的健康或教育投资，因为不能保证雇主从中获取收益。瑞（Ray，1998）评论道，"短工市场造成了工人营养状况的恶化"。长工的职能，以及支持签订长期雇佣契约的论点，是大量的农业工作需要监督，大地主需要人去监督和监管劳动。长工的一个方面是劳动捆绑（labour-tying），因为生产的季节性特征，这对于雇主和雇工都是适合的。雇主在忙季有用工的保证而工人在淡季有工作的保证。长工的工资会比短工高一些，为圆满完成任务提供了激励。额外费用必须刚好足够阻止"偷懒"，而且也能补偿解雇的威胁。

确保工作努力的另一种方式是提供长期契约，这样不遵守契约的一方会遭受名誉的损失，并发现将来找工作是困难的。在农村小社会里，名誉是重要的。如果长期固定工资契约能带来长工的忠诚努力，那么他们也能作为回报得到额外的福利和信贷补贴。

但是，根据瑞（Ray，1998）的研究，和短工相比，在农场上使用长工的数量在近几年下降了。一个原因可能是季节性生产的复种在减少，因此提供长期契约以确保农忙时劳动可得性的需要在减少。第二，如果在农忙季节短工的工资高于长工的契约收入，那么很难执行"捆绑契约"。

我们可以对本节的劳动契约总结如下：地主和劳动者的标准模型是，在面临生产不确定性和风险时，地主和劳动者都试图最大化其效用。当工作努力不能强制时，从地主和工人的这些标准模型中得到三个基本预测（Otsuka et al.，1992）：

（1）如果生产不确定而劳动者是风险厌恶型的，分成契约就是最优的。（如果工人是风险中性的（这是不可能的），会选择固定地租契约。）

（2）分成地租或固定地租的租约要优于固定工资的长期雇工契约，因为后者成本高，但是长期且联结式的契约是可以观察到的，因为它们有助于通过名誉效应执行契约。如果租佃是非法的，也可以看到长期雇工契约的存在。

（3）分成地租租约比固定地租租约和自耕农效率低，因为减少了工作激励（除非监督劳动没有成本）。

在工作努力完全可执行的地方，最优契约总的来说是不确定的。如果工人是风险中性的并且契约执行是没有成本的，那么所有形式的契约都一样有效。如果地主和劳动者都是风险回避的，选择分成契约来分担生产风险。

□ 三、 信贷市场

农民需要信贷有三个主要原因：第一，为了固定资本投资；第二，弥补生产融资（种子、化肥、农药）与来自收获时的销售收入之间的差额（换言之，他们需要流动资本）；第三，收获前平滑消费。

但是，发展中国家农村部门的信贷市场是不发达的，有两个原因。第一，由于缺乏信息，放贷人很难监控贷款，很难知晓风险有多大，以及它们的使用是否有效率。第二个原因是信贷合同很难执行，因为法律体系是薄弱的，所以存在着违约风险。这使得正规的银行部门不愿意贷款给农村部门。违约风险意味着正规部门只给有抵押物的富有农民贷款。穷人可能拥有小块土地作为抵押物，但是正规的银行系统想要更多。

这意味着农村信贷市场被非正规放贷人所主导，要么以名义高利率的方式明确地收取高利息，要么以隐性方式收取高利息，之所以说是隐性，是因为贷款以借款人产出的份额按折扣价偿还，或以低于市场工资的价格提供协商好的劳动服务量来偿还。农村信贷市场也是分割严重的。因为放款人在当地社区内很了解借款人，他们变得非常专业化，善于应付一个村庄内特定的客户或为特定类型的人服务。分割常常发生在不同的职业。因为这些联系，非正规市场放款人不希望他们的借款人从另外的放款人处借贷，所以很多放款人的存在并不必然意味着存在竞争。相反，信贷市场更像许多地方垄断者，并且由于这种分割，非正规市场贷款利率不仅高而且差别也相当大。很少有套利的机会。

高风险大体上反映了放款人的风险；即，借款人可能有不偿还的风险，或者因为恶劣的环境，如歉收，或者因为收坏账遇到困难。潜在的违约是存在的，但是实践证明是十分低的。一个原因是在农村社区人们彼此了解，如果有人违约，所有人都知道并且也没有人会借钱给他。存在还钱来自"同辈"的压力。第二个原因是放款人设计合同使违约风险最小化（这也使隐性的利息很高）。如果放款人是个大地主，并且地主了解农民，他能够通过首先索取借款人的产出来最小化风险，或坚持要求借款人以低于市场工资的价格提供劳动（抵债性劳动）。如果放款人是个商人，他可以通过合同以折扣价购买借款人的产出来最小化风险。尤迪（Udry，1994）发现北尼日利亚农村部门超过 90% 的贷款来自非正规部门。对巴基斯坦旁遮普和信德地区的研究表明地主是佃农贷款的主要渠道，而商人是自耕农贷款的主要渠道（Ray，1998）。

虽然违约风险能够通过各种方法最小化，但信贷配额仍然存在，因为高利率会吸引太多的高风险客户，并且使得贷款供求达到均衡的高利率本身就会增加违约风险。所以放款人反而宁愿限额放贷。

还有风险和保险问题也需要考虑。农业生产是风险性的，因为气候的变化无常、疾病的发生以及很多其他因素。农民总得能够平滑他们的收入和消费，这样不至于在困难时刻遭受过度的痛苦。这是保险机制的重要所在。自我保障是一种可能，使用自有资源平滑消费，例如，在好年景储存粮食以应付坏年景。相互保险是另外一种可能。如果农民生产不同的产品，并且不同作物的丰收和歉收是负相关的，生产者能够相互帮助，对一些人是坏年景而对其他人是好年景。但是相互保险不容易实施。通过正规保险市场，一个社区内可以风险共担，但是这种形式的保险发展得不是很好。如果没有风险共担或相互保险，储蓄和借款就必须被用于平滑消费。很多研究证明（见 Bardhan and Udry，1999），有风险的农业环境下的贫困家庭会参与风险共担和平滑消费，虽然由于信息和实施的困难不总是成功的。

□ 四、 互联市场

如我们前面所指出的，发展中国家农村部门的土地、劳动和信贷市场是紧密联结在一起的。一个市场的无效率可能既是其他市场无效率的原因也是结果。土地和劳动市场是联结的，因为在土地市场的不平衡（对于大地主与小地主）导致劳动生产的不平衡。如果人们是无地的，或只有小块地，他们就需要出卖自己的劳动给大地主，大地主对劳动的需要超过一个家庭的劳动力。

土地和信贷市场是互联的，如我们前面所概述的，因为地主对农民而言是主要的信贷来源，而他们的劳动或产出被用作抵押物。同样，粮食商人是自耕农主要的信贷来源，并且贷款是由未来的作物生产来偿还。在伊斯兰国家，收取利息是违反伊斯兰法律的，信贷合同索取借款人部分产出，或规定以一定折扣销售产出，作为对收取利息的替代。

弗卢洛和约托波洛斯（Floro and Yotopoulous，1991）在对菲律宾的研究中证实有五种信贷市场互联：（1）以销售产出的方式还贷；（2）以把产出卖给放贷人的方式还贷；（3）从放贷人处购买投入品或租赁机械的捆绑式借贷；（4）以向放贷人提供劳动的方式还贷；（5）把土地收益（利润）权转让给放贷人。

作者发现前面三种在商人—放贷人中最常见，而后两种在农民—放贷人中最流行。

总之，在农村社会，正规借贷受到适当抵押品缺乏的限制，非正规货币市场的互联契约是有意义的，因为放贷人更能控制借款人而且能节省监督成本，降低不偿还的风险。实际上，如果借款时以较低工资的劳动或较低价格的产出作为条件，那么地主或商人可以立即得到他们的"利息"。

□ 五、 农业中的制度和决策

在很多发展中国家农业是个被忽视的部门，而且政府在制定政策时歧视农业而重视工业。部分是历史原因，主要是制度和政治的原因。农业部门潜在的集体行动是脆弱的，因为农业部门中地主和工人之间的关系不平等，以及由于历史和初始条件的原因，农业部门和社会中其他集团的谈判能力弱小。自耕农家庭农场很难采取集体行动来改变一些事情，因为农民是分散的，并且缺少政治势力。如果农民缺乏教育，且不能投票，他们就缺乏促进改变的手段。只有通过提高穷人的集体行动的潜在可能，增加他们潜在的参与性，才会使得农村部门的效率提高并获得持续的和均等的增长（Binswanger and Deininger，1997）。

■ 问题讨论

1. 农业生产率的迅速增长对经济发展的重要性是什么？
2. 什么因素阻止了农业生产率的增长？
3. 土地改革是怎样促进农业生产率提高的？
4. "市场剩余"是什么意思？
5. 解释一下穷人为什么回避风险和不愿意创新。
6. 在什么意义上，土地上存在着剩余劳动？
7. 土地上的隐蔽性失业意味着使用剩余劳动的发展是无痛苦的和无成本的过程吗？
8. 试比较和对照刘易斯的古典发展模型与新古典模型的主要特点。
9. 解释一下即使城市地区的失业在增加，乡—城人口流动过程仍然在继续。
10. 一个经济中的农业和工业部门是用什么方式相互补充的？
11. 发展中国家农村部门土地市场的主要特点是什么？
12. 穷国农村部门的地主面临的委托—代理问题是什么？
13. 为什么农民是风险厌恶型的？
14. 为什么在很多穷国的农业部门分成地租是如此普遍？
15. 穷国的农村部门信贷市场是以什么方式把土地和劳动市场联系起来的？

■ 注释

[1] 关于这个问题的极好评论，见 Bardhan（1984），Binswanger and Deinenger（1997），Dorner（1992）和 Otsuka et al.（1992）。

[2] 还可参看 Askari and Cummings（1976）和 Schiff and Montenegro（1999）。

[3] Lewis（1954，1958）。也可参看为纪念该文发表 25 周年关于刘易斯模型的专题论文，《曼彻斯特学派》（Manchester shool），1979 年 9 月号，以及纪念该文发表 50

周年关于刘易斯模型的专题论文，《曼彻斯特学派》，2004 年 12 月号。

[4] 资本主义部门和工业部门不是同义词，但是以这种方式思考它是方便的。例如，农业企业也是资本主义的。

[5] 利润率可以表达如下：

$$\frac{P}{K} = \frac{(O/L - w/p)}{(K/L)}$$

其中，P 是利润，K 是资本量，w/p 是实际工资，K/L 是资本—劳动比。如果O/L 提高且w/p 保持不变（假定没有抵消 K/L 的上升），利润率就是上升的。

[6] 一个带有各种扩展的正规代数模型可参看 Thirlwall（1986）。

[7] 如果工业品的收入需求弹性大于 1，而农产品的收入需求弹性小于 1，那么工业的均衡增长率将会超过农业的均衡增长率。

[8] 见 Weisdorf（2006）对历史证据的研究，工业增长如何通过降低工业产品的相对价格和购买更多的商品而不是在农业部门内生产"非农"商品的方式来促进农业发展。

[9] 这不是一个统计概率，因为 π 并不限于 0 和 1 之间。找到工作的"机会"可能是更好的术语。

[10] 托达罗对于城市总劳动力和迁移者供给使用同样的符号 S。这可能会引起混淆。所以，我们使用 W 作为城市总劳动力，S 作为迁移者的供给。

[11] 只要 $w/r = 2$，就可以代入任何值。

[12] Barnum and Sabot（1977）。关于乡—城人口流动过程的其他早期研究包括 Knight（1972）。关于研究评论，见 Todaro（1976），Yap（1977）和 Stark（1991）。托达罗提出了另一种方法来估计城市失业是上升还是下降。能够证明，如果 $\eta > g \times N/S$（这里，η 代表吸引的人口流动量对现代部门就业概率的变化的时期弹性，g 是就业机会增加以前城市失业的增长，N 是城市就业水平，S 是现有的乡—城人口流动），失业水平就会上升。也可以证明，如果 $\eta > g \times W/S$（这里，W 是城市劳动力），城市失业率就会上升。

[13] 本节主要根据 Otsuka et al.（1992），Binswanger and Deininger（1997），Ray（1998）和 Bardhan and Udry（1999）的研究。

关于农业的网站

粮农组织 www. fao. org
国际粮食政策研究所 www. ifpri. org
国际农业研究咨询小组 www. cgiar. org
泛美农业合作研究所 www. iicanet. org
食品和农业政策研究所 www. fapri. iastate. edu

第 7 章

资本积累、技术进步与生产技术

经济增长和发展没有资本积累是不可能的。如果一个经济生产的全部产出都被消费了，就没有储蓄和投资，那么经济就会慢慢停止下来。

在本章我们探讨资本积累所采取的不同形式，以及它们在发展过程中的作用：物质资本，如工程和机械；基础设施，如公路和铁路；能使人类更有生产力的人力资本和社会资本，如教育和健康。

资本的生产率自身很大程度上依赖体现在其上的技术进步。识别技术进步的不同含义和技术进步发生的形式——劳动节约型、资本节约型或中性——对于就业与收入在工资和利润之间的分配是有意义的。干中学的过程是技术进步的一种形式，因为它提高了生产要素的生产率。

而后我们探究社会的技术进步是如何通过获取投资、创新、从事研发和吸收新思想的能力来实现的。教育和技能获取发挥着关键作用，而且是具有很高的个人和社会收益的重要的投资形式。一些证据表明穷国技术是如何落后的，以及对"追赶"程度的挑战如何。最后，我们讨论发展中国家中生产技术的选择的重要问题，劳动力丰富的经济体能否向更为劳动集约型技术发展，而不至于危及未来增长的产出和储蓄水平。理论和实践表明就业和产出以及就业和储蓄在新技术的选择中的潜在冲突被夸大了。

■ 第一节　资本在发展中的作用

净投资（I）使一个国家的资本存量不断增加。净投资是一国在一个会计年度的净收入（即总收入减去折旧）和同期消费的差。资本积累的本质就是扩大一国未来的生产能力并且使它增长得更快。

有多种资本品类型。首先是在工厂和办公室中使用的厂房和设备，它不直接产生效用，但它生产那些产生效用的消费品和服务。其次是基础设施投资，它部分地直接提供产品和服务，同时使其他投资形式的生产率更高，例如，交通运输工具、电信、发电和水系统等属于这类资本。第三是研究与开发（R&D）支出，它可以提高劳动和（或）资本的生产率。研究与开发能够导致新的发明，然后是创新——过程创新或产品创新。过程创新使现有产品的生产变得更有效率；产品创新涉及新产品的研制，它不仅增加了效用，而且通过能够用新的方式工作（如信息技术）提高生产率。第四是对卫生与教育的社会性支出，它也直接提供一些效用，但同时使个人和社会变得更有生产率。实际上，如果资本是按照能产生额外的未来社会收入流的资产来定义，很多可能被认为主要是消费品的产品和服务严格地说都应该包括在一国的资本存量之中。例如，如果汽车和其他耐用消费品节约时间和使人更有效率，对它们的部分支出就应该被认为是一种投资。对住房的支出是私人支出中的另一个例子。在这个例子中，私人支出可能被认为部分是消费，部分是投资。公共住房的供给可以被归于社会资本类。类似地，如果某些消费品对于刺激农民和工人增加他们的生产率是必不可少的，那么它们也应该被作为资本存量的一部分。

所以，如果同意建立一国生产潜力和提高人均收入的唯一途径就是扩张生产产品的能力，那么不一定只是指像机器和厂房之类的物质资本的供给，而且还包括道路、铁路、输电线路、供水管道、学校、医院，甚至还包括耐用消费品之类的带有刺激生产作用的消费品——总之，它包括一切有助于增加生产率和提高生活水平的东西。

当使用生产函数方法研究增长的源泉或增长的宏观决定因素（如第 5 章描述的那样）时，如果不想误解资本积累和增长的关系，那么最重要的是按照它尽可能广泛的意义来定义资本。在第 5 章中强调的另外一点是，资本可能是生产系统中技术进步的主要媒介物。换句话说，资本积累不仅本身是重要的，而且是知识进步的重要渠道，而知识进步也是生产率增长的重要决定因素。

发展中国家非常强调资本积累的重要性，强调提高相对于产出的投资水平的需要。看看任何国家的发展计划都能证明这一点。发展与工业化相联系，工业化与资本积累相联系。许多著名的发展经济学家也把投资看成是增长过程中的一个最重要的因素。像我们在第 3 章中看到的那样，罗斯托（Rostow，1960）用投资对国民产品的一个临界比例来定义"起飞"进入持续增长的过程，刘易斯（Lewis，1955）则把发展过程描述成一个国家的储蓄和投资从占总收入的 5％转变为 12％的过程。事实上普遍情况是，许多国家都相当精确地计算了为达到一个特定的增长率所要求的投资对国民收入的比率。这些计算涉及资本和产出间正常关系的假设，这种关系是用资本—产出比来正式表达的，它被用来计算在一个会计年度（一般是一年）生产一单位的产出需要多少资本存量。如果生产一个年均 100 单位的产出流需要 300 单位的资本（来自新的投资），资本—产出比就是 3。

发展中国家的投资报酬很可能比拥有较大数量人均资本的发达国家高得多。在专业化和劳动分工较不发达的国家，资本允许采用更迂回的生产方式的范围，可能要比专业化（劳动分工）已达到很高水平的国家更大。而且，在技术落后的国家，吸收新技术所要求的资本增长率可能比在发达国家更高。根据定义，技术上落后的国家也有很多技术储备可以利用。进一步说，在劳动充裕的经济中，资本—劳动比低，资本深化——给每个工人多配备一些资本——可能对总产品产生很大影响，这种影响比在资本深化已经进行一段时间的国家中所发生的要大得多。所有这些都表明资本对经济进步能够作出重要的贡献——一个国家人均初始资本存量越小，这种贡献就可能越重要。一个人所共知的经济命题是：在其他情况相同的条件下，一种生产要素相对于其他要素越是稀缺，其生产率就越高。

资本积累也被看作是从所谓"贫困的恶性循环"中解脱出来的一条出路。"贫困的恶性循环"就是一种低生产率循环：低生产率导致低人均收入，低人均收入导致人均储蓄水平低下，人均储蓄水平低下导致人均资本积累水平低下，人均资本积累水平低下又导致低生产率。低生产率被视为"贫困的恶性循环"的源泉，必须用资本积累来打破这种循环。（见第 8 章和第 9 章。）

根据希尔顿和伊萨克森（Hulten and Isaksson，2007）最近的研究，在高收入的发达国家，工作人口的人均资本量是 15 万美元（在 2000 年），与之相比，低收入国家为 3 000 美元，这种差距也是富国劳动生产率为 52 000 美元而穷国只有 2 300 美元的主要原因之一。

这些人均资本的巨大差距产生于富国比起那些不能或者不愿储蓄的穷国有更高的储蓄和投资水平，而这种更高的投资和储蓄水平具有累积效应。穷国人均资本水平提高的前提条件是更高水平的投资。这就需要对投资有更大的刺激。案例 7.1 包含了世界银行《2005 年世界发展报告》的结论，该报告的主题是："为所有人创造更好的投资环境"。

▶ 案例 7.1　　《2005 年世界发展报告》关于投资的主要观点

1. 投资环境对增长和减贫的中心作用

对各类企业进行生产投资、创造就业和规模扩张改进机会和刺激，应该成为政府的头等大事。这不仅关系到投资量的增加，而且还会刺激生产率的提高——这是持续增长的关键。

（1）为每个人创造更好的投资环境是目标。一个好的投资环境对整个社会都是有益的，不仅是企业。包括所有的企业，而不仅是那些大型的或政治关联企业。

（2）为年轻人扩大机会是发展中国家迫切的问题，在发展中国家 53％ 的人靠每天少于 2 美元生活，年轻人失业率是平均失业率的两倍多，而且人数增长得很快。

2. 减少不合理的成本是关键，但是与政策相关的风险和竞争的障碍也需要解决

所有这三个问题无论对企业还是对增长和减贫都是重要的。

（1）与脆弱的合同实施、不充分的基础设施、犯罪、腐败和管制相关的成本占销售额的 25％ 以上——或是企业一般所交的税收的三倍多。

（2）发展中国家的企业把政策不稳定作为它们首要关心的问题。这和其他与政策相关的风险来源——如不安全的产权、宏观经济的不稳定和套利规制——都凉却了投资激励。改善政策的可预测性可提高新投资的几率超过 30％。

（3）竞争的障碍能使一些企业获利，但使其他企业和消费者失去机会和增加了成本。它们会削弱对保护企业创新和提高其生产率的激励。增加竞争的压力能将企业创新的概率提高 50％ 以上。

3. 进步需要的不仅是正规政策的改变

超过 90％ 的企业认为正式规则和实际中发生的存在差距，而非正规经济所生产的

产出在很多发展中国家超过总产出的一半。创造更好的投资环境需要政府填补这些差距并解决政策失败的深层次根源，政策失败危害良好的投资环境。这需要努力：

(1) 遏制腐败和其他形式的寻租，它们增加了成本并造成了政策扭曲；

(2) 建立政策可信度给公司投资的信心；

(3) 培养公共信任需要确保和维持政策的改进；

(4) 确保政策反应恰好适合地方情况。

4. 投资环境的改善是一个过程，而不是结果

政府政策和行为在一个广泛的领域影响投资环境。但是，不是所有都能立即确定下来，而且甚至对单一政策维度不能要求其完善。通过解决企业所面临的重要约束，从某种程度上给企业投资的信心，以及通过坚持持续改进的过程，就可以取得重大的进步。

因为约束在国家间甚至在一国内部差别很大，在不同的情况下，优先考虑的事项需要评估。改革进程受惠于有效的公共交流及其他建立共识和保持良好势头的手段。

资料来源：世界银行，2004 年。

第二节　技术进步

一、技术进步的含义

"技术进步"这一术语可以在各种不同的意义上被用来描述各种各样的现象。这里可以特别指出它的三种含义。第一，经济学家们用这一术语表示技术变化的结果，或者更明确地说，是技术变化在增长过程中的作用。我们在第 5 章中正是在这一意义上使用这一术语的，即作为一个无所不包的术语，包括了那些对"总量"生产率的提高作出贡献的所有因素。第二，在狭义上，经济学家们用这一术语表示技术改善的性质，为此目的，这一术语之前往往冠以"劳动节约型"、"资本节约型"或"中性型"之类的形容词。第三，技术进步按照原意更多地被用来表示技术本身的变化，把技术定义为与生产工艺有关的有用知识。在这一意义上使用，着重描述的是工厂和机器的设计、制造和操作方面的改进，以及与此有关的经济活动——研究、发明、开发和创新。

我们已经在第 5 章中讨论了第一种意义上的技术进步，这里我们将集中讨论技术进步的狭义描述以及社会怎样获得技术进步。

二、资本节约型与劳动节约型技术进步

哈罗德（Harrod，1948）和希克斯（Hicks，1932）最先把技术进步分为资本节约型、劳动节约型或中性型。但是他们的分类标准有所不同。哈罗德的技术进步分类使用了资本—产出比概念。在利润率不变时，如果技术变化降低了资本—产出比，它就称为资本节约型；如果是提高资本—产出比，就称为劳动节约型；如果使原有的资本—产出比不变，就称为中性型。

这种标准下的技术进步性质是要素组合的"纯粹"技术变化效应和（例如，当相对

要素价格变动时）资本与劳动替代效应的混合物。这样，在总量水平上的哈罗德中性与产业水平上的资本节约型的技术进步是一致的。事实上，发达国家的大多数证据表明，如果技术进步在总量上是哈罗德中性的，那么一定是由于资本代替了劳动，因为"纯粹"技术进步节约了资本。资本对劳动的替代的发生，是因为随着国家变富，劳动相对于资本的价格上升，它不仅诱发了纯粹的替代效应，而且还鼓励了以节约劳动为主的发明努力，因为劳动变得相对昂贵和稀缺了。

希克斯的技术进步分类采用了要素间的边际替代率概念，即在产出保持不变的条件下，一个要素必须代替另一个要素的比率。边际替代率由要素的边际产品的比率来表示。假定劳动与资本的比率不变，如果技术进步使劳动边际产品的提高在比例上高于资本边际产品的提高，就称这种技术进步是资本节约型的；如果技术进步使资本边际产品的提高在比例上高于劳动边际产品的提高，就称它是劳动节约型的；如果它使边际产品的比率不变，就称其是中性型的。这些定义分别用图7—1、图7—2和图7—3来说明。

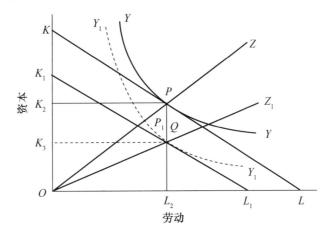

图7—1　资本节约型技术进步

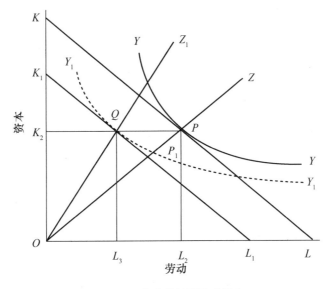

图7—2　劳动节约型技术进步

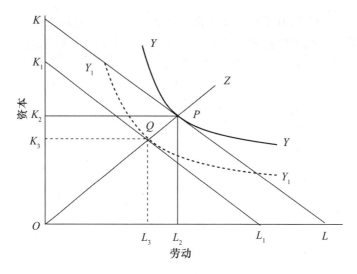

图7—3 中性型技术进步

回忆一下第5章，技术进步在生产函数图上表现为函数向原点移动，表明可以用较少的投入来生产同样的产出，或用同样的投入生产更多的产出。按照新的生产函数形状，生产同样的产出将只需要使用较少的某一种或所有两种要素。在技术进步为中性的情况下，两种要素都可以减少。在非中性技术进步的情况下，如果只有一种要素得到节约，技术进步就称为绝对劳动节约型的或资本节约型的。如果两个要素都减少，技术进步就称为是相对劳动节约型的或相对资本节约型的。

先讨论中性型技术进步（见图7—3）。从原点划出的射线，或扩张线 OZ，经过生产函数 YY 和要素价格曲线 KL 的最小成本切点。对于中性型技术进步，生产函数移动使具有同样的要素价格比的新切点位于同一扩张线上。这意味着，在同样的资本—劳动比上，边际产品的比率是相同的，两种要素同比例地节约。简言之，中性型技术进步的条件就是新生产函数与原生产函数平行。

对于劳动节约型技术进步（见图7—2），资本边际产品相对劳动边际产品的比率提高了，从而使最小成本切点从原扩张线 OZ 移到新扩张线 OZ_1。在 P_1 点上，新的生产函数与原扩张线相交。劳动边际产品对资本边际产品的比率比在 P 点上的低。P_1 不是均衡点，它将使生产者移动到 Q，用资本替代劳动。在劳动对资本的比率不变的条件下，边际产品的比率已不再保持不变。L_2L_3 的劳动被节约了。图中画出的等产量线使得资本量保持不变，这纯粹是偶然现象。

资本节约型技术进步（见图7—1）可以用十分类似的方法来描述。在这种情况下，劳动边际产品对资本边际产品的比率上升，生产函数的移动使最小成本切点位于原扩张线的右边。在 P_1 点上，新的生产函数与原扩张线相交，劳动对资本的边际产品比率比在 P 点上的高。P_1 不是均衡点，它将使生产者移向 Q 点，用劳动替代资本。在劳动对资本的比率不变时，边际产品的比率已不再保持不变。在此情况下，K_2K_3 的资本被节约了。

就像哈罗德技术进步一样，我们也难以弄清楚实践中所采取的技术进步究竟属于希克斯技术进步的哪一类型，这里主要是识别问题。虽然分类在分析上是不同的，但在经验上怎样对由于生产函数移动而发生的要素比例变动和由于相对价格变动而发生的要素比例变动进行区分呢？希克斯本人似乎持这样的观点：技术进步一般是劳动节约型的。但是，我们得到的间接证据不多。例如，假定劳动价格相对资本价格提高了，并假定替代弹性接近于1，则若技术进步明显偏向节约劳动的方向，劳动就不可能保持或提高它在国民收入中的份额（如在一些发达国家所显示的那样）。如果技术进步偏向任一个方向，要素价格又缺乏弹性，它的主要作用可能就是影响要素的利用。正如第3章所述，发展中国家的高失业水平主要应从它们所采用的技术类型及其所要求的要素比例方面去找原因。在第12章中，我们将讨论生产的劳动密集型技术的使用问题。

□ 三、 社会在技术上是如何进步的

技术进步的最严格解释是生产工艺的改进，这是研究、发明、开发和创新相结合的结果。研究和发明是"创造"知识的活动，开发和创新是把新知识运用于生产的活动。这些基本上都是经济活动。但是，对社会技术进步的道路及其进步速度的研究不仅仅只是经济学家独占的领地。

经济学家能够认识技术进步的源泉，但是，技术进步在社会上的扩散和采纳不纯粹是个经济问题。例如，新知识的扩散依赖于其采用和扩散的速度，这就产生了个人动机的问题、吸收新思想和打破习惯与传统的意愿问题，这些都属于发展社会学家所研究的领域。由于经济发展阶段不同以及社会和经济力量的复杂性，各国之间不同要素对于技术进步及其速度的相对重要性是不同的。而且，技术进步的许多重要源泉并不是相互排斥的。为简单起见，这里只把注意力局限于技术进步的四个主要源泉，它们对任何社会都具有潜在重要性。

1. 发明与创新

技术改善和技术进步的一个重要源泉是本国人的发明和创新活动。各个社会都在某种程度上存在一些发明者、创新者和风险承担者。在经济发展的早期阶段，在没有技术和人员输入的情况下，技术进步首先依赖于这一阶层的出现。许多国家之所以经济落后，其根源就在于相对缺乏发明者、创新者和风险承担者。经验表明，有些文化和环境可能比另一些文化和环境更适应改变，因而在过去产生了更大的企业家队伍。人们常常用这一观点来说明：英国工业革命时期，增长的主要源泉是由一大批发明者、创新者和风险承担者促进的技术进步，而资本积累的作用则是第二位的。伟大的奥地利经济学家约瑟夫·熊彼特（Joseph Schumpeter，1934，1943）强调了企业家和创新在发展过程中的作用。但是，说到底，还是新知识的创造和采纳之间的滞后期以及新知识的传播速度，直接地影响各国的技术进步率。创新的这两个方面与社会的态度密切相关。

在熊彼特看来，进步产生于他所称的"创造性的破坏过程"，它与创新密切相关，由竞争刺激。反过来，创新又是竞争背后的驱动力。但是，创新需要决策接受者，因此，他互补性地强调企业家的作用。许多穷国都缺少决策接受者和竞争精神，并一般地回避风险承担，这些部分地是文化特征，而且即使不是主要的，也是部分地与发展阶段本身有关。常常与企业推动力相联系的特点本身就是由企业特别是由我们所称的"资本主义"的组织形式决定的。

在世界经济中存在巨大的技术差距，这是缩小富国和穷国之间差距的一个严重的障碍。少数国家（占世界人口的 15％左右）生产了世界上近 50％的技术创新。一些其他国家（占世界人口的 50％）能够采用一些或所有这些技术。其余国家（占世界最贫困人口的三分之一）几乎完全被排除在技术进步之外。后者也是世界上受到低农业生产率、营养不良和疾病影响最严重的地区。它们需要技术来提高生产率和改善健康，但是负担不起或消化不了这些技术。

2. 技术引进

要获得技术，国家可以进口凝结在资本和消费品中的技术；它们可以从专利人手中获取许可；或吸引能带来技术的外国直接投资（FDI）。技术和思想的扩散也会随着商业往来的一般过程和贸易的信息交换自然形成。这是从贸易中得到的动态利益之一（见第 15 章）。但是，不是所有的国家都能平等地获取技术。地理、文化、制度和人力资本质量都很重要。经济上落后的国家对现代技术吸收的速度取决于同类要素知识在一国内的传播——在最后的分析中，这相当于社会所有部门对变革的接受性，以及吸收新方法的能力。一些经济学家认为世界银行应把其更多的贷款集中在具体知识创造和吸收的国家。

根据法格伯格等（Fagerberg et al.，2007）对 90 个国家 1980—2002 年间的最新研究，创新活动的良好增长是亚洲新兴工业化国家与拉丁美洲和非洲在经济绩效方面的差别背后的主要因素。增长率在开放经济体间的差别能用以下因素来解释：技术竞争力来解释；从别国吸收技术和利用知识的能力；价格竞争力，它是能降低成本的新技术的函数；以及非价格竞争力，它主要取决于产品创新。

3. 学习

社会实现技术进步、逐渐地提高效率和生产率的第三种方法是"干中学"过程。它指的是工人、管理者和资本所有者在生产过程中的经验积累，它能够改善未来的生产效率。这就是亚当·斯密在讨论劳动分工（见第 5 章）时曾提到过的学习过程。斯密强调劳动分工的重要性有三个主要原因：第一，它是改进工人技巧的手段；第二，节省在没有专业化的情况下损失的时间；第三，刺激机器的发明，从而便利和节省了劳动，提高了劳动生产率。劳动分工的所有这些好处都是学习过程的一部分。通过专业化和工作经验的积累，劳动者改善了他的技能，变得更善于做他们所从事的工作。管理者可以发现组织中的缺陷并能够在今后改善它。在知识累积的基础上，他们也能够使资本存量中包含更具有生产效率的技术。

学习可以看作是内生的，也可看作是外生的，或二者兼有，这要看考察的是什么生产要素。如果现有劳动和现有资本需要一个学习过程，则干中学可以被认为是外生的，是非体现技术的一部分。但是，如果假定只有增加新的要素，学习才能进生产系统，则边干边学就被认为是内生的。这是阿罗资本模型（Arrow，1962）的基础——"干中学"（learning by doing）这个术语就是来自这个模型。他的关于资本的假设是，在任何时点上，新资本品包含了当时所有的以经验积累为基础的新知识，但是一旦建立起来，它们的生产效率不可能通过以后的学习来改变。

内生模型可能适用于资本，但不太适用于劳动。对学习过程的大多数研究都是与劳动有关的。在很多国家被发现的学习曲线或进步函数的概念，把平均每单位产出的直接劳动投入与作为经验尺度的累积产出联系起来。在典型情况下，累积产出每增加一倍，平均每单位产出的劳动投入减少 10％～20％，劳动生产率相应提高。当然，对于任何一种产品，学习不可能以同样的比率永远继续下去。但是，因为产品的种类不断改变，也许可以有把握地说：在总量上，在长期，学习过程是没有止境的。

4. 人力资本投资：教育

现在，我们讨论技术进步与卫生、教育和劳动力技能——或现在通常所称的人力资本投资之间的关系。

人力资本投资有多种不同的形式，包括对卫生设施的支出、在职和学校培训以及再培训、正规教育、学习项目和成人教育等。人力资本投资能够克服劳动力的许多不良特征，例如，健康不佳、文盲、不愿接受新知识、害怕变化、缺乏刺激和保守性等，这些都是阻碍生产率提高的因素。劳动的健康状况、教育和技能的改善可以显著地提高劳动生产率和收入，它们可能是在生产中引入更先进的和更复杂的生产技术的先决条件。吸收物质资本的能力可能主要是受人力资本投资的限制。从这方面看，技术进步的主要源泉之间存在着密切的相互关系。

我们在这里集中讨论教育与增长的关系和教育在发展过程中的重要性。然后，按照教育类型与人均收入水平对发展中国家的教育投资收益率作些估计。

教育主要通过三种方式提高增长绩效：（1）教育能提高劳动质量，也能通过知识应用提高物质资本的质量。（2）教育对社会其他部门有溢出效应，这可以抵消物质资本报酬递减。（3）教育是研发最重要的投入品之一，而且可以吸引 FDI。

估计教育对增长的贡献有三种主要方法：（1）计量教育对个人收入差别所作的贡献；（2）生产函数法；（3）增长方程的宏观决定因素的使用。

第一种方法涉及构建一个劳动力质量加权指数，其中，质量是按照教育对个人收入差别（作为生产率的尺度）的贡献来计量的。由丹尼森（Denison，1962）开创的方法包括两个步骤。第一步是搜集不同学龄的劳动力分布资料；第二步是搜集具有不同学校教育年限的劳动者之间的收入差别资料，将其作为权数，假设收入的差别（用百分比表示）是由受教育的差别引起的，便可得出一个由于教育而使劳动质量得到改善的指数。

例如，假设受过 8 年学校教育的人与受过 10 年学校教育的人的收入差别是 20％；假定差别的一半是由于额外两年的学校教育造成的。把受过 8 年教育的人作为一个单位，则受过 10 年教育的人是 $1+(0.5\times0.2)=1.1$ 个单位。然后，教育引起的劳动质量的增长能够估计出来，它对增长的贡献也能计算出来。例如，假设劳动质量的增长估计每年为 1％，产出对劳动的弹性是 0.7，经济年增长率为 3％。于是，教育对增长的贡献是 23％，即 $(0.7\times1)/3.0=0.23$。

这种方法并非没有它的困难。收入差别的比率被假定是由于个人之间教育年限的差别引起的，这带有很大的武断因素；如果这个数字太高，将会高估教育的贡献。另一方面，还有些其他原因说明了为什么这种方法低估了教育的贡献。这些原因是，第一，采用这种方法忽视了教育在维持劳动力的平均质量方面的作用。第二，没有考虑到教育质量的提高。第三，还须考虑教育的"溢出效应"，例如，教育对知识及其在全社会扩散的贡献。

估计教育对增长的贡献以及教育支出收益率的第二种方法是，使用本书第 5 章中介绍的生产函数方法（见方程（5.23））。所要求的是把教育扩张计量包括在生产函数中。教育对增长的贡献就是教育变量的增长率乘以产出对教育变量的弹性。在估计方程中，带有教育增长的生产函数可以写成如下形式：

$$r_Y = r_T + \alpha r_K + \beta r_L + \gamma r_E \tag{7.1}$$

其中，r_E 是教育增长率，γ 是教育的产出弹性。教育的收益率按下式计算：

$$\frac{\Delta Y}{\Delta K} = \gamma \frac{\bar{Y}}{E} \tag{7.2}$$

其中，Y 和 E 是产出和教育变量的平均水平。例如，假设在一个时期中产出的平均水平是 1 亿英镑，教育支出的平均水平是 500 万英镑，教育的产出弹性（γ）是 0.01。那么，收益率就是 0.2 或 20％，即 $(0.01) \times (100/5) = 0.2$。

　　第三种估计教育对增长贡献的方法来自在第 5 章中讨论的"新"增长理论，在使用国家的大样本中，教育存量（由入学率或正规教育年限来估计）作为解释国家间增长率差异的一个变量。一个简单的截面估计方程的形式为：

$$g = a + b(PCY) + c(education) \tag{7.3}$$

这里 g 是国家（如 20 年）的平均增长率；PCY 是国家人均收入的初始水平，而 $education$ 度量每个国家初中、高中入学注册的年龄组比例，或教育的平均年限。系数 c 度量学校入学率或教育年限一个百分点的变化对国家间增长率差别的贡献。巴罗（Barro，1991）使用这种方法进行了开创性的研究，而后被其他人采用（见表5—6），表明在1960—1990 年间每增加一年的教育年限就伴随着人均收入增长率多 0.3 个百分点。这些所谓的"增长的宏观决定因素"研究也包括一些其他要素，并且教育对增长的贡献有时是显著的有时又不是。近十年东亚经济的快速增长通常被认为是得益于它们对教育的大力投资。

　　但是在"新"增长理论之前就强调了教育在增长过程中的作用。丹尼森和舒尔茨（在他 1961 年美国经济学学会的会长讲话中）（见 Schultz，1961）最早用数量证据阐述了教育对增长的重要性。舒尔茨指出，美国教育存量在 1900—1956 年间提高了 850％，而与此同时，可再生资本只增加了 450％。他承认估计教育收益率的困难，但认为，如果把教育的每种可想到的成本都考虑到，把所有的支出看作是投资而不是消费[2]，那么教育的投资收益率即使不高于也至少等于非人力资本的投资收益率。丹尼森估计，教育对人均收入增长的贡献是 40％。

　　在发达国家的历史增长过程中，教育的重要性是十分明显的。这就促使人们思考，在发展中国家，人力资本投资可能与物质资本投资同样重要。经验证据似乎支持了这种观点。1980 年，世界银行评论得出结论说："研究表明，教育投资的经济收益在大多数情况下超过了其他投资的收益率；而且，发展中国家比发达国家有更高的教育收益率"。[3] 发展中国家教育收益的某些估计列入表 7—1 和表 7—2 中。这些资料是由帕萨卡鲁珀罗斯（Psacharopoulos，1994）从对几个发展中国家所作的广泛研究中收集的。表 7—1 表明了各洲的小学、中学和大学教育的社会和私人投资收益率。表 7—2 按照各国的人均收入水平提供了同样的资料。

表 7—1 教育的投资收益率（按地区），20 世纪 90 年代早期

国家	社会			私人		
	初 等	中 等	高 等	初 等	中 等	高 等
撒哈拉以南非洲	24.3	18.2	11.2	41.3	26.6	27.8
亚洲*	19.9	13.3	11.7	39.0	18.9	19.9
欧洲/中东/北非*	15.5	11.2	10.6	17.4	15.9	21.7
拉丁美洲/加勒比	17.9	12.8	12.3	26.2	16.8	19.7
经合组织国家	14.4	10.2	8.7	21.7	12.4	12.3
全世界	18.4	13.1	10.9	29.1	18.1	20.3

* 非经合组织成员。
资料来源：Psacharopoulos, 1994.

表 7—2 教育的投资收益率（按人均收入水平），20 世纪 90 年代早期

国家	人均收入（美元）	社会			私人		
		初等	中等	高等	初等	中等	高等
低收入（610 美元及以下）	299	23.4	15.2	10.6	35.2	19.3	23.5
中低收入（610～2 449 美元）	1 402	18.2	13.4	11.4	29.9	18.7	18.9
中高收入（2 450～7 619 美元）	4 184	14.3	10.6	9.5	21.3	12.7	14.8
高收入（7 620 美元及以上）	13 100		10.3	8.2		12.8	7.7
全世界	2 020	20.0	13.5	10.7	30.7	17.7	19.0

资料来源：Psacharopoulos, 1994.

从这些统计资料中可以得到几个有趣的和重要的结论。

第一，最高的收益率来自对小学教育的投资。这与如下观察是一致的：发展中国家中，人均收入水平和增长率与受小学教育的人数比率存在着最强的相关性。[3] 只有社会上大部分年轻人接受新的思想和行为方式，传统的习惯和态度才能发生重大的改变。没有基本的识字和算术能力，是不可能取得任何进步的。然后，收益率随教育水平的提高而下降。小学、中学和大学入学率见第 3 章中的表 3—5。

第二，我们看到，各等级教育的收益率随着发展水平（用人均收入来衡量）的提高而下降。因为入学率在发达国家比在发展中国家高，这表明各级教育的支出是报酬递减的。

第三，社会收益一致地低于私人收益。这是因为大多数教育成本，至少是在小学和中学中，不是由个人而是由国家负担的。但是，在高收入国家的高等教育中，收益比较一致，因为很多直接成本是由学生负担的，而且按照放弃的收入来说，机会成本也很高。发达国家的高等教育的社会收益非常接近社会贴现率，即 8%～10%。

总之，可以得出结论说，各国的教育投资无论对私人还是对社会都是有很高收益的——一个国家越不发达，这种收益就越高。发展中国家初等教育投资的社会收益率达

到 20％或更高，实际上是非常高的。

□ 四、 妇女教育

到目前为止对女性和男性的教育的讨论没有加以区分。但是在很多发展中国家，教育机会的提供上仍然存在很大的性别差异，而且在劳动市场上妇女明显处于劣势。这在初等、中等和高等学校入学率以及识字率的统计数据（如表 7—3 所示）上有所反映。第 1 章中列出的千年发展目标中最主要的目标之一就是在不晚于 2015 年要消除初等和中等教育中的性别不平等。

表 7—3　　　　　　　　　教育供给和识字率，女性相对于男性，2005 年

	成人识字率		初等教育入学率		中等教育入学率		高等教育入学率	
	女性（15 岁及以上所占比例）1995—2005 年	女性相对于男性的比例 1995—2005 年	女性（％）2005 年	女性相对于男性的比例 2005 年	女性（％）2005 年	女性相对于男性的比例 2005 年	女性（％）2005 年	女性相对于男性的比例 2005 年
发展中国家	69.9	0.91	104	0.94	58	0.93	16	0.91
最不发达国家	44.3	0.80	90	0.89	28	0.81	3	0.63
阿拉伯国家	59.4	0.88	88	0.90	65	0.92	21	1.01
东亚和太平洋地区	86.7	0.99	110	0.98	72	1.00	21	0.93
拉丁美洲和加勒比海地区	89.7	1.01	115	0.96	91	1.08	32	1.17
南亚	47.4	0.81	109	0.93	48	0.83	9	0.74
撒哈拉以南非洲	51.2	0.84	92	0.89	28	0.79	4	0.62
中欧、东欧以及独联体地区	98.7	1.00	107	0.99	90	0.98	63	1.30

资料来源：UNDP，2007/2008.

对妇女教育投资的不足部分是由于文化因素，但是也有经济因素。因为妇女工作机会不好，妇女的教育成本难以收回来，而且回报率低——至少对私人回报来说。家庭所看到的是对男性的教育上的投资回报率高。但是，从社会的观点来看，对妇女教育的投资回报可能是高的。妇女教育不仅对于改善妇女自身权利和能力很重要，而且由于导致出生率人口增长的下降（见第 9 章）以及从整体上改善社会福利，因而具有重要的直接和间接的影响。世界银行首席经济学家劳伦斯·萨默斯（Lawrence Summers）观察到（Summers，1994）：“有确凿的统计评估较为一致地发现女性教育是一个与社会指标相关性最高的变量。女性教育的好处是有乘数效应，因为它们能赋予妇女权利，从而能带来其他必要的改变。”

在总结对教育的讨论时需要说明的是，事实上，一个国家吸收物质资本和技术进步会受到人力资本可得性的限制，这并不意味着教育应该放在优先的地位。所有形式的资

本形成需要放在一起考虑并同时实现。最后，投资在人力资本上的资源量是一个配置性的决定，每个国家根据自己的一些考虑来决定，其中回报率将是一个。其他重要的考虑因素是受过教育的劳动力的类型——未来，如果需求类型和性别差异发生变化，受过教育的劳动力的各种类型对于避免技能瓶颈和失业都是必要的。

第三节　基础设施投资

另一种重要的投资类型是基础设施投资，它对发展中国家是非常重要的。正如物质生产率依赖于人力资本投资一样，它也依赖于基础设施投资，例如，对交通运输、电力设施等的投资。好的基础设施提高私人部门的生产率，减少其生产成本。除了这个明显的好处之外，充分的基础设施在几个方面能对国家的发展计划作出关键性贡献，如使生产多样化、扩大贸易、改善环境条件、解决人口增长和减少贫困等。

对于贫困的农民来说，基础设施的改善可以减少成本投入、增加农业产出和通过改善市场进入减少贸易商的垄断。由于很差的基础设施和市场进入，将近三分之二的非洲农民与全国市场和世界市场隔离。更好的交通意味着更易获得公共服务，包括学校、医院和其他卫生设施。用这种方式，基础设施投资能够在实现涉及教育、健康和性别平等领域的千年发展目标方面有所帮助。世界银行（World Bank，2005）对 73 个国家的研究表明，一个国家基础设施指标 10％的改善可以带来儿童死亡率 5％的降低、婴儿死亡率 3.5％的降低和孕妇死亡率 7.8％的降低（与安全水供应、卫生和到达医院的便利相联系）。自来水通过把妇女传统上一般每天要花费数小时从井里取水中解放出来，促进了性别平等。斯特劳布（Straub，2008）对关于这个主题的 64 篇论文进行了评述，发现实际上所有的研究都支持基础设施供给和经济发展的各个方面之间都有强烈的正相关关系。

当前，发展中国家每年投资 5 000 亿美元用于新的基础设施建设——交通、电力、水、环境卫生、电信、灌溉等。这个投资额相当于总投资的 20％，GDP 的约 5％——而且，对这种投资的需求仍然很大。10 亿人口仍然没有用上清洁饮用水，20 亿人口没有卫生设施和电力，在很多发展中国家，运输设施也很简陋原始。

大多数基础设施投资是由政府从事的。公共部门实际上拥有、管理和融资了所有的基础设施，因为它或者被作为一种自然垄断，或者被作为一种公共产品。但是，由于没有竞争和责任，可能存在着无效率和大量的浪费。由于缺乏维修，能力的利用不足可能是交通和电力的主要问题。世界银行估算，把管理效率提高到最好水平，每年可以节约 500 亿美元。如果更多的基础设施由私人提供，向用户收取成本，每年可节省政府补贴 1 000 亿美元。

世界银行呼吁把重点从增加基础设施存量转到改善基础设施服务的质量上来，改变基础设施只能由政府提供的观点。该行提出了三个重要的建议：更广泛地使用商业原则，包括管理自主权和业绩目标的建立；引进更多的竞争，例如，安排供给者在完全市场上竞争；用户更多的参与，以便供给者对用户的需要作出反应。

第四节　技术与发展中国家

□ 一、技术进步对发展中国家的贡献

大多数技术上的进步都是源自发达国家。经合组织（OECD）国家每年在研发上的花费超过7 000亿美元，比撒哈拉以南非洲的GDP还多，并且占发布专利的90%以上。如果发展中国家想要发展它们自己的技术，就需要适当的制度环境，包括通过专利、良好的基础设施、政治稳定来吸引投资基金和信贷可得性。按中级和高级制造业占总制造业增加值的份额来计算，一些发展中国家（地区）中的技术领先者包括新加坡、中国台湾、印度、韩国、马来西亚、中国大陆、墨西哥、泰国、菲律宾和巴西。

当前，技术在三个重要领域正在对发展作出贡献：农业、卫生以及信息与通信。在农业上，20世纪60年代和70年代的绿色革命的影响已经消减，但是通过使用转基因（GM）食物和作物，即将到来的生物技术有潜力终结世界饥饿问题。转基因技术的优势在于能够在互不相关的物种之间转移性状。例如，一物种中有抗旱能力的基因可以直接转移到另一物种的遗传密码中。我们现在有更抗病虫害和更耐农药的转基因作物；将来我们会有含额外维生素和蛋白质的食物，甚至有能抗击营养不良和疾病的疫苗。20世纪90年代后期中国批准了26种转基因作物，包括转基因辣椒、土豆、水稻和棉花。这是中国作为威权体制的优势。其他国家，包括中国的主要经济对手印度，不得不应付反对转基因技术的公共抗议、侵扰试验田和烧毁转基因作物。

在卫生方面，发展中国家的新技术和医学的进步已成为减少死亡率和增加预期寿命的最大的单一因素。很多重要的发现包括抗流感、抗天花、抗小儿麻痹症、抗麻疹、抗肺炎的疫苗、抗生素（盘尼西林）和口服补液疗法——主要是在孟加拉国开发的，挽救了数以百万计的婴儿免于腹泻而死。生物技术和基因学通过改变导致癌症的基因，或增强和癌症做斗争的基因，提供了治疗疾病的新方式。

无论是作为消费者还是生产者，信息通信技术（ICT）都能给发展中国家带来巨大的收益。任何可以被数字化的任务现在都能远距离操作，这给低成本国家提供了发展ICT产业的机会。印度的软件产业现在有超过一百万的雇员。呼叫中心是次大陆增长最快的产业。对于消费者，通过互联网获取信息几乎对任一领域都是有利的——农业上的气象信息、对医疗保健知识的传播和疾病跟踪、教育的远程学习。

▶ **案例7.2**　　　　　　　　　**填补技术鸿沟**

技术进步——改进了商品和服务的生产、销售和运输到市场的方式——是人类进步和发展的核心。它已帮助发展中国家绝对贫困人口的比例从1990年的29%减少到2004年的18%。

因而，富国和穷国之间的技术鸿沟缩小了，但仍然很大。低收入国家仅使用了高收入国家四分之一的技术。

发展中国家（即，低收入国家、较低的中等收入国家和较高的中等收入国家）的技术进步在20世纪90年代初到21世纪期间超过了高收入国家的技术进步。当然，低收入国家初期技术水平在开始时要低得多。

发展中国家所享有的很强的技术进步主要来自对现有技术的采用和吸收。与它们的经济规模相比，它们对世界创新作出的新贡献较少。

向发展中国家间的技术扩散通过它们对国外技术的不断增加的接触而得到促进。在过去的15年，外国直接投资水平和对高科技与资本商品的进口占GDP的百分比提高了一倍——部分是因为与受过良好教育的生活在海外的移民人口的联系。

国家内部扩散较慢意味着，虽然个别城市可能是技术领先者，但就整个国家而言技术的使用可能是低的。例如，印度城市居民超过二分之一的人有移动电话，而在农村部门只有十分之一。

部分原因是由于接触机会的增加，较新的技术——如手机、电脑和网络——现今扩散得更快。在20世纪90年代初期，新技术需要超过50年的时间才到达多数国家；现在只需要16年。但是技术倾向于在国内扩散得慢一些，因为很多发展中国家缺乏必要的技能来掌握新的甚或较老的技术。

虽然有良好的宏观经济和教育政策，以及较老的支撑技术的扩散——例如电网、道路设施、电话线和卫生设施网——促进了技术在发展中国家的传播，但是进展缓慢而且吸收新思想和技术的能力仍旧很弱。

要想继续追赶高收入国家，发展中国家需要：

（1）通过贸易开发、国外直接投资和移民人口的参与，保持对国外技术的接触；

（2）进一步改善投资环境，容许创新型企业成长；

（3）对支撑技术和基本的基础设施，如公路、电力和电话进行投资；

（4）在整个经济中改善教育的质量和增加教育的数量——不仅仅是主要的中心城市；

（5）通过加强传播系统和研发项目的市场导向，加强技术扩散。

资料来源：*Finance & Development*，June 2008.

□ 二、 生产技术

与发达国家相比，发展中国家的劳动力比较丰富，资本却比较稀缺。如果情况是这样，我们可能期望看到，在发展中国家的工业部门中使用较多的劳动密集型的生产技术，它们反映了劳动相对于资本的较低价格。图7—4表明了这种情况。假定发达国家与欠发达国家有相同的生产函数（标记为"1"），并且其他所有因素保持不变。因为发展中国家的劳动力相对价格较低（以价格曲线或等成本曲线 cb 表示），发达国家的劳动力相对价格较高（由较陡的线 ad 表示）。

由原点引出的射线 DC 表示发达国家的资本—劳动比。由原点引出的射线 LDC 表示欠发达国家的资本—劳动比。两条射线均经过价格线与生产函数曲线的切点，分别为 A 和 B。

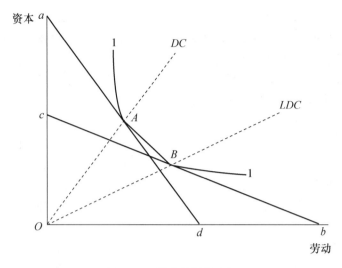

图7—4 技术的最优选择

实际情况常常是这样的:为了生产出相同的产出,技术的资本密集度在发达国家与欠发达国家之间并没有很大的差别,从总量上说,仅仅当产出构成不同时,发达国家和发展中国家之间的资本—劳动比才是不同的。发展中国家的大部分经济几乎完全不使用资本,例如在生存农业和小型服务活动中就是这样。但是,在发展中国家的现代部门中,技术的资本密集度比基于要素禀赋知识所预测的要高得多,假定可利用的劳动供给和投资率不变,技术的资本密集度越高,就业就越少,失业就越多。

在发展中国家,失业是人们关注的主要问题之一,而且失业给人们的感觉是,现行生产技术可能是"不适宜的"。

但是,为什么发展中国家现代部门的技术的资本密集度较高?如果发展中国家使用较多的劳动密集型技术,情况会变好吗?有一些原因说明,发展中国家与发达国家在技术选择上,有时几乎没有什么差别。

第一,对于大多数商品的生产来说,其技术选择的范围可能是很窄的,这就是说,图7—4中的生产函数实际上可能并不是平滑的,因而一国不可能根据其相对要素禀赋和相对生产要素价格的不同,从生产函数曲线上的 A 点移到 B 点。当然,这里说的技术指的是有盈利性的技术。既使用较多劳动又使用较多资本的劳动密集度较高的技术是存在的,但这样生产出的产品在市场上是缺乏竞争力的。如果有利可图的生产技术很少,生产系数是固定的,那么生产函数将呈 L 形(有时它又被称为里昂惕夫生产函数,以瓦西里·里昂惕夫这位投入—产出分析之父的名字命名。该函数假定资本和劳动没有替代性)。世界上的技术是否仅有一种是有利可图的,或者有利可图的技术很多,但发展中国家无法得到它们,这是一个经验性的问题,我们将在后面进行讨论。

发展中国家生产的相对资本密集性的第二个原因是,生产要素的市场价格常常并不反映相对丰歉程度。由于对稀缺资本给予丰厚的补贴和通过政府向它们自己的雇员支付高工资而鼓励在现代制造业部门实行高工资,生产要素价格的扭曲趋势常常被发展中国家自己搞得更严重了。采用资本密集型技术的一个以前的理由是,它们对使产出和储蓄达到最大值是必需的,而劳动密集度较高的技术将降低产出和储蓄水平,因为这种技术的效率低而付出工资高。政府过去相信，现在仍然在很大程度上相信这个理由。我们将在本章的后面详尽地讨论这些论点，但有一点是很清楚的，通过补贴使资本越便宜，使工资越高于它们的"影子"价格，就越会倾向于采用资本密集度较高的技术。

第三，尽管劳动可能是丰裕的且它们的货币价格可能要比发达国家低，但雇佣它们却并不一定是"便宜的"或"成本低的"，因为它们的生产率可能较低。换句话说，所谓的效率工资（即劳动生产率除以工资率），或者每单位产出的工资成本在发达国家和发展中国家之间几乎没有什么差异。这意味着图7—4中发展中国家的生产函数将位于发达国家的生产函数之外，因此，即使发展中国家的劳动力的相对货币价格低一些，选择相对资本密集型技术仍是有利可图的。图7—5证明了这一点。发展中国家的生产函数用标号"2"来表示。即使发展中国家的劳动与资本相比是比较便宜的（cb 的斜率 $<$ ad 的斜率），最有利可图的资本—劳动比在发达国家和欠发达国家也是一样的（由从原点引出的射线 $DC=LDC$ 表示）。这可能是因为，按照每单位产出的成本来说，丰富的劳动并不一定是"便宜的"。这一点解释了这样一个事实：为什么在外贸中，发展中国家像发达国家一样出口资本密集型商品，这与贸易理论的预测正好相反。这种表面上似乎矛盾的现象（有时被称为里昂惕夫之谜）可以用以下事实来解释："效率"工资是重要的，而货币工资是不重要的；尽管发展中国家的货币工资可能是低的，但"效率"工资却是相对高的。

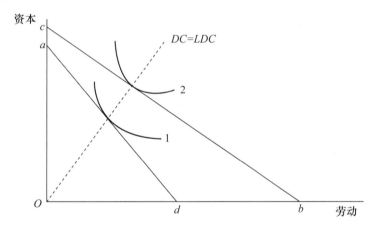

图7—5 相同技术下的不同工资水平

第四，我们还要指出：在某些情形下，资本的密集度可以用技术约束来解释。劳动密集型技术一般要求有大量的熟练劳动者，与之相比，而资本密集型技术则要求有大量的半熟练劳动者来承担日常的工作。在熟练劳动者短缺的发展中国家，资本可以替代技能，它是决策者的一个理性反应——不管决策者是什么人，他们的反应都是这样。

但是，也许，说明发展中国家现代部门相对高的资本密集度的最重要因素是：它们的很多——如果不是大多数的话——生产技术是从国外进口的，而这些技术都严重地偏向节约劳动型。这些技术可能由本国厂商所采用，但越来越多地显示出，这些技术是由投资于该国的外国跨国公司带进来的。在这一情形下，技术可能是"不适宜的"，这并不是因为没有很多适宜的技术可供选择，也不是因为选择不适当，而是因为投资于有关发展中国家的、以追求利润最大化为目的的跨国公司限制了这种技术的使用。引进的技术之所以是劳动节约偏向的，是因为在发达国家中，技术进步是劳动节约偏向的——这些国家劳动力相对稀缺而昂贵。就像我们前面（见图7—2）看到的那样，在生产函数图上，劳动节约偏向可由生产函数非均匀地向内移动来表示，它引起资本在相对要素价格比率相同的条件下替代劳动。

如果发达国家设计出劳动节约型技术，通过国际投资过程，现在正在发展中国家中广泛地采用，那么人们可能会问：为什么发展中国家不发明资本节约型技术来更经济地使用其稀缺的资本呢？回答是，如果一个国家要发展节约资本的技术，它必须有一个资本品工业。但典型的情况是，发展中国家的资本品工业或者非常原始或者根本就不存在。由于相当大部分的投资品来自国外，在国内生产无利可图，再加上又缺乏技术知识，因此，发展中国家几乎没有什么动力来建立自己的资本品工业。

资本品生产的特征是专业化能力，要在经济上达到专业化，就需要一个大的市场，它应比同类消费品市场的规模大得多，从而能够获得规模经济。资本品生产效率的提高本身也导致资本节约，但是没有资本品工业，也就不可能有创新，从而整个经济就失去了资本节约和技术进步的重要源泉。现在普遍认识到，资本品部门对于整个经济的创新活动是必不可少的，而且，如果发展中国家想要降低对国外进口技术的依赖，就必须优先建立和培育本国的资本品工业。[4]

关于跨国公司和技术选择的经验性证据是混合的。拉尔（Lall，1978）区分了三个不同的问题。第一，跨国公司所使用的技术是否适应于发展中国家丰富的劳动和低工资的条件？第二，跨国公司是否确实改造了它们转移来的技术？第三，这种技术是由跨国公司改造好呢，还是由当地厂商改造好？

关于第一个问题，跨国公司所采用的技术类型恐怕是不易改变的，因为这些公司都力求在现代工业中占据支配地位，而现代工业的发展按照其本性来说是复杂的、连续的和资本密集型的。除原材料加工之外，像材料处理和包装等辅助性活动则是比较容易替代的。关于第二个问题，跨国公司不可能仅仅为了适应当地的条件而对技术作重大的、耗资甚多的改造，没有很多证据表明跨国公司会这样做。但是，关于第三个问题，与当地企业相比较，跨国公司的活动似乎是非常混合的。这里的问题是，如果要进行比较，必须拿相同的东西比较，也就是说当地企业与外国企业必须利用相同技术生产类似的产品，并在同一市场上进行比较，因此研究必须谨慎从事。容易得到这样的结论：如果跨国公司在不同的工业部门经营，生产不同的产品，它们的资本密集程度就要高于本地厂商。事实常常也是这样：跨国公司集中在重工业和采掘工业之类的具有内在的更高资本密集度的活动领域。我们将在下面更多地论述这种经验性的证据。在第14章中，当我们考察外国的私人投资对发展中国家的发展过程的作用时，将进一步讨论跨国公司问题。

现在我们转向另一问题的讨论，即转到使用劳动密集度较高的生产技术与产量之间，以及与储蓄之间的潜在冲突。

■ 第五节　技术选择中就业与产出和储蓄之间的冲突

发展中国家有三个主要的目标：提高当前消费水平；提高未来消费水平（通过现在

的储蓄）；提高就业水平。在选择新技术时，上述目标之间可能产生冲突。第一，能使就业达到最大的技术可能会牺牲产出；第二，使就业达到最大的技术可能会牺牲储蓄。如前所述，过去认为，运用现代资本密集型技术的理由之一是，劳动密集型技术将会减少产出和可投资剩余。我们需要在理论上和实践上研究这个问题。我们认为，尽管从理论上说，就业与产出、就业与储蓄之间可能存在冲突，但是这一潜在冲突所依赖的假设或者是站不住脚的，或者是过于极端。在实践中，发展中国家可以使用更为劳动密集型的技术而同时不使现在或将来的消费水平下降。有些经验证据似乎将证明这一点。

□ 一、 就业与产出

就业与产出之间的潜在冲突存在于新技术的选择过程中，这是因为，劳动的生产率比较低，采用具有高劳动—资本比的生产方法可能会导致高的资本—产出比。[5]假定投资了 1 000 英镑的固定资本，技术 I 雇佣 100 名工人，其增量资本—产出比为 5，每年生产 200 英镑的产出流量。技术 II 雇佣 50 名工人，增量资本—产出比为 4，每年生产 250 英镑的产出流量。于是，使就业达到最大的技术所生产的当期产出流量较低。

应该直截了当地说，几乎没有什么证据支持这样的观点：劳动密集型技术比资本密集型技术有更高的资本—产出比。相反，越来越多的证据表明，只要合作要素可以得到，用劳动取代资本不会使产出水平下降。一个有趣的开创性研究是由帕克（Pack，1974）作出的。他使用联合国关于 10 个国家 16 个厂商所生产的 6 种商品的每单位产出的资本（K/O）和每单位产出的劳动（L/O）的数据。根据截面数据，把每种商品的（K/O）和（L/O）的观察值描绘在图形上（如图 7—6 所示），然后定义效率边界来估计该边界上的替代弹性。

图 7—6 中的每一个散点代表一种工业的各国观察值，譬如说棉纺织业的每单位产出的资本和劳动的相对量的观察值。通过最接近原点的发散点可以画出效率边界曲线或等产量曲线。其替代弹性用下式计算：

$$\frac{(K/L)_i}{(K/L)_j} = \left[\frac{(w/r)_i}{(w/r)_j}\right]^{\sigma}$$

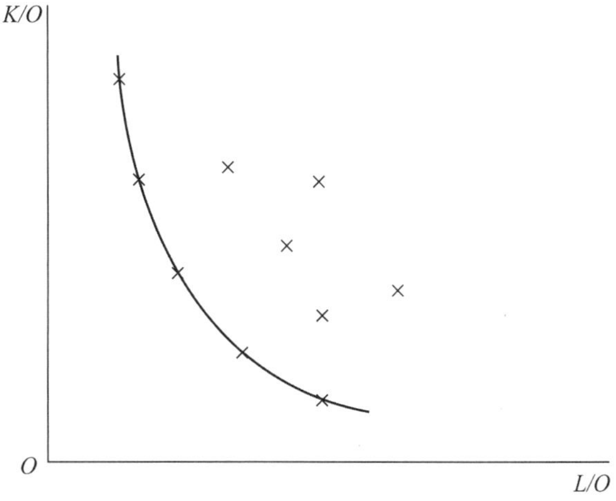

图 7—6 效率边界

其中，w/r 是工资—租金比率，i 和 j 是最靠近原点的 2 个观察值，σ 是替代弹性。对 6 种商品中的 5 种来说，处于效率边界上的各国所用的人均年资本量有很大的差别，而且有很高的替代弹性。结果如表 7—4 所示。

表 7—4   资本—劳力替代可能性

行业	处于效率边界的国家	劳均年资本量（美元）	替代弹性（σ）
自行车	印度	400	0.24
	日本	520	
磨谷	日本	280	0.37
	以色列	6 410	
油漆	印度	214	1.60
	中欧	2 790	
轮胎	伊朗	6 240	1.50
	墨西哥	10 600	
棉纺织品	印度	1 100	2.00
	墨西哥	8 240	
毛纺织品	印度	260	1.20
	日本	4 600	

结果表明，对于每单位劳动使用大量资本的国家来说，有不少更为劳动密集型的技术存在（正如别国使用的那样）——这些技术的采用并不牺牲产出，除非与劳动密集度增加相联系的合作要素不存在。从帕克研究中得到的一个有趣的观察结果是：在有效地使用劳动密集型技术方面，印度总是或位于效率边界上，或与效率边界非常接近。

帕克（Pack，1976）对肯尼亚制造业的 42 个工厂所做的研究也表明：在大部分行业中，特别是在加工业部门之外的材料接收、加工之间的材料管理、制成品的包装和存储等辅助性活动中，显然对资本密集度似乎是一个事前的选择。事实上，许多辅助性活动本身的劳动密集程度就很高，而外资企业往往还会采用比当地企业更为劳动密集型的技术，这与传统的观点刚好相反。帕克把这一点归因于外资企业具有较好的管理知识和人员的技术培训。在加纳的研究中，福西斯和所罗门（Forsyth and Solomon，1977）也发现了资本—劳动替代的可能范围，但不能找到结论性的证据证明外资企业比外籍居民或私人的本地企业有更高的资本密集度。当然，不同行业有不同的情形。赫里纳（Helleiner，1975）在总结他对跨国公司和技术选择关系的研究中说道："在特定的工业部门，与当地企业相比，跨国公司在它的生产要素和投入使用方面，尤其是在与基本的生产过程相联系的辅助性活动中，常常被证明反应更灵敏，技术更有适应性。这也许与它吸取的广泛经验有关。"

即使使用较为劳动密集型的技术不会牺牲产出，但投资剩余从而未来产出是否受到损失的问题也仍然存在。帕克的研究却显示了另外的结论。但是，我们现在来较详细地考察就业和储蓄之间的潜在冲突，像传统观点指出的那样。

□ 二、 就业与储蓄

如果使用多布（Dobb，1955）和森（Sen，1968）首先使用的简单的生产函数图形，我们就能够以最严格的形式说明就业和储蓄之间的潜在冲突。

考虑使用一个既定的可投资资源量 K，以及利用这些投资资源雇佣不同数量的劳动生产产出的可能性。O 是消费品部门的生产函数，显示劳动的报酬递减。现在采用标准的传统（尽管并不一定正确！）假设：工业部门的劳动者获得一个固定的工资并全部用于消费，因此，从原点引出的一条具有不变斜率（w）的射线（OC）表示在每一就业水平上的工资总额和消费。OO 与 OC 的差额便是利润。如果全部利润都被储蓄起来，那么这个差额也表示在每一资本—劳动比上的储蓄水平。图 7—7 所画的平行于 OC 的直线与生产函数相切，在切点上储蓄达到最大，这时的就业水平为 L。如果就业量超过这一点继续增加，储蓄水平和可投资剩余就会下降。

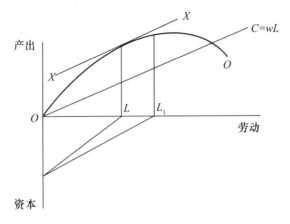

图 7—7　就业水平与储蓄率

在增加就业和使储蓄最大化之间存在潜在冲突，这一看法依据以下几个假定——这些假定的有效性是值得怀疑的。这些假定是：（1）工资率是既定的，而且不随生产技术变化而变化。这一假定似乎是刘易斯的著名发展过程模型（在第 6 章讨论过）的翻版——这一模型假定，在不变工资上，工业部门的劳动供给是有弹性的。然而，如果工资超过了最低必要水平，有些暗含的意义就会随之出现。（2）所有利润都被储蓄起来了，所有工资都消费掉了。（3）因采用资本密集型技术而产生的失业并不会使社会储蓄减少到在较高就业率和较高工资率条件下一般可达到的水平。（4）消费并不是生产性的（即没有投资成分），或者说当前消费并不比未来消费更具有生产性。（5）政府缺乏运用向劳动征税和补贴的手段来调解潜在冲突的能力。我们放松以上假定条件，看看会产生什么不同的结果。

1. 工资和生产的资本密集性

首先我们取消这个假定：工资率是既定的且对所有技术都是一样的，而不管资本集约性如何。在发展中国家环境下，有两个基本论点需要指出：第一个论点是，大量技术，至少是现代工业部门中的技术，本身不是在本国生产的，而是从国外进口的。在这种情形下，欲使资本设备有效地且有利地运转，工资结构就是由技术所需的技能组合

(skill mix) 和使劳动力维持在健康状态的需要决定的。大体说来，可以预期的是，资本密集度越高，支付的平均工资就越高。

第二个论点是，由于发展中国家的城市部门存在着大量的隐蔽性和公开性失业，在下述两种条件下所支付的工资就会有很大的差异：一种是在既有技术（进口的和国内的）条件下所支付的工资；另一种是在使用更为劳动密集型技术（假设机会是给定的）的条件下，使劳动者愿意去工作所要支付的工资。如果较为劳动密集型技术能够开发和应用，那么没有理由说，由于这些技术的使用，工资不应该降低，除非在某些部门遇到工会的强烈抵制。

如果不再假定工资是既定的，而是根据上面所概括的理由，它可以随生产技术的变动而变动，那么在新技术选择中就业和储蓄之间冲突的结论会受到很大的影响。确切地说，根据这一假定，如果劳动的边际产品随着生产的劳动密集度的提高而下降，如果工资等于劳动的边际产品，那么冲突便完全消失了，从而剩余的增加与就业量的增加就一致了。

然而，无论如何工资不可能下跌到零，必定存在某一最低水平，超过这一水平，工资不能再下降。由此可得到如下结论：在达到边际产品等于最低工资这一点时，就业和储蓄之间并没有必然的冲突，在这一点之后则存在冲突。

2. 不同阶级的消费倾向

就业和储蓄之间存在冲突的说法还依赖于下述假定：源于利润的储蓄倾向要高于源于工资的储蓄倾向。在图7—7中，就业水平 L 和 L_1 之间的差依赖于以下极端的假定：所有利润都被用于储蓄和所有工资都被消费掉。没有一个人会怀疑源于利润的储蓄倾向（s_p）高于源于工资的储蓄倾向（s_w）（确实，有大量的经验性证据支持这一论点）。但是，说工资一点也不储蓄、利润一点也不消费则有些极端了。源于利润的消费和源于工资的储蓄将减少就业和储蓄之间的冲突，使最大剩余点从 L 移向 L_1。

在冲突出现之前，s_w 和 s_p 之间的差越小，则就业水平越高；直到 $s_w = s_p$ 这个极限达到时，只要劳动的边际产品不是负数，就业和储蓄之间就没有冲突。收入在工作和利润之间的分配不会影响到储蓄的总量水平。

3. 对失业者的支持

如果某一旨在使再投资剩余达到最大的特殊技术选择引起了失业，而失业者又要占用一部分社会投资资源，那么选用这一技术所产生的剩余最终可能要比选择劳动密集度较高的技术所能产生的剩余小一些。失业者主要通过如下三个途径减少可投资的剩余：第一，如果失业者仍然在农业部门，他们会降低平均产品并使消费大于产出，从而使农业剩余减少。第二，如果失业者仍然在工业部门，他们将占用一部分家庭储蓄来养活自己。第三，政府通过失业保险计划对失业者提供社会救济金，在这种情况下，公共储蓄就会比没有这种情况时可能达到的水平低。

如果对失业者提供以上各种形式的"补偿"超过了工业工资与采用更为劳动密集型技术所产生的边际产品之间的差额，那么创造更多的就业就是合算的，因为由就业增加而产生的消费和生产的差额将小于由失业所减少的储蓄额。当然，这里存在一个限度，如果失业者所"消费"的资源等于工业工资的价值，当劳动就业达到劳动的边际产品等于零这一点时，上述两方面将不再存在差异。从储蓄角度来看，一个消费掉一份工业工资的失业者与一个生产的边际产品为零但得到工业工资的就业者，显然没有什么区别。因此，只要失业吸收储蓄，无论在何种形式下，就业就可能更高，而不使可投资剩余减少到在其他情况下可能达到的水平之下。可见，作为一般的观点，可以看到，就业和储蓄彼此冲突的程度也取决于从全部可投资剩余中拿出多少资源来对失业者进行补偿。

4. 消费和投资是截然不同的吗？

所谓就业和储蓄之间的冲突，实际上是假定：或者消费没有任何投资成分，或者当前和未来消费具有同等的生产性。那些赞成以牺牲就业为代价使可投资剩余达到最大的技术的人，完全忽视了当前消费的边际价值；而赞成使就业达到最大的技术的人，则认为一额外单位消费和一额外单位储蓄（投资）之间在边际上是没有差别的。然而，可以证明，如果消费含有投资成分，并且消费的生产率随着消费水平的提高而下降，当前消费的相对价值就会提高，从而有利于采用更为劳动密集型的技术（Thirlwall，1977）。我们所说的"生产性"消费是指可以提高劳动的效率，从而可以像增加资本存量一样能提高收入水平的那种消费。只要消费是生产性的，就业和消费的增加就不一定以牺牲未来产出目的而进行的"投资"为代价。

低水平消费特别是低水平的食物摄取量究竟对工作效率和生产率造成多大损害，人们还知之甚少。但是我们确实知道，营养学家考虑的对于有效的工作和健康的生活所需的食物要求，大大高于发展中国家大部分人口所达到的水平（见 Dasgupta，1993）。卡路里（热量单位）的缺乏引起体重的减轻、疲劳、精神不振和智力下降；蛋白质的缺乏也可能会导致夸希奥科病（kwashiorkor），甚至可能导致儿童死亡；维生素 A 缺乏引起失明；碘缺乏引起甲状腺肿，甲状腺肿又会引起白痴和聋哑。据联合国粮农组织的估计，在世界上至少有 10 亿人遭受着程度不等的营养不良（见第 3 章）。就消费不足引起的效率和产量的损失程度而言，增加当前消费几乎与从未来福利观点来看增加一个单位额外储蓄在边际上具有同等的价值。对消费和储蓄的相对评价越相等，当前就业创造和将来产出水平之间的冲突就越小。

5. 税收和补贴

到目前为止，我们一直假定，储蓄和就业水平唯一地依赖于技术选择，但在实际上，为了达到理想的目的，政府可以通过征税和补贴来协调就业和储蓄之间的矛盾。就像森（Sen，1969）已指出的那样："收入中用于储蓄的量是可以由计划者按照自己所偏好的方式决定的。……如果这一结论是正确的，那么技术选择和储蓄比率决定之间的联系便被切断了。可以根据使产出达到最大的主要目标来选择技术，而产出中用于投资的比率则可在一个独立的场合决定。"

再次考虑图 7—7，这里被重画为图 7—8。如果仅仅选择技术，剩余最大值 XY 意味着就业牺牲 L_1L，或者说，就业量为 L_1，意味着牺牲相当于 Y_1Y_2 的储蓄。现在假定政府拥有征税和补贴的权力，为了使就业量达到 L_1，要求影子工资为零，即对雇主的补贴等于全部的工资价值。现在雇主的剩余为 X_1L_1，但因为工人得到了市场工资，并且所有工资都用于消费，消费仍然为 Y_1L_1，可投资剩余为 X_1Y_1。问题是，在新的条件下，税收政策能够使由资本密集程度较高的技术产生的剩余水平 XY 得以保持吗？如果消费倾向大于零，回答是肯定的。全部工资总额为 Y_1L_1，从工资总额中减少消费 Y_1Y_2

是合理的。消费减少额等于税收额乘以消费倾向（c），因而增加的税收收入必定是 $T=(Y_1Y_2)/c$。如果工资总额比如说是 1 000 英镑，Y_1Y_2 为 100 英镑，c 为 0.8，那么增加的税收收入必定是 100 英镑/0.8＝125 英镑。

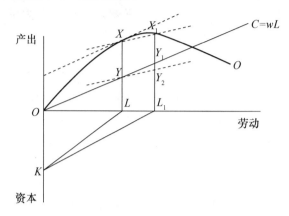

图 7—8　通过税收政策保持储蓄水平

在这个例子中，当从资本密集型技术转向劳动密集型技术时，要保持储蓄水平是相当容易达到的。当然，如果原有的税收水平已经很高，进一步征税已无余地，则运用税收和补贴来协调可能不是一个可行的手段。在实践中，我们推测，发展中国家的征税能力还没有充分发挥出来，劳动补贴——配合适当的税收政策——仍然是一种可能的政策。

然而，我们还必须认真考虑征税的形式的影响。例如，倘若工资是以实物形式固定的，引起价格上涨的间接税将会降低实际工资；为了补偿，货币工资不得不提高。因为货币工资对于雇主来说是成本，于是对雇主的补贴就必须增加。为了筹集财政补贴资金而征收间接税可能会导致税收、补贴和通货膨胀螺旋式上升。如果工人要求增加货币工资来保持个人可支配收入，则对工人收入征收直接税也可能会影响生产的发展。为财政补贴筹集资金，唯一行得通的办法是对不影响国内工人阶级广大群众的实际收入水平的出口品和奢侈消费品征税。因此，虽然从理论上说，通过征税为劳动补贴筹资的政策固然能协调就业与储蓄之间的冲突，但也可能会遇到不少实际困难。

以上讨论的可导致劳动密集型生产增加而又不损害可投资剩余的所有因素，或者可以被看作添加的协调因素，或者其中任何一个因素都具有足够的力量能把就业水平推向图 7—7 中的 L_1，而又不会损失储蓄和利润。

□ 三、　未来政策

发展中国家城市失业增长的主要原因在于：因为可利用技术的选择受到国内和国外的限制，发展中国家使用了"不适宜"的生产技术。这已成为传统观点的一部分，其中可能有不少正确的成分。由于缺乏国内资本品部门，技术选择受到了国内的限制；因为从发达国家进口的技术反映发达国家劳动节约型技术进步的倾向，技术选择也受到了国外的限制。"不适宜"技术的运用不仅会使失业更为严重，而且会使发展中国家的二元经济结构永久化，增加了收入不平等，可能会使国际收支恶化，导致经济的扭曲，而与此同时会增加发展中国家对发达国家的依赖性。

目前，发展中国家正在掀起鼓励创造**中间技术**的运动，即使每单位资本使用更多的劳动和更少的外国投入品。现在需要的是适应不同环境的一系列技术，使发展中国家能从中选择合适的技术。为了实现这一目标，发展中国家需要扶植它们自己的资本品工业，在贫穷国家中和为了穷国的利益，需要进行更多的研究与开发。**国际技术银行**是一个有益的起点，它帮助发展中国家从不同的方面制定技术发展规划。

生产的资本密集度也是产出构成的函数。满足一个既定的需要，常常有许多方法，其中一些方法可能要比另外的方法具有更高的劳动密集度。在像交通、营养、住房等领域中，应当认真考虑使用最为劳动密集型的方法来满足这种需要，这种方法是与其他目标相一致的。

最后，还需要考虑活动的区位问题。无论在现代部门中采用什么样的技术，它都将涉及农村部门，而它又会对现代部门产生反作用。我们在第 6 章中看到，创造更多的现代部门工作职位可能会鼓励农村劳动力向城市迁移的人数大于现代工业创造出的职位数，从而增加城市的失业。因此，恐怕还需要在农村部门中建立新的劳动密集型工业，以抑制劳动力迁移的流量，减缓城市失业的压力。

总结分析，我们已经看到，有很多理由相信，在选择新技术时就业和储蓄之间以及就业和产量之间内在的潜在冲突被人们夸大了，技术的劳动密集度可能是比较高的，但它并没有损害可投资剩余水平或产出水平。因此，为了使一般福利达到最大，发展战略应该转到以农业为基础的劳动密集度较高的项目上来。

小结

1. 除非经济将其一部分产出用于投资，否则不可能有经济增长。发展中国家的人均资本量要比发达国家低得多，这也部分解释了发展中国家劳动生产率较低的原因。

2. 资本有多种形式：物质工厂和机械、基础设施、人力资本和社会资本。社会资本包括能给劳动者带来更高生产力的卫生支出。

3. 资本的生产率很大程度上依赖于资本所包含的技术进步的量。

4. 技术进步的速度取决于社会对发明、创新和把资源投入到人力资本形成、技术培训和研发支出的意愿和能力。

5. 富国和穷国之间存在巨大的技术鸿沟，这将需要时间和努力来填平。

6. 生产技术的选择在发展中国家是重要的问题——是选择相对劳动密集型的技术创造更多就业，还是选择体现更多技术的相对资本密集型的技术。

7. 理论和证据表明发展中国家能够在不牺牲未来增长的条件下趋于使用更多的劳动密集型技术。

问题讨论

1. 资本积累过程是什么意思？

2. 对能够提高人均收入的各种投资形式和资本积累作区分。

3. 发展中国家和很多发展经济学家为什么特别强调资本积累在发展过程中的作用？

4. 中性型、资本节约型、劳动节约型技术进步这些术语是什么意思？

5. 社会取得技术进步的主要途径是什么？

6. 什么是"干中学"？

7. 发展中国家的教育投资收益率为什么比发达国家的高？

8. 在什么意义上，基础设施投资与工厂和机器的投资是互补的？它必须由公共部门提供吗？

9. 在发展中国家的工业部门决定技术选择的因素是什么？

10. 为什么早期的发展理论倾向于强调资本密集型技术对于快速经济发展的重要性？

11. 使用更多的劳动密集型技术必然会减少可投资剩余吗？

12. 你对"效率工资"如何理解？这个概念是如何帮助解释产品和可交易商品的相对资本密度的？

注释

[1] 作为消费看待的教育支出比率越大，则教育投资的回报率就会越高。

[2] *Education Sector Policy Paper*（Washington，DC：World Bank，1980）。

[3] 见 Colclough（1982）。

[4] 关于这个问题的清晰讨论，见 Stewart（1977），特别是第 6 章。

[5] 资本—产出比（K/O）可用资本—劳动比和每单位产出的劳动需求的乘积来表示，即 $K/O=(K/L) \cdot (L/O)$。因为 L/O 高，即劳动生产率低，所以具有低 K/L 的技术可能有一个高的 K/O。

网站

关于技术和投资的网站

英国布里斯托大学乔·坦普尔管理的经济增长资源 www. bris. ac. uk/Economics/Growth

国际通信研究所 www. iicd. org

世界知识产权组织 www. wipo. int

关于技术选择的网站

联合国工业发展组织 www. unido. org

第三篇

不发达的持久性

第 8 章

二元性、中心——外围模型与累积因果过程

要论证贫穷和落后的原因是关键生产要素的普遍短缺和利用效率低下，这并不困难。但要准确地说明为什么一些生产要素稀缺而另一些生产要素丰裕，为什么发展可能是一个缓慢而长期的过程，就相当困难了。用要素禀赋的最初差别来解释当今各国在发展水平上的差别，确实是不可能的。当前的发展差距主要是世界上有些地区的工业发展所引起的，而这反过来又形成各地区的要素禀赋差别。这里的目的不是要考察为什么一些国家能比另一些国家更快地实现工业化，而是要考察当今发展中国家经济增长中的某些潜在障碍和发达国家与发展中国家之间的利益不平等长期存在的机制。

首先，我们将研究发展中国家的二元结构。然后，我们将考察缪尔达尔的循环累积因果过程的模型——该模型既适用于地区也适用于国家（Myrdal，1957，1963）。我们将看到，缪尔达尔模型是能够用来理解南北之间或"中心"（工业化）国家与"外围"（初级产品生产）国家之间的发展差距永久存在以及演变的诸多模型之一。我们也将从这个角度考察普雷维什和卡尔多的开创性模型，并强调它们的相似之处。第三，我们将讨论和累积因果模型有联系的新经济地理学，以及似乎与世界经济分工有关联的地理因素的作用。最后，我们要简要讨论不平等交换模型和依附模型，这些模型强调导致世界经济国际不平等的各种机制。

第一节　二元性

二元性这个术语是对发展中国家早期发展阶段中存在的一种条件的描述，它对未来发展的模式和速度可能是有意义的。"二元性"一词可以有多种定义和解释，但一般来说，它主要指的是经济体系中的经济和社会的分化，例如各部门或各地区之间的技术水平差异，地域发展程度上的差异，本地社会制度与外来社会制度之间在社会风俗习惯和

态度方面的差异。

　　总之，二元结构是货币经济增长的伴生物。像我们在第 6 章中看到的那样，货币经济的增长可能是专业化发展的自然结果，也可能是从外部输入的。因此，基本上，二元经济的特点表现为经济体系中生存部门和交换部门之间社会传统习惯的差异；农业生存部门和工业货币部门之间技术水平上的差异；同一国家各个地区的人均收入水平上的差异（如果货币经济和工业的发展集中在某一些地区）。事实上，地区的、社会的和技术的二元性现象同时存在是很平常的，每种二元性都与其他二元性互相加强。较"先进"的部门通常容易获得稀缺的生产要素，这是造成二元结构持久存在的一个重要原因。在这个过程中，城市偏向起着重要作用（Lipton, 1977）。

　　如果形成二元性的基本原因是在物物交换的生存经济中引入了货币，而其发展又取决于货币经济的扩展，那么发展就必定要与各种形式的二元性的存在作斗争。在这里，我们着重考察社会的和技术的二元性，地区二元性问题留待研究缪尔达尔的累积因果假说时再考察。

　　第一个问题是，二元性的存在对经济造成了什么发展问题？二元性是如何延缓和阻碍发展的？就社会二元性而论，各种障碍似乎与全然没有现代交换部门的传统社会所存在的那些障碍相似。面临的任务是要向生存部门提供各种刺激，并把生存部门引入货币经济中。土著生存部门可能不愿意改变传统的生活方式和对刺激作出反应，这一事实对二元经济不是特有的。因此，不发达确实往往是与社会二元性相联系的，但它也可能使人们误把社会二元性看作是贫穷落后的根本原因。很难证明在缺乏导致二元结构出现的货币部门的条件下，发展会更快些。即使交换部门的增长对土著部门的态度不发生影响，通过使用生存部门劳动和向其传播知识，它也肯定会对发展作出某些贡献。很难设想没有货币经济的增长，究竟会取得多少进步。简言之，把社会二元性看作是发展的必然结果而不是不发达的基本原因，似乎更切合实际。

　　对于是否能把技术二元性说成是不发达的原因，也可以提出类似的保留意见。与社会二元性一样，把技术二元性视为发展过程不可避免的性质，可能更符合实际。但也必须承认由经济体系中农业部门和工业部门的技术差距所导致的各种困难。有两个不利条件是与技术二元性密切相连的。第一个前面已经提到过，即在技术二元性是由外国"飞地"造成的场合，工业部门所创造的一部分利润将被汇回它国，从而使储蓄和投资降到它可能达到的水平之下。第二个不利条件更为基本，但也很难避免。如果国民经济的农业或非货币部门中生产过程的特征是劳动密集型技术和可变的生产技术系数，而工业或技术先进的部门中生产过程是资本密集型的并具有相对固定的技术系数，那么工业部门的技术可能会阻碍农业部门的进步，而整个国民经济的发展则部分依赖农业部门的发展。首先，相对固定的技术系数（即要素间缺乏替代弹性）意味着劳动从农业转到工业只能与资本增长同步进行。其次，资本密集性本身又将限制工业部门中的就业机会，这可能导致城市失业和农业部门中的永久不发达。而农业部门的生产率增长是从起飞到持续增长的必要基础，但它的增长速度则可能下降。

　　的确，假若现代部门的技术（进口或通过其他途径形成）确实体现了固定技术系数，那么一个经济体要使用社会最优的要素组合，就可能是困难的，但是这种短期的不利情况必须与先进技术对生产率的有益影响相权衡。如果资本积累、技术进步和工业部

发展经济学（第九版）

门的发展（除农业发展之外）是提高人均国民收入水平的基本前提，那么要理解怎样才能避免技术二元性就是困难的，至少在发展的初期阶段是这样。能够做得最好的政策，首先是在所有的经济部门鼓励先进技术的普遍应用和迅速吸收消化；其次要确保生产要素的"合适"价格，以防止由于要素价格不能恰当地反映相对要素禀赋，而使技术的采用对私人有利却不能使社会收益最大化。但甚至在这一意义上是社会最优的技术，也可能不是为经济长期持续增长提供最可靠基础的技术。关于技术选择问题，我们在第 7 章中讨论过了，生产要素的"社会"价格将在第 11 章中讨论。

第二节　累积因果过程与中心—外围论

□ 一、 累积因果过程

用累积因果假说解释发展中国家经济的落后性是与瑞典经济学家缪尔达尔（Myrdal，1957，1963）的名字相联系的。它基本上是一种地理二元性假说，适用于世界各国及一国的各个地区，可用来说明地区间各种发展指标差异的永久存在——这些指标包括人均收入、工业化和贸易的增长率、就业增长率和失业水平等。因此，累积因果过程论向静态平衡论直接提出了挑战，后者预言经济力量的作用将引起地区差异的缩小。

缪尔达尔认为，在发展过程中经济的和社会的力量导致不均衡趋势，经济理论中关于非均衡状态趋向均衡状态的假定是错误的。如果不是这样，怎么能够解释各国生活水平的差异趋势扩大？因此，缪尔达尔以他所谓的循环累积因果关系的假说来取代静态均衡假定，认为这一假说的应用有助于解释国家间的发展水平差异和各国内部地区间的发展水平差异可能长期存在，甚至随时间不断扩大。

首先，他从地理上的二元经济角度考察这一假说，描述了通过劳动力迁移、资本流动和贸易等的传导作用，二元性的存在如何不仅延缓了落后地区的发展，而且也拖延了整个国民经济的发展。为了描述循环累积因果过程，我们从一个国家开始讨论，在这个国家中，所有地区都达到了同样的发展阶段，具有同样的人均收入水平，或同样的职业中具有同样的生产率和工资水平。然后，假设有一个外部冲击，使某一地区发展进程比另一地区更为迅速，从而造成了一种不均衡状态。其论点是经济和社会力量导致有利地区的累积性扩张，而其他地区的境况相对不断恶化，并延缓它们未来的发展，从而使不均衡状态强化了。

☞ ▬▬▬▬▬▬▬▬▬▬▬▬▬▬▬▬▬▬▬▬▬▬▬▬▬▬▬

冈纳·缪尔达尔（Gunnar Myrdal）

1898 年生于瑞典斯卡通宾，卒于 1987 年。政治家、经济学家以及经济学的数个领域的多产作家。20 世纪 30 年代瑞典福利国家的缔造者之一。他早期对宏观经济学的研究要先于凯恩斯的《通论》。在发展经济学上，最著名的是他对均衡理论的挑战，以及在《美国的困境：黑人问题与现代民主》（1944）和《经济理论与不发达地区》（1957）

两本书中"循环累积因果"的概念。也是三卷巨著《亚洲戏剧：关于各国的贫困的研究》(1968) 的作者。1974 年获得诺贝尔经济学奖。

这与新古典的均衡理论相反，后者假定要素的流动性使所有地区间的工资率、利润率趋于相等。根据新古典理论，在劳动力稀缺而资本丰裕的地方，劳动力将流入，资本将流出，从而使工资下降，利润率上升；而在劳动力过剩的欠繁荣地区，劳动力将流出而资本将流入，使工资提高，利润率下降。

相反，缪尔达尔所想的是一种乘数加速器机制，它导致受惠地区的收益增加。供给与需求力量的相互作用不是导向均衡而是引发偏离地区均衡的累积运动。既然工资水平是人均收入的基本决定因素，我们就以工资和工资差异为例来说明缪尔达尔所设想的那种过程。设有两个地区 A 和 B（例如意大利北部地区和南部地区），假定工资由供求关系决定，如图 8—1 和图 8—2 所示。

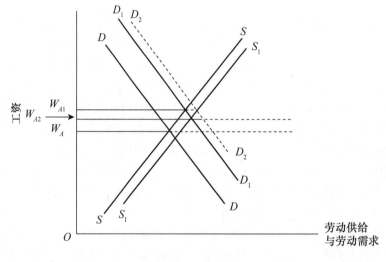

图 8—1　A 地区

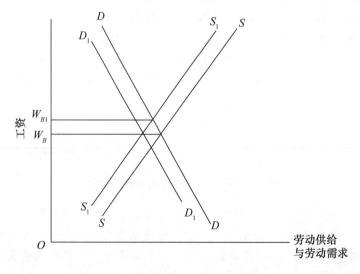

图 8—2　B 地区

假定两个地区的工资水平在开始是相等的，$W_A = W_B$。然后假定某种刺激因素引起 A 地区相对于 B 地区来说劳动力需求上升，从而工资提高。即，A 地区的劳动力需求曲线移到 $D_1 D_1$，导致工资上升到 W_{A1}。因为劳动力倾向于对这种经济机会的差异作出反应，那么工资的差异就可能引起劳动力从 B 地区向 A 地区流动。均衡理论预言，通过 B 地区劳动力供给从 SS 减少到 $S_1 S_1$，A 地区劳动力供给从 SS 增加到 $S_1 S_1$，将有使工资水平再度均等的趋势，即付给 A 地区的 W_{A2} 工资与付给 B 地区的 W_{B1} 工资相等。

然而，根据累积因果假说，供给变化可能预期以同样的方式对需求起反作用，以致抵消均衡趋势。从 B 地区流出的劳动力剥夺了该地区的人力资本和企业家，减少了对商品、服务和生产要素的需求；另一方面，劳动力流入 A 地区将促进企业的兴起以及对产品和生产要素的需求。简言之，劳动力从 B 地区流出将造成劳动力需求曲线向左移动，比如移到 $D_1 D_1$；而劳动力流入 A 地区将造成劳动力需求曲线进一步向右移动，比如移到 $D_2 D_2$，从而导致工资差异即使不扩大（假如需求的移动程度比假设的大）至少也将持久存在。因而，一旦发展差距出现了，就会在受惠地区发生一连串的累积性扩张，并对其他地区产生缪尔达尔所称的"回波效应"的作用，使得一般发展差距持续存在，甚至扩大。

资本流动和贸易在累积因果过程中也起着重要作用。在自由市场中，与劳动力一样，资本将向预期收益最高的地方流动，这将是需求旺盛的地区。资本、劳动力和企业家往往一起流动。贸易的利益也将归于东道主地区。在正常情况下，一国中使用共同货币的各地区不会有收支平衡的困难，但就业的维持取决于出口能力，否则就会出现失业。如果生产倾向于报酬递增，则要素供给迅速增长的地区就能够增强它对于工业规模较小的相对落后地区的竞争优势，并相应地增加实际收入。同样，国际市场的自由化和扩大以及世界贸易的扩张，也有利于国内增长较快的地区。

劳动力流入扩张地区所发生的影响很可能导致交通、通信、教育、卫生等的改善，提高了增长地区的效率和生产率，进一步扩大了增长地区对于经历了生产要素流出的落后地区的竞争优势。

循环累积因果过程的回波效应也有潜在的力量。阿尔伯特·赫希曼仍然（Albert Hirschman，1958）曾提出，如果落后地区成为主权独立的政治国家，它们的境况大概就可能变好。如果落后地区是一个独立的国家，就可以较容易地控制生产要素的流动，减弱领先地区和滞后地区之间的竞争，每一地区都能够更容易地集中生产它拥有比较成本优势的商品，两个地区可以分别确定汇率，也更容易采取保护措施。

尽管对一个落后地区来说，取得国家地位可能有这些好处，但赫希曼仍然反对国家主权。因为他相信，那些促进增长的地区间传递的力量很可能比那些促进增长的国际传递的力量更强大。

赫希曼认识到回波效应的持续存在，并且认为，为了抵消回波效应，一个关心其落后地区发展的国家应该提供某些类似主权的体制，例如一个独立的税收制度和保护某些活动的权利。必须设计某些政策来减少他所谓的发展中地区间差异的"极化"效应和加强"涓滴"效应。"涓滴"效应是增长地区对落后地区产生的有利影响，缪尔达尔称之为"扩散"效应。这些涓滴效应或扩散效应主要包括增加对落后地区产品的需求以及技术与知识的扩散。在缪尔达尔看来，扩散效应的作用要比回波效应的作用弱，如果要缩小地区间差异，各国就必须依靠政府干预。否则，就只能等待累积因果过程的自然结束，而这可能要很长时期以后才能到来。

但是，正在扩张的地区成本递增最终将会使增长停滞下来。较高的生活费用和拥挤所造成的外部不经济，最后将会超过生产要素较高的效率和较高的货币报酬所带来的好处。于是，人口流动过程将停止下来，甚至可能出现人口倒流。目前，某些发达国家已开始步入这一阶段。对以增长和福利为目标的政府来说，问题是它们是否能够让这个过程自然进行，容忍在这个过程结束之前可能产生的不平等状态。高度的不平等会导致社会、经济和政治方面的不良后果——使社会动荡，导致不安定和骚乱。事实上，许多先进国家的政府多年来一直采取积极步骤来调整地区不平等，这是先进国家的地区差别之所以小于发展中国家的地区差异的一个原因。缪尔达尔认为，在发展中国家，地区不平等远未缩小，政府施加的力量使这种不平等持久存在。他说："在许多较贫穷国家中，内在的封建的和其他不平等制度以及帮助富人剥削穷人的政权结构支持和扩大了这种不平等的自然过程"（Myrdal，1963，p.40）。

□ 二、 地区不平等

关于地区不平等的国际横截面证据和关于单个国家的时间序列证据都表明，不平等的程度遵循一个倒 U 形状；即地区不平等首先随发展水平而上升，然后下降。这种情况是不难解释的。非常穷的国家都一致地穷。一个或一些地区受到某些有利的冲击——例如，一个飞地或工业活动的开发——使得地区差别开始出现。一旦这个差别出现，它将通过所描述的这个过程而趋向扩大。人口从较穷地区向较富地区流动在发展的早期阶段是有选择性的，因为只有那些有技能和受过教育的人有能力迁移。资本也将投入较为动态的地区。产生于繁荣地区的扩散效应由于缺乏政治和经济的一体化而比较弱小。

当国家变富时，发展的早期阶段加剧差别的因素随时间而开始变弱。人口流动将变得有较少的选择性；扩散效应逐渐变得强大起来；工业化将不断扩散，农业部门的规模在缩小；扩张中地区的拥挤和扩张的外部不经济将增大，抑制了资本和劳动从贫穷地区向富裕地区流动；政府可能也试图通过实施地区政策来纠正不平衡。

经验研究表明人均收入和产出的地区差异在发展中国家要比在发达国家更不平等。表 8—1 给出了由尚卡尔和沙（Shankar and Shah，2003）估计的一组挑选出来的发达国家和发展中国家的未加权和加权（人口）的基尼系数。他们也对联邦的或单一政治结构的国家进行了区分。

表 8—1 发达国家与发展中国家的地区差异

国家	年份	未加权的基尼系数	加权的基尼系数
发达国家（联邦政治结构）			
加拿大	1997	0.018	0.067
美国	1997	0.090	0.039
德国	1997	0.191	0.122

续前表

国家	年份	未加权的基尼系数	加权的基尼系数
西班牙	1997	0.128	0.118
发达国家（单一政治结构）			
法国	1997	0.096	0.126
意大利	1997	0.152	0.145
英国	1997	0.085	0.083
发展中国家（联邦政治结构）			
巴西	1997	0.334	0.267
印度	1997	0.226	0.227
墨西哥	1997	0.253	0.301
巴基斯坦	1997	0.113	0.072
俄国	1997	0.283	0.280
发展中国家（单一政治结构）			
智利	1994	0.267	0.165
中国	1997	0.351	0.250
印度尼西亚	1997	0.378	0.274
尼泊尔	1996		
菲律宾	1997	0.307	0.261
波兰	1996	0.106	0.090
罗马尼亚	1996	0.230	0.249
斯里兰卡	1995	0.352	0.341
南非	1994		
泰国	1997	0.438	0.442
乌干达	1997—1998		0.170
乌兹别克斯坦	1997	0.155	
越南	1997	0.372	0.410

资料来源：Shankar and Shah，2003.

可以看出发展中国家的基尼系数远高于发达国家；并且单一政治结构的发展中国家一般比联邦政治结构的发展中国家更不平等。那些地区最不平等的国家是较大的单一政治结构的国家，如中国、越南、泰国和印度尼西亚。为什么在联邦国家地区不平等倾向于较低？有三个主要原因：第一，在联邦国家地区不平等扩大会带来更大的政治风险，从这个意义上讲，弱势的地区可能会决定脱离联邦；第二，国家政党更重视地区问题；第三，自治地区政府更关注它们地区的而不是整个国家的事务。

尚卡尔和沙也考察了 14 个发展中国家地区不平等的时间趋势，而且发现不平等仍在扩大——或倒 U 形曲线在上升。罗德里格斯-波塞和吉尔（Rodriguez-Pose and Gill，2006）在对自 1980 年的印度、中国和墨西哥的一项研究中也表明了这一结果，并且发现地区不平等的增长与贸易从初级产品出口转变为制造业产品出口显著相关。这和在最发达国家（包括美国和欧盟）所发生的情形形成鲜明的对比。在美国，巴罗和萨拉-伊-马丁（Barro and Sala-i-Martin，1992）表明，地区间人均收入趋同过程经历了100年。使用个人收入数据，他们发现了美国各州在1880—1988年间人均收入的平均增长与初始（1880年）人均收入水平之间呈相反的关系。只有两个阶段，1920—1930年和1980—1988年，显示出趋异的迹象。

在欧洲，证据是较为混合的。战后到1980年期间，欧洲各地区之间出现人均收入趋同的迹象，但在1980年以后却没有这种迹象。但是，地区失业率差别无论在整个欧洲还是在工业国家内部仍然很大。法格伯格和弗斯帕根（Fagerberg and Verspagen，1996）研究了6个欧盟国家70个地区，证明了到1980年是趋同的，但那以后则没有显示趋同。作者认为，趋同的机会还没有耗尽，但是20世纪80年代的其他因素却出现了趋异现象，特别是失业差别悬殊，工业和农业地区之间研究与开发努力的差别在扩大。

其实，法格伯格等（Fagerberg et al.，1996）所作的进一步研究证明了这种情况：即人均收入系统地与失业率差别有关。他们研究了德国、法国、意大利和西班牙的64个地区，发现贫穷地区的增长受到了不利的工业结构以及很差的研究与开发努力的阻碍。但是，只有在剔除了工业结构的差别、研究与开发努力、人口密度和人口流动之后，才显示出趋同现象。有趣的是，劳动流动被发现对人均收入的增长有强烈的积极影响，表明人口流动在这一时期是不均衡的。政策含义是，农业占支配地位是贫穷地区增长的障碍，主要是因为规模经济的范围以及研究与开发比工业部门的小。更大的地区平衡要求向有利的工业活动的结构转变，但又要求有一个适当的物质基础设施和提供人力资本。

□ 三、 国际不平等与中心—外围模型

最初条件很相似的国家，在发展中差异逐步扩大，缪尔达尔也运用循环累积因果过程来解释这一现象。通过劳动力流动、资本流动和国际贸易，国际不平等以与一国地区不平等完全相同的方式持久存在。他认为，通过贸易，发展中国家被迫生产那些需求既无价格弹性又无收入弹性的产品，主要是初级产品。这就使发展中国家与发达国家相比在国际收支平衡和外汇可得性方面处于极为不利的地位。此外，相对于其他地区，增长较快的地区的效率工资（即与劳动生产率有关的货币工资）趋于下降，发达国家已经获得了累积的贸易竞争优势，尤其是在制成品方面。当然，这种观点不是缪尔达尔所独有的，以下我们将详细阐述其他模型——这些模型强调贸易利益的不平等分配和贸易的国际收支影响，这些因素作为一个主要手段，使发展的国际差距永久存在，包括克鲁格曼对新地理经济学所作出的贡献（Krugman，1991）。

缪尔达尔以同样的思路讨论了资本流动的状况。如果不进行外汇控制，极大地刺激国内外资本家赚取高额利润，那么发展中国家资本流动的自然趋势将是净输出。在发展中国家，与投资相关的风险更高，安全与收益率一样是决定资本流动的因素。如同现实中已发生的那样，由于实行对利润的优惠税收待遇、市场保证和从国际贷款组织获得大量资本，发展中国家一般是长期资本的净输入者，但是短期资本账户情况往往相反。但是，事实仍如卢卡斯（Lucas，1990）所指出的，资本主要流入已经富裕起来的地区。

至于外国直接投资，最富裕的国家获得超过80%的资本流入量，而最贫穷的国家（除了中国）获得的少于5%。

缪尔达尔假说的潜在弱点与劳动力流动的影响有关。国家间劳动力从发展中国家向发达国家流动，对落后国家的经济既有有益的影响，也有有害的影响。最为有害的影响是人力资本可能的明显损失。不过，在人力资本未被利用的条件下，移民可能不是一个严重的损失。但是，不仅有技能的和受过教育的劳动力可能被引诱离开他们的祖国，而且无技能的劳动力也可能到别处寻求更好的就业机会。如果认为发展中国家苦于失业问题不能解决，如果生产率低下是由"人口过剩"造成的，那么无技能劳动力的输出对发展中国家可能是非常有益的。在一些国家如墨西哥、巴基斯坦和孟加拉国，劳动力输出促进了人均收入的提高，并且由于移民向他们自己国家汇款，改善了国际收支平衡。移民汇款现在每年达到近1 500亿美元，超过了对发展中国家的官方发展援助水平（见第15章）。在这个重要方面，先进国家宽松的移民政策可以为发展提供有益的帮助。

即便如此，来自劳动力自由流动的潜在利益也未必能抵消由贸易和资本的国际流动所产生的国际回波效应。因此，即使劳动力可以自由流动，在贸易和资本自由流动的作用下，也仍存在发展水平的国际差异扩大的趋势。由于国家间"扩散"效应相当微弱（在一定程度上比国家内的"扩散"效应更弱），因而，它的存在并不会改变这一结论。

我们该如何评价累积因果假说呢？由于这个假说假定自由贸易和生产要素的自由流动，它对发展的地区差异的说明也许要比对国际差异的说明更为有力。另一方面，在讨论发展差距时，这一点不容忽视。从过去几年的情况看，国际人均收入水平并没有趋同倾向（见第2章和第5章），这一假说没有被事实驳倒。特别是，近年来，发展中国家的贸易和收支平衡状况并不能使人们相信贸易的利益在发达国家和发展中国家之间是公平分配的（见第15章和第16章）。

累积因果假说对理解发达和不发达问题的贡献在于，它强调发展是一种累积现象；更为重要的是，它指出了获得最初利益的地区或国家可能持久地保留其优势，并使其他地方的发展遭受损害，由此向静态均衡理论提出了挑战。究其根源是报酬递增现象，这种现象从广义上说要由第7章中讨论的与社会技术进步相联系的生产优势的累积来解释。

第三节　两个"地区"增长率差别模型：普雷维什和卡尔多

缪尔达尔的中心—外围模型强调累积因果过程通过受惠地区的报酬递增和竞争力而发挥作用。与此不同，其他的中心—外围模型强调穷国与富国之间特殊的生产和贸易格局的国际收支平衡意义，它产生于这样一个事实：富裕国家生产和交换的工业品比穷国生产和交换的产品有更高的需求收入弹性。普雷维什模型是最早的该类模型之一，是由阿根廷著名经济学家劳尔·普雷维什（Raul Prebisch）（1901—1986）提出的，它因其简明性而具有很强的说服力。

劳尔·普雷维什（Raúl Prebisch）

1901 年生于阿根廷图堪，卒于 1986 年。阿根廷最著名的经济学家，他在国家和国际舞台上把经济学和政治学融合在了一起。他在 30 岁出头时是阿根廷中央银行的缔造者和第一任行长；1948 年任拉丁美洲经济委员会执行总裁；1964 年是联合国贸易和发展会议第一任秘书。他是拉丁美洲"结构主义"思想之父，为了使穷国在世界贸易体系中得到更公平的对待而不竭余力。他和汉斯·辛格（Hans Singer）率先提出了初级产品的贸易条件在历史上下降：普雷维什-辛格假说。

□ 一、 普雷维什模型 [1]

考虑一下两个国家、两种产品的模型，其中发达的中心生产并出口需求收入弹性 [2] 大于 1 的工业制成品，落后的外围生产并出口需求收入弹性小于 1 的初级产品。我们假定，工业制成品的需求收入弹性（e_m）是 1.3，初级产品的需求收入弹性（e_p）是 0.8。假定中心和外围最初的收入增长率都等于 3%，即 $g_c = g_p = 3.0$。这样，中心和外围的出口（x）和进口（m）的增长将是什么？对于中心，我们有：

$$x_c = g_p \times e_m = 3.0 \times 1.3 = 3.9\%$$
$$m_c = g_c \times e_p = 3.0 \times 0.8 = 2.4\%$$

对于外围，我们有：

$$x_p = g_c \times e_p = 3.0 \times 0.8 = 2.4\%$$
$$m_p = g_p \times e_m = 3.0 \times 1.3 = 3.9\%$$

由于外围的进口增长速度快于出口，这不是一个可持续的状态，除非外围可以通过资本流入来平衡经常性账户上国际收支逆差的持续增长。如果做不到这一点，而又要求经常性账户上国际收支必须保持平衡，就一定要作出某种调整，或提高出口的增长速度，或降低进口的增长速度。现在假设我们不能把改变由同一货币（或真实交换率）来度量的相对价格作为一种调节机制，这样，所留下的调节机制（不包括保护）只是降低外围的增长率，以降低进口的增长率，使其与出口增长率相符。从这个模型中，我们可以解决外围保持其贸易平衡所需的增长率问题。根据这些假设，我们一定有 $m_p = x_p$ 或 $g_p e_m = x_p$，因此有：

$$g_p = \frac{x_p}{e_m} = \frac{2.4}{1.3} = 1.846$$

因而，外围的增长率应限制在 1.846%，中心的增长率则是 3%。在此情况下，外围与中心之间在收入上的相对和绝对差距都将扩大。值得注意的是，既然外围的出口增长等于 $g_c \times e_p$，我们就可以把上面的等式写作：

$$g_p = \frac{g_c \times e_p}{e_m}$$

将上式的两边都除以 g_c，我们就得到这样一个有趣的结果：外围和中心的相对增长率将与对两国产品需求的收入弹性的比率相等：

$$\frac{g_p}{g_c} = \frac{e_p}{e_m}$$

只要实现国际收支的经常性账户平衡是一个要求，以及国际贸易的相对价格调整不作为矫正国际收支不均衡的一种调节机制，或者不发挥作用，就会出现上述结果。为了避免这一模型所指出的结果，普雷维什主张实行贸易保护主义，这实际上是一种降低 e_m 的政策，亦即降低外围对制成品的进口倾向的政策。我们在第 15 章讨论贸易政策时再考察保护主义的相对优点。

□ 二、 卡尔多地区间增长率差异模型

可以用一个模型把缪尔达尔的思想同普雷维什的观点结合起来。这个模型集中讨论出口在一个开放性经济的发展过程中的作用。在这个模型中，普雷维什的结论是在相对价格固定和贸易平衡的条件下作为特例出现的。该模型是由卡尔多（Kaldor，1970）提出的，既可用于地区，也可用于开放的发展中国家。[3] 它把如下似乎合理的假定作为分析起点：开放经济的产出是由需求决定的，不是由供给制约的，自发需求的长期增长约束着长期产出的增长率。在一个开放经济中自发需求的主要部分又是该地区之外所产生的对该地区出口品的需求。该模型是以出口为基础的发展模型的变形，它强调出口作为主导部门的重要性。这个假说是，一个地区一旦获得增长优势就将趋向于维持它，并使其他地区受到"损害"，因为较快的经济增长导致较快的生产率增长（所谓的"维登效应"，见第 3 章），这又使该地区在出口方面的竞争力得以保持，使该地区一开始就获得增长优势。"成功"孕育着成功，"失败"孕育着失败！这一节将重点概述这一模型。关于发展中国家的出口增长与产出增长的关系的国际证据将在第 15 章中考察。设：

$$g_t = \gamma(x_t) \tag{8.1}$$

其中，g_t 是 t 期的产出增长率，x_t 是 t 期的出口增长率，γ 是出口增长的不变产出弹性（当出口是产出的一个固定比例时，$\gamma = 1$），t 是不连续的时间。规定方程（8.1）的理论基础是，整个经济的增长率受到自发需求增长率的制约。除此之外，它也有许多实践意义，使得出口需求对于高度专业化的地区（或国家）来说，对需求和供给都是极为重要的。在一个地区的大多数产业中，当地需求与最优工业生产能力相比很可能是微不足道的。本地企业的生命力必然在很大程度上要依赖于地区之外的需求强度。

还有很多重要原因说明，为什么出口需求与其他需求因素相比是一个更为有力的诱导经济增长的力量，对开放的落后地区和国家来说尤为如此。首先，出口促使地区专业化，它既可能带来动态利益，也可能带来静态利益。其次，出口使进口成为可能，进口对无力生产发展品的发展中地区可能是重要的。最后，当信息和技术知识的交流与贸易相联系时，进口活动促进了技术知识的流入，它可以提高该地区的供给能力。

现在，我们来讨论一下出口需求的决定因素和出口需求函数的形式。按照常规，设出口为相对价格（按共同货币计量）和外国收入的积性（multiplicative）（或不变弹性）函数，即有：

$$X_t = \left(\frac{P_{dt}}{P_{ft}}\right)^{\eta} Z_t^{\varepsilon} \tag{8.2}$$

其中，X 是 t 期的进口量，P_d 是 t 期的国内价格，P_f 是 t 期的国外价格，Z 是 t 期的外国收入，η 是出口的需求价格弹性（$\eta < 0$），ε 是出口的需求收入弹性（$\varepsilon > 0$）。取变量的离散变化率，得到近似值，即：

$$x_t = \eta(p_{dt} - p_{ft}) + \varepsilon(z_t) \tag{8.3}$$

其中，小写字母表示各变量的增长率。地区外部的收入增长率（z）和竞争者的价格变化率（p_f）都可以看作是该地区的外生变量。然而，国内（出口）价格的增长率是内生变量。我们假定价格是通过以在单位劳动成本上不变"加成"为基础形成的，即有：

$$P_{dt} = \left(\frac{W}{R}\right)_t (T_t) \tag{8.4}$$

其中，P_d 是国内价格，W 是货币工资水平，R 是劳动力的平均产品，T 是 1 加上单位劳动力成本上的"加成"百分比。根据公式（8.4），可得出：

$$p_{dt} = w_t - r_t + \tau_t \tag{8.5}$$

其中，小写字母表示各变量的离散变化率。

如果把劳动生产率的增长部分地看作是产出自身增长的函数（维登法则），这个模型就变为"循环累积"模型。如果函数是线性的，我们可以写成：

$$r_t = r_{at} + \lambda(g_t) \tag{8.6}$$

其中，r_{at} 是 t 期自发的生产率增长率，λ 是维登系数（>0）。方程（8.6）通过生产率增长和价格提供了出口和增长之间的联系。快速的出口增长导致快速的产出增长，快速的产出增长通过使产品变得更有竞争力而导致出口的快速增长。把方程（8.1）、方程（8.3）、方程（8.5）和方程（8.6）结合起来，可得出均衡增长率的表达式：

$$g_t = \frac{\lambda[\eta(w_t - r_{at} + \tau_t - p_{ft}) + \varepsilon(z_t)]}{1 + \gamma\eta\lambda} \tag{8.7}$$

记住 $\eta < 0$，于是，增长率被证明与 r_a、z、ε、p_f 和 γ 成正比例变化，与 w 和 τ 成反比例变化。η 的影响不明确，因为它在等式的分子和分母中都出现了。很清楚，正是因为假定生产率的提高依赖于增长率才产生了这种可能性：一旦一个地区获得了增长优势，它就将保持下去。例如，假定一个地区在具有高需求收入弹性（ε）的产品生产上获得了优势，这就会使它的增长率上升到其他地区之上。通过所谓的维登效应，假定其他情况不变，生产率提高得将更快，价格变化率更低，出口增长率（因而产出增长率）更高，等等。而且，拥有最初优势的地区还将获得高需求收入弹性的产品生产上的竞争优势，这个事实意味着其他地区很难从事同样的活动。这是累积因果理论的精髓，也是"中心"和"外围"、工业（发达）和农业（发展中）地区（国家）分化的实质。图 8—3 说明了这个模型。

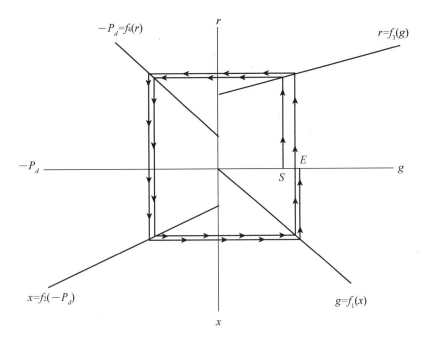

图8—3　趋同与趋异增长

每一线性函数到原点的距离反映影响每一变量（不是函数关系中设定的变量）的因素。从最初状态 S 起，增长率收敛于它的均衡价值 E，这是由公式（8.7）决定的。[4] 这里可以清楚地看到，维登关系提供了经由生产率和价格而导致的出口和增长之间的关系及其持续影响。生产率增长越依赖于产出的增长（即 λ 越高），均衡增长率就越高，并且对于地区间在其他变量和参数上的既定差异，各地区间的增长率差距也就越大。

我们提出这个模型的一个重要含义在于，自发的冲击不足以持久地提高落后地区的增长率，除非自发冲击能对模型的指数和变量发生有益的影响，或它是一种持续的冲击。据此，为了提高一个地区的增长率，国家的货币贬值政策和地区的工资补贴政策的适当性可能受到质疑。可能需要的是结构变化，尤其是那些能改善出口需求特性的结构变化。对这一点的认识在很大程度上解释了为什么发展中国家把重点放在工业化上面，重视国际贸易结构的改变，使它们的制成品能较容易地进入世界市场（见第15章）。

有必要指出，这也是该模型的一个性质：如果按同一货币计量的相对价格不变（即 $p_{dt} - p_{ft} = 0$），出口增长就唯一地由地区和国家之外的收入增长决定，方程（8.7）就可简化为：

$$g_t = \gamma\varepsilon(z_t) \tag{8.8}$$

如果要求贸易均衡，使进口的增长等于出口的增长（$m = x$），则有：

$$g_t\pi = \varepsilon(z_t) \tag{8.9}$$

其中，π 是进口需求的收入弹性。

因此，在普雷维什的均衡贸易模型中，由于相对价格是固定的，在等式（8.1）中的出口的增长弹性（γ）必须等于进口需求的收入弹性（π）的倒数。最后，我们再次得到这个简单规则：一个国家的增长率（g）相对于其他国家的增长率（z）依赖于这个国家出口需求的收入弹性对进口需求的收入弹性（在两国模型中则是另一国出口需求的收入弹性）的比率，即，从式（8.9）中，我们有：

$$\frac{g_t}{z_t} = \frac{\varepsilon}{\pi}$$

(8.10)

从国家角度来说，这个简单的增长规则得到了经验数据的支持。关于国际收支和经济发展之间的联系，我们在第 16 章中将作更充分的讨论。这个增长规则在文献中被称为瑟尔沃规律和克鲁格曼 45°规则，因为瑟尔沃最早证明了该模型在战后与很多国家的增长经验是非常吻合的；保罗·克鲁格曼（Krugman，1989）也独立地证明了相对价格的变化不是一个有效的国际收支调节机制，国家的增长率相对于其他国家的增长率在比率上等于进出口需求的收入弹性的比率。[5]

☞

尼古拉斯·卡尔多（Nicholas Kaldor）

1908 年生于匈牙利布达佩斯，卒于 1986 年。1931—1949 年伦敦政治经济学院在讲师；而后从 1950 年起在剑桥大学皇家学院任讲师，从 1966 年起任经济学教授。1964—1979 年间三度出任英国财政部长的经济顾问，以及很多发展中国家的税务顾问。他和琼·罗宾逊、理查·卡恩、卢吉·帕西内蒂共同缔造了后凯恩斯增长和分配理论，并对新古典均衡经济学提出强烈批评。最为著名的是他用部门的方法来解释国家间增长率差异的原因。

□ 三、 新经济地理学

新经济地理学是由诺贝尔经济学奖获得者克鲁格曼（Krugman，1991，1998）首先提出来的，也试图解释各国间和一国内地区间的经济发展的地理模式，依据向心力引致工业集中，而离心力使得工业分散。在这种意义上，新经济地理学和缪尔达尔的累积因果模型有密切关系，但是前者强调距离和运输成本的关键作用。

在促进经济活动的地理集中的向心力和反其道而行的离心力之间总会存在一场拉锯战。向心力作为对经济活动的磁体，主要是一些与市场规模和经济活动之间的联系相关的不同形式的外部经济：劳动市场外部性（技工池）和纯外部性如知识的溢出效应。抗拒集中的离心力有如下因素：生产要素的非流动性、集中区域的高租金和纯外部不经济，如拥挤成本。

在这个框架中，一个"中心"和"外围"出现并且改变了发展的地理模式，可以从一方面市场的拉力和另一方面运输成本之间平衡的改变来解释。如在缪尔达尔的模型中，首先考虑两个相同的区域。如果运输成本很高，每个地区都会或多或少是自给自足式的。经济活动会被广泛地分散，服务当地市场，因为从其他地方运输投入和产出太昂贵。

现在假设运输成本开始下降。一些地区给其他地区供应需求变得更加经济了。那些由于地理或历史事件具有一些微小初始优势的地区，倾向于资本化那些优势，向不具优势的国家出口并向外拓展业务。经济活动开始集中在一个核心（或中心），剩下一个衰弱的"外围"，只有农业和服务形式的活动。通过以外部经济为基础的累积因果的力量，尤其是与市场规模（聚集经济）相联系的外部经济，一个微小的地区间初始差距可导致一个结果上的巨大差距。在地区层面上，意大利是一个很好的案例。当铁路被引进后，运输成本下降，这使得意大利北部的工厂向较少竞争的意大利南部供应需求成为可能，引起主要工业活动向北部集中，同时导致南部的去工业化。

但是，外围将拥有低的生产成本，尤其是由于高失业和不充分就业带来的低工资成本。在某点上，如果运输成本降得更低，把生产从中心转移到外围可能变得经济了，因为现在低生产成本超过流向市场的运输成本。这也是近年来世界制造业基地从欧洲和北美的中心大规模转移到外围的东南亚的重要原因之一。

上述这套思想对解释世界上国家间和地区间分工的历史演进是有帮助的，这种分工演进可以自发伴随着较好的通信条件而出现，而后当运输成本降得更低时出现逆转（Krugman and Venables，1995）。但是，这不是个均衡的世界；这是个不断变化的世界，在这个世界上，经济发展在某些地区或国家可能会完全受到阻碍。

世界银行《2009年世界发展报告》在论及这个主题时认为，虽然就目前世界经济的环境，经济增长不平衡（导致分化），但是发展仍可以是包容性的，政府必须通过空间相连的基础设施建设、空间上有针对性的激励和适当的制度促进一体化。处于劣势的地区（国家）是那些太小而不能获取内部和外部的规模经济，无法吸引专业化于生产链中一些劳动密集型制造业的投资。

已经做出了许多尝试来计量距离和运输成本对世界各国人均收入水平和增长率的影响，也包括其他地理变量的作用（如 Gallup et al.，1998）。观察世界收入地图，我们会发现两个显著关系很明显。一是离海洋近的国家比内陆国家的人均收入（PCY）高。二是热带地区的国家比非热带地区的国家要穷。第三个事实是（虽然不明显）北半球沿海温带地区每平方公里土地收入（即，PCY×人口密度）最高。位于距离海洋100公里之内的北美和西欧地区（东亚部分地区）占世界人口的13%，而生产了世界商品和服务产量的32%。前面我们所讨论的一些因素能够给出解释。靠近海洋的地区运输成本较低，所以它们能够从贸易和专业化中获益，并且更高的人口密度会带来聚集经济和规模收益。当今，增长最快的发展中国家将其劳动密集型制造业出口的基地设在沿海地区。

盖洛普等（Gallup et al.，1998）用人均收入水平和增长率对几个地理变量进行国家的大样本回归，这些地理变量包括热带地区的陆地面积比例；距离海岸100公里以内的人口比例；一国距离三大核心"地区"（纽约、鹿特丹和东京）之一最短的距离；疟疾发病率和一国的运输成本（使用进口离岸价（FOB）和到岸价（CIF）之间的差额来（不完全地）度量）。人均收入水平与热带地区的区位、疟疾、距离和运输成本成负相关；与接近海洋的人口比例成正相关。收入增长率（保持其他变量不变，如教育、贸易开放度）在热带国家比非热带国家低0.9个百分点（p.p.）；受疟疾影响严重的国家低1.2个百分点；以及与沿海国家相比内陆国家低10个百分点。如果把贸易开放度的变量从方程中排除，距离也能显著减少增长率。

考虑到这些发现，非洲有一些世界上最贫穷和最停滞的国家就不足为奇了。地理对它是不利的！

第四节　依附与不平等交换理论

□ 一、依附理论

除了循环累积因果论和国际收支约束型增长论外，还有很多理论和模型信奉马克思主义传统，而且大都产生于拉丁美洲和法国。这些理论与依附、剥削和不平等交换概念有关，力图解释中心和外围的差异的永久化和扩大问题，可以作为我们已讨论过的机制的补充和组成部分。例如，依附和不平等交换关系部分是与贸易的特征有关的；但还有许多其他重要方面需要讨论，例如，外围对外国资本的依赖，中心对剩余的剥削；对外国技术的依赖；贸易条件恶化；把发展中国家的实际工资降低到其应有水平之下的机制；新殖民主义各种社会—文化因素对独立和自力更生的企图的阻挠。

坚持这一传统的学者包括：多斯·桑托斯、巴兰、冈德·弗兰克、阿明和伊曼纽尔。首先应强调指出，依附理论不容易进行经验验证。它只是提供了一种思想框架，与世界资本主义经济运行的许多方面和特征以及许多类型的支配和依附关系相吻合。

多斯·桑托斯（Dos Santos，1970）把依附定义为"这样一种状态：某些国家的经济是以另一国家经济的发展和扩张为条件的，前者受后者支配"。这个关系是"某些国家（支配国）能够扩张和自我维持增长，而另一些国家（依附国）却只能反映这些国家的扩张，后者对它们的中期发展的影响可能是积极的，也可能是消极的。"不平等的发展必须被看作是世界资本主义体系的一个有机的组成部分。由于这个体系的某些部分发展使其他部分受到损害，不平等是不可避免的。中心操纵对贸易的垄断力量使经济剩余由依附国转到中心手中，以贷款和资本输出为基础的金融关系为中心所控制，最终导致逆向流动并加强了支配国在依附国中的地位。

根据历史的演进，依附可以区分为不同的形式。首先是殖民依附，以贸易和对自然资源的剥削为基础；其次是金融—工业依附，它在 19 世纪末得到巩固，把依附国的经济结构与中心的需要紧密地拴在一起；最后是一种新型的依附——技术—工业依附。这种依附产生于 1945 年以后，以跨国公司为基础，跨国公司在战后开始投资于与发展中国家的国内市场相联系的工业。桑托斯认为，每一种依附形式都制约了外围国家的内部结构，这本身就使自己成为依附关系的一部分。例如，高度的二元结构，收入不平等和富裕阶级的挥霍性消费，乞求外部援助的依附心理和根深蒂固的习性，以及国内统治者与外国利益集团的邪恶的联盟，这一切都阻碍了国内的发展。因此，多斯·桑托斯（Dos Santos，1973）坚持说，依附不只是一个外部现象。它也与穷国本身的依附性权力集团有密切联系。这些国家发现维持现状是有利的："如果依附是国内状况的特点并在结构上与之相联系，那么一个国家就不能通过回避外部的影响来摆脱它。这样的行动只会引起本质上依附性的社会的动乱。所以，唯一的解决办法是改变它的国内结构；这个过程必然会导致与现有的国际结构的冲突。"

巴兰（Baran，1957）、弗兰克（Frank，1967）和阿明（Amin，1974）则较为明确

地把注意力集中在传统的马克思主义的机制上——按照这一机制，一般资本主义，尤其是国际资本主义帮助富人剥削穷人。重点放在由劳动者创造的剩余的剥夺，并把它转移到资本所有者手中，这种剩余的剥夺和转移在各个层面上都存在。资本主义经济犹如一个金字塔，它的底部是那些在土地上和矿井下从事劳动、生产剩余产品的农村穷人。这个剩余首先被小城镇中的小雇主和商人所吮吸。接着，这些城镇的财富又被大城市所攫取。最后，一部分财富又被外国投资者掠走，他们把它送回金字塔的顶部——富裕世界。跨国公司被认为是剥夺剩余价值的现代手段。新马克思主义者考虑到剩余的余值，但认为如果把它再投入依附国或留在当地权贵手中，将不会适当地用于发展目的。如在桑托斯模型中，统治者生活在大城市，想法和意见与他们的前殖民主义宗主国如出一辙，而这些统治者们相互勾结，决定着穷国的制度。因此，贫穷国家尽管在形式上是政治独立的，但依然闭锁在使不发达永久化的经济依附性的旧制度中。

与多斯·桑托斯一样，弗兰克认为，一些国家的发展必然意味着其他国家的不发展或扭曲的发展，因而，不发达是世界资本主义制度的必然结果。发展自身使不发达永久存在。这个过程被弗兰克叫做"不发达的发展"（the development of underdevelopment）。弗兰克看到了殖民化过程的根源：它以经济剥削开始，此后，一直在扭曲第三世界国家的经济结构。发展中国家被迫成为工业国的原料供给者，这样就严重阻碍了初级产品生产国自身的工业发展。这些国家整个出口方向和外国支配限制了国内市场的成长和基本的民族工业的建立，从而限制了整个经济的普遍发展。国际的、国家的和地方的资本主义制度促进了很少国家的经济发展，却导致了许多国家的不发达。解决的办法只能是社会和政治的革命。

□ 二、 不平等交换理论

不平等交换理论最早是由伊曼纽尔（Emmanuel，1972）提出来的。穷国与富国的交换是不平等的，因为穷国的工资较低，而且，若不是穷国的利润率低于富国，其工资水平会更低。换句话说，交换不平等是与工资不平等这种状况有关的。"即便其他方面都平等，只要工资不平等就足以导致交换不平等"。我们用图形来阐述这个模型，并表明它与强调贸易条件是导致贸易利益不平等分配的主要机制的观点是类似的。设有两个国家，分别称它们为"中心"（c）和"外围"（p）。假定两国中的价格以单位劳动成本加上一个百分比毛利（r）为基础，即有：

$$P_c = w_c \left(\frac{L}{O}\right)_c (1+r_c)$$

和

$$P_p = w_p \left(\frac{L}{O}\right)_p (1+r_p)$$

其中，w 是货币工资率，wL/O 是每单位产出的工资成本。现在假定，因制度原因，$w_c > w_p$，两国间的毛利或利润率相等。不平等交换理论认为，因为这一点，外围的贸易条件恶化了。反过来说，若外围的工资更高一些和利润率更低一些，那么外围的贸易条件就不会如此恶化。这可以用图形来说明，取中心的商品价格为计量标准，使 $P_c = 1$。

见图 8—4。

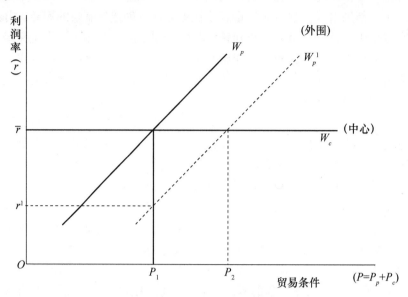

图 8—4 不平等的交换理论

在中心，给定的利润率（$\bar{r}$）和工资率（w_c）产生了一个作为计量标准的不变价格（P_c）（在这里是水平线 w_c）。在外围，在给定的工资（w_p）上，利润率和贸易条件之间成正相关关系，由向上倾斜的线 w_p 给出。贸易条件在 P_1 点达到均衡。当外围工资提高使外围曲线右移至 w_p^1 时，在同一利润率上就产生了新的贸易条件 P_2。不平等交换是按照实际的贸易条件（P_1）和在 r^1 上外围工资较高、利润率较低的情况下可能有的贸易条件之间的差异来度量的。因此，不平等交换是用不平等的工资率来"解释"的。

然而，为什么中心和外围存在工资差异？若不理解这一点，这个模型就不能令人信服。在伊曼纽尔模型中，工资差异是由模型外的制度因素决定的，但是，实际上在模型内有许多对工资差异有影响的因素需要考虑。

而且，货币工资差异不可能是导致不平等交换的唯一因素。如果中心和外围的工资差异反映的是劳动生产率的差异，那么它们之间的贸易条件就几乎不像仅由货币工资差异所显示的那样差。实际上，当货币工资的差异与生产率的差异正好相称时，每单位产出的货币工资成本将不存在差异，由货币工资差异所引起的相对价格差异也就不存在了。即使如此，根据伊曼纽尔定义这个概念的方法，伊曼纽尔意义上的不平等交换仍然存在。但是，如果低工资是低生产率的结果，那么提高工资就不是一个简单的制度问题。[6]

从另一方面看，如果不能有效地解释为什么两国的利润率应当相等，那么中心的较高利润率就可能是中心和外围不平等交换的一个独立原因，它也解释了为什么外围的工资低下。如果考虑中心和外围生产的产品的特性——中心生产的制成品成本递减，外围生产的初级产品成本递增——那么我们就可以预测，由于中心利润率更高，寡头结构将在中心发展起来，竞争性结构将在外围占优势。外围较低的利润率以及资本家面对竞争而保持其利润率的努力，将导致工资下降，如同经典马克思主义理论所描述的那样。

小结

1. 世界上国家间生活水平的差异不能由国家间要素禀赋（自然资源）的初始（上帝赋予）差异来解释。随着时间的推移，增长过程本身产生了对一些国家有利而对另一些国家不利的要素禀赋。

2. 国家间和国家内各地区间生活水平上的地理差异称为地理二元论。

3. 在大多数发展中国家内部还存在着其他形式的二元论。社会二元论：农村生存部门和现代资本主义部门之间个人如何行动和市场如何运行的二元论。还存在技术二元论：经济中的农村和现代部门之间生产技术的差异和技术水平的差异的二元论。

4. 传统理论认为，当经济和社会在部门和地区之间出现差异时，各种力量会使差距缩小。这就是均衡理论。

5. 缪尔达尔的循环累积因果理论是对静态均衡理论的一个挑战。特别是，在地理二元论中，他认为劳动力迁移的过程、资本流动和贸易倾向于扩大地区和国家在收入和福利上的差异，以较贫困地区为代价使本就繁荣的地区获利。

6. 地区间和国家间的结构差异在累积因果的过程中发挥主要作用。普雷维什的中心—外围模型的基础是，外围地区专业化于初级产品生产，而初级产品在世界市场上具有不利的需求特征，并且有不断下降的贸易条件，而中心地区专业化于有较高附加值的工业品和服务活动。

7. 卡尔多出口带动的增长模型有累积的特征，表明一个地区或国家一旦在具有有利特征的生产和特定产品出口方面获得优势，它如何通过经济增长对引致的生产率增长和竞争力的影响来维持它的优势（维登定律）。

8. 新经济地理学是由克鲁格曼首先提出来的，表明向心力（使工业活动在空间上的集中）和离心力（使工业活动分散）一方面依赖于进口投入品和出口产品的运输成本之间的平衡，另一方面依赖于地理上专业化的报酬递增（聚集经济）。

9. 穷国对富国的依附是对世界经济分工的另一个解释。依附理论家关注富国对穷国的各种形式的剥削；过去通过殖民主义，而今天是工业和金融的帝国主义。批评跨国公司把利润从外围虹吸到中心，而且抨击世界的银行系统只是服务全球金融的需求而不是全球的发展。通过初级产品和工业品之间的贸易条件的恶化，贸易也导致了不平等的交换。

问题讨论

1. 你对技术二元性、社会二元性和地理二元性这些术语理解了多少？
2. 在发展过程中二元性是可以避免的吗？
3. 二元性以什么方式阻碍了整个经济的运行？
4. 在什么意义上，缪尔达尔的循环累积因果理论是对静态的均衡理论的挑战？

5. 循环累积因果过程是通过什么途径起作用的？

6. 如果落后地区遭受扩张地区的回波效应之苦，作为主权独立的国家，它们会变好吗？

7. 什么是所谓的"维登效应"？它在循环累积因果过程中的重要性是什么？

8. 由普雷维什、狄克逊和瑟尔沃、卡尔多建立的中心—外围（或南—北）模型有什么共同点？

9. 距离和运输成本是如何影响经济发展的地理模式的？

10. 马克思主义者对穷国与富国日益扩大的差距是如何解释的？

11. 你对不平等交换理论理解了多少？

注释

[1] 普雷维什在《拉丁美洲的经济发展及其主要问题》（*The Economic Development of Latin America and its Principal Problems*）（1950）中首先提到了这个模型的基本思想，在《不发达国家的商业政策》（Commercial Policy in the Underdeveloped Countries，*American Economic Review*，*Paper and Proceedings*，May 1959）中进一步发展了这个模型。

[2] 产品的需求收入弹性量度一种产品其价格的百分比变化所引起的需求的百分比变化，这里假定其他因素不变。

[3] 狄克逊和瑟尔沃（Dixon and Thirlwall，1975）更为详细地讨论了这个模型。

[4] 在一定条件下，增长率可能不收敛于它的均衡水平。这取决于该模型偏离均衡的行为。见 Dixon and Thirlwall（1975）。

[5] 关于这个模型的全面评述和讨论，见 McCombie and Thirlwall（1994）。

[6] 在这个结构中，贸易条件的变动，一方面被视为生产率变动差异的结果，另一方面被看作货币工资变化能否完全与生产率变化相称的结果。如果外围的货币工资增长与生产率增长不一致，例如，实际工资没有生产率提高得快，而在中心却做到二者同步，那么外围的贸易条件就将持续恶化。这是普雷维什论点的实质（见第 15 章）。

第 9 章

人口与发展

人口增长与经济发展之间存在复杂的关系，历史的数量证据是含混不清的，尤其关于什么是因、什么是果方面模糊不清。是经济发展先于人口增长呢，还是人口增长为经济发展的必要条件？人口增长是经济发展的障碍还是刺激因素？很多人认为第三世界的人口迅速增长是发展的一个主要障碍，但是从不同的角度来看，人口增长可能是进步的刺激因素；有许多理由说明为什么发展中国家家庭愿意养育更多的孩子。

本章我们首先关注世界人口状况，虽然现在增长率开始放缓，但是自从第二次世界大战之后人口以前所未有的速度增长，尤其是在发展中国家。

然后我们转向家庭规模和生育率决定因素的问题。有些原理可以说明贫困家庭拥有几个孩子，并且显然随着国家和人民变得富有，生育率是下降的。这是人口转变理论。证据也显示生育率受到女性教育和妇女工作机会的显著影响。

需要考虑人口快速增长的社会成本，尤其是高少儿抚养比对储蓄和资本积累的影响。也要考虑到快速人口增长的潜在收益，包括人口压力如何刺激技术进步，以及事实上年轻人更易于改变，接受新思想和新的做事方式。结果各国的经验证据表明人口增长和生活水平的提高之间统计上没有显著关系（正向或负向）。

然后出现的就是一国的最优人口规模问题。这可以用多种方式定义；而且除非给定一个准确的定义，否则宣称一个国家"人口过剩"或"人口不足"时需要慎重。对于任何测算，一个国家的资源基础、国家的规模和技术水平都是关键的。

本章最后对尼尔森的著名模型"低水平均衡陷阱"进行阐述，该模型表明一个贫困地区或国家可能会如何陷入人口增长超过产出增长，把人均收入推到最低生存水平的境地，以及"大推进"或"临界最小努力"对于如何使人均收入达到其增长变得自我维持的水平上可能是必要的。尼尔森的"陷阱"模型和马尔萨斯陷阱类似，发现发展中国家的一些社区仍然是大家庭，并且生活水平围绕生存水平上下波动。

第一节 世界人口增长趋势及其原因

□ 一、世界人口状况

表9—1提供了世界各国的人口水平和人口增长状况。当前,世界人口超过66亿,其中三分之二以上生活在发展中国家,而约三分之一生活在亚洲。而在公元初年,人口大约为1.79亿,直到1800年,人口也不到10亿。当前世界人口的增长率是1.2%,这在历史上是前所未有的。公元初年到1750年,人口增长率大约为0.05%;1750—1850年,约是0.5%;甚至在1900—1950年间,人口增长率也只有0.8%。[1]

表9—1　　　　　　　　　　　　　　人口数据

	总人口（百万，2007年）	人口增长率（%，2007年）	受供养人口年龄比率		毛死亡率（每千人，2007年）	毛出生率（每千人，2007年）
			老年（2007年）	青年（2007年）		
世界	6 610	1.2	11.5	42.6	8.4	20.2
低收入国家	1 296	2.2	6.3	68.5	11.4	33.2
中等收入国家	4 258	1.0	10.2	39.8	7.5	18.2
中低等收入	3 435	1.0	9.6	40.7	7.2	18.6
中高等收入	824	0.7	12.8	36.2	8.9	16.8
低等收入及中等收入	5 554	1.2	9.4	45.8	8.4	21.7
东亚和太平洋	1 912	0.8	10.4	33.1	6.7	14.4
欧洲和中亚	446	0.2	16.6	27.8	11.5	13.8
拉丁美洲和加勒比海	561	1.2	10.0	45.3	6.0	19.8
中东和北非	313	1.7	6.8	50.8	5.9	23.8
南亚	1 522	1.5	7.7	52.9	7.7	24.5
撒哈拉以南非洲	800	2.4	5.8	80.2	14.8	38.9
高收入国家	1 056	0.7	22.4	26.4	8.2	12.0

资料来源:世界银行,世界发展指标,2009年6月（http://data.worldbank.org/data-catalog/world-development-indicator)。

按照当前的人口增长率,世界人口65年就翻一番。联合国目前预测的数字是,到2050年,如果出生率急剧下降,人口将达到80亿;如果人口只是缓慢地下降,人口将达到120亿。世界人口爆炸性的增长如图9—1所示,它也显示了发达国家和发展中国家的出生率和死亡率。两种比率的差距即为人口增长率,如图9—2所示。

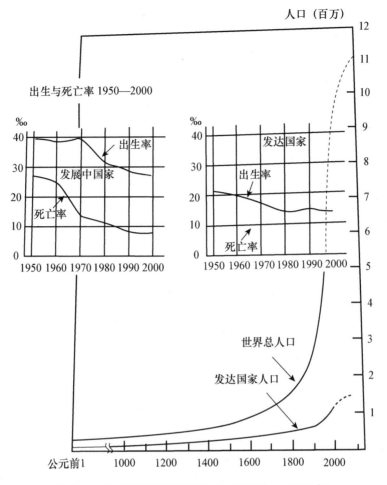

图9—1 过去和预测的世界人口（公元前1—2150年）

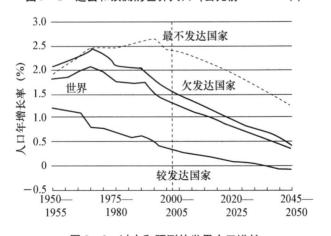

图9—2 过去和预测的世界人口增长

　　发展中国家最近的人口增长率大大超过了世界平均的人口增长率，它们看上去在可见的未来还会持续下去。2000年以来低收入和中等收入国家的平均增长率每年为1.3％，与之相比，发达国家是0.7％。按洲划分，非洲的人口增长是最快的（2.5％），其次是亚洲（1.4%），再就是拉丁美洲（1.3%）。

人口最多的国家是中国，估计当前的人口是13亿，其次是印度、美国、印度尼西亚、日本、俄罗斯、巴西、孟加拉国、尼日利亚、巴基斯坦和墨西哥，这些国家的人口都超过了1亿。仅中国和印度加起来每年就要给世界增加2500万人口。每过一分钟就大约出生300个婴儿，150人死亡，于是，世界人口每分钟增加150人，每年增加8000万人。

人口增长率是每千人出生率与每千人死亡率的差。在一个出生率为40‰而死亡率为20‰的国家中，人口增长率将是（40－20）/1 000＝20‰，或2%。如果在正常情况下，60‰的出生率被认为是生物最大量，10‰的死亡率被认为是医学最小量，那么若不考虑人口流入，最高人口增长率将是5%。这种出生率和死亡率是一个极端情况，实际上很少出现。当前最高出生率在非洲一些国家，约为40‰。对于低收入国家来说，平均出生率约为33‰，平均死亡率约为11‰，因此平均人口增长率大约为2.2%（见表9—1）。相对于先进国家（也相对于国民收入的增长），这个人口增长率是迅速的。这是相当高的出生率伴随着与先进国家一样低的死亡率的结果。如果人口增长是发展中国家的一个"问题"，那么其困难的原因很简单，长期的解决办法也很清楚，即必须降低出生率。

□ 二、 出生率的决定因素

关键的问题是，高出生率能否预期随着发展而自然下降？如果能，发展和人均收入的临界水平——在这个水平上，调整就会发生——是什么？这个过程需要多长时间？传统的观点是出生率的下降只是人均收入水平上升、城市化和工业化的结果。这就是**人口转变理论**。

如果绘出各国出生率（如每个妇女生育的子女数）和人均收入图，就能够清楚地看到它们之间的相反关系。在一个给定的人均收入水平上，出生率会随时间降低，而且在相同的收入水平下各国出生率存在着很大的差别。显然，除了人均收入水平之外，还有一些重要因素影响着出生率水平。

过去的出生率和预测的出生率如图9—3所示。

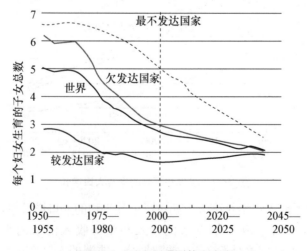

图9—3　过去和预测的生育率

数据显示世界上所有的地区出生率在下降，到 2050 年世界出生率降到每个妇女生育两个子女。为维持人口替换，每个妇女生育的子女数应该为 2.1。在发达国家，出生率已经降到这个临界水平以下，妇女的平均生育子女数目是 1.6 个。

越来越多的证据表明，出生率的下降可能是一系列社会经济条件改善的结果，如获得计划生育服务、保健服务、儿童死亡率的下降、妇女识字率的提高，等等。没有受过中等教育的妇女平均生育孩子的数目是 6 个。在一半妇女上过中学的国家里，平均生育孩子的数目是 3 个。图 9—4 显示出，在 93 个国家中，妇女识字率与出生率下降呈强烈的反向关系。

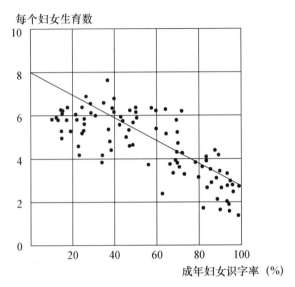

每个妇女生育数

成年妇女识字率（%）

图 9—4　生育率与妇女识字率，1990 年

有很多原因可以解释妇女教育可以降低出生率：（1）教育提高了妇女的工作机会，使得养育孩子的成本更大；（2）知识妇女希望她们自己的子女接受教育，这就提高了拥有孩子的成本；（3）教育和识字使妇女更容易获得关于避孕的信息；（4）教育和就业推迟了结婚和生育孩子的时间；（5）教育提高了妇女的地位、讨价还价的权力和独立性，鼓励她们并使她们能够自己作出选择。

由于缺乏教育产生恶性循环，如高出生率、很差的儿童保健、低生产率，等等，因此，对妇女的教育能够导致良性循环：低出生率、更好的儿童保健、更多的教育机会和更高的生产率。出生率迅速下降的国家就是那些妇女教育水平最高、儿童死亡率水平最低和计划生育服务最广泛的国家。

过去二十年世界上不同地区出生率的降低如表 9—2 所示。把发展中国家作为一个整体，每个妇女生育的子女数从 1987 年的 3.8 个减少到 2007 年的 2.7 个，减少了 30%。但是，在低收入国家，子女数仍近 5 个。撒哈拉以南非洲的出生率最高，而东亚和中亚的出生率最低。

表 9—2　　　　　　　　总生育率（每个妇女生育的子女数目）

	1987 年	1997 年	2007 年
世界	3.4	2.8	2.5
低收入国家	5.9	4.9	4.2

续前表

	1987 年	1997 年	2007 年
中等收入国家	3.3	2.5	2.2
中低等收入	3.4	2.6	2.3
中高等收入	2.9	2.2	2.0
低等收入及中等收入	3.8	3.0	2.7
东亚和太平洋	2.9	2.1	1.9
欧洲和中亚	2.6	1.7	1.7
拉丁美洲和加勒比海	3.5	2.8	2.4
中东和北非	5.4	3.5	2.8
南亚	4.5	3.7	2.9
撒哈拉以南非洲	6.4	5.8	5.1
高收入国家	1.8	1.7	1.8

资料来源：世界银行，世界发展指数，2009 年 6 月（http://data.worldbank.org/data-catalog/world-development-indicator）。

一个国家的出生率等于生育率乘以育龄妇女占人口总数的比率。虽然生育率下降，但因为过去高出生率产生的年轻的人口年龄结构，出生率不一定以相同比例下降。从而，即使生育率大体上持续下降，它也可能经过几十年的时间使人口水平稳定下来，因为拥有小家庭的夫妇数目要大于拥有大家庭的夫妇数目。这就是大多数发展中国家建立在目前的人口年龄结构基础上的人口惯性。据估计，即使出生率立即下降到替换水平（即每个妇女生一个女儿，这意味着一个家庭 2.1 个孩子），发展中国家的人口直到 2050 年才能稳定下来，达到 90 亿左右的水平。

由于死亡率下降和相继的出生率的下降之间有一个时滞，迅速的人口增长可能是一个过渡阶段还是一个持续的过程，取决于当前的出生率和死亡率水平。这个观点可以用一个简单的图形来最好地说明（如图 9—5 所示）。

曲线 RB 和 RD 分别代表出生率和死亡率的时间路径。人口增长是由两条曲线的差决定的。为了简单起见，我们假设图 9—5 中的 X 和 Y 代表具有相同人口增长率的两个国家 $P_q = S_t$。在 Y 国，人口增长不久将会慢下来，因为死亡率达到了最小值，而出生率开始下降。在 X 国，虽然有相同的人口增长率，但人口增长率可能预计会上升，因

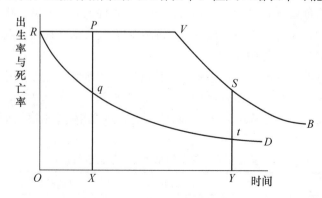

图 9—5　人口规模的前景

为出生率和死亡率的差在扩大。死亡率在下降，但出生率仍然处在 V 点上；只有在这一点之后，人口增长才开始下降。可见，两个国家虽然当前的人口增长率相同，但未来人口增长率的前景却相差很大。当我们对国家的人口"问题"进行比较时，必须记住国家的时间因素。但关键的问题是，像我们前面指出的那样，死亡率下降和出生率下降之间的时滞究竟有多长？人口过渡的时间有多长？正是这个时滞的长度决定了离开过渡状态和试图从起飞进入自我维持增长的国家的短期前景。

发展中国家的当前经历在历史上是没有的，至少在西欧是没有的。在 19 世纪的欧洲，出生率和死亡率趋向于同步下降，每年人口增长超过 2% 的情况从来没有发生过。几乎可以说，在当今发展中国家，"自然平衡"已经被打乱了。公共卫生措施的采用和医学的进步使死亡率陡然急剧下降，但是影响出生率同比迅速下降的手段和技术知识还没有提供出来。现代科学和公共管理方法为结束过早的死亡作出了贡献，但是它们还没有对人口出生产生重大的影响。

第二节　人口增长对经济发展的影响

□ 一、 人口增长的成本与收益

人口增长对发展过程起着冲突性作用。它既可以促进也可以阻碍经济的增长和发展。一个不易回答的问题是：人口增长达到哪一点，其对经济的不利影响开始超过对经济的有利影响？平衡点在何处呢？

传统观点是，人口的高水平和高增长率对于整个世界，尤其是对发展中国家造成了问题。有人认为，人口的增长降低了人的福利，因为它用完了稀缺（非再生）资源并导致环境恶化；对粮食供给造成了压力；导致城市过分拥挤和堵塞；增加了就业问题；降低了储蓄率并稀释了人均资本量。所有这些论据有其正确的一面，尤其是在世界上人口高度集中在相对适合居住的土地的地区。例如，亚洲占了超过世界人口的一半并且近 20 亿人生活在大城市，这些大城市空气污染是全世界之最，更不要说拥堵了。到 2015 年亚洲将是温室气体排放的最大来源（按现在的趋势）。但是，如我们在本章后面所见，也有另外一面的论证。

悲观主义观点最初来源于马尔萨斯（见第 5 章），在最近又被生态学家、环境学家和生态灾难预言家复活了。马尔萨斯的悲观主义产生于报酬递减规律这个古典信念，低估了人类通过发明和创新对因人口扩张而出现的生产率递减的挑战的反应。按照马尔萨斯的观点，"所有的生命都有增加到超过为其准备的营养的不变趋势"。这样，每张嘴都配有一双手，但是每一双手生产的额外产出却越来越少。技术进步（总是被悲观主义者尤其是被古典经济学家过分低估了）被认为不足以抵消这种趋势。但是，马尔萨斯在其著作的第一版和第五版之间变得越来越不悲观，他一度曾经承认，"若不是人口增加，就不会有足够强的动力来克服人所共知的人类懒惰，使他从事耕作"。

人口经济学的现代悲观派代表恩克的评论是相当有代表性的。恩克（Enke, 1971）指出：

人口迅速增长的经济危险在于，一个国家缺乏迅速增加其资本存量和改善技术状况的后劲，无力充分使其人均收入不低于本应达到的水平。如果较快的人口增长不能推动和提高技术创新的速度，它就可能导致人均收入的实际减少。人口的迅速增长抑制人均资本占有量的增加，在与很高的总出生率相联系时尤为如此，因为它导致了年轻的年龄分布。

在研究了印度的人口增长和发展问题后，胡佛和科尔（Hoover and Coale，1958）评论说：

> 如果更多的劳动力数目加在总产出上，那么劳动力的更快增长与较慢的增长相比，意味着更低的人均产出。产生这种结果的原因是，在劳动力人数较快增长时，要有更多的资本用于购置工具和设备，以便使新增工人能与现有工人具有同样的生产率；在其他条件不变时，为增加人均产出的资本量就更少了。

这些观点听起来不无道理，但人口增长对储蓄的影响在理论上比上述论点要复杂得多。传统观点是，人口增长导致儿童抚养比的提高，这些儿童只消费不生产，因而使社会储蓄率降低。撇开在发展中国家实际上有许多儿童从事劳动的事实不说，这一观点意味着，降低人口增长通过提高人口的年龄结构，将使储蓄率提高。但在这个过程中必须记住，社会的许多老年人也是只消费不生产的。在人口增长减慢时，社会退休人员在总人口中的比例将上升。因此，在人口增长率变化的条件下，总储蓄率的变动状况取决于总赡养比例的构成如何变动以及两组赡养人口的储蓄（负储蓄）倾向。例如，当退休人口的负储蓄倾向比未就业青年的大时，在退休人口赡养比例上升的条件下，总储蓄率就可能随着出生率的下降而降低。

还应该记住，儿童对社会总储蓄的影响主要是通过家庭起作用的，并取决于家庭对孩子数量的增加作出怎样的反应。一种支出形式（如抚养儿童）与另一种支出形式之间可能有替代关系。家庭成员可能更加努力地工作以抚养其子女，在这种情形下，人口增加对储蓄完全没有不利影响。当产量充分增加且有较高程度的替代时，某些家庭的储蓄甚至可能增加。一种支出形式与另一种支出形式之间的替代程度取决于替代能力，而这又是由已经达到的生活水平和储蓄水平决定的。

这个人口压力对产出的影响问题又回到了早些时候讨论的论点上，即：人口增长与总生产率增长之间是否存在正相关的可能性。人口增长的缓慢下降将使储蓄率提高的看法假定决定产出的各种因素与赡养人口的数量无关。但是，人口数量的绝对增加很可能刺激工作和生产，这对产出及生产率的影响是有利的。事实上，许多理论和经验证据都表明了人口增长与人均产出增长之间的正相关关系，在制造业中尤为如此。这种正向关系的假定前提是：随着人口增长，劳动力也在增加。这就是**维登法则**（在第3章已作讨论），它假定人口、就业和产出的增长与人均产出增长之间存在正相关关系。

对形成这种关系的原因，可能有多种解释。第一，有人认为（见第7章），一个就业和产出增长率较高的社会能够更快地学习，从而提高其技术进步率。第二，如果在生产中有内部和外部的规模经济，那么就业和产出的提高将导致劳动生产率更快的增长。第三，资本的使用很可能产生规模经济。在大多数场合，资本要求不必与人口同比率增

发展经济学（第九版）

长。资本中存在许多重要的不可分性，在交通和社会基础资本方面尤为如此。

也有这样的可能性：人口压力能够促进个人动机和导致生产技术的改变——这种改变能够克服人口增长的消极后果。在这一点上，有人认为，20世纪60年代和70年代的绿色革命的主要刺激来自人口对粮食供给的压力。年轻型人口年龄结构能使一个国家更容易发生变化，更愿意接受新思想，更乐意把资源从低生产率部门转移到高生产率部门，等等；所有这些都可能使人均收入提高。在赫希曼发展模型（见第10章）中，人口增长导致潜在决策者的供给增加、市场扩展及通过短缺促进发展。

不要忘记，虽然人口扩张了，但整个世界已经逐渐地变富了。如果人口仍然是静态的，这个世界会有今天这样富裕吗？如果其人口规模仍然是静态的，英国将会成为第一个工业化国家吗？美国如果没有大量的人口从沿海地区迁徙到内地开发它丰富的自然资源，能成为世界上最富有的国家吗？

到目前为止，所说的一切都确实表明：人口增长发挥着彼此矛盾的作用。一方面，由于人口增长不利于储蓄和人均资本占有量的增加，所以人口增加可能降低生活水平；另一方面，人口和劳动力的增加促进了学习、专业化和规模经济（这些都是由大量人口、更大的市场和更高的产出所引起的），从而可以提高生活水平。这种"劳动悖论"通过设立一个恒等式，可以更容易地理解：$O=P(O/P)$，或用微分形式表示，$(\Delta O/O)=(\Delta P/P)+\Delta(O/P)/(O/P)$，其中，$O$ 是产出，P 是人口，O/P 是人均产出（假定参加劳动的人口比例不变）。减少平均每个工人的资本占有量（还可能有土地报酬递减），意味着等式右边两项负相关，因而，当人口增加时，人均产出低于它在其他条件下可达到的水平。另一方面，由于以上提到的因素，收益可能递增，这意味着等式右边两项正相关，因此，生活水平随人口增加而提高。问题是，哪种力量居支配地位？关于人口增长是促进还是阻碍生活水平提高的争论，在很大程度上是这样一个问题，即（$\Delta P/P$）和 $\Delta(O/P)/(O/P)$ 的关系是正还是负？倘若是负相关，人口增长就阻碍了生活水平的提高并可能降低产出的增长。倘若是正相关，人口增长就确实有利于产出的增长和人均产出的增长。各国证据表明人口增长和资本积累率是负相关的，降低了劳动生产率的增长，但是人口增长和技术进步是正相关的，这又提高了劳动生产率的增长。两种效应相互抵消，使得人口增长对人均收入增长的总的影响大体上是中性的。[2]

实际上，这些研究把各国的人口增长与生活水平提高这两个变量的截面数据结合起来，直接考察它们的关系，看其是正相关的还是负相关的，由此得到一些结论。这些研究表明，没有发现各国的人口增长率与人均收入增长率之间有什么系统的关系。作为一个练习，学生们可以自己选择国家样本，把人口增长率与人均收入增长率联系起来，看看出现什么结果。

国际截面证据没有支持这个观点：控制人口增长将对人均收入增长有重要影响。当然，由于其他原因，例如缓解人口拥挤状况、减轻人口对食物供给的压力以及改善收入分配等，这一事实并不否定对人口增长的控制。怀疑人口增长与人均收入增长之间的反比关系，并不是对人口控制计划泼冷水。相反，由于人口增长与生活水平关系的不确定性，以及支持限制人口的其他有力的论据，最明智的战略是在人口控制增加人均收入这一假设下，实行人口控制计划。但是，在把对人均收入的影响作为成功标准的人口控制的利益的模拟研究中，如果人口控制利益不被夸大，那么重要的是要明确地考虑人口增长和技术进步之间的正向关系。

□ 二、 人口与城市增长

人口增长和乡—城人口流动过程的主要结果之一就是发展中国家城市的快速增长。目前，仅超过一半的人口生活在城市，据预测到 2025 年将达到三分之二。事实上，几乎所有预计的世界人口增加的部分都会生活在城市中。发展中国家的城市人口已经以每年几乎 7 亿的速度增加，这对资源造成了巨大的压力。而城市只占地球表面陆地面积的 2％，它们却吸收了自然资源的 75％：包括食物、能源和水（Reader，2005）。

目前，世界前十大城市（按人口算）是：东京（3 570 万）；墨西哥城（1 900 万）；纽约（1 900 万）；圣保罗（1 900 万）；孟买（1 880 万）；德里（1 590 万）；上海（1 500 万）；加尔各答（1 480 万）；达卡（1 350 万）和布宜诺斯艾利斯（1 280 万）。据预测，到 2025 年发展中国家会有 26 个城市人口超过 1 000 万，400 个城市人口超过 100 万。

发展中国家的城市里生活条件通常十分恶劣。三分之一的城市居民住在贫民窟，并且由于没有土地权，很多是无生活保障的。这些地方拥挤不堪，卫生条件差，缺乏干净水源，有污染和疾病。超过 5 亿人缺乏干净水源并且导致每年 200 万人死亡。

□ 三、 西蒙的挑战

对人口增长始终会降低人类物质生活的观点提出最有力挑战的是朱利安·西蒙（Julian Simon，1992，1996）。西蒙的主要论点是："最终的资源是人——足智多谋的、富有精神的和充满希望的人，他们为了自己的利益当然也必然为了我们大家的利益，将尽力实现他们的愿望和想象力。"17 世纪英国政治经济学家威廉·配第做出了同样的论断："在 400 万人中找一个灵巧而又有好奇心的人的可能性比在 400 人中找要大。"西蒙把关于人口争论双方的理论观点和经验证据综合在一起，提出了他自己关于人口增长与生活水平关系的模拟研究结果。他发现，人口增长对人均收入的初始影响是负面的，但从较长时期来看，由于人口增长刺激了技术进步，以及各种促进生产率增长率提高的其他因素，正面的反馈影响将超过负面影响。他的模拟结论表明，对工业化国家来说，人口增长的初始负面影响在 50 年内已被抵消；对发展中国家来说，结论是，人口的适度增长要比人口保持不变或人口快速增长都更有利于生活水平的提高。

因此，对人口增长的总评价，人口增长是否有好处，很大程度上取决于在现在与未来之间的权衡。在经济学中，使用贴现率概念，就可对现在与未来进行比较。人口增长的长期正面利益是否会超过短期负面影响，很大程度上取决于贴现率和所采取的时期长度。对未来收益的贴现越少、时期越长，人口增长的收益就越多（不利的影响就越小）；对未来收益的贴现越多、时期越短，人口增长的收益就越少（不利的影响就越大）。存在一个时期和贴现率，使得增加的人口恰好处于正值或负值的边界线上。

古典理论预言，人口增长总是降低生活水平。人口增加对经济进步能有正面的反馈影响推翻了这一预言。那么，这种正面的反馈影响是什么呢？在模拟发达国家的人口增长与人均收入关系的模型中，西蒙试图抓住新增儿童对储蓄率、父母提供的劳动、规模经济、技术进步等因素的影响。在对发展中国家的模拟模型中，他考虑了下述重要的反馈机制：对农业中采用的新方法的刺激；家庭的供给反应；社会基础设施（尤其是运输）的供给；规模经济和需求引致的投资。我们简要地讨论一下其中的一些因素。

人口增长所造成的压力，可能使一个国家寻求新的、更有效的方法来满足既定的需求。在农业方面，马尔萨斯主义的观点是，农业技术的提高与人口无关，但会导致人口的增加。其他人认为，即使人口压力不会导致新技术的创造，它也一定会导致新技术的采用。没有人口数量对粮食供给的压力，就很难理解 20 世纪 70 年代亚洲的绿色革命是怎样发生的。

农业家庭可能会通过改变生产方法、更努力地工作、更多地生产而对新增孩子的需要作出反应。研究表明，增加孩子数量的产出弹性为 0.5，即如果家庭规模从 4 口人增加为 5 口人（25%），将导致产出量增加 12.5%。西蒙认为，人口增长对农业储蓄也有很大的正面影响，由于很大一部分是非货币性的，因而它常常被忽视了。

人口压力对发展社会基础设施提供了一个刺激因素。交通通信设施的发展有着深远的外部影响，远远超出了为新增人口服务的范围。由于它们的供给包含了规模经济，因而，人口增长也使得提供这些设施更为经济。西蒙认为，"如果经济发展最为关键的因素不是文化、制度和心理因素的话，它一定是交通与通信"。亚当·斯密——一个与马尔萨斯早期同时代的人和对发展进程持有非常乐观态度的人——对交通通信的好处有很深的印象。他说：

> 良好的道路、运河和可通航的河流，使运输成本降低，使一个国家的边远地区与城郊地区更为接近。由于这些原因，交通通信事业的发展就成为最重要的改进措施，它们打破了垄断……开辟了新市场。

就人口增长对这些基础设施的提供所造成的压力而言，预计也会有较大的产出被生产出来。

人口增长也有很多其他生产率影响，这些影响尽管是复杂的、间接的，却非常重要。例如，在人口稀少的地区，要改善医疗卫生设施是很困难的，但是，一旦由于人口增多而使改善医疗卫生成为可行的和经济的，就可能产生比人口增长比例大得多的利益。人口增长也促进了变化而不破坏现有的人已建立的组织和地位。这样，政府和行政机构预计会得到改进，以更加适应发展的需要。年轻本身就有许多有利的优势。年轻人比老年人更容易接受变化和现代化。人口越年轻，每个人所受的教育也就越多（即人力资本越多）。年轻人更倾向于流动，而这是结构变化所要求的一个条件。随着人口的增多，投资风险将下降。许多经济学家认为，阻碍发展的一个主要障碍不是储蓄不足，而是缺乏投资意愿。人口增长所带来的市场扩大为投资提供了一个刺激因素。

西蒙的结论与那些悲观主义者的结论的最大区别是：人口增长对产出增长的所有有利的反馈影响，在悲观主义者的分析中被遗漏了。以上提到的每个反馈因素都可能部分或完全地抵消由短期内更大的人口所造成的资本稀释效应（capital-dilution effect）。完整地分析人口增长与生活水平的关系，必须适当地注意人口增加给社会带来的长期利益和短期成本。实际上，只有考虑到这些利益，才能理解为什么尽管人口扩张，当今社会仍比几个世纪前富裕千百倍。

□ 四、"最适度"人口

何谓"最适度"人口？"最适度人口"一词在使用上有几种不同的意义，但通常用得特别多的是如下四种意义。第一，它有时候是指使人均收入或人均产出最大化的人口规模。只是在这种情形下，一个社会的储蓄率才可能达到最大。因此，如果一个经济的总产出曲线如图9—6所示，那么最适度人口就是 P，在这一点上，从原点引出的射线与总产出曲线相切。在 P 上，总产出（Y）除以人口（P）的值，即人均平均产出达到最大。达到平均人均产出最大化的条件是，人均边际产出等于人均平均产出。如果新增人口的边际产出高于这个平均值，平均产量就可能由于人口扩张而提高。反之，在新增人口的边际产出低于这个平均值时，人口的进一步增长就将使平均产出下降，人口数量就超过了定义中的最适度水平。在没有储蓄的条件下，由于人均消费将处于最大限度状态，人均产量的最大化将导致人均福利的最大化。

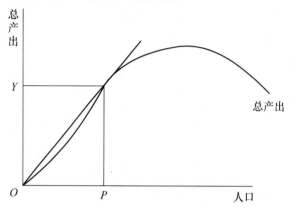

图9—6　人均产出最大化的人口规模

这样的最适度人口概念看起来是吸引人的，它为制定人口政策提供了基础。如果期望实现人均储蓄最大化，它可为此提供最大的可能性；而在没有储蓄压力或强制储蓄的条件下，它又将导致人均福利的最大化。但是，建立在人均收入最大化基础上的人口政策对生活在社会底层的群体是非常可怕的（也不全是幻想），因为它们可能被认为降低了平均生活水平。

使用最适度人口概念的第二种意义采用总福利最大化的标准。这是功利主义的方法，由英国经济学家和哲学家亨利·西奇威克在1874年出版的《伦理学方法》中所采用。他认为：

> 如果增加的人口享受到大体上的真实的快乐，我们应该权衡一下增加的人口获得的快乐的量和未增加人口时的人们所损失的量。按照功利主义原则，人口应该被鼓励增加到这样一点，在这一点上，不是平均快乐尽可能达到最大——像马尔萨斯学派政治经济学家常常假定的那样——而是人口数量与平均快乐数量的乘积达到最大。

根据这个标准，只要劳动的边际产品超过了概念上的最低生存水平，人口将是次优的；而且当所有收入在福利生存水平上（假定收入的边际效用递减）相等时，人口就达到了最适度。但是就贫困而言，如果人口的增量降低了平均生活水平，而且仍会进一步降低，只因为"享受"这种赤贫生活的人数增多，就去呼吁改善福利似乎是违反常理的。但是，如罗尔斯（Rawls, 1972）在其《正义论》中认为的，如果一个理性观察者被要求在一个无知面纱后面来选择成为这种或那种社会成员，他们会毫无疑问地拒绝总福利的最大化，并选择具有较高人均收入水平预期的社会。

最适度人口的第三种意义是指这样一种人口水平——超过这个水平，经济的平均产出就会下降到生存必需的生产水平以下，这里假定总产出是平均分配的。在这种情况下，"最适度"这一术语只是指用现有资源能够养活的最大人口，这就是马尔萨斯的均衡点。在图 9—7 中，超过 P_1 的人口不能被养活，因为人口的平均产出低于生存水平。如果总产出不是平等分享的，总人口 P_1 就不能被养活，因为有些人的收入高于生存所需的水平，其他人的收入则低于生存水平。但是有必要指出，如果产出是平等分享的，养活的人口就可能比边际产出低于生存水平（P）的人口要大得多。事实上，在最适度人口 P_1 上，边际产出是负的。

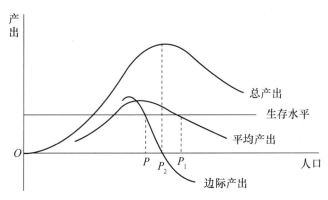

图 9—7　最适度人口规模

最后一个论点把我们带到最适度人口的第四种意义，即有时它描述这样一种状态：一个国家的人口数量是如此之大，进一步增加只能对经济增长不利——不仅不利于国家的长期发展前景，而且不利于短期经济增长；换句话说，人口的进一步增长将使边际产出为零或为负。在这种情形中，当总产出达到最大即图 9—7 中的 P_2 点时，人口是最适度的。最适度人口的这一定义与人口密度观点密切相连，它试图根据人口与资源（尤其是土地）的联系来定义人口不足和人口过剩。由于诸如土地之类的资源的质量是很不相同的，所以人口对资源比例的跨国比较必须谨慎从事。与其他国家相比，一个国家的人口—资源比例即便很高，也可能被认为是人口不足的，这只是因为，它用于开发资源的技术更为优越。对任一给定的人口—资源比例来说，技术都将影响总产品曲线的位置和形状，从而影响最适度人口。由于对最适度人口概念的解释是各种各样的，所以，把一个国家称作"人口过剩"或"人口不足"是值得怀疑的，除非对最适度人口给出一个准确的定义。

人口控制计划的福利基础置于何处？不管人口增长是报酬递增还是递减，一个更为坚实的基础要把由大量儿童引起的个人和社会利益出现分歧带来的问题考虑进来。例如，个人家庭可能宁愿要更少的子女，如果他们知道所有其他家庭将只愿意要更少的子女，但是在隔离的状态下，他们不愿意限制子女的数量。这是福利经济学"隔离悖论"的一个例子，并且建立了公共干预的一个案例。青年人会因更多孩子而受苦，因为很多成本会在未来产生。现在的父母可能会享受他们的孩子们带来的欢乐，但是他们的孩子们可能会希望他们的父母能少要一些孩子。如果他们知道所有其他人也都少要孩子，他们很可能也少要孩子。另外一个公共干预人口控制的理由是市场失灵，如果显示家庭要的孩子比他们实际想要的多，就存在计划生育服务的需求未能满足的情形。

令人感兴趣的是，对发展中国家期望的家庭规模的统计一致地显示要比实际家庭规模少一个或两个。除了这一点，可能有人认为能够自由而负责任地选择自己拥有孩子的数目以及离拥有这一数目还有多远，是一项基本的人权。这一点甚至包含在 1974 年布加勒斯特世界人口大会签署的决议中，这为世界银行增加对第三世界人口控制计划的支持打下了基础，并且在 1994 年开罗举行的联合国人口与发展大会上予以重申。开罗会议强调妇女在控制子女数目和生育间隔时间上的权利，要求各国提供普遍的计划生育服务。据估计发展中国家只有 50％ 的已婚妇女使用任何形式的避孕措施。但是，如我们前面所见，妇女教育是生育率的主要决定因素，另外一个降低生育率的必要条件是妇女教育和工作机会的扩大。

第三节 低水平均衡陷阱模型

再说一遍，人口的迅速增长为什么被看作经济发展的阻碍因素，有两个相互联系的主要原因。其一，人口的迅速增长不允许人均收入充分的提高，足以为增长所需的资本形成提供必要的储蓄。其二，在人口增长超过工业吸收新劳动的能力时，不仅城市的失业人数会增加，而且农村就业不足也会恶化，并造成农业生产率下降。此外，可以设想，在经济发展的早期阶段，人口随人均收入的提高而增长，甚至引起人口增长超过收入增长，使人均收入降到生存水平。当前，随着经济发展，人口死亡率在下降，人口压力增大；过去几个世纪以来，由于生活水平的小幅提高（由于"技术进步"）被高出生率或疾病、饥荒、战争之类的因素抵消了，大多数国家的人口数量可能是围绕生存水平上下波动。

这就是图 9—8 所阐明的一个低水平均衡陷阱的概念。

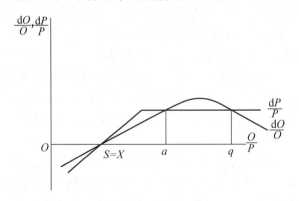

图 9—8 低水平均衡陷阱

该图显示了人口增长率（dP/P）和产出增长率（dO/O）（纵轴表示）与人均收入水平（O/P）（横轴表示）之间的关系。$S=X$ 表示人均收入在人口增长率为零和产出增长率也为零时的生存水平，因为在生存水平上不存在储蓄和投资。人口增长率随着人均收入增长而增长，而后达到生物学上的最大值而趋稳。产出增长率随人均收入的增长而增长，因为储蓄率也随人均收入的增长而增长，但是而后趋稳（甚至下降）。产出增长率最终随着资本—劳动比的下降而下降。如果产出增长曲线与人口增长曲线相交于点 $S=X$ 之上，可以看出人均收入的增长超出生存水平达到 a 点，导致人口增长超出产出增长，迫使人均收入降回生存水平。相反地，任何超出 a 点的人均收入水平意味着人均收入持续性的增长，直到两条曲线相交于 q 点。产出增长曲线再次从上面与人口增长曲线相交，这是一个新的稳定均衡。

要逃出低水平均衡陷阱，人均收入必须提高到 a，或 dO/O 和 dP/P 两条曲线必须作有利的移动。为了逃出这个陷阱，就有必要使人均收入一举提高到 a。**"大推进"** 发展理论（见第 10 章）和 **"临界最小努力"** 观点就信奉这一点。然而，当一个国家处于陷阱状态时，更大的希望也许在于，在长期，通过技术进步使 dO/O 曲线向上移动；或者通过降低人口出生率使 dP/P 曲线迅速下降。从外国输入资本，能使 dO/O 曲线提高；向外移民，能使 dP/P 曲线下降，它们也都可以使经济逃脱这个陷阱。

通过采用莱本斯坦的降低收入的力量和提高收入的力量的概念（Leibenstein, 1957），考虑那些除人口增长之外的可能降低人均收入的因素和那些除人均资本增加之外的可能提高人均收入的因素，我们可以进一步扩展和一般化低水平均衡陷阱模型。莱本斯坦的方法可以用图 9—9 来说明。曲线 Z_t 代表降低收入的力量，它由与 45°线的水平距离度量；曲线 X_t 代表提高收入的力量，它由与 45°线的垂直距离度量。人均收入水平 a 是唯一的稳定均衡点。在 a 与 q 之间，降低收入的力量大于提高收入的力量，因而，人均收入将滑回到 a。只有在 q 之后，提高收入的力量才大于降低收入的力量，这样，人均收入就有可能持续地增加。q 是逃脱低水平均衡陷阱所需的临界人均收入水平。

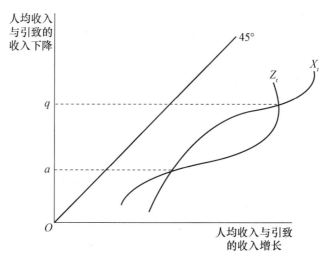

图 9—9　莱本斯坦方法

当今世界大多数发展中国家都正经历国民收入增长快于人口增长的过程。如果人口增长下降，国民收入增长是否会更快，这是一个悬而未决的问题。人们可能设想一个低水平均衡陷阱，但由于在人口出生率开始下降之前，技术已有了很大的进步，因而这个低水平均衡陷阱的水平必定是持续提高的。[3]

小结

1. 自从 20 世纪 50 年代以来，世界人口以一个前所未有的速度增长，从 1950 年的仅 30 亿增加到现在的 68 亿，增加了一倍多。增长的步伐放缓，但是发展中国家人口增长率仍是发达国家的将近三倍（每年 1.8% 相比于 0.7%）。预计世界人口在 2050 年将稳定在 110 亿左右。

2. 这次人口爆炸的原因是由于医学知识和卫生条件的改善，导致死亡率大幅下降，而相应的出生率却没有下降（直到现在）。

3. 穷国出生率很高，但是会随人均收入水平的下降而下降。这就是人口转型理论。出生率也会随妇女接受教育年限和妇女就业机会的增长而下降。

4. 人口快速增长的成本包括：食品供应的压力、城市拥堵、环境恶化、不可再生资源的耗竭和国家储蓄率的降低。

5. 人口增长的潜在收益包括：对农业提高产出的新方法的刺激（如：20 世纪 70 年代和 80 年代的绿色革命）、需求引致的投资、规模经济、具有正外部性的社会基础设施的供应（如：交通）。

6. 人口增长与各国生活水平提高之间没有统计上的显著关系（正的或负的）。

7. "最优人口"这一术语有几种不同的含义，包括：人均收入最大化；总福利最大化；现有资源能支撑的人口最大化；使总产出达到最大的人口水平。在不知道计算的准确基础的情况下，需要谨慎断言"人口过度"和"人口不足"。

8. 国家可能陷入"低水平均衡陷阱"，人口增长超过收入增长，人均收入徘徊在生存水平左右。就投资而言，"大推进"或"临界最小努力"对把社区从这种状态推到一种自我维持增长的路径是必要的。

问题讨论

1. 自 20 世纪 70 年代以来，发展中国家人口爆炸的原因是什么？

2. 穷人为什么有一个大家庭？

3. 出生率的主要决定因素是什么？

4. 据说，富裕本身就是避孕用品。这是否意味着在生活水平提高之前控制人口规模是徒劳无益的呢？

5. 即使当前的出生率迅速下降，在下一个世纪，人口还会继续迅速增长。这是为什么？

6. 在什么情况下，人口迅速增长阻碍了发展？

7. 迅速的人口增长给发展提供了什么刺激因素？

8. 如何进行人口增长的成本—收益分析？

9. 如何理解"低水平均衡陷阱"概念？

10. 定义"最优人口"是可能的吗？

注释

[1] 对于世界人口的历史，见 Kremer（1993）。

[2] 早期的研究，见 Thirlwall（1972）。

[3] 本章所讨论的很多问题的综述，见 Cassen（1976），Kelley（1988）和 Simon（1997）。

关于人口的网站

世界银行，世界发展指数 www. worldbank. org/data/onlinedatabases/onlinedatabases. html

联合国 www. un. org/popin/wdtrends

联合国开发计划署 www. undp. org/popin. htm

联合国人口司 www. un. org/esa/population/unpop. htm

联合国人口基金 www. unfpa. org

联合国人口信息网 www. un. org/popin/

第四篇

国家的作用、资源配置与可持续发展

第10章　发展中国家的资源配置

所有国家面临的中心问题是怎样在竞争性用途中配置资源。这个问题在发展中国家比在发达国家显得更有意义，因为前者的资源更稀缺，人民的基本需要更大，作为资源配置手段的市场机制更不完善。在本篇中，我们将讨论发展战略的主要论题，它们包括资源配置中的投资标准的使用（特别是有关公共部门项目评估方面的社会成本—收益分析的使用）；可持续发展概念，即经济发展如何影响环境和气候变化以及后者如何影响发展的相关问题。下面每一章讨论一个论题。

在这一章中，我们将首先评述一下市场机制作为资源配置的有效手段的作用，以及市场可能出现的可以通过政府矫正的各种不完善和失灵。政府有四个作用：公共产品的提供；消除私人成本和社会成本及私人收益与社会收益之间的差距（问题是由于市场价格不能反映商品和生产要素的社会成本和收益）；保护弱势群体，因为市场机制不能够确保收入的公平分配；提供一个能使市场繁荣的制度环境。

和市场失灵一样，也存在政府失灵。在很多穷国腐败盛行，并且世界上至少有50个国家被划分为"失败的国家"，政府几乎不能起任何政治上的或是经济上的作用。

最后，我们将讨论发展中国家计划的作用和决策者面临的更广泛的政策问题，包括计划类型、农业与工业的平衡、当前消费还是未来消费的选择、实行或不实行比较优势定理、生产技术，以及增长是否应遵循平衡还是有意不平衡的争论。

第一节　市场与政府在经济发展中的作用

□ 一、市场机制与市场失灵

在自由企业市场经济中，资源是由与消费需求相一致的市场这种亚当·斯密式的

"看不见的手"配置的。市场是一种组织结构，它把供给者、需求者和商人按照一个一致的价格连接在一起。在完全自由的市场中，价格将完全出清市场，因而不存在不满意的买者和卖者。生产什么的决策完全是分散进行的，留给无数的私人个体组成的市场决定。如果对一种产品的需求增加了，价格就上升，就会引致生产者供给更多；如果需求下降了，价格将下降，生产者就供给更少。市场价格提供一种信号，使生产者按照生产获利性的变化调节一种商品的供给量。市场效率依赖价格作为信号，依赖供给者的反应，依赖生产要素的流动性——这种流动性使供给能够顺应市场的变化。

我们现在讨论福利经济学中一个最重要的定理：如果消费者的消费达到使一种产品的消费的边际效用等于其价格这一点，生产者的生产达到生产的边际成本等于价格这一点，那么资源将达到最优配置，因为生产的边际效用刚好等于边际成本。整个社会将达到它最高的效用水平，这个水平与生产可能性相一致。这可以用图10—1来说明。

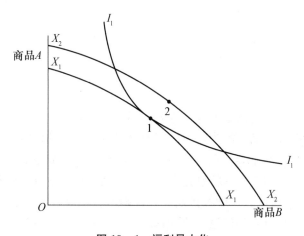

图 10—1 福利最大化

曲线 $I_1 I_1$ 是两种商品 A 和 B 的社会无差异曲线，代表可达到的最高效用，$X_1 X_1$ 是一个国家两种商品 A 和 B 的生产可能性曲线。点1代表两种商品的最优资源配置，在点1的左边和右边的任何一点，或在生产可能性曲线内的任何一点，都代表一个较低的效用水平。

但是，市场的配置作用只是市场机制的一个功能。使用卡尔多采用的区分，市场还具有创造性功能，它为扩展生产可能性曲线——即把可能性曲线外移到 $X_2 X_2$——的变化提供了一种环境，使我们能够达到一个更高的效用水平，如点2所示。变化意味着一切导致技术变化、创新和投资的动态力量。在发展的早期阶段，为增长提供新的机会的市场的创造性功能，可能与市场的配置功能一样重要。

市场以最优方式发挥其配置和创造性功能所要求的条件过于严格，在任何经济中，更不用说在发展中国家中，是不可能得到满足的。产出的真正利益由于有外部效应，可能不反映在价格中；价格可能不反映边际成本，因为有市场不完善；很多发展产品和服务可能完全不生产，因为市场不完善或完全不存在，所以不能发挥其创造性功能。换句话说，可能存在市场失灵。

此外还有个问题是，市场机制完全不保证社会的公平的收入分配，也不能保证把足够的资源从当前的消费转移到为实现将来更高的消费水平而建造生产手段。

所有这些类型的市场失灵在过去导致发展经济学家支持政府对发展过程的干预，使得大多数发展中国家干预市场机制，采用各种计划形式配置资源。在前苏联和东欧国家，计划完全取代了市场，产出和资源配置是由官吏而不是由消费者决定的。在其他一些国家，政府为部门资源配置制定计划，承担了越来越多的职能。自20世纪50年代以来，发展中国家的政府支出爆炸性增长，平均上升到30％，有些国家甚至达到50％。[1]

但是，近年来，人们对计划不再抱有幻想，但国家的作用由于许多原因而受到重新评价。第一，实行国家计划的前苏联和东欧共产主义国家垮台了。它们向何处去？大多数命令经济转到另一个极端，几乎无条件地接受了市场机制，产生了破坏性的后果。第二，在很多发展中国家政府甚至不能适当地提供最基本的公共产品，如法律和秩序、产权，以及基本的社会资本和基础设施，如教育、医疗卫生设施和交通运输等。第三，国内冲突导致了一些国家政府的垮台，特别是在非洲，由于没有政府，市场在制度真空中运行。第四，很多国家被发现处于财政危机——在发达国家，是由于福利国家的支出不断攀升；在发展中国家，是由于巨大的公共企业的亏损。最后，人们对东南亚成功的发展中国家（地区）——日本和中国香港、新加坡、中国台湾和韩国这些"亚洲虎"的政府发挥的作用津津乐道。东亚的模式能够模仿吗？

观察一下二战以来发达国家和发展中国家的经验，得到的信息似乎是国家在经济发展中发挥着关键性的作用，但是，不是作为产品和服务的直接提供者，而是作为一个能够矫正市场失灵的服务机构，作为一个使市场能够繁荣和发展的框架的建造者。历史证明，没有政府干预，市场的确存在，但是以渐进的方式发挥作用。需要经过一段时间价格信号才会被认识到，人们才会对刺激作出反应，资源才会进行重新配置。这并不是说，国家应该取代市场做一切事情。在国家领导的中央计划和极端的自由市场信奉者所支持的最小政府之间有一条中间道路。东欧计划的失败经验不应该使我们对前面提到的市场失灵视而不见。大多数发展中国家采取的方式必须是市场资本主义与国家干预的明智混合。现在，我们来较为详细地考察国家在矫正市场失灵方面的作用。

□ 二、 政府的作用

政府在发展过程中可以发挥四个关键作用：（1）提供公共产品；（2）矫正市场不完善；（3）保护弱者以及保证收入在当代人之间和当代人与后代人之间的平等分配；（4）提供能够促进市场繁荣的制度环境，包括维持宏观经济的稳定。

公共产品是指那些具有某些特点的产品——这些特点使得人们很难甚至是不可能对其收费，所以私人供给者将不愿意提供它们。这些特点包括：（1）一个用户的消费并不减少对其他人的供给（这种产品是非竞争性的）；（2）用户不能被禁止消费这种产品（即该产品是非排他性的）。纯公共产品是不多的（也许空气是最纯的公共产品），但是，有些产品接近是公共产品，而且对经济发展非常重要，如国防、法律与秩序以及道路、排污管道、清洁水等基础设施属于这一类。不可想象的是，存在国防市场、管理产权的法律市场，等等。某些基础设施市场是可以想象的，但是，由于成本高昂也是不大可能的。供给者可能很难收费和获取外部效应。市场要么不提供它们，要么提供不足。

市场不完善包括三个重要的现象。第一，市场价格是一个不完全的市场指南，不能使社会资源配置达到最优，因为它们没有反映使用生产要素对社会的机会成本。劳动价格可能高于它的机会成本，从而使用得太少。资本和外汇的价格可能低于机会成本，因此从社会观点来看使用得太多。同样，产品的价格可能没有反映生产的边际成本。垄断、关税、补贴和市场中其他不完善情况扭曲了自由市场价格——而这种价格是私人生产者进行生产决策的基础。在第 10 章讨论社会成本—收益分析时，对这个问题还将作进一步的讨论。

第二，存在外部效应，有正外部效应和负外部效应。外部效应意味着从社会观点来看，某些产品可能供给不足，另一些产品可能供给过多，因为正外部效应和负外部效应并没有反映在价格中。大多数基础设施项目如交通设施、发电、灌溉系统等，以及社会资本如教育和卫生保健设施等，其社会利益要大于私人利益，所以从社会观点来看，它们将供给不足，除非市场上的供给者得到补偿和补贴。其他活动可能具有负外部效应，对社会造成了成本，但提供者并不支付这些成本，因此，从社会观点来看，市场可能会供给过多。政府可以通过管制政策或征税办法来制止这种负外部效应，并通过补贴或自己提供这类产品——如教育和保健——的办法来促进正外部效应。

第三，市场可能是不完善的，或者根本就是缺失的。在公共产品情形下，市场可能缺失的一个好的原因是，供给者不能把"搭便车者"排除在外，即产品一旦被提供出来，就不能排除人们消费这种产品。但是，关于市场不完善或缺失还有其他重要的原因。例如，高昂的交易成本可能阻碍市场发展，在发展中国家尤其如此，在那里，很差的通信使信息成本很高，不存在期货市场来补偿不确定情况下的风险。提供一种产品或服务的实际成本可能比个人愿意支付的少得多，但是，消费者不完全的信息导致了对产品价值的低估，因此抑制了供给，例如，抑制了预防性医疗保健服务。从这种意义上说，市场是不完善的。

信息不对称、逆向选择和道德风险也能够导致市场无效率。信息不对称是指市场中买卖双方知识的不平衡。例如，在银行贷款的市场上，借款人对他们自己的情况比贷款人知道得多。银行可能发放不良贷款（逆向选择），这使它们谨小慎微，从而导致信贷配给。银行面临高风险顾客，要想获取他们所需的所有信息，成本是非常高的。非正规货币市场用收取高利率的办法来补偿这种高风险。另外一个例子是健康保险市场，在这个市场上，个人对自己的健康状况比保险供给者知道得多。那些知道自己容易患病的人可能更愿意投保，而更可能遭到拒绝。当拥有保险鼓励那些被保险的活动时，就存在道德风险，它导致了资源浪费和更高的成本（对所有保险都收取更高的保险金）。政府可能介入，对私人保险进行管制，或自己以较低成本提供这些服务。

关于公平，国家在保护弱者和保证人与人之间、社会群体之间、地区之间以及当代和后代之间收入的平等分配方面可以发挥重要的作用。国家帮助绝对贫困人口不仅有道德理由，而且还有很强的政治和经济原因。贫穷的、脆弱的和对社会不满的人可能是国内动乱和政治不稳的主要原因。这将阻碍投资和增长。国家考虑后代人的福利也是重要的，它可能要求改变当代人消费和投资的平衡。有很多方法使政府能够进行干预，限制当前的消费，为将来消费提高投资水平。这些方法包括征税、补贴性利率和为社会利益进行公共投资等。我们将在第 11 章讨论消费和投资的平衡问题。

最后，国家在为市场繁荣和有效运作提供适当的制度环境方面也是必要的（第 4 章）。从这种意义上说，市场和政府干预是相互补充的。世界银行《1997 年世界发展报告》专门讨论"变化世界中的政府"这一专题。它表达了三个主要信息：

（1）没有一个有效的政府，发展——包括经济的、社会的和可持续的发展——是不可能的。人们日益认识到，一个有效率的政府——不是最小的政府——对于经济和社会发展是必不可少的，但是政府应该作为一个伙伴和促进者，而不是作为指挥官。政府应该补充市场，而不是取代市场。

（2）大量的证据表明，好的经济政策（包括促进宏观经济稳定）、丰富的人力资本、全方位的对外开放、可持续发展和减轻贫困是重要的。但是，当我们对发展的各种因素的理解提高时，一套更深层次的问题出现了：为什么有些社会实施这些行动比其他社会获得更大的成功？国家对这些不同的结果负怎样的责任？

（3）历史经验表明了依赖市场、国家和改进政府效能的公民社会的相对力量的重要性。这就提出了一个使政府的作用与其能力相匹配的两部分战略，然后提高这种能力。

《1997年世界发展报告》认为，很多发展中国家没有恰当地履行它们的核心职能。它们没有保护产权，确保法律和秩序，保护弱势群体——所有这一切引起了动乱，导致政府信誉的缺乏。69个国家的调查表明，在南亚和东南亚，政府信誉是最高的；在撒哈拉以南非洲国家和前苏联国家，政府的信誉是最低的。投资与增长是与信誉成正向关系的。该报告谈到非洲时指出，很多国家"陷入了政府信誉下降的恶性循环之中，在它们公民的眼里，政府信誉下降了，这就导致了犯罪越来越多，缺乏安全，从而影响了投资和增长"。该报告指出了非洲的"政府危机"，政府的能力比50年前更低了。与之相比，该报告称赞了东南亚国家，因为它们重视制度框架的建设，使市场在配置和扩大资源方面发挥各种作用。如果发展中国家想要吸引外国投资，政府信誉就是特别重要的。

世界银行概述了政府增加其信誉和效能的两部分战略：第一，政府必须使国家的作用与其能力相配，不要试图做得太多；第二，政府必须通过恢复国家机构的活力来努力提高能力。

关于第一部分战略，国家应该集中把基本工作做好，如保护产权和保证法律实施，而不是试图做得太多。很多国家管制过度了，政府消费太多了。政府应该更加谨慎地决定做什么，怎样做。基本的工作应该包括：法律与秩序；维持宏观经济稳定；向基本社会服务和基本建设投资；保护社会弱势群体；保护环境。

但是，国家不必是所有基础设施和社会服务的唯一提供者。它可以承包出去，可以在规定中引入竞争，同时制定一些条例来保护消费者和工人。国家也不必是诸如电力、煤气、电信等公共基础设施的垄断供给者。在国家的监督下，这些活动可以私有化。在近几年中，私有化在全世界正在加快步伐。数以千计的国有企业在发展中国家和东欧前共产主义国家被剥离，其主要动因是国有企业的经济绩效一般都很差，公共企业大量亏损以及促进竞争来改善服务的提供。

除了基本职能之外，如果有能力的话，当局可能想要在战略上干预产业政策，像成功的"亚洲四小龙"做的那样。中国香港、新加坡、中国台湾和韩国过去的成功依赖当局和私人部门的密切合作：当局为繁荣市场提供经济的和法律的环境，但是当局担当了企业家的角色，干预它认为是必要的事情。在中国香港，区政府在规划基础设施和提供补贴性住房以维持社会稳定与减少劳动成本方面，承担了主要角色。新加坡、中国台湾和韩国指定对特殊工业甚至是特殊公司以金融资助（特别是强调出口），并获得了显著的成功。

提高政府能力和恢复政府机构活力的第二个战略任务是，为政府官员提供刺激，让他们更好地履行职责，减少能导致错误决策和腐败的任意行动的机会。

□ 三、腐败

腐败在很多发展中国家是一个严重的问题。一个位于德国的叫透明国际的机构，基于对商人、风险分析师和普通大众的感受，发布清廉指数，从 0 到 10 给各国（地区）排名（指数越小，越腐败）。2008 年 180 个国家（地区）的结果如表 10—1 所示。

表 10—1　　　　　　　　　　　　　　2008 年透明国际清廉指数

国家（地区）排名	国家（地区）	指数	国家（地区）排名	国家（地区）	指数	国家（地区）排名	国家（地区）	指数
1	丹麦	9.3	28	西班牙	6.5	58	波兰	4.6
1	新西兰	9.3	31	塞浦路斯	6.4	58	土耳其	4.6
1	瑞典	9.3	32	葡萄牙	6.1	61	纳米比亚	4.5
4	新加坡	9.2	33	多米尼克	6.0	62	克罗地亚	4.4
5	芬兰	9.0	33	以色列	6.0	62	萨摩亚	4.4
5	瑞士	9.0	35	阿联酋	5.9	62	突尼斯	4.4
7	冰岛	8.9	36	博茨瓦纳	5.8	65	科威特	4.3
7	荷兰	8.9	36	马耳他	5.8	65	古巴	4.3
9	澳大利亚	8.7	36	波多黎各	5.8	67	萨尔瓦多	3.9
9	加拿大	8.7	39	中国台湾	5.7	67	格鲁吉亚	3.9
11	卢森堡	8.3	40	韩国	5.6	67	加纳	3.9
12	奥地利	8.1	41	毛里求斯	5.5	70	哥伦比亚	3.8
12	中国香港	8.1	41	阿曼	5.5	70	罗马尼亚	3.8
14	德国	7.9	43	巴林	5.4	72	保加利亚	3.6
14	挪威	7.9	43	中国澳门	5.4	72	中国大陆	3.6
16	爱尔兰	7.7	45	不丹	5.2	72	马其顿	3.6
16	英国	7.7	45	捷克共和国	5.2	72	墨西哥	3.6
18	比利时	7.3	47	佛得角	5.1	72	秘鲁	3.6
18	日本	7.3	47	哥斯达黎加	5.1	72	苏里南	3.6
18	美国	7.3	47	匈牙利	5.1	72	斯威士兰	3.6
21	圣卢西亚	7.1	47	约旦	5.1	72	特立尼达和多巴哥	3.6
22	巴巴多斯	7.0	47	马来西亚	5.1	80	巴西	3.5
23	智利	6.9	52	拉脱维亚	5.0	80	布基纳法索	3.5
23	法国	6.9	52	斯洛伐克	5.0	80	摩洛哥	3.5
23	乌拉圭	6.9	54	南非	4.9	80	沙特阿拉伯	3.5
26	斯洛文尼亚	6.7	55	意大利	4.8	80	泰国	3.5
27	爱沙尼亚	6.6	55	塞舌尔	4.8	85	阿尔巴尼亚	3.4
28	卡塔尔	6.5	57	希腊	4.7	85	印度	3.4
28	圣文森特和格林纳丁斯	6.5	58	立陶宛	4.6	85	马达加斯加	3.4

国家（地区）排名	国家（地区）	指数	国家（地区）排名	国家（地区）	指数	国家（地区）排名	国家（地区）	指数
85	黑山共和国	3.4	115	埃及	2.8	141	伊朗	2.3
85	巴拿马	3.4	115	马拉维	2.8	141	菲律宾	2.3
85	塞内加尔	3.4	115	马尔代夫	2.8	141	也门	2.3
85	塞尔维亚	3.4	115	毛里塔尼亚		145	哈萨克斯坦	2.2
92	阿尔及利亚	3.2	115	尼日尔		145	东帝汶	2.2
92	波黑	3.2	115	赞比亚		147	孟加拉国	2.1
92	莱索托	3.2	121	尼泊尔		147	肯尼亚	2.1
92	斯里兰卡	3.2	121	尼日利亚		147	俄罗斯	2.1
96	贝宁	3.1	121	圣多美和普林西比		147	叙利亚	2.1
96	加蓬	3.1	121	多哥		151	白俄罗斯	2.0
96	危地马拉	3.1	121	越南		151	中非共和国	2.0
96	牙买加	3.1	126	厄立特里亚		151	科特迪瓦	2.0
96	基里巴斯	3.1	126	埃塞俄比亚	2.6	151	厄瓜多尔	2.0
96	马里	3.1	126	圭亚那	2.6	151	老挝	2.0
102	玻利维亚	3.0	126	洪都拉斯	2.6	151	巴布亚新几内亚	2.0
102	吉布提	3.0	126	印度尼西亚	2.6	151	塔吉克斯坦	2.0
102	多米尼加	3.0	126	利比亚	2.6	158	安哥拉	1.9
102	黎巴嫩	3.0	126	莫桑比克	2.6	158	阿塞拜疆	1.9
102	蒙古	3.0	126	乌干达	2.6	158	布隆迪	1.9
102	卢旺达	3.0	134	科摩罗	2.5	158	刚果（布）	1.9
102	坦桑尼亚	3.0	134	尼加拉瓜	2.5	158	冈比亚	1.9
109	阿根廷	2.9	134	巴基斯坦	2.5	158	几内亚比绍	1.9
109	亚美尼亚	2.9	134	乌克兰	2.5	158	塞拉利昂	1.9
109	伯利兹	2.9	138	利比里亚	2.4	158	委内瑞拉	1.9
109	摩尔多瓦	2.9	138	巴拉圭	2.4	166	柬埔寨	1.8
109	所罗门群岛	2.9	138	汤加	2.4	166	吉尔吉斯斯坦	1.8
109	瓦努阿图	2.9	141	喀麦隆	2.3	166	土库曼斯坦	1.8

国家（地区）排名	国家（地区）	指数	国家（地区）排名	国家（地区）	指数	国家（地区）排名	国家（地区）	指数
166	乌兹别克斯坦	1.8	173	乍得	1.6	177	海地	1.4
166	津巴布韦	1.8	173	几内亚	1.6	178	伊拉克	1.3
171	刚果（金）	1.7	173	苏丹	1.6	178	缅甸	1.3
171	赤道几内亚	1.7	176	阿富汗	1.5	180	索马里	1.0

资料来源：透明国际：http://www. transparency. org/news_room/in_focus/2008/cpi2008/cpi_2008_table.

虽然同样的收入水平（或发展水平）通常伴随不同程度的腐败，但发展中国家似乎是最腐败的。一般而言，贫穷滋生腐败，并且腐败能导致经济运行的严重的无效率。[2] 世界银行的丹尼尔·考夫曼（Daniel Kaufmann，2005）估算出一个国家从一个低平均水平改善其国家治理（和减少腐败）就能在长期使平均人均收入增长三倍，而且可以同时有效解决文盲和婴儿死亡率的问题。

世界银行把腐败定义为"为了私利而对公共权力的滥用"，包括受贿、威胁和"踢皮球"。这些都是寻租行为的各个方面，它之所以发生，主要是因为对资源配置的决策权在政治家和政府官员手中。当然，执照、许可证、规章、补贴和税收都为腐败提供了机会。腐败不仅导致无效率——尤其是对投资的抑制——还能危害政府的合法性。在腐败盛行的地方，其他领域的政策制定就更无效率，而且政府对诸如征税或环境破坏的控制这些领域的执法就更困难。[3]。

国际货币基金组织（IMF）现在规定把反腐措施作为贷款支持的前提之一。例如，IMF 最近对肯尼亚政策采取强制措施，首先，坚持按《财产申报法》每年要求所有政府部长和高级公务员公布他们的全部财产和债务，其次，由在华盛顿的 IMF 官员每周审查肯尼亚中央银行的资产负债表，防止国外援助被用于私利。

废除不必要的法规和官僚主义，增加透明度并且提高官员薪水以减少腐败的机会，但是涉及腐败的利益集团使得改革进程更加困难。《1997 年世界发展报告》关于这种政策概述了三个基本部分用以提升政府能力（和消除腐败）：

（1）必须建立一套有效的规则和约束机制来限制公共权力和防止腐败。司法独立是重要的，独立的反贪委员会也是有帮助的。

（2）政府官员应该按照业绩而不是以政治赞助为基础任命。通过业绩为基础的提升制度和充分的报酬来鼓励官员有效地工作。在公共部门就业中引入竞争，对于减少政府官员相机行事的权力——这种权力是受贿和腐败的基础——使寻租行为达到最小是必要的。

（3）决策需要密切接近人民群众，以便使他们更加信任政府。如果存在民主，如果权力下放，如果向用户咨询意见，所有的政府规划就可以得到更好的实施。

图 10—2 以列表形式表明了政府的职能，它把矫正市场失灵的作用和促进社会公平的作用区分开来，以及按照能力大小把政府职能区分为小职能、中型职能和积极职能。

政府职能	矫正市场失灵			促进社会公平
最低职能	提供公共产品： 　a. 国防 　b. 法律与秩序 　c. 财产所有权 　d. 宏观经济管理 　c. 公共保健			保护穷人： 　a. 反贫困计划 　b. 消除疾病
中型职能	矫正外部性： 　a. 基础教育 　b. 环境保护	管制垄断： 　a. 公用事业法规 　b. 反垄断政策	克服信息不完全： 　a. 保险（医疗、人寿、养老金） 　b. 金融法规 　c. 消费者保护	提供社会保险： 　a. 再分配性的养老金 　b. 家庭补贴 　c. 失业保险
积极职能		协调私人活动： 　a. 促进市场发展 　b. 促进企业集群		再分配： 　a. 资产再分配

资料来源：世界银行，1997 年。

图 10—2　政府的职能

政府能力低的国家应该首先集中于基本职能，如提供纯公共产品、宏观经济稳定和反贫困计划。超过这些基本服务的是中型职能，如外部效应的管理、对垄断的管制、改善信息和提供社会保险。最后，能力强的国家能够承担更积极的职能，如上面提到的"亚洲四小龙"的情况，特别是通过积极的产业和金融政策来促进新的市场。

政府也有义务来减少官僚主义和规章制度，促进市场繁荣。根据世界银行（2004）对 133 个国家的法律法规的研究，因为官僚主义的拖拉和制度无效率，在发展中国家创办企业耗费在时间、精力和金钱上的成本与发达国家相比是非常巨大的。在印度尼西亚创建一个企业需要 168 天，在巴西是 152 天，但是在新西兰只需要 2 天。在一些发展中国家，创建一个企业的平均官僚成本是平均人均收入的四倍；在发达国家只有平均人均收入的 1％那么少。很差和不适当的法规的结果就是企业受到了抑制；更高的企业在法律之外经营，税基越低而腐败越盛行。据估计，过度监管、合同执行的不充足、腐败和犯罪使企业销售额至少减少 25％。

□ 四、 失败的国家

世界上有 50～60 个国家（很多在非洲）几乎不能在政治上或经济上起作用，因为它们的制度和法律规则都瓦解了。这些就是失败的国家。在这些国家内部，人民被剥夺了选举权而且陷入贫困陷阱，受犯罪、暴力和毒品恶性网络的支配。世界假装，或在行为上表现得好像它们是主权国家，但是事实上它们已经崩溃了，无法为它们的人民提供最基本的服务和保护。

加尼和洛克哈特（Ghani and Lockhart，2008）在他们的权威著作《修复失败国家》中，概述了如果其公民要生存和繁荣，国家应该表现出的 10 个主要功能。（1）制定法律，并实施法制，容许社会各个部门和谐相处；（2）控制暴力；（3）任命清廉官员监督公共机构；（4）对公共财政的良好管理；（5）对人力资本的投资；（6）通过社会政策保障所有公民机会均等来建立公民权；（7）提供基础设施服务；（8）创造和扩大市场；

（9）对公共资产进行管理，如土地、水权和其他"自然"资本；（10）有效的公共借款。

如果所有这些功能发挥得很好，一个增长和发展的良性循环是可能的。如果一些功能不能很好地发挥，一个恶性循环启动，最后以国家失败而告终，看不到经济和社会可持续发展的任何前景。英国政府将其双边援助预算的一半用于 20 个左右的国家，主要在非洲，那里的国家事实上已垮台。[4]

□ 五、 发展计划

在《1997 年世界发展报告》中，世界银行并没有提到发展计划的作用，但是，几乎所有发展中国家——无论它们的政治意识形态是什么——都公布发展计划。[5]发展计划是政府制定它的发展目标和宣示处理国家发展问题的积极行动的理想方法。发展计划可以用来激励全国人民的努力，也可以作为吸引外资和国际机构贷款的催化剂。

作为一个例子，汤加第六个发展计划（1991—1995 年）指出：

> 为了保护自然资源和保存文化资产，政府政策的最终目标是要以公平的方式促进生活水平的提高。政府政策还将追求公共投资和服务在农村和城市之间以及在首都、各岛屿和边远地区之间的公平分配。

该计划确立了四个经济和社会目标：（1）获取可持续的经济增长，促进人均收入水平的提高；（2）达到一个更为公平的收入分配；（3）创造更多的就业机会；（4）恢复和控制外国金融的不平衡。

根据一国的政治及其现有的专门知识，发展计划就抱负而言多种多样，从只是宣布目标到细致地计算所需资源和提出行动方案。为了达到一个规定的产出或人均收入的目标增长率，经济中每个部门的产出数量必须生产出来。要描述经济中各个部门之间和增长过程中各个变量之间的关系，除了宣布目标之外，必然要涉及一些模型的构建。

在发展计划中一般使用四种基本模型。第一是经济中的宏观或总量模型。这可以是简单的哈罗德-多马式的（见第 5 章），也可以是更具经济计量性质的，它由一组方程组成，这些方程代表了经济中要素投入和产品产出关系、储蓄和收入关系、进口与支出关系，等等。第二是部门模型。它把经济划分成一些大的部门，确定每个部门内的结构关系，也许还表明部门间的相互关系，例如，农业和工业间、资本品和消费品产业间以及政府和其他经济部门间的关系。第三是产业关联模型。它通常用投入—产出矩阵的形式，表明一个经济的生产部门间的交易和相互关系。第四是项目评估和产业间资源配置的模型和技术（见第 11 章）。

这些模型服务于两个目的。第一，它们使计划者能够决定怎样达到特定的目标。当知道并非所有的合意目标都能同时实现时，这些模型突出了政策制定者可以做出的战略选择。只有弄清了经济的各个部门间的相互关系，知道了经济系统的各个参数，才能作出有意义的和协调一致的政策决策。没有以具体信息为基础的计划（或被称为"无事实计划"），分散化的决策的情形变得最重要了。

第二，上述模型也可扮演一个同等重要的职能，即能够用来对未来进行更大确定性的预测，从而在一个规定的计划期内，为哪些与需要有关的资源可以利用提供一些有用的知识。因此，根据是为了政策和决策的目的，还是为了进行规划和预测的目的，可以对各种模型进行分类。一个包括两类模型的计划的必不可少的组成部分是：经济目标的说明，政策工具或工具变量的确定，对结构关系的估计，历史数据的采用，外生变量的识别，最后但也是重要的是一组国民收入和支出的国民核算账户，对外贸易，甚至还有保证需求和可利用资源的供给相一致的人力资源。

■ 第二节　资源配置与发展战略的选择

□ 一、　资源配置：广泛的政策选择

在发展中国家，相对于发展的需要来说，资源是稀缺的，因此，发展经济学的中心问题之一就是在各种竞争性目标之间配置资源。对于大多数发展中国家，对产出增长的两个主要约束是投资和进口的能力，大多数资源配置理论和大多数公共投资标准都反映了这一个事实。考虑资源配置问题的一个共同的起点是，如何以可利用的国内资源使产出水平或增长达到最高，以及如何使外汇使用最少。

除了投资多少的决策之外，资源配置决策可以分为三个主要类型：第一，向哪些部门投资；第二，在既定的要素禀赋和发展目标下，哪些项目应优先考虑；第三，生产一定数量的产品和服务应该使用哪种要素组合，它将决定生产的技术。这些决策看起来是各自独立的，其实并非这样。在实践中，产出的决策与技术的决策的相互依赖是必然的。生产决策在一定程度上决定了技术系数相对固定条件下的要素比例，而技术决策在要素比例不变的条件下必定影响所生产的产品和服务的种类。有些产品和服务很显然比其他产品和服务更具有劳动密集性。反过来，技术的选择将特别受到资源定价方法以及对现期和未来消费及福利的相对评价的影响。

由于产品的选择和技术的选择之间的相互依存性，一个决定在选定的产品框架内使用相对劳动密集型技术的国家，因产品组合不同，可能有一个比使用相对资本密集型技术的另一个国家更大的资本密集性。在讨论资源配置和技术选择时，需要明确区分与产出类型有关的投资准则和生产一定量产出的技术选择。

上述微观类型的投资决策也在一定程度上受到发展战略性质的影响，也就是说，会受到一些更重要的政策问题的影响。这些问题包括：强调农业还是强调工业？资源是用于发展相互补充的经济活动还是为了引致投资和决策而有目的地创造不平衡？是在资源配置中强调短期静态效率还是强调为未来的较快增长奠定基础？在一个开放经济中，效率和增长之间的潜在冲突需要考虑支持各种形式的比较成本学说的意义。总之，项目之间的资源配置问题不可能脱离工业与农业、平衡增长和不平衡增长、外贸战略等更广的政策选择问题。而影响所有这些决策的则是发展战略的基本目标；这个目标是使现期福利最大，还是使未来某一时点上的增长和产出最高。

发展战略的选择本身会受到政治、社会和经济因素的制约。例如，某种发展战略可能与所合意的收入分配或其他社会目标相矛盾。另一些发展战略可能会在政治上遭到反对。不能忽视的一个因素是地区的政治权力的分配。这种地区分配因素把配置问题弄得更为复杂。追求平衡增长或对社会基础资本的大量投资可能意味着在经济中形成一个很

大的公共部门，这在政治上可能无法承受。某些发展计划可能遭到外国投资者或多边援助机构的反对，因而如果实行这些计划，外国资本或援助机构的资本就会被抽走。记住这些制约因素，在考察决定资源配置和产出类型的各种投资准则之前，我们先讨论发展战略的一些主要方面以及经济发展的目标。

□ 二、 工业与农业

关于应强调工业还是应强调农业的选择问题只需进行很简单的讨论。因为，正如我们在第 6 章中所看到的，这两个部门相互间有很强的互补性。在实践中，农业和工业的命运是紧密相连的，工业的扩展在很大程度上依赖于农业生产率的提高，农业生产率的提高依赖于工业投入品的足够供给，包括提供消费品以作为农民增加剩余的刺激。但是，值得一提的是，只是到近些时候，人们才开始强调工农业间的平衡。一方面，这表明发展中国家改变了强调全力实现工业化的现代观点；另一方面，这也表明了对传统的比较成本优势学说的反对意见，因为，当运用于发展中国家时，这一学说几乎总是要求发展中国家生产初级商品，要求采用把这些国家置于相对发展劣势的贸易格局。

□ 三、 比较成本说

是否应该坚持比较成本说本身是一个发展战略问题，它与发展中国家的目标（即它们追求什么的最大化）密切相关，也与是应该从国际收支平衡的观点还是应该从实物资源配置的观点来看待国际贸易的争论密切相关。假设资源充分就业，商品的价格反映其机会成本（在任何国家这都是公认的大胆假设），坚持比较成本说就会产生一国最佳的生产和贸易形式（见第 15 章）。如果不生产那些能以较低的成本——按照在国内生产必须牺牲的资源来衡量——从国外进口的商品，效率就达到最高。在自由贸易世界里，这就排除了发展中国家生产大量的工业品。

但是，如果目标是增长，而不是静态效率，则增长理论所要求的投资准则与从比较优势理论中得出的准则就很不相同。例如，如果增长依赖于人均投资的增加，则把资源投向劳动密集型的活动可能就是不明智的，因为在劳动密集型活动中，所创造的收入都用于消费而没有储蓄，或者不存在报酬递增的可能性。同样，如果增长受到国际收支的制约，则发展其产品在国际市场上的需求价格弹性和收入弹性较低的生产活动就可能是错误的。因为，随着供给的变化，需求的低价格弹性可能会影响出口收入的波动，并使贸易条件向不利的方向变动；需求的低收入弹性则意味着：在世界收入增长的条件下，与其他生产需求收入弹性高的商品的国家相比，生产需求收入弹性低的商品的国家将长期处于国际收支不平衡的不利地位（见第 15 章和第 16 章）。

以上问题最终归结为对现期和未来产出及消费（或福利）——即今天消费和明天消费——的相对评价问题。资源配置的效率将使得在一定量的资源条件下的现期产出和消费最大化，但可能会损害增长和未来消费。追求增长可能会降低现期福利，但在将来会有更多的产出。

□ 四、 现期消费和未来消费

现期消费和未来消费之间的选择就是当前消费和投资之间的选择。当前应进行多少投资取决于社会想要达到消费最大化的时间长度，以及怎样评价现期消费和未来消费，即人们以何种贴现率对未来消费利益进行贴现。时间影响消费利益的积累和贴现的结果。投资应使计划期的消费最大化。使消费最大化的投资率将根据计划期的长短有无贴现而变化。

我们举一个数字例子来说明。假定有三个不同的投资率：0%、10%和50%；三个不同的计划期：3年、6年和10年。再假设资本—产出比为2，为简单起见，假定没有折旧和贴现。设初始资本存量等于200，生产100单位的产出。三种不同的投资战略和三个不同的计划期的产出、消费、投资和资本存量的时间路径可以用表10—2来说明。三年计划期内，无投资的第一种政策使消费最大化。6年计划期内，10%投资率的第二种政策使消费最大化。10年计划期内，50%投资率的第三种政策使消费最大化。

表10—2的计算和从消费将达到最大的时间长度中所得到的结论，受贴现以及所选择的贴现率的影响，因为时间越远，未来消费利益的现值就越小，而且所选择的贴现率越高，未来消费利益的现值也越小。我们所要说明的是，回答投资多少的问题主要取决于所取的计划期限和所选的贴现率。计划期限越长，未来消费利益的贴现越少，投资就越多。计划期限越短，贴现率越高，投资就越少。

表 10—2　　　　　　　　　　不同计划期限下不同投资率的消费利益

时间 （年）	政策 1 （无投资）				政策 2 （10%的投资率）				政策 3 （50%的投资率）			
	K	Y	I	C	K	Y	I	C	K	Y	I	C
1	200	100	0	100	200.00	100.00	10.00	90.00	200.00	100.00	50.00	50.00
2	200	100	0	100	210.00	105.00	10.50	94.50	250.00	125.00	62.50	62.50
3	200	100	0	100	220.50	110.25	11.03	99.22	312.50	156.25	78.12	78.12
4	200	100	0	100	231.53	115.76	11.57	104.19	390.62	195.31	97.65	97.65
5	200	100	0	100	243.10	121.55	12.15	109.40	488.27	244.13	122.07	122.07
6	200	100	0	100	255.25	127.62	12.76	114.86	610.34	305.17	152.58	152.58
7	200	100	0	100	268.01	134.00	13.40	120.60	762.92	381.46	190.73	190.73
8	200	100	0	100	281.41	140.70	14.07	126.61	953.65	476.82	238.41	238.41
9	200	100	0	100	295.48	147.74	14.77	132.97	1 192.06	596.03	298.01	298.01
10	200	100	0	100	310.25	155.12	15.51	139.61	1 490.07	745.03	372.51	372.51

K＝资本存量；Y＝产出；I＝投资水平；C＝消费。

我们也可以说明，初始资本存量少、消费水平低的国家如果要在未来达到高生活水平，就得进行大量的投资。但是，要大量投资，它们就得有很长的计划期限。事实上，实行计划的理由之一就是计划期的长度超过了由各个私人最大化行为所选择的时间长度。但是，任何有限的计划期限都只是关心这一计划期内的人民生活。考虑到超过计划期限之外的子孙后代的生活，必须给投资模型规定某些约束条件，例如，计划期末的消费水平不应超过某一特定水平，否则这一计划期限之内的消费最大化就意味着在这一计划期限内会消费掉全部的收入，没有为未来的投资和消费留下储蓄。

□ 五、 技术选择

在计划框架中，对现期和未来福利的评价也是关于技术选择的中心问题。初看起来，在劳动丰富的经济中，使用劳动密集型技术和鼓励使用丰富的生产要素的活动是明智的。但是，这样做可能会导致效率和增长之间的矛盾，以及现期消费最大化与未来的消费水平之间的矛盾。问题是，如果工资率是既定的，且不随生产技术而变化，则技术越具有劳动密集性，为未来的再投资而形成的储蓄可能越少。特别是，如果工人的消费倾向比资本所有者的消费倾向高，留作再投资的总剩余及平均每单位投资资本的剩余就会比更为资本密集型技术条件下的剩余要小。另一方面，技术越是资本密集型的，现期消费水平和就业水平就越低。[6]一般来说，我们的结论是：与未来产出相比，对提高现期就业和消费水平的评价越高，就越应该支持劳动密集型技术。同时，相对于现期福利而言，对未来产出的评价越高，就越应该支持资本密集型的生产方法。

在进行技术选择时，不仅就业和储蓄间存在着潜在的矛盾，就业和产出间也存在矛盾。这种矛盾不是产生于现有设备的利用，而是产生于新技术的选择。劳动密集型技术可能比资本密集型技术具有更高的资本—产出比。这可以用一个简单的例子来说明。假设有 1 000 英镑固定数额的资本用于投资。某种生产技术可以用 1 000 英镑雇用 100 个单位的劳动，但资本—产出比为 5，这将雇用 100 个人生产 200 英镑的产出。第二种技术可以雇用 50 个单位的劳动，资本—产出比为 4，这将雇用 50 个人生产 250 英镑的产出。因此，只有当劳动密集程度较高的技术同时具有最低的资本—产出比时，现期就业水平和产出水平才能同时达到最大化。在第 7 章中，我们将更充分地讨论这些矛盾以及在实践中怎样进行技术选择的问题。

第三节　平衡增长与不平衡增长

□ 一、 平衡增长

发展战略的另一个普遍的选择是所谓的平衡增长和不平衡增长的选择。"平衡增长"这个词在许多不同的意义上被人们使用。平衡增长理论的最早倡导者强调克服发展过程中的供给和需求方面的不可分性所需要的投资规模（例如，见 Rosenstein-Rodan，1943；Nurkse，1953）。供给方面的不可分性是指一次性投资巨大的资本（特别是社会基础资本）和这一事实：只有在很多活动中同时投资才能获得各种外部规模经济的好处。需求方面的不可分性是指由市场规模对经济活动的盈利性从而可行性所造成的限制。这就是对平衡增长理论的最初解释：各种经济活动大规模扩张或"大推进"，以克服私人收益与社会收益间的差别。但是，后来这一理论扩充了，即指：为保持经济中不同部门处于平衡状态所需的经济发展道路和投资模式，使得一个部门缺乏发展并不阻碍其他部门的发展。例如，它强调工业和农业、资本品和消费品工业以及社会资本和直接生产活动等达到平衡的重要性（也见 Lewis，1955）。

在需求方面，这种论点类似于亚当·斯密的著名观点：即专业化或劳动分工受到市场范围的限制，如果市场受到限制，一些经济活动就会失去经济上的可行性（见第5章）。但是，如果有许多活动同时进行，每一项活动就会为其他活动的产品提供市场，因而在孤立状态下考虑时无盈利性的活动，在大规模发展规划范围内考虑时就变得有盈利性了。

在供给方面，支持"大推进"的论点必然与外部规模经济的存在有关。这里所说的外部经济超出了传统厂商理论所述的外部经济。在传统的均衡理论中，外部经济是指一种活动的生产函数的性质可能会由于其他（例如，紧靠附近的）活动的存在而改变。消除这种分散的方法就是使每一项活动都成为一个全面的投资扩张计划的组成部分。在孤立情况下没有或者似乎没有盈利的企业，当它们被作为包括几种活动在内的工业扩张的综合计划的一部分时，就变得有盈利了。

对平衡增长理论的一个主要批评是，它没有抓住发展中国家经济发展的基本障碍，即各种资源的短缺。平衡增长的批评者并不否认大规模投资计划和互补活动的扩张的重要性。他们的论点是：在资源不充足，特别是缺少资本、企业家和决策者的条件下，争取平衡增长就不能对资源自发调动或投资引致提供足够刺激，并且如果实行计划，其决策肯定是不经济的。

□ 二、　不平衡增长

发展战略方面最有挑战性的著作之一是赫希曼的《经济发展战略》（Hirschman，1958）。赫希曼是不平衡增长理论最著名的倡导者。简要地考虑一下他的观点是很有必要的，因为这些观点至今仍然具有现实意义。赫希曼力图要回答的问题是，假定存在有限数量的投资资源和一系列建议的投资项目，这些项目的总成本超过可用资源，我们怎样挑选出相对于它们的成本来说对发展的贡献最大的那些项目？应该怎样计量"贡献"？

☞

阿尔伯特·赫希曼（Albert Hirschman）

1915 年生于德国柏林。1974 年任普林斯顿高等研究院社会科学教授。因其《经济发展战略》（1958）一书而闻名，该书对认为发展中国家应该努力实现平衡增长的传统观点提出了挑战。不平衡能够创造激励和决策过程的有效化。政府应该刻意定位具有较强前后向联系的活动。他也是拉丁美洲经济和经济史专家，著有《迈向进步：拉丁美洲经济政策研究》（1963）和《希望的基础：发展与拉丁美洲论文集》（1971）。

赫希曼首先区分了两类投资选择——替代选择和延迟选择。替代选择是指应该从事项目 A 还是从事项目 B 之类决策的选择；延迟选择是指怎样排列项目 A 与项目 B 的次序之类决策的选择，即决定哪个项目应放在另一项目之前。赫希曼主要关心延迟选择以及如何进行这种选择。他的基本论点是：解决优先次序问题必须建立在对某一领域的进步将引起另一领域的进步的效力大小的比较评估基础上。根据发展障碍的不同性质，项目的有效排列顺序在不同地区和不同国家必然是不同的。但是，关于这种方法的基本理由仍然是相同的，即：使决策有效率。赫希曼认为，发展中国家真正缺乏的不是资源本身而是把资源投入使用的方法和能力。应该优先考虑的是使"引致"决策最大化的项目顺序。

他通过考察社会资本（SC）和直接生产活动（DPA）之间的关系来说明他的论点。赫希曼把 SC 先于 DPA 的情形称为"经由能力过剩的发展"；把 DPA 先于 SC 的情形称为"经由短缺的发展"。这两种顺序都会成为发展的诱因和压力。但是，如果不可能走"平衡"增长的道路，那么按照对 DPA 和 SC 的投入来衡量，应该采取哪种顺序使生产DPA 产出的成本达到最小呢？这一问题借助图 10—3 来说明可能更为清楚。

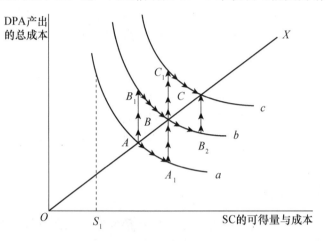

图 10—3 "引致"决策最大化

如果纵轴表示 DPA 产出的总成本，横轴表示 SC 的可得量和成本，于是可以画出曲线（a、b、c）——该曲线表示在 DPA 投资量既定的情况下，生产一个能力充分利用的既定的 DPA 产出的成本为 SC 的可得量的函数。连续曲线 a、b、c 表示在 DPA 投资不断增加的情况下，DPA 的不同产出水平。这些曲线的斜率是负的，并凸向原点，因为，社会资本的可得量越大，DPA 的成本就越小。但是，对于任何的 DPA 产出水平，都有一个必需的 SC 最低量（例如，对于曲线 a，是 OS_1），而且随着 SC 的增加，它对DPA 产出成本的影响就变得越来越小。

现在假定经济的目标是，用投入 DPA 和 SC 的最少资源，取得不断增长的 DPA 产出。在每条曲线 a、b、c 上，两坐标系数之和最小的那个点表示在此标准下 DPA 和 SC 的最优组合。曲线 OX 连接了不同曲线上的最优点，它表示 SC 和 DPA 间的最"有效"的扩张道路，即"平衡"增长道路。

但是，如果 SC 和 DPA 的"最优"量不可能同时扩展以保持其平衡，延迟选择应采取什么准则呢？一种可能的顺序是 AA_1BB_2C，在这种情况下，SC 总是先采取扩张步骤，它称为"经由能力过剩的发展"。另一种可能的顺序是 AB_1BC_1C，在这种情况下，DPA 先开始扩张，它称为"经由短缺的发展"。按照赫希曼的观点，应该选择的是使"引致"决策最大化的扩展顺序。很难先验地说哪一种顺序可能是这种顺序。如果 SC扩展，现存的 DPA 的成本就会降低，进而刺激 DPA 增长。如果 DPA 先扩展，成本会提高，但会对 SC 施加压力，迫使其增加供给。赫希曼认为，这两种顺序都能产生刺激和压力，最终选择哪种顺序，一方面取决于企业家动机的相对强度，另一方面取决于负

发展经济学（第九版）

责社会资本的政府当局对于公共压力的反应。

但是，总的来说，赫希曼对传统观点的批评是严厉的，这种传统观点是：如果发展要进行得顺利，SC 必须先于 DPA，甚至与 DPA 保持平衡。虽然他也承认建立 DPA 的一个先决条件是要有最低限度的社会资本，但是，他认为经由能力过剩的发展不是必需的，而追求平衡同样是危险的，因为这样就没有刺激来引致投资（或引致决策）了。而另一方面，经由短缺的发展则会迫使进一步的投资。因此，就"引致"决策而言，最"有效"的顺序可能是 DPA 先于 SC。

的确，在对变化有着强烈的社会和经济抵制的地方，像建造社会基础资本这样"非强制性的"行动不可能对经济发展产生较大的刺激。但是，另一方面，赫希曼的分析也留下了几个悬而未决的问题。他承认，目标应是以投入 DPA 和 SC 的最小资源成本，取得不断增长的 DPA 产出；他也承认，SC 越是不充分，生产一个既定的 DPA 产出的成本就会越高。但是，什么是发展中国家所需要的最低量的 SC 呢？至少在发展的较早阶段，这种最低量是否会很高，使得与 DPA 应先于 SC 的论点相矛盾呢？此外，一旦 DPA 已经建立，靠什么来保证接着就会有 SC 的供给增加呢？社会资本的不可分性可能很大，以致在任何价格下都不能引致私人投资者的供给，那么社会基础资本的供给只得依赖于政府。

赫希曼还把同样的"引致决策"准则运用于直接生产部门内的项目选择和排序。这里的诱因来自各种活动间的相互依赖，即赫希曼所说的"后向"和"前向"联系效应。后向联系衡量一种活动的一部分产出来自对其他国内活动的购买。前向联系衡量一种活动的一部分产出不是满足最终需求而是被用作其他活动的投入。知道了一个国家的产业间的流量，借助于投入—产出表，就有可能按照它们的总联系效应大小对各种经济活动进行排序。赫希曼建议，在直接生产部门内，一个有用的发展战略应该是鼓励那些可能具有最高的综合联系效应的活动，因为这会对其他活动的发展提供最大的引诱和刺激。

遗憾的是，发展中国家的典型特征之一是缺乏经济活动间的相互依存性。初级产品的生产与其他活动的后向联系十分有限，与其他部门的前向联系，虽然潜在的较大，但在实际上是有限的。农业对其他部门的需求是很小的，在发展中国家，农业总产出中只有相当小的一部分在国内加工，而大部分出口了。制造业活动具有较大的前向和后向联系，能强化发展的累积性质。这成为支持工业化的又一个有力的原因。赫希曼主张通过把半成品加工成最终产品来扩大工业，他称之为"飞地进口"工业。

总的来说，他强调进口在发展过程中的作用，把进口看成是引致机制的一个组成部分。不仅进口的半成品可以加工成最终产品，而且一旦达到了一定的市场规模（或生产门槛），过去需进口的最终产品也就能很容易地在国内生产了。如果说发展的主要障碍之一是决策者的短缺，加之不确定性和市场的有限，那么进口的存在就提供了结论性的证据，即证明市场是存在的。随着进口的增加，国内生产在某一天能达到盈利水平的可能性也增加了。赫希曼批评发展中国家过早地限制进口，他认为只有在进口达到一定水平，从而为国内生产者保证一个他们产品的市场之后，才应该对幼稚工业实行保护。

第四节　投资准则

　　传统的微观经济理论认为，在完全竞争条件下，当每一单位生产要素的利用都达到了边际产品等于其价格的那一点时，资源就达到了最优配置；当所有用途中的生产要素的边际产品都相等时，社会产出（福利）就达到了最大。这就是资源配置的所谓"边际定律"。在以下意义上它意味着"效率"：即一个社会的商品和服务的总产出不可能通过资源在各种活动间的再分配而增加，因为在现有的各种活动中，每一种生产要素都具有了同等的生产率。因此，在静态分析中，资源配置"效率"意味着国民产品的最大化，而当生产要素在它们的不同用途中的边际产品都相等时，这一点就达到了。

　　如果边际定律的运用导致了资源的有效配置，那么发展中国家资源配置的"问题"是什么呢？它们为什么要寻找另外的准则来决定资源的配置呢？一个很好的理由是：传统微观理论的假设既不符合发展中国家的实际，也不符合其愿望。我们可以指出运用边际定律的两个主要缺点。第一个缺点是：边际定律是一个静态准则，正如我们在前面已说过的，绝不能确定发展中国家的目标就是或者应该是使当前的产出、消费或福利水平达到最大化。第二，传统静态理论忽视了许多可能与资源的社会最优配置有关的因素。在其特征是基本结构不均衡和市场极不完善的国家中，就不能假定商品和生产要素的市场价格反映生产的社会成本和收益。只有在市场价格和社会成本与收益不存在偏离，或者市场价格通过调整反映社会价值的情况下，边际定律的运用才能导致资源的社会最优配置。

　　有几种因素可能导致商品和生产要素的市场价格同社会价值的偏离。首先，如果某些项目存在外部经济和报酬递增，其社会价值就超过它们的私人价值；如果要从一个既定的要素禀赋中使产出达到最大，边际定律的应用必须考虑到这一点。

　　其次，如果产品市场并不存在普遍的完全竞争，价格就不反映这些产品的社会价值，这就必须调整市场价格，使之达到社会最优。同样，如果要素市场不存在普遍的完全竞争，要素价格就不反映它们对社会的机会成本，要素的使用即便达到边际产品等于其价格这一点，也不导致社会最优状态。如劳动这样的闲置资源可能被估价过高，资本和外汇这类稀缺的资源可能被估价过低，因此，市场价格必须校正，直到能反映这些资源的社会价值。

　　再次，静态分析忽视因当前的项目选择而产生的产品和要素价格的未来结构。当前的最优资源配置可能并不导致未来的最优资源配置。克服这一困难的唯一方法是采取所谓的资源配置规划方法，通过这种方法明确地考虑一种活动对其他活动的影响，也适当地考虑时间因素。

　　最后，边际定律的运用只有在收入分配是"最优的"，而且不受规划决策的影响时，才能导致最优资源配置。如果一种新的资源配置形式改变了收入分配，产出可能达到最大，但由于收入利益分配的"不合意"变化，福利反而可能会减少。如果避免进行效用的个人间比较，要具体说明这一点就需要明确表明社会目标。可能存在着某种程度的共识：一种使一半人失业与饥饿的收入分配比没有发生这种情况的收入分配大概要坏得多。仅仅帕累托最优条件就可以否定它![7]

由于上述原因，多年来，对于根据发展中国家的发展障碍以及它们的愿望确定最适当的资源配置准则，一直争论不休。提出的各种不同准则大体上反映了人们在发展中国家应该努力使什么最大化的问题上有意见分歧，反映了现期和未来的产出和消费水平之间的选择是主要选择。在这一领域中，大多数早期著作家所讨论的准则都涉及资本的配置，反映了把国内资本看作主要的稀缺资源的观点。但是，由于认识到外汇同样也是稀缺资源，人们越来越注意到资源配置决策对国际收支平衡的影响。在第11章讨论社会成本—收益分析方法。

■ 小结

1. 在自由市场经济中，市场机制分配资源达到竞争目的，但是在发展中国家市场有很多不完善的地方，需要矫正，以达到资源分配的社会最优化。

2. 因为正的和负的外部性，生产要素和商品价格可能不能分别反映它们的社会收益和社会成本。市场可能是不完全的或完全缺失的。这就为政府起作用提供了机会。

3. 政府有四个主要功能：矫正市场不完善；提供公共产品（如卫生和教育）；保护弱势群体和为市场繁荣提供一个制度环境。

4. 政府也可能因为腐败和寻租行为而失灵。世界上很多"失败国家"的制度和法律规则崩溃了。

5. 很多发展中国家实行发展计划取得了不同程度的成功。

6. 所有发展中国家面临的中心问题是在可得的国内资源下，如何分配资源使人均产出增长率或增长水平最大化，并且如何最小化使用外汇（稀缺资源）。

7. 除了要做出投资多少的决定，广义上有三种分配决策形式：投资哪个部门、哪些项目需要优先考虑以及哪些生产要素联合使用，哪些要素决定生产技术。

8. 此外，国家需要确定工业和农业之间的平衡，即静态比较优势被允许来指导生产的程度、现在和未来消费的平衡以及增长应该是"平衡的"（部门间）还是有意地不平衡。

■ 问题讨论

1. 市场在发展过程中的作用是什么？

2. 区分一下各种形式的市场失灵和政府在矫正市场失灵方面能够发挥的作用。

3. 按照世界银行（1997），政府在发展中国家的关键作用是什么？政府的作用如何能够变得更有效率？

4. 什么原因导致腐败，以及如何使它减少？

5. 产品的市场价格和这种产品对社会的价值的偏离的主要原因是什么？

6. 失败国家的特征是什么？

7. 生产要素的市场价格与它们对社会的成本的偏离的主要原因是什么？

8. 发展中国家为什么要建立发展计划？

9. 当前消费与未来消费为什么存在冲突？如何协调这种冲突？

10. 你对"平衡增长"概念理解了多少？

11. 赫希曼对平衡增长理论的主要批评是什么？

注释

[1] 在很多发达国家，从支出方面说，政府甚至更大，但它们的大部分支出是社会保障转移支付，而不是对实际资源的支出。

[2] 全面的评论，见 Abed and Gupta（2002）。

[3] 对腐败的案例研究的文集，见 Elliott（1997）；也见 Tanzi（1998）和 Bardhan（1997）。

[4] 见网址 www. dfid. gov. uk/commonfuture。

[5] 学生们应该熟悉一个国家选择的计划。

[6] 这个结论特别取决于不随生产技术变化的工资率。如果工资越高，技术越是资本密集，这个结论就不得不作修改。关于这一点和其他可能缩小技术选择中的就业和储蓄冲突的讨论，见第 7 章。

[7] 只有当一种变化使一些人受益而不使另一些人受损时，才可以说是帕累托最优的。

关于政府和腐败的网址

政府作用

世界银行 www. worldbank. org/publicsector

国际发展部门研究（伯明翰大学）www. idd. bham. ac. uk/research/Projects/Role_of_gov/role_of_gov. htm

腐败

透明国际 www. transparency. org

互联网腐败研究中心 www. gwdg. de/ruwvw/icr. htm

第11章

项目评估、社会成本——收益分析和影子工资

自 20 世纪 70 年代以来，在有关项目选择和资源配置的文献与讨论中，社会成本——收益分析占据着支配地位。社会成本——收益分析实际上与私人投资评估的现值法类似，但由于它必须考虑很多因素，从而增加了它的复杂性。为了使资源配置对社会最有利，这一技术被建议运用于对政府融资的投资进行评估，它认为商品和生产要素的市场价格并不一定分别反映它们的社会价值和成本，而且由于社会不仅关心当前消费，也关心未来消费，因此当前的储蓄水平可能是次优的。

在本章我们首先区分项目的财务、经济和社会评估。财务评估与项目本身产生的财务流量和该项目按照市场价格计量的直接成本有关。我们将说明如何计算投资的净现值。经济评估按市场价格调整成本和收益以反映它们的社会价值，也考虑项目可能对经济的间接影响。我们探讨市场价格和社会价值之间的各种差异；如何计算可贸易商品和非贸易商品的经济价格；如何计算生产要素的经济（或社会）价格（强调影子工资），以及社会贴现率如何产生。社会评估与项目选择的跨时期的（即长期的）和时期内的（即社会在某一时点各群体间的）分配结果有关。

在进行计算时，问题是使用什么价格（国内的或世界的），用什么样的计价单位表示收益和成本。我们对比两种不同的方法，即联合国工业发展组织（UNIDO）的方法和利特尔-米尔利斯（Little-Mirrlees）方法。联合国工业发展组织的方法以消费为计价单位，用市场价格和社会价值之间的差异按国内市场价格进行调整来衡量收益和成本，使用影子汇率使国内和国外资源能够相互比较。利特尔-米尔利斯方法以外汇计量公共储蓄作为计价单位，并且使用世界价格计量所有的价格（包括非贸易商品）。

本章最后列举一些数字例子说明如何使用这两种方法和在什么情况下它们是等价的。

第一节 项目评估

□ 一、 项目评估的方法

当谈论公共投资时，我们主要是谈论公共基础设施建设项目（如道路、水供给等）和公共企业项目（如钢铁厂、发电厂等）。但是，还有其他一些政府支持的投资也可以运用社会成本—收益分析，如公共信贷支持的私人部门项目（如国家发展银行支持的小工业）和受到公共部门约束的私人部门项目（如交通和采矿企业）。

讨论项目评估时，应把它区分为财务评估、经济评估和社会评估三种形式。

财务评估（financial appraisal）与项目本身产生的财务流量和该项目按照市场价格计量的直接成本有关。

经济评估（economic appraisal）与成本和收益的调整以考虑整个经济的成本和收益有关，它包括价格机制反映不了的对项目的间接影响。

社会评估（social appraisal）与项目选择的跨时期的（即长期的）和时期内的（即社会在某一时点各群体间的）分配结果有关。

一个典型的项目评估报告包括以下部分：（1）接受委托的事项；（2）工程研究，看看该项目在技术上是否可行；（3）财务研究，搞清楚该项目按市场价格计算将花费多少预算成本；（4）对经济成本和收益的评估，按社会价格对产出和投入进行定价，包括对经济的间接影响和对收入分配的影响；（5）该项目管理要求的细节；（6）结论和建议。

项目评估或项目计划必须被看作长期决策的过程，从确定项目（与计划过程有关，它可能规定了目标增长率）开始，经历各种可行性研究阶段（例如，工程上的、财务上的，等等），然后就是投资阶段，最后是评价。这就是项目周期的概念。

□ 二、 财务评估

我们首先讨论财务评估，考虑如何计算投资的净现值。项目评估的第一步始终是确定有关流量。首先是开始阶段的投资成本；第二是营业成本，如劳动和原材料成本；第三是产出价值（销售量乘以价格）；第四是项目的寿命问题。然后对这些流量值进行贴现，以获得它们的现值，因为一切事情都有一个机会成本。明年拥有 100 英镑与现在拥有 100 英镑不是一样的，因为现在拥有 100 英镑可以以比如 10% 的利率进行投资，在明年获得 110 英镑。运用利率对未来总量进行贴现，才能使未来和现在等值。t 期的任一未来值（FV）的现值（PV）等于 $FV_t/(1+r)^t$，这里，r 是利率（或贴现率）。我们现在用一个代数例子来证明这一点。以 r 利率投资的现值在一年后变成：$FV_1 = PV(1+r)$。两年后的价值是 $FV_2 = [PV(1+r)](1+r) = PV(1+r)^2$，依此类推。所以，$FV_t = PV(1+r)^t$，这样，$PV = FV_t/(1+r)^t$。

于是，净现值（NPV）公式如下：

$$NPV = \sum_{t=0}^{T} \left(\frac{V_t - C_t}{(1+r)^t} \right) - K_0 \tag{11.1}$$

式中，K_0 是基期项目的初始成本，V_t 为 t 时期的产出价值，C_t 为 t 时期的经营成本，r 是贴现率，T 是项目的寿命。如果 $NPV > 0$，项目就产生了正的收益。

我们举一个小制鞋厂的数字例子来说明。它的初始成本是 500 万英镑，在 5 年中，每年产生的净现金流量是 200 万英镑，利率为 8%。表 11—1 给出了净现值的计算结果。该项目产生的净现值是 298 万英镑。

表 11—1   净现值计算的数字例子

年份（t）	净现金流量（$V_t - V_t$）		贴现因子 $1/(1+0.08)^t$	贴现的现金流量
0	−5		—	−5.00
1	2	×	0.926	+1.85
2	2	×	0.857	+1.71
3	2	×	0.794	+1.59
4	2	×	0.735	+1.47
5	2	×	0.681	+1.36
			净现值＝	+2.98

□ 三、 经济评估

首先，我们考虑从公共投资中产生的间接成本和收益，然后讨论怎样调整产品、服务和生产要素的市场价格，以便考虑它们对整个社会的经济价值。有三个主要的间接影响需要考虑：

第一，一个项目对其附近地区的经济影响。当然，有些项目——像灌溉计划——对邻近地区产生影响，它们的利益被作为直接利益来计算，但是其他项目将产生偶然的间接影响，这种间接影响或是正面的，或是负面的。例如，一条新道路被设计用来缩短旅行时间，它可能提高邻近地区的产出。这是正面利益。但另一方面，一座发电的大坝可能淹没可耕地，减少农业生产。这就是负面的间接影响。

第二，对本地市场有价格影响。例如，如果由于该项目的建设而下降，这就表示消费者剩余的增加，这就需要把它加到该项目的价值中。减少供给成本的新道路的建设将减少地方供给的价格，表明道路有一个间接的利益。

第三，一个项目对为其提供投入品的其他部门产生各种结果。如果一个项目需要更多的投入品，这就是供给者的收入。例如，一座新大坝的兴建需要当地的物质；一个新工厂将需要钢铁，等等。这些反应是需要考虑的。

除了项目的间接影响之外，所生产的产品和所使用的生产要素的市场价格可能不反映它们对整个经济的价值。价格需要作出调整，以反映它们对社会的真实经济价值。

在经济评估（与财务评估相对）中，我们现在不得不重新定义方程（11.1）的净现值公式的变量，以此弄清楚一个项目对整个社会是否有利。V_t 是按经济或效率价格计量的社会收益流量；C_t 是投入的社会成本，按机会成本计量；r 是社会贴现率；K_0 是投资的社会成本。

如果一个项目的社会收益超过了社会成本，或者，换句话说，一个项目的社会净现值大于零，该项目对社会就是有利的。

问题是，一个项目的社会收益和成本是怎样计算的？表达收益和成本的共同计量单位是什么？这里假定一个社会目标是既定的，假定与世界其他地方的贸易机会是敞开的，以便它能在国外买卖产出和投入（这样，国产商品和进口商品可以直接比较）。有两种主要方法来解决这一问题。

第一，使用消费作为计量单位，以国内市场价格计算收益和成本，按照市场价格和社会价值的偏离进行调整；使用影子汇率，使国内资源和国外资源变得可比。有时，这也被叫做 UNIDO（联合国工业发展组织）方法（UNIDO approach）（见 Dasgupta et al.，1972）。

第二，为了反映产出和投入的真正的机会成本（这里不考虑需要使用影子汇率），可以用世界价格来计算收益和成本，使用按汇率计算的公共储蓄作为计量单位（即把所有项目都换算成外汇等值）。这种方法叫做利特尔-米尔利斯方法（Little-Mirrlees approach）（见 Little and Mirrlees，1969，1974）。外汇作为计量单位这一事实并不意味着项目核算必然用外国货币来表示。核算单位可以仍然是国内货币，但记录的价值是外汇等价物，即获得多少净外汇收入。

在开始比较这些方法和考察计量问题之前，我们考察一下产品和生产要素的市场价格与它们的社会价值之间的重要偏离——这种偏离需要得到纠正。

第二节 社会成本—收益分析

□ 一、 市场价格与社会价值的偏离

产品的市场价格可能不反映它们的社会价值，主要有如下原因：第一，政府征税、补贴、关税和各种控制扭曲了市场价格。机会成本必须剔除税收和补贴后来计量。第二，市场的不完善将把价格提高到生产的边际成本以上。由私人垄断者和公共事业单位确定的价格尤其遭到了扭曲。第三，外部性的存在（包括正面的和负面的）意味着产品的价格不反映它们真正的社会价值。

生产要素的市场价格可能不反映它们真正的社会成本——即使用它们的机会成本，该成本是按照它们在各种用途中的边际产品来衡量的。如果在土地上或在小服务业中存在一个隐蔽性失业，工业部门的劳动市场价格（即工业工资）可能超过了使用劳动的社会成本。如果资本得到补贴，那么资本的市场价格就会低于其社会成本。如果汇率（用外币的国内价格来计量）通过各种形式的控制人为地保持很低，那么外汇从社会观点来看也可能太便宜了。

外部经济和外部不经济的存在也可能引起投入的市场价格和它们的社会成本之间的偏离。例如，假若一个项目是从成本递减行业中购买投入品，社会成本就不等于以平均成本为基础的价格，而是等于更小的边际成本。

一个经济中的总储蓄和投资从整个社会来看是不理想的，但市场不允许个人表达为增长和未来福利目的进行更高的投资率和资本积累的偏好。这是孤立悖论的另一个例

子——对此的解决办法是政府使用比市场利率更低的社会贴现率来刺激更多的投资——即比市场利率用来计算净现值时的投资更高。

由于各种偏离和扭曲而调整的市场价格称为影子价格、社会价格、经济价格或记账价格。调整的产品市场价格称为经济价格，调整的生产要素的市场价格（包括外汇）称为"影子价格"。

□ 二、 产品的经济价格

上述的第一种偏离要求找到产品的经济价格。如上所述，国内市场价格因各种扭曲和不完善可以用外汇的影子价格进行矫正，使国内产品和外国产品可以进行比较（UNIDO方法），或者这些产品可以用世界价格来确定价值（利特尔和米尔利斯方法）。有人认为，使用后一种方法比使用第一种方法将会产生一个更为真实的产品社会评价尺度——第一种方法使用调整的国内价格计量某些产品，使用国际价格计量贸易产品，然后使用一个影子汇率对国内产品和国外产品进行比较。但影子汇率本身也有扭曲。

把世界价格作为真实的经济利益的尺度，鼓励用世界价格对产品和投入品确定价值，最初是在20世纪50年代和60年代许多发展中国家奉行的进口替代政策的背景下产生的，那时非常明显的是，很多商业利润丰厚的工业所生产的产品的价格都大大地高于在别的情况下市场所决定的价格。同时，这些工业成本高，把更多的资源用于新投资——这就是说，如果考虑世界市场上各种可供选择的供给来源，这些用于新投资的资源就过多了。据认为，如果用世界价格来分析项目，这就要首先证明在面临国际竞争的情况下在长期它是否能够生存的问题，其次要证明它的产出能否从国际市场上更便宜地获得。

如果使用世界价格，增加出口时，确定一个项目产出价值的经济价格就是它的出口价格；或国内生产导致进口的节约时，就是它的进口价格。同样，在成本方面，确定一个项目投入价值的价格是它的进口价格，如果必须进口；或是它的出口价格，如果更大的国内使用导致出口减少。

举一个简单的例子来说明上述论点：假设一个项目为国内使用而生产更多小麦的目的是减少小麦进口。小麦产出的真实的经济价值就是进口小麦的口岸价格（border price），而不管国内价格是什么（即外汇节约了多少）。如果小麦被出口，同样的论点也适用。它的真实经济价值是它的口岸价格，即外汇在世界市场上将买到多少。

对于进口品，口岸价格是指在边境上支付该产品所需的外币数量，它包括成本、保险和运费（到岸价）；对于出口品，口岸价格是指在边境上所获得的外币数量，即离岸价格。但是，项目通常并不是位于边境，价格还必须对项目所在地和边境之间的包装和运输成本进行调整。这称为边境平价定价法（border parity pricing）。

当产品是可贸易品时，使用世界价格作为计量尺度的利特尔-米尔利斯方法不会产生重大问题。问题产生于非贸易产品，根据定义，它没有世界价格。必须找到一些方法把非贸易品价格转换成它们的外汇等值物。

□ 三、 非贸易品和转换因子

把非贸易产品价格转换成世界价格的方法是使用转换因子。转换因子（CF）就是经济（或影子）价格对市场价格的比率，即：

$$CF = \frac{经济价格}{市场价格} \tag{11.2}$$

于是，非贸易品的经济价格就是其市场价格乘以其转换因子。

如何得到转换因子呢？任何产品的真实经济成本就是它的社会边际成本。原则上说，为了找到非贸易品的世界价格，一种产品可以逐次分解为非贸易品和贸易品——从生产链条中向后推。要做好这个工作就要求有一个详细的投入—产出表。根据这种方法，某种产品将分别处理，并赋予一个特殊的转换因子。但是，在实践中，只有一些特殊产出和投入是这样处理的，因为这个过程困难、耗时且成本高。主要的非贸易产出和投入包括公路、铁路、电力和水供给、建筑物和劳动。

对于大多数产品，方便的做法是使用一个标准转换因子（SCF）把非贸易品价格转换成口岸价格（世界价格）。我们能够证明的是，标准转换因子等于外汇的影子价格的倒数，如果是这样的话，利特尔-米尔利斯和 UNIDO 的项目评估方法就是一回事了。

SCF 把国内价格转换成口岸价格（按官方汇率计量），即

$$(SCF)P_d = P_w(OER) \tag{11.3}$$

式中，P_d 是国内价格，P_w 是世界价格，OER 为按外币的国内价格表示的官方汇率。在这种意义上，标准的转换因子（SCF）就是外汇的影子价格（P_F）。为了证明这一点，从式（11.3）中，我们有

$$SCF = \frac{P_w}{P_d}(OER) \tag{11.4}$$

或者，

$$SCF = \frac{1}{P_d/P_w(OER)} \tag{11.5}$$

式中，P_d/P_w 就是影子汇率（SER），即用国内货币表示的相对于世界价格的产品价格，即：

$$SCF = \frac{1}{SER/OER} = \frac{1}{P_F} \tag{11.6}$$

式中，SER/OER 就是外汇的影子价格（P_F）。这意味着标准的转换因子实际上是通过估计外汇的影子价格来计算的。

我们举一个一种商品（自行车）的简单数字例子。假设印度的官方汇率是两个卢比一美元，自行车的世界价格是 100 美元。因此，在印度，一部价值 100 美元自行车的口岸价格是 200 卢比。但是，印度的自行车价格是 250 卢比。按照方程（11.5），标准转换因子将是 1/（250/200）＝0.8。而且，一部按官方汇率价值 200 卢比的自行车卖 250 卢比这一事实表明，外汇的国内价格太低了（即货币高估了）。换句话说，影子汇率比官方汇率高。仅对自行车来说，它是 2.5 卢比一美元。因此，外汇的影子价格（P_F）是 2.5/2.0＝1.25，并且，我们知道，SCF 是 P_F 的倒数，即：SCF＝$1/P_F$＝1/1.25＝0.8。

把这种论证方法扩展到很多商品，外汇的影子价格可以写成如下形式：

$$P_F = \sum_{i=1}^{n} f_i \left(\frac{P_{di}}{P_{ui}(OER)} \right) \tag{11.7}$$

式中，i 是第 i 种商品，f_i 是权数。SCF 是方程（11.7）的倒数。

现在我们能够证明，如果 SCF 是外汇的影子价格，研究项目的社会获利性的利特尔-米尔利斯和 UNIDO 方法就是一回事。我们给出一个简单的例子来说明。假设我们有一个项目，使用外国和国内的投入品生产出口品。使用 UNIDO 方法，净收益（忽略贴现）按如下公式估计：

$$净收益 = (SER)(X-M) - D \tag{11.8}$$

这里，X 是出口品的口岸价格，M 是进口投入品的口岸价格，D 为国内投入品价格，SER 为影子汇率（假定官方汇率没有精确地反映一个国家的真实外汇价值）。产品都是按国内价格定价的，但是按照影子汇率重新定价。如果净收益大于零，该项目就是可以接受的。

与之相比，利特尔-米尔利斯使用世界价格，所以，

$$净收益 = (OER)(X-M) - (SCF)D \tag{11.9}$$

式中，OER 是官方汇率，SCF 是标准转换因子，它把国内投入品价值转换成它们的外汇等值物，它被定义为 OER/SER 的比率。

显然，如果用 OER/SER 乘以方程（11.8），这两种方法就是相同的。

注意，如果 OER 因货币定值过高而小于 SER，那么标准转换因子将始终小于 1，使用国内投入品的外汇等值物将会低于它们按国内价格计算的价值。这将有利于使用国内投入品，从而节省外汇。[1]

□ 四、 贸易产品

就贸易产品来说，利特尔和米尔利斯区分了三种类型：（1）进出口商品的需求和供给都有无限的弹性；（2）贸易商品的需求与供给弹性不是无限的；（3）当前不进行贸易的但若国家采用最优的贸易政策将来可能进行贸易的商品。

对于第一类商品，大体上说定值是简单的。出口品与进口品应该按照口岸价格来定值，这里不包括税收、关税、运输和销售成本等。如果进口品供给是无限的（这是小国假定），进口品的外国价格将不会随进口品需求的上升而发生变化。同样，如果出口品的需求是无限的，出口价格即使供给得更多，出口品的价格也不会受到影响。

对于第二类商品，进口品的供给可以假定是无限的，但是出口的需求可能不是无限的。在这种情况下，外汇影响将会比口岸价格乘以销售数量的要小。换句话说，边际收益小于价格。在这种情况下，产品的经济价格就是口岸价格乘以 $(1-1/\eta)$，其中，η 是需求价格弹性。如果 $\eta = \infty$，经济价格就是口岸价格；如果 $\eta = 1$，经济价格就是零；如果 $\eta < 1$，经济价格就是负数。

可能参加贸易的第三类商品不管出于什么目的都可以作为贸易产品来看待。

□ 五、 生产要素的影子价格

上述关于市场价格与社会价值之间的第二种偏离要求找到生产要素的影子价格。我

们在下面将花点时间来讨论利特尔-米尔利斯的劳动的影子价格的推导，从很多方面来说，它都是计算价格的最重要的方法。通过对劳动定价，使用国内投入品而不使用外国投入品的项目将受到鼓励或抑制。而且，我们将看到，劳动的影子价格能够考虑劳动的机会成本和新项目对储蓄的影响，如果储蓄是次优的话。因此，它能够把长期的和同期社会群体之间的分配因素综合在一起。这样，劳动的影子价格就把经济评估与社会评估连接起来了。从项目增加的就业中放弃的产出和增加的消费（减少的储蓄），当然必须通过使用利特尔-米尔利斯方法按世界价格来定值。

□ 六、 社会贴现率

贴现率的选择依存于所采取的计量标准。如果把消费作为计量标准，适当的贴现率就是消费利息率（CRI），按照收入的边际效用下降率计量，它可能接近于市场利率。

如果公共储蓄（按外汇计量）被作为计量标准，适当的贴现率就是公共储蓄的边际效用下降率。这个比率被叫做计算利率（ARI），它应该等于公共货币的收益率。在实践中，ARI 是由试错方法决定的，因而，其值不会超过投资预算所允许的获利项目。其他的选择是把私人资本的边际收益率作为机会成本的计量尺度，其理由是公共投资应该产生至少等于这些资源投资于私人部门本应该获得而没有获得的收益率。但是，这个观点是假定公共投资和私人投资在争夺资金。

由于 UNIDO 和利特尔-米尔利斯的项目评估方法会产生同样的结果，很清楚，CRI 和 ARI 必须相等——如果与消费比较的储蓄相对价值仍然不变，情况就是如此。这一点能够证明如下。设 U_I 为公共货币（储蓄）的效用权数，V_C 为消费的效用权数，则 $S=U_I/V_C$ 就是与消费比较的储蓄的相对价值。于是有下式（采用小的变化率）：

$$\frac{dS}{S}=\frac{dU_I}{U_I}-\frac{dV_C}{V_C}=ARI-CRI \tag{11.10}$$

如果 S 是常数（所以，dS/S=0），计算利率等于消费利息率。如果 S 随着时间下降——随着国家逐渐变富，情形似乎如此，那么有 dS/S<0 且 ARI<CRI。

□ 七、 投资的社会成本

假如投资都是以牺牲消费为代价，消费又作为计量标准，那么投资的社会成本就可以用当前牺牲的消费来计量。如果某一项目的投资部分地以牺牲另外的投资为代价，则有一部分被牺牲的消费成本将被延迟到被替代的投资自身能生产出消费品时为止。

如果用外汇表示的储蓄被选作计量标准，那么投资的成本必须用世界价格来定值。

考虑了可变投入（C_t）的经济成本（其中主要部分是劳动的投入）之后，我们就可以运用方程式（11.1），用一个数字例子来比较利特尔-米尔利斯方法和 UNIDO 方法。因此，我们现在开始探讨一个重要问题，即劳动评价和影子工资率的决定。

第三节　影子工资

一、影子工资率[2]

在典型的发展中国家的二元经济中，劳动的边际产品在部门之间是不同的，储蓄也是次优的，在这种情况下，关于项目中使用较多劳动的社会成本的计量需要考虑两个方面：（1）劳动在各种选择性使用中的机会成本。它可能是农业部门的边际产品，也可能是工业部门边缘上的非正规服务部门的劳动收入（P_A）。（2）被牺牲的储蓄的现值。如果试图通过使不同部门的边际产品相等的方法来使当前产量达到最大，这种牺牲的储蓄就会发生。图11—1描述了经济中的工业部门。

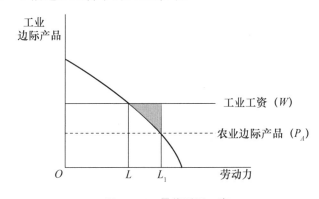

图 11—1　最优影子工资

当在工业部门中就业的劳动达到工业的边际产品等于劳动在其他各种使用中（例如，农业）的边际产品这一点时，即达到图11—1中的L_1时，经济的总产出将达到最大。但是，在这一就业水平上，工业部门的工资超过了劳动的边际产品。如果全部工资都用于消费，储蓄的损失就相当于图中的阴影部分。假设储蓄是次优的，那么最优影子工资就不可能等于劳动在其他各种用途中的边际产品。在就业水平L上，工业中劳动的边际产品恰好等于工业工资，这时，储蓄将达到最大值，但以牺牲就业和消费作为代价。没有一个社会会在边际上赋予储蓄无限大的值，因此最优影子工资不可能是工业部门的工资。显然，根据对储蓄和消费的相对评价，影子工资一般位于劳动的机会成本和工业部门工资之间。令使用一个额外单位劳动的成本等于收益，我们就可以得到最优影子工资。劳动的社会成本是：

$$P_A + (C-m) \tag{11.11}$$

其中，P_A是劳动的机会成本，$(C-m)$是消费的全部净增加（C是工业部门中的消费增量，$-m$是当劳动力转移时农业部门中消费的下降）。

项目中使用的劳动的社会收益等于它的边际产品（P_I），加上被估值的消费增加部分，可记为$(C-m)/S_0$，这里S_0是相对于当前消费的储蓄（或未来消费）的估值。于是，全部社会收益就可写成：

$$P_I + \frac{(C-m)}{S_0} \tag{11.12}$$

劳动就业量应达到社会收益等于社会成本这一点。在这一点上：

$$P_I + \frac{(C-m)}{S_0} = P_A + (C-m) \tag{11.13}$$

或者：

$$P_I = P_A + (C-m)\left(1 - \frac{1}{S_0}\right) \tag{11.14}$$

这就定义了最优影子工资率（W^*）。这就是说，影子工资等于农业产出的损失部分（P_A）加上消费的增加（$C-m$）减去被作为收益对待的消费增加部分（$C-m$）/S_0。

在以上分析结构中，我们可以看到影子工资位于其中的两个边界。如果社会对现在和将来的评价是无差异的，那么相对于消费的储蓄估价系数就等于 1（即 $S_0=1$），从方程（11.14）中推导出的影子工资公式就是：

$$W^* = P_A \tag{11.15}$$

这就是劳动在各种选择性使用中的机会成本。这是标准的静态结果。如果劳动的机会成本为零，影子工资也将为零。如果它像图 11—1 中那样是正数，则影子工资将给出就业水平 L_1。

在另一极端上，如果社会对未来赋予无限的价值，而对当前不赋予任何价值，那么相对于当前消费的储蓄的估价系数将是无穷的（$S_0=\infty$），从方程式（11.14）中推导出的影子工资就会是：

$$W^* = P_A + (C-m) \tag{11.16}$$

如果农业部门中工人的消费（m）等于他们的边际产品（P_A），工业部门中消费的增加（C）代表源于工资（W）的工人消费的增加，那么 $C=W$[3]，于是，影子工资等于工业部门的工资：

$$W^* = W \tag{11.17}$$

在图 11—1 中，它将给出就业水平 L，这时储蓄达到最大值。

在实际中，影子工资将位于 P_A 和 W 之间，具体落在哪一点取决于 S_0 的值。如何衡量未来消费对现在消费的相对价值呢？由森（Sen，1968）最先提出而后由利特尔和米尔利斯加以完善的方法是，取一个社会可接受的时间界限，算出相对于当前牺牲的消费的现在投资产生的未来消费增加的现值。于是有：

$$S_0 = \frac{\frac{C_1}{(1+i)} + \frac{C_2}{(1+i)^2} + \cdots + \frac{C_t}{(1+i)^t}}{C_0} = \frac{\sum_{t=1}^{T} \frac{C_t}{(1+i)^t}}{C_0} \tag{11.18}$$

S_0 的值将取决于资本的边际产品的大小、所取的时间界限的长短（T）、所选择的贴现率的高低。时间界限越长，贴现率越低，S_0 就越高，影子工资率也就越高。例如，如果 $S_0=3$，并假定 P_A 和 m 非常小，影子工资近似等于工业部门工资的 2/3。在利特尔-米尔利斯的项目评估方法中，影子工资是考虑外汇稀缺的基本手段。影子工资越低，国内资源的使用量就越大。

□ 二、 对工农业消费变化的进一步考察

到现在为止，我们一直假定源于工资的边际消费倾向为1，全部"利润"都转化为储蓄。我们还假定，由于迁移者的消费，农业的消费减少了，其减少量等于移民的消费量。在实践中，源于工资的边际消费倾向可能小于1，源于"利润"的边际储蓄倾向也可能小于1，农业中的消费可能不会减少到迁移者消费的程度。一个更具有一般意义的影子工资的公式要求考虑到这些可能性。

当较多的劳动力被雇佣时，工业部门的消费变化可写成下式：

$$C = cW + c^*(P_I - W) \tag{11.19}$$

这里 W 是工业部门的工资，$(P_I - W)$ 是每个工人所生产的利润，c 是源于工资的边际消费倾向，c^* 是源于利润的边际消费倾向（或政府收入）。

当劳动力发生转移时，农业部门的消费变化可写成下式：

$$m = d(1 - c') \tag{11.20}$$

这里 d 是从农业部门转移出来的迁移者的消费，c' 是那些留在农业部门中的劳动者的消费倾向。显然，如果那些留下来的劳动者增加的消费与迁移者"释放"的消费一样多，便会有 $c' = 1$，则农业部门的消费将不随劳动力的迁移而减少。

将式（11.19）与式（11.20）中的 C 和 m 代入影子工资的标准公式（11.14）中，我们可得到：

$$P_I = P_A + [cW + c^*(P_I - W) - d(1 - c')](1 - \frac{1}{S_0}) \tag{11.21}$$

我们把它作为最优的影子工资（W^*）。

□ 三、 放弃的生产和增加的消费的价值

使用利特尔-米尔利斯方法，放弃的农业生产（P_A）和增加的消费（$C - m$）的价值必须采用国际价格来计量。为了确定放弃的农业生产的价值，我们必须取一组商品来代表边际物质产品，而这一组商品必须按照它们是贸易品还是非贸易品分别给予定价，关于其中一点前面已讨论过了。确定增加的消费的价值，也要求取一组商品，并将贸易品和非贸易品区别开来。为了扼要说明起见，我们建议用标准转换因子对非贸易品重新定价，这里的标准转换因子是作为所有进出口商品的世界价格的加权平均数对它们国内价格的比率来计算的。

如前面所看到的，一般承认，在对项目评估的利特尔-米尔利斯方法和 UNIDO 方法进行比较时，标准转换因子（SCF）应该是外汇的影子价格（P_F）的倒数。原因在于两种方法都主张使用口岸价格来为贸易确定价值，区别仅仅是在利特尔-米尔利斯方法中，贸易品自动地用计量标准来表示，而在 UNIDO 方法中，它们需要使用某一影子汇率转换成国内价格。对于非贸易品，情况正相反。利特尔-米尔利斯方法必须根据标准转换因子把这些非贸易品的国内价格转换成口岸价格。由于两个方法的转换过程彼此

正相反，所以这两种方法都接受 $SCF=1/P_F$。

□ 四、 影子工资的一种数值计算方法

现在我们使用方程（11.14）说明影子工资的一个数值计算的例子：

$$W^*=P_A+(C-m)\left(1-\frac{1}{S_0}\right)$$

考虑在印度的一个项目，市场工资是 70 卢比并且所有的工资都用于消费（$C=70$）。农业的边际产品是 10 卢比（$P_A=10$），在项目上工作之前工人对农业产出的消费是 10 卢比（$m=10$）。所有商品是非贸易的而且标准折算系数是 0.8。未来对现在消费的相对价值是 4（$S_0=4$）。因此，影子工资是：

$$W^*=[10+(70-10)\times(1-1/4)]\times0.8=44\ 卢比$$

注意，农业产出损失和消费的净增加的所有数值都乘以标准转换因子 0.8，以度量外汇，其值等于使用了更多的劳动。劳动的市场价格是 70 卢比，但是影子工资只有 44 卢比。这将鼓励在项目上使用更多的国内劳动，从而节省了外汇。

还有两个额外的考虑。第一个考虑是在城市地区的项目上更多的就业，可能会带来从农村部门更多的人口迁移，所以其他用途上的产出损失要比所雇者的边际产品大。例如，如果 5 份额外的工作招揽 10 个额外的人，产出损失会为 $2P_A$——农业劳动边际产品的两倍。在这种情况下，影子工资是 52 卢比。

第二个考虑是项目选择的分配结果。我们将会看到，如果考虑把富人和穷人从项目中各自获益的分配权重包括进来，影子工资的公式就要发生改变。

□ 五、 社会评估——项目评估中的分配因素 [4]

迄今为止，我们忽视了项目选择对收入分配的影响。项目的分配结果可以通过改变当前消费与未来消费的评价包括在影子工资的估计中——如果消费利益归于穷人，则增加价值；若消费利益归于富人，则减少价值。当前消费对未来消费的分配加权的相对价值可能被认为由两个部分构成。第一个部分是在某一消费水平（C）上某人消费的边际增加的价值除以在平均消费水平（$\bar{C}$）上某人消费的边际增加的价值。我们把这一关系标记为：

$$\frac{W_C}{W_{\bar{C}}}(=d) \tag{11.22}$$

第二个部分是在平均消费水平上某人的消费的边际增加的价值除以公共收入的边际增加（储蓄）的价值。我们把这个关系标记为：

$$\frac{W_{\bar{C}}}{W_g}=\frac{1}{S_0} \tag{11.23}$$

所以，当前消费对未来消费的分配加权的相对价值是：

$$\frac{W_C}{W_{\bar{C}}}\cdot\frac{W_{\bar{C}}}{W_g}=\frac{d}{S_0} \tag{11.24}$$

比率 d/S_0 可以被认为是提高穷人的消费水平和加速经济增长的一个平衡。

到现在为止，我们暗含地假定 $d=1$，好像一般的人始终能够从项目中获益，或者对每个人的利益的价值都是相等的。如果对穷人的消费利益（$d>1$）比对富人的消费利益（$d<1$）赋予更大的权数，那么从方程（11.21）或方程（11.14）中可以看到 d/S_0 代替 $1/S_0$ 将会改变影子价格。一个高的 d 将会降低劳动的影子价格，从而项目将偏向于为穷人提供消费利益；一个低的 d 将会提高劳动的影子价格，使项目为富人提供好处。

问题是，d 是怎样决定的？要得到一个分配权数，必须规定一个效用函数。一个可能的效用函数的基本假定是消费的边际效用递减，即：

$$U_C = C^{-n} = \frac{1}{C^n} \tag{11.25}$$

式中，C 为消费，n 为消费函数的参数。n 表示消费的边际效用递减的速率，它按照当前消费与未来消费的跨时期替代弹性来计量。n 越高，边际效用递减率越高。

问题是，n 的值是怎么决定的？这不是一个容易回答的问题。斯奎尔和温达德（Squire and Van der Tak，1975）认为对大多数政府而言，n 可能围绕在 1 左右。对此的一个理由是做出简单的假设：如果一个穷人的收入仅是平均收入水平的一半，那么增加一美元收入等同于穷人的两美元收入。从方程（11.25）可以看出，如果一个人的消费是另外一个人消费的两倍，其消费效用仅是一半，那么 $n=1$。例如，如果 $n=1$，当一个人的消费是另一个人的两倍（$C=2$）时，他的消费效用是另一个的一半；如果 $n=2$，当一个人的消费是另一个人的两倍时，他的消费效用是另一个人的四分之一，依此类推。为了比较消费对不同的人（或群体）的价值，有必要设立一些标准，例如，把平均数作为标准。于是，

$$d = \frac{U_C}{U_{\bar{C}}} = \left(\frac{\bar{C}}{C}\right)^n \tag{11.26}$$

式中，$\bar{C}$ 是平均的消费水平（边际上的效用和消费成相反关系）。

例如，方程（11.26）表明，一个具有平均消费水平一半（$0.5\bar{C}$）的人，其消费的边际效用是 2^n。如果 $n=1$，$d=2$。消费水平相对于平均数越低，n 越高，分配权数就越高，项目选择的平均主义倾向就越大。表 11—2 表明，设平均数为 100，即 $\bar{C}=100$，对于 n 和 $\bar{C}/C$ 的具有代表性的值，分配权数怎样随着 n 和 $\bar{C}/C$ 的变化而变化。$\bar{C}$ 和 n 的值不是项目规定的，而是国家规定的，必须由计划部门提供。

表 11—2   消费的边际增加所引起的消费分配权数值

现有消费水平 (C)	相对消费水平 $(\bar{C}/C)$	分配权数值（d）				
		当 n 等于				
		0	0.5	1.0	1.5	2
10	10.00	1.00	3.16	10.00	31.62	100.00
25	4.00	1.00	2.00	4.00	8.00	16.00
50	2.00	1.00	1.41	2.00	2.83	4.00
75	1.33	1.00	1.15	1.33	1.53	1.77
100	1.00	1.00	1.00	1.00	1.00	1.00

现有消费水平 (C)	相对消费水平 (C̄/C)	分配权数值 (d)				
		当 n 等于				
		0	0.5	1.0	1.5	2
150	0.66	1.00	0.81	0.66	0.54	0.44
300	0.33	1.00	0.57	0.33	0.19	0.11
600	0.17	1.00	0.41	0.17	0.07	0.03
1 000	0.10	1.00	0.32	0.10	0.03	0.01

资料来源：Squire and Van der Tak，1975.

讨论了方程（11.24）中 d 的决定因素之后，我们必须回到 S_0 的评价上。我们已讨论了一种确定 S_0 价值的方法（见方程（11.18））。现在，我们对 S_0 的价值是否合理作一些独立的检验。一种检验是，选择一个 S_0 的值，再估计在下述条件下 $\bar{C}/C$ 的值：政府在自己的收入（储蓄）和消费之间是没有差别的，从而增加消费的成本和收益被假定相等，劳动的影子价格只是简单地按照效率价格和机会成本计量。换句话说，在 $d/S_0 = 1$，从而 $1-d/S_0 = 0$ 的条件下，$\bar{C}/C$ 的值是什么？

如果 S_0 假定是 4，那么 d 必须等于 4。比如，当 $n=1$ 时，d 所要求的值意味着消费的现有水平等于平均数的四分之一（见表11—2）。在这种情况下，由计划者使用的 S_0 的值意味着政府在增加自己的收入和增加那些当前消费四分之一平均水平的人的消费方面是无差别的。根据其他政策，这似乎是不合理的。例如，政府以这种消费水平分发各种形式的补贴，这说明政府对消费的评价比对公共收入或储蓄的评价更高。在这种情况下，应该降低 S_0 和增加当前消费的价值，从而产生一个较低的影子价格。含有饥饿消费水平的 S_0 可以被立即排除。

如果回到影子工资的数值计算，我们现在用 d/S_0 替代 $1/S_0$。如果 $d=4$ 并且 $S_0=4$，那么影子工资就是 $W^* = 10 \times 0.8 = 8$ 卢比，相比之下，市场工资是 70 卢比。对穷人有益的项目赋予一个高的值，使得劳动的社会使用实际上是无成本的，因此从社会观点来看，从事这些项目是更有利可图的。

第四节　社会成本—收益分析方法的比较

□ 一、　利特尔-米尔利斯影子工资估计公式与 UNIDO 方法的等价性

在 UNIDO 方法中，最优影子工资公式可写成：

$$W^* = P_A + s^* (P^{INV} - 1)W \qquad (11.27)$$

其中 s^* 是公共收入的储蓄倾向，W 是工资，P^{INV} 是用消费来计量的投资价格。假定公共收入的储蓄倾向为 1（$s^*=1$），全部工资都消费掉了，则方程式（11.27）可改写成：

$$W^* = P_A + s^* (P^{INV} - 1)C \qquad (11.28)$$

其中（$P^{INV}-1$）C 表示,因工人增加了消费而减少了为未来消费的储蓄所损失的总消费现值（假定 $P^{INV}>1$）。

现在,不管计量标准是什么,对于产生相等的现金流量的两种方法,P^{INV} 必须等于 S_0,这样,方程式（10.28）可改写成:

$$W^* = P_A + (S_0-1)C \tag{11.29}$$

根据方程式（11.14）,现在影子工资的利特尔-米尔利斯公式是:

$$W^* = P_A + (C-m)\left(1-\frac{1}{S_0}\right)$$

在 $P_A=m$ 的假定条件下,以上公式可重写为:

$$W^* = \frac{P_A}{S_0} + C\left(1-\frac{1}{S_0}\right) \tag{11.30}$$

比较一下方程（11.30）与 UNIDO 方程（11.29）,我们就可以看到,UNIDO 公式等于 S_0 乘以利特尔-米尔利斯公式,因为 UNIDO 的计量标准相当于利特尔-米尔利斯计量标准的 $1/S_0$ 倍。

按照以上两种方法（假定 $P^{INV}=S_0$）计算出的影子工资仅仅在以下两种情况下才是不同的:（1）它们用不同的方法把商品区分为贸易品和非贸易品;（2）把非贸易品价格转换成世界价格的标准转换因子（SCF）不是把贸易品价格转换为国内价格的外汇影子价格（P_F）的倒数。

□ 二、 用世界价格估计商品价值是有意义的吗?

利特尔-米尔利斯方法主张用世界价格来估计所有商品的价值的根据是,它避免使用影子汇率,以便用单一货币估计按世界价格计量的产品（贸易品）的价值和按国内价格计量的其他产品（非贸易品）的价值。问题在于:避免使用影子汇率值得费那么大的麻烦吗?一些经济学家认为,由于需要将非贸易品分解为贸易的投入和非贸易的投入,这又需要有投入—产出数据,但在许多情况下,这些数据是不存在的,因此,这种方法由于精确性令人怀疑而陷入了很大的麻烦。有人认为,对高估或低估的汇率进行适当调整,然后用这个调整的汇率把非贸易品价格转换成单一的货币,其结果可能是精确的。鲍德温（Baldwin,1972）对利特尔-米尔利斯方法作出了外行的解释,他说:"他们的核心观点不是新的,他们的新观点不是基本的……引起这么多争论的非贸易投入品的世界定价实在只是茶壶里的一场风暴。我简直怀疑他们的看法完全不得要领!"鲍德温的第一个预测已证明是不正确的,现在已有很多案例研究,这些研究运用了利特尔-米尔利斯方法,应该鼓励学生们自己去阅读。[5]鲍德温的第二个预测可能是正确的。下面我们假定标准转换因子和外汇的影子价格互为倒数,在此条件下,举一个运用 UNIDO 和利特尔-米尔利斯方法的假设的简单例子。

□ 三、 UNIDO 和利特尔-米尔利斯方法在项目评估中的运用

假定世界价格用美元计量,国内价格用卢比（R）计量,官方汇率是 1 美元兑 1 卢

比，影子汇率是 1 美元兑 1.25 卢比，外汇的影子价格（P_F）等于 1.25，把非贸易品的价格转换成世界价格的标准转换因子是 0.8，即 1/1.25。再进一步假定：（1）全部产出用于出口，每年出口总值为 3 000 美元；（2）投资成本中有 1 000 美元来自国外，1 000 卢比来自国内（非贸易品）；（3）有 1 000 美元的进口投入品和 1 000 卢比的非进口投入品；（4）计算利率等于消费利率。

我们现在可以使用两种方法，运用方程式（11.1）的净现值公式。需要记住的是，对于利特尔-米尔利斯方法，我们使用官方汇率把世界价格转换成国内价格，使用 0.8 的标准转换因子，把非贸易品价格转换成世界价格。对于 UNIDO 方法，我们使用 1.25 的影子汇率，把用世界价格（$）计算的所有价值转换成国内价格。我们只分析三个时期（见表 11—3）。

表 11—3　　　　　　　　　　利特尔-米尔利斯与 UNIDO 项目评估方法比较

投资成本（K）	利特尔-米尔利斯方法			投资成本（K）	UNIDO 方法		
	0 年	1 年	2 年		0 年	1 年	2 年
1. 来自国外部分 2. 来自国内部分＝1 000 卢比×0.8 的转换系数	R1 000 R800			1. 以 1.25 的影子汇率把外国成本转换成卢比 2. 内资部分	R1 250 R1 000		
投入成本（C）				投入成本（C）			
1. 贸易品投入 2. 非贸易品投入＝1 000 卢比×0.8 的转换系数		R1 000 R800	R1 000 R800	1. 以 1.25 的影子汇率把贸易投入品转换成卢比 2. 非贸易投入品		R1 250 R1 000	R1 250 R1 000
利润流量（V）		R3 000	R3 000	以卢比表示的利润流量		R3 750	R3 750
净利润	R—1 800	R1 200	R1 200	净利润	R—2 250	R1 500	R1 500

我们可以看到，仅仅当影子汇率不同于实际汇率时，使用利特尔-米尔利斯方法和 UNIDO 方法的结果才会是不同的。

为了获得净现值，第一年和第二年的净收益流量必须用合适的贴现因子来贴现，这里我们假定两种方法使用同样的贴现因子。假定贴现率为 10%，则有：

$$\text{使用利特尔-米尔利斯方法：} NPV = \frac{R1\ 200}{(1.1)} + \frac{R1\ 200}{(1.1)^2} - R1\ 800 = R282.6$$

$$\text{使用 UNIDO 方法：} NPV = \frac{R1\ 500}{(1.1)} + \frac{R1\ 500}{(1.1)^2} - R2\ 250 = R353.2$$

如果美元对卢比的实际汇率等于 1.25 的影子汇率，则利特尔-米尔利斯方法的结果将产生相同的卢比价值。

利特尔和米尔利斯（Little and Mirrlees，1974）在总结他们对两种方法的评价时说：

毋庸置疑，两种方法都基本上采用了相同的项目评价方式。两种方法的处理方式都挑选外汇、储蓄、非熟练劳动力的价值作为价格机制扭曲的关键所在。两者接下去都计算将校正这些扭曲的价格，并用基本相似的方式完成这一校正过程。两者都主张采用贴现的现金流量分析和使用现期社会价值。

最后，在运用影子工资进行项目选择时，两种方法都明确地考虑到不公平和分配因素。在 UNIDO 方法中，做法是给予穷人消费增量的权数比富人的大，从而减少了损失的消费的现值。在利特尔-米尔利斯方法中，如前所述，通过计算 S_0 的值（它考虑到一个特殊的额外就业工人的生活水平）来考虑收入分配问题。

■ 小结

1. 政府需要工具来评估它们所实施项目的社会获利性。它们使用的工具叫做社会成本—收益分析。

2. 社会成本—收益分析就是用私人净现值计算来度量项目的私人获利性的公共等价物，但是商品和生产要素的市场价格被调整来反映项目的社会价值和间接效应，以及分配结果。

3. 有两种衡量收益和成本的主要方法。一种是 UNIDO 方法，使用消费作为计价单位并且调整市场价格的各种扭曲，使用影子汇率使国内和国外资源可比化。另外一种是利特尔-米尔利斯方法，把用外汇度量的公共储蓄作为计价单位，按世界价格计量所有东西。对非贸易产品（包括劳动），用一个标准的转换因子度量它们的世界价格。

4. 给定劳动的社会（影子）价格是非常重要的，因为它是项目的主要成本，而且会决定国内资源使用的范围。影子工资越低，国内资源使用越多，外汇也节省得越多。

5. 通过改变现期消费对未来消费的比例，项目的分配结果能够包括在影子工资的估计值中——如果项目的消费收益属于穷人（给项目更高的获利性），其价值就增加；如果消费收益属于富人，其价值就减少。

6. 如果在利特尔-米尔利斯方法中把非贸易商品重新定价为世界价格，在 UNIDO 方法中使国内和国外资源变得可比较，使得前者的标准转换因子成为后者的影子汇率的倒数，公共项目评估的 UNIDO 方法和利特尔-米尔利斯方法就是等价的。

■ 问题讨论

1. 社会成本—收益分析的意义是什么？
2. 解释一个项目的社会成本和收益与私人企业的成本和收益可能有什么不同。
3. 一个项目的未来净收益为什么要贴现？
4. 利特尔和米尔利斯为什么选择用储蓄而不是消费计量一个项目的净收益？
5. 利特尔和米尔利斯为什么使用世界价格而不是国内价格来计量一个项目的收益与成本？
6. 怎样用世界价格计量非贸易品？

7. 标准转换因子与外汇的影子价格之间的关系是什么？

8. 在计量劳动的影子工资（或社会机会成本）时需要考虑什么因素？

9. 请对社会成本—收益分析的利特尔-米尔利斯和 UNIDO 方法的相对优点作一些评价。

10. 你将如何计量投资相对于当前消费的相对价值？

注释

[1] 国内投入品是指产品而不是劳动。我们将在下面考虑劳动的估价。

[2] 这里的讨论采用利特尔和米尔利斯的方法，这种方法的源头能够在森（Sen, 1968）和利特尔（Little, 1961）的著作中找到。也见 Little and Mirrlees（1974）和 Squire and Van der Tak（1975）。我们在下面将会看到利特尔-米尔利斯和 UNIDO 方法的等价性。

[3] 这里暗含地暂时假定源于利润的消费倾向是 0，源于工资的工人消费倾向是 1。后面我们将放松这个假定。

[4] 这一节主要利用了斯夸尔和范德塔克（Squire and Van der Tak，1975）以及布伦特（Brent，1998）所作的论述。

[5] 例如，可参阅 Lal（1980）；Scott et al.（1976）；Stewart（1978）和《牛津经济学与统计学学报》（*Oxford Bulletin of Economics and Statistics*，February 1972）中的专题论文。

关于项目评估的网址

OECD 发展中心 www. oecd. org/department
UNIDO www. unido. org

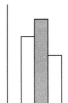

第 12 章

发 展 与 环 境

环境对维持生命、吸收废料和提供生产投入品是至关重要的。自20世纪60年代以来，经济活动对环境的影响已引起了人们越来越大的忧虑。特别是认为经济增长已经引起了严重的环境毁坏，当前环境状况将制约着未来的经济发展。例如，现在人们广泛但非普遍接受，近来经济发展已经造成气候变化，并且除非进行适应性调整，否则这些变化会在未来严重破坏经济活动和人类社会。发展中国家的穷人常常依靠自然环境维持他们的生计，甚至维持他们持续的生存。因此，对环境的毁坏以及环境与经济的关系常常被认为对发展中国家比对发达国家更重要。图12—1表明了挑选的环境指标是如何随经济发展——以人均收入衡量——而变化的。本章将对环境、发展和经济之间的关系作一简要的经济学分析。

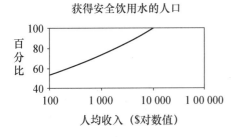

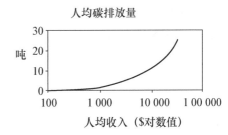

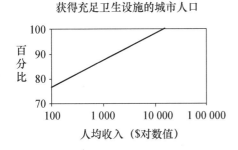

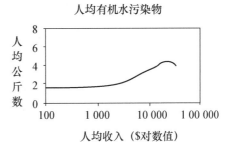

图 12—1　不同国家收入水平下的环境指数

注：基于2000年的跨国数据的估计。
资料来源：世界银行，2004年。

首先，提出一个简单的模型，用来解释环境为经济活动提供的服务和经济对环境的影响。

其次，考察一下环境与经济相互作用的以市场为基础的分析方法。这种方法强调对环境的有效使用，考虑市场失灵是经济发展中市场经济难以顾及环境问题的主要的大概也是唯一的原因。利用第11章中关于社会成本—收益分析中的材料，我们要证明这种方法怎样用于提供环境服务的定价，改进环境使用的效率。本章还将考察代内和代际公平的新古典分析，及其在环境条件下的重要性。

第三，解释可持续发展的概念。这个概念定义了发展的形式——它既满足当代人的需要，又维持为满足未来各代需要的潜力。

第四，对最近关于气候变化的斯特恩报告（Stern Review）以及气候变化对穷人的影响进行讨论。

最后，简略地评论一下环境主义者、经济学家和国际机构是怎样分析环境与经济的。

第一节 环境的经济学分析

□ 一、 环境与经济活动模型

关于环境与经济的关系有很多不同的模型。图12—2描述的简单模型表明了环境在维持经济活动中的4个功能和这些活动对环境的影响。[1]这4个作用是维持生命、提供自然资源、吸收废弃物和提供舒适服务。图12—2中，一个经济被描述为家庭消费产品和服务，厂商用环境提供的自然资源以及家庭提供的劳动和人造资本进行生产。

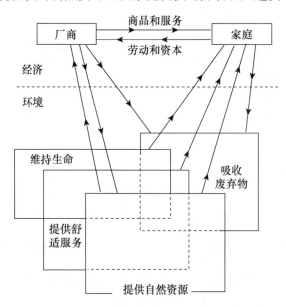

图12—2 一个简单的关于经济与环境的关系模型

环境提供一个生物化学和物理系统，它们能使人类生活得以存在。例如，这个系统包括大气层、河流系统、土壤的肥力和动植物生活的多样性等。这些环境服务是被家庭消费的，对生命是必不可少的。例如，这些服务由于臭氧层的重大破坏而大量减少，可能对生命有灾难性的后果。

环境为经济生产和家庭活动提供原材料和能源。这些自然资源或者是再生的，例如森林和渔业，或者是非再生的，例如矿藏。可再生资源能够以可持续方式使用，但过度的使用或不适当的管理可能会导致资源的完全丧失，例如，非森林化之后的沙漠化。可持续地使用再生资源的能力和增加再生资源的存量在图 12—2 中由厂商到自然资源的流程表示。但是，非再生资源的使用永远地减少了资源有限的存量。

经济和家庭活动的废弃物被环境所吸收。这种沉淀功能允许很多废料被安全地处理掉。但是，有些废弃物，如长期存活的放射性物质和重金属，是很难甚至不可能被环境安全处理的。对这些废弃物应该采取其他安排。环境吸收废弃物的能力不是无限的。例如，海洋和河流中的废水的自然分解将不会产生严重的污染，只要排放量在某些标准之下；但是，超过了这个标准，废水排放将会导致污染的迅速增加。

环境也能提供舒适服务，例如，自然之美和户外运动的空间，但是对生命的继续存在不是关键的，是用来消遣的。

部分环境可能不止一种功能。例如，海洋在决定宏观与微观环境的生命保障系统中是重要的；它们是很多矿物与其他资源的来源；它们吸收着多种不同的废弃物；它们为海洋娱乐业提供空间和机会。所以，在图 12—2 中，表示环境不同功能的 4 个方框部分重合。环境的功能可能是竞争性的。例如，废弃物过度排放到海洋将会降低它们为鱼群提供栖息地的能力。当然，环境的功能也可能是互补性的。例如，适当的森林政策可能提供一个可持续的木材来源（自然资源功能）和减少土壤侵蚀（生命维持功能的改进）。

□ 二、 以市场为基础的环境分析方法

以市场为基础的环境分析方法可能是关于环境与经济关系的主要观点。[2]尤其是，很多环境政策和分析都是以如下观点为基础的：市场对环境不能有效地发挥作用，因此国家有责任干预和矫正市场失灵。本章将考察以市场为基础的分析方法的基本假定，并考虑对环境的各种应用。

市场的或新古典的经济学分析方法关心的是稀缺资源在市场经济中是如何配置的。[3]配置被假定是在消费者偏好、经济财产的分配和生产成本的基础上发生的。假定每个消费者都是理性的，是在价格和经济财产（包括劳动收入）基础上决定购买产品和服务的。假定随着消费的增加，消费者对增加的消费品所赋的价值是下降的。经济理性决定对一种产品的消费持续到其增加一单位的价值刚好等于价格这一点。对该商品更多的支出将是无效率的，因为从使用这些额外支出购买更好的其他商品和服务中能够获得更大的价值。同样，更少的支出也是无效率的，因为购买更多的这种商品以及更少的非优先考虑的其他商品和服务能够获得更大的价值。所以，新古典模型假定经济理性产生消费的效率。

新古典主义的观点假定，厂商是利润最大化者。这意味着厂商将使成本最小化。这将导致生产上的效率。

最后，假定厂商之间的竞争迫使它们收取的价格等于它们生产的边际成本。像消费决策是以价格为基础的一样，价格与边际成本的相等也意味着这些决策是建立在生产的边际成本基础之上的。这就确保了消费和生产的效率。

新古典主义的观点对环境和经济关系的分析有多种重要意义。首先，它暗含地假定消费价值是由消费商品的个人所决定的。消费的价值不是由政府或者一些更高的机构决定的。此外，它假定单个消费者和生产者并不考虑他们的决定对其他经济主体的影响。于是，私人和社会成本或私人和社会收益之间没有区别。第二，经济理性意味着一种商品和服务的边际消费价值是能够由价格来衡量的。第三，新古典市场分析是以考虑消费和生产的很小变化为基础的。这个观点扩展到新古典主义对环境的看法。第四，市场经济的结果，从价格、数量和经济福利的分配来说，取决于初始的经济财产的分配。不同的财产分配和再配置产生不同的结果。常常指出，在某种条件下，市场运作是有效率的，但它可能是不平等的。以客观的方法来评价效率也许是可能的，但对市场结果的公平性进行评价却是一个价值判断问题。

□ 三、外部性

外部性思想能够被用来分析很多但不是全部环境退化问题。当一个经济主体影响其他经济主体，而这种行动又不通过市场运行来控制时，外部性就发生了。外部性有两个相关的原因：缺乏个人财产权以及生产与消费的关联性（Baumol and Oates，1988）。个人财产权是针对商品、服务和生产要素行使的，允许市场有效地发挥作用。基于一套完全的个人财产权，一个行动的所有后果都是由市场控制的，因为一种商品或服务的消费和一种要素的使用需要向所有者进行支付。有利的或正的外部性可能市场供给不足，而负的外部性可能供给过度。对于一个连续存在的外部性，通常意味着生产和消费涉及关联性。

关于环境的外部性和经济发展从一个例子即在马里马南塔利和迪亚玛水电大坝的修建和营运中可以看出来。[4]这些大坝生产廉价电力被输送到马里、塞内加尔和毛里塔尼亚。大坝下游每年导致农业生产率降低的洪涝灾害减少了。此外，通过这些大坝的修建消除了海水入侵，却导致了血吸虫和其他健康问题的发生几率的增加。这样，这些水电大坝的修建和运营对大坝下游生活和工作的人们强加了外部成本。

这种（负的）外部性是由电力生产的关联性引起的。发电的同时水系统被改变了，带来了对健康和生产率的影响。在水系统管理上不存在市场，这是外部性的经济原因。尤其是水系统下游的所有权和服务的权利在法律执行上是不清晰的。在图12—3中建立一个简单的模型比较一下电力生产商和下游人民的利益。导致下游环境恶化的电力生产商由于准许发电带来了经济收益。这一点由边际收益曲线 MB 所表示（按美元算），它被假定向下倾斜。这条曲线的向下倾斜是能够证明的：电力销售价格越低，发电越多。

环境的影响大多数是负面的，这一点由上升的边际成本曲线（MC）来表示。有一个门槛效应，低于门槛值的环境能够没有任何成本地吸收水系统的较小变化，不带来任何环境损害。于是，曲线向上倾斜，因为环境难以承受日益严重的环境恶化。

新古典的观点是，有一个最优水平的环境退化，在这一点上，边际收益等于边际成本，如图12—3中的 X 点所示。退化水平是小还是大，取决于边际收益函数和边际成本函

发展经济学（第九版）

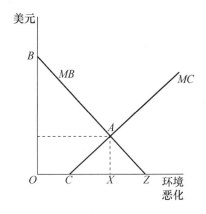

图 12—3　一个大坝的边际收益和环境成本

数的形状。这个结论纯粹是从效率观点来考虑环境的影响。但是，应该记住，产出 X 可能是有效率的，但是如果对居民造成的成本相当大，所带来的福利分配可能就是不合意的。

市场经济的运行不可能导致一个有效率的结果。下游居民的环境质量由于发电站的行动降低了。在一个对所有财产都有一套完善的个人财产权的经济中，居民或发电站对环境拥有财产权。如果居民拥有财产权，发电站就必须付费，以求被允许降低环境质量。如果发电站拥有财产权，居民就要为阻止了环境恶化而向发电站付费。实际上，这样的财产权可能是不明晰的，特别是在跨国界的情况下。可以预测的是，市场是无法控制这种环境退化的。发电站可能继续恶化环境，直到环境退化的边际收益下降到零，如图 12—3 中的 Z 点所示。

这种分析就是一种市场失灵。对市场失灵的一个常规反应是建议国家干预，以获得更有效的结果。已提出了 4 种可行的政策作为这种外部性问题的解决办法。庇古税和补贴（以著名的剑桥经济学家 A. C. 庇古的名字命名）；科斯谈判（以诺贝尔经济学奖获得者、经济学家罗纳德·科斯的名字命名）；销售许可证；以及行政管制活动和立法（见 Perman et al.，2003）。

庇古税办法在最优产出结果这一点 X 上对恶化的边际成本值向发电站征收环境使用税。这就迫使发电站考虑它们对居民造成的成本。这一点在图 12—4 中表示出来，其中，发电站面临一个包含税收的新的环境恶化边际收益表（MB′）。发电站出于对自身利益的考虑，愿意选择恶化的有效水平。

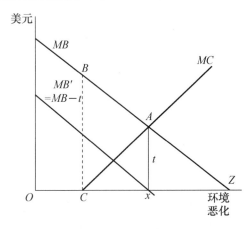

图 12—4　一个大坝的税收、边际收益和成本

然而，庇古方法碰到了很多问题。首先，环境恶化的成本和收益很难量化和评价（关于这一点我们后面再谈）。收益和成本对不同的大坝不可能都是一致的。这意味着采取不同税率的复杂性。其次，大多数下游居民不是市场经济的一部分，国家不可能对发电站征税和管制，或负担补贴成本。

科斯谈判方法假定个人财产权被建立起来，经济主体为了获得有效的结果进行谈判。如果对环境的个人财产权给予居民，那么当他们在图 12—3 的原点上边际收益超过了居民的边际成本时，发电站就有一个谈判和支付的积极性，以求得被允许恶化环境的权利。这种谈判的潜在效率利益由面积 ABC 所表示。类似地，如果发电站获得财产权，居民就有积极性向发电站付费以求降低从 Z 点开始的环境恶化。科斯方法遇到了财产权如何建立的问题。此外，还有个人在别人为减少外部性作出贡献时搭便车的积极性问题。当有很多居民时，很难看到谈判如何能够执行。最后，在很多情形下，解决科斯谈判的交易成本可能很高，可能使这种方法变得不可行。

在现实世界里，可能鲜少用科斯谈判来解决环境问题。全球环境基金可以作为一个例子。这个基金与很多国家和国际组织合作来解决环境问题，并接受各国捐赠。基金为应对如环境变化和国际水域污染这些全球问题的各国提供资金。基金负责资金运行机制以帮助实现 1992 年里约地球峰会签署的《气候变化和生物多样化公约》。

销售许可证的发放给予持证人污染的权利，这是解决污染问题一个潜在高雅的和有效的手段。许可证发放的数量直接控制总污染水平。潜在污染者必须决定是否减少污染，还是使用他们自己的或买来的许可证。这一点应该导致预定的污染水平在最小成本上获得。蒂坦伯格和约翰斯通（Tietenberg and Johnstone，2004）的评论认为不同形式的可交易许可证方案被越来越多地使用，它们通常被认为是一个有价值的政策工具。可交易许可证方案中的"总量控制和排放交易"背后是为减少全球温室气体排放而运作的《京都议定书》。但是，可交易许可证方案的实施并没有得到普遍支持。发展中国家对方案的使用很少有调查研究，经验显示存在运作与结果的问题。例如，2008 年欧盟委员会通过进行重大变革来对欧洲碳交易系统的责难做出回应。

对外部性问题的第四个解决办法是行政命令与控制。这种方法是采取行动确保外部性降到较低的水平。这种办法的有用的例子是由法律支持的固定标准，例如，最大的可允许环境退化程度。政府对前面提到的马南塔利能源方案引起的环境问题所采取的行动已采取多种形式。政府对工程建造实施标准进行监督。制定一个水库管理规划帮助下游地区的灌溉、购买受到影响的土地、安置人民和实施健康工程。这些措施是切实可行的，但没有前三种解决方法的理论优雅。

所有解决处理外部性问题所面临的一个重要问题是评价它们的物理性质，计算它们的经济价值。这些将在本章关于斯特恩报告（Stern Review，2006）在防止气候变化上的成本和收益一节中讨论。特别是，围绕环境影响和它们经济价值的不确定性在下一节中讨论。

□ 四、 共有产权

对可再生资源的共同所有权可能会导致一个重要的外部性。这样的情况被叫做公地的悲剧。但是，达斯古普塔（Dasgupta，1982）很有说服力地认为，对这个问题的经济分析有一个严重的混淆。[5]还是以牧民进入公有土地放牧为例来分析。理性的单个农民将使用公地，而不考虑这种使用对其他农民带来的成本。这种行为是一种负外部性，是无效率的。对其他农民造成的成本是土壤肥力耗竭。这种结果将减少资源对农民的未来价值。在这个意义上，公地问题是一个跨时的外部性。但是，这并不是说，对放牧土地共有产权资源的使用必然会毁坏土地有用性。过度放牧的程度取决于饲养牲口的私人成本。不过，农民为减少过度放牧所作的适当的合作行动将会增加农民作为一个集团的经济福利。

□ 五、 贴现率

环境的退化减少了未来环境服务的供给。对环境的经济分析需要一种方法来比较现在与将来环境影响的收益和成本。这种比较通常是通过被称为贴现因子的加权方法进行的（见第 11 章）。对环境成本和收益进行贴现的方法已引起了大量的混淆和争论。

在具有有限生命的单个经济主体的行为的新古典主义模型中，贴现率简单地就是市场利率。市场利率水平是个人偏好现在消费甚于未来消费的结果，把现在消费转换成未来消费的物质可能性。但是，即使有一套完善的资本市场，资源的跨时配置由于以下原因也不可能对社会是有效率的。

首先，完善资本市场的结果是对那些目前活着的人的偏好和行动的反映。所有的人最终都将会死去，因此有可能把他们自己的消费定值得比子孙后代的消费要高。这意味着市场结果可能低估了后代人的消费。可能认为，国家应该决定经济福利在长期更有利于后代人的分配。但反过来说，有人认为，技术进步将增加未来收入，公平性需要后代人向当代人的再分配。但是，国家将如何能够容易地决定哪种分配更好，现在还不清楚（见 Hanley and Spash，1993）。

其次，即使就当代人的偏好而言，市场结果也可能是无效率的。当代人可能愿意为后代人的利益而储蓄。这可能会导致两种市场失灵，即确信问题和孤立难题（Sen，1967）。这两种现象都是外部性例子。确信问题涉及一个人为下一代人的储蓄，这将使重视后代人消费的所有其他当代人都获益。这样，储蓄的市场总量水平是无效率的，市场利率低估了未来消费。要是个人确信他们增加的储蓄将与其他利他主义者的储蓄相称，总储蓄就会增加。

孤立难题涉及个人看待自己后代的消费相对于其他人后代的消费的重要性。如果为下一代人利益而储蓄所产生的收益不能够为个人自己的子孙所完全享用，那么甚至完善的资本市场也可能提供一个无效率的储蓄水平。

资本市场的不完善是很普遍的，不存在一个唯一的利息率或贴现率。通常不是使用观察到的市场利率，而是使用资本的机会成本作为对未来贴现的尺度。资本的社会机会成本计量经济中本来可以用于有目的的投资的一单位资本损失的价值。如果为一个项目筹资的资源代替了其他投资，而不是用于消费，资本的社会机会成本就是衡量资本成本的精确尺度。

贴现率对环境退化的影响是不清楚的。一个低贴现率对未来消费赋予更大的权重，可能被认为比较高的贴现率产生一个更好的未来环境。但是，大多数投资开始都是付出成本，后来才获益。这样，一个较低的贴现率将会使这些投资变得更加有吸引力，因为相对于当前成本，加权的未来收益将会增加（见方程（11.1））。增加的投资和之后的经济增长可能会导致更多的环境退化。在评估环境政策中贴现率的重要作用在后面气候变化和斯特恩报告（Stern Review，2006）的背景下进行讨论。

□ 六、 可再生资源的利用

可再生资源就是那些其存量既可以耗竭也可以增长的资源。可再生资源通常被认为通过生物过程经历增长和再生。渔业、森林、前面所说的公共牧场都是可再生资源的例子。新古典分析考虑可再生资源的有效利用，而生物学家常常关注从资源中获得的最大可持续产量（MSY）。这两种观点以渔业为例子来考察。

鱼的存量增长 ΔX 取决于存量 X。这个关系在图 12—5 中表示出来。在临界水平 X_c 之下，存量处于终点下降的危险，因为它不可能恢复过来。临界水平的存在可能由难以找到交配对象来解释。在这个水平之上，增长是正数。最终，由于为争夺食物供给而竞争或捕食者的影响，鱼群的增长将会下降。

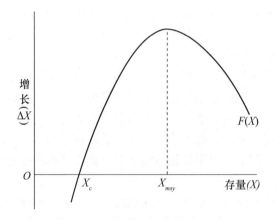

图 12—5 可再生资源增长和存量的关系

鱼存量的有效利用通过考虑一个无成本利用的简单模型来考察。目标是使长期存量的社会价值达到最大。社会利益的考察与减少鱼的利用和允许当前鱼增加一个单位相联系。一单位鱼的当前边际社会价值由 v 来表示。存量的边际生产率 $F'(X)$ 代表增加一单位存量带来的增长的变化。这个利益的社会价值是 $vF'(X)$。在第二个时期鱼增加一单位的边际社会价值是 $(v+\Delta v)$，这里，Δv 是第一个时期和第二个时期之间社会价值的变化。对于贴现率 r，在下一个时期增加一单位存量的现值是：

$$\frac{vF'(X)+(v+\Delta v)}{1+r} \tag{12.1}$$

在当前时期消费一单位鱼的边际社会价值是 v。这样，如果方程（12.1）超过了 v，社会福利的增加能够通过减少利用水平而获得。这个条件能够简单地写为：

$$F'(X)+\Delta v/v>r \tag{12.2}$$

这个条件有一个简单的解释。如果存量的边际生产率加上存量价值的相对增长在长期超过贴现率，那么减少利用是有效率的。利用的减少增加存量，这可能减少 $F'(X)$

（见图 12—5）。利用的下降意味着消费将下降，当前消费相对于未来消费的边际社会价值将增加。这两个结果最终可能会使方程（12.2）相等，这就是有效率的结果。

方程（12.2）有两个重要的含义。第一，当 MSY 是由 $F'(X)=0$ 给出时，有效结果与 MSY 是不同的。第二，对于那些其存量边际生产率很低、其价值并不随存量递减而有明显增加的物种，灭绝可能是一个有效的结果！

当前分析是关于鱼存量的社会价值随时间而达到最大的问题。考虑一下有效结果是否能通过市场制度而获得是恰当的。渔业的例子是另一个公有财产权的例子。在讨论公有财产权时，我们看到对像渔业、森林和牧场之类的可再生资源建立个人财产权可能是困难的。因此，这样的可再生资源市场的使用可能是无效率的。

如果资源的财产权给予少数几个人，这将会影响经济福利的分配，将会导致垄断权的产生。当边际（私人）收益而不是社会价值在方程（12.2）中出现时，对可再生资源的私人垄断可能会导致无效率的使用；为了使利润达到最大，垄断者可能把资源的使用限制在效率水平之下（见 Hanley et al.，2006）。

□ 七、 非再生资源

非再生资源不能随时间而重新生产出来。这种资源当前使用一个单位在未来就得少使用一个单位。这种资源的有限水平意味着它们常常被称为可耗竭性资源。这表明非再生资源应该谨慎地使用。

关于非再生资源的存量有很多估计。对一种非再生资源已探明储量的估计是在考虑开采成本和资源价格的条件下进行的。人们认为，把发现成本超过现有价格或暂时还没有可行开采技术的资源来源包括在储量的估计中是不恰当的。已探明的储量是指那些当前已知的来源。有些资源来源可能有待发现。但是，不确定性意味着对未探明的储量很难计算出有意义的估计数。

按照使存量的社会价值最大化这一目标，可以对非再生资源的减少进行分析。图 12—6 考虑一时期模型和开采一种其价格为 P 的矿物的经济租金的最大化。经济租金是价格与边际成本曲线之间的面积。如果价格等于消费的边际社会价值，一个完全竞争

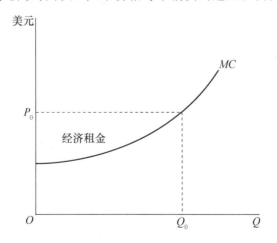

图 12—6 经济租金和一种不可再生资源的使用

的工业将开采资源到点 Q_0，从社会角度来说，这是一个有效率的结果。面临向下倾斜的需求曲线的垄断者将把产出限制在 Q_0 以下，这是无效率的。

一种非再生资源随时间的最优耗竭可以用类似于可再生资源的利用的方法来分析。目标还是存量的社会价值长期最大化。开采一个非再生资源的决定是比较简单的，因为没有存量的边际生产率需要考虑。假定资源的开采是无成本的。如果

$$\frac{\Delta v}{v} > r \tag{12.3}$$

资源应该进一步保存。方程（12.3）有一个简单的解释。如果资源的社会价值的相对评价要大于贴现率，那么更多的资源应该为将来储存起来。

对于这个有效率的结果，边际消费的社会价值应该以 r 的速度增加。这意味着（通过积分）v 是由函数 $v_0 e^{rt}$ 给出的，这里，v_0 是零时期的社会价值。如果开采的不变边际成本（mc）被引入分析，有效率的结果给出了一个最终的方程：

$$v(t) = mc + v_0 e^{rt} \tag{12.4}$$

方程（12.4）反映了最优的耗竭路径。完善市场产生这个结果是可能的。在这种情况下，最优价格路径是：

$$p(t) = mc + r_0 e^{rt} \tag{12.5}$$

$r_0 e^{rt}$ 项叫做贴现的租金费用。它能够被解释为现在消费资源而不是未来消费资源的社会成本。如前所述，如果价格等于消费的边际社会价值，一个完全竞争的市场将会使整个时期的社会价值达到最大。一个垄断者可能把资源的使用限制在有效率的水平之下，价格路径将是无效率的（见 Hanley et al.，1997）。

凯和米尔利斯（Kay and Mirrlees，1975）已经指出，对于一个合理的贴现率，我们预计最优的价格接近非再生资源整个时期的边际成本。

□ 八、其他价值

新古典主义的中心信条是价格反映生产的边际成本。在一个竞争的经济中，价格可能反映私人边际成本，但有很多其他类型的社会成本需要考虑（见 Garrod and Willis，1999）。首先，由其他人产生的外部成本应该考虑。[6]

其次，非再生资源的经济租金应该包括在社会边际成本中。如前所述，经济租金可以作为一种当前而不是未来使用资源必须支付的费用。

还有 4 种其他价值没有考虑：选择价值、准选择价值、存在价值和遗赠价值。选择价值是对未来利用环境的选择赋予价值。选择不一定要占有，但它产生价值。选择价值的一个例子是生物多样性。对动植物种类的保护可能是必要的，因为这些物种有可能在未来用作生产的投入品，以及很多人可能想要有机会在将来看到这些物种。准选择价值是在期望知识将会增加的情况下对选择赋予一个价值。例如，某些植物的价值可能取决于这些植物新用途的知识的发展。

存在价值是赋予一种商品和服务的价值，与任何实际的或可能的未来消费无关。这种价值与其他形式的价值不同的是，它与用途无关。存在价值的一个例子是很多人对热

带雨林保护所表达的担忧，即使他们不可能亲眼看到它们或使用这些资源。

当经济主体愿意把资源传给后代时，最后一种价值即遗赠价值是不言而喻的。

这样，总社会成本由 7 个部分组成：

$$社会成本 = 私人成本 + 外部成本 + 租金费用 + 选择价值 + 准选择价值$$
$$+ 存在价值 + 遗赠价值 \tag{12.6}$$

有效率的配置需要考虑社会成本所有这 7 个部分。

第二节 环境价值的计量问题

□ 一、 环境价值的计量

本章的分析表明，市场经济不可能对环境的各个方面适当地定值。这个观点已被广泛地接受了，并引起了大量的理论和实际的努力，以求解决如下问题：如何把适当的环境价值引入经济决策中？以下讨论考虑把环境因素引入社会成本—收益分析和国民收入核算中。

在发展中国家很多投资项目评估现在包括了环境影响评价（EIA），以估计项目对环境的影响。这应是把项目的环境影响引入社会成本—收益分析的第一个阶段。评价一个项目对环境的物质影响是很难的。例如，英国政府在 2008 年的气候变化报告认为斯特恩报告（2006）低估了气候变化的自然影响。环境影响评价几乎不可能可靠地确定项目环境影响的类型和程度。所以，将以前未考虑的环境影响引入经济决策应该考虑这种不确定性。

一旦一个项目的环境影响被估计了，就有三种方法对这些影响确定经济价值。[7]第一，社会成本—收益分析中的基本定价技术是使用市场价格。由于新古典主义理论假定价格反映了商品和服务的价值，这种方法是合理的。就发展中国家的环境影响而言，对很多需要定值的影响，市场和价格是不可能存在的。对于巨大的环境影响，项目实际上可能改变价格。在这种情况下，应该对环境影响的价值变化建立模型。实际上，这常常是不可能的。

第二种方法用观察的经济行为来间接地计算环境影响的价值。一种是预防性支出技术，它把人们准备防止退化而花费的支出作为环境影响价值的衡量标准。另一种是替换成本技术，它估计人们准备在退化发生后把环境恢复到以前状态所作的支出。[8]这些技术非常类似。不可能了解环境影响的完全的长期后果。不是所有的环境影响都能够完全被预防性支出所抵消，环境不可能在退化之后总能被恢复过来。这些问题可能对环境的巨大变化，如大流域的生态变化和全球变暖，是特别重要的，个人对这些支出筹资的能力可能受到不完善的资本市场的限制。由于这些原因，通常认为，两种技术可能低估了环境成本。

在缺乏环境影响的市场的情况下，有时从支付给其他商品和服务的价格中获得影响的价值是可能的，因为这些价格暗含地评价了这种影响。例如，产权价值因区位而异，这可能部分地反映了环境的差别。快乐价格（hedonic prices）方法能够产生环境的差别对财产价格的影响的估计。这可以被用来对某些环境质量的暗含价值进行估计。在发展中国家，市场常常是相当不完善的，如租金控制，它常常影响技术的有效性。这种快乐价格方法需要大量的数据。度量所考虑的环境的质量常常是困难的。环境变量的重要性可能不被个人正确地理解。这些问题限制了技术的有用性，尤其是在发展中国家更是如此。

生产函数方法通过它们对生产的影响来确定环境影响的价值。例如，气候条件变化的环境影响部分地能够通过对农业产出的影响来确定价值。另一个例子是通过估计受影响的个人的生产率变化来确定环境对健康影响的价值。这暗含着生命的价值只是由生产决定的，没有病弱身体和早逝所带来的精神成本。

旅行成本方法是对人们到具有更惬意的环境的地区旅行时愿意花费的时间和成本确定价值。这种方法对环境质量赋予一个暗含的价值。这个模型的正式假定和它对发展中国家的应用已遭到批评（见 Garrod and Willis，1999）。这种方法暗含地按照娱乐服务的提供而不是生命维持服务来考虑环境。

对环境影响定值的第三种方法是条件价值评估法（contingent valuation）。调查一组人口，询问他们对环境的评价。提问可采取两种方法：询问个人是否愿意为环境获益支付成本，或是否愿意因环境质量损失而接受补偿。经济理论表明，对这两种问题的回答应该是类似的。在很多调查中，接受补偿问题的意愿获得更高的反响。所提问题是假设的，被调查者可能对所调查的环境影响或资源不熟悉。受访者可能对问题作出抽象的答复，在回答调查时显示出有其他倾向。个人的回答可能是对调查问题的环境作出反应。例如，对于某些恰当的问题，个人可能被诱导作为关心公共利益的公民而不是作为追求自身利益的消费者来回答。从调查中获得的回答如何代表一般人对环境影响的评价，并不总是清楚的。

在第 11 章中，我们考虑到了成本和收益的分配对社会成本—收益分析的重要性。有很多环境影响包含经济福利分配的重要变化，例如，本地人口在修建大坝之后的迁居。环境收益和成本的分配可能影响一个项目的可取性。简单的社会成本—收益分析涉及经济决策效率的提高。在社会成本—收益分析中使用的价格是对福利分配的反映。如果这个分配是不公平的，使用这种价格就是不恰当的。分配问题的引进意味着价值判断必须明确地作出。

环境成本的定值对于改进有关环境的经济决策是基本的，社会成本—收益分析已发展了各种技术来达到这个目的。但是，使用这些技术仍然有理论和实际问题。

□ 二、国民收入的核算

新古典的经济分析方法假定，最广泛意义上的消费是而且应该是经济活动的目标。关于那种消费应该考虑的伦理问题在第 9 章论人口时已被考察过了。常规的方法是按照人均收入来度量经济福利。这种方法已遭到广泛的批评，各种其他度量方法已经被提出来了，其中有很多强调对环境进行核算的重要性。

经济福利的各种度量方法必须是按照它们的理论定义和实际应用来判断的。当前经济福利最明显的度量方法是当前人均消费。当前消费可以通过减少投资从而减少未来消费来增加。这就表明，一个时期的经济福利应该相对于固定资本的存量来定义。所以，资本存量的增加虽然不增加当前消费，但应该反映在经济福利中，因为它们允许未来消费的增加。这个观点强调传统的收入定义（见 Hicks，1946）："一个人的收入就是他在一周期间能够消费的东西，周末像在周初一样宽裕。"

关于收入定义有很多概念和实际问题。这里只研究直接考虑环境的那些度量方法。环境退化能够通过经济主体的行动来减轻，例如，土壤侵蚀可以通过种植森林来减轻。在国民收入账户中，这种防御性支出被认为导致了经济福利的增加，而没有被认为是维持环境的努力。现在普遍认为，这些支出应该排除在经济福利的计量之外，被当作是环境影响引起了这些支出。

环境退化影响经济福利，因为人们直接地消费环境服务，如未遭污染的空气。由于这种服务并不总是有一个市场，或只有一个间接的市场，它们在国民收入账户中没有记录。环境退化——如土壤侵蚀和环境吸收废弃物的能力下降的非自然原因——也降低了环境的生产潜力。环境生产潜力的下降就是自然资本存量价值下降的事例。这种变化并没有记录在国民收入账户中。

非再生资源的使用——如化石燃料——在国民收入账户中没有以正确的方式考虑。这些资源是环境自然资本的一部分。它们当前的使用减少了后代人的供给。国民收入账户把非再生资源的使用看作一个简单的生产活动。它还应该被看作自然资本价值的折旧。[9]

对于国民收入计量没有考虑环境有三个反应。第一个方法是仿效诺德豪斯和托宾（Nordhaus and Tobin，1972）的经济福利计量法的计算——它试图通过考虑环境影响对国民收入账户重新计算。发展国民收入计量考虑到自然资本的使用和环境的恶化，这种计量方法的进步在很多发展中国家进展缓慢，虽然世界银行现在报告了多数发展中国家自然资本的价值。《自然》杂志的一篇报告认为，在 20 世纪 90 年代中期，经过环境影响调整后的巴西、印度和印度尼西亚的国民收入要减少 12%～17%，但是使用世界银行的数据对中国台湾居民收入进行调整，最新估算只减少了 1%。因此，对环境的考虑常常能够产生出相当不同的经济福利估计和经济增长。

第二种考虑环境的方法遵循弱可持续性的观点：即总资本至少应该保持。按这种方法，计算储蓄水平以及扣除自然、人造和其他形式资本的折旧。如果结果数字为负，这可以作为不可持续发展的证据。世界银行（2002）对这一方法进行了解释。很多发展中国家报告了环境调整后净储蓄有时是负的（见世界银行网站）。

第三种考虑环境的方法是建立物质的而不是货币的环境账户。这些账户把环境分成不同的部门，估计在长期已发生的变化。例如，矿物和能源资源的使用和发现将被记录。世界银行主张收集涉及人类活动对环境的影响和环境对人类活动的影响的长期指标（见世界银行网站）。

考虑环境的三种方法不是可以替代的。前两种货币方法首先要求计算物质账户。物质环境账户对考虑生态和环境问题是有用的。货币环境账户是有用的，因为它们把使用环境的所有影响归于一个共同的计量标准，估计一个净的数字。但是，由于很难做到这一点，它们在理论和实践上都受到批评（见 Perman et al.，2003 和 Hanley and Atkinson，2003）。

□ 三、 风险与不确定性

在对未来结果存在怀疑的地方，风险就存在。在这种情况下，对未来可能出现的各种不同结果估计一个客观的概率是可能的。掷骰子的结果就是风险的一个例子。如果对未来结果持有疑虑，不确定性就存在。在这种情形下，对未来可能出现的不同结果估计一个客观概率是不可能的。分析不确定性事件是困难的，考虑风险和不确定性的大多数环境分析或明或暗地假定，由于有一些客观性，估计概率是可能的——这就是说，假定环境是风险性的而不是不确定性的。

关于环境与经济的关系的不确定性使分析复杂化了。如同前面的例子表明的那样，对很多重要的环境影响都存在着科学的争论。在环境政策分析中，区分处理这种不确定性的两种方法是可能的。

首先，预测一种政策将要引起的各种不同的可能结果。然后，对这些不同结果估计概率，虽然这些概率必然带有主观性。可以认为，估计像全球变暖这种事件的概率的观点是不适当的，因为它们不能被当作一个重复发生的概率事件，像掷骰子一样。但是，近期的研究试图提供不同水平的全球变暖的概率估计，并且斯坦恩（Stern，2006）认为温室气体浓度提高两倍，温度提高超过两度的可能性在 $63\%\sim99\%$。尽管这样，政策分析仍然是按照以政策不同结果的概率为基础挑选最好的政策来进行的。如果社会是风险回避型的，则可能显示的是，不确定性成本应该赋予比预期成本值更高的权数，不确定性收益应该赋予比它们预期值更低的权数。

另一种程序是在各种环境政策影响的估计中挑选中间值。然后，这些估计被用来确定最好的政策。这个程序被广泛地使用了。对平均估计的选择是非常主观的。更为重要的是，这种方法只是估计预期影响，而且在一点上，它并没有考虑是风险还是不确定性。

第三节　环境与增长的理论观点

□ 一、 经济增长与环境

图 12—2 表明，环境对经济活动和增长是必不可少的，而且也表明经济增长对环境的影响的重要性。环境学家认为，不受约束的经济增长将会导致非再生资源的耗竭和环境的退化，这将会严重地影响经济生产和人类生活质量和生命的存在（Meadows et al.，1972；Forrester，1971）。信奉市场效率的经济学家则对这些论点进行了反驳（见 Sterner，2003）。

如果市场有效地运行，非再生资源稀缺性的增加将会提高它们的价格。这些更高的价格将会为经济行为的改变产生刺激：（1）这些资源的直接消费可能下降——例如，降低对稀缺的化石燃料的消费；（2）将会刺激探寻这些资源的新供给——例如，勘探新油田的水平将会提高；（3）生产中对较高定价的非再生资源的使用随着向较少使用该投入的生产技术的替代将会下降——例如，生产中越来越少地使用化石燃料；（4）较高的价格将会鼓励新技术的开发，它们为稀缺资源提供替代品——例如，非化石燃料或者风力，或者更有效地使用它——例如，节能汽车。这些有效率的市场可以为非再生资源的逐步耗减提供解决办法。

经济增长的支持者认为，经济增长对环境污染的影响被过高估计了。相反，有一个共同的观点是：经济发展与环境改善并行不悖的机会是存在的，如世界银行（2001）所认为的那样。但是，追求双重目标通常假定要求政府干预和改善与环境有关的市场运行。

格罗斯曼和克鲁格（Grossman and Krueger，1995）指出，在经济发展的早期阶段，环境水平的退化上升，但在这个阶段之后，环境随经济发展而改善（见图 12—1）。这个命题与本章开头报告的世界银行（1992）的结果是一致的。但是，环境与经济发展的关系存在广泛的争议（见 de Bruyn，2001；Cole，2003）。环境与经济发展的关系能够由下列因素来说明：不同发展水平上的产出构成的变化、不同收入水平上对环境的需求的变化、政策对这些需求所作的反应以及发达国家中有利于环境改善的技术的可得性和应用。

经济增长和环境退化的所有不同观点都可能部分是正确的。有关环境与经济之间关系的争论能够通过详尽的科学和经济研究来解决，这是不可能的。经济的和环境的政策必须在现有不确定的和有争议的证据基础上制定和执行。例如，斯特恩报告（2006）中使用的模型的有效性既受到高估又受到低估经济活动对全球变暖的影响两个方面的批评（见下面的讨论）。

□ 二、 可持续发展

有关环境和经济的大量文献可以被解释为对如下担忧所作出的反应：即当前经济增长模式可能严重地降低了环境质量，是不可持续的，因为这种环境不可能永远地支撑经济增长。这个命题可能是正确的，也可能是不那么正确的。这个观点的本质是，过去和当前的经济政策通常只是关心提供均衡经济增长的条件，如标准的国民收入核算方法所计量的那样。很多环境学家担心，这些政策没有作出努力来确保"以特定的福利水平维持后代人的生活所需的生态条件的存在"（Lele，1991）。这个担忧在可持续发展概念中是非常重要的。

可持续发展的意思有很多定义和解释。这个术语首先是在 1980 年由自然和自然资源保护国际联盟提供的《世界保护战略》中提出来的，后通过世界环境与发展委员会的研究报告《我们共同的未来》（1987）——也被称为布伦特兰报告，以该委员会主席、前挪威首相的名字命名——而变得家喻户晓了。这些和其他研究对可持续发展下了各种各样的定义。引用得最频繁的是布伦特兰报告的定义："可持续发展寻求满足当代人的需要和抱负，而又不损害后代人满足他们自己需要的能力。"这个定义似乎是无可争辩的，它与希克斯（Hicks，1946）提出的新古典的收入定义非常相似。但是，解释是不同的，这是因为《我们共同的未来》考察的是可持续发展如何能够获得。这就必然要求作出价值判断——这个判断把定义与提出的工作目标联系起来，将会导致可持续发展的实现。由于这个原因，把定义和工作目标相联系受到了批评。目标是提高经济增长、满足基本需要、让更多的人得到发展、控制人口增长、保护和改善环境、在经济决策中考虑环境、改变技术、管理风险和改变国际经济关系。

可持续发展概念已被广泛地接受了，变成了思考环境、发展和经济的标准模式。出席1992年里约全球高峰会议的大多数国家接受了可持续发展的一般思想——例如，已被载入《21世纪议程》中——和在这次高峰会议上达成的行动步骤（联合国，1993）。联合国2005年世界峰会"重申其致力于实现可持续发展的目标和其三个方面……经济发展、社会发展和环境保护"（联合国，2005）。但是，如上所述，可持续发展概念对经济和环境政策的含义应该是什么还存在着争论。尤其是，代内和代际公平问题是解释这一概念的中心问题，但是如何比较个人的福利仍然不清楚。斯特恩报告（2006）的方法主要争议之一是在不同代际之间的成本和收益比较中使用较低的贴现率。这是新古典经济学的中心问题，可持续发展概念似乎没有为这个问题提供解决办法。

□ 三、自然资本、公平与环境价值

在定义可持续发展这一概念时，普遍要求资本的存量不随时间而减少。一个不变的或增加的资本存量允许保持或增加消费水平。但是，关于资本存量是必须保持不变还是增加的看法还存在着巨大分歧。弱可持续的观点认为所有不同形式的资本（如，人造、人力、自然和社会资本）都是可以替代的，而且它们可以累加为总资本。因而，例如，土壤自然肥力的退化可以使用化肥以及保持作物产出的农业科学方法弥补。在这个例子中，人力资本和人造资本被用于替代自然资本。

强可持续的可替代性观点认为只有自然资本需要保持不变或增加。在这一点上，焦点常常在临界自然资本上，既要求满足人类生存需要又不能被其他形式的资本所替代。因而，有人认为导致气候变化的大气中全球温室气体水平是临界自然资本，因为水平过高则不能由其他资本补偿。对于弱和强可持续在经济上的对比分析，见汉利和阿特金森（Hanley and Atkinson，2003）。但是可能会有人认为，较高的全球温室气体水平导致的一些气候变化影响能够通过额外的海洋防御体系和人口转移应变（见本章后面对斯特恩报告的讨论）。

强调环境分析和发展，以及自然资本的重要性，都是关于环境价值的观点。对环境价值的研究表明了3种能够产生价值的方式。第一，个人偏好产生了一套价值——在完全竞争市场上，该价值反映在产品和服务的价格上。这是新古典主义的定价方法，市场失灵的例子在前面已经考察过了。市场失灵表明，市场经济的运行并没有充分地考虑环境问题。

环境价值的第二个源泉是社会偏好。萨戈夫（Sagoff，1988）指出，个人能够从社会观点来考虑问题，尤其是有关环境的那些问题。还不清楚这种价值在人们的心目中是如何确定的。一个可能的解释是社会生物学解释——每个人是作为社会的生物为各种物种的利益而行动的（Dawkins，1976）。环境的选择是如此复杂，以至于即使社会偏好存在，也很难假定，除了同义反复之外，它们将会导致提高社会福利的决策的产生。但是，有人指出，发展中国家的穷人是最依赖环境的。所以，如果社会偏好给穷人的状况一个权数的话，那么与赋予环境的单个价值简单地加总相比，应该给环境更大的权数。

环境价值的第三个源泉产生于这样一个信念：生态系统本身有一个内在的价值，而与人类赋予它们的价值无关（见Booth，1994；Common and Stagl，2005）。价值的个

发展经济学（第九版）

人偏好基础只是考虑人拥有权利。生态学的观点则把权利扩展到其他生物。这些权利如何计量是一个难题。生态学价值观点表明，与只考虑社会价值或简单的个人价值加总相比，应该给予环境一个更大的权数。

保护或增加自然资本的存量对代际公平有重要的影响。如果认为，当前的环境退化和资源使用水平将会大大地改变未来的人类经济福利，那么代际公平可以通过保护现有自然资本存量这个约束来改善。这是强可持续的关系。但是，通过一个更为灵活的方法允许使用一些自然资本来代替以上约束，可能会大大地增加当代人和后代人的经济福利。这是弱可持续的观点。

正的贴现率的使用强调了未来的环境影响没有当前的环境影响那么大。这一点已被批评为低估了环境退化和资源使用的重要性。这个批评是不适当的。如果支持当前的而不是未来的社会偏好这一论点被接受了，那么贴现就是适当的。如果觉得对未来环境影响的权数太小，那么它们的估计值而不是贴现率应该作出调整。

许多环境影响是不可逆的，例如，一种生物的绝种。不可逆被用作支持维持自然资本存量的理由。但是，不喜欢自然资本的不可逆损失可以通过选择价值、准选择价值和存在价值来表示。

一种生态系统的恢复力就是它在受到外部干扰之后回到正常状态的能力（Common and Stagl，2005）。据认为，自然资本的存量越大，一种生态系统的恢复力也可能越大。这个论点基于生态系统的多样性增加了它的恢复力这一观点是正确的。但是，恢复力概念以及有关稳定的概念已遭到批判，因为没有一种生态系统可能是完全稳定的和长期不变的。这意味着外部干扰的规模是重要的（Norton，1987）。

如前面所讨论的，不确定性对分析环境与经济的关系是至关重要的。对这种不确定性一个可能的政策反应是为将来可能发生的灾难性后果提供保险。比如说，对全球变暖的灾难性结果的预测可能证明，强调最坏的可能结果的风险回避型战略是有道理的。这个论点支持了保持自然资本存量不变这一约束的环境。反过来说，有人认为，为减少全球变暖所需的巨大支出、这种影响需要很长时间才变得重要起来以及对这种影响的大小缺乏绝对科学的证据，表明了应该采用保守性方法。不清楚的是不确定性应该怎样包括在环境决策中，但清楚的是如何对待不确定性对已经采取的或将要采取的实际决策有非常重要的影响。

对于弱和强可持续性、环境价值的来源、贴现、不可逆、不确定性和弹性的论证表明，对环境赋予的价值要高于市场经济运行机制产生的价值。严格地说，这与自然资本存量应该保持不变的建议是不一样的。但是，关于环境决策的复杂性，可能要求在环境使用上有一个与保持自然资本存量不变非常近似的约束。

关于可持续发展概念的批判性讨论表明，环境在经济发展中有重要作用，这一点在过去可能没有完全被人理解。可持续发展概念已赢得了很多学术上和政治上的支持者。但是，对于经济发展过程中自然资本是否值得特别的保护，或它是否能与人造资本和人力资本相互替代这些问题还存在着意见分歧。在决定环境如何进入经济决策时，这些分歧是很重要的。

关于实行保持自然资本存量不变的约束还存在一些实际的困难。环境是由很多不同的资源和服务所构成的。自然资本存量的不变性可以被解释为所有种类的自然资本的不变性。这种解释意味着对非再生资源的任何正的使用都是与可持续发展不相容的，这种解释很难证明是合理的。

另一种解释是考虑单一的自然资本计量标准，通过对不同的自然资本进行适当的加权而获得。明显的权数是各种自然资本的社会价值。这些价值不仅能够反映方程（12.6）中所考虑的观点，而且还要反映分配的观点——它们常常是与可持续发展相联系的。但是，对不同的自然资本确定价值似乎否定了这种资本的特殊作用。如果不同形式的资本能够确定价值，以便获得一个单一的计量标准，这就意味着它能够与人造资本和人力资本相替代，因而不必在发展过程中对自然资本进行特殊的保护。

可能是这样一种情况：对于大多数自然资本使用一个单一的计量标准是可取的，而对于剩下的和至关重要的自然资本，如臭氧层，则单独计量。

如果环境必须保持原状这个观点被接受了，那么一个项目的社会成本—收益分析应该在增加的约束下进行。这个约束是环境的净效应应该是零和正数。如果对该项目增加促进环境改善的投资使约束条件得到满足，那么这个增加的约束就能够减弱。如果认为对各种自然资本都保持不变是必要的，那么对每种自然资本都必须增加一个约束条件。

环境的所有方面都需要保护这一约束意味着国民收入核算方法不能改变，使之允许对一种包括环境影响在内的经济福利计量标准进行计算。因而，有人提出，应该按照一套环境状态的指标来确定经济福利的计量标准。

对可持续发展概念限制较少的解释允许把环境简单地包括在社会成本—收益分析和国民收入账户中（见世界银行网站）。把环境包括进来只是简单地要求对环境影响有一个正确的估价。

□ 四、 经济思想与环境 [10]

马尔萨斯、李嘉图和穆勒这些古典经济学家对持续的经济进步一般都持悲观主义的观点。[11]这些经济学家假定生产要素的报酬是递减的，土地的供给是固定的。人口和劳动力的增长将会导致劳动的边际产品和平均产品下降。马尔萨斯和李嘉图假定有一个不变的技术，其必然结果就是，每个劳动者的平均农业产品将会下降。穆勒认为技术进步将会抵消一种要素的边际报酬递减的影响，但在长期则不可能。马歇尔（Marshall，1890）发明了外部性的概念，并由庇古（Pigou，1920）进行了发展。但是，一般说来，环境的外部性被认为是不重要的。

最早引发的关于环境和经济争论，通常归于雷切尔·卡森和她的著作《寂静的春天》（Carson，1962）。对环境争论作出其他早期贡献的有博尔丁（Boulding，1966）、埃利希（Ehrlichs，1970）、戈德史密斯等（Goldsmith et al.，1972）、福雷斯特（Forrester，1971）、舒马赫（Schumacher，1973）和康芒纳（Commoner，1972）。最有影响的文献是麦多斯等人的《增长的极限》（Meadows et al.，1972）。该研究报告的基本论点是，有一些目前在消费的非再生资源的已探明储量将在不远的将来耗竭。这个研究报告因没有考虑价格机制对减少消费以及为勘探新储量提供刺激和发展新技术的作用而遭到了批判。

促进这场争论的这些环境文献激发了经济学家对环境与经济的关系的经济兴趣。巴尼特和莫斯（Barnett and Morse，1963）没有发现美国经济在 1850—1957 年间的资源稀缺性的证据。达斯古普塔和希尔（Dasgupta and Heal，1979）对可耗竭的自然资源的耗减提供了一个严格的新古典分析。尼斯等（Kneese et al.，1970）发展了一种物质平衡法，改变了某些经济学家在经济体系如何处理环境废弃物吸收功能的问题上持有的看法。这个简单的原则表明，进入经济体系的所有资源都必须作为废弃物而告终。

关于环境与经济的争论已改变了公众的观点，尤其是国际机构的观点已发生了变化。

第四节　气候变化及其影响

□ 一、 气候变化与斯特恩报告

气候变化的发生是因为地球从太阳吸收能量并重新释放这种能量。部分这种能量被温室气体吸收，而后地球变暖。自 20 世纪中期温室效应和地球变暖的存在被广泛认可。但是，人类制造的温室气体排放在多大程度上造成气候变化，在一些科学家中间存在争议并且毫无疑问很难去证实。

全球变暖对自然的影响有：海平面上升、陆地丧失、农业物种和生态的改变、森林和渔业的迁移、水资源可得性的改变、局部气候的改变和更多不可预测的天气事件。对人类的影响有：与气候相关的疾病引起的死亡率和发病率的提高、缺乏食物、空气污染和与气候有关的灾难。气候变化也给社会增加了成本，如人口迁徙、经济活动的改变、对气候变化的适应和减少温室气体排放的措施。世界气象组织和联合国环境计划署设立了政府间气候变化专门委员会（IPCC），已报告 1990—2007 年间关于气候变化的科学上和经济上的研究文献。这些报告认为全球气温在 21 世纪会上升 1～6 度。估计的变化是由涉及引起全球变暖的复杂机制和反馈系统的不同假设引起的。

关于气候变化经济学的斯特恩报告（2006）受英国政府委托，评价了全球气候变化所导致的可能影响，考察了这些影响的成本以及就政策行动提出了建议。这个报告在关于气候变化和可能的政策响应方面得到了最为广泛的引用。报告依靠科学证据得出的结论是，气候变化是一个严重的威胁，很多影响是不可逆的，需要一个紧迫的全球响应。与"一切照常"的情景相比，报告估计气候变化对世界经济在未来两个世纪造成的总成本占全世界每年 GDP 的 5％左右。斯特恩认为，用其他模型假设，成本可能会高达每年 GDP 的 20％之多。

斯特恩计算，全球气温升高两度会导致 GDP 损失大约 1％。斯特恩（2008）最近的研究将这一估计增加到 GDP 的 2％，因为实际气候变化比预期的气候变化要快。《2010 年世界发展报告》指出非洲的成本是 GDP 的 4％，印度是 5％。目前，全球 CO_2 排放量是每年 500 亿吨并且据预测到 2050 年将达到 700 亿吨。为了防止到 2050 年气温升高两度，排放量需要削减 200 亿吨，或预测水平的 70％。斯特恩报告认为，这些削减主要必须由发达国家做出，但是发展中国家也必须采取重大行动。该报告建议，这样的政策能帮助促进增长和发展，但是重要的是它们不要超过穷国对增长的渴望（Stern，2006）。

全球 CO_2 排放的不同来源如图 12—7 所示。最大的污染源是发电厂和工业。
能源使用、每 1 000 美元 GDP 和人均温室气体排放的估计量如表 12—1 所示。

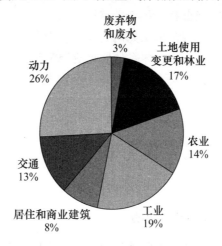

图 12—7　CO_2 的排放来源图

　　谁是最大的能源使用者和温室气体来自哪里是非常清楚的。美国是目前为止人均能源使用最大的国家而且是最大的人均污染者。发达国家产生的人均 CO_2 排放是发展中国家的五倍。这是穷国认为它们应当和富国承担同样的全球变暖调整的负担是不公平的原因。

　　但是，和发达国家相比，发展中国家的能源使用和温室气体排放估算相对 GDP 稍微有些高，而转型经济体则最差。这一点表明经济发展是与能源和排放密集型的活动相关的，并且在经济发展的中期和后期阶段最为明显。因此，虽然发达国家较高的人均能源使用和排放量表明它们应该承担削减 CO_2 排放的主要任务，但发展中经济体和转轨经济体也需要采取积极的行动，使能源使用更有效率。

表 12—1　　　　　　　　　　　能源使用和 CO_2 排放，2006 年

	人均能源使用量（相当于吨原油）	GDP 每 1 000 美元能量使用量	CO_2 人均排放量（吨）	GDP 每 1 000 美元 CO_2 排放量
世界	1.80	0.20	4.4	0.5
发达国家	4.70	0.18	10.9	0.4
欧洲	3.49	0.15	7.6	0.3
日本	4.13	0.15	9.5	0.3
美国	7.74	0.21	15.2	0.5
转轨经济体	3.87	0.48	8.1	1.3
发展中国家	0.97	0.21	2.3	0.5
非洲	0.66	0.28	1.0	0.4
拉丁美洲	1.17	0.15	2.2	0.3

续前表

	人均能源使用量（相当于吨原油）	GDP 每 1 000 美元能量使用量	CO_2 人均排放量（吨）	GDP 每 1 000 美元 CO_2 排放量
西亚	2.76	0.36	6.8	0.9
其他亚洲国家，不包括中国	0.63	0.17	1.3	0.4
印度	0.51	0.15	1.1	0.3
中国	1.44	0.21	4.3	0.6

资料来源：UNCTAD，2009.

斯特恩报告认为，通过交易排放许可证、碳定价和使用低碳技术（例如：碳捕捉）以及减少滥砍滥伐，能够削减排放。整个报告都强调，最穷的国家在气候变化面前最脆弱。世界银行（2010）估算，因为对维持生计的生态系统服务和自然资本的依赖，发展中国家将要承担 75%～80% 的毁损成本。斯特恩报告得出结论认为，富国有义务承担大部分排放削减的任务，为发展中国家提供技术和资金的支持以削减它们的排放和适应气候的变化。

报告获得一些专家的强烈支持，包括五位诺贝尔经济学奖获得者：肯尼斯·阿罗（Kenneth Arrow）、罗伯特·索洛（Robert Solow）、詹姆斯·米尔利斯（James Mirrlees）、阿马蒂亚·森（Amartya Sen）和约瑟夫·斯蒂格利茨（Joseph Stiglitz）。但是，也有批评认为它高估了气候变化的成本，低估了减少排放的成本，相反，低估了全球变暖对环境的成本。这些批评是重要的，并且随着争论观点的多样化和宽泛化，很难对这个复杂的主题证据的重要性做出评估。

一个对报告较为技术性的但是重要的批评是，使用长期较低的贴现率来估算气候变化成本的现值（见 Nordhaus，2007；Dasgupta，2007）。正如前面所讨论的，贴现率的选择是一个复杂的技术和伦理问题，关系到如何评估相对于现在的未来的价值。报告采取的是较低的价值，导致全球变暖的损失估计与不那么悲观的研究相比要大，例如诺德豪斯（Nordhaus，2007）。

斯特恩报告无疑是关于世界未来要面对的可能最为紧迫的经济问题的最重要的报告。它有很多毁誉者，也有同样多的支持者。无论是哪种态度，短期内气候变化对未来经济发展的重要性需要世界经济社会在短期做出昂贵的决定。世界银行（2010）计算认为，到 2050 年保持全球变暖降至两度的增长，仅发展中国家至少每年就耗费 1 400 亿美元（相比之下，它们现在收到的为减缓气候变化的资金是 80 亿美元）。适应全球变暖（与试图阻止它的相对）的成本是 750 亿美元，相比现在可得的只有 10 亿美元。

□ 二、 气候变化与穷人

现在广为人知的是气候变化正以一种严重的方式发生，并且较穷的国家面对这种变化的冲击最为脆弱（Stern，2006；World Bank，2003，2010）。这种脆弱性来自穷国和穷人对自然环境的过度依赖以及他们对气候变化的影响所作出的反应的人力、制度和经济能力非常有限。世界银行在其《2010 年世界发展报告》（致力于气候变化）中给出了穷人对气候变化比富人更脆弱的四个重要原因：

（1）自然灾害，例如飓风和洪水，因为较差的房子、较差的健康和不充分的医疗卫生使他们更容易受到伤害。在 20 世纪 80 年代早期，少于 5 亿人需要国际灾害援助，在 21 世纪早期，这个数字是 15 亿。

（2）与上面相关，全球变暖增加了犯致命性疾病如疟疾、脑膜炎、登革热和腹泻的机率。据估计到 2030 年，仅在非洲就有额外 9 000 万人口随着温度升高可能会得疟疾。

（3）穷国特别易于发生洪水。在发展中国家 15 个最大的城市中，10 个处于低洼的沿海地区，包括上海、达卡和开罗，所有这些城市的人口都超过了 1 000 万。

（4）气候变化会影响到很多穷国的农业和渔业，这些穷国依然靠此维持日常生活。随着气候变得更为极端以及更多的干旱和洪水，农业生产率开始受到影响。在短期，一些国家可能从种植新产品中获利，但是对于大多数发展中国家而言，农业生产率由于气候变化预计是下降的。这可能会导致较大的饥饿和饥荒。营养不良的儿童人数可能会上升到 2 500 万。政府间气候变化专门委员会（IPCC）第四次年度报告（2007）预测，到 2050 年农业产出下降 50%，而小麦和大米之类的大宗商品的价格上升两倍多。非洲被认为是最脆弱的大陆，因为气候的多样性和其适应能力较差。沃伦等（Warren et al.，2006）估计，如果什么事都不做，到 2050 年在穷国会有额外的 6 亿人口有挨饿的危险。

作为这种脆弱性的结果，发展中国家对气候变化结果逐步适应已成为关键（见 Nyong，2008；Brainard et al.，2009）。这种适应包括增加国外资金和技术支持、改善治理、更好的规划和信息管理、类似地区和国家间的信息共享、提升目前各种经济活动和基础设施对气候变化的适应力。特别需要关注的问题是气候变化将会导致国家内部和国家之间大量的人口流动，对稀缺自然资源如水等日益增加的压力。世界银行（2010）估算有 2 亿～10 亿人口可能不得不迁移和重新安置。这一影响可能会导致国家间和国家内部冲突日益加剧。[12]

减缓化石燃料的二氧化碳排放的一项政策就是种植生物燃料（如：玉米或油料植物），生物燃料能够转化成液体燃料（World Bank，2007）。土地的用途向生物燃料的转换的影响就是减少了粮食的生产。粮食生产的低供给弹性已经导致粮食价格的大幅上涨，以及贫困的增加（World Bank，2007）。就减缓气候变化的影响而言，这种结果并不是有意为之，并且导致了对鼓励使用生物燃料的政策的重新思考。

确保环境可持续性与消除极度贫困和饥饿的千年发展目标是紧密相连的。遗憾的是，"穷人的苦境与他们周围的自然资源有直接联系，而总的排放量持续增长……预期气候变化的反响将会影响到他们"（United Nations，2005）。

▊ 第五节　国际机构、协议与环境[13]

自 1990 年以来，国际机构已开始接受考虑环境在经济发展中的重要性，并开始改变它们的做法。

世界银行已接受，环境与银行支持发展的任务直接相关（见 World Bank，1992）。世界银行支持可持续发展的观点。关于世界银行的新政策观点表现在不同的方面。第一，它接受需要对环境影响进行适当的评估。从 1989 年以来，世界银行已正式要求对预期有重要的不利环境影响的所有项目进行环境评估。但是，对这些评估是否促进了实际项目决策，还存在不少批评（见 Lawrence，2003）。世界银行（2001）承认环境尚未完全包含到世界银行的行动中，但是它们认为环境的"核心任务是支持发展和减贫"。第二，贫困被看作是环境破坏的重要原因，穷人被认为主要依赖环境（见前面关于气候变化和穷人的部分）。第三，高收入国家被认为要承担财政方面的责任，积极地解决重大的世界性的环境问题。但是，世界银行不赞同这个观点——经济发展应该在不耗减自然资本存量的约束下进行。世界银行现在直接为环境项目贷款，而通过全球环境基金奖励保护环境。到 2007 年，基金提供了 380 亿美元的资金用于积极的环境项目，并为很多其他具有明确的环境目标的项目提供资金。但是，关于这种贷款中环境和原住民的利益还存在争议（World Bank，2001）。

类似地，国际货币基金组织开始缓慢地认识到在它结构调整项目（SAPs）中考虑环境的需要（见 IMF 网站）。国际货币基金组织因为只是作一些象征性的和表面上的政策变化而受到批评（见 Friends of the Earth 网站）。世界银行和国际货币基金组织都是大国际机构，变化很难实行，而且是否愿意适当地实行政策的变化以保护发展中国家的环境和最底层人民还有待观察。

世界贸易组织（WTO）（和它的前身关贸总协定）的存在是为了促进世界贸易的自由化。WTO 的立场是，可持续发展和环境保护是该组织的重要目标。WTO 的规则容许采用与贸易相关的措施以保护环境。但是，WTO 认为这种措施需要通过多边环境协议来进行最有效的管理。虽然 WTO 有争端处理程序，但是却不能用于处理基本的环境问题，如气候变化。一个重要的环境和贸易问题是，发达国家减少能产生大量全球温室气体的商品的生产的同时，反过来转到从发展中国家进口这些商品。这有助于发达国家满足了 UN 气候变化的义务，但是很可能增加总的全球温室气体排放。这一个复杂而重要的主题仅仅才开始被 WTO 考虑到（2009）（见 WTO 网站）。WTO 认为设定环境政策和标准是不合适的。它认为这种事情需要专业性机构和国际协商来考虑。但是，WTO 支持可持续发展的目标，并且已经有了参与协助多边环境协定以及提高贸易和环境间联系的意识（见 Stokke and Thommessen，2003）。

联合国负责提出了两个报告：《世界保护战略》和《我们共同的未来》。这两个报告的影响很大，使世界舆论都支持可持续发展。联合国开发计划署和世界银行在 1991 年建立了一个全球环境研究中心。

联合国关于气候变化框架公约于 1992 年 6 月在里约全球高峰上签订。其目的是使温室气体浓度稳定在一个低水平上，足以能防止对气候系统的严重改变。1997 年的《京都议定书》建立了具有法律约束力的削减温室气体排放的承诺，意图是到 2012 年工业国家排放量减少到平均低于 1990 年水平的 5.2%（具体目标各国不同）。《东京议定书》没有给中国、印度和其他发展中国家设定指标，但是期望能够承担削减温室气体排放的任务，而它们在全球排放所占的份额被准许上升以便使它们满足发展的需要。贸易制度安排的谈判十分困难，不清楚目前的提议在削减全球变暖上将来的效果如何。《京都议定书》的后续会议是 2009 年底召开的哥本哈根会议，最终没能达成新的目标。

在里约宣言中就支持全球可持续发展达成了共识，《21 世纪议程》考虑了在 21 世纪达到可持续发展的具体计划（United Nations，1993）。联合国成立了可持续发展委员会，其宗旨是促进、调查和监督可持续发展。但是，联合国自己也承认，到 2015 年环境可持续的千年发展目标不可能实现（United Nations，2009）。

里约全球高峰会议由于没有对增加援助、减少债务和从根本上把资源从富国向穷国转移获得有约束力的承诺而遭到批评。从那以后，联合国已把可持续发展的目标与消除极度贫困和饥饿的目标联系起来。斯特恩报告（2006）认为，发展中国家的经济增长在面对气候变化的情况下仍能实现。但是，要想这一点能发生，政府和国际组织需要干预和改善关于环境的市场运行，尤其是关于发展中国家气候变化的影响。

小结

1. 过去的经济发展造成了严重的环境破坏，当前的环境状况将约束发展中国家未来的经济发展。环境为经济和社会提供了四种主要的功能：维持生命、提供舒适服务、提供自然资源和吸收废弃物。

2. 新古典经济学的观点认为市场在分配稀缺资源方面是有效率的。很多环境经济学家提出市场不能有效率和公平地分配，而政府应介入改善这些市场失灵。

3. 当一个经济主体的行动影响到其他经济主体且不能通过市场机制控制这些行为时，外部性便产生了。矿物燃料的燃烧和全球温室气体的排放是外部性的一个例子。外部性的影响，尤其是污染，能够在一定程度上通过征税、补贴、谈判、许可证交易和管制来纠正。

4. 环境的经济分析需要对环境影响的现在和未来的成本和收益进行比较，要做到这一点需要使用贴现率的工具。

5. 长期有效地使用可再生资源和不可再生资源取决于它们的社会价值、可再生资源的增长、不可再生资源的储量和贴现率。市场并不必然会有效地使用可再生资源和不可再生资源。

6. 市场失灵的经济学分析表明，通过估算和考虑环境的额外价值可以在环境政策中对市场失灵加以矫正。考虑的因素包括：外部成本、不可再生资源如石油价格的溢价、当代人对环境商品和服务的存在所赋予的价值、把环境传于后代人的意愿以及不确定性对环境价值的影响。

7. 世界银行和其他机构试图调整国民收入计算，把由增加的经济活动造成的环境恶化考虑在内。经济发展和环境之间的关系是复杂的，是一个有争议的主题。

8. 可持续发展的主要思想出现于 20 世纪 80 年代，即后代人的福利与满足当代人的物质需要之间存在着矛盾。这种思想强调自然环境支持经济活动，表示世界应该在消耗自然资本方面谨慎从事。

问题讨论

1. 环境在维持经济活动中的功能是什么？
2. 解决外部性的各种可能的办法是什么？
3. 解释一下"公地的悲剧"的原因。
4. 决定有效地使用可再生资源和非再生资源的条件是什么？
5. 什么样的价值应该包括在社会成本中？
6. 应怎样作出调整以把环境影响包括在社会成本—收益分析和国民收入核算体系中？
7. 定义和解释可持续发展的概念。
8. 支持和反对保持自然资本存量不变的论点是什么？
9. 气候变化在物理上和经济上的影响是什么？
10. 在发展中国家穷人对气候变化的影响如何？
11. 国际组织对可持续发展思想和环境的经济意义是如何作出反应的？

注释

[1] 关于环境与经济的讨论是非常一般性的和简单的。对地球科学和人类与环境的相互作用的一个很好的介绍可以在塔布克等（Tarbuck et al.，2008）的研究中找到。

[2] 关于这方面分析的一本有价值的入门书，见 Common（1996）。

[3] 对新古典的经济学分析方法的解释在大多数中级微观经济学教科书中都能够找到：见 Varian（2002）。

[4] 这种水电设施的外部效应的评估和细节见 Bond et al.（2001）。

[5] 见 Dasgupta（1982）有关"公地问题"的讨论。

[6] 剩余价值能够严格地被归于私人或外部成本，但出于阐述目的，它们被分在不同的类别。

[7] 对经济评价的更精确的细节和讨论能够在 Garrod and Willis（1999）的研究中找到。

[8] 这些支出和成本可能很难观察，两种技术常常需要专家进行估计。

[9] 一个类似的分析应用于可再生资源的情况，因为再生产可能需要时间和投资，可再生资源的当前消费可能对后代人产生成本。

[10] 见 Barbier（1989）对环境与发展的经济思想史的精彩评述。

[11] Malthus（1798）；Ricardo（1817）；Mill（1856）。还可见第 5 章。

[12] 对发展中国家气候变化的安全的含义的分析见 Bushby（2009）。

[13] 对在环境和发展领域工作的大多数国际机构的目标和活动所作的一个清晰总结见 Stokke and Thommessen（2003）。

关于环境的网站

神奇的环境组织网站目录 www. webdirectory. com
国际环境和发展研究所 www. iied. org
世界观察 www. worldwatch. org
世界资源 www. wri. org
联合国环境署 www. unep. org
联合国可持续发展委员会 www. un. org/esa/sustdev
世界银行 www. world bank. org
世界贸易组织 www. wto. org
国际货币基金组织 www. imf. org
地球之友 www. foe. org

第五篇

经济发展资金的筹措

第 13 章

来自国内资源的发展资金

来自国内资源的发展资金这个题目有两个重要方面。一是涉及发展中国家能够鼓励储蓄的方式，因为只有当社会愿意储蓄时，资源才能用于资本品的生产。储蓄对于筹集投资资金是必不可少的。在一个原始的自给自足的经济中，没有货币和货币资产，储蓄和投资是一个同时的行为，也就是说，储蓄和投资由同样的人从事，储蓄将投资于储蓄所发生的部门。人们要想增加生产资料，就必须牺牲一些本可用于消费目的的时间和资源；他们不持有货币和生息资产。但是，在一个更为复杂的货币交换经济中，不能保证储蓄将必然会转化为投资。由于货币和货币资产的存在，投资和储蓄行为往往是分离的：想要投资的与想要储蓄的可能不是同样的人。资本积累过程可能需要金融和信贷机制重新分配资源，即把资源从储蓄者手里转移到投资者手中。的确，由于具有创造信贷的权力的银行制度的出现，投资可以通过借款过程发生，而无须预先储蓄。换句话说，储蓄为投资提供资金，但不一定为投资筹集资金。投资通过产出和利润的增加而产生自己的储蓄。事实上，在发展的早期阶段，资本形成的主要障碍可能不是储蓄，而是缺乏投资意愿和投资能力。

缺乏投资意愿可能是由于文化态度，或者只是对投资的风险估计过高。我们在第 6 章中对穷人为什么回避风险的原因进行了分析。另一方面，缺乏投资能力可能是由于合作的生产要素（包括外汇）短缺，或者因金融制度不发达而不能获得信贷。因此，来自国内资源的发展资金的第二个重要方面是与银行和金融制度在促进投资和筹集投资资金方面所发挥的作用有关的。金融制度对于鼓励储蓄、为投资筹集资金和最有效地配置资源是重要的。

在本章，首先区别不同类型的储蓄——自愿、非自愿和强制——而后区分对金融发展的不同的分析方法，它们具有不同的政策含义。储蓄先行论强调通过政策提高自愿和非自愿储蓄的水平，因为储蓄是投资的首要条件。凯恩斯主义理论认为鼓励投资将会创造出它自己的储蓄。货币数量论强调政府通过货币扩张和由通货膨胀而来的强迫储蓄（通货膨胀税）为发展调动资源的作用。

提高自愿和非自愿储蓄涉及货币和财政政策的使用。本章讨论发展中国家的金融体系，包括非正规金融部门，其在农村地区占主导地位；正规的银行体系和金融中介，以及存在的各种形式的金融压制，导致近年来金融自由化的广泛的规划。支持和反对金融自由化的案例和经验证据都已经介绍过了。本章还将考察小额信贷和发展银行在帮助人们脱贫方面的作用。

然后我们来考虑财政政策和税收；各国的税收努力，以及财政改革对提高税收收入在 GDP 中的比例的需要。

如果自愿和非自愿储蓄对发展努力是不充分的，通货膨胀政策作为在工资和利润之间以及私人部门和政府之间重新分配收入的手段，是另一种可能性。

前者的可能性是发展融资的凯恩斯主义方法。它认为有两种途径使得刺激投资能创造自身的储蓄：一是如果经济是在生产能力之下运行，就可以通过提高收入水平来产生储蓄；二是如果经济是在充分就业状态下运行，是在生产能力之上运行，就可以通过把收入从具有较低储蓄倾向的工资收入者向具有较高储蓄倾向的利润收入者再分配来产生储蓄。

后者的可能性是发展融资的货币数量论方法（之后称为货币数量论）。其中一种方法是为了社会利益，政府能把更多的资源转移到投资，通过扩大货币供给提供投资资金。对货币"征税"包括对货币实际购买力的缩减，以及货币持有者必须放弃用以恢复他们货币持有的真实价值的实际资源（强迫储蓄）。

已经认识到了通货膨胀融资的危险，且对通货膨胀和增长之间的关系的广泛的经验研究进行了评价。

第一节 储蓄的一般理论

□ 一、 储蓄的种类

社会中有三个主要集团从事储蓄：家庭部门、企业部门和政府。家庭部门的储蓄来自个人的可支配收入（个人储蓄），企业部门的储蓄来自利润，而政府储蓄来自税收收入，其条件是经常性账户上它的支出小于其收入（即，在经常性账户上有预算盈余）。家庭和企业储蓄有时叫做**私人储蓄**，而政府储蓄叫做**公共储蓄**。每个部门的储蓄动机都是不同的，我们稍后在本章将考察储蓄的决定因素。

就储蓄性质而言，可以分为三大类别：自愿储蓄、非自愿储蓄和"强迫"储蓄。这些储蓄类别的由来是不言自明的：（1）**自愿储蓄**是由于来自可支配收入的消费的自愿减少而产生的储蓄。家庭和企业部门可能是自愿储蓄的来源。（2）**非自愿储蓄**是由消费的非自愿减少而引起的储蓄。所有税收形式、社会保险缴费和强制性地借款给政府的计划都是涉及消费非自愿减少的传统做法。（3）消费可能因价格上涨而减少，这称为**"强迫"储蓄**。[1]它的发生可能有很多原因。人们可能支出同样的货币数量，但因为价格上升了，这意味着他们按照实际项目支出得更少了（货币幻觉）。人们可能想要保持其持有的货币的真实价值不变，于是当价格上涨时，他们积累更多的货币（实际余额效应）。通货膨胀也可能把收入再分配给具有较高储蓄倾向的人，如利润获得者。

由于多种原因——将在后面讨论——通货膨胀可能是发展的一个自然伴随现象，但是政府在充分就业条件下，运用货币扩张手段，实行财政预算赤字，也可以有意地诱使通货膨胀的发生。这种情况就是**通货膨胀货币税**的观点。还应该记住，如果经济处在非充分就业的状态，假定不是所有的产出增加都消费了，那么通过使失业者或利用不足的资源投入使用，总是可以增加储蓄的。

为了投资目的的国内储蓄也能够从国外得到补充。私人外国投资是资本形成的直接来源，使国内储蓄直接增加。刺激收入和使用以前利用不足的资源，也是储蓄的一个来源。而且，从国外借款为投资提供了资源——它能够使进口超过出口，在国民经济账户中，它是作为超过国内储蓄的投资而出现的。外国援助可能是多边的，也可能是双边的；它可能采取多种形式，从以商业利率贷款到产品和服务以及技术的直接赠与（见第14章）。国外汇款也扩大了国内储蓄。

一个国家的商业政策能够为投资目的刺激储蓄和释放资源。如果实际收入的增加不是完全消费了，贸易本身以及一国贸易条件的改善，能够为投资提供额外的资源。同样，只要国内储蓄不因购买力转到国内消费品而下降，限制消费品进口的政策也能为投资释放资源。

各国的储蓄和投资在国内生产总值（GDP）中的比率千差万别，主要原因是储蓄与投资能力和意愿各不相同。有些国家是负储蓄，即消费的比生产的还多。有些国家储蓄大于投资，这意味着它们向国外投资；另一些国家投资大于储蓄，意味着它们是资本的净输入国。2009年各国和各地区的储蓄和投资情况如表13—1所示。要注意的第一件事情是，储蓄比率在穷国比在富国（地区）要低得多，但储蓄比率并不随国家（地区）变富而不断上升，在中等收入国家组达到最高，然后保持稳定。低收入国家的加权平均储蓄率只有GDP的16.5%，而与之相比，中等收入国家是31.6%，高收入国家（地区）为19%。[2]有些低收入国家是负储蓄，例如，厄立特里亚和尼加拉瓜。大多数低收入国家的投资比率要高于其国内储蓄比率，表明它们是净资本输入国。值得一提的是中国，很多年以来储蓄率超过GDP的40%并且资本输出主要到美国。不仅个人储蓄高弥补了政府社会保障体系的缺乏，而且国有企业的公司储蓄达到GDP的30%。

第二个重要观察是储蓄状况在各洲之间，特别是在非常成功的东亚国家（地区）的高储蓄比率与不大成功的拉丁美洲和撒哈拉以南非洲的低储蓄比率之间，存在着鲜明的差别。东亚的储蓄比率（46%）几乎是拉丁美洲（23%）的两倍，是撒哈拉以南非洲（15%）的两倍多。问题自然而然就产生了：东亚的高储蓄比率是先于迅速增长，还是迅速增长产生它自己的高储蓄比率？有些人可能认为，鼓励储蓄的政策才是重要的，包括金融自由化政策。有些人也许认为，正是鼓励投资的政策，特别是对银行系统的控制，导致增长继而储蓄。另外还有些人可能会说，这是当局在产生和再配置新资源方面有目的的干预的结果。

表 13—1 作为 GDP 百分比的投资与储蓄

国家（地区）	资本形成总额占 2007 年 GDP 的百分比	境内储蓄总额占 2007 年 GDP 的百分比	国家（地区）	资本形成总额占 2007 年 GDP 的百分比	境内储蓄总额占 2007 年 GDP 的百分比
阿尔巴尼亚	29.9	3.5	科特迪瓦	8.6	14.3
阿尔及利亚	33.4	56.9	克罗地亚	32.7	24.1
安哥拉	13.9	46.2	捷克	26.9	31.9
阿根廷	24.2	28.5	丹麦	23.4	24.5
亚美尼亚	37.2	17.3	吉布提	38.3	17.8
澳大利亚	27.4	26.2	厄瓜多尔	23.7	23.0
奥地利	20.8	28.1	埃及	20.9	16.3
阿塞拜疆	21.3	63.2	萨尔多瓦	20.4	−3.5
孟加拉国	24.5	17.5	赤道几内亚	46.7	82.8
白俄罗斯	33.2	27.1	厄立特里亚	10.6	−17.7
比利时	22.3	25.2	爱沙尼亚	37.9	27.0
伯利兹	19.3	17.5	埃塞俄比亚	25.0	5.5
不丹	52.5	60.1	斐济	16.2	0.6
玻利维亚	15.2	22.7	芬兰	22.3	26.9
波黑	22.7	−11.9	法国	22.1	20.2
博茨瓦纳	40.7	51.1	加蓬	26.2	55.0
巴西	17.9	19.5	冈比亚	23.2	6.7
文莱	12.9	52.8	格鲁吉亚	34.6	8.4
保加利亚	36.8	14.7	德国	18.3	25.3
柬埔寨	20.8	13.2	加纳	33.7	7.5
喀麦隆	17.3	18.1	希腊	25.7	12.5
佛得角	40.6	5.4	危地马拉	20.7	3.8
中非共和国	8.9	1.5	几内亚比绍	17.2	13.3
乍得	19.1	34.2	几内亚	12.6	10.4
智利	21.1	34.8	海地	25.7	2.3
中国内地	43.3	52.9	洪都拉斯	33.5	6.6
哥伦比亚	24.3	20.2	中国香港	21.3	32.2
科摩罗	14.3	−11.8	匈牙利	22.3	23.8
刚果（金）	20.2	9.1	冰岛	27.7	17.1
刚果（布）	27.1	57.2	印度	38.7	35.6
哥斯达黎加	24.6	19.8	印度尼西亚	24.9	28.9

国家（地区）	资本形成总额占2007年GDP的百分比	境内储蓄总额占2007年GDP的百分比	国家（地区）	资本形成总额占2007年GDP的百分比	境内储蓄总额占2007年GDP的百分比
伊朗	33.2	43.8	尼加拉瓜	31.8	−2.2
以色列	20.1	18.4	挪威	23.1	38.7
意大利	21.5	21.2	巴基斯坦	22.9	15.8
约旦	27.4	−14.1	巴拿马	23.5	28.5
哈萨克斯坦	35.6	42.5	巴布亚新几内亚	19.7	41.2
肯尼亚	20.2	9.0	巴拉圭	18.0	15.0
韩国	29.4	30.2	秘鲁	22.9	29.4
科威特	19.7	55.0	菲律宾	15.3	15.7
吉尔吉斯斯坦	26.0	−19.2	波兰	23.8	21.1
老挝	39.8	23.9	葡萄牙	22.2	15.1
拉脱维亚	37.2	17.0	罗马尼亚	29.6	17.2
黎巴嫩	17.9	−6.6	俄罗斯	24.6	33.3
莱索托	27.9	−24.1	卢旺达	21.2	2.8
利比里亚	20.0	−30.5	沙特阿拉伯	21.8	49.2
立陶宛	29.5	17.5	塞内加尔	32.5	12.3
卢森堡	19.1	49.7	塞尔维亚	23.1	1.0
马其顿	23.2	3.4	塞舌尔	41.6	−2.4
马达加斯加	27.3	11.0	塞拉利昂	13.4	6.1
马拉维	26.0	4.9	新加坡	22.6	51.4
马来西亚	21.9	42.2	斯洛伐克	27.8	26.8
马里	23.3	13.5	斯洛文尼亚	31.4	30.1
马耳他	21.6	19.4	南非	21.4	18.3
毛里塔尼亚	25.9	18.7	西班牙	31.3	24.8
毛里求斯	26.8	17.5	斯里兰卡	27.2	16.9
墨西哥	26.0	24.3	苏丹	24.2	20.5
摩尔多瓦	38.2	−14.1	斯威士兰	13.0	11.6
蒙古	40.2	38.8	瑞典	19.7	27.4
黑山	27.4	−15.3	叙利亚	19.8	20.7
摩洛哥	32.5	23.4	塔吉克斯坦	22.0	−23.8
莫桑比克	19.2	12.3	泰国	26.8	34.5
纳米比亚	30.1	25.4	特立尼达和多巴哥	13.4	33.9
尼泊尔	28.0	9.7	突尼斯	24.8	22.4
荷兰	19.7	27.7	土耳其	21.6	16.5

续前表

国家（地区）	资本形成总额占 2007 年 GDP 的百分比	境内储蓄总额占 2007 年 GDP 的百分比	国家（地区）	资本形成总额占 2007 年 GDP 的百分比	境内储蓄总额占 2007 年 GDP 的百分比
乌干达	22.3	8.3	中低收入	35.3	39.4
乌克兰	26.9	21.4	中高收入	23.0	24.2
英国	18.7	15.2	低收入和中等收入	28.8	30.9
乌拉圭	15.1	14.4	东亚和太平洋地区	37.7	46.3
乌兹别克斯坦	19.4	29.5	欧洲和中亚地区	24.9	23.6
委内瑞拉	28.0	34.3	拉丁美洲和加勒比地区	22.4	23.5
越南	41.6	28.2	中东和北非	27.7	29.7
赞比亚	24.1	30.6	南亚	35.4	31.2
低收入	24.9	16.5	撒哈拉以南非洲	21.9	17.9
中等收入	29.0	31.6	最不发达国家	23.8	15.5

资料来源：世界银行，世界发展指数，2009 年 6 月，http://data.worldbank.org/data-catalog/world-development-indicator。

回答这个问题是不容易的，但可能给出的各种回答突出展现了从国内资源筹集发展资金的三种重要研究方法的差别，我们将以这些方法作为本章余下部分的组织框架。这三种方法是：

第一，**储蓄先行方法**（prior-savings approach）。这种理论强调了先行储蓄对投资的作用，因而强调运用政策手段来提高储蓄水平——自愿的和非自愿的——的重要性。这种理论是一种古典的理论，它强调储蓄是投资的前提条件，它以强烈反对通货膨胀为特点，相信全部储蓄都能够找到投资出路。

第二，**凯恩斯主义方法**（Keynesian approach）。这种理论反对把储蓄看成投资的决定因素，相反，它认为鼓励投资将会创造出它自己的储蓄。投资创造储蓄的方法是，若资源未达到充分就业，通过产出的增加；若资源达到充分就业，通过通货膨胀使收入从具有低储蓄倾向的阶层向具有高储蓄倾向的阶层再分配。

第三，**所谓的货币数量方法**（quantity theory approach）。这一理论强调政府扩张货币数量的作用，认为货币扩张产生强迫储蓄和通货膨胀税，从而为发展挤出一部分资源。[3]

如果发展中国家处在凯恩斯主义意义上的充分就业状态（在消费品工业没有闲置能力），那么凯恩斯主义和货币数量论筹资方法可能会导致通货膨胀。在充分就业情形下，计划投资超过计划储蓄将会引起物价水平上升；政府扩张货币也有同样的结果。在这种意义上，储蓄先行方法与其他两种方法在理论上和实践上都有重要的差别。在储蓄先行方法中，为投资释放的资源来自自愿储蓄和非自愿储蓄，因此不会发生通货膨胀。在凯恩斯主义和货币数量论方法中，资源是通过通货膨胀过程释放的，是由收入从具有低储蓄倾向阶层向具有高储蓄倾向阶层的再分配以及对货币征税引起的。

□ 二、 储蓄先行论

在古典理论中，储蓄和投资是一枚硬币的两面；通过利率的变动，所有的储蓄都能找到投资的出路。因此，投资以及经济发展的过程都是由储蓄引导的。在发展文献中，发展过程的这个古典观点是发展文献中"为发展动员储蓄"之类说法的基础，也是实行高利率以鼓励自愿储蓄政策的重要基础。本书第 6 章所讨论的著名的刘易斯模型就是一个强调资本主义剩余的再投资对发展的重要性的古典模型。

在发展中国家，储蓄水平以及储蓄占国民收入的比重，可能是影响储蓄意愿和储蓄能力的多个变量的函数。决定储蓄能力的因素主要有平均人均收入水平、收入增长率和收入在穷人和富人之间以及年龄结构之间的分配（或赡养比例）。而储蓄的意愿则主要依赖于如下货币因素：利率、金融机构、资产的范围和可得性（金融深化），以及通货膨胀率。对于储蓄的文化态度的差异也是重要的，但是不易度量。

□ 三、 储蓄能力

收入是决定储蓄能力的主要因素。凯恩斯第一个把消费函数（以及储蓄函数）的思想引入经济学中，创建了一个简单的含有消费和储蓄的收入函数，而不是古典理论中的一个利率函数。储蓄是收入的函数被认为是凯恩斯绝对收入假说。我们可以用以下方法推导出储蓄率作为人均收入水平（PCY）的函数：如果我们把凯恩斯的储蓄函数写成：$S = -a_0 + b_0(Y)$，这里 b_0 是边际储蓄倾向，$-a_0$ 表示收入为零时的负储蓄（或正消费）。除以人口数量（P），我们得到：

$$S/P = -a_1 + b_1(Y/P) \tag{13.1}$$

为得到储蓄率的表达式，我们可将式（13.1）乘以人口数量 P，并除以国民收入 Y，于是有：

$$S/Y = b_1 - a_1(Y/P)^{-1} \tag{13.2}$$

这样，凯恩斯的绝对收入假说预测，人均储蓄（S/P）是人均收入（Y/P）的线性（但不是成比例的）函数，储蓄率（S/Y）则是人均收入水平的双曲线函数；这就是说，储蓄率随人均收入水平的提高而提高，但是以一个递减的比率提高。当人均收入（Y/P）趋向无穷大时，储蓄率（S/Y）就趋向渐近线 b_1。这种变化情况如图 13—1 所示。

表 13—1 的储蓄数据显示了上述这种关系，这在前面已经讨论过。穷国的储蓄率低于较富的国家（地区），但是比率随着人均收入的提高不是持续（永远）地线性增加。这个比率以递减的比例增加然后趋平。事实上，甚至有证据显示在高收入水平上开始下降，如当我们检验经验证据时会看到的那样。

储蓄率应随人均收入增加而上升，然后开始趋于稳定，其原因还不太清楚。在发展的早期阶段，储蓄似乎是一个奢侈品，而后就丧失了它的吸引力。部分原因可能纯粹是"统计上的"——发展中国家通常把储蓄定义为投资和外国资本流入的差。随着经济的

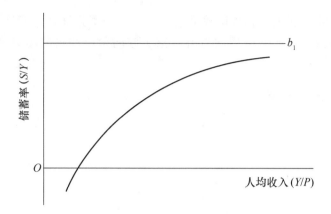

图 13—1 凯恩斯绝对收入假说

发展（人均收入的上升），投资支出的记录变得更为可信和精确时，储蓄率也显示出增加。但是，还有些经济因素可能在解释这种关系时起了促进作用。一个因素是货币经济的增长。随着货币取代实物交换，公众愿意以货币形式持有更高比率的收入，但他们若要持有更多的货币，就必须放弃对一部分实际资源的支配。这个假设得到发展中国家的货币需求收入弹性的支持，这个弹性大于1。

第二个可能的解释是，人口增长随着人均收入水平的增加而下降，所以人口增长对家庭储蓄的吸收越来越少。另一个似乎合理的解释是，在发展的早期阶段，收入分配——个人的和功能性的——变得越来越不平等，但随后开始下降。如果高收入群体的储蓄倾向高于低收入群体的储蓄倾向，利润获得者的储蓄倾向高于工资获得者的储蓄倾向，那么储蓄比率将与收入分配（个人收入分配）和利润在总收入中的份额（功能性收入分配）的不平等程度成正相关。第3章已提供了在发展的早期阶段收入分配扩大的某些证据。

决定一个国家储蓄能力的第二个因素是收入的增长，如储蓄的生命周期假说中所表述的那样，该假说最初是由莫迪利亚尼和布伦伯格（Modigliani and Brumberg, 1954）构建的。该假说的基础是，个人和家户试图把消费平均分配到他们的整个生命周期，所以储蓄决策被假定为总的生命周期和收入周期中所达到的阶段的函数。一个典型的行为模式是在年轻时负储蓄，中年时正储蓄，而在退休后负储蓄。现在考虑一下在这个框架中收入增长的影响。如果收入随时间提高，这意味着每一个年龄段的周期收入和消费要比前一个阶段高。如果每一个年龄段的目的是为了在退休时有更高的消费水平，一个积极的家庭的储蓄量将超过目前负储蓄的退休家庭，退休家庭具有一个较低的生命周期消费水平。而后储蓄率将倾向于随收入增长率的提高而提高，因为增长率越高，当代人中的劳动家庭未来的目标消费水平和欠繁荣一代退休人员的负储蓄之间的差距就越大。因而，具有高增长率的国家要比低增长率的国家预期会有更高的个人储蓄率。

但是收入增长包括两个部分：人均收入（PCY）增长和人口增长。人口增长带来的收入增长将会影响储蓄率，其途径是人口增长如何影响积极的家庭对不积极的家庭的比率。于是，第三个主要决定储蓄率的是抚养比。如果人口增长突然上升，这将会导致较高的年轻人抚养比，他们只消费但是没有产出，这将倾向于减少储蓄。然而，同样地，如果人口增长长时期缓慢，这将会导致退休人口比率比较高，这些人也是只消费但是没有产出。因此，较高和较低的人口增长都可能带来低储蓄率。为了验证储蓄的生命周期假说，最好把人均收入增长和储蓄率联系起来，而且把人口年龄结构或抚养比作为单独的变量加进去（见 Hussein and Thirlwall，1999）。

最后，我们前面已提到过收入分配作为储蓄能力的一个决定因素。如果富人的储蓄倾向高于穷人，则总储蓄率和不公平的程度正相关，不公平包括个人收入分配（个人之间）和职能分配（工资和利润之间），前提假设是利润的储蓄倾向高于工资的储蓄倾向。在第 6 章中我们知道，在刘易斯的无限劳动供给的发展模型中，决定储蓄比率的重要因素不是人均收入的绝对水平，而是资本主义剩余规模和收入在企业家利润与其他收入之间的分配。根据刘易斯（Lewis，1955），"如果我们问为什么欠发达国家储蓄得这样少，答案不是因为它们如此贫穷，而是因为它们的资本主义部门太小"。

□ 四、 经验研究

最近有四个主要的研究考察了各国收入的决定因素，包括了所有或部分上文讨论过的变量，并且也包括了我们下文要讨论的其他衡量储蓄意愿的变量。这四个研究是：爱德华兹（Edwards，1996）、马森等（Masson et al.，1998）、侯赛因和瑟尔沃（Hussein and Thirlwall，1999）以及洛埃萨等（Loayza et al.，2000）。爱德华兹采用了 1970—1992 年间 36 个国家的面板数据，区分了私人储蓄和国家储蓄。马森等使用了 21 个发达国家（1971—1993 年）和 40 个欠发达国家（1982—1993 年）的面板数据来解释私人储蓄对 GDP 的比率。侯赛因和瑟尔沃采用了 62 个国家 1967—1995 年间的数据，把国内储蓄率作为因变量。最后，洛埃萨等使用了 160 个国家 1964—1994 年间的一组数据，采用了四种不同的私人储蓄的度量方式（均高度相关）。所有这些研究都发现人均收入水平和增长作为国家间储蓄率的差异的决定因素是高度显著的。马森等、侯赛因和瑟尔沃使用 PCY 水平的非线性形式，如上文所述，发现要比线性形式更显著，因而支持图 13—1 的曲线形状。事实上，在马森的研究中，使用了 PCY 的二次项，这样储蓄率先假定上升而后下降。对于发达国家和发展中国家二次项都是显著为负的，在 PCY 达到美国的 60% 的水平上储蓄率达到最高。洛埃萨等对发展中国家和 OECD 国家分别进行了分析，发现 PCY 对储蓄率的影响在发展中国家大于发达国家，也表现出非线性。对于整个样本，作者发现 PCY 的 10% 的差别带来储蓄率 0.47 个百分点的差别。作者得出的结论是："刺激发展的政策是一种提高储蓄的间接但是最有效率的方式"，"成功的增长政策也许能推动储蓄、资本积累和增长的良性循环"。问题是如何推动收入上升、储蓄增加和增长加快的累积过程，从而导致更多储蓄。货币和财政政策以及成熟的金融体系可能在这个过程中发挥着重要作用。这就把我们引向关于储蓄意愿以及金融体系以最有效的方式在促进储蓄和分配资源中的作用的主题。上述所有研究都把金融变量包括在他们的方程中。

□ 五、 储蓄意愿

储蓄表示一个跨期的选择——今天消费和明天消费之间。所以，可以预期，今天消费的价格，即实际利率，将会对储蓄有正向影响。利率越高，储蓄量越大。这种假定的正相关也反映了利率作为等待的报酬的古典思想，并且是发展中国家金融自由化计划背后的主要思想，该计划寻求提高实际利率以便鼓励储蓄、投资和增长。自20世纪70年代以来，对金融自由化假说以及利率在促进储蓄中的作用进行了广泛的验证，结果大多是不确定的。或许这并不令人吃惊，因为金融自由化的论据大多指的是金融储蓄，但是金融储蓄仅是总储蓄的一个组成部分。如果利率提高，金融储蓄会增多，但是以其他资产减少为代价的，使总储蓄不变（见 Warmam and Thirlwall，1994）。标准理论也认为任何价格改变都有收入和替代效应。替代效应促进储蓄，但是收入效应减少储蓄（因为相同的收入水平现在能被较少的储蓄生产出来），结果是这两种效应能相互抵消。

储蓄意愿的一个更为重要的决定因素可能是金融制度的存在及满足储户的金融资产的范围和可得性。没有一个单一的度量指标能够捕获储蓄意愿的这些制度性决定因素。金融机构的数目、临近性和多样性对服务储户的不同需要可能是重要的。同样地，金融资产的数量和范围对衡量金融深化是重要的。这些度量指标包括：货币和准货币占GDP的百分比、货币和准货币的增长、准流动性债务占GDP的百分比。银行体系提供的国内信贷占GDP的百分比也是一种衡量金融深化的指标，但是其对储蓄的影响不明确。一方面，如果银行信贷为投资和增长融资，这将会对储蓄有正效应。另一方面，银行信贷的增长会放松对消费的流动性约束，导致储蓄下降。

最后，预期通货膨胀率可能会影响储蓄意愿，但是结果是不明确的。一方面，通货膨胀对货币余额持有征税。如果个人希望恢复他们的货币余额持有的实际价值（所谓的真实余额效应），储蓄会随通货膨胀率的上升而提高。另一方面，如果与持有货币的便利相比变成了一种负担，那么自然预期个人会避税。即使私人储蓄确实增多，如果政府把通货膨胀税的收益全部消费掉，那么总储蓄可能不会增多。如果工资—价格系数小于1，通货膨胀也将在私人部门对工资和利润收入进行再分配。如果利润的储蓄倾向大于工资的储蓄倾向（如前文所述），这将会提高储蓄。但是这个过程仅在有货币幻觉以及工人不再要求工资增长与价格增长一致时才能持续。通货膨胀和储蓄率之间的关系最有可能是一个倒U形的曲线（二次函数），储蓄随温和通货膨胀增加，而后随过度通货膨胀而下降。通货膨胀与增长之间的关系的可得证据也表明了这种非线性关系（见上文）。

上文引用的四种研究（和其他研究）中的证据表明金融变量对储蓄的表现很重要，但是金融深化和信贷可得性比利率更加重要。爱德华兹和马森等发现金融发展的水平是私人储蓄的一个重要的决定因素。侯赛因和瑟尔沃对金融深化的不同衡量指标进行了检验，发现各国的国内储蓄率和银行体系准流动负债对GDP的比率之间存在强烈的正相关关系。洛埃萨等把M2货币对GNP的比率作为度量金融深化的指标，但是发现只有弱显著性。更有趣地，他们发现较高的利率和较大的国内信贷资金流都对私人储蓄率有负效应。作者得出的结论是："这些结果比先前的研究对金融自由化的储蓄效应提供了一个更为黯淡的观点。"关于金融自由化的过程和影响将在本章后面讨论。

总体的结论是，虽然金融变量在决定储蓄行为方面不如收入那样重要，但经济发展本身取决于金融制度的完善和成熟，有证据表明，当收入水平上升到生存水平以上时，储蓄可能对利率更为敏感。奥加基等（Ogaki et al.，1996）对这个问题的研究见表13—2。

表 13—2 　　　　　　　　　　　　　　　　储蓄的利率敏感性

国家组	初始实际利率		
	3%	4%	5%
低收入国家			
所有低收入国家平均	0.312	0.306	0.300
10 个最穷国家平均	0.177	0.174	0.171
中低收入国家	0.532	0.522	0.512
中高收入国家	0.560	0.549	0.539
高收入国家	0.584	0.573	0.562

资料来源：Ogaki et al.（1996）.

注：这些数据是指实际利率 1 个百分点的变化所引起的储蓄率的百分点变化。例如，在高收入国家，实际利率为 3%，实际利率上升 1 个百分点使储蓄率提高接近三分之二个百分点（0.584 个百分点）。在较高的基线实际利率水平上，储蓄对利率的反应略微下降。

在低收入国家，收入超过生存水平的余额很小，因此，储蓄对利率几乎没有什么反应，但是，随着消费上升到超过生存需要，它的反应开始上升，人们可以就增加当前消费还是未来消费作出选择了。

这将使我们转到讨论金融制度、金融政策和经济发展这个更广泛的题目。

■ 第二节　金融制度与经济发展

□ 一、　金融制度在经济发展中的作用

发展中国家的特征之一是，经济中很大部分活动要么是非货币化的，要么就是交易在正规金融机构之外进行。换句话说，发展中国家的经济有很大的一个部门，其货币不用作主要的交换媒介，以及有一个很大的非正规金融部门或无组织的货币市场。这将会产生很多不利于经济发展的结果。

第一，如果交易采取物物交换形式，这不仅耗时，而且还浪费资源。卖主必须花费时间和努力来寻找拥有他们想要的物品的买主。货币作为交换媒介就避免了需要的双重巧合的问题。在这种意义上，货币是一种资源，它引入经济可能是具有高度生产力的。

第二，如果没有一个便利的和普遍接受的支付手段，劳动分工和专业化就会受到阻碍，它阻碍了资本积累过程，减少了生产率。按照亚当·斯密的观点（见第 5 章），劳动分工是报酬递增的源泉，因为它使复杂的过程分解为较为简单的操作，允许使用机器和大生产。若市场受到交换商品困难的限制，专业化就变得无意义了。

第三，储蓄采取实物资产占有的形式——例如，土地、牲畜、黄金珠宝等——与货币资产相反，它占用了大量的资源但不能投入生产性的使用。

第四，如果不存在发行货币资产的金融机构，投资只能在储蓄发生的部门进行，而这个部门可能不是最有效率的部门。

第五，非正规部门的大量贷款是为满足消费之用的，而且利率非常高，这可能对总

投资产生不利影响。非正规金融部门在发展过程中可以发挥重要作用，但由于很多原因，它只有与正规金融部门结合在一起才是符合社会需要的。

□ 二、 非正规金融部门

非正规金融部门是指在一国政府批准的银行系统之外发生的所有机构和交易。该部门在为经济发展筹集资金方面起到了重要作用，虽然我们并不知道它的重要程度究竟如何。在非正规部门之内，存款人、放款人和借款人之间存在着各种各样的制度和安排，有些可以追溯到几个世纪以前，根植于传统和习惯；另一些制度和安排是作为对经济和社会变化的反应的结果而不断演进的。该部门的特征是高度的自发性和灵活性，需求创造它自身的供给。主要参与者是放款人、商人、贷款经纪人（loan brokers）、储金会（savings groups）、亲朋好友等。

放款人在发展中国家的农村地区有长期的传统。他们是地主、商人、钱庄和当铺。贷款一般是短期性质的，利率很高。反映了高资金的稀缺性以及为消费与投资（如备用物质的储存）筹集资金的短期贷款需求很高。商人常常以未来商品的买卖为基础向客户提供贷款（见第6章附录）。贷款经纪人在有剩余资金的人和需要信贷的人之间充当一个中间人的角色。在非正规市场上，贷款倾向于比其他部门更大，贷款期限更长。

储金会在不同国家采取不同的形式和有不同的名称。它们也是农村地区融资和信贷的重要来源。在某些情况下，储金会由这样一些人组成——他们定期地将钱存放在储金会领导人或保管员那里，有时为了特殊的目的，如缴税、投资或支付节日费用。如果储蓄被用于投资，其收益可能由成员共享。规章制度由地方条件和传统确定。在其他情形下，储金会成员也可以从储金会借钱。非洲有一个历史悠久的特殊形式的储金会叫"轮流储蓄和信贷协会"（ROSCA）。该协会以"互惠"原则为基础，从事小额贷款。协会成员定期地且以一个固定的数额向协会存款，他们有权在轮流的基础上撤出其货币存款。个人可以决定适合他们需要的支付和撤出货币存款的周期。它的优点是，协会成员能够立即进行大笔支出，但如果必须依赖他们自己的个人储蓄，在短期就不可能做到这一点。

农村金融中介机构（RFIs），包括小额信贷机构，近年变得日益重要起来，主要在农村部门为个人（主要是妇女）、家户和微小企业提供小额、无担保、短期贷款。这些中介机构在下文详细讨论。

最后，亲朋好友是信贷的主要提供者。这种信贷灵活且无利息，并且还款也是无期限限制的。

虽然在大多数发展中国家正规部门在扩大，但是非正规金融部门继续繁荣兴旺，因为它满足了其他部门不能满足的需要。第一，很多农村地区还没有金融机构可供利用，或者它们不存在，或者不在附近。正规金融部门主要是以城市为基础的。第二，在银行存在的地方，有很多制度障碍阻止了银行作用的发挥，这些障碍表现为获得金融帮助的各种复杂的程序规则。获得贷款的条件可能是非常苛刻的，对大多数人来说很难满足。例如，穷人和文盲很难提供正规部门常常所要求的贷款抵押品。在实践中，正规金融部门常常远离小农、小企业主和普通家庭，所以，非正规金融部门将填补市场的这个空缺。第三，非正规部门有时成为正规部门的一个补充。个人从正规部门中借款，但发现这些信贷是不充分的，于是求助于非正规部门以扩大它们的借款数量。在最近几年，世界银行结构调整计划在几个国家实行了，减少了来自正规部门的贷款量，需求已转移到非正规部门。

为全社会服务的发达的金融制度要求有五个主要条件，其中每一个条件都可能有助于金融深化过程，提高储蓄和投资水平、资本生产率和产出的增长。这五个条件是：（1）经济的完全货币化，完全取代实物作为交换媒介；（2）非正规与正规的货币市场的一体化；（3）受中央银行监管的商业银行系统的发展；（4）为小额贷款目的的发展银行和微观信贷机构的创建；（5）以发行和交易金融资产为目的的金融市场和金融中介的发展。

□ 三、 货币化与货币市场一体化

经济的货币化通过几种方式为产生实际可投资剩余提供了潜力。随着法定货币在交易中取代实物货币，对货币的需求相对于收入来说增加了，这将释放出等价的实物资源。实际储蓄的增加与公众持有的货币存量相等。发行货币可以占有这些释放的资源，并相应提高投资水平。在一个增长的经济中，交易规模不断扩大，这就要求货币供给有相应的扩张。为满足这一目的而增加的货币扩张，同样可为政府占用并用于发展目的。

货币的广泛使用，不仅可以释放资源，而且可以节约和产生资源。由于用生产费用极为低廉的纸币取代了生产费用高昂的各种金银货币和商品货币，因而节约了资源。由于避免了物物交换所必需的双重巧合，因而也节约了时间——如果劳动时间的边际成本是正数，时间也是资源。由于便利了交换，促进了更大的劳动分工和专业化，因而货币也创造了资源。

在历史上，货币经济的增长也是银行和信贷机制发展的有力刺激，它本身就是储蓄和投资的一个刺激因素。当金融资产的范围很小时，储蓄一般采取持有实物资产的形式。虽然原则上说，这不应意味着储蓄水平降到在其他情况下可能达到的水平以下，但在实践中，它取决于实物资产的卖主如何处理销售收入。如果收入的一部分被消费掉了，一个人的储蓄就会被另一个人的负储蓄抵消，于是为投资目的而释放的资源就会比拥有由金融机构发行的金融资产条件下所释放的资源要少得多。

由于某些原因，还需要促进非正规金融部门与正规金融部门的联系。在非正规部门中索要的高利率增加了成本和家庭负债，如果非正规部门面临正规部门更大的竞争，其利率和成本就可能下降。只要把非正规机构转变为较为正规的机构，或把非正规部门作为正规资金的一个渠道，充分利用非正规部门的低交易成本、本地知识和更大的灵活性，这一点就能够做到。还可能有一个支持机制保证贷款来自非正规部门。

重要的是，资本市场应该一体化，也就是说，利率结构是统一的。由于缺乏信息和要素流动性，一个分割的资本市场存在着多种利率，即不同部门有不同利率。其结果是经济中的某些部门也许能够以一个很低的利率借到资金，该利率比资本生产率更高的其他部门所通行的利率要低得多。资本配置被扭曲了，变得无效率，资本—产出比要比正常情况下的资本—产出比高得多。解决办法是鼓励资金进入有组织的市场，把金融机构服务扩展到至今还缺乏这种服务的经济部门。

似非而是的观点是（古典的观点），有组织的货币市场的发展能够降低经济中的平均利率和提高储蓄水平，因为无组织的货币市场利率太高，而且主要是消费贷款，而在有组织的货币市场上，市场利率要低得多，而且主要是投资贷款。

□ 四、 银行体系的发展

一个全国性银行体系通常由三类银行组成：中央银行、商业银行和专业发展银行。发展这样一个银行体系，是发展战略中最优先考虑的任务之一。

中央银行主要有如下职能：第一，发行货币并向政府贷款，按照前述的方式，把实际资源转移到政府手中——一个强大的中央银行是最容易把政府和公共部门的需要放在首位的；第二，建立一个分支储备银行系统，通过这一系统，中央银行能够提供货币供给和控制信贷——中央银行可以要求成员银行库存政府债券，而市场债券的增长，若不发生过度货币扩张，本身也能够促进发展；第三，发展其他的金融机构，特别是为发展提供长期贷款资金的机构和政府证券市场；第四，通过适当的货币政策的运用，维持高水平的需求以达到生产能力的增长；第五，若有必要，为了发展经济的特定部门，有选择地对信贷加以控制。

商业银行体系有两个重要的职能：一是创造信用，二是鼓励节俭和以社会最有效的方式分配储蓄。商业银行创造信用的能力对经济发展来说是至关重要的，因为，一个经济制度创造信用的能力之所以重要，主要有两个原因。第一，银行体系可以有效地弥补经济制度中计划储蓄和计划投资的不相等；第二，它能为增长融资提供一种手段。这就是纸币和信用发明的实际意义——当技术进步所提供的连续的增长机会出现时，它能使经济体系相应地扩张；而在物物交换制度或纯金属货币制度中是不可能做到这一点的。

银行可为储蓄提供利息，使储蓄能够用于别的部门，因而能够鼓励节俭和更有生产性地配置储蓄。银行能够打破部门瓶颈，使利率统一起来。然而，在许多发展中国家中，商业银行发展很不成熟。银行存款对国民收入的比率平均约为20%，活期存款占总货币供给的比率平均在30%～40%之间。与之相比，在发达国家中，银行存款对国民收入的比例通常超过了50%，而且货币供给大部分是由商业银行存款构成的。在发展中国家，银行数与总人口相比也非常少，平均每100万人才有20家银行，而在发达国家中则有200家。如果银行要充当小额储蓄的催化剂，它们必须量多面广。建立分支银行的理由是它能够吸收小额储蓄。如果储蓄机构放在人们的鼻子底下，他们就会储蓄得比储蓄机构设置很远的情况下要多。案例13.1描述了越南车轮上的银行，也是下一节所讨论的小额信贷的一个例子。

▶ 案例 13.1　　　　　　　　　越南车轮上的银行

马徐成（Ma Seo Sang），一个需要帮助的赫蒙族寡妇，生活在越南山区，每天的生活标准低于25美分。她为了丈夫的葬礼卖掉了一头猪，为了支付儿子的罚款卖掉了一头水牛，并偿还了与他人的一项债务。她已经借遍了所有的亲戚。放贷人如果放贷给她，将会收取过高的利息（达到每月10%）。她需要钱来生存。

马徐成的困境带来了与极度贫困相连的很多问题，缺乏信贷可得性就是一个问题。小额信贷是解决办法的一部分——为穷人提供基本的金融服务。小额信贷为脱贫提供了一条路径。但是这条路有多长？能缩短吗？世界银行农村金融项目下的移动银行计划在越南的经验为这些问题提供了部分答案。表明能够找到创造性的方式，不仅使放款人能接触到穷人，而且使穷人能够接触到放款人。

越南农业和农村发展银行（农业银行）在1998年启动了一个流动银行项目，按照孟加拉国和马来西亚类似项目的模式。装备159部车辆在土路和山路上行驶，使信贷员能够到偏远地区处理贷款申请、支付款项、收款和移动办理储蓄存款。采用定期拜访和事先预约的方式。

项目一旦启动，很显然，对最穷的人来说不仅仅是难以利用其服务那么简单。隔离使他们感觉到无助和恐惧。在高山族群，人们所生活的山越高，隔离时间就越长，他们似乎更加相信他们不能够获得贷款。疑虑是另外一个问题。如果放款人提供一笔贷款，而如果还款滞后，那么就会牵走农民的水牛，如同发生在马徐成身上的吗？

首先，最穷的人是缺乏自信和自尊的。例如，对不识字的穷人想知道他们如何写申请和收据。其他人认为他们不能获得额外收入来偿还贷款。很多人除了种植和养殖害怕冒险活动，即使有机会。

流动银行对借款人的工作，必须使以下服务可以获得：提供适当的借贷产品、借贷和储蓄的联系、借贷和人力资产的建设相结合。

对于贷款人，必要的是，流动银行的实验必须在金融上是自我维持的。因而，需要以下组成部分：基于组群的贷款、正规和非正规信贷的联系和合理的利率。

近五年的运行，流动银行项目证明是相对经济有效的，为31.5万较穷的家户提供了金融服务。原始数据表明，平均每个移动银行发放1 921份贷款，回收1 387份还款，并且每月75次运送现金到16个当地网点。优质的还款率表明穷人具有良好的信用风险。项目每月开通小额储蓄账户1 983个，表明穷人是很好的储户。

对于马徐成来说，她获得了大约300美元的贷款，并且使用这些钱购买了一些鸡和猪来饲养。出售这些动物获得的收入可能帮助她谋生。

资料来源：G. Nguyen Tien Hung（2004），"Bank on Wheels"，*Finance and Development*，June.

□ 五、 农村金融中介机构与小额信贷

农村金融中介机构（RFIs）和小额信贷机构在帮助穷人和促进小微企业成长方面有关键作用，在这些穷人和小微企业中一些潜在的企业家被排除在银行体系借款之外，因为他们太穷并且缺少抵押品。而在RFIs的结构内，有各种各样的组织和金融服务。在大多数RFIs经营的农村地区，在多数贷款发生的地方，有不同的细分市场在开展服务。有一些RFIs成功的案例研究，其中有一个研究是针对印度尼西亚的（Chaves and Gonzalez-Vega，1995）。在20世纪80年代和90年代，印度尼西亚政府建立了半独立的、本地化运行的RFIs网络，获得了巨大的成功，主要通过招募地方代理人来收集借款人的信息，监控他们的行为和借贷合同的实施。这种方法使贷款违约低于贷款的2％。在20世纪90年代初期，有1.3万个这种中介机构为超过400万人提供服务，分发的贷款在50～600美元之间。多数RFIs达到账面盈利，因为固定成本保持在低水平，并且实际利率高，每年30％～84％不等。有趣的是，贷款不是以组群为基础的，它们是对个人的，并且还款的压力来自地方代理人，给予这些代理人适当的激励，以防止他们偷

懒、与借款人勾结或受贿。

这和小额信贷运动形成对比，它们大多数是通过债务联保贷款的方式使组内所有成员共同为其成员贷款担保。如果群组不能还款，就不能再获得贷款。因而，债务联保贷款激励了借款人之间合同的筛选、监督和实施，降低了贷款人的成本。因为群组中借款人之间极为亲近，减少了借款人和贷款人之间的信息不对称。证据表明（见 Hermes and Lensik，2007），具有更强小组联系的小组还款记录更好，有书面合同和较为强势组长的小组的还款记录也一样，如果没有其他信贷渠道，在地理上更为开放。

目前全世界有超过 3 000 个小额信贷机构（也有一些在发达国家），而且据估计至少有 1 亿穷人获利。游说组织小额信贷高峰会想要看到这种组织快速地扩展，尤其是要完成 2015 年千年发展目标。

在发展中国家最先提出小额信贷的概念的银行是孟加拉国的格莱珉（意思是农村）银行。由穆罕默德·尤纳斯（Muhammad Yunus）在 1983 年正式成立（提出最初思想后 7 年），他是孟加拉国吉大港大学经济学教授，决定不在象牙塔内教授贫困经济学，而是要去实践它，基于人人都有权获得信贷的理念，但是穷人被排除在传统银行体系之外。但是帮助人们脱离贫困的最好的方式是能够借钱做些小生意。因而，格莱珉银行作为一个小额信贷组织建立起来，贷款给农村穷人，尤其是妇女，没有抵押品——数目只有 10 美元。一个贫穷的妇女可以获得小额贷款买一个烤炉去卖热食。她连本带利偿还贷款，其他人也能借款，接下来她能借到更多的钱以便再买一个烤炉，并且最后变成了富裕的商人。另外一个贫穷的妇女使用小额贷款买鸡，开始卖鸡蛋，偿还贷款，然后借更多的钱并且变成了一个养鸡专业户。这些都是简单而真实可能的故事。借款和还款都是发生在一个小组之内（通常 5 个人），小组成员同意相互监督，这样在明智使用贷款和还款方面有来自同伴的压力。通常小组中每个成员来自同一个村并且成员有着类似的经济和社会背景。贷款首先给小组中的两个成员，他们会被密切观察两个月而且必须按周分期还款。如果还款，然后其他两人可以贷款。贷款使用受到格莱珉银行员工的监督，小组集体开会协商新项目的选择。所有的信贷交易都要公开讨论，所以发生了什么事是完全透明的。没有任何的"掩盖"和腐败。格莱珉银行的还款记录接近贷款的 98％，这要远好于商业银行系统坏账盛行的还款记录。

☞

穆罕默德·尤纳斯（Muhammad Yunus）

1940 年生于孟加拉国吉大港。吉大港大学经济学教授，格莱珉银行创始人，1983 年开始小额贷款，主要给贫穷的妇女群组，基于人人都有权获得贷款，而不仅是有抵押品的富人才能获得贷款的理念。小额贷款运动现在已在发展中国家盛行并且帮助数以百万的家庭脱贫。他和格莱珉银行获得 2006 年诺贝尔和平奖。

对于低违约率的传统解释是来自小组同伴的压力，但是研究（Pankaj，1996）表明解释要比这一点深入得多，正是在文化和民族精神之内，银行在其雇员中以及银行雇员与客户之间发展起来。潘克杰（Pankaj）没有发现如果一个成员违约，其他成员不能借款的证据。非常高的还款率的主要解释似乎是银行非常严密的结构，在每个阶段对客户和贷款进行审核。每个借款小组有五个成员，并且六个小组组成一个借款中心，每周定期会面。每个中心由一名来自格莱珉银行分行的雇员监督，每个雇员会指导 10～15 个中心。每个支行有一名负责的区域经理。指挥系统清晰而且每个阶段都有监督。正是这种银行的组织结构才是其成功的核心。其他服务农村社区穷人的银行能够从格莱珉的结构中学习到经验。

格莱珉银行也参与村庄为提高生活质量的社会发展项目，例如鼓励成员修建房屋和卫生设施、植树和种菜园。在孕妇保健、营养和儿童护理方面也有全面的培训项目。但在孟加拉国有超过 1 000 个支行服务 3.6 万个村庄，为 800 万人发放了 60 亿美元的贷款。2006 年，穆罕默德·尤纳斯和格莱珉银行获得了诺贝尔和平奖。

格莱珉的思想现已在 100 多个国家传播。并不是所有的小额信贷银行都以同样的方式运转，但都是针对不能从商业银行体系获得贷款的穷人而设计的，因为他们没有抵押品。另外一些全世界著名的小额信贷机构是玻利维亚的太阳银行（Banco Sol）（成立于 1992 年，是拉丁美洲第一个小额信贷银行），墨西哥的康帕图银行（Banco Comparta-mos）（主要贷款给妇女），总部位于美国的行动国际（Acción Internacional）在拉丁美洲 13 个国家有分支机构（包括秘鲁的米邦科银行（Mibanco）），肯尼亚的农村企业计划和印度尼西亚的人民银行（Bank Rakyat）。

在小额信贷运动之初，大多数银行都依赖于公共补贴运营，因为管理小额信贷的营业成本很高——除了 20%～30% 的高额利息。在过去的十年里，小额信贷机构（很多由 NGOs 来运营）得到 100 亿美元的公共补贴。商业运营的小额信贷结构有较低的营业成本和较低的利息，但是贷款金额较大而且借款人不是那么穷。

未来的挑战是要看到，微观金融在没有长期补贴而又不放弃小额信贷的目的——即贷款给那些被拒之正规银行系统之外的最穷的人——的情况下能否在商业基础上扩展业务。目前，有证据表明似乎在小额信贷商业化和帮助穷人之间存在权衡。卡尔等（Cull et al.，2007）尝试对这个问题进行严格的考察，采用 49 个国家 124 个小额信贷机构的样本来检验，看看银行盈利能力和它们向穷人贷款之间是否存在显著关系。他区分了三种形式的银行：（1）那些给小组群贷款的银行（48 个）；（2）那些给个人贷款的银行（56 个）；（3）村庄贷款人（20 个）。证据表明以个人为基础的贷款银行要比以小组为基础的机构盈利能力强，但是贷款组合中的穷人（和妇女）借款者的比例在后者更低。作者得出结论说："我们发现了努力实现盈利又能明显贷给穷人的机构的例子——履行小额信贷的最终承诺。但是目前为止它们是例外。"

卡尔等（Cull et al.，2009）也使用微观金融信息交流中心的数据，该数据库涵盖了 2002—2004 年间 364 个机构 250 亿英镑的资产和 1 000 万借款人，对商业微型银行的活动和 NGOs 的活动作了区分。他们发现：（1）商业微型银行占据更多的资产，但是 NGOs 更偏向穷人；（2）微型银行（73%）比 NGOs（54%）更盈利；（3）大多数微型银行贷款给个人，而大多数 NGOs 贷款给小组；（4）NGOs 的贷款金额小于微型银行；（5）NGOs 收取的利息（每年为中型银行的 25%）比微型银行（13%）要高，因为运营成本更高（与微型银行每美元 12 美分相比，NGOs 为每美元 26 美分）；（6）两种形式的小额信贷机构的违约率没有差别。

但是，作者注意到小额信贷的社会回报和有多少人因此脱贫的证据是匮乏的。这是将来研究的挑战。

□ 六、 发展银行

发展银行在发展过程中也发挥着特别重要的作用,因为如果没有政府的指导,商业银行体系在进行贷款时并不把发展放在最重要的位置上考虑。商业银行的职能就是为它们的股东赚取利润。这意味着商业银行一般都是风险回避型的,贷款期限短。这也意味着它们只是对自己的现金流量感兴趣,对它们所贷款的项目的社会获利性问题不感兴趣。发展银行能够考虑更长的时间,承担更大的风险,追求发展目标,集中关注贷款的社会获利性以及鼓励储蓄。

汤加发展银行的活动提供了一个有趣的案例研究。[5]该行是 1977 年建立起来的,目的是"为了汤加人民的经济进步促进汤加经济的发展"。该行贷款政策优先给予这些项目——它们有增加出口或减少进口的潜力,促进地方企业家的形成,使用本地投入,有助于增加就业机会,尤其是妇女的就业机会,增加农村地区和外岛中较穷的人的收入。关于出口问题,如果经济增长受到外汇短缺的约束,任何由银行贷款的能赚取净外汇的项目都将导致社会收益高于私人收益,因为产出的增长将比不是这种情况下的产出高。在汤加,商业银行系统不会贷款给愿意种植笋瓜的人,因为风险被认为太大了。但是,汤加发展银行为笋瓜种植者提供了差不多 1 000 万美元的贷款,笋瓜现在占该国出口收入的 80%。该行向汤加大约 50% 的家庭发放过贷款,70% 的私人贷款是由该发展银行提供的资金。该行填补了小额贷款市场的一个重要缺口,因为商业银行不会向低于5 000 美元的小型项目贷款。可能无须怀疑,汤加发展银行在汤加经济发展中发挥了中枢作用,而且能够做一些私人部门不想做的事情。所产生的正外部效应充分证明了利率补贴是正确的。

所有发展银行在刺激资本市场方面都可以发挥积极的作用。通过销售它们自己的股票和债券来筹措资金,通过帮助企业发行或销售它们自己的证券,以及通过从它们自己的投资组合中销售,它们是能够做到这一点的。

□ 七、 金融中介

各种类别的金融中介的重要性是它们能够以不同的收益、不同的偿还期限、可分性等提供多样化的金融资产,以适应储蓄者和投资者的各种要求和时间期限。它可以提高储蓄和投资水平,还可以改善资源配置的效率。

就储蓄和投资水平来说,金融中介具有四个重要的优点:

(1)一般说来,储蓄者只愿意作一些短期贷款(仍然保持流通性),而投资者想要作一些长期的借款。从储蓄者直接向投资者贷款,没有金融中介,将使储蓄者承受的时间期限比他愿意的要长,因为投资不可能立即就产生收益。但是,金融中介能够承担风险,能够短期借款、长期贷款,从而既适应了储蓄者,也适应了投资者。

(2)金融中介的使用减少了交易成本。直接放贷——储蓄者必须找到合适的借款人和投资者,或者找到合适的借贷者——既耗费时间又耗费成本。减少交易成本既鼓励储蓄,也鼓励投资。

(3)金融中介能够专门从事特殊的业务,由于积累了各种市场的知识,它减少了信息成本。这将减小与贷款有关的信用风险，也能刺激更大的储蓄和投资。

（4）投资项目常常要大于一个人或一组人的储蓄。金融中介的存在克服了这种不可分性的问题。

关于资源配置效率的问题，金融中介的巨大好处是金融资产债务的创立可以使储蓄者以金融方式持有部分财富。这意味着投资不再局限于储蓄所发生的部门，从而促进资源向具有更高生产率的经济部门转移。

第三节　金融自由化

□ 一、 金融自由化的主要观点

正规金融部门——由中央银行、商业银行体系和各种其他金融中介组成——一般遭受各种**金融抑制**（financial repression），这些金融抑制可能阻碍发展过程。例如，政府可能对银行体系进行垄断，限制金融体系的发展。私人部门银行可能必须保持很高的准备金要求，以及强制性地为弥补政府赤字筹集资金。中央银行可能对商业银行实行信贷配给，或坚持银行向某些优先安排的项目贷款。名义利率可能人为地压得很低，所以，由于通货膨胀，实际利率是负数，从而抑制了生息金融资产的获得。这些情况都是金融抑制的例子。

支持**金融自由化**（financial liberalization）的论点是，各种形式的金融抑制阻碍了金融市场的发展。其结果被认为是减少了资金向正规金融部门的流动和扭曲了资源配置，导致储蓄和投资水平以及产出增长比没有这种结果时的低。

长期以来，不少发展文献一直在强调按照上述思路促进货币经济增长和金融深化对经济发展的重要性。[6]但是，麦金农（McKinnon，1973）和肖（Shaw，1973）在1973年首次独立地以严格的形式阐述了金融抑制的危险，支持最大程度的金融自由化。他们的观点对货币基金组织和世界银行设计各国金融改革计划（作为结构调整计划的一部分）的影响相当大。但是，他们强调的重点有所不同。

麦金农的论点是，货币持有和资本积累在发展过程中是相互补充的。由于一次性投资支出巨大和依赖自身融资，企业需要在投资发生之前积累大量的货币余额。正的和高的实际利率对鼓励企业积累货币余额是必要的。只要投资的实际收益率超过利率，投资就可以发生。

肖的论点是，强调金融自由化对金融深化的重要性，以及高利率对鼓励储蓄和抑制低收益项目的投资的有益作用。银行体系来自较高利率的债务增加使它们能够以更有效的方式把更多的资源用于生产性的投资。一个简单的图形（见图13—2）能够说明麦金农-肖的观点。

图13—2是一个标准的古典储蓄和投资图形，它表明储蓄是实际利率的正函数（反映了时间偏好和利率作为节制当前消费的报酬的观点），投资是实际利率的负函数（反映了投资的边际效率递减）。如果没有利率控制，均衡利率将是 r^*，储蓄和投资水平是 I^*。

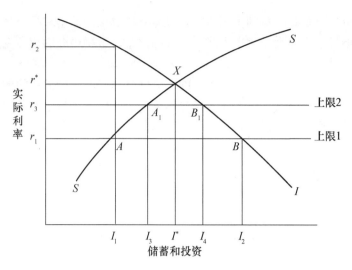

图 13—2　麦金农-肖的观点

现在假设政府对储蓄者的存款名义利率规定一个上限，使实际利率为 r_1，这意味着储蓄是 I_1，按照古典假定，预先储蓄对于投资是必要的，这也意味着投资被限制在 I_1。如果对贷款利率不设上限，银行能够向投资者收取利率 r_2，r_1 和 r_2 的缺口将使银行获得巨大利润。它们可以使用这些利润进行各种形式的非价格竞争。在 r_2 上，所有投资资金的需求都得到了满足。

但是，假设利率上限不仅适用于存款，而且也适用于贷款。这意味着储蓄仍然是 I_1，但是投资需求现在是 I_2，投资资金的需求未得到满足的量等于 AB。这种情况下，不得不对信贷进行配给。银行将会倾向于贷款给风险较小但收益率也较低的项目。这就会降低整个投资生产率。

如果利率上限提高了，使实际利率上升到 r_3，这就会鼓励储蓄从 I_1 增加到 I_3。这将会导致更多的投资，信贷配给下降，投资生产率提高。从这个观点来看，似乎得出的结论是，如果市场完全自由化了，实际利率由市场调节，使市场均衡利率处在 r^* 上，那么储蓄和投资将是最优的，信贷配给将会消失。

□ 二、 对金融自由化的批判和经验证据

支持金融自由化的许多论点表面上看好像是有说服力的，但需要施加很多限制条件。全球金融自由化经验是非常混合的，我们将在考察对金融自由化论点的主要批判的同时，考虑一些与储蓄、投资和增长有关的经验证据。[7]

第一个批判是，所争论的论点是指金融储蓄，但金融储蓄仅仅只是一种储蓄。当利率放松时，金融储蓄可能增加，但在金融资产与其他资产之间可能有一个简单的替代关系，使总储蓄不变。众所周知，任何价格（这里是指利率）的变化都有收入和替代效应。替代效应由于当前消费变得更"昂贵"而促进储蓄增加；但是，收入效应却阻碍了储蓄的增加，因为在更高的利率上，更少的储蓄可以获得同样的收入。这两种效应可能相互抵消了。如果情况确实如此，正如多恩布什和雷诺索（Dornbusch and Reynoso，1989）评论的那样，"相信高利率能够调动储蓄是令人奇怪的"。

事实上，对不同国家所进行的有关金融自由化结果的许多经验研究和调查在得出结论时都极为谨慎。古普塔（Gupta，1987）对 1967—1976 年间 22 个亚洲和拉丁美洲国家的研究表明，金融抑制论的假设——利率对储蓄的正替代效应超过了负收入效应——没有得到支持。储蓄的最重要决定因素是实际收入。乔万尼尼（Giovannini，1983）从他对 8 个亚洲国家的研究中得出了结论，他的结果对如下观点表示了严重怀疑，该观点是："发展中国家储蓄的利率弹性显著为正而且容易察觉到。"由世界银行两位经济学家（Cho and Khatkhate，1990）对 5 个亚洲国家金融自由化经验的研究得出了类似的结论：

> 金融改革——无论是全面的、激进的，还是谨慎的、渐进的——都似乎没有对自由化国家的储蓄和投资活动产生重要的影响。直到最近还有人相信，消除金融抑制政策会增加储蓄。本文对改革结果的考察就储蓄而言，没有显示出系统的趋势和格局……它支持了如下结论：储蓄的决策是由多种因素决定的，储蓄和利率的关系充其量也是一个模糊不清的关系。

班迪埃拉等（Bandiera et al.，2000）对 8 个国家（智利、加纳、印度尼西亚、韩国、马来西亚、墨西哥、土耳其和津巴布韦）25 年的自由化经验进行了检验，得出"我们的结果不能支持金融自由化将会增加储蓄的假说，相反，有迹象表明总体自由化——尤其是那些放松流动性约束的要素——可能会带来储蓄下降"的结论。马克斯韦尔·弗赖伊（Maxwell Fry，1995）是金融和发展方面的主要权威和金融自由化的强烈拥护者。但他现在承认："一致的意见是，如果对储蓄的影响存在的话，它也是很小的；而且，正的利率效应在亚洲比在世界其他地区容易找到，但甚至在亚洲，这种效应似乎在过去 20 年中也下降了。"

如果金融自由化不增加总量储蓄，它对发展的正面影响必须是更有效的资源配置，它提高了投资的生产率。换句话说，正如肖强调的那样，金融自由化应该集中于投资的质量而不是数量。关于这个论点，也没有得到多少证据的支持。但是，世界银行在《1989 年世界发展报告》中专门对金融制度和经济发展这个题目进行了研究，该报告宣称，在具有正的实际利率的国家，投资的平均生产率（用增量产出—资本比计量）是具有显著负实际利率的国家的 4 倍。班迪埃拉等也对他们的研究进行了总结，指出即使金融自由化没有增加私人储蓄，也不能认为该过程会缩减投入到生产性投资中的资金量。首先，金融自由化能够增加来自国外资本的流量；其次，改革过程可以消除可贷资金的无生产性的使用。这是一个需要进行更多研究的领域。

对金融自由化论点的第二个主要批判是，该模型似乎把银行简单地作为储蓄受托人，假定来自银行系统的贷款供给取决于银行持有的存款，如果存款增加了，贷款将会自动增加。总之，信贷的供给被看作是外生决定的。但是，如果由于中央银行作为最后贷款人的支持，银行有能力创造信用（它们的确如此），贷款的供给将取决于贷款的需求，而不是储蓄的供给。贷款的供给变成内生的了。在这个框架内，重要的不是对储蓄的刺激，而是对投资的刺激，而投资要求有较低的利率。这就是凯恩斯和后凯恩斯主义对金融自由化流派的批判。最重要的后凯恩斯主义者保罗·戴维森（Paul Davidson，1986）的著作代表了这一派的观点。戴维森认为，只要银行通过可接受的银行记账程序能够创造新的资金，促进实际投资增加所需的一切就是由银行总量贷款的增加所提供的资金，而不需要储蓄的增加。

信贷供给对利率是如何反应的，投资是怎样受信贷供给和利率的影响的，这些问题都是经验问题，只能够求助于事实来解决。本作者和范妮·沃曼（Warman and Thirlwall，1994）对墨西哥银行的研究发现，在1960—1990年间墨西哥的金融储蓄对利率的反应是正面的，这已经导致银行系统对私人部门信贷供给的增加。但是，虽然信贷供给的增加对投资有正面影响，但是假定信贷供给不变，利率对投资水平有强烈的负面影响，高实际利率对投资的净影响是不利的。这也是德米特利亚兹和德弗雷克斯（Demetriades and Devereux，1992）从对1961—1990年间63个国家的研究中得出的结论。他们发现，高资本成本对投资的负效应超过了可投资资金更大供给的正效应。格林和维拉诺瓦（Greene and Villanueva，1991）在1975—1987年间23个发展中国家的样本中，同样证实了实际利率对投资的负效应。

这就导致了对金融自由化模型的第三个忧虑，即它忽视了高实际利率对经济的成本和需求水平可能产生的负面影响，这有可能造成停滞膨胀（即成本推进型通货膨胀与失业并存）。这是后凯恩斯主义对金融自由化模型的另一个批判（见Dutt，1990—1991）。高利率不仅阻抑了投资，而且可能由于吸引了海外资本而导致币值高估。这将会导致出口的下降，也增加了政府还债的成本，从而削减了政府支出。这在非洲已经发生了（见《1994年非洲发展报告》）。币值高估和政府支出的削减都是通货紧缩型的。在20世纪70年代的拉丁美洲，金融自由化走向失败，是因为政府债务的爆炸性增加、经济不稳定和极高的实际利率，这些因素导致了企业破产、银行倒闭和慢性萧条。用迪亚兹-阿莱詹德罗（Diaz-Alejandro，1985）的不朽的语言说："再见，金融抑制！你好，金融破产！"金融自由化计划被暂时放弃了。

对金融自由化学派的第四个批判涉及正规和非正规金融部门的关系。较高的利率可能会吸引资金离开非正规货币市场，或马路交易市场（curb market）——在这种市场中，关于资金的使用没有任何约束和限制。如果银行受到准备金要求的限制，被迫强制性地向政府贷款，资金离开非正规部门可能会导致向私人部门的贷款总供给下降。这是新结构主义学派的观点（见Buffie，1984）。如果没有来自非正规货币市场信贷结构和供给的信息，这个假说是很难检验的。如果非正规部门的贷款主要是用于消费目的，而政府为了生产性投资使用银行的准备金要求，那么问题可能并不严重。但是，若非正规部门贷款是为了投资目的，政府利用银行为政府经常性账户预算赤字提供资金，资金在两个部门的再配置可能对储蓄和投资水平造成有害的影响。

最后一个论点是，即使利率不受控制，可以达到市场均衡水平，也不一定就可以消除信贷配给，使资源配置更有效率。正如斯蒂格利茨和韦斯（Stiglitz[8] and Weiss，1981）在一篇经典论文中表明的那样，由于借贷双方信息的不对称性，银行将会遭受逆向选择之苦。借款人就贷款交易中所涉及的风险比贷款人知道的多，所以一个追求利润最大化的理性银行可能会实行信贷配给以减少风险，而不是简单地贷给似乎具有最高收益但风险更大的项目。

以上这些批判使金融自由化理论处于何种位置？显然，金融抑制的存在必须要认真对待，但不能得出这样的结论：越自由化越好。因为我们知道金融市场有很多不完善之处；如果制度结构不适当，缺乏适当的会计和审计标准以防止不良贷款的发生，银行和其他金融机构的竞争可能会导致金融灾难。金融自由化并不意味着银行不受约束。政府出于慎重和战略（即作为主要借款人和引导信贷）原因需要对其进行干预。由于利率对成本、投资需求、汇率和政府筹资成本的影响，实行利率的自由化需要特别谨慎。这就提出了一个引人注目的问题：一国的最优实际利率是什么？回答这个问题实际上是不可能的（见 Clarke，1996），但是，即使按照古典经济学的语言，也不清楚最优实际利率（图 13—2 中的 r^*）必然是正数。如果流通偏好非常高，投资需求非常疲软，那么储蓄和投资曲线可能相交于横轴以下。

最后，金融自由化必须按照它对经济增长和发展的影响来判断，而这里的证据又是非常混合的。在 80 个国家 1960—1989 年间的一个重要的截面研究中，金和莱文（King and Levine，1993）得出的结论是，"更高的金融发展水平与更快的当前和未来经济增长率、物质资本积累以及经济效率提高之间存在着显著且强劲的相关关系"。但是，使用截面分析，很难检验出它们之间的因果关系。可能是，金融发展本身就是增长和经济发展的产物。事实上，德米特利亚兹和侯赛因（Demetriades and Hussein，1996）采用 16 个国家的时间序列数据，发现了金融深化水平和经济发展水平之间双向因果关系的确凿证据。得出的结论是，不同的国家显示出不同的因果关系模式，反映出金融部门政策和制度结构之间的差别。阿雷斯蒂和德米特利亚兹（Arestis and Demetriades，1997）发现，在韩国，实际利率与增长实绩是负相关关系；虽然推行金融自由化，但韩国为了鼓励投资，仍然有意地实行低实际利率政策。这也是世界银行对东亚奇迹的分析所表达的意见（World Bank，1993）。它指出："在正利率条件下，适度的金融抑制政策通过把存款者（主要是家庭）的收入转移给借款人（主要是厂商）可能提高了成功的亚洲国家（HPAEs）的总投资和增长率。"

德格雷戈利亚和吉多蒂（De Gregorio and Guidotti，1995）表明，实际利率与增长的关系可能是一个倒 U 形关系，因为负的实际利率不会导致金融发展和增长，非常高的实际利率由于对投资的不利影响和导致向高风险项目集中也可能降低增长。在这两者之间的某处，增长可能达到最大。弗赖伊（Fry，1997）使用 1971—1995 年间 85 个国家的资料对这个假设进行了检验，明确支持了实际利率为零时增长达到最高这个观点。

来自各国和各洲的证据清楚地表明，如果要使金融改革取得成功，它们就必须在一个适当的宏观经济、金融和制度框架中实行，而且对内自由化和对外自由化要有一个适当的顺序。顺序之所以是重要的，是因为，如果各国在实行对内自由化之前或同时实行对外部门的自由化，就可能对汇率造成严重的影响。如果对这个国家没有信心，资本控制的放松可能会导致资本外逃和产生降低汇率的压力。另一方面，较高的实际利率可能吸引大量的资本流入，导致货币过度升值。无论哪种方法，汇率不稳定无助于宏观经济稳定。

自由化在亚洲比在拉丁美洲和非洲更为成功，因为它是在更大的宏观经济稳定的环境与银行系统较为健全的监管制度框架下发生的。宏观经济稳定意味着可操作的财政和国际收支赤字以及鼓励持有金融资产和使资金用于私人部门的低通货膨胀。对银行系统的信心也是重要的；为了避免破产，需要改革银行资产负债表，消除坏债以及加强银行管理者管理和风险评估的能力。政府需要在金融自由化的同时加强对银行的监管。对于成功的自由化，弗赖伊（Fry，1997）概述了以下五个前提条件：（1）对商业银行充分谨慎的监管，意味着要有最低的记账水平和法律基础结构；（2）合理范围内的价格稳定；（3）财政约束；（4）商业银行的利润最大化和竞争行为；（5）对金融中介实行非歧视性的直接与间接税的税收制度。

案例 13.2 提供了金融自由化的两个简略的对比案例研究。

▶ **案例 13.2 20 世纪 90 年代中期印度尼西亚和肯尼亚的金融自由化**

印度尼西亚

在印度尼西亚，外汇控制在 1971 年取消了，部分是由于 IMF 的极力要求，但也是由于这些控制降低了国际贸易和收支的效率；而且，因邻近新加坡开放的国际金融中心，这些控制难以执行。但是，直到 1983 年，对国内金融系统的控制仍然很广泛。只是在那时以后，利率自由化了，对信贷配置的控制取消了。1984 年，在银行系统开始自由化之后，对金融系统的审慎监管加强了。同样，在 1988—1989 年对新银行进入控制的放松和对银行分支机构的扩展的限制也取消了之后，中央银行实施更严格周密的监管措施来约束在放松管制以后可能发生的银行信贷的激增。

可见，印度尼西亚的经验表现为这样的特点：采取几个大的金融改革措施，但在每次实行金融改革的同时，紧接着对金融系统实行和加强严格的监管。虽然由于制度的发展，特别是在审慎监管方面，比实施自由化政策在时间上有些滞后，但改革总的说来是比较成功的。1983 年以来，利率都是正数，金融深化也比较全面。随着国有银行的相对重要性的下降，证券市场尤其是雅加达证券交易所变得更加重要，私人银行现在在银行部门中占有更大的比重。虽然有时遭受一些挫折，在记账和法律制度方面还有些体制缺陷，但印度尼西亚推行的金融自由化战略总的说来支持了更广泛的经济发展。

肯尼亚

肯尼亚的金融自由化是最近的事情。银行贷款利率的限制直到 1991 年才取消。在利率自由化之后，中央银行不断宣布银行信贷扩张的部门构成的指导原则，但这些原则没有严格地执行。国际金融自由化更晚。国内居民的海外借款只是到 1994 年才被允许，国外证券投资资本的流入直到 1995 年 1 月才放松限制。支持结构和制度改革还有待全面地执行。很多银行仍然是国有的，它们之间的竞争是有限的。

在这种垄断环境下放松对利率的管制使银行扩大了利差，致使银行的存款实际利率大幅度下降。部分结果是，金融深化很有限，当按照私人部门信贷占国民收入的比率计算时更是如此。虽然评价金融自由化是否成功还为时太早，但缺乏相应的制度和结构改革表明，金融部门改革对肯尼亚整个发展战略不会有很大的好处。

资料来源：*Finance and Development*，June 1997.

第四节 财政政策与税收[9]

□ 一、发展中国家的税收结构

就从国内资源筹集发展资金而言，储蓄先行论的另一个目标是需要考虑的。这就是利用财政政策和税收。财政政策在为发展筹集资金方面有两个主要作用：其一，使经济保持在充分就业的水平上，使整个经济的储蓄能力不受损害；其二，设计这样一种税收政策：在不压抑人们工作努力或不违背税负平等负担原则的前提下，尽可能地把经济社会的边际储蓄倾向提高到平均储蓄倾向以上。

在凯恩斯意义上，如果存在资源未利用或利用不足，运用财政政策来维持充分就业，就有可能会发生财政赤字。虽然由于供给的调整尚需时日，赤字财政在短期可能会引起通货膨胀，但是在分析上区分下面两种方法是重要的：一种方法是在非充分就业条件下通过赤字财政把资源用于投资，另一种方法是储蓄由通货膨胀产生。在前一种情况下，储蓄是由实际产出的增加而产生的；在后一种情况下，储蓄是由实际消费的减少引起的，而实际消费的减少则是各种因素综合影响的结果，包括对外部货币的实际余额效应[10]、低储蓄者向高储蓄者的收入再分配以及货币幻觉。

运用财政政策把边际储蓄倾向提高到平均储蓄倾向之上，涉及如何运用税收政策来减少私人部门的消费问题。由税收产生的储蓄叫做**非自愿储蓄**。一个国家把税收在国民收入中所占的比率提高到什么程度，取决于两个主要因素：该国的**课税能力**以及该国所作的与课税能力有关的**征税努力**程度。一国的课税能力取决于很多因素，如该国的总体人均收入水平、收入分配、识字率和城市化水平、工业部门的规模、贸易的重要性、是否有矿产资源以及引进外资的数量等。而征税努力又取决于一国开发各种税收基础的程度以及运用于该基础的税率。

税收体系的总量弹性（overall buoyancy）是由总税入的百分比变化（$\Delta T/T$）对国民收入的百分比变化（$\Delta Y/Y$）之比来计量的，它由两个部分组成：税入（$\Delta T/T$）对税基（$\Delta B/B$）的弹性和税基（$\Delta B/B$）对收入（$\Delta Y/Y$）的弹性，即：

$$(\Delta T/T)/(\Delta Y/Y) = (\Delta T/T)(\Delta B/B) \cdot (\Delta B/B)/(\Delta Y/Y) \tag{13.3}$$

如果税收体系是累进性质的（对更高的收入或支出水平实行更高的税率），那么税入对税基的弹性将大于1，假定税基对收入的弹性至少等于1，总量弹性将大于1。如果弹性大于1，则税入在国民收入中的比率将随国民收入的增加而上升。税收体系的浮性能够通过增加税率或扩大税基而提高。

税入相对于收入的任何变化都可能是由两个部分构成的：一是若税率结构是累进性的，税入随着收入的增加而自动增加；二是税率的相机（discretionary）变化与税基扩大的影响。税收体系的弹性是按照浮性减去相机税收变化的影响计算的。估计税收体系的弹性有多种技术，但这里我们不作介绍。这里只是说，弹性越大，税收收入和储蓄可能增加得越多，而无须相机的变化。在难以实行相机变化的条件下，这可能是税收体系的理想性质。

税收努力取决于税收体系的弹性和总量浮性，需要与能力联系起来计算。由 IMF（见 Tait et al.，1979）首先提出的一种方法是，采用国家间的截面分析方法，把税收对国民收入的比率与上述各种税收能力（即人均收入、贸易和工业的重要性等）联系起来。用如下方程形式估计国际税收函数：

$$T/\mathrm{GDP} = a + b_1(PCY) + b_2(X/\mathrm{GDP}) + b_3(I/\mathrm{GDP}) + 其他变量 \tag{13.4}$$

式中，T/GDP 是一国税收对国民收入的比率，PCY 是人均收入，X/GDP 是出口对

GDP 的比率，I/GDP 为工业产出对 GDP 的比率，b_1、b_2、b_3 等计量每个变量对各国税率的平均影响。例如，如果 b_2 被估计为 0.5，这就意味着，在其他情况不变的条件下，一个国家出口比率比所有国家平均数高 1%，它的税收比率将比所有国家的平均数高 0.5%。

根据这种方法，一个国家的税收努力可以这样来估算：把 PCY、X/GDP、I/GDP 等变量的值代入方程（13.4），预测税收比率应该是什么，然后把预测的值与税收比率的实际值进行比较。如果实际值高于预测值，就可以说该国作出了很好的努力；如果前者低于后者，则其税收努力可能被认为弱小。关于这一性质的研究是由皮安凯斯特里（Piancastelli，2001）进行的，他利用了 1985—1995 年间 75 个发达国家和发展中国家的数据，其研究结果如表 13—3 所示。任一国家税收努力指数大于 1，说明其税率高于预期。从表 13—3 可以看出，多个发展中国家的税收努力良好，包括一些最大最穷的国家如印度、巴基斯坦和加纳。然而，同样地，另外一些发展中国家努力不够，包括拉丁美洲的很多国家，明显地有墨西哥、阿根廷、委内瑞拉、哥伦比亚、玻利维亚和秘鲁。

表 13—3 税收努力指数估计（1985—1995 年）

国家	实际税率 (a)	预测税率 (b)	税收努力指数 ((c)=(a)/(b))	国家	实际税率 (a)	预测税率 (b)	税收努力指数 ((c)=(a)/(b))
斐济	20.595	9.023	2.283	爱尔兰	34.487	26.496	1.302
肯尼亚	19.991	10.497	1.908	挪威	32.860	25.263	1.301
布鲁塞尔	42.357	23.774	1.782	巴基斯坦	12.999	10.058	1.292
南非	25.182	15.297	1.646	丹麦	33.840	26.369	1.283
荷兰	44.273	27.228	1.626	斯里兰卡	17.886	14.422	1.240
埃塞俄比亚	11.665	7.502	1.555	赞比亚	18.286	15.133	1.208
加纳	11.760	7.776	1.512	博茨瓦纳	26.766	22.224	1.204
法国	37.808	25.785	1.466	几内亚	18.825	15.774	1.193
印度	10.645	7.279	1.462	英国	32.752	27.542	1.189
莱索托	23.370	16.058	1.455	卢森堡	39.923	33.653	1.186
意大利	37.482	26.176	1.432	葡萄牙	28.667	24.307	1.179
津巴布韦	21.449	15.062	1.424	瑞典	34.721	29.484	1.178
乌拉圭	25.515	18.089	1.411	哥斯达黎加	20.903	17.913	1.167
摩洛哥	22.534	16.027	1.406	喀麦隆	12.784	11.011	1.161
纳米比亚	27.595	19.957	1.383	西班牙	28.326	24.437	1.159
埃及	20.704	15.121	1.369	伯利兹	21.649	18.685	1.159
罗马尼亚	21.053	15.797	1.333	芬兰	28.219	24.777	1.139
突尼斯	24.165	18.171	1.330	奥地利	32.210	28.559	1.128
新西兰	32.996	24.815	1.330	叙利亚	16.334	14.576	1.121

发展经济学（第九版）

国家	实际税率 (a)	预测税率 (b)	税收努力指数 ((c)=(a)/(b))	国家	实际税率 (a)	预测税率 (b)	税收努力指数 ((c)=(a)/(b))
冰岛	24.347	22.018	1.106	哥伦比亚	11.895	15.431	0.771
印度尼西亚	15.737	14.533	1.083	萨尔瓦多	12.265	15.979	0.768
希腊	23.093	21.862	1.056	墨西哥	13.752	18.431	0.746
巴西	17.103	16.273	1.051	美国	18.020	24.251	0.743
马来西亚	20.016	20.417	0.980	土耳其	12.452	16.899	0.737
智利	18.801	19.451	0.967	刚果（金）	6.885	9.379	0.734
泰国	15.620	16.450	0.950	瑞士	19.878	28.015	0.710
毛里求斯	19.667	20.720	0.949	尼泊尔	7.160	10.387	0.689
马耳他	25.688	27.647	0.929	委内瑞拉	16.119	23.675	0.681
德国	23.485	26.413	0.889	阿根廷	11.401	17.434	0.654
澳大利亚	22.017	24.904	0.884	加拿大	18.008	27.743	0.649
厄瓜多尔	14.836	16.819	0.882	玻利维亚	9.451	14.620	0.646
秘鲁	10.728	12.223	0.878	塞拉利昂	6.789	10.772	0.630
约旦	17.733	20.938	0.847	韩国	15.619	25.678	0.608
巴拿马	17.881	22.197	0.806	巴拉圭	9.139	15.754	0.580
菲律宾	13.696	17.218	0.795	危地马拉	8.024	14.269	0.562
马达加斯加	9.174	11.641	0.788	伊朗	7.423	13.702	0.542
日本	15.856	20.236	0.784	新加坡	15.672	38.905	0.403
多米尼加	12.677	16.432	0.772				

资料来源：Piancastelli，2001.

　　发展中国家的税入方面的事实是，税入在国民收入中所占的比率一般很低，平均起来还不到20%，而高收入国家平均接近30%，而且，所得税与间接税相比是税入的一个很小的来源，从表13—3中我们可以看到这一点。发展中国家缴纳所得税的人口比率比较低，平均大约为20%，与之相比，发达国家大多数劳动人口都缴所得税，这部分人口占总人口的40%以上。

　　表面上看，使用税收政策提高储蓄在国民收入中的比率似乎有很大的余地。但是，两个重要论点必须记住。首先是发展中国家税收体系的不健全部分是对自身发展阶段的反映。这样，增加税收收入在国民收入中的比率的余地实际上可能是非常有限的。在人口分散、主要为生存而工作以及文盲率高的环境下，定义和计量税基以及评估和征税存在着诸多困难。而且，就所得税而言，事实是，大多数人收入很低，处在税收体系范围之外。在发达国家，70%的国民收入在所得税征收范围之内，而发展中国家大概只有30%的国民收入在所得税征收范围之内。

　　即使通过征税手段来增加税入是可能的，总储蓄水平是否提高也要看税入是来自收入的哪一部分——是来自消费部分还是来自储蓄部分，以及收入（产出）将受到何种影响。常常存在这样的情况：使税入对收入具有高度弹性的税收主要是由储蓄部分缴纳的税收，或对刺激具有严重的抑制作用。例如，如果税收的替代效应超过收入效应，非常高的累进所得税将抑制工作努力；如果高边际税率主要落在具有低消费倾向的高收入阶层身上，储蓄的下降可能与税收上升得一样多。

为了避免私人储蓄这种大幅度的下降，对高收入阶层的支出税——它使储蓄免缴税收——是对累进所得税的一种替代，但不一定避免了对工作努力的抑制影响。这是因为，如果支出税鼓励储蓄，税率必须更高，才能产生与所得税相等的税入。如果人们为消费工作且消费品价格提高，如果这一变化所引起的替代效应超过了收入效应，人们的工作积极性就会受到伤害。简言之，为了保持税收收入在两种税收（所得税和支出税）下相等，支出税在刺激储蓄方面越是成功，其税率就必须越高，而它对工作的抑制作用就可能越大。然而，如果消费支出税在所得税之外，就没有理由预计产生有利于储蓄的替代效应，从而社会的储蓄总量是否增加，就要看税收对工作的抑制作用有多大，以及纳税人的消费和储蓄倾向同政府的消费和储蓄倾向孰高孰低。一般地说，提高储蓄在收入中的比率，最有效的税收政策是对边际消费倾向高的人（即穷人）征税，但是在实行这种政策时，必须考虑公平的要求以及这种政策在政治上的实际可行性。

在发展中国家中，农业最大的重要性就是，使农业税成为税收收入的一个潜在的重要来源和把资源转变为投资的重要手段。对农业课税的工具有很多，包括土地税、地价税、纯收入税、销售税、出口税和土地转让税等。如果仅仅以取得税收收入为目的，则课征农产品销售税和出口税是最有效的，而且是最容易征收的。就出口税而言，可以采取两种体制：一种是政府控制的销售局支付给生产者的价格比国际市场价格低，这个差价即为出口税；另一种是政府要求所有出口农产品的外汇收入都上缴，政府则用本国货币来补偿，而政府确定的汇率一般使本国的币值高估了，这就等于使出口者的收入减少了，或者等于政府对出口农产品的生产者征收了出口税。

然而，出口税可能有抑制效应。出口税的替代效应将抑制生产；或者，如果国内市场还没有饱和，它将使生产转到国内市场。无论出现什么情况，只要税基（出口水平）下降的比率超过了出口税提高的比率，出口税收入都会减少。贸易税也可能证明是非常不稳定的，因为初级产品出口（和进口）经常变化不定，它可能导致依靠出口税的国家严重的预算问题（见 Bleaney et al.，1995）。

从理论上说，转移农业资源最适宜的方法可能是土地税，然而在实践上，土地税却不是税收的主要来源。另外值得提及的是，目前尚无哪个发展中国家成功地对农业收入课征了传统的所得税，与此最为接近的是地价税，即对来自土地的收入和潜在实物产出征税。

在整个经济中，与直接的所得税相比，发展中国家更倾向于对支出和贸易征收间接税，尤其是进口税和销售税。强调间接税是因为征收直接税存在着困难，而且直接税具有抑制作用。这不是说，间接税完全不存在抑制影响，而是说抑制影响可能小一些，对必需品课征进口税和销售税如果不引起太大的社会痛苦，这种抑制影响就更小了。对奢侈品课征间接税将使税收收入增加，而且奢侈品需求价格弹性越小，税收收入增加得越多。然而，奢侈品多由高收入者消费，对奢侈品征税可能导致高收入者动用储蓄去支付税款；整个社会的储蓄率可能不会提高。但是，对奢侈品征税的公平理由仍然很强烈。

发展经济学（第九版）

对工商企业课税，既易收缴，也易管理。然而，对工商企业课税，只不过是用一种储蓄代替另一种储蓄。来自利润的边际储蓄倾向一般都很高。但是，如果外资企业要把企业利润向国外转移，则征收公司税的主要理由是保留对这些资源的控制。如果认为公共投资较之私人投资更具有社会生产率，因而有必要用公共投资代替私人投资，那么征收公司税也是有道理的。

□ 二、 发展中国家的税收改革[11]

有效地利用发展中国家的税收潜力所提出的问题因国而异，但是在大多数发展中国家中有某种根本性的变革——如果采取的话，这些变革将可能增加公共收入和减少一些目前存在的不平等。尤其是，如果一个税收制度要被一个穷国所接受，那么必须对它进行诚实而有效的管理，这意味着必须作出一切努力，使避税（合法的）和逃税（非法的）的可能性达到最小。

按照古典的税收原则，一个良好的税收制度必须符合公平、效率和管理便利的准则。在大多数发展中国家中，税收制度既不公平也无效率，而且管理麻烦。逃税和漏税现象非常盛行。

要使税收符合公平原则，首先需要有一个全面的收入定义，其次是不能对各种收入来源实行差别对待。在全世界尤其是在发展中国家，税收制度的一个主要缺陷是，缺少一个对所有收入征收的单一的综合所得税。一般存在一个缴税表体系，对不同收入来源征收不同的所得税。对工资和薪水领受者（即工薪收入者）的税收不同于对财产和资本所有者以及自我雇佣者（如专业人员和小商人）的税收。公平的税收制度应该是抑制奢侈消费且难以避税和逃税。

课税能力不仅仅只是根据收入衡量，而且还要根据财产衡量。所以，公平还要求对财产征税。财产所有制使所有者具有内在的课税能力，不管这些资产是否产生货币收入。考虑一下这种情况：一个一无所有的乞丐与一个拥有珠宝和黄金财富但没有货币收入的富人。如果按照收入来判断，他们两个人的课税能力是一样的，即都为零。但是，没有一个人会认为他们的支付能力是一样的，就税收目的而言，他们应该公平地加以对待。

所得税不仅在有产者和无产者之间是不平等的，而且在有产者之间也是不平等的。例如，两个有产者从财产中获得同样的收入，但他们的财产价值却很悬殊。一个比另一个有更大的课税能力。按照付税能力，只有所得税和财产税的结合才能达到平等。这就是征收财产税的理由。

公平还要求对个人之间生前和死后的赠物征税。

效率要求整个税收体系是自我加强和自我约束的，以便逃避一种税收的努力增加了对另一种税收的义务。该体系还应该尽可能地以综合的年度收入作为征税基础。

这些考虑因素至少表明，发展中国家需要对税收制度进行四项重要改革，它们既为投资释放资源，也可以为努力工作提供刺激。这些改革措施是：（1）所有的收入（包括资本收益）都必须合计起来，以同样的累进比率征税，但最高的边际税率不宜超过50％。边际税率超过这个水平，不仅对工作有抑制作用，还可能由于鼓励逃税和避税而阻碍生产。（2）对达到最高边际所得税率档次的富人设立个人累进支出税。（3）设立财产税。(4)设立赠与税。

第五节　通货膨胀、储蓄和增长

如果自愿储蓄和非自愿储蓄不充分，另一种可供选择的可能性是采用通货膨胀政策——即对货币"征税"和在私人部门各阶级之间再分配收入，从而达到"强迫"储蓄的目的。财政保守的代价可能就是经济停滞。通货膨胀融资——包括凯恩斯主义的和数量论的发展融资方法——的潜在好处已经由大卫·休谟以来的经济学家[12]进行了讨论，而且有几位经济史学家（包括凯恩斯）宣称在历史上已经发现了通货膨胀期和迅速经济发展之间的关系。汉密尔顿（Hamilton，1952）宣称，由于超额需求对利润、储蓄和投资的有利影响，大量的历史经验表明，通货膨胀是增长的一个强有力的刺激因素。例如，16世纪和17世纪的英国和法国以及18世纪后半期的英国都证实了这一关系。罗斯托（Rostow，1960）也指出，通货膨胀对于几个工业起飞是重要的。

凯恩斯在他的《货币论》（1930）中对历史上通货膨胀和通货紧缩时期与国家的上升和下降之间明显的惊人的一致性进行了类似的评论。凯恩斯确实倾向于赞同通货膨胀而不是通货紧缩。他把通货膨胀描述为不公平的，把通货紧缩描述为不明智的，在两者之间，他宁愿要通货膨胀，因为"在一个贫困世界中，引起失业比使食利者失望要坏得多"（Keynes，1931）。虽然认识到增加资本积累的通货膨胀可能具有累退性质的分配结果，他（Keynes，1930）还是进一步认为，工薪者的长期利益可能会超过短期的损失：

> 只要财产及其收入不被名义上的所有者消费掉了，而是被积累起来了，工人阶级从利润通货膨胀对其施加的强迫性节制中所获得的利益可能会远远超过最初以消费减少表示的损失。

□ 一、发展融资的凯恩斯主义方法

通过通货膨胀手段为发展筹集资金的凯恩斯主义方法强调了两点：第一，在经济尚未达到充分就业时，投资通过提高收入水平产生它自己的储蓄；当经济达到充分就业时，投资通过从具有低储蓄倾向的工薪收入者向具有高储蓄倾向的利润收入者的收入再分配，也能产生它自己的储蓄。第二，通货膨胀通过提高投资的名义收益率和降低实际利率，其自身就能鼓励投资。在本节中，我们只讨论凯恩斯主义方法的第一个方面。

未被利用的资源为凯恩斯主义的通货膨胀筹资政策提供了最重要的支持。如果资源未被利用或利用不足，政府实行赤字预算就可以使实际产出和实际储蓄水平提高；至于预算赤字可以通过两种方法来弥补：或者印刷钞票，或者向银行系统和公众发行政府债券。

在真正的凯恩斯主义的非充分就业状态下，不管财政赤字如何弥补，它所产生的通货膨胀倾向最终会消失，因为伴随而来的产品供给的增加将会满足这些新增加的购买力。然而，一些经济学家发问：在发展中国家中所观察到的失业严格说来是否就是凯恩斯主义式的失业？产出的供给是否对增加的需求作出很大的反应？的确，发展中国家的

发展经济学（第九版）

大多数失业可能不是需求短缺引起的，而是由于缺乏与之一起工作的合作生产要素（主要是资本）；政府支出的直接乘数效应可能很低，但是，若它们同时消除了生产瓶颈，某些赤字融资的项目可能会对产出产生相当大的次级影响。

在发展中国家的农业部门和工业部门的消费品生产中，存在着非常多的投资机会，这些投资可以在很短的时期内生产数倍于投入资本货币价值的产出。在农业部门中，化肥的使用和交通设施的提供就是很好的例子。为这些活动而扩大信贷可以很快导致产出增加，足以吸收由需求创造的流通中的新货币。

所以，虽然承认发展中国家的很多失业不是凯恩斯类型的；但也不能由此推论说，在失业条件下实行货币扩张，不能产生第二轮的就业和产出效应。能力创造效应需要与强调凯恩斯主义静态乘数理论中的需求结合在一起。

现在我们来讨论凯恩斯主义的充分就业情形。在充分就业下，通货膨胀是凯恩斯主义经济发展理论不可避免的结果。与古典理论和新古典理论不同的是，凯恩斯主义理论规定了独立的储蓄函数和投资函数，当产品市场的超额需求发生时，允许价格变化，通过收入再分配使储蓄得以增加。因此，通货膨胀是一种在消费和投资之间再分配资源的手段。在凯恩斯模型中，投资不受储蓄的制约，而受那些实际工资下降的工资收入者所愿意忍受的通货膨胀率的制约。

如果计划投资超过了计划储蓄，下述假设是合理的：投资者和消费者的计划都没有完全实现，投资比厂商所想要的投资少，但比消费者计划储蓄的多。这样，我们假定，资本的实际增长是计划储蓄和计划投资的线性组合：

$$\frac{dK}{K} = \alpha \frac{I}{K} + (1-\alpha)\frac{S}{K}, \alpha < 1 \tag{13.5}$$

其中，K 是资本数量，I 为计划投资，S 为计划储蓄。假定通货膨胀率同超额需求的程度成比例，而超额需求的程度用计划投资和计划储蓄的差来衡量，则有：

$$\frac{dP}{P} = \lambda\left(\frac{I}{K} - \frac{S}{K}\right), \lambda > 0 \tag{13.6}$$

其中，P 为物价水平。把 I/K 的表达式代入式（13.5），得到：

$$\frac{dK}{K} = \frac{\alpha(dP/P)}{\lambda} + \frac{S}{K} \tag{13.7}$$

式中，S/K 和 $\alpha\,(dP/P)/\lambda$ 分别为每单位资本中的计划储蓄和强迫储蓄。强迫储蓄产生于在超额需求条件下消费者不能完成其计划的消费。阻碍消费者完成消费计划的基本机制就是通货膨胀，它把收入从工资获得者再分配给利润获得者。在其他条件不变的情况下，如果物价比工资上涨得快，实际消费将减少而实际储蓄将增加，因为来自利润的储蓄倾向比来自工资的储蓄倾向高。

可见，在凯恩斯主义模型中，通货膨胀对储蓄的影响取决于两个因素：一是国民收入在工资和利润之间再分配的规模；二是源于工资和利润的储蓄倾向差别的大小。可以用简单的代数式来说明工资、物价和利润的关系，以及收入再分配对储蓄的影响。用 Z 代表国民收入中劳动所占的份额，我们有：

$$Z=\frac{W}{PY}=\frac{wL}{PY}=\frac{w}{Pr} \tag{13.8}$$

其中，W 为工资总额，w 为工资率，P 为每单位产出的价格，Y 为收入，$r=Y/L$ 为劳动的生产率。于是，劳动份额的变化率可以写为：

$$\frac{\mathrm{d}Z}{Z}=\left(\frac{\mathrm{d}w}{w}-\frac{\mathrm{d}P}{P}\right)-\frac{\mathrm{d}r}{r} \tag{13.9}$$

由这个方程可以看出，在生产率增长率为正的条件下，收入从工资获得者再分配给利润获得者的充分条件是：物价比工资上涨得快。然而，在一个增长的经济中（生产率增长率为正），这并非一个必要条件。只要 $(\mathrm{d}w/w-\mathrm{d}P/P)<\mathrm{d}r/r$，即只要实际工资的增加低于劳动生产率的增长，劳动占国民收入的份额就会下降，而利润所占份额就会上升。因此，在一个增长的经济中，实际工资和利润未必彼此冲突。只要劳动生产率增长部分被资本家所占有，实际工资可以增加，而利润在收入中所占的份额也可同时提高。

也很明显，在古典的储蓄假定中所有的工资都被用于消费，所有的利润都用于储蓄，储蓄率上升的幅度刚好和工资份额下降的额度相同。

凯恩斯关于投资决定储蓄的基本论点构成了由罗宾逊（Robinson，1962）和卡尔多（Kaldor，1955—1956）建立的新凯恩斯主义增长理论的支柱。在这个理论中，由通货膨胀和收入再分配引致的储蓄率变动，只是把有保证的增长率提高到其自然增长率的各种可能调节机制中的一种（见第 5 章）。在回答新古典学派关于利率和资本—产出比变动的调整机制时，罗宾逊曾指出，没有什么自然规律来保证以自然率增长；但是，如果企业家打算进行足够的投资，使经济增长达到其自然水平，那么储蓄就会顺应它，直到达到**通货膨胀障碍**（inflation barrier）为止。[13] 当经济稳定增长时，储蓄的份额将与之相适应。实际上，通过强迫储蓄，实际的增长率接近有保证的增长率。由于储蓄依存于利润在收入中的份额，因而储蓄适应投资，以上述方式随着投资在收入中的份额的提高而提高。当经济体系处于非均衡状态时，利润反过来依赖于实际工资的变化。罗宾逊模型的基本方程是一个分配方程：

$$PY=wL+\pi PK \tag{13.10}$$

其中，π 是毛利润率，R/K，P、Y、w，L 和 K 的含义同上。除以 P，并重新整理，可以得到利润率（π）的表达式：

$$\pi=\frac{(Y/L)-(w/P)}{(K/L)}=\frac{R/L}{K/L}=\frac{R}{K} \tag{13.11}$$

假定资本—劳动比不变，利润率依存于人均产出同实际工资的关系。如果全部工资都用于消费，而全部利润都用于储蓄，则利润率给出了资本积累率和经济增长率。这是因为，$S=I=\pi K$，且 $\Delta K=\pi K$，所以有 $\Delta K/K=\pi$。如果资本—产出比是固定的，即 $\Delta K/K=\Delta Y/Y$，则 $\pi=\Delta K/K=\Delta Y/Y$。

利润率的变化以及相应的实际工资的变化提供了一个使计划储蓄和计划投资、实际增长率和有保证的增长率均衡的机制。如果实际的增长率等于自然增长率，则有保证的增长率也等于自然增长率。然而，如果投资发生时实际工资保持不变，储蓄就不可能改变，从而将有较大的实际投资没有资金来源。这就是静态模型中的通货膨胀障碍。看起来，在这样的背景下，经济要想增长，唯有牺牲实际工资。这就非常接近李嘉图和马克思的悲观主义的发展理论，如第5章所讨论的。但是，在一个增长的经济中，悲观主义是毫无根据的。从方程（13.11）可以看出，只要劳动生产率的增长率超过实际工资的增加，即使实际工资提高了，利润率和资本积累率也能提高。

在卡尔多模型中，储蓄通过利润在国民收入中份额的上升而适应合意的投资水平进行调整。这个模型包括三个基本方程：

$$Y = W + R \tag{13.12}$$
$$I = S \tag{13.13}$$
$$S = s_w W + s_r R \tag{13.14}$$

其中，R 为利润，W 为工资，s_w 为工资收入者的储蓄倾向，s_r 为利润获得者的储蓄倾向。从这三个方程可以得到：

$$I = s_w(Y - R) + s_r R = (s_r - s_w)R + s_w Y \tag{13.15}$$

把 I 作为体系中的独立变量，并除以 Y，得到：

$$\frac{R}{Y} = \left(\frac{1}{s_r - s_w}\right)\frac{I}{Y} - \frac{s_w}{(s_r - s_w)} \tag{13.16}$$

只要 $s_r > s_w$，利润对收入的比率同投资率就成正相关。在体系中，投资率显然必须是独立变量。资本家可以决定他们消费和投资多少，但不能决定他们将赚多少利润。如果 $s_r = 1$，$s_w = 0$，则 $I/Y = R/Y$，将方程（13.16）两边同乘以 Y/K，可以得到罗宾逊的结果，即：利润率、资本积累率和经济增长率都相等。在通货膨胀障碍的约束下，提高投资水平可以提高利润率和储蓄在国民收入中的份额，从而使资本积累率提高。产生这一结果的机制是价格相对于工资的上升。

卡尔多模型可以用来估计：要把储蓄率提高一个既定水平究竟需要多大程度的通货膨胀（见 Thirlwall，1974 年的模型）。要求的通货膨胀率依赖三个重要因素：（1）国民收入中劳动的初始份额；（2）源于工资（s_w）和利润（s_{rp}）的储蓄倾向的差别；（3）工资多快才能赶上物价（工资—物价系数）。

如果工资等比例追赶物价，并且工资和利润的储蓄倾向没有区别，由通货膨胀带来的储蓄再分配效应不存在。如果在储蓄倾向上有很大的差别，并且工资—物价系数很小，大约3％的温和通货膨胀能使储蓄率增加一个百分点。如果储蓄倾向上只有较小的差别，并且工资—物价系数很大（接近于1），储蓄率一个百分点的提高会要求超过100％的通货膨胀。即使是凯恩斯主义者也可能把这个通货膨胀率看作获取额外增长而付出的很高的代价。[14]

□ 二、 发展的先行储蓄与强迫储蓄方法的调和

毫无疑问，传统的发展文献和大多数发展中国家的政府在设计政策和制定计划时都已转向了古典学派的发展观点。然而，可能还有更为折中的方法。承认在资本稀缺的经济中自愿储蓄极为重要，未必一定要成为古典主义者；承认投资者可能在社会的计划储

蓄之外占有一些实际资源，也未必一定要成为凯恩斯主义者。凯恩斯主义者也欢迎先行储蓄，他们争论的是储蓄对投资是必不可少的，以及投资受储蓄制约。正如罗宾逊（Robinson，1960，vol. II）在讨论充分就业条件下的投资和储蓄关系时所说的："我们不能回到储蓄决定投资的凯恩斯主义之前的观点上。凯恩斯教导的核心观点仍然要坚持。是投资量的决策而不是储蓄的决策决定财富的积累率。"我们认为，两大学派应当和解。对于储蓄先行学派来说应当承认强迫储蓄的可能性，应当减少对需求通货膨胀的反感。对于凯恩斯主义者来说，应当承认储蓄依存于功能收入分配之外的因素，对于任何合意的储蓄—投资比率，随着自愿储蓄的增加，通货膨胀将下降。

□ 三、 发展融资的数量论方法

为发展筹集资金的数量论分析方法，着重强调通货膨胀作为对实际货币余额的征税的影响。假设一国政府愿意把更多的国内资源移作投资之用，可行的方法之一是为社会利益而投资，通过扩张货币供给的方法筹集投资资金。在资本业已充分就业的条件下，货币的扩张是通货膨胀性质的。

通货膨胀是把资源有效地转移给政府的手段。通货膨胀是对货币持有量征税，它包括两个方面：一是货币的实际购买力的减少，二是货币持有者为了恢复他们的货币持有的实际价值而必须放弃的实际资源。税基是实际现金余额水平（M/P；税率为货币实际价值的贬值率，它等于通货膨胀率（dP/P）。从这种税收中获得的收入等于税基与税率的乘积，即：$(M/P)(dP/P)$。按照标准税收理论，当税基的税率弹性为 -1 时，实际税收收入可达最大。如果通货膨胀率等于货币扩张率，实际税收收入（R）等于新增货币量的实际价值，即 $R=(M/P)(dM/M)=dM/P$。如果通货膨胀率高于货币扩张率，即 $dP/P>dM/M$，税基就会缩小，有一部分潜在的税收收入就会丧失。

可以运用图 13—3 对通货膨胀税进行说明。DD 表示与通货膨胀有关的对实际货币余额的需求。在物价稳定时，对实际货币余额的需求为 D；当物价上涨率为 P，并且预计这个趋势还会继续时，对实际货币余额的需求就会减少为 M。这样，$OPXM$ 的面积就代表了货币持有者为使其在 OM 水平上保持实际货币余额不变必须代替货币余额的实际收入量。由于货币余额必须增加，放弃的实际收入与通货膨胀的比率相同，货币税的税率便等于通货膨胀率。

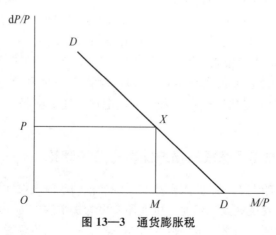

图 13—3　通货膨胀税

通货膨胀作为货币税，把资源从私人部门再分配给作为货币发行者的政府——这些资源和运用较常规税收手段获得的资源一样真实。凯恩斯不仅认识到需求通货膨胀把收入从工资转移给利润这种趋势，而且也完全认识到通货膨胀的这个方面。在他的《货币改革论》（1923）中，他把通货膨胀描述为一种公众很难逃避的税收形式，即使是最软弱的政府当别无他法时也能实施这种手段。

由通货膨胀税产生的可用于投资的实际收入（R_I）占总收入（Y）的比率（R_I/Y），等于货币—收入比率（$(M/P)/Y$）、通货膨胀率（$dP/P = dM/M$），以及新增货币供给中用于投资的比率（$R_I/(dM/P)$）三者的乘积，即：

$$\frac{R_I}{Y} = \left(\frac{M}{PY}\right)\left(\frac{dM}{M}\right)\left(\frac{R_I}{dM/P}\right) \tag{13.17}$$

假设货币—收入比率为0.4，并且新增货币的50%被用在投资上，于是，增加10%的货币供给（导致通货膨胀率为10%，即 $dP/P = dM/M = 10\%$），可使2%的国民收入用于发展计划上。如果所有新增货币都用于投资，来自通货膨胀税的实际收入就只是新发行货币的实际值对收入的比率。在上述例子中，它将是2.5%。当然，这些计算假定了合意的货币持有量对收入的比率不受通货膨胀影响。实际上，这个比率可能是通货膨胀率的减函数，因为持有实际货币余额的机会成本上升了。然而，只有税基的下降在比例上高于通货膨胀率，来自通货膨胀税的收入才真正会减少。

从目前得到的有限证据来看，即便在高通货膨胀的国家中，货币—收入比率对通货膨胀率的弹性似乎也是相当低的。这一点表明，即便在经历了多年高通货膨胀的国家中，通货膨胀作为一种货币税也可能是有效的手段。但是应该记住，虽然通货膨胀会降低合意的货币—收入比率，但这个比率将随着经济的发展和渐进的货币化而有连续上升的趋势。因此，从总体上看，货币—收入比率受货币扩张的影响可能很小。

事实上，随着发展过程，相对于收入，持有货币的需求增加，产出增加。也意味着在物价水平不上涨的情况下一些政府投资可以筹集到资金。从交易基本方程中我们可以很容易看到这一点：

$$MV = PY$$

或者，

$$M = K_d PY \tag{13.18}$$

式中，M 是名义货币供给，V 是收入的货币流通速度，$K_d (=1/V)$ 为每单位货币收入对持有货币的需求，P 为最终产品和服务的平均价格，Y 为实际收入。

用变量的增长率表示，并用小写字母表示，于是，

$$m = k_d + p + y \tag{13.19}$$

可以看到，如果每单位收入的货币需求是增加的（$k_d > 0$），m 在没有价格水平上涨的情况下可能是正数。类似地，如果经济是增长的（$y > 0$），m 在没有价格上涨的情况下也可能是正数。政府从货币扩张中获得的收入将等于 $m - p$。在几个发展中国家，对

每单位收入的货币需求年均增长率似乎在 5% 左右。与每年 3% 的产出增长率结合在一起，这将意味着货币供给的非通货膨胀增长每年将在 8% 左右。

最后，还应补充指出，由货币扩张而筹集资金的政府投资项目可能会降低资本—产出比（如果该项目产出—劳动比较高而资本—劳动比较低），从而对于某一既定的投资比率来说，资本积累率和就业增长率都可能提高。如果由货币扩张筹集资金的政府投资项目通过创造就业机会和提高生产率帮助了城乡的穷人，那么通货膨胀不一定是不均等的。

□ 四、 通货膨胀的危险

我们已经讨论了通货膨胀的一些利益，特别是通货膨胀为发展释放资源的能力，这种能力是通过在私人部门各个阶级之间以及私人部门与政府部门之间的收入再分配实现的。但是，通货膨胀不是没有危险的。这些危险也必须提及。

首先需要对发展中国家可能发生的通货膨胀的各种形式加以区分，它们可以分为：需求拉动型通货膨胀、成本推动型通货膨胀和结构型通货膨胀。支持通货膨胀融资实际上就是支持需求拉动型通货膨胀。成本推动型通货膨胀将使利润减少，这对经济发展毫无裨益。结构型通货膨胀可能是经济发展不可避免的代价，它也无助于加速经济发展过程。

有目的地推行通货膨胀政策来刺激发展也可能会产生一些危害和成本。通货膨胀所造成的对增长最严重的威胁来自对国际收支的影响（如果一国的外汇是一个稀缺资源），以及来自这样一种可能性：如果通货膨胀极为严重，自愿储蓄、生产性投资和货币作为交换媒介的使用就会受到抑制。如果一国的通货膨胀率高于其他国家，该国的国际收支状况就会恶化，导致该国不得不采取进口替代政策和外汇管制，这又会导致该国的资源配置效率很低。就投资来说，如果一国的通货膨胀率过高，人们就会对厂房和设备投资失去兴趣，大量的实际资源将被吸引到存货、海外资产、财宝和艺术品等投机性投资中去。倘若通货膨胀率超过了名义利率，从而使实际利率变为负数，则人们对占有实际资源感兴趣，但不使用它们。

通货膨胀显然降低了货币的购买力。如果通货膨胀率过高，不仅自愿储蓄受到抑制，就是货币的交易媒介职能也受到抑制，这样一来，社会就会蒙受实际资源和福利的损失。由于通货膨胀降低了货币的购买力，货币持有者预计将为避免损失而尽可能地减少为交易目的所持有的货币。通货膨胀的成本产生于这样一个事实：现金余额产生效用，促进生产，通货膨胀引起人们把精力、时间和资源投入到无需耗费成本生产的现金余额的用途的最小化上。例如，人们跑银行的次数更为频繁，这就占用了劳动时间；以及人们可能常常求助于信贷机制，这又占用了社会资源。

还必须考虑通货膨胀的分配结果。这些很难评价，但下面一些结果是比较肯定的。（1）债务人得利而债权人受损；（2）在需求拉动型通货膨胀时期，工资获得者受损，而利润获得者获益；在成本推动型通货膨胀中，利润获得者和工资获得者都将受损；（3）不动产所有者可能获益而货币资产持有者受损；（4）就讨价还价意义而言，强者获益而弱者受损，年轻人获益而老年人受损，因为后者依靠一个固定的契约收入生活。

然而，如果发展中国家把增加就业作为一项重要的政策目标，它们一般不会因需求拉动型通货膨胀会导致收入分配不均而反对采取温和的通货膨胀政策。通货膨胀融资的主要获利者是失业者和半失业者，就此而论，利用通货膨胀筹集资金倒是可能使家庭收入结构趋向更为公平。

讨论了通货膨胀的一些潜在的危害之后，可以看到，围绕通货膨胀是有利于还是有害于发展这个问题展开了大量的争论。我们看到，它能促进实际储蓄水平的提高和鼓励投资，但另一方面，它可能刺激不当的投资，并且可能会失去控制，对生产性投资和国际收支造成不利的影响，从而阻碍了发展。显然，孰是孰非主要取决于讨论中的通货膨胀类型以及通货膨胀率。

□ 五、 通货膨胀的目标

由于通货膨胀的明显危害——通货膨胀危害增长和发展——很多发展中国家最近模仿发达国家，如英国和欧盟国家由欧洲央行统一指导，并制定了旨在控制通货膨胀率的通胀目标。这些国家如巴西、智利、哥伦比亚、墨西哥、秘鲁、韩国、菲律宾和泰国都是在 20 世纪 90 年代末期和 21 世纪初期开始的。确定一个具体的通货膨胀率，如 5%，或 4%～6% 的幅度，是一个经济体抑制通货膨胀预期，以及为以控制经济运行为目的的政府货币和财政政策增添信誉的一种方式。问题是：在不牺牲增长和就业的情况下，它会有用吗？为了准确评估它，各国在采用通胀目标时需要与一个控制组进行比较。当这一点完成后，发达国家的证据是，目标无论是对通胀还是其变动都没有显著的影响（见 Lin and Ye，2007）。另一方面，假定发展中国家的央行的信誉显著低于发达国家，可能预计，在发展中国家明确宣布一个通胀目标的信誉收益要大得多。冈卡尔维斯和萨勒斯（Goncalves and Salles，2008）在一个包括 36 个新兴经济体的样本中发现是这样的，但是他们没有将他们的结果和一个控制组进行比较。林和叶（Lin and Ye，2009）修正了这个缺陷，他们比较了 13 个发展中国家，采用了直到 2004 年的通胀目标，把另外 39 个国家作为一个控制组。作者的主要结论是，通胀目标平均降低了 3 个百分点的通货膨胀率，但是根据各国已采取的政策时间长度、财政纪律、汇率变化和政府对采取目标通货膨胀率的政策的前提条件的承诺，各国的经验也不相同。然而，就增长变缓或失业增多而言，是否会发生一些成本，还没有探究。但是经验证据所显示的各国通货膨胀和增长之间的关系是什么？我们将在下一节中考察这一点。

□ 六、 通货膨胀与增长： 经验证据

以上讨论表明通货膨胀与增长的关系可能不是线性的：通货膨胀率达到某一点之前，增长与通货膨胀成正相关，但在这一点之后，由于通货膨胀的坏处超过了好处，它们就变成了负相关。这种关系由对发展中国家和发达国家大样本数据的最近的经验研究所证实。

在世界银行工作的布鲁诺（Bruno，1995）的研究利用了 127 个国家在 1960—1992 年间每年的观察值，得到了一个如图 13—4 所描述的模型。通货膨胀与增长在通货膨胀达到 5% 之前成正相关，之后通货膨胀"报酬递减"现象开始发生。一旦通货膨胀上升到 30% 以上，通货膨胀与增长成强烈的负相关，但是对于 20% 以下的通货膨胀率，布鲁诺得出结论说："没有明显的经验证据证明存在显著的长期增长成本"。

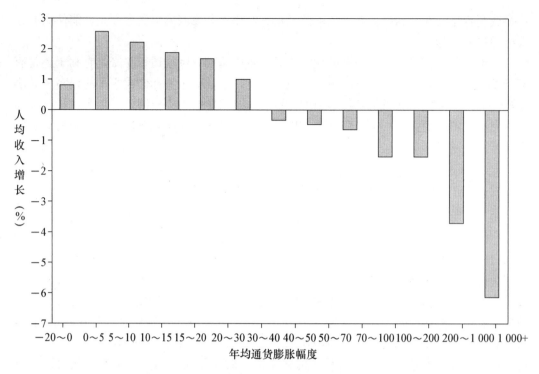

图13—4　通货膨胀与人均收入增长，1960—1992年（127个国家每年的观察值）

在IMF工作的萨雷尔（Sarel，1996）也得出了类似的结论。他利用了87个国家1970—1990年间的数据，把观察值分为12个通货膨胀组别，使用第6组的通货膨胀作为参照标准。然后，他估计不同的通货膨胀对其他组别的增长率的影响，其结果如图13—5所示。可以看到，通货膨胀在第7组之前对增长的影响一般是正面的，通货膨胀率平均为8%。在第7组之后，通货膨胀与增长变为负相关。当通货膨胀率非常高时（第12组），通货膨胀对增长的影响与第6组相比相差近4个百分点（假定其他因素都不变）。[15]

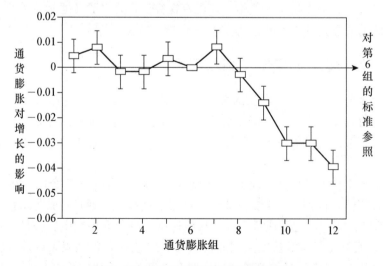

图13—5　不同通货膨胀组对增长的影响

高希和菲利普（Ghosh and Phillips，1998）也在 IMF 工作，他们认为对发达国家来说，通货膨胀在 3％～5％的区间，GDP 增长最高，而对发展中国家来说，通货膨胀区间是 5％～10％（无疑反映了较大的结构性通货膨胀）。

斯坦纳斯（Stanners，1993）研究了 1948—1986 年间 9 个国家和 1980—1988 年间 44 个国家的通货膨胀与增长的关系，也发现了它们是非线性的。他首先把 44 个国家按照通货膨胀率分为 4 组，结果表明最高的增长发生在第二国家组，平均的通货膨胀率为 8.2％。然后，他将 9 个国家 38 年间的 342 个散点绘在一起，显示出通货膨胀与增长在通货膨胀率达到 8％之前成正相关关系。

波林和朱（Pollin and Zhu，2006）最近的综合研究，把 1961—2000 年间 80 个国家分为经合组织国家（OECD（富国））、中等收入国家和穷国。他们发现在 OECD 和中等收入国家通货膨胀和增长之间没有显著联系，但在穷国是正相关，达到通货膨胀的 15％～23％。他们得出结论说："没有证据……支持维持通货膨胀处于大约 3％～5％的低位，即政策制定者为了促进增长和就业而感兴趣的通货膨胀率，而不是把低通货膨胀作为目的本身……仍存在更大的通货膨胀率可能和经济增长正相关……当通货膨胀是来自布鲁诺（Bruno，1995）所指出的，'在一个正在扩张的经济中投资需求的压力'时，这一点尤其如此"。

毫不奇怪，从这个证据中坦普尔（Temple，2000）在其对通货膨胀的评述中总结说："因为目前没有显著的证据表明适度通货膨胀对增长会有不利的影响，任何关于物价稳定依赖于正的增长效应的情况都应继续以相当怀疑的眼光看待。"类似地，莱文和泽沃斯（Levine and Zervos，1993）在评论增长的宏观决定因素的研究时得出结论说："假定经济学家和政策分析家的观点——具有高通货膨胀的国家为了促进经济繁荣，应该采取降低通货膨胀的政策——是完全一致的，那么不能找到国家之间的回归结果来支持这一论点，既令人奇怪，也令人忧虑"。其实，我们可能更为直截了当地说，没有科学的证据表明，尽可能低的通货膨胀是更为迅速增长的必要条件。证据表明，温和的通货膨胀（5％～8％）对增长是有利的。但是，在此之后，通货膨胀的影响可能是严重有害的，当然通货膨胀超过 20％时，对经济增长肯定是有害的。

□ 七、 通货膨胀的历史经验

在讨论了通货膨胀的利益和危害之后，事实是，大多数发展中国家的通货膨胀经历除拉丁美洲之外在过去还是比较温和的。发展中国家一般都比较容易发生高通货膨胀只是一个神话。从 1958—1968 年间 48 个发展中国家的样本中，有 38 个平均通货膨胀率低于 6％（见 Thirlwall，1974，p.35 和 Appendix 1）。在历史上，大多数发展中国家在财政上还是非常保守的。

但是，从 20 世纪 70 年代中期以来，世界性的通货膨胀明显在加速，在很多国家还一直持续到 20 世纪 80 年代和 90 年代。发达国家（地区）和发展中国家（地区）1997—2007 年间的平均通货膨胀率如表 13—4 所示。各国（地区）的通货膨胀差别很大，但是，平均起来看，发展中国家（地区）比发达国家（地区）更容易遭受通货膨胀。在发达国家（地区）中，平均通货膨胀率不到 10％，而在低收入和中等收入国家（地区），平均起来超过了 20％，这里甚至还没有包括通货膨胀率超过 100％的国家和容易发生通货膨胀的拉丁美洲国家。在拉丁美洲，通货膨胀流行了很多年。几乎从工业化一开始就发生了高度的通货膨胀，在这一章结束之前，我们将简略地讨论一下拉丁美洲的通货膨胀经历，以及"结构主义者—货币主义者"关于迅速通货膨胀原因方面的论战。

表 13—4　　　　　　　　　　　　　通货膨胀

国家（地区）	1997—2007 年间 GDP 平减指数的年均增长率	国家（地区）	1997—2007 年间 GDP 平减指数的年均增长率	国家（地区）	1997—2007 年间 GDP 平减指数的年均增长率
阿富汗	4.1	布隆迪	11.6	厄立特里亚	14.8
阿尔巴尼亚	5.6	柬埔寨	3.7	爱沙尼亚	6.2
阿尔及利亚	8.7	喀麦隆	2.6	埃塞俄比亚	5.2
安哥拉	139.5	加拿大	1.6	斐济	4.5
安提瓜和巴布达	1.0	佛得角	3.6	芬兰	1.6
阿根廷	7.5	中非共和国	2.0	法国	1.7
亚美尼亚	5.1	乍得	5.9	法属波利尼西亚	0.3
阿鲁巴岛	1.7	海峡群岛	3.0	加蓬	5.5
澳大利亚	2.9	智利	5.4	冈比亚	8.8
奥地利	1.4	中国大陆	2.6	格鲁吉亚	7.0
阿塞拜疆	7.7	哥伦比亚	10.7	德国	0.8
巴哈马群岛	2.7	科摩罗	3.5	加纳	20.1
巴林岛	3.2	刚果（金）	151.3	希腊	3.7
孟加拉国	4.1	刚果（布）	8.3	格林纳达	3.6
巴巴多斯	1.0	哥斯达黎加	10.7	危地马拉	5.4
白俄罗斯	79.1	科特迪瓦	3.0	几内亚比绍	5.4
比利时	1.8	克罗地亚	4.6	几内亚	12.9
伯利兹	0.9	古巴	2.9	圭亚那	6.0
贝宁	3.3	塞浦路斯	3.0	海地	15.1
百慕大	3.2	捷克	3.7	洪都拉斯	11.0
不丹	5.5	丹麦	2.1	中国香港	−1.3
玻利维亚	6.0	吉布提	2.5	匈牙利	8.2
波黑	6.7	多米尼克	1.3	冰岛	4.5
博茨瓦纳	8.1	多米尼加共和国	12.6	印度	4.7
巴西	7.6	厄瓜多尔	4.3	印度尼西亚	17.9
文莱	7.6	埃及	6.3	伊朗	18.4
保加利亚	92.8	萨尔瓦多	3.2	伊拉克	9.2
布基纳法索	2.7	赤道几内亚	13.6	爱尔兰	3.8

国家（地区）	1997—2007 年间 GDP 平减指数的年均增长率	国家（地区）	1997—2007 年间 GDP 平减指数的年均增长率	国家（地区）	1997—2007 年间 GDP 平减指数的年均增长率
英属地曼岛	2.7	密克罗尼西亚	2.0	圣马力诺	1.3
以色列	2.8	摩尔多瓦	15.8	圣多美和普林西比	6.4
意大利	2.4	蒙古	13.5	沙特阿拉伯	5.4
牙买加	11.0	黑山	5.2	塞内加尔	2.3
日本	−1.0	摩洛哥	2.2	塞尔维亚	30.3
约旦	2.5	莫桑比克	8.1	塞舌尔	3.6
哈萨克斯坦	13.8	缅甸	18.9	塞拉利昂	11.9
肯尼亚	5.6	纳米比亚	6.6	新加坡	0.3
基里巴斯	0.9	尼泊尔	6.2	斯洛伐克	4.8
韩国	2.1	荷兰	2.5	斯洛文尼亚	5.5
科威特	6.2	新喀里多尼亚	0.2	所罗门群岛	6.4
吉尔吉斯斯坦	12.9	新西兰	2.5	南非	7.4
老挝	29.1	尼加拉瓜	8.7	西班牙	3.5
拉脱维亚	6.3	尼日利亚	15.0	斯里兰卡	9.5
黎巴嫩	2.3	尼日尔	2.6	圣基茨和尼维斯	3.3
莱索托	5.8	挪威	4.6	圣卢西亚	2.6
利比里亚	350.8	阿曼	4.3	圣文森特和格林纳丁斯	1.4
利比亚	13.9	巴基斯坦	9.1	苏丹	13.7
立陶宛	3.9	帕劳	2.8	苏里南	27.6
卢森堡	2.4	巴拿马	1.3	斯威士兰	6.7
中国澳门	0.9	巴布亚新几内亚	8.9	瑞典	1.5
马其顿	3.5	巴拉圭	9.7	瑞士	0.7
马达加斯加	10.2	秘鲁	4.0	叙利亚	5.8
马拉维	24.8	菲律宾	6.0	塔吉克斯坦	32.3
马来西亚	4.1	波兰	5.1	坦桑尼亚	10.3
马尔代夫	1.5	葡萄牙	3.2	泰国	2.8
马里	2.8	波多黎各	1.6	东帝汶	2.3
马耳他	3.4	卡塔尔	4.9	多哥	1.7
马绍尔群岛	2.6	罗马尼亚	38.9	汤加	6.0
毛里塔尼亚	8.7	俄罗斯	23.5	特立尼达和多巴哥	5.6
毛里求斯	5.5	卢旺达	6.7	突尼斯	2.9
墨西哥	10.6	萨摩亚	4.6	土耳其	37.1

国家（地区）	1997—2007 年间GDP 平减指数的年均增长率	国家（地区）	1997—2007 年间GDP 平减指数的年均增长率	国家（地区）	1997—2007 年间 GDP 平减指数的年均增长率
土库曼斯坦	10.2	美国	2.2	越南	6.3
乌干达	4.9	乌拉圭	9.3	约旦河西岸和加沙地带	3.2
乌克兰	16.4	乌兹别克斯坦	36.0	也门	13.3
阿联酋	6.1	瓦努阿图	2.6	赞比亚	20.3
英国	2.6	委内瑞拉	25.9	津巴布韦	124.6

资料来源：世界银行，世界发展指数，2009 年 6 月，http://data. worldbank. org/data-catalog/world-development-indicator。

□ 八、 拉丁美洲结构主义者与货币主义者的论战

像阿根廷、巴西、秘鲁、玻利维亚、智利和乌拉圭这样的国家的通货膨胀率在过去40 年中平均超过了 100%。在战后初期，围绕迅速价格上涨背后的主要推动力问题展开了热烈的争论，并且一直持续到现在。争论的参与者分为两派，常常被称为结构主义和货币主义。虽然这一争论发生在拉丁美洲，但它也有一般性意义，而且，在很多方面，类似于 20 世纪 70 年代和 80 年代凯恩斯主义者与货币主义者关于发达国家通货膨胀原因的论战。可以说，这两种争论都没有得出任何结果。

结构主义者的核心观点是，通货膨胀的基本力量本质上是结构性的；通货膨胀是一种供给现象，虽通过货币和财政手段能够治愈，但以资源利用不足为代价。并不否认货币扩张在传播通货膨胀中的作用，但他们要争辩的是通货膨胀有它货币因素的源头。按照结构主义的观点，货币政策只能对付通货膨胀的表征，而无法从根本上治愈通货膨胀。

为了支持通货膨胀起因于供给方面的理由，结构主义者指出了发展中国家的特点：经济中发生的迅速的结构变化、导致瓶颈发生的无弹性供给等；他们还指出，在拉丁美洲国家的前工业化时期，通货膨胀比近来要轻微得多。在 1930 年之前，拉丁美洲国家的物价之所以稳定，是因为农业产出的供给弹性较高，而且人口的增长率较低。进入工业化时期以后，拉丁美洲国家中出现了一个不愿意投资的资产阶级以及不断增长的人口对粮食供给造成的压力，这两个因素结合在一起，导致了瓶颈和通货膨胀的发生；后来由于工资和物价的螺旋上升而更加恶化了。

但是，关于上述情况是否适合所有拉丁美洲国家还存在一些争论。一些评论家指出，结构主义者所描述的一系列事件更多的是描述一个特殊国家——智利的情况。肯波斯（Campos，1961）就曾说过，任何访问过圣地亚哥的拉丁美洲经济委员会的人都会强烈地感觉到，结构主义学派的观点受智利通货膨胀特殊性的影响。然而，肯波斯也自称是一个货币主义者！他认为，即便在智利，瓶颈都是由通货膨胀引起的，而不是由工业化过程导致的。这代表了货币主义者的一般观点。货币主义者认为，供给瓶颈是由那些抑制投资的不当政策造成的，例如物价控制等。所以，他们坚持认为，一味压缩通货

膨胀而不去治理产生通货膨胀的根源进一步造成了瓶颈，这反过来又加剧了通货膨胀。但是，通货膨胀首先是由货币扩张所导致的过度需求引起的。货币主义支持者认为，似乎存在这样的情况：物价上升得最快的国家，货币供给也上升得最为迅速，但还没有人能确切地回答这样的问题：货币的扩张到底是通货膨胀的原因还是仅仅加剧了由供给方所造成的通货膨胀趋势。在这个问题上还没有形成共识，但大多数观察家似乎在以下问题上取得了一定的共识：尤其是农业瓶颈和国际收支困难引起的外汇贬值的结合可能是引发通货膨胀的原因。当然，可以认为所有的国际收支赤字都是货币现象，但更为相关的问题是：造成赤字最初的原因是什么？在拉丁美洲，大多数的国际收支困难是与进口需求的收入弹性较高以及由于国内商品供给差的特点而导致的较低的出口增长有关的（见第 16 章）。[16]

小结

1. 发展需要投资，而储蓄对投资筹集资金是必要的（虽然不必为它融资）。

2. 有三种主要的从国内资源筹集发展的资金的分析方法：储蓄优先方法、凯恩斯主义方法和数量论方法，都是聚焦于储蓄和投资的提高。

3. 储蓄优先方法以通过货币和财政政策提高自愿和非自愿储蓄为重点。凯恩斯主义方法强调刺激投资能产生其自己的储蓄。数量论方法集中讨论通过通货膨胀的政策"强迫"储蓄。

4. 自愿储蓄依赖于储蓄的能力和意愿，而储蓄的能力和意愿由收入水平、收入增长、利率和金融资产的可得性决定。

5. 多数发展中国家是二元金融结构，大的非正规金融部门服务穷人、农村、生存部门，而正规的金融部门服务那些抵押贷款。

6. 农村金融中介机构和小额信贷在对穷人的借贷中具有重要作用。

7. 正规金融部门通常遭受各种形式的金融抑制，阻碍了金融体系的增长。

8. 金融自由化的规划在很多发展中国家实施，时常是在压力之下进行的，结果也是参差不齐的。

9. 非自愿储蓄依赖于税收政策。在很多发展中国家税收努力是弱的。

10. 如果经济低于充分就业，通过收入提高，或如果经济处于充分就业，通过通货膨胀对具有较低储蓄倾向的工资获得者和较高储蓄倾向的利润获得者之间的收入再分配（这就是凯恩斯的论点），投资能够产生自己的储蓄。

11. 政府能代表社会进行投资，通过货币扩张为投资筹措资金。如果这是通货膨胀型的，将会"强迫"储蓄（通货膨胀作为对货币的征税的思想）。

12. 通货膨胀是有些风险的，但是经验证据表明 5% 左右的通货膨胀和增长之间是正相关的。

13. 在过去，很多拉丁美洲国家经历了较高的通货膨胀，但是货币主义者—结构主义者之间的争论在很大程度上仍是没有定论的。

问题讨论

1. 自愿储蓄、强制储蓄和强迫储蓄之间的差别是什么？
2. 自愿储蓄的主要决定因素是什么？
3. 经济的货币化是如何促进发展中国家的生产率水平的提高和资本积累的？
4. 发展中国家的非正规部门的基本性质是什么？
5. 简要概述发达的金融制度的主要前提条件。
6. 在发展中国家对金融抑制主要采取什么形式？
7. 金融自由化的危险是什么？自由化成功依赖哪些因素？
8. 专业发展银行和小额贷款在金融发展中发挥什么作用？
9. 为了促进公平和资本积累，发展中国家的税收制度应该如何改革？
10. 通货膨胀作为一种货币税是什么意思？
11. 需求拉动通货膨胀以什么途径促进增长和发展？
12. 从近来通货膨胀和增长之间关系的经验证据你能得出什么结论？

注释

[1] 有些通货膨胀引起的储蓄可能是自愿的，有些是非自愿的。

[2] 除了中国和印度以外的低收入国家，储蓄率只有9%。

[3] 这种方法因货币数量论而获得这一名称，它预测货币数量的增加最终总会导致价格水平的上涨。

[4] 对小额信贷的评述见 Morduch（1999）和 2007 年 2 月《经济学杂志》的"专题讨论"（Hermes and Lensink，2007）。

[5] 作者在 1995 年曾经是汤加发展银行的顾问。

[6] 例如见 Schumpeter（1911），Gurley and Shaw（1960）以及 Tun Wai（1972）。

[7] 对此问题的全面评论，见 Gibson and Tsakolotos（1994）。

[8] 2001 年诺贝尔奖获得者。

[9] 关于这个方面一般问题的全面讨论，见 Bird（1991）以及 Burgess and Stern（1993）。

[10] 对外部货币的实际余额效应是指货币资产持有者试图通过减少他们的消费来恢复由通货膨胀侵蚀的货币余额的实际价值。下面我们将对这个问题作更充分的讨论。

[11] 关于对这个问题的一般讨论，尤其是巴基斯坦的讨论，见 Ahmad and Stern（1991）。

[12] 包括 Malthus，Bentham，Thornton，Robertson 以及最近的 Kaldor。

[13] 在静态经济中，通货膨胀障碍意味着实际工资是如此低下，使得工薪获得者对物价上涨作出反应，以阻止实际工资进一步下降。在一个增长的经济中，通货膨胀障碍就处在劳动者抵制其在国民收入份额中的任何进一步下降这一点上；或者说，在这一点上，劳动者以增加实际工资的形式占有劳动生产率提高的所有利益。

［14］ 关于一个完全的评价，见 Thirlwall（1974）。

［15］ 这些结果支撑了本书作者早期的研究（Thirlwall，1974），也显示了通货膨胀和储蓄率之间、通货膨胀和投资率之间的非线性关系。通货膨胀和增长模型的评述以及一些早期的经验证据，见 Johnson（1984）。对于一个最新的综述，见 Temple（2000）。

［16］ 对玻利维亚恶性通货膨胀的"结构性"解释，见 Pastor（1991）。

关于银行和金融的网站

小额信贷

格莱珉发展银行 www. grameen-info. org

www. mixmarket. org

www. microcreditsummit. org

银行统计

各国央行搜索引擎 www. directhit. com

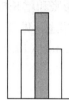

第 14 章

外援、外债与发展

在一个开放的经济中，国内储蓄可以由各种外援来补充。在本章中，我们将考察国外借款在发展过程中的作用。着重考察发展中国家的长期资源流入问题，而短期的国际收支支持性贷款——这是国际货币基金组织（IMF）的传统职能——将在第 16 章中讨论。

本章首先说明使用两缺口分析概念，如何量化外国资源流入的需求，而后论述一下在什么条件下，外国资本流入将会提高国民收入增长和国民产出增长。

流入发展中国家的各种资源包括：官方双边和多边援助资金流动（官方发展援助，ODA）、外国直接投资（FDI）和汇款。然后分别论述一下不同类型的捐赠国和受援国。

我们考虑对发展中国家的国际援助的争议、援助的动机、援助对宏观经济的影响，以及认为援助有害无利的批评。

世界银行是一个主要的多边捐赠组织，其结构调整贷款的项目需要严格的审查。

一些资源流动，如 FDI 和汇款，不会产生债务，但是来自国际组织和私人银行体系的贷款则会产生债务。我们要考察发展中国家的债务负担和它们所面对的债务清偿的困境，因为债务必须以外汇来偿还利息，而外汇是稀缺的而且是进口所急需的。我们要提的问题是：定义一个借款和可持续债务的最优水平是可能的吗？

对很多发展中国家，20 世纪 80 年代经历了严重的债务危机，至今仍未消除，而我们探讨纾缓穷困的发展中国家的债务压力的各种解决方法，包括世界银行的重债穷国减债计划（HIPC）。

■ 第一节　两缺口模型与资本品进口

□ 一、外债的作用

重要的是要理解借贷是资本主义经济活动的自然现象，如果没有这种借贷活动，只有那些具有收入超过当前消费的剩余的经济部门才能有资本积累，而这些部门从增长观点来看可能是无效率的和次优的。引起资本剩余增加的因素常常创造它自身的需求。从国际角度看，一个最著名的事例就是石油价格的上涨，它为石油出口国创造了大量的剩余，而石油进口国为了在不减少进口的情况下维持经济增长，也需要向国外借款。回顾一下历史，至少从佛罗伦萨的美第奇（Medicis，14世纪意大利银行家）在14世纪向英国和西班牙君主贷款以来，国家之间的借贷活动以及与此有关的问题就成为国际经济生活的一个特点。在历史上，国际信贷活动在大多数主要工业化国家中发挥了综合的作用，并且在今天的发展中国家的经济转型中继续发挥着重要的作用。

在传统上，国外借款被各国看作是对国内储蓄的一个补充，以弥补投资—储蓄缺口，获得更快的增长。但是，由钱纳里和他的合作者创立的两缺口分析概念表明，国外借款也可以看作对外汇的补充，因为，为了达到一个更快的增长发展速度，出口的外汇收入和必要的进口品之间的缺口有可能比国内投资—储蓄缺口更大，国内资源和国外资源是不容易相互替代的。如果要达到一个目标增长率，国外借款必须对这两个更大的缺口加以填补。钱纳里最初描述的历史经验是，处在起飞前发展阶段的国家主要是投资—储蓄缺口，随后就是以外汇缺口为主，并且在每个阶段还伴随着技能的短缺。今天大多数发展中国家，除了石油生产和出口国之外，主要是外汇缺口，表现在经常性账户上长期国际收支赤字，而同时国内资源处于闲置状态。这些赤字需要资金来填补，这不仅是为了国家自身的利益，也是为了全世界经济的增长。由于各国通过贸易联系在一起，世界经济体系是一个相互依存的体系。填补赤字的另一种方法是通过通货紧缩调整，以减少进口，这意味着整个经济体系增长放慢。

如果考虑发达国家的历史经验，即在借款发生的国家中（主要是来自作为债权人的英国），借款最终转化成出口剩余，使该国有能力偿还外债，变成一个净债权人。产生这种情况的条件是，边际储蓄比率必须超过平均储蓄比率，以便使投资—储蓄缺口得以消除（如果这个缺口是主要约束）；或者，边际出口倾向必须超过边际进口倾向（如果外汇是一个主要约束）。对于当今大多数发展中国家来说，没有证据显示，为了使经济不致遭受重大困难，它们愿意或能够减少净资源流入水平。对资源的需求比以往任何时候都要强烈，因为为了满足发展需要和对过去的借款还本付息使外汇缺口成为主要的约束。发展中国家发现很难把国内资源以一个充分的数量转变为外国资源，这不仅是由于世界经济萧条而变为周期性的，而且还由于它们的经济结构而变为长期的。这种结构是，发展中国家生产的商品在世界贸易中既缺乏需求价格弹性，又缺乏需求收入弹性。

在本书第一版（Thirlwall，1972）中，我曾预测，"除非采取行动，否则由不断增加的外国资源的流入所造成的还债问题在不远的将来可能会变得不可收拾了。可以肯定，不久以后，这些国家甚至在缺乏投资—储蓄缺口的情况下将会变成资本净输出国。"这个预测已成为事实。发展中国家仍旧广泛借款。第三世界的外债现在已经超过30 000亿美元，而且为了偿还债务，每年有超过2 000亿美元的资金流出了发展中国家。

□ 二、 两缺口分析与国外借款

在国民收入核算中，投资超过国内储蓄的差额恰好等于进口超过出口的差额。从支出角度来看，国民收入核算方程可写成下式：

收入＝消费＋投资＋出口－进口

由于储蓄等于收入与消费之差，我们就有等式：

储蓄＝投资＋出口－进口

或，

投资－储蓄＝进口－出口

如果一国的进口超过了出口（由国外借款提供资金），该国的总支出便可大于该国的总产出，或者，该国的总投资可以大于该国的总储蓄。

需要指出，根据国民收入账户，不管是进口大于出口还是投资大于储蓄，与它们所对应的都是同一笔国外借款。投资－储蓄（$I-S$）缺口和进出口（$M-X$）缺口的恒等，这是由国民收入账户的记账程序决定的；如果一国的投资大于储蓄，在账户中就表现为国际收支赤字。这里涉及的仅仅是一个算术问题，或者换句话说，进口大于出口必然意味着一个经济所使用的资源超过其提供的资源，或者投资大于储蓄。但是，一般没有理由说，两个缺口应该事前相等，这就是说，计划投资超过计划储蓄应该确切地等于计划进口大于计划出口。这是两缺口模型分析的起点。

在详细分析两缺口模型之前，提一下基本的增长理论是必要的。增长要求有投资品，它或者由国内生产，或者从国外进口。国内生产要求有储蓄，国外提供要求有外汇。如果假定增长的某些投资品只能从国外进口，那么最低量的外汇对于维持增长始终是必要的。在哈罗德增长模型中（见第 5 章），增长与储蓄的关系是由增量资本—产出比（c）决定的，它是资本生产率（p）的倒数，即 $g=s/c$，或者 $g=sp$，其中，g 为增长率，s 为储蓄率。同样，增长率也可以表示为边际产出—进口比（$\Delta Y/M=m'$）和投资品进口对收入的比率（$M/Y=i$）的乘积，于是，$g=im'$。

如果国内资源与国外资源之间缺乏替代性，增长将会受到限制最大的因素（国内储蓄或外汇）的制约。例如，假设由国内储蓄所能达到的增长率低于由外汇可得量所能达到的增长率。在这种情况下，增长将受储蓄限制。如果该约束不消除，有一部分外汇将不被使用。例如，假设储蓄比率（s）与资本生产率（p）的乘积使增长率能够达到 5%，进口比率（i）与进口生产率（m'）的乘积能够使增长率达到 6%。于是，最大增长率就被限制在 5%，对于一个既定的 m'，有一部分可得的外汇量就不能被吸收（至少是为增长目的）。一些石油输出国就属于这一类；它们不能使用它们所有的外汇。相反，假定国内储蓄所能达到的增长率高于外汇可得量所能达到的增长率。在这种情况下，该国将是外汇约束型的，有一部分储蓄将不被利用。以上例子所说明的政策意义是很清楚的：只要有一种资源约束很突出，就会存在着资源浪费现象。如果外汇是主要约束，就必须寻找各种途径使用国内未被使用的资源来赚取更多的外汇和提高进口的生产率。如果国内储蓄是主要约束，就必须寻找各种方法使用外汇来扩大国内储蓄和提高国内资源的生产率（例如，通过缓解技能的约束）。[1]

现在假定一国确定了一个目标增长率 r。从我们简单的增长等式（恒等式）中，达到目标所需的储蓄比率（s^*）是 $s^*=rc$，所需的进口比率（i^*）是 $i^*=r/m'$。如果国内储蓄小于为达到目标增长率所需的水平，就可以说在时间 t 上存在一个投资—储蓄缺口。用公式表达就是：

$$I_t - S_t = s^* Y_t - s Y_t = (rc) Y_t - s Y_t \qquad (14.1)$$

同样，如果为了实现目标增长率所必需的最低进口量大于国内为投资用的最大外汇收入水平，则称该国在时间 t 上存在着进口—出口缺口或外汇缺口，用公式表达就是，

$$M_t - X_t = i^* Y_t - i Y_t = (r/m') Y_t - i Y_t \qquad (14.2)$$

其中，i 为由出口收入所能达到的进口—产出比率。如果要达到目标增长率，外国资本流入必须填补两个缺口中最大的一个。两个缺口不是相加的。如果进口—出口缺口更大，那么填补这一缺口的外国借款也将填补投资—储蓄缺口。如果投资—储蓄缺口更大，填补这一缺口的外国借款显然将弥补较小的外汇缺口。

两缺口分析对发展理论的显著贡献是，如果外汇是主要约束，那么这就意味着外国借款具有双重作用：一方面，补充国内储蓄的不足；另一方面，补充外汇的不足。因此，两缺口理论的意义就在于强调进口和外汇在发展过程中的作用。它把有关援助、贸易和发展之间关系的传统和现代观点综合起来了。一方面，它接受了外援在传统上只是国内储蓄的推动的观点；另一方面，它接受了较为现代的观点：有很多商品对增长是必不可少的，但发展中国家自己不能生产它们，因此必须借助于外国援助进口这些产品。实际上，如果外汇的确是主要约束，可以说，两缺口分析也为发展中国家提供了一个更为适用的贸易保护和进口替代理论。如果增长受外汇短缺制约，那么自由贸易不能同时保证国内和国外都达到均衡。贸易利益可能会被国内资源利用不足所抵消。我们将会在第 15 章讨论这个问题。

□ 三、 两缺口分析的一个实际例子

我们用一个例子来说明两缺口分析对一个国家的应用。我们将使用方程（14.1）来估计投资—储蓄缺口，使用方程（14.2）来估计进口—出口缺口。假设政府在 2010—2015 年五年计划期确定的目标年增长率（r）是 5%，资本—产出比是 3。时间 t 的投资要求可以写成：

$$I_t = cr Y_t = c \Delta Y = 3 \Delta Y$$

现在我们假设 10% 的收入被储蓄，那么：

$$S_t = 0.1 Y_t$$

给定这个信息和每年的目标收入水平 Y_t，对于每年（$t = 1 - 5$），用目标增长率乘以基期收入水平（$Y_0 = 1\,000$）而获得，未来每年的 $I - S$ 缺口就可以被估计出来。估计结果如表 14—1 所示。所有值都按照不变价格（基年价格）用美元表示。

表 14—1　　假定 GDP 的一个 5%的增长率，投资—储蓄和进口—出口缺口估计（2010—2015 年）（百万美元）

	Y_0 基年 2010	Y_1 2011	Y_2 2012	Y_3 2013	Y_4 2014	Y_5 2015
GDP	1 000	1 050	1 102.5	1 157.6	1 215.5	1 276.3

	Y_0 基年	Y_1	Y_2	Y_3	Y_4	Y_5
	2010	2011	2012	2013	2014	2015
储蓄	100	105	110.2	115.8	121.5	127.6
投资	140	150	157.5	165.3	173.7	182.4
投资—储蓄缺口	**40**	**45**	**47.3**	**49.5**	**52.2**	**54.8**
出口	210	216.3	222.8	229.4	236.3	243.4
进口	250	262.5	275.6	289.4	303.9	319.0
进口—出口缺口	**40**	**46.2**	**52.8**	**60.0**	**67.6**	**75.6**

注：投资与出口的基期水平将由该国的国民账户与国际收支统计数据给出。

对于进口需要，我们假定增量的产出—进口比（m'）是 0.2。所以，

$$M_t=(r/m')Y_t=i^*Y_t=(0.05/0.2)Y_t=0.25Y_t$$

最后，假设一个预测的出口是每年 3％的指数增长率，即，

$$X_t=X_0\,e^{0.03t}$$

进口—出口缺口的计算结果也列在表 14—1 中。这些结果表明，虽然从事后的角度来看，国民收入账户中在基年 2010 年两缺口是相等的，但预期的缺口随时间而产生了差别，进口—出口缺口更大。为了达到一个目标增长率，必须每年有外国借款，以填补两个缺口中最大的一个。这里的分析是简略的和机械性的，但它说明了基本原理，以一个简单方法近似地说明了我们要说明的问题。[2]

□ 四、资本品进口与增长模型

普遍认为，资本品进口能够提高增长率，但我们还没有考虑资本进口品的资金从何而来，以及借款期限如何影响增长率。把这些考虑因素结合起来，就可以建立如下模型——该模型表明：（1）如果新外国资本的流入超过了国内储蓄支付利息的损失，随着资本的进口，产出增长将会更快——但是，如果利息是由新的借款偿付的，资本进口就始终会对产出增长率产生有利的影响。（2）只要资本进口品生产率超过利率，收入增长率就会更快。

该模型表述如下。令

$$O=Y+rD \tag{14.3}$$

其中，O 为产出，Y 为收入，r 为外债利率，D 为外债额。国内产出与国民收入之间的差额即为对国外的要素支付。由方程（14.3）可知：

$$\Delta O=\Delta Y+r\,\Delta D \tag{14.4}$$

已知：

$$\Delta O=\sigma I \tag{14.5}$$

其中，σ 为资本的生产率。又知

$$I = sO + \Delta D - srD \tag{14.6}$$

其中，s 为储蓄倾向。将方程（14.6）代入方程（14.5），并除以 O，得到：

$$\frac{\Delta O}{O} = \sigma \left(s + \frac{\Delta D - srD}{O} \right) \tag{14.7}$$

方程（14.7）表明，只要 $\Delta D > srD$，即只要资本的新流入超过偿还过去贷款的资本外流——如果不偿债的话，它本来是被储蓄起来的——产出的增长率就会提高。如果不靠借新债来偿付旧债的利息，上述条件是相当严格的。由方程（14.7）还可以看出，如果 $rD = \Delta D$，则只要 $s < 1$（正常的情况就是这样），引进外资所达到的产出增长率将比不引进外资所达到的产出增长率要高。由上可以推论，如果一国可以长期依赖国外借款来支付过去债务的利息，该国从保持进口剩余中就可以长期获利。然而在实践中，一国若不断地借款，国际社会就会把它划归到信誉不好的国家之中，从而使它难以持续获得贷款。

现在把国民收入的增长率作为因变量。由方程（14.3）我们知道：

$$\Delta Y = \Delta O - r\Delta D \tag{14.8}$$

将方程（14.6）代入方程（14.5），并将结果代入（14.8），我们得到：

$$\Delta Y = \sigma(sO + \Delta D - srD) - r\Delta D \tag{14.9}$$

因为 $Y = O - rD$，我们也可把方程（14.9）写成：

$$\Delta Y = \sigma sY + \Delta D(\sigma - r) \tag{14.10}$$

除以 Y，我们可以得到以下收入增长率表达式：

$$\frac{\Delta Y}{Y} = \sigma s + (\sigma - r)\frac{\Delta D}{Y} \tag{14.11}$$

方程（14.11）表明，只要资本进口品的生产率（σ）超过了国外借款的利率（r），有资本进口的收入增长率便会高于仅仅依靠国内储蓄能达到的收入增长率。这一标准的结果表明，只要收益率超过了利率，投资就是有利可图的。但是，在某些环境下，这个条件也可能是比较严格的。

□ 五、 资本流入、 国内储蓄和资本—产出比

以上讨论显示，进口剩余在经济发展过程中有很大的潜力。然而，有时认为，由外资流入提供进口剩余资金将提高资本—产出比（即降低资本的生产率）并抑制国内储蓄。此外，相当一部分资本的流入被消费了而不是用于投资。净结果可能是，经济完全停滞甚或下降。[3]也就是说，按照方程（14.7）和方程（14.11），资本的流入量 ΔD 会使 s 和 σ 下降，而且只有 ΔD 的一部分被用于投资。

很多研究发现，在外资流入和国内储蓄之间存在着负相关。然而，在分析两者的关系时我们必须谨慎从事，由于发展中国家定义储蓄的方法特别，如果资本流入的一部分

被消费了，那么必然会使外资流入和国内储蓄成负相关。我们前面说过，在发展中国家里，储蓄通常被定义为投资与外资流入之差，即 $S = I - F$。如果 F 增加了，而 I 增加得不如 F 增加得多，为了使等式成立，S 必然减少。因此，外资流入和国内储蓄之间在统计上的负相关并不必然说明发展努力的削弱，它可能只是反映资本流入的一部分被用于消费了。重要的一点是，迄今为止，尚无任一研究发现资本流入和投资率之间存在着负相关。这说明，除非资本的生产率急剧下降，外资流入一定为经济增长提供了资金。

一些经济学家认为，外资流入的确降低了资本的生产率和提高了资本—产出比，因为在发展中国家里，国际援助具有用于能提高威望的工程的趋势、社会基础设施项目和社会先行资本。但是我们认为，在研究这个问题时，必须记住，某一个项目的资本—产出比和整个经济的资本—产出比之间存在着重要的差异，正是后者与模型有关。即便是用外资筹措资金项目是资本集约型的，总量资本—产出比也有可能降低。因为项目筹资能给经济的剩余部分带来外部性，并且同时放松了外汇需求的约束。没有令人信服的证据表明，那些具有资本流入对国民收入的高比率的国家比其他国家有更高的资本—产出比；亦无证据表明，外资流入的生产率比国内储蓄的生产率低。

第二节　国际援助的动机与效果

□　一、　国际资本流动的类型

国际资本流动的主要形式有：双边与多边（如世界银行及其两个分支机构：国际开发协会（IDA）和国际金融公司（IFC））以优惠和非优惠的条件的官方贷款；非政府组织（NGOs）提供的援助；人道主义和紧急援助；外国直接投资（FDI）和间接投资；国外务工的汇款。

由于资本流动类型不同，借款条件也不同，对于资本流入的国家来说，资本的名义价值同它的实际价值（用可购买的商品和劳务的量来表示）之间便存在着重要的区别。另外，还要对国际援助的报酬（return）、国际援助的利益（benefit）和国际援助的价值（value）做出区分。

国际援助的报酬是指援助的名义价值与偿还额（按照受援国的援助生产率贴现来计算）之差，计算国际援助的报酬的方法同计算其他投资报酬的方法是一样的。

国际援助的利益是指援助的名义价值与偿还价值（按照受援国在资本市场上借款所必须付出的利率贴现计算）之差。援助的收益如在成本—收益分析法的收益一样是用一个差数来衡量的，计算出的收益被称作资本流动的"赠与成分"，表示对于受援国来说获得了一些真正的好处。显然，如果受援国从援助国中借款的条件与在自由市场上存在的借款条件没有任何差别，那么资本转移中的赠与成分就完全没有了。

如果援助被限于购买援助国的商品，其价格同国际市场价格不同，则援助的价值与它的利益就产生了差别。倘若援助国商品的价格高于国际市场价格，则援助成分的价值就降到了其应有的水平之下。[4]

并不是所有的外国资源流入都会产生债务，只是针对那些涉及偿还责任的流入。例如，官方流入援助部分不会产生债务，外劳的汇款或外国直接投资也不会——虽然后者会带来利润流出。

现在我们转向对不同形式和规模的国际资本流动的讨论。我们首先讨论官方发展援助，或国际援助，以及其背后的动机。

□ 二、 对发展中国家的国际援助的争议

如上所述，向发展中国家的资本流动表现为很多不同的形式：从赠与或纯粹的援助到贷款、证券投资和跨国公司的直接投资。本章后面将给出这些资本流动的数量。由于种种原因，援助国和援助机构提供援助、贷款、投资，发展中国家接受这些援助。但是，发展中国家作为一个整体的动机和较广泛的利益可能不总是一致的。对发展中国家的财经援助的基本原因和意义的评价带有高度主观的成分，取决于援助支持者对发展过程的看法。从政治上来看，有很多左派和右派的观点。这些观点认为，金融资源援助对发展不仅是不必要的，而且甚至可能是有害的，因为它助长了依靠思想，削弱了国内发展的努力，导致了消费和生产结构的扭曲（以及债务偿还问题和利润的外流）。这些批判主要是针对官方援助和私人投资，特别是跨国公司的活动。我们将在下面考虑这些问题，但首先我们来考察援助的动机，以及发展中国家为什么接受这种转让。

□ 三、 官方援助的动机[5]

促使以优惠条件提供双边和多边援助的动机多种多样，但可以概括为如下三类：

第一，人道主义的动机就是帮助贫穷国家特别是贫穷国家中的穷人。关于收入再分配方面有两个论点：一，绝对贫困是不能忍受的；二，如果收入的边际效用是递减的，把富人的收入再分配给穷人，总福利就可以增加。这些论点既在一国内部适用，也同样在全球范围内适用。从道德和福利观点来看，国界是人为构成的。发展中国家正是带着这种问题，不仅接受各国政府和国际组织的援助，而且也接受很多自愿性和慈善组织以及紧急与灾害救济基金的援助。

第二，政治、军事和历史的动机。美国的很大一部分援助项目最初目的是为了遏制共产主义在全世界的扩散，现在地区性和单个国家的援助仍然主要从这个方面来解释。英国和法国的援助倾向于集中在前殖民地国家和地区内，反映了强烈的历史情结，也许是对前殖民地忽视的一种补偿。在此基础上，很多发展中国家愿意接受援助以作为对它们发展努力的一种支持，当政府受到国内和国外敌对势力的威胁时更是如此。

第三，经济的动机。发达国家向发展中国家投资，不仅为了提高发展中国家的经济增长率，也为了提高它们自己的福利。就此而论，国际援助是互利的。如果贷款的利率高于发达的援助国自身的资本生产率而低于发展中受援国的资本生产率，借贷双方都能获利。如果在发达国家中存在着未充分利用的资源，而且由于国际收支约束，没有其他办法对其加以利用，那么国际援助增加了发展中国家的资源和使发达国家的资源能够得到较充分的利用，从而使双方都能获益。这是凯恩斯主义支持国际援助的一个很强的论点，在布兰德报告中还被提到了（第1章对此进行了讨论）。发展中国家接受这些财经援助，是因为它们大多数都极为缺乏外汇（见第16章），并且认为国际融资的规划和项目所带来的收益要大于其成本和任何负面影响。

□ 四、 对国际援助的批评

尽管对发展中国家的国际援助有很多有价值的动机，但对国际援助仍然提出了很多批评。一种极端的观点认为，援助对穷国的增长绩效没有任何效果并且通过培育了依赖的文化破坏了发展。这是早期批评者的观点，如鲍尔（Bauer，1971）和弗里德曼（Friedman，1958），而且最近重新在一些具有争议的新书中流行，如伊斯特利的《白人的负担》（Easterly，2006）和茉约《失败的援助》（Moyo，2009）。两人都认为对非洲的援助是浪费，茉约主张应该制定计划从非洲撤离援助，并且未来所有的资本流入应该来自私人部门。她认为，这会导致更负责任和更有效地使用资源流入。

国际援助可能是浪费，这一点是真的。如果不能明智管理，援助可能会助长政府的腐败和浪费。援助也可能鼓励受援国采取不负责任的金融政策；如果援助是无偿的（纯援助），则可能促使这些国家低效率地利用经济资源。批评者认为过去半个世纪以来数十亿美元投资在非洲，但是非洲仍然极度贫困。

然而，对这种极端的观点也有一些反对的意见。第一，需要记住的是，在发展中国家（和非洲）人均收到的援助金额是非常低的，并且穷国存在很多不利于援助的抑制性累积力量，因此对于援助效果的预期不应该夸大。第二，很多援助被用于人道主义的目的，对医院、公共健康和学校的社会投资的获益是没有争议的。第三，就腐败的政府和不负责任的经济政策制定而言，还不确定在没有援助的情况下，同样的情形不会盛行。的确，其他办法可能更糟，因为国际援助可能起到一种"杠杆作用"，援助可以用来改善政府管理和启发政策制定。挑战不是停止援助，而是使援助更有效率。

对援助的批评中最有依据的是认为援助会弱化国内发展的努力，支持依赖的文化。尤其是，它会弱化一个国家的税收努力。在很多较穷的发展中国家，援助价值超过了收入。为了解决这个问题，牛津大学经济学家艾德里安·伍德（Adrian Wood，2008）提出了一个建议：捐赠者共同设定一个援助税收比率的上限（如50%），超过上限，援助逐步停止；低于上限，每额外增加1美元的税收，捐赠者提供50美分的援助。这会鼓励发展中国家征收更多的税，与此同时，鼓励政府更多地关心它们的市民想要什么（因为他们付了钱!），而不是捐赠者希望援助用于什么地方。

另外一个不那么极端的观点认为，平均而言，援助对增长和发展是有正效应的，但并不是每个国家都如此，并且是由吸收能力、良好的治理和捐赠国政策这些条件决定的。一些国家可能没有管理或技术能力吸收更多的援助，在这种情况下会带来援助收益递减。关于这一点的证据将会在后面进行讨论。也有证据表明援助只有在良好的政策环境下才会有效果，就是良好的政府管理和良好的宏观经济政策制定。捐赠国的实践也对援助生产率有影响，取决于援助是多边的还是双边的，援助和捐赠物品是否与购买绑定，以及如何监督援助。现在的共识是接受国应对援助项目有"所有权"，而且捐赠者的插手会适得其反。

对援助的批评以及对过去援助的管理方式所作的批评是有道理的，但是，援助可能被浪费了，没有能够帮助到意欲要帮助的人，援助接受国仍然贫困和欠发达——这些事实与其说是对资源流向穷国不可能是生产性的观点的挑战，倒不如说是对援助使用的一个挑战。那样会违背经济逻辑。案例14.1对援助成功和失败的国家经验进行了比较。

发展经济学（第九版）

▶ **案例 14.1**　　　　**援助的成功和失败，20 世纪 70—90 年代**

外国援助一直以来取得了巨大的成功。20 世纪 60 年代的博茨瓦纳和韩国、20 世纪 70 年代的印度尼西亚、20 世纪 80 年代后期的玻利维亚和加纳以及 20 世纪 90 年代的乌干达和越南，所有这些国家的例子都是从危机走向了快速发展。外国援助在每次转型中都起着重要的作用：为发展政策贡献思想、培训公共政策决策者、为支持改革和公共服务扩展提供资金。外国援助也改变了所有的部门。导致"绿色革命"的农业创新、投资和政策——改善了全世界数以百万计穷人的生活——是通过双边和多边联合捐赠筹集资金、提供支持和进行扩散的。国际化的筹资和协作项目大幅度减少了如河盲症之类的疾病，大规模扩大了抗儿童疾病的疫苗接种范围。数以百万计人的生活由于上学、干净的水、卫生、电力、医疗诊所、道路和灌溉而变好了，即使不是完全转变——所有这些资金都来自国外援助。

另一方面，有时外国援助也是全然失败的。而据报道前扎伊尔总统蒙博托·塞塞·塞科积累了世界上最大的个人财富（投资的、自然的、国外的），数十年大规模的外国援助没有带来一丝进步。扎伊尔（现在是刚果民主共和国）只是一些例子中的一个，在那些国家，持续的援助，即使没有受到鼓励，也忽视了那里的无能、腐败和引入歧途的政策。考虑坦桑尼亚，20 年间捐赠者在那里注入了 20 亿美元的巨额资金用于修筑公路。公路网络得到改善了吗？没有。由于缺乏维护，通常公路损坏的速度比修建还快。

遗憾的是，长久以来实际经验破坏了对援助资金、政府主导、发展的积累性战略的乐观。假设发展援助只用于投资，并且早期设计的模型中投资确实发挥了关键作用。在这种情况下，对赞比亚的援助就会带来快速增长，人均收入会被推升超过 2 万美元，而实际情况是人均收入停滞在 600 美元左右。

因而，不同时期和不同地点的外国援助可能非常有效，完全无效，或在两者之间。援助的曲折历史已经带来了外国援助的改进，并且为进一步改革提供了空间。

资料来源：世界银行：《1998 年 10—11 月政策研究公告》。

□ 五、　援助的宏观经济影响

当一个国家接受援助，它能做两件事中的一件，或两件都做。它既能直接把援助用于进口，在这种情况下对国内没有严重影响（如，汇率或外汇储备将不发生变化），也能通过政府把多出的外汇卖给央行，然后使用本币购买国内商品。这的确会对国内产生影响，取决于政府和央行的反应。艾亚等（Aiyar et al.，2005）考虑了四种反应。第一种是吸收和花费，涉及政府在国内商品上的花费，以及央行卖出外汇，抵消了由政府花费带来的本币增加并且抹平了由于出口增加带来的经常账户国际收支逆差。第二种是既不吸收也不花费，在这种情况下，政府把新的外汇放在央行增加储备。这没有直接支持发展，但是能对未来援助波动起到缓冲的作用。第三种是吸收但不花费。在这种情况下，援助被当作政府预算赤字的国内资金来源的一个替代品。政府减少货币供应的同时央行卖出外汇。最后一种是花费但不吸收。在这种情况下，政府增加支出但是把援助放在央行作为储备。这和通过卖出债券或印钞来筹集资金的财政刺激相同。没有真实的资源转移到发展中国家，因为没有援助用于进口。这种政策会带来高通胀和导致货币贬值，除非央行卖掉外汇阻止它。

如果援助没有直接用于购买进口品，最好的反应是吸收和花费，但是根据艾亚等对至少五个国家（埃塞俄比亚、加纳、莫桑比克、坦桑尼亚和乌干达）的详细研究，令人惊讶的是鲜有国家这样做。在四个国家中，不到三分之一的援助被吸收。

如果援助没有直接用于进口，很有可能造成外汇升值，或有时被称为"荷兰病"[6]，会对经济中可贸易商品部门造成破坏性的影响，使出口更贵和进口更便宜。为了防止升值，政府能购买外汇增加储备，但是，如果央行想吸收由这种购买（例如，为了防止通货膨胀）引起的过剩的流动性，央行就不得不出售债券。这会导致利率上升，也会对实体经济造成伤害。一些关于援助影响的研究发现了"荷兰病"的证据（见 Rajan and Subramanian，2005），但是重点在于，如果援助被用于购买可贸易的商品（大体上来说，这是最好的政策），这不是不可避免的。有很多商品对发展是必需的，但贫穷的发展中国家却不能自己生产。援助提供了进口这些商品的机会。

评估援助对增长和发展的影响，主要可以采取两种方法。第一种是进行详尽的案例研究。作为这种方法的代表，由卡森（Cassen，1994）对 7 个国家（孟加拉、哥伦比亚、印度、肯尼亚、韩国、马拉维和马里）的研究表明大多数的援助实现了其发展的目标，虽然在一些情形下绩效本可以得到改善。在东南亚的"绿色革命"、在南部非洲的基础设施的建设及在很多国家基本需要和减贫的直接提供中，援助的提供起了重要的作用。然而，研究也发现，援助绩效在最需要的地方最不令人满意，最重要的是，改善绩效需要援助机构间更好的协作。

第二种评估援助的影响的方法是进行详细的数据分析，在控制其他变量的情况下，研究分析 GDP 增长率或生活水平与各国接受援助金额（占 GDP 的比例）的直接关系。采用发展中国家的一个大样本，一个典型的方程式是：

$$y = a + b(\text{AID}) + (V_i)$$

其中，y 是人均收入增长，AID 是官方发展援助（ODA）对 GDP 的比率，V_i 是一个控制变量的向量（$i = 1, \cdots, n$）。汉森和塔普（Hansen and Tarp，2001）概括了 131 个横截面研究并得出结论说，大多数研究显示援助和增长是正相关的。他们自己的研究表明，援助对增长有正效应，系数（b）大约是 0.25，尽管没有把投资包含在方程式中作为其中一个控制变量。其含义是援助能通过鼓励投资来促进增长，这一点被投资对 GDP 的比率与援助对 GDP 的比率的关系式所证实。达加德等（Dalgaard et al.，2004）的研究也表明援助对生活水平提高有正效应，1 个百分点的援助变量的变化带来（大约）0.5 个百分点人均收入增长的变化。然而，这种影响在热带国家更小。作者得出结论说："我们相信……援助对增长有积极的影响，而这种影响依赖于与气候相关的差异"。

阿迪森等（Addison et al.，2005）对 1997—2005 年的实施进行了评述式研究，其结论是，发展中国家的增长如果没有援助可能会更慢，并且对援助是反生产力的批评没有得到大部分统计证据的支持。

克莱门茨等（Clements et al.，2004）区分了不同形式的援助，并侧重讨论了特别基于发展目的的援助而不是基于政治和人道主义目的的援助所带来的效果。他们采用了67个国家1974—2001年间的横截面数据，使用了一个援助—增长关系的非线性模型，考虑到了援助报酬递减的可能性。他们的主要估计是，援助占GDP的比重增长1%会带来增长提高0.31个百分点，而且援助报酬递减似乎发生在GDP的8%～9%（意味着总的援助占GDP的比例为16%～18%，因为只有总援助的一半是具体用于发展的目的）。这些数字是实际援助金额的三倍。

近年来，世界银行深入参与评估援助的影响，其中一个主要的研究者是戴维·多拉尔（David Dollar）。世界银行（1998）以及伯恩赛德和多拉尔（Burnside and Dollar，2000）采用了56个发展中国家1970—1993年间的面板数据，并且试图区分各种环境，在某些环境下援助是起作用的，在另一些环境下援助是不起作用的。主要的发现是，平均而言，援助对人均GDP的增长影响较小（部分是因为援助占GDP的百分比是如此地小），但是在适当的经济和政治环境下，民主政府追求合理的宏观经济政策，援助对促进增长和减贫十分有效。在具有良好的经济管理的国家，援助1个百分点的增长会带来增长率提高0.5%和贫困减少1%。世界银行估算，如果援助直接给那些经济管理良好的国家，额外的100亿美元的援助可以使2500万人脱离贫困。在管理差的国家，援助完全是浪费。援助也存在报酬递减问题。甚至在良好的环境下，当援助大约达到GDP的10%时，援助的报酬达到最高点。

世界银行在其分析中强调五个要点：（1）金融援助在一个良好的政策环境下才起作用。（2）经济制度和政策的改善是减贫的关键。（3）有效援助和私人投资相互补充。（4）发展项目的价值是强化制度和政策，以便能有效地履行其服务。（5）甚至在严重扭曲的环境下，援助也能培育改革——但是需要耐心和对思想而不是金钱的关注。

世界银行也表达了为促进援助更有效率要进行五项政策改革。（1）金融援助必须更有效地瞄准那些有健全经济管理的低收入国家。（2）应当提供基于政策的援助来帮助有需要培育政策改革的地方。（3）援助活动的组合应该适时调整以适应国家的需要和部门条件。（4）项目需要集中于知识和能力的创造和传播。（5）援助机构需要找到各种方法帮助严重扭曲的国家。

研究也显示援助流量的不可预测性和波动性也会影响援助对增长的效果，因为它影响政府支出的构成和效率，并可能会阻止私人投资。如果接受国不能确定援助支付的金额和时点，援助是不可预测的。如果援助波动显著（可预测的或不可预测的），援助就会变化莫测。度量援助的可预测性是不容易的，但是可以从捐赠机构（如OECD的发展援助委员会）的援助承诺和支出的详细数据中作出预测。塞拉和瓦利泽尔（Celasun and Walliser，2008）已发现，在1993—2005年间平均支出的援助预算比预期金额相差30%，或大约为GDP的1%。对撒哈拉以南非洲地区总的援助支出偏离援助承诺占GDP的3.4%。援助不足削减了投资，而援助突然从天而降鼓励消费。这种援助的不可预测性影响支出构成，有利于消费。作者发现援助减少GDP的1%，投资支出削减大约是GDP的0.2%，而援助额外增长1%，消费增加大约为GDP的0.6%。换句话说，援助的可预测性越强，会带来更多的投资。

援助的波动性可以由援助的标准差来度量。伦辛克和莫里斯（Lensink and Morrissey，2000）采用 75 个国家 1970—1995 年的数据，发现波动性对增长绩效有负效应，但是当控制波动性后，援助本身对增长继续有正的显著效应。

因为国家援助的基本目标是纾缓极度贫困，有强烈的理由认为（作为援助计划的改革的一部分），援助只应该给那些致力于减轻贫困计划和在某些指标如识字率、婴儿死亡率下降等方面取得进步的政府。作为对政府实施和继续这些计划的刺激，只要受援国继续支持这些计划，援助国就应该给予资金援助。这会改善援助的确定性。

世界银行正朝着这些方向迈进。《2000/2001 年世界发展报告》提出了如何使援助更有效的新共识：把援助和政策改革联系起来，改善捐赠者之间的协调，尤其是使受援国的人民相信项目或改革会带来好处，这样各国才会感觉到它们"拥有"这个项目（见下文世界银行信贷改革）。世界银行现在有一个综合发展框架用于解决这些不同的问题。一种新的方法是部门参与法，捐赠者对一个部门（不是单个项目）签约提供资金，而国家自己来做这项工作。如案例 14.2 给出的例子。

▶ **案例 14.2　　部门参与发展合作，20 世纪 90 年代中期**

为解决所有权、捐赠者协作和可替代性的问题，捐赠者尝试把他们的资源放在一起支持部门参与战略，由受援政府设计和实施。国家在与主要利益相关方协商后，设计一个部门战略和一个能往前延伸数年的预算框架。这种方法鼓励了国家对部门战略和项目的所有权。也把部门支出和整个宏观经济框架联系了起来。并且确保了捐赠者和受援国活动之间的协调。

部门参与项目的一些好处在赞比亚卫生部门得到验证。1994 年，政府向捐赠者展示了其国民卫生政策和战略——保证公平分配服务和一致性实施战略——要求他们不去资助具体的省份或项目，而是主要资助卫生部。捐赠者开始时迟疑，后来遵从。1997 年一份独立的评估发现"卫生工作者受到更好的激励；诊所开始发挥作用，资金流向社区，位置有一些分散，并且私人部门的一个重要部分开始正式参与进来"。

这个方法确保国家完整的所有权并消除了捐赠者协调的问题。国家有更多的所有权并控制项目进展，资源的使用会更有效率。但是这也意味着捐赠者—接受者之间关系的变化且落实起来可能更加困难。一些部门参与的项目由于受援国的机构能力不足而蹒跚不前。与宏观经济规划不一致是另外一个问题。另外，捐赠者常常要求过多且在调和这些要求时又存在着太多问题（或者没有兴趣）……而且，这些安排大大减弱了捐赠者对资金的支出的控制和监督。

这些被要求的改变意味着获得对这种方法的支持将是困难的。受援国政府必须要有自信，因为严格遵守部门参与的方法意味着不参与共同执行安排的捐赠者不被容许在部门中起作用（也就是，他们没有自己的项目）。结果可能是对一个部门而言得到较少的捐赠资金。所以，只要适合整体部门战略，政府就会选择不那么严格的部门间项目，会选择允许捐赠者实施项目。

资料来源：World Bank，*World Development Report 2000/2001*：*Attacking Poverty*. New York：Oxford University Press，2000.

发展经济学（第九版）

第三节　国际援助的数量与结构

一、 金融资源对发展中国家的净流入总额

金融资源对发展中国家的净流入总额是指对发展中国家所有的官方和私人金融流入总额扣除过去贷款的偿还额之后的余额。它包括个别援助国的双边援助额和国际组织的多边援助额，还包括具有优惠条件的和没有优惠条件的所有金融流量。大多数官方流量都是以优惠条件给予的，所以被称为官方发展援助。根据优惠的限定，金融流量的优惠成分必须至少达到 25%。只有国际金融流量的优惠成分真正符合"援助"这个名词的定义。具有官方发展援助的主要援助机构包括 22 个发达国家，它们建立了 OECD 发展援助委员会（DAC）以及各种多边机构。此外，在最近几年，石油输出国组织（OPEC）国家也以优惠条件向其他发展中国家发放了大量贷款，也包括 NGOs 的净赠与。

非优惠金融流量主要是双边的，而且主要由外国直接投资（FDI）、出口信贷和辛迪加银行贷款构成。

2004—2007 年间各种形式的贷款数量如表 14—2 所示。2007 年从 DAC 国家流向发展中国家和多边机构总的金融资源的净流量金额达到 4 400 亿美元，其中 1 030 亿美元是官方发展援助，3 250 亿美元由非优惠贷款流量组成，主要是 FDI。

表 14—2　DAC 国家对发展中国家和多边机构金融资源净流量的总额，按流入形式计（百万美元）

	2004 年	2005 年	2006 年	2007 年
Ⅰ. 官方发展援助	79 432	107 078	104 370	103 491
1. 双边赠与和赠与性质的资助	57 246	83 432	79 440	75 326
其中：技术合作	18 672	20 732	22 242	14 779
粮食发展援助	1 169	887	956	1 051
人道主义援助	5 193	7 121	6 751	6 278
债务减免	7 134	24 999	18 600	9 624
管理成本	4 032	4 115	4 250	4 618
2. 双边贷款	−2 942	−1 008	−2 531	−2 433
3. 多边机构的援助	25 127	24 653	27 461	30 598
其中：联合国（UN）	5 129	5 469	5 239	5 801
欧共体（EC）	8 906	9 258	9 931	11 714
国际开发协会（IDA）	5 690	4 827	6 787	5 609
地区发展银行	2 274	2 096	2 466	2 361
Ⅱ. 其他官方流量	−5 601	1 430	−10 728	−6 438
1. 双边	−5 349	2 262	−10 551	−6 962
2. 多边	−252	−832	−177	524
Ⅲ. 市场条件下的私人资金流量	75 262	179 559	194 761	325 350
1. 直接投资	76 901	100 622	127 925	188 696

	2004 年	2005 年	2006 年	2007 年
2. 双边证券投资	−3 544	73 335	60 910	133 199
3. 多边证券投资	−4 657	40	2 789	−9 727
4. 出口信贷	6 561	5 563	3 137	13 182
Ⅳ. 非政府组织（NGOs）的净援助	11 320	14 712	14 648	18 508
资金净流量总额	160 412	302 779	303 051	440 912

资料来源：OECD, 2009.

发达国家确定的援助目标是指净金融资源流量总额达到国民收入的 1％，而仅仅官方发展援助的指标就占援助国国民收入的 0.7％。还必须记住，金融资源的净流量与实际资源的流量不是一回事，因为前者不包括利息支付和利润汇出。如果贷款条件在长期是稳定的，任何一年的资源净转移（即总资本流入减去本金偿还额与利息以及利润支付）将大约等于估计的赠与或援助成分。后面我们将讨论这些流量的计算问题。

□ 二、 官方发展援助 （ODA）

1. 官方发展援助额度的变化

2007 年来自 DAC（发展援助委员会）的 ODA（官方发展援助）的总流量是 1 030 亿美元，其中，750 亿美元是赠与，其中包括 150 亿美元的技术援助，以及 300 亿美元多边援助机构的支付。

按目前（2004 年）的不变价格，官方发展援助的演进和国民收入比例如图 14—1 和图 14—2 所示。ODA 总的价值从 1950 年到 1973 年每年不到 100 亿美元，增加到现在超过 1 000 亿美元。除了 20 世纪 90 年代上半期的下降之外，ODA 的实际价值也是几乎持续地增加。另一方面，虽然在 20 世纪 70 年代承诺的援助目标占国民收入的 0.7％，ODA 对国民收入的比率从 1960 年到 2000 年或多或少地持续下降，只是在过去十年才开始上升。

图 14—1 官方发展援助 （ODA），1950—2010 年

注：2006—2010 年数字来源于 OECD 的预计。
资料来源：Riddell, 2007.

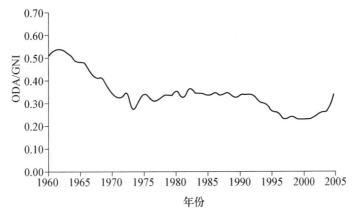

图 14—2　ODA 占 GNI 的比率，1960—2005 年

资料来源：Riddell，2007.

　　单个 DAC 国家作为官方发展援助的提供者的最近记录如表 14—3 所示。该表也提供了相应的援助国 GNI 中用于援助的百分比。可以看到，只有荷兰、丹麦、挪威、卢森堡和瑞典满足了占 GNI 0.7% 的援助目标。美国是世界上最富有的国家，但它的援助额占 GNI 的比重最低。所有 DAC 国家的比率在 20 世纪 90 年代下降了，现在平均只有 0.28%。

表 14—3　ODA 和金融资源从 DAC 国家向发展中国家和多边组织的总的净流量，2007 年

	ODA		按 DAC 国家总的净流量	
	百万美元	占 GNI 的百分比	百万美元	占 GNI 的百分比
澳大利亚	2 669	0.32	10 307	1.25
奥地利	1 808	0.50	20 553	5.66
比利时	1 953	0.43	3 820	0.83
加拿大	4 080	0.29	17 161	1.22
丹麦	2 562	0.81	4 807	1.51
芬兰	981	0.39	2 149	0.86
法国	9 884	0.38	43 126	1.66
德国	12 291	0.37	39 339	1.17
希腊	501	0.16	3 391	1.10
爱尔兰	1 192	0.55	5 840	2.70
意大利	3 971	0.19	4 422	0.21
日本	7 679	0.17	30 315	0.67
卢森堡	376	0.91	384	0.93
荷兰	6 224	0.81	18 142	2.35
新西兰	320	0.27	404	0.34
挪威	3 728	0.95	5 221	1.33

	ODA		按 DAC 国家总的净流量	
	百万美元	占 GNI 的百分比	百万美元	占 GNI 的百分比
葡萄牙	471	0.22	2 215	1.03
西班牙	5 140	0.37	21 662	1.55
瑞典	4 339	0.93	6 911	1.49
瑞士	1 689	0.37	12 561	2.73
英国	9 849	0.36	58 319	2.10
美国	21 787	0.16	129 862	0.93
总的 DAC	103 491	0.28	440 912	1.18

资料来源：OECD，2009.

2．来自 DAC 国家的金融资源净流量总额

除了提供官方发展援助之外，还有其他的一些官方金融资源以非优惠条件从 DAC 国家流到发展中国家。DAC 国家是各种私人资本流量的重要来源。表 14—3 也提供了 DAC 国家提供给发展中国家和多边机构的金融资源净流量总额，同时还列出了总流量占援助国 GNI 的比率指标。可以看到，有些国家没有满足官方发展援助的目标，但如果把私人贷款考虑在内，也达到了净金融流量总额占 GNI 的 1% 的目标。

3．英国对发展中国家的援助

英国向发展中国家和多边组织的 ODA 净流量总额 2007 年是近 100 亿美元——自 20 世纪 80 年代以来，从名义货币流量来看上升了，但占 GNI 的比率几乎相同：20 世纪 80 年代中期是 0.33%，2007 年是 0.36%（见表 14—4）。这个数字远低于联合国确定的 0.7% 的目标，虽然英国承诺到 2013 年实现这个目标。

表 14—4　　　　英国向发展中国家和多边组织的金融资源净流量总额，2007 年

净支出	百万美元
Ⅰ. 官方发展援助（ODA）（A＋B）	9 849
ODA 占 GNI 的比例（%）	0.36
A．双边官方发展援助（1＋2）	5 602
1．赠与和赠与性质的资助	6 572
其中：技术合作	888
粮食援助	90
人道主义援助	352
对 NGOs 的资助	669
管理成本	545
2．发展贷款和资本	−71
其中：新增发展贷款	−20
B．多边援助机构的捐款	4 247

净支出	百万美元
赠与和资本认捐总额	4 247
其中：欧盟委员会（EC）	2 143
国际发展协会（IDA）	987
地区发展银行	188
Ⅱ. 其他官方净流量（OOF）（C+D）	−43
C. 其他双边官方流量（1+2）	−43
1. 官方出口信贷	−8
2. 股本和其他双边资产	−35
D. 多边机构	—
Ⅲ. 私人志愿机构捐款	667
Ⅳ. 市场条件下私人资金（长期）（1～4）	47 846
1. 直接投资	31 043
2. 私人出口信贷	217
3. 多边机构证券	—
4. 双边证券投资	16 587
Ⅴ. 资金流入总量（长期）（Ⅰ～Ⅳ）	58 319
资金流入总量占 GNI 的比例（%）	2.10

资料来源：OECD，2009.

大多数多边发展援助现在是以赠与方式给出的。这表明过去多年来援助条件的显著软化，在过去援助主要采取了接近市场利率的贷款形式。将近三分之二的援助是双边援助，其余的是多边援助。双边援助中，多数是金融援助，其中近 15% 是技术援助。技术援助是英国援助计划的组成部分，对它的支出现在将近 10 亿美元。超过 75% 的双边援助给予最穷的国家，这些国家的人均收入低于 1 500 美元。

英国的援助计划是由国际发展部（DFID）管理的，其任务陈述在案例 14.3 中给出。

▶ 案例 14.3 　　　　　　**DFID 的使命**

DFID，国际发展部：领导英国政府向世界贫困作斗争。

现在世界上 5 个人中就有 1 人，超过 10 亿人，每天生活标准低于 1 美元。在这个日益相互依赖的世界，很多问题——如冲突、犯罪、污染以及像 HIV 和 AIDS 这样的疾病——是由贫困引起的，或者因贫困变得恶化了。

DFID 支持长期项目帮助解决导致贫困的根本原因。

DFID 也对突发事件作出反应，包括自然的和人为的。

DFID 的工作形成了全球承诺的一部分：

使生活在极度贫困和饥饿的人数减半；

确保所有的儿童都能接受初等教育；

促进性别平等和赋予妇女更强的声音；

降低儿童死亡率；

改善母亲的健康；

与 HIV&AIDS、疟疾及其他疾病斗争；

确保环境保护；

构建与那些努力发展的国家的全球伙伴关系。

这些结合在一起构成了联合国 8 个"千年发展目标"，以 2015 年为最后期限。每一个目标都有自己的可计量的指标。

DFID 与政府、公民社会、私人部门和其他伙伴一起工作。它也和多边机构一起工作，如世界银行、联合国机构和欧委会。

资料来源：国际发展部（DFID），伦敦。

着重点集中在通过对健康和教育的社会支出减贫。在非洲，部分医生的工资由援助预算支付，也包括药品的使用费用和其他形式的医院护理。援助预算也越来越多地被用于改善"脆弱国家"的安全（见第 10 章）。

然而，或许近年最显著的发展是 DFID 试着不去告诉受援国去做什么，而是聆听那些国家想要达到什么目标，并且通过确保援助能加强一国的计划、预算和会计体系，试着帮助它们去做。尽可能让援助经由国家的预算管道，这样它们能够评估资源和规划支出。援助条件已被放弃了（见案例 14.4）。

▶ **案例 14.4**　　　　　　　　**重新思考限制条款**

传统的限制条款——在这些条件下，援助国把援助和发展中国家实施的特定的政策相联系——是与国家主导的方法的指导原则不相容的。它限制了根据受援国的实际情况设计减贫计划的自由，以及使它们对本国公民的责任进行妥协。它也损害了使援助变得更为可预测的努力。限制条款当应用于私有化和贸易自由化时更是遭到特别的批评。但是甚至在很少有争议的地方，也很少有证据表明限制条款对促进长期政策改革是有效的。所以，英国采用了一种新的方法，主要目的是保障援助资源不被他用，而不是促进伙伴国家的政策改革。良好的政策仍然是发展的关键，而且我们将会和伙伴国家继续讨论政策的选择，但是我们不会试图通过针对具体的政策设立援助条件，对政策施加影响。我们的援助关系将是基于三个共同的承诺——减贫、人权和其他国际义务以及良好的金融管理和责任。只有当这些国家确实偏离了这些承诺时，我们才会考虑减少或停止协议的援助。

规定我们援助想要达成的目标，并作为度量进步的基础，我们会和伙伴国家就基准目标达成一致，它来自国家扶贫计划。它们会主要关注结果和成果，而不是特定的政策，并且这将作为双方伙伴为了有效使用援助以对它们的市民负责的基础。虽然援助不会以任意特定基准目标的实现作为条件，但一个国家进步的速度和模式将有助于我们对减贫的持续承诺的评价，它可能反映在我们后续的援助分配的决策上。

资料来源：国际发展部（DFID），伦敦。

4. 官方援助的接受国

我们以 2007 年受援国的国外资本分布的统计数据结束本节。重要的是要记住，在

发展经济学（第九版）

2007 年 ODA 达到近 1 000 亿美元，遍布发展中国家近 50 亿人口，每年平均人均收到 19 美元。印度是从 DAC（发展援助委员会）接受 ODA（官方发展援助）最大的发展中国家，每年每人接受的援助大约 1 美元。ODA 总净额和人均 ODA，以及援助占受援国 GNI 的比例如表 14—5 所示。可以看出，在一些穷国人均 ODA 的金额微不足道，并且在低收入国家整体上，ODA 只占它们 GNI 的 5.2%。

表 14—5 援助接受国，2007 年

国家/组	官方发展援助（百万美元）	人均援助（现价美元）	援助（占 GNI 的百分比）
阿富汗	3 951	—	—
阿尔巴尼亚	305	96	2.7
阿尔及利亚	390	12	0.3
安哥拉	241	14	0.5
安提瓜和巴布达	4	49	0.4
阿根廷	82	2	0.0
亚美尼亚	352	117	3.7
阿塞拜疆	225	26	0.9
孟加拉国	1 502	9	2.0
巴巴多斯	14	46	—
白俄罗斯	83	9	0.2
伯利兹	23	77	2.0
贝宁	470	52	8.7
不丹	89	136	7.9
玻利维亚	476	50	3.7
波黑	443	117	2.8
博茨瓦纳	104	56	0.9
巴西	297	2	0.0
布基纳法索	930	63	13.8
布隆迪	466	55	49.5
柬埔寨	672	46	8.4
喀麦隆	1 933	104	9.4
佛得角	163	308	11.8
中非共和国	176	41	10.4
乍得	352	33	5.7
智利	120	7	0.1
中国	1 439	1	0.0
哥伦比亚	731	17	0.4

续前表

国家/组	官方发展援助 （百万美元）	人均援助 （现价美元）	援助 （占 GNI 的百分比）
科摩罗	44	71	9.9
刚果（金）	1 217	19	14.2
刚果（布）	127	34	2.1
哥斯达黎加	53	12	0.2
科特迪瓦	165	9	0.9
克罗地亚	164	37	0.3
古巴	92	8	—
吉布提	112	135	12.3
多米尼克	19	267	—
多米尼加共和国	128	13	0.4
厄瓜多尔	215	16	0.5
埃及	1 083	14	0.8
萨尔多瓦	88	13	0.4
赤道几内亚	31	62	0.5
厄立特里亚	155	32	11.3
埃塞俄比亚	2 422	31	12.5
斐济	57	69	1.7
加蓬	48	36	0.5
冈比亚	72	42	12.1
格鲁吉亚	382	87	3.7
加纳	1 151	49	7.7
格林纳达	23	215	5.0
危地马拉	450	34	1.3
几内亚比绍	123	73	35.4
几内亚	224	24	5.0
圭亚那	124	168	12.4
海地	701	73	11.4
洪都拉斯	464	65	4.0
印度	1 298	1	0.1
印度尼西亚	796	4	0.2
伊朗	102	1	0.0
伊拉克	9 115	—	—
牙买加	26	10	0.3

国家/组	官方发展援助 （百万美元）	人均援助 （现价美元）	援助 （占 GNI 的百分比）
约旦	504	88	3.0
哈萨克斯坦	202	13	0.2
肯尼亚	1 275	34	5.3
基里巴斯	27	285	22.2
朝鲜	98	4	—
吉尔吉斯斯坦	274	52	7.4
老挝	396	68	10.0
黎巴嫩	939	229	3.9
莱索托	130	65	6.4
利比里亚	696	187	124.3
利比亚	19	3	0.0
马其顿	213	105	2.8
马达加斯加	892	45	12.2
马拉维	735	53	20.8
马来西亚	200	8	0.1
马尔代夫	37	122	3.7
马里	1 017	82	15.4
马绍尔群岛	52	894	28.3
毛里塔尼亚	364	117	13.2
毛里求斯	75	59	1.1
马约特岛	407	2 189	—
墨西哥	121	1	0.0
密克罗尼西亚	115	1 035	45.3
摩尔多瓦	269	71	5.6
蒙古	228	87	5.9
黑山	106	177	3.0
摩洛哥	1 090	35	1.5
莫桑比克	1 777	83	25.2
缅甸	190	4	—
纳米比亚	205	99	3.0
尼泊尔	598	21	5.7
尼加拉瓜	834	149	14.9
尼日利亚	2 042	14	1.4

国家/组	官方发展援助（百万美元）	人均援助（现价美元）	援助（占 GNI 的百分比）
尼日尔	542	38	12.8
阿曼	−31	−12	—
巴基斯坦	2 212	14	1.5
帕劳	22	1 108	13.4
巴拿马	−135	−40	−0.7
巴布亚新几内亚	317	50	5.7
巴拉圭	108	18	0.9
秘鲁	263	9	0.3
菲律宾	634	7	0.4
卢旺达	713	73	21.5
萨摩亚	37	204	7.2
圣多美和普林西比	36	228	25.0
沙特阿拉伯	−131	−5	0.0
塞内加尔	843	68	7.6
塞尔维亚	834	113	2.2
塞舌尔	3	33	0.4
塞拉利昂	535	92	32.9
所罗门群岛	248	501	64.6
索马里	384	44	—
南非	794	17	0.3
斯里兰卡	589	29	1.8
圣基茨和尼维斯	3	59	0.6
圣卢西亚	24	141	2.6
圣文森特和格林纳丁斯	66	545	12.7
苏丹	2 104	55	5.0
苏里南	151	330	6.9
斯威士兰	63	55	2.1
叙利亚	75	4	0.2
塔吉克斯坦	221	33	6.1
坦桑尼亚	2 811	70	17.4
泰国	−312	−5	−0.1
东帝汶	278	262	16.3

发展经济学（第九版）

国家/组	官方发展援助 （百万美元）	人均援助 （现价美元）	援助 （占 GNI 的百分比）
多哥	121	18	4.9
汤加	30	298	11.6
特立尼达和多巴哥	18	14	0.1
突尼斯	310	30	0.9
土耳其	797	11	0.1
土库曼斯坦	28	6	0.2
乌干达	1 728	56	15.0
乌克兰	405	9	0.3
乌拉圭	34	10	0.1
乌兹别克斯坦	166	6	0.7
瓦努阿图	57	251	13.5
委内瑞拉	71	3	0.0
越南	2 497	29	3.7
约旦河西岸和加沙地带	1 868	504	—
也门	225	10	1.1
赞比亚	1 045	88	10.5
津巴布韦	465	35	—
世界	**105 056**	**16**	**0.2**
低收入国家	**40 259**	**31**	**5.2**
中等收入国家	**38 538**	**9**	**0.3**
中低收入国家	31 700	9	0.5
中高收入国家	6 011	7	0.1
低收入和中等收入国家	**105 130**	**19**	**0.7**
东亚和太平洋地区	8 611	5	0.2
欧洲和中亚地区	5 785	13	0.2
拉丁美洲和加勒比地区	6 826	12	0.2
中东和北非	17 578	56	1.8
南亚	10 379	7	0.7
撒哈拉以南非洲地区	35 362	44	4.5

资料来源：世界银行，世界发展指数，2009 年（http://data.worldbank.org/data-catalog/world-development-indicator）。

5. 援助捆绑（aid tying）

DAC 对发展中国家的援助大约有 150 亿美元（相当于全部双边援助的五分之一）是与援助国产品购买捆绑在一起的。在这种意义上，由于受援国不得不用援助货币以比自由市场更高的价格购买商品和服务，因而资本流入的价值就比没有这种情况时的价值要小。捆绑一般有两种：受援国能够把援助款用于何处的限制；援助如何使用的限制。花费限制采取了把援助与购买援助国产品和服务捆绑在一起，即所谓的"购买捆绑"。这就使援助的实际价值减少了，因为它阻止受援国在最便宜的市场上寻找它们需要的商品。使用限制通常是指援助必须被用于弥补限定项目的外汇成本。限制援助用于特定项目与购买援助国产品意味着双重捆绑。捆绑可能是昂贵的。

捆绑产品的价格可能比自由市场上同样商品的价格高 20％甚至更多（见 Jepma，1991；Morrissey and White，1993）。而且，除了受援国不能在最便宜的市场上购买之外，还有其他一些捆绑成本。如果是双重捆绑，所援助的项目可能不完全适合受援国的发展计划；技术可能是不适用的；援助国可能会不必要地提高进口含量；供给商知道他们有锁定的消费者，就有可能从事剥削；整个投资期的服务可能很昂贵。

用捆绑援助购买的进口品的过高成本对于援助国供给商来说是一种出口补贴。这就是说，如果没有捆绑援助，供给商不得不与其他供给者进行竞争，补贴就是必须由援助国自己来支付。通过捆绑援助，对 DAC 国家出口商的这种补贴每年大约为 20 亿美元，占其援助的 2％。

有一个因素可以减轻捆绑所产生的成本，即以捆绑形式给出的援助项目可以利用同样的供给品来进行，意思是，援助为其他目的释放了资源。换句话说，援助在某种程度上由于资源的转移是可替代的。援助的可替代性也意味着，援助国从捆绑中所获得的国际收支好处是很小的，因为一种形式的购买可以代替另一种形式的购买。这可能被用作减少捆绑程度的一种谈判筹码。捆绑的主要原因似乎就是保护国际收支平衡。

□ 三、汇款

外劳的汇款成为一个日益增加的资金来源，转移到很多贫穷的发展中国家，支撑它们的国际收支平衡，使得这些国家比没有汇款的情况下增长得更快。2005 年，全世界近 2 亿外劳汇回母国（发展中国家）的外汇总额超过了 1 600 亿美元，比 ODA 的总量高出 50％。并且这些仅是官方汇款，非正规的流量可能和正规流量一样高。按地区估算的对发展中国家的劳工汇款数额如图 14—3 所示。

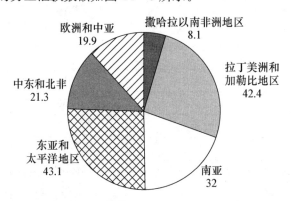

图 14—3　2005 年按地区估算的对发展中国家的劳工汇款（百万美元）

资料来源：世界银行，2006 年。

东亚和太平洋以及拉丁美洲和加勒比地区收到的汇款最多，而墨西哥是汇款最大的单个国家，收到的流量达 160 亿美元（Fajnzylbu et al.，2008）。每个外劳平均汇款 2 000～5 000 美元，或占他们收入的 20%～30%。

汇款支持接受国的国际收支平衡，既可以用于消费，也可以用于生产性的小商业、建房、投资卫生和教育。有证据表明收到汇款的家庭的儿童上学时间更长，并且婴儿死亡率更低。总之，汇款对减贫是有帮助的。

长期增长效应比较有争议。IMF（2003）使用 100 个发展中国家 1975—2000 年间的数据，发现汇款能促进不发达金融体系国家的增长，为其金融投资提供另一种方式，但是汇款似乎对已有健全信贷市场的国家的增长没有影响。卡特里内斯库等（Catrinescu et al.，2008）在他们对 162 个国家 34 年的研究中发现，汇款对增长的影响依赖于一个国家的制度质量；具体而言就是"不太紧张的种族关系、良好的治理、法律和秩序的普遍存在以及良好的社会经济条件是成功使用移民汇款的前提"。他们的主要估计是，汇款/GDP 的比率提高 1% 会导致平均增长提高 0.04～0.05 个百分点。发现汇款与增长之间负相关是由于没有考虑各国的制度结构。

□ 四、多边援助

1. 多边援助机构与援助数额

对发展中国家的多边援助的主要来源是世界银行（国际复兴与发展银行，IBRD）及其两个附属机构、国际发展协会（IDA）和国际金融公司（IFC），以及联合国和各个地区的发展银行。

2007 年总支出 720 亿美元，其中 360 亿美元是优惠贷款。表 14—6 提供了 2004—2007 年各种多边机构贷款的详细分类。

表 14—6 多边机构的优惠和非优惠贷款，百万美元，按现价和汇率

	支出总额			
	2004 年	2005 年	2006 年	2007 年
优惠贷款				
国际金融机构				
AfDF	1 057	988	6 041	1 313
AsDF	1 084	1 293	1 488	1 768
加勒比开发银行	60	45	47	59
EBRD	53	50	11	8
IDA	9 188	8 673	40 219	10 002
IDB	560	535	514	4 452
IMF	1 440	1 048	4 718	521
北欧发展基金	74	68	73	74
IFIs 总额	**13 516**	**12 699**	**53 111**	**18 198**

续前表

	支出总额			
	2004 年	2005 年	2006 年	2007 年
联合国				
IFAD	281	317	348	461
UNAIDS	—	123	181	193
UNDP	374	399	437	439
UNFPA	195	201	212	216
UNHCR	347	322	289	289
UNICEF	650	711	740	984
UNRWA	449	508	600	700
UNTA	434	580	371	462
WFP	253	555	473	233
UN 总额	**2 982**	**3 715**	**3 651**	**3 977**
EC	8 335	9 022	9 922	11 546
全球环境基金	138	181	190	193
全球基金	584	1 006	1 252	1 627
蒙特利尔议定书基金	59	83	81	94
阿拉伯基金	536	491	680	751
优惠贷款总额	**26 150**	**27 197**	**68 887**	**36 386**
非优惠贷款				
非洲开发银行	979	851	825	1 398
亚洲开发银行	2 508	3 498	4 420	5 234
加勒比开发银行	60	35	84	102
EBRD	1 698	1 547	1 349	2 227
EC	2 391	2 618	3 286	5 515
IBRD	9 214	8 591	11 533	9 990
IFC	2 301	2 478	3 768	4 322
IDB	3 764	4 894	6 080	6 715
IFAD	31	27	39	40
非优惠贷款总额	**22 945**	**24 539**	**31 385**	**35 543**

资料来源：OECD，DAC 发展合作杂志 2009 年报告（巴黎：OECD）。

多边机构对发展中国家的支出不仅来自发达国家的捐资，而且还来自资本市场上筹集的基金和以前贷款的偿还。如我们从表 14—6 中看到的那样，世界银行基本上是一个商业机构，按照非优惠条件贷款，它在世界资本市场上筹集到了大量的资金。近几年，它的净支出是负数，因为贷款偿还超过了新的贷款。

IDA 是世界银行的一个软贷款附属机构，以非常低的利率发放贷款，贷款偿还期限都很长。它是优惠多边援助的最重要的提供者。1960 年以来，它已向 100 多个国家发放了超过 1 500 亿美元的贷款。只有人均收入低于某个水平的国家才有资格获得援助，当前，有这种资格的国家有 80 个，人口达到 30 多亿。欧盟委员会（EC）近几年中通过欧洲发展基金（EDF）也成为一个重要的优惠援助的提供者。2007 年，它发放了超过 110 亿英镑的贷款——略低于 IDA。

最近几年，非优惠贷款的重要提供者（除了世界银行）是两个地区发展银行——IDB（泛美开发银行，贷款给拉丁美洲）和 ADB（亚洲开发银行）。

2. 世界银行的活动

世界银行的活动自它成立以来广泛地反映了发展政策与发展重点的思想的变化——世界银行自己在促进这种变化上也起了重大的作用。在早期和整个 20 世纪 60 年代，世界银行的主要重点是为电力、销售、交通、港口、电信和灌溉等基础设施提供资金。很少支持农业和农村发展，也很少支持工业和旅游业；规划贷款（与项目援助相对应）主要限于欠发达国家之外的国家。

但是，世界银行开始认识到对基础设施的投资是不够的，它还必须在支持直接生产活动的贷款中发挥作用。它还认识到教育和管理技能的不足问题，而且日益认识到在它所支持的国家中出现的发展并没有使广大的贫苦大众从中获得利益。在 20 世纪 60 年代后期和整个 70 年代，世界银行开始在农业上和在帮助城乡穷人方面发挥更为积极的作用。罗伯特·麦克纳马拉（Robert McNamara）在 1968—1981 年这一时期担任世界银行行长，在 1973 年内罗毕举行的世界银行会议上的年度讲话中，他提出了世界银行的重点是要进行根本性的改变。他把绝对贫困定义为"不仅使其受害人不能得到基本的生活必需品，而且是由疾病、文盲、营养不良和肮脏所降低的生活条件"。他保证，为了提高穷人的生产率和提高小农的收入水平，世界银行将把重点放在减轻农村贫困上。其目标是把贷款的大部分好处提供给处在 40% 的最低收入组中的人。1975 年，世界银行宣布，它还要试图解决城市穷人的问题，其做法是在劳动密集型项目上增加生产性就业机会，以低成本来发展基本的服务，为穷人服务，例如，供水、环境卫生、家庭计划，等等。

世界银行后任行长重申了世界银行帮助穷人的承诺。在第 2 章中我们曾提到，刘易斯·普雷斯顿（Lewis Preston）在 1992 年 5 月宣布，减少贫困是衡量发展机构绩效的重要标志。这一点也由继任的行长詹姆斯·沃尔芬森（James Wolfensohn）进行了重申。他在《2000/2001 年世界发展报告》中写道："大量的贫困是世界最大的挑战。我们世界银行的任务就是带着热情和专业性与贫困做斗争，要把它放在我们所有工作的中心。"后任行长罗伯特·佐利克（Robert Zoellich）说："世界银行集团的愿景是促进包容和可持续的全球化、克服贫困、关注环境同时促进增长，以及为个人创造机会和希望。"

世界银行自己经历了四个主要挑战：（1）通过提供基础设施、反腐败和提高农业生产率刺激增长和消除贫困，尤其是在非洲；（2）帮助各国从冲突和失败的国家中走出来；（3）促进地区性和全球性的公共产品，例如疾病控制、技术传播和防止全球变暖；（4）在阿拉伯世界提供发展和机会，缓解社会紧张，尤其是在失业的年轻人中。

世界银行致力于千年发展目标，到2015年贫困人口比例比1990年的水平减半。

世界银行各种目的的援助的分配如表14—7所示。除了项目援助，大部分贷款用于交通和通信，以及教育。

表 14—7　　　　　　　　　　　世界银行贷款的分配，2007 年

领域	占总量的百分比
社会与管理基础设施	31.8
教育	7.7
健康与人口	3.6
供水和卫生	10.5
政府和民间团体	5.3
其他社会设施	4.8
经济基础设施	31.8
运输与通信	17.0
能源	11.2
其他	3.7
生产	9.1
农业	8.1
工业	0.7
贸易和旅游业	0.3
项目援助，包括紧急救济	25.8

资料来源：OECD，2009.

3. 结构调整贷款

一个新的积极行动——结构调整贷款计划是由世界银行在1979年10月宣布的，其目的是为了支持发展中国家的国际收支平衡。要符合结构调整贷款的资格，一国必须采用为世界银行所接受的政策，以及保证在长期达到外部均衡而又不牺牲增长的政策。重点是改进一国经济的供给能力。

世界银行把结构调整贷款定义为"非项目贷款，以支持改变经济结构的政策和制度变革计划，以便能够在中期维持其增长率和国际收支平衡"。这种贷款是与七个主要领域联系在一起的：（1）供给方面的改革，例如，提高市场运行效率；（2）价格改革；（3）改变可贸易产品与不可贸易产品的相对价格；（4）矫正工农业产品贸易条件；（5）缩小公共部门规模；（6）金融改革；（7）税收改革。为了有资格申请这种贷款，政府必须对政策改革作出承诺。

国际收支支持是国际货币基金组织（IMF）传统的领域（见第16章），但IMF和世界银行强调的重点是不同的。IMF主要强调国际收支管理，而世界银行则更多地关心促进政策来提高效率以及为增加出口收入和减少进口支出提供刺激。但是，显然，两个机构的作用现在重合了，而且这种重合将会越来越多，因为IMF自己除了坚持贬值和货币紧缩这些传统需求方面的政策，也越来越多地坚持把供给方面的政策作为援助的条件。[7]案例14.5对IMF和世界银行的不同职责简要地作了概述。

IMF 和世界银行是在 1944 年 7 月布雷顿森林会议上提出的构想,用于加强国家经济合作以及帮助创造一个更为稳定和繁荣的全球经济。虽然这些目标仍然是这两个机构的中心,但它们的授权和功能不同,而且它们的工作是为了应对新的经济发展和挑战演化而来的。

IMF 促进国际货币合作和为成员国提供政策建议、临时贷款和技术援助,这样它们能够建立和维持金融稳定和外部活力,并且构建和维持较强的经济。IMF 提供的贷款是为了支持被设计来解决国际收支问题的政策计划——即,一国不能够在负担得起的条件下获得充足的资金以偿还国家债务的情况。一些 IMF 的贷款是相对短期的,其资金主要来自成员国提供的限额捐资。其他是较长的贷款,包括为低收入成员在补贴基础上提供的优惠贷款,以过去的 IMF 黄金出售和成员国捐资来融资。在低收入国家方面的工作上,IMF 主要关注宏观经济和金融政策如何为可持续增长和减贫打下基础。大多数 IMF 的专业员工是经济学家。

世界银行通过提高技术和金融援助,促进长期经济发展和减贫,包括帮助国家改革,特别是部门或具体工程实施——例如,修建学校和卫生医疗中心、提供水和电力、与疾病作斗争和保护环境。世界银行的金融援助一般都是长期的并且资金来自成员国的捐款和通过发行债券。世界银行的员工的职位要求要比 IMF 的员工遵守更多的准则。IMF 和世界银行在一些领域相互合作,尤其是在低收入国家支持政府实施减贫战略上,为最穷的国家减免债务,以及评估各国的金融部门。两个机构每年举行两次联席会议。

资料来源: *IMF in Focus*, September 2006.

因为结构调整贷款和结构调整项目(SAPs)的目的是要改善各国的增长潜力,由独立的研究者和世界银行自己对这些贷款项目所作的评价集中在 GDP 增长、储蓄、投资、出口和国际收支等关键的变量上。在一次关于结构调整的世界银行研讨会上,科波、费希尔和韦布(Corbo,Fischer and Webb,1992)选择以下变量作为国家实绩的指标:实际 GDP 增长、储蓄对 GDP 的比率、投资对 GDP 的比率和出口比率。他们的方法是把那些有结构调整贷款项目的国家与那些有很少结构调整贷款项目的国家以及没有获得调整贷款的国家进行比较。然后把这三类国家的实绩与它们在贷款发放之前(即 1979 年以前)的基期的实绩进行对比分析。似乎是,只有出口比率在结构调整计划国家中较好,而投资比率却更差了。这也是另一个世界银行研究(1990)所得出的结论,它发现在帮助国家改善它们的国际收支方面,结构调整贷款只取得了有限的成功,但在促进投资的大幅增加或使国家能够通过增长来消除债务方面却失败了。另一个对 40 个国家的重要研究(Harrigan and Mosley,1991)发现,对 GDP 增长的影响是微不足道的,出口增长和国际收支得到改善,但投资下降了。这种令人失望的结果的主要原因似乎是对受援国政府的要求过高,使得需求和信心下降了。一般的共识是,要求不应该这样严格,而且应该有更多的选择性,对每个国家的环境要有更多的灵活性(见 Mosley et al.,1991)。

在很多国家，结构调整项目是特别针对穷人的。科尼亚等（Cornia et al.，1987，1988）呼吁"符合人类尊严的调整"，但历史记录仍然不是很好。鲁巴克什（Noorbaksh，1999）的研究对 1970—1985 年和 1986—1992 年这两个时期实施结构调整项目和没有实施这种项目的国家进行了比较，比较后发现，实际上，生活水平的所有指标——例如，婴儿死亡率、寿命预期、成人识字率、小学入学率和人均卡路里供给——在获得结构调整贷款的国家都变坏了。

如果要获得公平的增长（见 Bourguignon and Morrisson，1992），如果世界银行要避免像它的姊妹机构 IMF 一样，被指责为是反发展的组织（见第 16 章），似乎就要认真谨慎地设计结构调整项目。事实上，其中对 SAPs 提出的最严厉的指责来自约瑟夫·斯蒂格利茨（Joseph Stiglitz，2002），他是前世界银行首席经济学家，在他的力作《全球化及其不满》中同时对 IMF 的政策制定进行了抨击。我们留待第 16 章讨论。

☞

约瑟夫·斯蒂格利茨（Joseph Stiglitz）

1943 年生于美国印第安纳州加里。他在很多大学任教过，包括麻省理工学院、耶鲁大学、斯坦福大学、普林斯顿大学和牛津大学。现在是哥伦比亚大学经济学教授。前克林顿政府的总统经济顾问委员会主席（1995—1997 年）和世界银行首席经济学家（1997—2000 年）。他是同辈经济学家中最多产的，对几乎所有经济学分支都做出了重要贡献。在其作品如《全球化及其不满》（2002）和《让全球化发挥作用》（2006）中对全球贸易和金融构建进行了严厉批评。2001 年获得诺贝尔经济学奖。

施加苛刻的条件已不起作用，SAPs 的相对失败导致对世界银行的贷款进行改革的呼吁。吉尔伯特等（Gilbert et al.，1999）建议事前限制条款应该一起废除。相反，世界银行应该对各国说："如果你想获得自己的住房，你能从我们这里无条件借款，并且能够继续这样做，只要有合理的经济政策以及良好的治理普遍存在。"这就是事后条件的一种形式，但是各国会"自主"实施这些政策而不是由世界银行指定。对于没有良好治理和改革能力的国家，世界银行应停止贷款。反而，世界银行应扮演智库的角色，传播经济管理和政策改革中最实用的工具。这将需要更多的世界银行员工在相关国家发挥培训的作用。

4. 减贫战略文件

世界银行的政策正朝着上文所说的方向行动。在 1999 年世界银行和 IMF 宣布的一项新的提议中，各国政府在形成和实施反贫困战略中被要求发挥作用，作为世界银行直接解决贫困的新重点的一部分，并把制定减贫战略文件（PRSPs）作为条件减免债务。根据世界银行，PRSPs 的重点应该是"以参与的方式把一国希望达到的减贫结果和为实现这些结果所需的关键公共行动——政策变化、制度改革、规划和项目——一致起来"。其观点是，与贫困作斗争应该以政府和与减贫有关的社会各部门之间的伙伴关系为基础的，而政府领导确定目标的过程和监督这个过程。已有一些穷国开展了它们自己的基础广泛的反贫困计划。乌干达已制定了一个成功的"根治贫困行动计划"；莫桑比克有一个农村贫困计划，而几内亚有一个被称为"国家战略愿景"的计划。

□ 五、 国际援助（assistance）的援助（aid）成分估计

由于各种资本流量的性质不同，所以需要一个共同的方法来计量各种资本流量的等值性。显然，赠与和贷款就其援助成分而言不是等值的，因为后者必须偿还，而前者不需要偿还。

使资本流量等值的标准方法是估计各种资本流量的赠与等值（grant equivalent）或援助成分（aid component）。所谓援助成分的含义，像我们前面讨论的援助利益的计量一样，是指资本流量的名义价值与由自由市场利率进行贴现的未来还款之间的差额。一项无须偿还的纯粹赠与性质的资本流入的"价值"恰好就是它的面值。一项需要偿还的带有利息的资本流入的价值与它的面值就是不同的。究竟比它的面值少多少，这取决于偿还货币的贴现率。如果一国在自由市场上借款必须支付的利率比它向援助国必须支付的实际利率要高，则该项资本流入的价值或利益就是正的；如果前者低于后者，其价值或利益就是负的，因为受援国将要偿还的资源比它需要偿还的更多（这种情况是不可能发生的）。

援助的赠与等值或援助成分是按照差别利益来计量的。如果援助的生产率高于自由市场利率，援助的报酬当然有可能大大超过援助的利益。

还有其他一些因素决定一笔贷款的赠与等值和有效的利率补贴。第一，在一笔贷款的支付和第一次偿还之间有一个宽限期（grace period），对于一笔给定期限的贷款，宽限期越长，该贷款在未来偿还的贴现值就越小；第二，还需要考虑贷款的偿还期（maturity of the loan）。每一笔贷款的偿还期越长，借款国享有的优惠利率的时间越长，未来还款的贴现值就越小。按照贴现方法，任何还款期限的组合均可用一个共同形式表达出来。

我们可以把上述三个条件——利率补贴、宽限期和贷款的偿还期——结合在一个简单的公式中来计算一笔贷款的赠与等值。一笔贷款的赠与等值或援助成分（作为其面值的一个百分比）叫做赠与率（grant element），它等于

$$\frac{G}{F} = \left[\frac{F - \left(\sum_{t=1}^{T}\frac{P_t}{(1+r)^t}\right)}{F}\right] \times 100$$

其中，F 为贷款的面值，P_t 为 t 年的还本付息总额，T 为贷款的偿还期，r 为贴现率。可以看出，由于 P_t 包含了利息的偿还，利率相对于贴现率（r）越低，还款的宽限期越长，这笔贷款的赠与率就越大。

根据利率、贴现率、宽限期和偿还期长度的不同组合能够计算赠与率的值。在一个极端，如果资金流量是纯粹赠与，那么 $P_t = 0$，赠与率便为 100%。在另一个极端，如果一笔资金流量的利率、宽限期和贷款偿还期都与自由市场的相同，则未来偿还贷款的贴现值之和就等于该贷款数额的面值，贷款的赠与率就等于零。

对于两个极端之间的组合，表 14—8 提供了某些事例说明性的计算。例如，如果一项贷款最后偿还期是 10 年，宽限期是 5 年，利率为 5%，受援国按 10% 对偿还额进行贴现，那么该项贷款的赠与率是 26.1%。可以看到，赠与率对利率和贴现率的小的变化是非常敏感的，但对宽限期和最终偿还期长度的变化不太敏感。时间较长的偿还期和宽限期是提供流动性资产而不是援助的主要手段。

表 14—8　　　　　　　　　　　按不同贴现率计算的贷款赠与率

利率和期限	5%			6%			7%			10%		
	无宽限期 G=0	5年宽限 G=5	10年宽限 G=10	G=0	G=5	G=10	G=0	G=5	G=10	G=0	G=5	G=10
2%利率												
10 年	12.9	21.2		16.7	24.0		20.0	28.9		29.5	41.8	
20 年	22.1	27.1	31.3	27.8	34.0	39.0	32.8	40.1	45.7	39.8	48.0	53.7
30 年	28.9	34.0	37.0	35.7	40.6	45.4	41.5	47.5	52.4	54.7	62.3	67.3
40 年	34.2	38.0	41.2	41.5	46.2	49.4	47.5	52.7	56.6	60.5	61.6	73.0
3%利率												
10 年	8.6	14.1		12.5	18.0		16.0	23.2		25.8	36.6	
20 年	14.7	18.1	20.9	20.8	25.5	29.2	21.3	32.2	36.6	31.3	38.1	43.1
30 年	19.3	22.6	24.6	26.8	30.5	34.9	33.2	38.1	42.0	47.8	54.5	58.9
40 年	22.8	25.4	27.4	31.1	34.6	37.0	38.0	42.2	45.4	52.9	58.2	63.8
4%利率												
10 年	4.3	7.1		8.1	12.0		12.0	17.4		22.1	31.4	
20 年	7.4	9.0	10.4	13.9	17.0	19.4	19.8	24.2	27.5	34.1	41.1	46.0
30 年	9.6	11.3	12.3	17.8	20.3	22.8	24.9	28.6	31.5	41.0	46.7	50.5
40 年	11.4	12.7	13.7	20.7	23.0	24.6	28.6	31.7	34.1	45.3	50.0	54.6
5%利率												
10 年	0	0	0	4.2	6.0		8.0	11.5		18.4	26.1*	
20 年	0	0	0	6.9	8.5	9.7	13.1	16.2	18.3	28.4	34.2	38.4
30 年	0	0	0	8.9	10.2	11.3	16.6	19.0	20.9	34.2	38.9	42.0
40 年	0	0	0	10.4	11.5	12.1	19.0	21.0	22.6	37.7	41.6	45.5
6%利率												
10 年	a	a	a	0	0	0	4.0	5.8		14.7	20.9	
20 年	a	a	a	0	0	0	6.6	8.1	9.2	22.7	27.4	30.7
30 年	a	a	a	0	0	0	8.4	9.6	10.6	27.4	31.1	33.6
40 年	a	a	a	0	0	0	9.6	10.6	11.4	30.1	33.3	36.4
7%利率												
10 年	a	a	a	a	a	a	0	0	0	11.1	15.7	
20 年	a	a	a	a	a	a	0	0	0	17.1	21.6	23.0
30 年	a	a	a	a	a	a	0	0	0	20.5	23.3	25.2
40 年	a	a	a	a	a	a	0	0	0	22.6	25.0	27.3

注：a 表示援助为负值。

* 根据文中的说明计算。

资料来源：Ohlin，1965，appendix。

2007 年 DAC 成员的官方发展援助的条款如表 14—9 所示。平均收取的利率为 1.3%，平均宽限期为 9 年，平均贷款最终偿还期是 29 年。通常使用的贴现率为 10%，于是得到的赠与率大约为 69%。2007 年，全部官方发展援助的赠与率为 74%。主要形式的多边援助的赠与率大约为 50%。

表 14—9　　　　　　　　　　　　　　**DAC 成员国的 ODA 条款，2007 年**

	ODA 总额中贷款的比例（%）	双边贷款总额的条款			
		平均偿还期（年）	平均宽限期（年）	平均利率（%）	赠与率（%）
澳大利亚	—	—	—	—	—
奥地利	—	—	—	—	—
比利时	1.2	29.3	10.3	0.5	79.3
加拿大	—	—	—	—	—
丹麦	—	—	—	—	—
芬兰	4.2	8.7	7.6	1.7	48.9
法国	13.1	18.8	6.6	2.3	51.8
德国	8.0	25.5	7.8	2.2	55.8
希腊	—	—	—	—	—
爱尔兰	—	—	—	—	—
意大利	5.4	28.7	15.8	0.1	83.3
日本	48.0	33.3	9.5	0.9	74.9
卢森堡	—	—	—	—	—
荷兰	—	—	—	—	—
新西兰	—	—	—	—	—
挪威	—	—	—	—	—
葡萄牙	5.2	29.9	16.2	2.2	67.4
西班牙	7.1	21.3	10.3	1.5	62.6
瑞典	0.5	0.6	0.2	0.0	92.7
瑞士	—	—	—	—	—
英国	—	—	—	—	—
美国	—	—	—	—	—
总的 DAC	8.3	29.4	9.3	1.3	68.8

资料来源：OECD，2009.

前面关于贷款的赠与率问题讨论的含义是，要知道援助的真正价值取决于对各种选择的了解。由于具有较低的利率表面上看起来很慷慨的贷款，也许比偿还期和宽限期更短的贷款所含的赠与成分更低。还有一个是受援国自由使用贷款的问题。我们在讨论捆绑援助时已经考虑过了。

□ 六、 国际援助的分配

如果援助是一个促进增长的力量，国际援助的分配将影响发展中国家比较的增长率。目前，相对于发展中国家的人口而言，援助的分配是极不平等的。有些国家每年获得的援助人均不到 5 美元，而另一些国家获得的援助人均超过了 100 美元。各国的援助占国民收入的比例也千差万别（见表 14—5）。

大多数双边援助避免制定明确的分配援助的标准。实践中，经常使用的标准不仅有经济的，而且也有非经济的，反映了国家之间的历史联系，以及军事和政治目的。成为世界上政治敏感地区中具有前殖民地身份的小岛也会获利。高水平的人均援助似乎与这些特点存在着密切的联系。很难看到援助的分配与低收入水平、缓慢经济增长率、国际收支困难或受援国的吸收能力等这些发展因素有什么明显的联系。

伯恩赛德和多拉尔（Burnside and Dollar，2000）的一项近期综合性研究采用了 56 个国家 1970—1993 年间的一个样本，试图按照诸如受援国的人均收入水平（作为需要的计量）、人口规模、各种战略（政治的和军事的）利益以及是否有良好的治理这些变量，来解释援助作为 GDP 的百分比的分配。似乎没有倾向表明总援助或双边援助和贫困水平有联系，或对追求"良好政策"的国家有利，虽然多边援助的分配更为"明智"（也见 Alesina and Dollar，2000）。

单个捐赠国将会继续寻求它们自己的目标和制定它们自己的标准，虽然有证据表明越来越多的捐赠国直接关注反贫困，而且和世界银行的思想一样偏向于有良好政策的穷国。

通过国际机构——富国向它们捐款——管理多边援助分配的标准是一个广为关注的问题。因为贷款必须要以外汇来偿还，一个明显的分配标准是按外汇计算的生产率标准，但是随之各种问题就产生了，如生产率的度量、时间范围的选取、这样是否会导致按需要来分配援助。当援助分配缺乏一个经济上客观的和无价值判断的标准时，一些人可能认为，需要可能是一个很好的标准，而且符合世界银行"与贫困作斗争"这个主要的直接目标（见第 2 章）。在这一点上，一种可能性是按照某个目标人均收入水平以人均为基础来分配援助，这一点与国际负所得税所发挥的作用颇为类似。人均收入渐增率援助可以应用于实际人均收入水平和目标水平之间的差距。一个人均收入低于目标水平的国家所获得的人均援助数量要大于人均收入达到和超过目标水平的国家的人均援助数量。如果知道可得资源总量，就可以固定一个援助率，以便保证援助在各国之间的广泛分配，而不至于使对资源的需求超过供给。当然，所有这些都是以对于"良好治理"的新的指导原则为条件的。

□ 七、 增加收入流量的各种方案

基本上有两个途径来增加对发展中国家的金融资源的净流量。一是名义援助可以不变，但偿还义务减少；二是名义援助可以增加，而偿还条件不变。减少偿还义务意味着削减利率、延长偿还期和一般地增加国际援助的赠与率。其他可能性是受援国以本国货币而不是以外汇偿还和降低前面已论述的捆绑援助水平。但是，在这里，我们将集中讨论增加名义援助数量可以采取的措施。

增加援助流量的一个快捷的方法是，所有发达国家对于总量援助将达到国民收入1％的援助指标，对于官方发展援助达到国民收入的 0.7％的指标。只有公众对这种援助计划给予广泛的支持，发达国家在预算决策中才有可能出现援助的大幅度增加。近年来，有迹象表明公众对援助的支持下降了，因为他们认为很多援助被浪费和滥用了。如果人们对援助不抱有希望——称为援助"疲劳"（aid fatigue），那么在当前援助的使用效率没有明显改善的情况下要增加未来的援助流量是不可能的。如果援助资源被浪费掉了，或者最终落入发展中国家那些比发达国家的一般人还要富有的人之手，就很难说服发达国家那些生活水平不太高的人民同意把资源转移给别的国家的计划。过去援助资源的浪费和滥用的主要原因是受援国政府的无效率和腐败，以及援助国对计划援助管理方面的干预。

由于增加援助预算的政治困难，全球经济需要的是国际税收的方案和形式，使收入能够自动增加，避免了援助国政治上的争论和预算压力。1980 年布兰德报告首次提出了需要建立自动收入体系以支持全球发展需要的问题，联合国开发计划署（UNDP）也呼吁对全球税继续进行更多的研究。至于如何可以筹集更多的资金，特别是通过征收全球交易税的方法筹集资金，已有人提出过建议。这种方案可以分为三组（有些是重合的）：（1）对国际交易和以各种方式损害人类福利的外部不经济征税和收费；（2）对于没有一个国家拥有主权的未开发资源（如深海矿产）征税和收费；（3）国际所得税专用于发展目的。

伦敦海外发展研究所（ODI Briefing Paper：ODI, 1996）编列了一个关于各种建议的有用的和有趣的目录。

关于全球税收收入的最近建议有 20 条：（1）对所有的或部分国际金融交易征税（"托宾税"），类似的税收包括对债券交易额或对金融衍生物征税；（2）对国际贸易征收一般附加税；（3）对特殊贸易商品（如燃料）征税；（4）对国际武器贸易征税；（5）对邮电收入征收附加税；（6）开展国际抽彩业；（7）对国内税收征收附加税（通常是以所得税的累进份额表示）；（8）部分捐献某些国家和地方税收（如奢侈品税）（或者，对它们征收附加税）；（9）对放入同步轨道的卫星收取停泊费；（10）对国际水域蕴藏的矿产收取使用费；（11）对南极洲勘探或开发收费；（12）对国际水域捕鱼收费；（13）对使用电磁波谱收费；（14）对国际航班征税或收费，一个类似的做法是对航空煤油征税；（15）对国际航运征税或收费；（16）污染费（例如，对向海洋倾倒废料征税）；（17）对可交易的污染许可证征税；（18）自愿上缴给中央全球机构的地方税；（19）发行新的特别提款权，分配给较穷的发展中国家（或者用于维持和平或其他全球公共产品）；（20）IMF部分黄金储备的销售。这些仅仅只是建议和可能性。任何一个建议都还没有在政府之间进行讨论，也没有任何一个建议被主要援助国认真地采纳。[8]

除了各种税收和收费思想之外，一个最有吸引力的思想是本着国际援助的精神使个人参与进来，引起他们对发展挑战的兴趣，使他们以捐款的形式向有关消除贫困、环境、教育等方面的发展基金会支付一部分税收。这种情况以某种方式发生了，例如，对向慈善机构和在发展中国家工作的非政府组织（NGOs）的捐款实行税收减免，但是，如果以支持发展为目的的自愿税收的思想能产生重要的影响，这个原则需要扩大。

为了发展目的发行新的特别提款权和出售 IMF 黄金的建议在第 16 章中讨论。

第四节　外国直接投资与跨国公司

除了 ODA 之外，发展资金的另一个重要来源是私人资本的流动，它们使资本流入国进口多于出口，投资多于储蓄。私人资本流动有两种类型：外国直接投资（FDI），它是一种非债务的资本流动；以及产生债务的商业银行贷款。在这一节中，我们集中讨论发展中国家的外国直接投资，银行贷款以及由此产生的债务问题留待最后一节考察。

进入发展中国家的 FDI 的数量近年来急剧增加，这主要由三个因素驱动：跨国公司的兴旺和在全球范围内追求利润，全球资本市场的自由化，以及发展中国家内部的经济自由化。[9]但是，这些流量高度集中在少数几个国家。流入发展中国家的 FDI 现在每年超过 3 000 亿美元，与之相比，在 20 世纪 80 年代早期还不到 200 亿美元。但是，80%流向南美洲和东南亚（包括中国）的 10 个国家，如表 14—10 所示。总的来说，FDI 占发展中国家总投资的大约 10%、GDP 的近 2%。在讨论 FDI 的成本和收益时需要牢记的是，在大多数发展中国家 FDI 对经济活动的贡献是相对很小的。

表 14—10　　　　　　　　　　**FDI 净流入前十位的发展中国家**

	2007 年总额（百万美元）
中国	138 413
巴西	34 585
墨西哥	24 686
新加坡	24 137
印度	22 950
土耳其	22 195
智利	14 457
埃及	11 578
泰国	9 498
哥伦比亚	9 040

资料来源：世界银行，2009 年世界发展指数（http://data.worldbank.org/data-catalog/world-development-indicators）。

对 FDI 决定因素的研究表明，东道国的成本结构、利润差别、市场增长和制度特点是最重要的因素。愿意投资海外的公司在寻找有利的贸易和投资体制、完善的基础设施和产权制度、政治稳定、宏观经济稳定和有知识有责任的劳动力。一国吸收投资主要取决于其能力，而这反过来又取决于它的增长前景和出口能力。

从发展的观点来看，FDI 为发展中国家带来了很多利益，但是也有很多潜在的危险和不利影响。我们首先列举一下利益。FDI 把投资比例提高到国内储蓄比例之上，如果对投资生产率没有什么不利的影响，那么这将有利于增长。投资带来了技术、知识和管理技能，这些要素对经济的其他部门有正面的外部效应。外国投资常常可能是国内相同或相关领域的投资的催化剂。它要求对劳动者进行培训,这是另一个正面的外部效应。据估计,在发展中国家中大约有3 000万工人直接或间接地受雇于跨国公司。最后,大量的FDI进入受援国的可贸易产品部门,这就改善了这些国家的出口状况,为它们赚取了宝贵的外汇收入。

最近的研究表明FDI、国内投资和GDP增长之间是正相关的。博斯沃斯和柯林斯(Bosworth and Collins,1999)采用58个发展中国家1978—1995年间的样本,发现FDI带来国内投资一对一的增长,而资本流入作为一个整体只增加一半的国内投资。科等(Coe et al.,1997)对77个国家样本的国际研发(R&D)的溢出和经济增长之间的经验证据进行检验。他们发现各国总要素生产率增长的变化和国外R&D资本存量有关,并且东亚国家从国外R&D中获利最多。据伯伦兹坦等(Borensztein et al.,1995)的估计,发展中国家在1971—1989年间,FDI对GDP比率一个百分点的提高是与人均GDP增长0.4～0.7个百分点相联系的,其影响随着教育程度(作为一国吸收技术能力的指标)的不同而不同。但是,也有些证据显示出它们的双向因果关系(见de Mello,1997)。FDI对增长有正面影响,至少在某个门槛之上是如此;但是,增长对FDI也有正面影响。这是良性循环的又一个例子。帕切克-洛佩斯(Pecheco-López,2005)也在对墨西哥FDI的研究中发现了双向因果关系的证据。

现在,我们开始讨论FDI的一些潜在的危险。如我们所指出的那样,其总部在发达国家的跨国公司的投资,为了使全球利润达到最大,不仅涉及资金的转移(包括利润的再投资),而且还涉及物质资本、生产技术、管理和销售专业知识、产品、广告和经营习惯等一揽子要素。人们一般都不怀疑,跨国公司的投资直接扩大了实际资源。问题是,这种投资是否有助于与发展模式和收入分配有关的更为全面的发展。跨国公司的活动由于多种原因而受到批评。

第一,由于跨国公司的投资集中在城市地区,它们的活动扩大了这些国家的城乡收入差距,从而使二元性结构永久存在。但是,这个批评不能专门针对跨国公司,因为在现有的城市中心建立起来的任何新工业活动都将有同样的结果。

第二个也是更为严重的批判是,它们鼓励和操纵了发展中国家的消费方式。它们不仅倾向于迎合富人的口味——这本身就充当了一个社会分裂的力量,而且倾向于在广大人民群众之间刺激了与其发展阶段不相适应而且在营养方面常常有害的消费形式,在城市地区更是如此。最突出的例子就是小儿奶粉和可口可乐,这些东西不仅浪费了资源,而且由于刺激了奢侈性消费,鼓励了贪婪性并减少了它们的储蓄,使国际收支困难更趋严重。

第三个批判我们在第7章中讨论过了,即跨国公司向发展中国家引入了不适用的技术,阻碍了本国资本品工业的发展。与此有关的是这样一种可能性:跨国公司可能扼杀了国内的企业家精神,使这些国家资本积累的净增加比跨国公司自身提供的投资要小得多。

第四,跨国公司的另一个方面是,由于它们的规模庞大、力量雄厚,常常危及发展中国家的民族自主权,并使发展中国家政府对经济政策失去控制。由于跨国公司容易进入外国资本市场和获得自身内部的资源,它们很容易绕过发展中国家的货币政策的控制。它们还可以通过向国外转移利润的方式来逃税。只要与整个公司的全球利润最大化的目标相冲突，跨国公司就可以不理睬发展中国家向它们提出的要求。它们还会通过运用自己的卖方垄断和买方垄断的地位，过快地开发发展中国家的资源，剥削消费者和生产要素所有者。

第五，还有一个利润的汇出问题。对于发展中国家来说，外国直接投资同外国贷款相比有一个潜在的不利之处，就是外国直接投资所导致的利润外流可能比等额贷款的偿还金外流持续的时间长得多。贷款只是在一个有限的年份里产生债务，而FDI则可能产生永无止境的义务。如果外汇是一个稀缺资源，这种情况对国际收支和国内资源使用就可能有严重的影响。我们可以用一个数字例子证明，在长期，如果利润汇出了，连续的外国直接投资对国际收支的影响一定是负面的，除非外国投资总流入每年都有大幅度增长。当然，这就增加了外国利益集团在东道国内部的权力和影响力。

假设一国每年都有100个单位的国外资本流入，资本的生产率为20%；利润的一半用于再投资，另一半汇出。表14—11显示，在这些假定下，国际收支效应在8年之后就变为负数。要使资源净流入为正数，就要求总量私人外国资本持续增加。这可能就是未来发展模式所包含的所有意义。

表 14—11　　　　　　　　　　　外国私人投资对国际收支的影响

年	流入总量	初期外国投资	期末外国投资	流出利润	净流入
1	100	100.0	110.0	10.0	90.0
2	100	210.0	231.0	21.0	79.0
3	100	331.0	364.1	33.1	66.9
4	100	464.1	510.5	46.4	53.6
5	100	610.5	671.6	61.1	38.9
6	100	771.5	848.7	77.2	22.8
7	100	948.7	1 043.6	94.9	5.1
8	100	1 143.6	1 258.0	114.4	−14.4

要想仅使用经济计算来估量跨国公司投资的全面影响和实际成本是很困难的，但这是发展中国家必须做的事情。控制外国直接投资自由流动的实际收入和损失是什么？利用FDI的其他方法也可以积极地加以探讨，包括建立合资企业和项目总承包，让外国投资者出钱，与东道国合作建设项目，然后由东道国国民来管理。已有迹象表明，发展中国家正在向这个方向转变。发展中国家必须清楚地规定在何种条件下它们才能接受跨国公司的投资，并且要对这些公司的经营活动进行监督。这样，发展过程被扭曲的问题以及剥削问题才不致发生。

■ 第五节　外债问题及其解决方案

□ 一、国际债务与偿债问题

发展中国家不仅从援助国和多边机构借款，而且还从国际银行体系进行商业性借款。所有这些借款，不论是官方的还是私人的，都有一个偿还债务的问题，除非这些贷款作为赠与或被勾销了。首先，贷款必须分若干年偿还（分期偿还）；其次，对贷款还必须支付利息。分期偿还和利息支付构成了偿债支出。所有必须还本付息的贷款就是生债流量（debt-creating flows）。

自20世纪70年代早期以来，对发展中国家的生债流量大幅度地增加了，这是自1973—1974年石油价格上涨之后开始出现的现象。2007年，单个国家和国家集团的总的债务量如表14—12所示，债务负担可以采用多种指标来计算——如债务对出口的比率、债务对国民收入的比率和债务偿还支出对出口收入的比率（偿债比率）。发展中国家的全部债务现在已达到35 000亿美元之巨（或大约人均700美元），而且偿债支出吸走了2 500亿美元外汇或占总出口所得的10%。在一些债务负担严重的低收入国家，偿债比率高达近25%。偿债比率特别是关键，因为这个指标衡量不能用来购买进口品的外汇收入的量，因此，它也是衡量政府可能决定拖欠债务偿还的某种尺度。偿债支出越多，对发展的伤害就越大。一些世界上最大的债务国，如巴西和土耳其，有最高的偿债比率。

表 14—12　　　　　　　　　　发展中国家的债务负担，2007 年

国家/组	外债现值（现价美元）	外债现值（占商品和服务出口的百分比）	外债现值（占 GNI 的百分比）	债务总额（占商品和服务出口的百分比）
阿富汗	1 425	80	18	—
阿尔巴尼亚	2 117	61	22	4
阿尔及利亚	5 087	9	4	—
安哥拉	12 077	35	32	10
阿根廷	135 691	219	63	13
亚美尼亚	2 672	117	38	7
阿塞拜疆	2 592	16	14	1
孟加拉国	15 142	84	22	4
白俄罗斯	9 132	40	25	4
伯利兹	968	119	89	69
贝宁	569	58	12	—
不丹	742	178	77	—
玻利维亚	2 599	52	24	12
波黑	5 602	80	42	8
博茨瓦纳	316	5	3	1
巴西	261 702	155	25	28
保加利亚	32 516	144	100	15
布基纳法索	815	108	14	—
布隆迪	838	882	97	43
柬埔寨	3 222	63	46	0

国家/组	外债现值（现价美元）	外债现值（占商品和服务出口的百分比）	外债现值（占GNI的百分比）	债务总额（占商品和服务出口的百分比）
喀麦隆	886	19	5	10
佛得角	400	61	34	4
中非共和国	720	325	48	—
乍得	998	28	19	—
智利	57 202	85	45	14
中国	363 630	32	13	2
哥伦比亚	45 908	133	28	22
科摩罗	186	157	45	—
刚果（金）	8 731	326	111	—
刚果（布）	5 113	88	93	1
哥斯达黎加	7 817	62	35	4
科特迪瓦	11 445	123	67	4
克罗地亚	46 784	197	109	33
吉布提	326	91	38	—
多米尼克	254	154	90	12
多米尼加共和国	10 157	70	33	9
厄瓜多尔	19 493	115	50	19
埃及	27 297	60	25	4
萨尔多瓦	9 049	104	50	11
厄立特里亚	524	660	41	—
埃塞俄比亚	1 208	47	8	4
斐济	387	22	12	—
加蓬	6 405	99	73	—
冈比亚	167	63	34	12
格鲁吉亚	1 658	52	20	5
加纳	2 849	55	22	3
格林纳达	614	294	136	8
危地马拉	6 361	54	21	5
几内亚比绍	820	529	263	—
几内亚	2 327	210	64	13
圭亚那	422	43	49	2
海地	1 017	57	20	5

国家/组	外债现值（现价美元）	外债现值（占商品和服务出口的百分比）	外债现值（占GNI的百分比）	债务总额（占商品和服务出口的百分比）
洪都拉斯	2 173	26	21	4
印度	194 337	82	20	—
印度尼西亚	147 835	120	43	10
伊朗	18 200	22	8	—
牙买加	12 401	183	131	17
约旦	7 965	69	54	6
哈萨克斯坦	94 263	218	131	50
肯尼亚	5 694	85	26	6
吉尔吉斯斯坦	1 275	65	43	7
老挝	2 784	267	84	19
拉脱维亚	39 262	373	192	73
黎巴嫩	25 218	115	111	19
莱索托	429	35	23	7
利比里亚	4 632	976	978	112
马其顿	3 568	100	54	—
马达加斯加	1 240	70	21	—
马拉维	297	37	9	—
马来西亚	52 738	28	34	5
马尔代夫	468	65	54	5
马里	926	51	16	—
毛里塔尼亚	2 103	150	85	—
毛里求斯	4 220	94	65	5
墨西哥	181 722	62	20	13
摩尔多瓦	2 878	98	72	9
蒙古	1 140	52	37	—
黑山	1 154	73	41	—
摩洛哥	19 134	66	29	11
莫桑比克	940	34	15	1
缅甸	5 930	119	46	—
尼泊尔	2 001	70	22	4
尼加拉瓜	1 583	52	31	12
尼日利亚	8 028	12	6	1

第14章 外援、外债与发展

417

国家/组	外债现值（现价美元）	外债现值（占商品和服务出口的百分比）	外债现值（占 GNI 的百分比）	债务总额（占商品和服务出口的百分比）
尼日尔	456	70	12	—
巴基斯坦	32 807	123	25	9
巴拿马	11 299	81	70	5
巴布亚新几内亚	2 102	47	42	—
巴拉圭	3 464	60	35	6
秘鲁	35 864	125	42	25
菲律宾	66 459	97	51	14
波兰	184 939	121	53	26
罗马尼亚	85 293	175	67	19
俄罗斯	381 401	105	39	9
卢旺达	241	69	8	3
萨摩亚	1 030	701	228	27
圣多美和普林西比	23	110	19	39
塞内加尔	2 043	59	21	—
塞尔维亚	26 637	198	86	
塞舌尔	1 348	162	193	11
塞拉利昂	143	37	10	3
所罗门群岛	141	68	42	—
索马里	3 628	—	—	—
南非	48 323	58	19	6
斯里兰卡	11 638	105	42	7
圣基茨和尼维斯	259	96	58	17
圣卢西亚	392	79	46	8
圣文森特和格林纳丁斯	237	95	52	11
苏丹	31 071	382	93	3
斯威士兰	390	17	14	2
塔吉克斯坦	856	33	30	2
坦桑尼亚	2 186	62	15	3
泰国	58 506	37	29	8
多哥	1 789	148	80	—
汤加	64	49	27	3
突尼斯	19 672	106	65	11

发展经济学（第九版）

国家/组	外债现值 （现价美元）	外债现值 （占商品和服务 出口的百分比）	外债现值 （占 GNI 的 百分比）	债务总额 （占商品和服务 出口的百分比）
土耳其	257 109	200	47	32
土库曼斯坦	727	10	7	—
乌干达	925	37	9	2
乌克兰	73 134	131	66	17
乌拉圭	13 181	196	69	19
乌兹别克斯坦	3 605	51	20	—
瓦努阿图	77	34	20	1
委内瑞拉	48 087	66	26	7
越南	20 558	45	35	2
也门	4 135	46	23	3
赞比亚	629	16	7	2
津巴布韦	6 228	326	121	—
低收入国家	171 347	72	29	4
中等收入国家	3 255 268	65	25	11
中低收入国家	1 225 993	45	19	6
中高收入国家	2 029 274	92	31	16
东亚和太平洋地区	726 600	35	17	4
欧洲和中亚地区	1 259 175	108	41	19
拉丁美洲和加勒比地区	869 919	85	24	16
中东和北非	127 034	41	19	6
南亚	258 558	87	21	13
撒哈拉以南非洲地区	185 328	57	25	5

资料来源：世界银行，2009 年世界发展指数（http://data. worldbank. org/data-catalog/world-development-in-dicators）和 2009 年全球金融发展（http://siteresources. worldbank. org/INTGDF2009/Resources/gdf_combined_web. pdf）。

　　判断一个国家的债务水平是否为可持续的，世界银行目前是以债务出口比率的150%的值作为标准。这是重债穷国减债计划（HIPC）中债务减免的主要标准（见下文）。按照这个标准，主要是在非洲国家，负债严重的低收入国家的债务出口比率达到200%，或有时更高。

　　在讨论债务危机的缘起之前，我们较详细地考察一下偿债问题的性质。在本章开始时我们已指出，只要借款利润率超过了利率，一国借款就是有利的。在这种情况下，收入的增长率就会比不借债时高。但是，由于贷款必须用外汇还本付息，这一点并不表明借款是否能够偿还。这样，借款的获利性和偿债能力在概念上是完全不同的。偿债能力取决于借款是否能够赚取或节约更多的外汇。这取决于借款国所实行的国内经济政策以及出口能力，而后者在很大程度上依赖于世界经济形势。

近几年出现的偿债困难主要与世界经济形势的恶化（使发展中国家的外汇收入下降了）有关，也与投资利润率估算失误、投资资金的滥用或把流入资本用于增加当前消费等因素有关。20 世纪 80 年代与 30 年代的大萧条很相似，当时，大宗商品价格暴跌和世界贸易的一般缩减引起了严重的债务违约（以后 40 年来，它使流到发展中国家的私人资本来源相继枯竭）。灾难发生于 1982 年，当时，世界贸易量减少了 2.5%，发展中国家的贸易条件整体恶化了 10% 以上。发展中国家很多商品的出口持续下滑（见第 16 章）。

甚至最精明的借款人和最谨慎的贷款人都没能够预见到这种事件。贷款人与借款人可以估计风险——即预期结果将不会实现的统计概率——但是，在 20 世纪 80 年代世界经济中发生的事情是这些结果概率分布的整个改变，它是无法用投保来解决的。当这种不可预见的事件发生时，它超过了借款人的控制，使得贷款很难在不出现严重的经济混乱的情况下得到偿还。于是，有两个问题出现了：最佳的债务重新安排是什么？谁将负担这些成本？

自然，为了私人银行的利益，贷款必须按期偿还；但这不一定符合全球的利益，因为这有可能导致借款国进口的大量缩减，然后是其他国家出口的减少，引起整个世界经济通货紧缩的恶性循环。

□ 二、 最优借款和可持续债务

借款对单个国家的好处和对整个世界经济的好处是很清楚的。但是，借款多少是合适的？在借款达到某种水平之后，即使一个发展中国家仍然需要发展的资源，进一步借款的坏处有可能超过它的好处吗？这就引起了最优借款和债务的可持续性的问题。如果借款被用于生产和赚取外汇，合理的债务水平会提高资本缺乏国家的增长率，这样可以不为了保证出口而造成经济通胀，就能偿还债务。当债务累积的速度快于借款国的偿还能力时，债务就变得不可持续。预料偿债成本，而后鼓励国内和国外的投资，因为潜在投资者害怕经济通胀或它们将会为债务偿还被"收税"。

算出可持续的债务水平是多少，需要对未偿付债务存量长期如何演变进行评估，同时预测未来的利率、汇率和外汇所得。IMF 目前制定了一个评估债务可持续性的标准框架，把一国未来增长率、利率和汇率考虑进来，而且采用了基于每个国家历史的敏感性分析。

有几个债务指标和可持续性的度量是可以使用的。一个是债务对 GDP 的比率。在发展中国家中，债务对 GDP 的比率不断上升，从 20 世纪 70 年代早期的 20% 上升到现在的近 30%。但是，不太清楚的是，作为偿债能力的一种衡量尺度从而作为拖欠概率的一种衡量尺度，这种比率所具有的经济意义是什么。的确，为了偿还越来越多的债务，出口收入占国民收入的比率应该上升，但这意味着更直接的可持续性度量指标：不论是债务出口比还是债务偿还比，都是衡量分期偿还和利息支付对出口所得的比例的指标。

为了回答债务可持续性的问题，世界银行的克雷和尼赫鲁（Kraay and Nehru, 2006）采用 132 个低收入和中等收入国家 1970—2002 年间的数据，使用概率分析对债务困境进行预测，债务困境是根据来自 OECD 国家巴黎俱乐部和 IMF 的无力偿还债务来定义的。他们发现债务出口比是个重要的因素，但是债务水平能否维持，取决于国家制度和政策的质量。一个国家的制度/政策评分处于平均水平，债务—出口比率为 100％ 会导致有 39％ 的概率出现危机（低收入国家样本的平均值），而对于具有良好的制度和政策的国家，债务—出口比率为 400％ 会是可持续的。

关于债务—出口比率和人均收入增长之间的关系，帕迪洛等（Patillo et al.，2002）发现是非线性关系。他们采用了 93 个发展中国家 1969—1998 年间的一个样本，控制其他变量，发现当债务—出口比率为大约 80％ 时，各国的人均收入增长最大，并且当债务—出口比率超过 160％ 时，债务对增长有负影响，如图 14—4 所示。低债务国家（出口—债务比率<100％）和高债务国家（出口—债务比率>367％）之间的增长差平均大于 2 个百分点。很显然，债务和增长之间的关系是非线性的（一个倒 U 形曲线），而且可持续债务的平均水平接近出口所得的 150％ 的比率，这一比率符合债务减免国的条件，是由世界银行在 1996 年推行的重债穷国减债计划（稍后论述）。

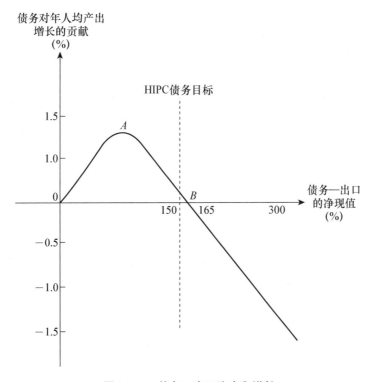

图 14—4 债务—出口比率和增长

这些结果被巴塔查理亚和克莱门茨（Bhattacharya and Clements，2004）得以验证，他们采用 55 个低收入国家 1970—1999 年间的数据，发现债务—出口比率和人均收入增长之间存在正相关，人均收入增长达到近 200％（而对于债务—GDP 比率达到 50％）。他们计算出，如果债务最沉重的国家的债务—GDP 比率的净现值从例如 100％ 减少到 50％，这就会带来年均人均收入增长提高 2.8 个百分点。他们也计算出，债务清偿率减少 1 个百分点会使国家的投资对 GDP 比率提高大约 0.2 个百分点。

□ 三、 20世纪80年代的债务危机 [10]

1982年夏季，墨西哥成为中止向私人银行系统和贷款国偿还到期贷款的第一个国家，债务危机由此开始爆发。自那时以来，债务危机一直存在，越来越多的国家发现它们难以从外汇收入中偿还不断累积的债务。1987年，巴西成为第一个中止向国外债权人支付利息的国家。

可以从不同的角度考察债务危机的各个方面：从个别借款国的角度，或者从贷款者（私人的和主权国家的）的角度，或者从整个世界经济的角度。就借款国的角度而言，当危机爆发时，基本上有两种类型的"问题"国家。第一类是商品依赖型的贫穷国家，主要是在非洲，但也有其他地区的国家。私人银行很少贷款给这些国家。当这些国家为了偿还债务不得不削减基本进口品时，对它们来说就变成了危机。但是即使它们拖欠债务，这对银行系统或世界经济也构成危机。

第二类是一批新兴的、较大的工业化国家，主要在拉丁美洲。它们从商业银行系统以浮动利率借款，但当时，它们的出口市场变得萧条了。所涉及的货币量巨大：在20世纪80年代初，16个国家占10 000亿美元债务的一半以上，而且90%是对私人银行系统的欠款。在这种情形下，未偿还债务可能会引起私人银行系统的危机（现在回头来看，显然，这是银行自己贷款过多造成的）；如果拖欠的威胁使新资本流量枯竭，那么这也会引起单个国家的危机。如果出现了重大的拖欠，导致整个银行系统贷款的大量收缩，它甚至可能引起世界经济的危机。但是，这种情况并没有发生。贷款在20世纪80年代早期并没有急剧减少，后来反而再次上升了，因为这些困难被各种国际合作形式和债务重新安排解决了。

很多发展中国家当前债务困难的原因并不复杂。20世纪70年代早期，石油输出国大量的国际收支盈余与其他国家的国际收支赤字同时出现。引起资本供给增加的因素也创造了它自身的需求。私人银行急于放贷，需求也不短缺。而且，需求还特别旺盛，因为商品价格普遍很高，出口在不断扩大，通货膨胀把贷款的实际利率降到几乎为零。从贷款人角度来看，信贷看起来便宜，借款人看上去没有什么风险。但是，这些环境突然发生了变化。发达国家的萧条——主要是由降低通货膨胀造成的——引起了世界商品价格急剧下跌，出口减少，实际利率上升。除此之外，名义利率上升了，美元升值了。在债务危机高峰期（1986年），偿债比率达到30%的最高点。后来，这个比率回落到20%以下，部分原因是利率降低了，债务得到重新安排；另一部分原因是在世界经济恢复以后出口收入增加了。

世界债务问题就是一个外汇问题。它表示债务国不能通过出口获得足够的外汇来偿还外债，同时维持产出的增长（它需要外汇来购买进口品）。或者停止偿还债务，或者放慢经济增长，或者两者兼而有之。遗憾的是，债务危机使债权国的生活水平的提高受到了阻碍。负债的欠发达国家在背负沉重的债务下经济停滞不前。它们背负的全部债务现在已达到35 000亿美元，每年偿还债务需要的资源高达2 500亿美元。

所有这一切是有关1919年《凡尔赛和约》强加给德国的赔偿金支出的争论之后，凯恩斯分析的转移问题的一部分（Keynes，1919）。凯恩斯嘲笑这种做法的愚蠢和无益，因为这可能是违背自身利益的，结果证明确实如此。今天的情况很类似，特别是从非洲抽取大量资源的企图正在走向死胡同。它们的经济进一步滑向混乱，穷人变得越来越穷了。

转移问题有两个方面：政府为偿还债务占有国内资源的预算问题和把资源变成外汇的问题——或如凯恩斯所说的"纯转移问题"。转移负担就是出口盈余必须产生出来，以便获取必要的外汇，再加上贸易条件的恶化的可能性，因为如果出口得越多，价格就有可能下降。即使价格确实下降了，如果出口数量不是成比例地增加，仍然不能保证出口收入将会增加。在这些情况下，如果不减少国内产出，压缩进口，转移就是不可能的。有大量证据表明，负债国集体陷入了困境，因为它们为贸易而相互竞争；而竞争价格的下降使总收入保持不变。债务国通过减少进口，降低生活水平，来获得出口盈余。这不仅对发展中国家是不利的，对整个世界经济的健康成长也是不利的。

20 世纪 80 年代早期发生的债务危机已经平息下来了，但是债务问题并没有消失。援助者像借款人一样负有责任。发达国家必须对 20 世纪 80 年代的世界衰退负有重要责任，私人银行自愿过度贷款也应该负有责任。责任共负要求共同解决问题。

□ 四、 解决债务困难的各种方案

1. 债务减免

债务在很多方面像癌症一样，一旦得上了，根治它就非常困难，而且它还可能会扩散，除非通过加强经济的其他部门来克服它。

如果没有大规模的债务减免计划，使债务国在力所能及的范围内偿还债务，那么要解决债务清偿问题是不容易的。如果要减轻转移负担，就必须有债务减免。没有减免，进一步借款就会扩大偿债支出规模，使问题变得更糟，导致一种被称为"债务陷阱"的局面。因为贷款国、借款国和国际社会从生债过程中获得利益，因此，有很强的理由说，三方要共同承担债务减免的负担。要债务国（或借款国）全部承担调整责任是不公平的。迄今为止，国际社会（包括债权国）对于减轻债务国的困苦还无动于衷。

但是，国际社会应该减轻债务国的债务，其理由是：（1）债务是由 20 世纪 70 年代的借贷过程创造的，这时国际社会获得了外部收益，它防止了具有国际收支赤字的国家出现产出下降，从而避免了世界经济的衰退。（2）大部分债务问题首先不是由借贷双方的过错引起的，而是世界经济中发生的一系列事件——油价上涨、利率上升、世界经济衰退、商品价格下降，等等——的结果。（3）通过缓解与巨大债务威胁有关的通货紧缩压力，减免债务能够使整个世界获益。

2. 重债穷国减债计划 (HIPC)

最新公布的债务减免全球安排是 1996 年世界银行推行的重债穷国减债计划，旨在帮助世界最穷的负债国家。世界银行一直对债务勾销存有敌意，但是近年来支付给多边债权人的债务清偿份额在增加而且在一些非洲国家现在已超过债务清偿的 50%。所以世界银行这项新的计划标志着在思维和态度上的一个基本出发点。当时的世界银行行长詹姆斯·沃尔芬森把计划描述为"一个突破——它以一种综合的方式处理债务，给这些国家能够摆脱不可持续债务的可能性。对于穷人的世界是个好消息"。要有资格减免债务，一个国家的债务—出口比率必须超过 220% 或债务对政府收入的比率超过 280%。41 个国家（主要在非洲）符合标准，债务总量近 2 000 亿美元。然而，在计划开始的头三年，进展缓慢而艰辛。只有 7 个国家符合世界银行主张的国家要接受帮助需满足的严厉条件，而只免除了 100 亿美元的债务。

7 个发达工业国家的集团对初始计划不满意，1999 年在科隆发起了一个新的增强版重债穷国减债计划，随后被世界银行和 IMF 认可并被称为增强版重债穷国减债计划，目的是为了"更深、更广和更快"（借用世界银行的文字）。为了符合这项新计划的债务减免，各国必须符合三个条件：（1）一国必须非常贫穷，定义为符合世界银行国际开发协会（IDA）的优惠援助条件并且符合 IMF 的减贫增长贷款（以前是结构调整贷款）支持的条件（见第 16 章）。（2）一国必须有不可持续债务负担，定义为债务—出口比率现值超过 150％或债务—政府支出比率超过 250％。（3）一国必须有与可持续增长和减贫相一致的良好治理，在减贫战略文件中概述其反贫困的战略。

看看重债穷国减债计划是如何运行的，见案例 14.6。

▶ **案例 14.6** **重债穷国减债计划**

重债穷国减债计划是在 1996 年由国际货币基金组织（IMF）和世界银行发起的，有 180 个政府认可，主要有两个目标。第一是纾缓特定低收入国家不可持续的债务。第二是促进增长、人类发展和减贫的改革和政策的完善。

增强版重债穷国减贫计划的框架在 1999 年被批准，引入更为广泛的资格标准和增加了债务减免。为了符合资格条件，各国必须符合非常优惠援助，例如来自世界银行国际开发协会和 IMF 的减贫增长贷款。此外，即使在充分使用了传统的债务减免之后，各国也必须面对不可持续的债务。他们还必须提供实施了以减贫为重点的战略和为可持续经济增长建立基础的证明记录。

债务减免分两个步骤：

（1）在决策点，在证实遵守了 IMF 计划和制定一个国家减贫战略方面取得进步后，该国获得债务清偿减免。

（2）在完成点，在有世界银行和 IMF 批准的减贫战略文件的基础上，该国获得债务存量减免。该国有资格减免来自双边和多边债权人至少 90％的债务，使其债务达到可持续的水平。

在 42 个参与这个计划的国家中，34 个在撒哈拉以南非洲地区。2001 年没有一个国家的人均收入超过 1 500 美元（按购买力平价计算），并且所有的人类发展指数都是靠后的。在 1990—2001 年间，重债穷国减债计划只是每年平均增长了 0.5％。

重债穷国所背的沉重债务至少有 20 年：按照穷国的标准，它们的债务—出口比率在 20 世纪 80 年代就已经很高了。同时，重债穷国接受了大量的官方发展援助。和所有的穷国大约 2％相比，在 20 世纪 90 年代这种援助净转移平均达到它们 GNP 的 10％左右。当前，有 16 个重债穷国达到了决策点，并且有 8 个国家达到了完成点（贝宁、玻利维亚、布基纳法索、马里、毛里塔尼亚、莫桑比克、坦桑尼亚、乌干达）。

资料来源：UNDP, 2003.

到 2010 年，债务减免计划在 35 个国家获批，29 个在非洲，在未来若干年内提供

510 亿美元的债务减免。另外 5 个国家潜在地符合资格。到目前为止，有 24 个国家获得全部债务减免。乌干达基于几年中实施减贫计划的进步是第一个在 2000 年 5 月获得增强版重债穷国减债倡议下的债务减免的国家（见案例 14.7）。

▶ **案例 14.7** **债务减免如何融入到减贫战略中：乌干达贫困行动基金**

通过更多的贫困导向和透明的预算改善整体的资源配置，包括那些来自债务减免的资源配置，在和贫困作斗争中是基本的。有很多方法可以达到这个目的，在乌干达建立了一个特殊基金用于来自债务减免的储蓄，这种方法被证明是有用的。

政府选择建立贫困行动基金作为重债穷国减债计划下债务减免的储蓄通道（大约每年 3 700 万美元；增强版重债穷国减债计划预期会是这一数额的两倍）。该基金优先用于 1997 年采用的旨在解决贫困和社会条件的贫困消除行动计划。该计划强调维持宏观经济稳定，而同时通过发展农村基础设施、促进小商业和微小企业、创造就业、改善健康服务和教育来提高穷人的收入和生活质量。贫困行动基金重点放在郊区小路、农业推广以及片区水和卫生设施。确定具体的结果目标，如建设 1 000 间额外的教室支持初等教育计划。

贫困行动基金的两个关键特征是与总体预算，以及乌干达政府对创造一个透明负责的管理构架的努力有机结合在一起的。财务分配报告由每季度捐赠人和 NGOs 出席的会议发布。由检察长办公室监控区级和国家级的基金使用。这种自我强加的条件反映了政府对解决腐败问题的强烈意愿。但也是试图解决债权人对债务国把债务减免和减贫联系起来的能力的担忧。为了改善监控，一些措施被提了出来，范围从地方官员参加季度会议到进行地方 NGOs 对贫困基金支出的以社区为基础的监督。

2005 年，为了加速向千年发展目标的进步，重债穷国减债计划（HIPC）增添了多边债务减免计划（MDRI），容许 100％减免符合世界银行、IMF 和非洲发展银行标准的债务。

自 1996 年以来，所有的计划都进展缓慢。很多非洲国家在偿还债务上的支出仍旧超过它们在教育和卫生上的支出。世界银行似乎在债务减免和支付的适用标准方面过度严厉和官僚。

除了大胆且富有想象力的全球债务重组计划，还有一些零碎的、具体的计划，发展中国家债务国的负担得以减轻。

3. **债务重新安排**

最初美国对债务危机的反应是试图增加流动资金，给发展中国家更大的喘息机会，使它们能够从债务问题中解脱出来。这就是 1988 年 10 月提出的所谓贝克计划（Baker Plan）背后的思想，这个计划为世界上负债最重的、但市场友好型的（market-friend-ly）、有利于增长的结构调整计划的 15 个左右的国家，准备 200 亿美元额外的商业银行贷款和 90 亿美元的多边贷款。银行没有接受债务减免，大量货币沉入海底。结果，大多数贷款没有发放，因为银行遇上了连续的脆弱性和恶化的外部环境。

在贝克计划流产之后，1989 年又提出了一个所谓的布雷迪计划（Brady Plan），它接受了债务减免，也更为成功。该计划有两个主要部分：（1）通过世界银行和 IMF 为那些愿意进行政策改革的中等收入债务国对各种形式的债务减免提供资金；（2）鼓励债务国从银行手里以折扣的方式购回债务，从而减少未来的债务负担。一种可能性是，债务国用旧贷款交换 30 年期的长期债券，折扣率为 35％，利率只是稍微高于市场利率——债券由 IMF 担保。达成这种形式的协议的国家有墨西哥、菲律宾、哥斯达黎加、委内瑞拉和乌拉圭。与墨西哥的协议使该国减少了 200 亿美元的偿债支出。

其他的多边方案集中于最穷的债务国。代表所谓的巴黎俱乐部的 OECD 国家在 1988 年和 1990 年通过了两个方案——多伦多条款（1988 年 9 月）和特立尼达条款（1990 年 9 月）。这些方案与官方债务（即欠政府的债务）有关，首先是准备免掉大部分债务。对于剩下的债务，也进行了重大调整。

在多伦多条款中，符合条件的国家是那些从世界银行的软贷款附属机构和国际开发协会获得优惠援助的国家，并对官方发展援助与非官方发展援助作了区分，对于官方发展援助，偿还期是 25 年，宽限期是 14 年，而利率仍然不变。对于非官方发展援助，对重新安排、减免和利息的不同组合提供了 3 种选择。

在特立尼达条款中，合乎条件的国家是那些人均收入低于 1 195 美元的重债国。对于官方发展援助，这些国家的偿债期为 20 年，宽限期为 10 年。对于非官方发展援助，这些国家的偿还期为 15 年，宽限期为 8 年，并且按市场利率付息。

重债穷国减贫计划是在 1996 年和 1999 年启动的，如上所述，更多地集中于债务减免而不是债务重组。

除了这些官方计划之外，对单个国家与债权银行之间的大量私人债务在偿还时间上也作了重新安排。这样就缓解了短期的压力，但它没有减轻未来的偿还额，除非重新安排的债务的条件变松了。

4. 债务清偿限额

为了避免偿债支出变得过高，提出了几个方案。一种是发放可变偿还期贷款，以便使偿债支出保持不变，私人贷款利率上调了（如同住房市场上的抵押贷款是可变的一样）。或者，为了维持偿债比例不变，偿债期可以自动地改变。这也就与出口的外汇收入的波动相适应了。这些方案相当于对某个水平之上的利息支付的资本化。1985 年，秘鲁单方面地把偿债支出占外汇收入的比例的上限确定为 10％。

另一个可能性是提供零息票债券（zero coupon bonds），该债券在还清贷款之前不支付利息。这就减少了利息支出的现值，但更为重要的是，它允许在获得外汇收入之前，投资是有充分生产性的。但是，它不能保证在外汇收入很低时能完全偿还贷款。

5. 债务回购和债务交换

偿债问题的另一种解决办法是债务国以折扣方式把自己的债务买回来，或者以各种方式交换债务，使利息和本金偿还负担完全或部分免除。这种方法近几年获得了支持。第三世界的债务在二级市场上交易，在这种市场上一些国家的债务能够以 50％ 以上的折扣买到。曾一度用 2 美元能够买到苏丹 100 美元的债票。如果苏丹能够并愿意购买自己的债务，它就可以比如说用 2 万美元那么少的钱勾销 100 万美元的债务。但是，二级市场一般都很小，大的购买可能会导致价格显著上升。即使这样，使用外汇储备以 20％～30％ 的折扣购回债务对于减免债务也是一个有用的贡献。1995 年，秘鲁在二级市场上花了 6 亿美元购买了 20 世纪 70 年代末 80 年代初累积起来的 12 亿美元的债务，估计节约了 10 亿美元的利息支出。

债权—股权互换（debt-equity swaps）是完全消除偿债支出的一种方法。债权—股权互换是指债权人所持有的债权转换成债务国企业的股权。债权人有权获得未来利润，但债务国的利息支出被豁免了。这种互换对各方都是有利的。一个著名的例子是 1982 年尼桑汽车公司购买墨西哥的债权投资于墨西哥的分支企业。该公司用 4 000 万美元的价格购买了 6 000 万美元花旗银行所有的墨西哥债务——折扣率是三分之一。尼桑在墨西哥中央银行用这些债权证按墨西哥比索计算兑换了 5 400 万美元。然后，这笔钱被投资于它的分支企业。花旗银行以市场价格卸掉了债务；尼桑赚取了利润，墨西哥则免掉了用外币支付的利息。1986 年以来，发生了几次其他的债权—股权互换的事例。它们越来越多地与债务国的私有化计划相联系，但是这种做法所涉及的绝对量与债务负担规模相比仍然比较小。

债权换自然和债权换发展（debt for nature and debt for development swaps）的作用像债权换股权一样，但前者是由政府和慈善组织购买债务，其收入被用于债务国的环境和发展。世界保护自然基金已经以相当大的折扣购买了第三世界的债务，把这些债权交换为本国货币，用于发展中国家的环境项目。1988 年，UNICEF 从米德兰银行购买苏丹债务，这笔钱被苏丹政府买回为苏丹中部的饮用水卫生项目提供资金。

债权换债券（debt for bonds）是一种交换方案，根据这种方案，债务国提供利息固定的长期债券来交换银行拥有的债权。如果债权能够以一个更有利的利率折扣交换，这种债券可能是有益的。1988 年，墨西哥提出了一个方案，提供 100 亿美元债券给它的债权银行，希望以 50% 的折扣销售。但是，这个买卖结果是令人失望的。500 家银行中只有 100 家竞买这些债券，债务只折扣了 30%。即使这样，墨西哥政府也节约了一些资金。

退出债券（exit bonds）是一种特殊的债券，它支付给银行的利率比原始债务利率低，但是，它结束了银行提供新货币的责任。鼓励这种安排的一种方法是，IMF 担保退出债券的利息支出，这将鼓励银行用债权交换这种债券。

6. 长期解决办法

在长期基础上，发达国家除了出口信贷担保之外，还可以建立私人贷款担保机制，建立一笔能够对商业利息进行补贴的基金。首先，这样一种方案意味着私人贷款者不会因害怕拖欠而不敢贷款；发展中国家将获得便宜的贷款；捐助者以支付给私人贷款者形式的捐款将不会增加国际收支负担（如果这一点被认为是更高水平官方援助的障碍）。

其次，官方发展援助可以被作为赠与而不是贷款。官方援助的赠与率已经很高了，进一步的行动不仅提供更多额外的帮助，而且若要进行债务重新安排也可免除债务重新谈判时争论不休的需要。

最后，为稳定初级产品的价格或贸易条件设计一套方案是当务之急。20 世纪 80 年代债务危机的爆发很大一部分原因产生于初级产品价格的骤降，并且初级产品价格的巨大波动持续为穷国带来各种问题（见第 15 章）。

要稳定贸易条件，对某些商品（如石油）实行指数化可能是适当的。对于其他初级产品，为商人的物质储备融资的信贷创造是有帮助的，特别提款权（见第 16 章）在全部买下可储存初级商品的存货方面或对不可储存的初级商品给予收入补偿方面可以发挥有益的作用。似乎难以令人置信的是，凯恩斯提出的建立稳定商品价格国际机构的战时计划[11]已经过去了这么多年，但世界仍然缺乏必要的国际协定和制度结构，使依靠出口初级商品生活的发展中国家获得更大的稳定和更公平的交易。

小结

1. 以增长和发展为目的的国内储蓄和投资能被不同形式的外国资源流入补充，如来自双边和多边源的贷款、纯援助、外国直接投资（FDI）和汇款。

2. 支持特定的经济的目标增长率所需的外国资源流入量可以使用两缺口分析进行估算。

3. 如果进口资本的生产率高于贷款利率，外国借款将会提高国民收入的增长；如果新增外国借款超过用于支付过去借款的利息的国内储蓄损失，将会提高国民产出的增长。

4. 流入发展中国家的外国资源总额近 6 000 亿美元，包括 1 000 亿美元的援助、3 000 亿美元的 FDI 和 1 500 亿美元的汇款。

5. 援助的动机有人道主义的和经济的，但是很多对援助的批评认为援助削弱了国内储蓄的努力并培育了一种"依赖"文化。

6. 援助对宏观经济的影响依赖于援助是否直接用于进口或政府是否把外汇卖给央行而后使用本币购买国内商品。

7. 世界银行是一个主要的向发展中国家贷款的多边机构，但是其结构调整贷款由于导致过度紧缩和"反发展"而受到诟病。

8. 外国直接投资有有利的一面，特别是知识溢出效应，但是由于持续性利润流出和使用不适当的生产技术也是有代价的。

9. 外劳汇款现在要比官方援助多，而且不会产生债务。

10. 贷款产生的债务必须要以外汇来偿还。发展中国家的债务负担是一个外汇问题。国际债务的数量大约为 35 000 亿美元。

11. 从经验来看，国家债务的最优水平似乎是出口额的大约 80%，并且如果债务增加到出口的 160%，那么债务对增长的影响会变成负向的。

12. 20 世纪 80 年代的债务危机，至今仍未消除，主要是由于不利的外部环境，包括商品价格的暴跌和利率翻番。

13. 对于重债国家的债务负担没有办法解决，除非债务豁免。如果所得被用于世界银行认可的减贫项目开发，一些国家就有资格获得世界银行的重债穷国减债计划，允许对其债务勾销。

问题讨论

1. 两缺口分析对发展理论的主要贡献是什么？

2. 在什么条件下，外国借款（1）提高收入增长率；（2）提高产出增长率？

3. 进入发展中国家的各种金融流量的特点是什么？

4. 什么因素决定金融流量的赠与率？

5. 流入发展中国家的金融流量如何能够扩大？支配着它们在国家之间分配的标准是什么？

6. 世界银行结构调整贷款的目的是什么？它已获得成功了吗？

7. FDI 对发展中国家的利弊是什么？

8. 讨论一下这个观点：外国贷款只是把资源从穷国转移到富国的有害手段。

9. 国家能够尽可能多地借款吗？借款的可持续水平是什么？

10. 发展中国家债务问题的性质是什么？

11. 请思考一下有什么具有想象力的方案可以减轻发展中国家的偿债负担。

12. 世界银行的重债穷国减债计划是如何成功的？

注释

[1] 如果国内资源和进口品彼此可以完全替代，国内资源的剩余便可立即转换成外汇，而外汇的任何剩余亦可即刻转变为国内资源，在这种条件下，一国只可能出现一种缺口，事前缺口和事后缺口的差别也就不存在了。

[2] 见 El-Shibley and Thirlwall（1981）关于苏丹的一个案例研究。Chenery 对两缺口分析的开创性研究见 Chenery and Bruno（1962）。

[3] 这个论点首先是由格里芬（Griffin, 1970）提出来的。自那时起，它一直是人们考察的领域。关于最近的证据，见 White（1992）。

[4] 关于赠与成分的计算，见第 407 页。

[5] 到目前为止关于外国援助最全面的著作见 Riddell（2007）。

[6] 在 20 世纪 70 年代荷兰发现天然气之后，以荷兰货币发生的事情命名。

[7] 见泰勒（Taylor, 1997）关于 IMF 和世界银行政策的概述和批评。

[8] 随着 2008 年席卷全球的国际金融危机的爆发，2009 年增加了 1 000 亿美元的特别提款权（见第 16 章）。

[9] 关于 FDI 的原因与效果的全面评述，见 de Mello（1997）。

[10] 论述 20 世纪 80 年代债务危机的有价值的著作包括 Cline（1984，1995）；Claudon（1986）；Lomax（1986）；Lever and Huhne（1985）；Griffith-Jones and Sunkel（1986）。

[11] 见 Thirlwall（1987）。见第 15 章关于已有的部分方案的讨论。

关于援助、汇款、债务和 FDI 的网站

债务
世界银行，全球发展金融 http://publications.worldbank.org

OECD，发展援助委员会 www. oecd. org/dac/stats

HIPC 计划 www. worldbank. org/hipc

非政府组织

NGO 全球网络 www. ngo. org

联合国链接 www. un. org/MoreInfo/ngolink/ngodir. htm

千禧年债务运动 www. jubileedebtcampaign. org. uk

外国直接投资

UNCTAD www. unctad. org

国际移民和汇款

econ. worldbank. org/programs/migration

www. gcim. org

www. iadb. org/mif/remittances

www. iom. int

第六篇

国际贸易、国际收支与发展

第15章　贸易理论、贸易政策与经济发展

在第 14 章，我们试图说明国外借款在经济发展过程中的作用。使用两缺口分析，已经证明国外借款能够用来填补国内投资—储蓄缺口或者外汇缺口，取决于哪个缺口更大。我们看到，政策问题正在决定在不导致难以处理的国际债务的情况下国外借款应该达到什么程度。

大量的经验证据表明，在保持一个适当的经济增长率同维持一个合理的国际收支平衡两个目标之间存在着真正的冲突。解决这一冲突的最终办法必须是通过贸易和快速的出口增长来改善国际收支状况。

在本章我们要做几件事情。首先我们要讨论贸易和经济增长之间的关系，并确定贸易收益的准确性质，包括关税同盟和地区贸易协定（RTAs）的形成。区分贸易的静态和动态收益，以及贸易作为剩余商品的输送渠道的作用。

我们继续概述在现代社会对贸易自由化的热情；度量贸易自由化进程的方法，以及贸易自由化对贫穷的发展中国家的出口增长、进口增长、国际收支平衡和整体的经济绩效的影响。分节讨论贸易自由化、贫困和国内不平等以及贸易自由化和国际不平等。

然后探讨自由贸易对发展的不利之处。我们批判性地考察比较优势理论和自由贸易理论的基本假设，并且提出穷国是否会在一个提供更多保护的环境下生活得更好的问题。这就导致了保护主义理论；进口替代还是出口促进的争论以及关税和补贴作为保护工具的使用。

然后，我们转向最开始由著名的拉丁美洲经济学家劳尔·普雷比什（Raúl Prebisch）提出的关于初级商品和制造业商品之间的贸易条件和由自由贸易带来的发展中国家的国际收支平衡的问题。然后介绍一下初级商品贸易条件的变化趋势与周期的经验证据，以及为了稳定初级商品的价格而签订的国际商品协定的案例。

我们的结论是，发展中国家需要的是"公平贸易"而不是自由贸易；从经济学的观点来看，"要贸易而不要援助"的口号是有误导性的。

第一节　贸易与增长

单个发展中国家的增长率与它的出口绩效的关系要比它与几乎任何其他单一经济指标的关系更密切，如图 15—1 所示，133 个国家在 1995—2006 年间的出口增长和 GDP 增长之间显示出强相关关系。自 1950 年后的大多数时期，发展中国家的出口绩效落后于发达工业化国家，在世界贸易中的份额不断下降，但是近年来，因为贸易壁垒减少，一些发展中国家的命运已出现逆转，而且出口商品的组成开始转向制造业。

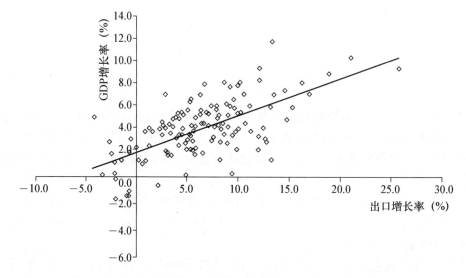

图 15—1　133 个国家出口增长和 GDP 增长的关系，1995—2006 年

资料来源：联合国统计司（纽约：联合国）。

表 15—1 显示了 1981 年和 2006 年发展中国家占世界制造业出口的份额，分为以资源为基础的出口（RB）、低技术含量出口（LT）、中等技术含量出口（MT）和高技术含量出口（HT）。1981—2006 年，发展中国家作为一个整体的制造业出口占世界的份额翻番，但是 32.1％的份额仍然相对较低。撇开中国，份额只有 22.1％。东亚在增加其份额上做得最成功，而非洲的份额仍不足 1％。尽管一些发展中国家的制造业出口迅速增长，但必须要记住的是，东亚是从一个非常低的基础起步的。很多穷国的出口贸易，尤其是在非洲，仍然是以初级产品为主。22 个国家仅依靠一种作物或产品，占出口所得超过 50％（例如：赞比亚（铜）、马拉维（烟叶），以及乌干达、布隆迪、埃塞俄比亚（咖啡），加上一些依赖石油的国家），超过 50 个国家依靠一种初级产品，至少占出口的 20％。这是非常严重的依赖，尤其当价格不稳定或下降时（见下文）。

表 15—1　　　　　　　　发展中地区工业品出口占世界市场的份额，1981—2006 年

地区或国家	世界市场份额（%）									
	1981 年					2006 年				
	总份额	RB	LT	MT	HT	总份额	RB	LT	MT	HT
东亚	6.8	8.7	17.6	3.9	6.7	23.4	15.3	30.3	16.9	36.3
东亚（不包括中国）	5.8	7.6	14.8	3.6	6.5	13.0	11.0	10.3	10.0	22.0
中国	1.0	1.1	2.8	0.3	0.2	10.4	4.3	20.0	6.9	14.3
南亚	0.6	0.5	1.9	0.2	0.1	1.4	2.7	3.1	0.6	0.3
拉丁美洲和加勒比地区	3.2	6.8	2.5	1.5	2.1	4.6	6.9	3.6	5.0	2.6
不包括墨西哥	2.7	6.3	2.1	1.2	0.9	2.3	5.9	1.8	1.7	0.7
墨西哥	0.5	0.5	0.4	0.3	1.2	2.3	1.0	1.9	3.3	1.9
中东和北非	1.8	4.7	1.6	0.4	0.2	1.6	3.9	2.5	0.8	0.1
撒哈拉以南非洲地区	0.7	1.9	0.5	0.3	0.1	0.7	1.7	0.5	0.5	0.2
不包括南非	0.3	0.9	0.2	0.0	0.0	0.3	1.0	0.2	0.0	0.1
南非	0.4	0.9	0.4	0.2	0.1	0.4	0.7	0.3	0.4	0.1
所有发展中经济体	13.1	22.5	24.4	6.2	9.2	32.1	31.6	40.5	24.0	40.0

注：RB（以资源为基础的出口），LT（低技术含量出口），MT（中等技术含量出口），HT（高技术含量出口）。

资料来源：UNIDO，2008.

　　虽然从整体来看，发展中国家的出口贸易仍然是以初级产品为主，但如下观念必须改变过来：即在国际贸易中，世界被截然分为两大集团：一个集团是不发达世界，专门生产并出口初级产品，交换发达国家的制成品；另一个集团是发达的世界，专门生产并出口工业制成品，交换发展中国家的初级商品。实际上，发达国家和发展中国家都出口初级产品和制成品。发达国家出口大量的初级产品（特别是温带食品），发展中国家也出口一些制成品。事实上，发达国家的初级产品供给占世界的 50%，而发展中国家的制成品贸易占世界的 30%。简言之，发展中国家与发达国家的区分同初级产品生产者与工业制成品生产者的区分并不是完全一致的。当我们讨论贸易条件即出口对进口的价格比率时，需要记住这个差别。发展中国家和发达国家的贸易条件与初级产品和制成品的贸易条件也必须区分开来。

　　在历史上，贸易作为发展强有力的引擎，不仅使一国内的资源配置更有效率，而且它能把增长从世界一个部分转移到其他部分。19 世纪，在欧洲，尤其是英国，对食物和原材料的需求给诸如加拿大、阿根廷、南非、澳大利亚和新西兰等国家带来了繁荣。随着对这些商品需求的增加，在这些国家的国内投资也增加。贸易是互惠互利的。如 19 世纪阿尔弗雷德·马歇尔（Alfred Marshall）所写："决定国家经济增长的原因属于国际贸易的研究范畴"（Marshall，1890）。

然而，并不是所有的国家都能平等受益，而且现在的情况多少有些不同。大多数国际贸易发生在工业品上，很多贫穷的发展中国家发现很难参与竞争，并且相对于对工业品的需求，对发展中国家传统出口商品的需求增长缓慢。除了间歇性的繁荣之外，国际贸易并没有使发展中国家和发达国家这两类国家获得相同的利益。

导致发展中国家传统产品出口增长缓慢的三个不同的因素是：第一，需求结构发生了转变，对进口初级产品的需求减少了；第二，技术变化使得各种合成产品取代了原材料；第三，发达国家实行保护主义政策，阻碍了它们从发展中国家对初级产品和低附加值的工业制成品特别是纺织品进口的增长。

由于国际贸易的这些进展，以及外汇缺口已经成为限制发展中国家经济增长的主要因素，近年来，许多经济学家按照这些思路对贸易进行了全新的思考。国际收支困难和外汇短缺已经导致了观点的转变，即从传统的古典的资源配置观点来看待贸易转到注重贸易对国际收支的影响。要维持经济增长，国际收支困难必然要有对外借款。这就导致发展中国家近年来发出了"要贸易，不要援助"的呼声。这个口号的意义将在后面考察。发展中国家面临的问题，不是要不要贸易，而是拿什么商品参加贸易，从而保证同发达国家进行贸易的条件对发展中国家是有利的。贸易有动态利益和静态利益，这一点是没有争论的。争论的问题是，如果贸易结构与当前的贸易结构不同，发达国家改变对发展中国家的贸易政策，总的利益是否更大，贸易利益在各国的分配是否更为公平。

那么，发展中国家应该怎么做？答案似乎是有利于工业制成品生产和出口的结构调整，这些工业制成品在世界市场上具备较有利的需求特征，尤其是那些具有较高收入需求弹性的工业制成品。这些动态考虑和对来自初级产品多样化的需求并没有减少国际专业化的支持理由。这里涉及的是要认识到自然比较优势（古典的、静态的贸易基础）和后天获得的比较优势之间的区别，以及发展中国家是否能够在自由贸易基础上获得一种新的比较优势。如果不能，何种保护形式能增加福利？在考虑这些具有争论性的和高度话题性的问题之前，我们首先来讨论一下传统理论强调的贸易的静态和动态利益。

第二节　贸易的利益

在传统贸易理论中，得自贸易的利益是按照国内资源通过贸易产生的产出价值和实际收入的增加来衡量的。这与使外汇收入最大化的政策显然是不同的。得自贸易的利益能够区分为静态利益和动态利益。静态利益就是那些按照比较利益学说产生于国际专业化的利益。动态利益是指由贸易对整个经济的生产可能性的影响所产生的利益。规模经济、国际投资和技术知识的传递都是动态利益的例子。此外，贸易还为剩余商品提供出路，它使未被使用的资源得到利用。它还使各国能够从国外购买商品，由于如下两个原因，这一点可能是重要的：第一，如果没有国内替代品，进口能力能够缓解国内生产的瓶颈；第二，进口品可能比国内资源具有更高的生产率。

□ 一、贸易的静态利益

1. 李嘉图

贸易的静态利益是建立在比较优势规律基础上的，由英国古典经济学家大卫·李嘉图（1772—1823）在其《政治经济学及赋税原理》（1817）中第一次提出。李嘉图在其著名的定理中所要表示的是，即使一个国家可能在每种商品生产上都有绝对的生产率（成本）优势，也仍然使一个国家值得专业化于那些有比较优势的商品，也就是说，那些相对劳动生产率最高的商品或生产的机会成本最低的商品。李嘉图没有阐明是什么决定了生产率和成本的相对差异，但显然资源禀赋是主要的决定因素：即自然资源、劳动和人力资本以及技术水平。

为了说明贸易收益，根据比较优势定律，李嘉图使用了英国和葡萄牙的例子，两个国家都有生产布和酒的能力，例如，假定资源既定，英国可以生产10 000 码布或2 000 瓶酒。布对酒的机会成本比率是 10：2。另一方面，葡萄牙用其资源可以生产10 000 码布和8 000瓶酒。机会成本比率是 10：8。英国必须要牺牲 5 码布来生产 1 瓶酒，而葡萄牙只需要牺牲 1.25 码布。显然，葡萄牙生产酒的机会成本小于英国。然而，英国必须牺牲五分之一瓶酒来生产 1 码布，而葡萄牙必须牺牲五分之四瓶酒。英国生产布的机会成本较低。

我们现在要说明的是，如果英国和葡萄牙之间存在一个国际汇率，在两个国内汇率10：2 和 10：8 之间，两个国家都可以专业化从事其最善于生产的产品，从机会成本的角度对它们都是有利的。国际商品交换要比国内交换具有更为有利的转换比例（见图 15—2）。

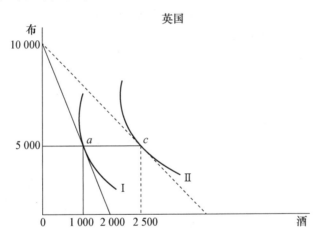

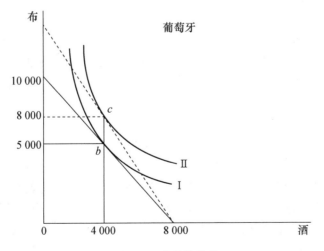

图15—2 贸易的收益

实直线是两个国家的生产可能性曲线（或两种商品的边际转换率）：在英国是10 000 码布和 2 000 瓶酒，在葡萄牙是 10 000 码布和 8 000 瓶酒。贸易之前，每个国家都生产布和酒，达到无差异曲线 I 代表的效用的最大值的数量。两个国家分别生产 a 点和 b 点数量的布和酒，在这两点处生产可能性曲线和无差异曲线相切。现在假设随着贸易开放，国际价格比率是 10：5，如图中虚线所示。如果英国专业生产布，现在用布交换酒更有利，而且类似地葡萄牙用酒交换布更有利。例如，英国用 5 000 码布做贸易，现在可以消费 2 500 瓶酒而不是 1 000 瓶，而葡萄牙用 4 000 瓶酒贸易，现在可以消费 8 000 码布而不是 5 000 码。两国都移动到更高的福利水平，即无差异曲线 II 上的 c 点。结果带来了劳动的国际分工、世界生产的增加（在这个例子中，酒的生产从 5 000 瓶增加到 8 000 瓶而布的生产保持不变）和世界福利的增加。

李嘉图的原理是非常有力量的，并且有极大的影响力，因为它是自由贸易学说的核心：如果各国都让贸易自由化，它们将总是获利的。然而，在讨论自由贸易的好处时，需要记住四个重要的告诫：

（1）比较成本学说不能保证贸易的收益的公平分配。这依赖于两国机会成本比率之间的国际价格比率。如果一国的贸易条件（出口价格对进口价格的比率）下降抵消了专业化带来的资源有效配置的收益，可能会带来绝对的损失。这就是巴格瓦蒂（Bhagwati, 1958）提出的著名的贫困化增长的概念。

（2）贸易的收益是"只此一次"。它们不会重复出现。一旦通过贸易使资源再分配的过程发生，就没有了进一步的收益。因此，比较优势定律并没有谈到贸易的增长效应。定律是静态的。贸易的增长效应依靠各国使之专业化的商品类型——它们具有报酬递增性质还是报酬递减性质，以及它们的收入需求是有弹性的还是无弹性的。

（3）比较优势定律假定连续的充分就业，也就是说，在一个行业中淘汰的人（各国专业化的结果）能够在其他行业找到工作。对于专业从事以土地为基础的生产活动的各国，这一点可能不那么容易，那些生产活动受限于报酬递减，存在一个由递减的劳动边际产品等于工资的点引发的就业限制。如果不存在连续的充分就业，从专业化和贸易中得到的实际资源收益可能会抵消失业带来的实际资源（和福利）损失。

（4）比较优势定律也没有提到保证均衡贸易。李嘉图充分意识到了这一点，认为依赖于金本位的机制会带来一个均衡——商品的相对价格在顺差国提高时黄金流出；而相对价格在逆差国下降时黄金流入，没有收入的调整。但是国际金本位从来没有按照这种方式运作，并且现在没有确定的机制能保证贸易的均衡。如果特定的贸易专业化模式导致支付赤字，并且经济必然收缩，减少进口，节省外汇，结果失业可能会再一次抵消静态的资源收益。

2. 赫克歇尔-俄林定理

20 世纪早期李嘉图的比较优势定律被两位瑞典经济学家伊莱·赫克歇尔（Eli Heckscher, 1919）和伯蒂尔·俄林（Bertil Ohlin, 1933）发展了。他们把劳动生产率和产品相对成本的差异明确地归因于要素禀赋的相对差异——也就是，单位劳动的资本数量的差异。赫克歇尔-俄林（H-O）定理指出，劳动力丰富而资本稀缺的穷国应发现生产和出口劳动密集型商品相对便宜，资本较丰富而劳动力相对稀缺的富国应发现生产和出口资本密集型商品相对便宜。这一点不仅能带来贸易的福利收益，而且带来穷国更大的工资平等，因为对非熟练劳动力的需求相对于熟练劳动力提高了。穷国和富国的工资差距也应缩小。但是，与李嘉图定理一样，有些警告需要指出：

（1）如果劳动生产率相应地较低，穷国丰富的劳动力并不一定是经济意义上的廉价劳动力。效率工资（由货币工资除以劳动生产率）决定生产中使用的要素组合。因此，劳动力丰富的经济体可能仍要出口资本相对密集的商品，而资本丰富的经济体可能会出口劳动相对密集的商品（所谓的里昂惕夫悖论，以瓦西里·里昂惕夫（Wassily Leontief）命名，他在1953年首先发现，与H-O定理相反，与进口替代相比美国进口的是劳动相对密集的商品）。

（2）定理仅采用了两个国家组——贫穷的发展中国家和富裕的发达国家——但是穷国不仅和富国有贸易，而且它们之间也相互有贸易往来。随着富国对穷国劳动密集型商品出口需求的增加，穷国的工资可能会上涨，但是也可能因其他穷国竞争性出口的结果而下降。例如，墨西哥在向美国出口劳动密集型产品中获利，但是会从中国劳动密集型产品的进口中遭受损失。穷国非熟练劳动力工资的变化情况是各种力量平衡的结果。

（3）定理忽视了随着贸易的发生资本从富国流入穷国。外国直接投资流入穷国会相对于非熟练劳动力而增加对熟练劳动力的需求，并且与H-O定理预测的相反，增加了工资不平等的程度。

□ 二、 贸易的动态利益

贸易的主要动态利益就是出口市场扩大了一国生产者的总量市场，从而容许更大的专业化或分工。作为回报，专业化刺激了资本积累和"干中学"。历史上，亚当·斯密在其著作《国富论》中就认识到了这种贸易的好处，约翰·穆勒也意识到了这一点，并在《政治经济学原理》（1848）中写道："一个国家要为一个比自身更大的市场生产产品，能够引进扩大的劳动分工，使用更多的机器，并在生产过程中进行发明和改进"。穆勒也强调，通过一些机制，贸易作为思想和技术的传播通道的作用。这些机制包括：第一，一种进口商品的国内买家会模仿生产技术，或如果受专利保护，改造新技术。第二，可能存在更多品种的商品的直接的思想交换，这会增进福利。由格鲁斯曼和赫尔普曼（Grossman and Helpman，1991a，1991b）开创的"新"增长理论（见第5章）包含了贸易，概括了很多穆勒的原创思想。

穆勒也认识到贸易的增长效应取决于一个国家的自然资源活动或制造业的专业化。正是工业品的生产，尤其是研究集约型产品，能够带来技术动态化和快速增长。斯蒂格利茨（Stiglitz，2006）提到了同样的不朽的观点：

> 一个国家的静态比较优势建立在譬如说有停滞风险的农业……只具有有限的增长前景；……工业部门几乎到处都是创新的源泉，很多这些进步外溢到其他经济部门，如同制度发展的收益一样，如伴随着工业部门的增长的金融市场。

如上文所述，市场规模和资本积累之间紧密相连。市场越大，资本积累变得越简单。对于一个没有贸易的小国，对先进的资本设备的较大规模的投资是没有空间的。贸易能摆脱一些限制，但是要使贸易成为可能，有一个国内市场的最低规模是重要的。就这一点而言，大国（如中国和印度）要比诸如斐济、毛里求斯或冈比亚等这些小国处于更为有利的位置。印度和中国人口众多，为建立资本品工业和制成品生产提供了基础，因为生产能够在贸易发生之前的经济基础上进行。小国需要对商品进行实质性保护，直到能够有效地生产和在世界市场上进行竞争。至少有 60 个被划分为"发展中"的国家，人口少于 1 500 万。在图 15—2 中，贸易的动态利益由两个国家的生产可能性曲线向外移动表示，带来了更高水平的社会福利。

贸易的动态收益是保罗·克鲁格曼（Paul Krugman，1979，1980，1986）开创的"新"贸易理论的核心，它强调报酬递增和正外部性，这些是与以贸易为目的的地理生产中心紧密相连的（也为战略保护提供了论据）。

☞

保罗·克鲁格曼（Paul Krugman）

1953 年生于美国纽约。曾执教于耶鲁大学、麻省理工学院和加州大学伯克利分校，现在是普林斯顿大学经济学教授。他对经济学做出了很多重要贡献，但是最著名的是其对报酬递增在解释贸易模式中的作用（"新"贸易理论）和工业活动的空间集中（"新"经济地理学）的开创性研究。他也是《纽约时报》富有影响力的专栏作家。他于 2008 年获得诺贝尔经济学奖。

□ 三、 作为剩余出路的贸易

贸易另一个重要的潜在利益是为一国剩余商品提供出路，否则，这些商品就缺乏销路，资源就会被浪费。这就是所谓的贸易的剩余出路利益，由亚当·斯密在其著作《国富论》（1776）中第一次阐明。他写道：

> 在开展外贸的国家之间，它们都从外贸中获得两个不同的利益。它能够用它们的土地和劳动产品中在国内没有需求的剩余部分换回其他一些在国内有需求的产品。通过交换其他产品，它使那些剩余产品变得有价值，它能够满足它们的部分需要，增加了它们的享受。

在图 15—2 中，剩余出路理论由生产可能性边界内的一点移到边界上的一点来表示，它代表一个更高的福利水平。这个利益意味着这个"剩余"出口资源没有其他用途，不能被转到国内用途。这个假定不像它表面上看到的那样不合理。例如，油井、矿产和渔场没有其他用途，如果需求只局限于国内消费，它们的产品市场很快就会变得饱和。剩余出路论对贸易的发生的解释比专业化的比较成本学说更有说服力。

□ 四、 关税同盟与自由贸易区理论

因为贸易带来各种收益，区域贸易协定（RTAs）变得非常时髦了。WTO 已列举了 1948 年以来建立和修改过的自由贸易区和关税同盟。大的关税同盟是欧盟（EU）；北美自由贸易区（NAFTA），它包括墨西哥；MERCOSUR，包括阿根廷、巴西、巴拉圭、乌拉圭和智利；APEC，包括亚太地区的国家；ASEAN，包括东南亚国家；以及SACU，包括非洲南部国家。

关税同盟的核心是成员国间自由贸易并且对从世界上其他所有国家进口的商品征收对外统一关税（CET）。与之相比，在自由贸易区（FTA）内贸易壁垒被取消，但是没有 CET。各国对从自由贸易区外的国家进口的商品自由征收自己特定的关税，虽然常常根据协定必须从自贸区内购买一定比例的商品。因此，关税同盟不仅创造（create）了贸易，而且也从同盟外部成本更低的供应商处转移（divert）了贸易。一个有意义的问题是，贸易创造的收益是否一直会超过贸易转移的损失？FTAs 也能创造贸易，但是贸易转移的程度可能要少得多，至少假定从狭义的经济层面来说，FTAs 更为优越。由于同样的原因，关税同盟可能次于单边关税减让的政策，因此，需要在其他经济或非经济层面上考虑其合理性。

　　然而，在我们考察这些问题的经验证据之前，先在理论上考察一下关税同盟的收益和损失。分析做出与正统贸易理论同样的假设：完全竞争、价格反映机会成本、生产要素在国家间不能流动、贸易是平衡的（即没有国际收支的问题）以及资源可以充分利用。同盟的**贸易创造**效应由两个部分组成：第一，生产效应，包括在同盟内部使用较为便宜的"外国"商品替代国内商品。第二，消费效应，包括来自较为便宜的商品的消费者剩余收益。**贸易转移**效应也由两个部分组成：第一，同盟内部的较高价格的商品替代了同盟外部的商品。第二，这势必会带来消费者剩余的损失。同盟内部的两个成员国的收益和损失如图 15—3 所示。为了简化分析，规模经济和贸易条件影响被忽略。[1]

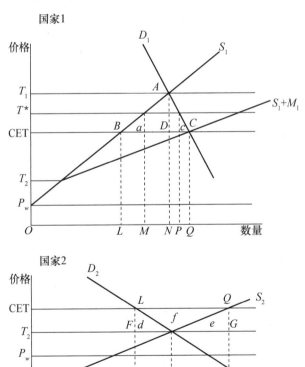

图 15—3　关税同盟内部的收益和损失

D_1 和 D_2 是两个国家对一种商品的需求曲线；S_1 和 S_2 是国内供给曲线；$S_1 + M_1$ 是国家 1 的供给曲线，包括国内供给曲线和来自成员国假定豁免关税的商品供给；P_w 是世界价格。现在假设在两个国家组成同盟之前，国家 1 征收的关税是 $P_w T_1$，国家 2 征收的关税是 $P_w T_2$。在这种情况下，可以看出在两个市场需求等于供给；从世界其他地区不存在进口，我们首先可以集中考虑贸易创造的过程。现在由对外统一关税构成的关税同盟来平衡两个成员国之间的供给和需求（等于 $P_w \text{CET}$）。CET 低于国家 1 的 OT_1 而高于国家 2 的 OT_2。这在两国有消费和生产影响。

在国家 1，国内消费从 N 增加到 Q，并且国内生产从 N 减少到 L。在国家 2 中，国内生产从 S 增加到 T；国内消费从 S 减少到 R，供给与需求之差是从国家 1 进口。对于国家 1 的成本节省等于 ABD 的面积，而消费者剩余的增加等于 ADC 的面积。贸易创造的总收益等于 $ABD + ADC$。在国家 2，消费者剩余的损失等于 d 的面积，增加的生产成本等于 e 的面积，但是这被增加的出口收入 $LFGQ$ 大大地抵消了，所以国家 2 的境况也变好了。

现在我们考察来自世界其他地区的贸易转移的情况。假设在国家 1 初始关税水平低于 $P_w T_1$——如 $P_w T^*$，那么需求超过供给并且超出供给的部分由来自世界其他地区的进口 MP 来填充，价格为 P_w。如果引入一个 CET，使关税为 $P_w \text{CET}$，需求从 P 增加到 Q，消费者剩余增加 c 的面积。生产从 M 降到 L，生产成本减少到等于 a 的面积。贸易创造的收益等于 $a + c$，但是现在同样存在贸易转移。先前从同盟外部进口，现在从成本更高的成员国进口。从国外进口的 MP 将被取代，其增加的成本为 $MP + P_w \text{CET}$。这就是贸易转移的成本。

在评估关税同盟的净收益时，要对贸易创造和贸易转移进行比较。一般来说，贸易创造可能会超过贸易转移，同盟越大，CET 越低。同盟越大，贸易创造的范围越大，而 CET 越低，贸易转移可能越少。然而，即使整个同盟总的来说是贸易创造的，也至少有一个国家可能会有损失。同理，即使整个同盟总的来说是贸易转移的，也可能至少有一个国家是获利的。一切都取决于环境。然而，关税同盟是为提高所有成员国的福利而设计的。这首先需要设定同盟的 CET，使与世界其他地区的贸易在同盟后的水平不低于同盟前的水平，其次是征收的一次性强制税和转移支付能补偿单个国家的损失。

除了贸易创造和贸易转移，关税同盟可能也对市场扩大有重要的影响，前文的静态分析忽视了这一影响。第一，较大的市场能产生规模经济。如果存在规模经济，在图 15—3 中的供给曲线将会向下移动，而 CET 在两个成员国中都低于原始关税。在两个国家都存在一个正常的贸易创造效应和成本节约。第二，一体化会促进竞争的加剧，对价格、成本和产出增长产生有利的影响。第三，关税同盟内部市场的扩大能吸引国际投资。生产者宁愿在同盟内生产，也不愿意在外部面临 CET。最后，世界的产出供给不是无限弹性的，还需要考虑贸易条件效应。具体而言，如果有贸易转移，商品的世界价格会下降，贸易条件向有利于关税同盟的方向变化。这种贸易条件效应是一种福利收益，它部分抵消了贸易转移的福利损失。然而，如前面提到的，因为关税同盟征收一个 CET，就福利改善而言，单方面削减关税的政策可能是不利的（当然，要继续做出标准假设，例如，贸易平衡，充分就业）。我们现在可以用图 15—3 来说明这一点。假设国家 1 初始的关税水平是 P_wT^*。它进入国家 2 的关税同盟征收统一对外关税（CET），并且产生的贸易创造与 $a+c$ 相等（和前面一样）。然而，国家 1 也能在非歧视基础上将其关税减少到 P_wT^*。国家 1 能够享受到相同的贸易创造的收益，但是现在能够从世界其他地区进口便宜的商品。这就意味着一个额外的收益与从同盟内和从世界其他地区的进口总支出之间的差额相等。在一个简单的层面上，这个理论分析的结论是关税同盟的形成代表了一种自由贸易的运动，但是贸易越自由（例如，没有贸易转移）越好。

发展中国家的 RTAs 的一般经验是令人失望的，因为它们是内向型的保护主义者，贸易转移超过贸易创造。一般地，在成员国中现存的贸易对 GDP 的比率高，而且对世界其他地区的贸易比例也高，所以贸易创造的范围最小化而且贸易转移的潜力很大。西非经济共同体（ECOWAS）成立于 1975 年，地区间贸易额仍然少于总出口的 15%。弗茹顿（Forouton，1993）从撒哈拉以南非洲（SSA）地区的一体化的研究中得出结论说："SSA 经济体的结构特点，追求的进口替代政策，以及由伙伴国家间经济差异引起的一体化的成本和收益分配的严重不平衡，迄今为止阻碍了 SSA 任何有意义的贸易一体化"。在撒哈拉以南非洲不同的集团中，只有南部非洲关税同盟（SACU）实现了一定程度的商品市场的一体化。另外，成员间的贸易还是有限的。这个结论被很多应用研究论文的作者附和。这一点从欧耶杰德等（Oyejide et al.，1997）考察的撒哈拉以南非洲区域一体化和贸易自由化的经验中可以看到。

瓦基迪斯（Vamvakidis，1999）对发展中国家作为一个整体的研究支持这种悲观的结论。他采用了 18 个区域贸易协定（RTAs）1950—1992 年间的 109 个参与案例，并用各国的人均收入增长对世界收入增长、人均收入的初始水平、教育水平、贸易开放度、一个虚拟变量（如果一国属于 RTA 就加上）进行了回归。虚拟变量是显著为负的。他也发现 RTA 成员资格降低了投资占 GDP 的份额。

在相关的研究中，瓦基迪斯（Vamvakidis，1998）与阿罗拉和瓦基迪斯（Arora and Vamvakidis，2005）也尝试着去估计邻国的规模、收入和增长对一个国家的增长率的影响。他们发现，或许并不奇怪，拥有相对富裕的、贸易开放和增长快速的邻国是有好处的。一个国家的贸易伙伴增长率 1 个百分点的变化会带来其自身国内增长率 0.8 个百分点的增加。在一个关税同盟内部，各国一起沉浮！

第三节　贸易自由化与发展

□ 一、　当代的自由贸易的热情

虽然古典经济学理论为自由贸易提供了论据，但之前从来没有被各国认真实践过（除了英国在 19 世纪 50 年代以后）（见 Chang，2002，2005，2007；Reinert，2007），直到第二次世界大战后，在 1947 年建立的关贸总协定（GATT）以及在 1919—1939 年间战争萧条年代实施的贸易保护主义和"以邻为壑"政策之后发达国家对国际贸易自由化作出了一般承诺。即便如此，自由化的过程也花费了很长时间才形成势头。很多发达国家维持了相当高的关税水平和非关税壁垒，直到 20 世纪 70 年代早期，并且很多发展中国家，尤其是在拉丁美洲和亚洲地区，从过去的殖民地中解放出来，采取贸易保护的政策。直到 20 世纪 70 年代开始，发达国家和发展中国家共同协调努力，在 GATT（和 1995 年后的世界贸易组织——GATT 的继任者）、世界银行、IMF 和其他国际组织的压力下，推动了各国之间的贸易自由化，同时考虑到了那些所谓的经济绩效很差的国家追求贸易保护。

总的来看，相对于世界产出，贸易自由化带来了世界贸易的巨大增长。世界产出（或 GDP）增长了近 7 倍，而世界贸易的总量增长了 25 倍，每年复合增长率近 8%。在一些个别国家，尤其是东南亚，出口增长率超过了年均 10%，而在中国年均 20%。世界贸易占世界产出比例的演化如图 15—4 所示，从 1960 年的 25% 上升到 2006 年的近 60%。

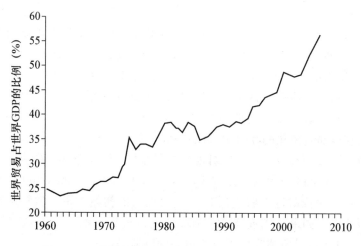

图 15—4　世界贸易占世界产出的份额，1960—2006 年

注：贸易是按照商品和服务的进出口总额计算的。
资料来源：世界银行，《世界发展指标》，2009 年 6 月（华盛顿，世界银行）。

□ 二、贸易自由化的度量和过程

为了度量贸易自由化的程度和过程，必须要记住有很多种不同的保护措施和类型，例如，关税、配额、认证、技术和环境限制，也有很多不同的贸易自由化和贸易开放度的概念和度量方式。然而，首先需要弄清楚，贸易自由化和贸易开放度不是一回事。例如，一个国家可能从贸易对 GDP 的比例很高这种意义上说是非常开放的，因为它具有丰富的自然资源，只能出口，但是它可能有非常不自由的贸易体制，使它的其他活动的贸易非常困难。同样地，一个国家的贸易总量对 GDP 的比率较低，因为它是一个大国而且相对自给自足，但它可能在其贸易实践中是非常自由的。

最常见的贸易自由化的度量指标集中在关税和非关税贸易壁垒（NTBs）发生了什么，贸易是否不利于出口而有利于进口替代，以及一个国家贸易发生的一般微观和宏观环境（包括汇率水平，政府是否对主要出口品有一个垄断，以及货币和财政状况）。平均关税率、出口税、国际贸易总税收和非关税壁垒指数显然都是度量保护主义的指标，但是使用任何一种指数来作为贸易自由化的度量指标都是有困难的。第一，一个国家可能会用一种形式的保护替代另一种。例如，它可能削减 NTBs，但是提高关税来弥补，反过来也一样。第二，商品的名义关税对评估贸易关税结构的制约效果不是合适的基础。名义利率不能衡量在没有产生竞争和失去市场份额时生产者是如何无效率（高成本）的。这可以由附加值保护来度量。这就是所谓的有效保护率（见下文）。第三个要点是，平均关税率在经验研究中通常由关税收入对进口额的比率来度量，但是这不是一个官方的关税税率，而是综合的税率。在极端情况下，如果非常高的关税对进口完全抑制，将会没有进口，而关税税率计算为零！

设计贸易体制的度量指标是有用的，然后对其从不自由到自由排序，或从保护主义到自由化排序，然后观察随着时间不同指标的变化。一种方法是度量保护结构和刺激不利于出口的程度。度量这一点最简单的方法（由克鲁格（Krueger，1998）概括）是，进口的竞争商品的国内价格（P_{md}）对它们的国际（世界）价格（P_{mw}）之比和可供进口的商品的国内价格（P_{xd}）对它们的国际价格（P_{xw}）之比的比例，这个比例偏离单位1的程度即为衡量保护程度的指标，如下式：

$$B = \frac{P_{md}/P_{mw}}{P_{xd}/P_{xw}} \tag{15.1}$$

如果我们假定 $P_{mw}/P_{xw}=1$，那么如果 $P_{md}/P_{xd}>1$，则贸易体制不利于出口而有利于进口替代，而如果 $P_{md}/P_{xd}<1$，则贸易体制有利于出口促进。

格里纳韦等（Greenaway et al.，1998）在他们关于 73 个国家的贸易自由化和增长的主要研究中构建了一个类似克鲁格的指标，它也度量可出口商品对可进口商品的价格相对扭曲程度（D）。计算如下：

$$D = \frac{(1+t)}{(1+s)} \tag{15.2}$$

其中，t 是进口关税，s 是对出口的补贴率。比率为 1 意味着贸易中性；$D>1$ 意味着反出口偏向而偏向有利于进口替代，而 $D<1$ 意味着出口导向的贸易战略。

大卫·格里纳韦对世界银行在其 1987 年的《世界发展报告》中首次划分贸易体制影响很大。这四种体制的划分是：

（1）强烈的外向型国家。这些国家对贸易和外汇不加控制，为国内市场生产的产业政策和为出口生产的产业政策没有差别，对国内产品和外国产品的购买没有差别。

（2）温和的外向型国家。它们的总体刺激结构是轻微地偏向为国内市场而不是出口生产产品，并且有利于国内产品的购买。

（3）温和的内向型国家。它们更明确地反对出口，支持进口替代。

（4）强烈的内向型国家。它们的贸易控制和刺激结构强烈地支持为国内市场生产，对进口品实行强烈的歧视政策。

很多研究者和国际组织使用多种标准设计它们自己的贸易保护和自由化的度量指标。一种是萨克斯和沃纳（Sachs and Warner，1995）开放指数。根据五项标准，各国被分为"开放"或"封闭"。如果以下标准中至少有一项符合，一个国家就被认为是"封闭"的：平均关税率高于 40%、非关税壁垒覆盖超过 40% 的进口、社会主义的经济体系、对主要出口品的国家垄断、黑市外汇溢价超过 20%。当然，标准带有任意成分，但是尽管如此，很多研究者仍使用这个指标来对国家进行分类，并用于度量自由化的时点（虽然如前所述，开放度和自由化不是一回事）。

另一种度量方法是经济自由指标，由华盛顿的传统基金会自 1995 年出版，考虑一系列广泛的制度因素，其中之一就是贸易政策。贸易政策评分为 1～5，根据它们的平均关税率、非关税壁垒的程度和海关服务中的腐败程度来打分。保护被分为五大层级：非常低（自由）、低、中等、高、非常高（压制）。按类别对国家进行分类，并分析它们的经济绩效。

贸易自由化的过程可以采取多种形式，但是如麦克利等（Michaely et al.，1991）在他们对发展中国家贸易自由化的大量案例研究中所说的："对从一种体制转变到另外一种体制，从一个扭曲的贸易政策体制转变到一个更为中性的贸易体制的本质属性知之甚少"。另一方面，我们知道时点、阶段和次序对设计和实施一项成功的贸易自由化政策是重要的（见 Rodrik，1996，2001）。

通常自由化的第一阶段是废除贸易中的非关税壁垒，诸如取消配额和许可证，不一定是削减关税。事实上，关税通常会提高，以弥补进口数量限制的取消。这就使得保护更透明，减少了寻租行为。当取消一个产业的保护时，生产会下降并且失业会增加。资本都有特殊用途，将会变得无法利用，而劳动力不能充分流动到其他活动中就业。这是个严肃的忧虑，而且会损害从贸易自由化中获得的静态福利收益。它确实是一个反对进口自由化太快的论据。随着生产要素和商品的相对价格的改变，可能会带来显著的再分配效应，这一点需要在自由化的过程中加以考虑（见下文）。

另外一个大的担忧是贸易自由化对国际收支平衡的影响。如果进口增长快于出口，国际收支会出现困难，对增长也会带来负面的后果。这对贸易自由化的顺序是有意义的。在出口部门有时间进行调整或作出反应以便有外汇能够支付较高的进口账单之前，进口是不应自由化的。就政策而言，这意味着在大量的贸易自由化出现之前，反出口偏向需要取消，出口补贴需要摒除（例如，与日本、韩国的情形一样）。东亚提供了一个如何自由化的有意义的案例研究，在那里，贸易自由化进程是渐进的和以出口为导向的，与很多拉丁美洲国家形成了对照，后者的自由化的进程是突然的而且没有注意到自由化的次序问题。

另外一个从自由化的经验中传递出的讯息是自由化更有可能在一个内部和外部都稳定的环境中获得成功。尤其重要的是不要容忍汇率升值，否则会恶化出口和进口增长的平衡。这意味着各国需要保持对国际收支中的资本账户的控制，不要与贸易同时自由化资本流动。遗憾的是，很多拉丁美洲国家，如墨西哥、阿根廷和秘鲁，当它们在 20 世纪 80 年代和 90 年代早期自由化时容许汇率升值，这就破坏了贸易平衡，对增长造成了负面影响。

总之，如果贸易自由化成功地促进了经济发展，它就需要避免由于自由化不当的时点和次序而导致的调整成本，也需要避免不公平的分配结果。

□ 三、 出口引导的增长模型

贸易自由化对经济绩效的影响主要通过改善资源配置的效率、容许大规模的专业化和刺激出口，这些对一个经济体内部的供给和需求都会带来强有力的影响。在对贸易自由化、贸易绩效和各国的经济增长之间关系的经验证据进行检验之前，最重要的是要理解为什么出口对经济发展是如此关键。

有三个主要的出口引导的增长模型：（1）新古典供给模型；（2）国际收支平衡约束模型；（3）良性循环模型。

第一个是正统的模型，纯粹符合新古典增长理论的主流。后两种模型很少在贸易和增长的文献中阐述清楚，然而它们可能对于理解开放的发展中经济体的增长率差别更重要，尤其是当大多数发展中国家的经济绩效受到外汇短缺的约束时。此外，正统的增长和贸易理论预测各国人均收入的趋同（见第5章），这与我们在现实世界中观察的情况是不一致的。显然，在实际中发生的是一旦一个国家通过获得出口市场而占据优势，它就倾向于通过各种累积的力量的作用维持这种优势，这些累积力量对有利的国家（和地区）带来成功的"良性循环"，而对那些落后的国家带来缓慢增长和失业的"恶性循环"（见第8章）。当对出口和增长之间的关系进行研究时，无论是按国家还是按时间进行研究，发现的关系是选取供给因素、需求影响、累积力量的相互作用，还是三个因素的混合，一直都不清楚。

1. 新古典供给模型

出口和增长之间关系的新古典供给模型假设，出口部门由于面临着国外竞争，对非出口部门有外部性，而且出口部门也比非出口部门的生产率水平高。因而，出口占GDP的份额和出口增长对整体增长绩效是重要的。菲德尔（Feder，1983）率先提出了这种形式的正规模型，用以解释出口增长和产出增长之间的关系。出口部门的产出假定是该部门劳动力和资本的函数；非出口部门的产出假设是出口部门劳动力、资本和产出（获取外部性）的函数；并且假设这两个部门的各自要素的边际生产率之比偏离单位1的因子是δ。这些假设产生了一个扩大的新古典增长方程：

$$G = a(I/Y) + b(dL/L) + [\delta/(1+\delta) + F_x](X/Y)(dX/X) \qquad (15.3)$$

其中，I/Y 是投资率；dL/L 是劳动力增长率；dX/X 是出口增长率；X/Y 是出口占GDP的份额；$\delta/(1+\delta)$ 是差别生产率效应；F_x 是外部性效应。菲德尔采用了19个半工业化国家的横截面和31个国家1964—1973年间的大样本，对这个模型进行了最初的检验。首先检验没有出口增长的模型，然后把出口增长包括进来。dX/X 的加入极大地改善了等式的解释力，并且出口增长效应始终在统计上是显著的。然而，出口增长的系数是外部性效应和生产率差异效应的混合。要分解这两个因素，式（15.3）除去出口份额项（X/Y）再拟合，然后把外部性效应分离出来。总出口效应和外部性效应之间的差是生产率差异效应。当这些事情完成之后，菲德尔发现了出口部门和非出口部门之间巨大的差异，还发现了外部性的证据。结果不应是令人吃惊的。出口部门可能要比非出口部门更"现代"和资本密集，非出口部门很大程度上包括生产率低下的农业和小商业活动。赋予的外部性是本章开始时讨论的贸易动态收益的部分，与来自海外的生产技术和有效的管理实践的新思想的转移和传播相联系。

菲德尔模型是一个纯粹的供给学派的论点，貌似是合理的，但是还有一些其他的（非新古典的）供给学派的论点，也有对需求的考虑，它们与长期的出口增长和*GDP*增长正相关的发现也是一致的。从供给学派出发，出口增长可能通过外部性带来产出增长，但是更快速的出口增长也允许进口的快速增长。如果各国缺乏外汇，而且国内和国外资源不能完全替代，则更多进口允许更充分地使用国内资源。尤其是，更多的外汇用于进口更多的国内不能生产的资本商品。

2. 国际收支平衡约束模型

关于出口作用的正统的供给模型的主要弱点是，它远远不够：它忽视了需求对产出增长的重要性。国内需求的所有因素——消费、投资、政府支出和出口自身——都有必须要支付的进口内容。出口在这一点上是独一无二的，因为出口是需求中唯一为其他需求要素提供外汇支付的需求要素，否则其他需求要素就会受到约束。强调这一点很重要，因为这种见解是在一个开放经济中增长与发展的需求导向理论的核心。

增长和发展过程中大多数生产要素对需求是内生的，而不是如新古典增长理论假设的那样是外生决定的。资本是被生产出来的生产手段，而且资本既是产出增长的结果，也是其原因。对劳动力的需求源于产出的派生需求。劳动投入以各种方式对需求作出反应；减少失业；提高劳动力参与率；增加工作时间；劳动力从低生产率部门转到高生产率部门；以及最后的办法是通过国际移民。在劳动力剩余经济体，如大多数发展中国家，很容易轻信以假设一个外生给定的劳动力供给，它在因果意义上决定产出。生产率增长也主要是内生于产出增长的，通过引致的资本积累、体现的技术进步以及静态与动态规模报酬来起作用。要理解国家间增长率的差异，有必要理解为什么国家间需求增长不同，以及存在于国家内部的需求约束。

在大多数发展中国家，对增长需求的主要约束是目前的国际收支平衡和外汇的缺乏。出口增长放松了国际收支平衡的约束并允许在不发生国际收支困难的情况下，其他所有需求因素（消费、投资和政府支出）更快地增长。这是对出口增长和产出增长之间关系的所有解释中最简单的。事实上，在长期，没有国家的增长能超过与国际收支中经常账户均衡一致的速率，除非它能为日益增长的赤字融资，一般是不可能的。收支逆差对 GDP 的比率超过 2％～3％ 便开始使国际金融市场恐慌（墨西哥、巴西和近年东亚国家的经验证明了这一点），并且所有借款最终必须要偿还。我们将会在第 16 章指出，如果相对价格（或汇率）变化不能作为有效的国际收支平衡调整机制，一国的产出增长率（g）可以近似用简单的式子表示：

$$g = x/\pi \qquad (15.4)$$

其中，x 是出口量的增长（由世界收入增长和出口的需求收入弹性决定），而 π 是进口的需求收入弹性。g 和 x 的关系立即显示出来。

3. 出口引导增长的良性循环模型

最后，需要认识到出口和增长可能以一个累积的过程相互关联。这就引起了因果关系问题，但更加重要的是，这些模型对如下问题提供了一种解释：为什么通过贸易增长和发展倾向于集中在世界上特定的地区，而其他地区和国家仍然落后？这些模型对正统增长理论和贸易理论——预测在长期世界生活水平趋同——提出了挑战。在新古典增长理论中，资本假定是服从报酬递减的，这样在同样数量的投资下，富国应该比穷国增长慢一些（见第 5 章）。新古典贸易理论通过假定要素价格相等而预测趋同。经验证据和理论存在分歧：没有证据显示世界上的生活水平是趋同的。在第 8 章概述了一个简单的累积模型，它是通过以出口作为自发需求的主要因素来驱动的。产出增长是出口增长的函数；出口增长是价格竞争力和外国收入增长的一个函数；价格竞争力是工资增长和生产率增长的函数；而生产率增长是产出增长的函数——所谓的维登定律通过静态和动态规模报酬起作用，包括干中学。正是这种诱导的生产率增长产生了"累积循环"模型，因为如果快速的产出增长（由出口增长导致的）引致较快的生产率增长，这就会使得商品更具竞争力，因此引致更快的出口增长。维登关系不仅产生了"累积循环"模型，而且产生了这样一种可能性：一旦一个经济体获得一个增长优势，它就会倾向于保持下去。例如，假设一个经济体在世界市场上的商品生产具有较高的需求收入弹性而拥有优势，例如高技术商品，这就会导致其增长率高于其他国家。通过维登效应，生产率增长将会更高，经济体将会保持在这些产品上的竞争优势，使得没有保护或例外的工业企业生产相同的产品变得困难。在这种累积模型中，正是出口品（和进口品，如果如前文讨论的那样，国际收支均衡是一个必要条件）的收入弹性特征的差异是工业经济和农业经济之间或"中心"和"外围"之间趋异的核心。这种简单模型有助于解释国家间发展水平的差异和使世界经济永久化趋异的力量。这种力量是结构性的，与生产和贸易的产品的生产和需求特点有关。

4. 出口结构的重要性

一个国家出口什么对其增长绩效很重要的论点可以使用豪斯曼等（Hausmann et al.，2007）提出的程序进行正规检验。第一，他们对每种出口商品（i 的所谓的"生产率"（PRODY）进行度量，看看这种产品与国家的收入水平是否有联系。第二，他们计算每个国家的 EXPY，它是国家出口的所有 PRODY 的权重总和。如果一个国家专业化于高收入产品，它将会有一个较高的 EXPY，而如果它专业化于低收入产品，EXPY 将会较低。跨国分析显示一个国家的 EXPY 与其增长和出口绩效高度相关。

PRODY 的计算公式是：

$$\mathrm{PRODY}_i = \sum_j \left[\frac{(x_{ij}/X_j)}{\sum_j (x_{ij}/X_j)} \right] Y_j$$

其中，x_{ij} 是国家 j 出口商品 i；X_j 是该国的总出口；x_{ij}/X_j 代表一个国家专业化于商品 i；$\sum_i$ 是商品 i 在全部世界出口中所占份额；Y_j 是每个国家出口商品 i 的人均收入。

如果低收入国家专业化于这种产品，PRODY_i 将会较低，而如果高收入国家专业化于这种产品，PRODY_i 将会较高。

$$\mathrm{EXPY}_j = \sum_i \mathrm{PRODY}_i (x_{ij}/X_j)$$

这是简单的该国 PRODY 的加权平均，其中权重是该国总出口中的价值份额。如预期一样，各国的人均收入水平和 EXPY 之间的关系是强烈的，但更为显著的是 EXPY 与各国的产出增长和出口增长之间的强烈关系（控制其他 GDP 增长的决定因素）。一些发展中国家如中国具有比以它们的人均收入水平为基础的预期更高的 EXPY，表明它们生产和出口的产品更多的是与高收入国家有关的高级产品。这是中国如此成功的一个原因（也见 Felipe，2009）。EXPY10%的提高，带来一个国家增长率增加 0.4 个百分点。

计算挑选了具有较高收入需求弹性的更高级产品，并且这也是出口结构对经济绩效很重要的原因。

□ 四、贸易自由化与出口增长

贸易自由化和出口增长之间关系的经验证据是什么？因为各种形式的贸易限制，如出口关税，会招致反出口偏向，前提假定一定是贸易自由化将会提高出口增长率，但是程度如何？

对贸易自由化和出口绩效之间关系的经验研究有两种广泛的形式。第一，大量的多国研究详细考察了单个国家内部贸易政策改革的进程及其结果。这种形式的开创性研究包括利特尔等（Little et al.，1970）、巴拉沙（Balassa，1971）和迈克利等（Michaely et al.，1991）。第二，有使用时间序列、横截面或面板数据分析（混合时间序列和横截面数据）进行的计量研究。证据给出了混合而矛盾的结果，表明贸易自由化产生的环境是最重要的，尤其是世界经济条件和国内所追求的经济政策同步，尤其是关于汇率的政策。

单个国家（或产业）的案例研究表明自由化对出口绩效有正效应，其中包括乔希和利特尔（Joshi and Little，1996）对印度 1991 年的贸易改革的分析、艾哈默德（Ahmed，2000）对孟加拉国的研究、詹金斯（Jenkins，1996）对玻利维亚制造业产品出口的研究、帕谢克–洛佩兹（Pacheco-López，2005）对墨西哥 1985/1986 年贸易改革后的研究。多国案例研究表明自由贸易对出口增长有正的影响，包括托马斯等（Thomas et al.，1991）的跨国研究、赫莱拉（Helleiner，1994）的理论和实证研究以及布莱尼（Bleaney，1999）对拉丁美洲 10 个国家制造业产品出口的面板数据研究。

近期最全面的研究是桑托斯–保利诺和瑟尔沃（Santos-Paulino and Thirlwall，2004）（也见 Santos-Paulino，2002a）采用自 20 世纪 70 年代中期实行贸易自由化政策的 22 个国家的面板数据。在出口增长方程中加入自由化年数的虚拟变量，使用了350～500 个观察值（依赖于估计方法），得出的中心结论是，在控制其他变量之后，和自由化前的时期相比，自由化对出口增长增加了近 2 个百分点。对非洲的影响似乎最大（3.6 个百分点），而对拉丁美洲的影响最小（1.6 个百分点）。也有证据表明自由化增加了出口增长对世界收入增长的敏感度，也就是说，通过引诱结构变化，自由化增加了对出口的收入需求弹性。

表现最好的亚洲国家（地区）或许是与出口绩效有关的经济成功中最为引人注目的例子，但是，有趣的是，这并不总是以自由贸易为基础的。日本、韩国、中国台湾、新加坡、中国香港、马来西亚、印度尼西亚和泰国自 1965 年以来创造了 GDP 增长率的最高纪录（作为一个集团平均每年近 6%），而且也创造了出口增长的最高纪录（平均每年超过10%）。虽然有些国家和地区是非常自由放任的，但是其他一些国家和地区却是非常干预主义的。例如，日本和韩国在奉行持续的出口促进战略的同时又实行进口替代战略。

另外一个有趣的案例研究是中国，它仍然对贸易进行限制，但现在是继德国之后世界第二大出口国。自从中国在 1978 年实行"对外开放"政策以来，经过三十多年内向型贸易之后，其出口年均增长超过 10%，其年均 GDP 平均增长率为 8%。这是由政府有意推动的出口引导增长的另一个典型事例。中国政府建立经济特区和开放城市（最初是在广东和福建两省），它们起到了吸引投资的作用，为出口商提供刺激。所有促进出口的经济体对出口商的典型刺激包括对用于出口的投入品免征税费；投资补贴；免税期；对某些部门中的出口给予特别的外汇留存权；对外国投资的优惠政策。在中国，如果合资企业中外国投资者占 25％ 的份额，将给予税收优惠，对外商在中国公司中的股本投资不设限制。

然而，对一个国家整体经济绩效的改善，只靠出口增长加速是不够的。出口增长必然要超过进口增长，否则会出现国际收支困难。

□ 五、 贸易自由化、 进口增长和国际收支

关税和非关税壁垒，例如数量进口控制、质量标准和政府采购政策，其主要功能是控制进口的水平和增长，以保护和促进国内工业。如果削减关税，取消配额限制，预期进口会增加。存在一个自动的增长，另外，进口似乎对国内收入和相对价格变动变得更为敏感。如果进口的收入需求弹性增加，就使得对增长的国际收支约束更紧（见公式（15.4）和第 16 章）。由沃格特（Vogt，1984）对委内瑞拉、马赫（Mah，1999）对泰国、贝尔托拉和法伊尼（Bertola and Faini，1991）对摩洛哥进行的研究都表明贸易自由化对进口增长和进口对国内收入增长的敏感度有显著影响。

最为全面的近期研究是由桑托斯-保利诺和瑟尔沃（Santos-Paulino and Thirlwall，2004）（也见 Santos-Paulino，2002b）进行的，他们采用了前面针对出口增长所讨论的相同的 22 个国家的数据，发现在控制其他变量之后，贸易自由化本身使进口增长提高了 5～6 个百分点（对起初较高的保护程度的国家要高些，而对其他国家则要低些），也使进口的收入需求弹性提高了 0.2～0.5 个百分点。桑托斯-保利诺和瑟尔沃（Santos-Paulino and Thirlwall，2006）也对 17 个拉丁美洲国家 1977—2002 年间贸易自由化对进口的收入需求弹性的直接影响进行了检验，发现从自由化前时期的 2.08 增加到自由化后时期的 2.63。

如果贸易自由化提高的进口增长快于出口的增长，或提高进口的收入需求弹性在比例上超过了出口的增长，贸易平衡（或国际收支）在给定的产出增长下将会恶化，除非能够操纵货币来提高出口相对于进口的价值。结果是产出增长不得不受到约束，以避免国际收支危机的发生。

对这个主题的第一个主要研究是帕里克（Parikh，1999）为 UNCTAD 和 WIDER 而做的（Parikh，2002）。第一项研究考察了 1970—1995 年间的 16 个国家，主要的结论是：贸易自由化似乎恶化了贸易平衡，其量高达 GDP 的 2.7％。第二项研究扩展到对 64 个国家的分析，得出的一般结论是："大多数自由化的国家的出口在贸易自由化之后增长得并不是很快，不足以立即弥补贸易自由化之后的几年间进口的快速增长。证据表明发展中国家的贸易自由化倾向于导致贸易账户的恶化。"

桑托斯-保利诺和瑟尔沃（Santos-Paulino and Thirlwall，2004）采用了前文讨论的相同的 22 个发展中国家自由化对进出口的影响的样本，发现转换成一个更为自由的贸易体制，平均来说，会恶化贸易差额。其数量占 GDP 的 2％（和帕里克的估计相似），经常项目占 GDP 的 1％。对 17 个最不发达的国家组进行分开研究，桑托斯-保利诺（Santos-Paulino，2007）发现贸易差额比率恶化到占 GDP 的 4％。对 17 个拉丁美洲国

家 1997—2002 年间样本进行研究，桑托斯-保利诺和瑟尔沃（Santos-Paulino and Thirlwall，2007）发现贸易差额恶化占 GDP 的 1.3%～2.3%（取决于使用的估计方法）。

所有这些结果都表明贸易自由化对自由化的国家的贸易差额和经常账户差额的影响是不利的。这种恶化，如果不能获得可持续的资本流入，就可能会引发货币危机，或者使得国内需求（继而增长）发生严重的通货紧缩，最终限制进口成为必然。如UNCTAD（2004）在《2004 年最不发达国家报告》中关于把国际贸易和减贫相连的主题中指出的那样："（国际收支）对发展和持续性减贫的关键约束显然没出现在当前有关贸易和贫困的争论中。"

其实，成功的贸易自由化的最终检验是，至少在宏观层面上忽视了分配效应，它是否把一国提升到一个与可持续国际收支一致的更高的增长路径上；或换句话说，它是否改善了增长和国际收支之间的替代，如图 15—5 所示。

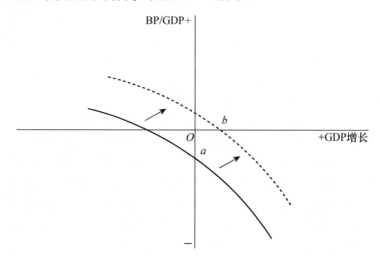

图 15—5　增长和国际收支的替代

经常项目差额（或贸易差额）对 GDP 的比率（BP/GDP）由纵轴衡量，GDP 增长由横轴表示。实线给出负的替代曲线，表明随着增长加速，国际收支恶化。曲线有意画在这里表示一个非常严重的状况，即国际收支即使为零增长也处在赤字（a 点）上。贸易政策的目标应该是使曲线向上移动，比如说，在横轴上的 b 点，这样一些正的增长成为可能，而同时不会出现支付困难。估算这种替代曲线是可能的，看看自由化是否朝有利的方向移动。桑托斯-保利诺和瑟尔沃（Santos-Paulino and Thirlwall，2007）对 17个拉丁美洲国家使用 1977—2002 年间的混合时间序列/横截面数据做这项分析，发现贸易自由化恶化了 3.6 个百分点的交易。在自由化之前，曲线和纵轴在 1.39% 的赤字上相交；自由化之后，纵轴和曲线在 −4.99 赤字/GDP 的比率上相交。这可能是很难发现显示各国贸易自由化改善增长绩效的稳健结果的原因之一。

□ 六、 贸易自由化和经济绩效

很清楚，贸易自由化改善了出口绩效，但是贸易自由化和出口增长不是一回事，在讨论贸易自由化和经济增长时不应把两者混为一谈。如斯蒂格利茨（Stiglitz，2006）指出的：

发展经济学（第九版）

452

自由化的倡导者引用统计研究宣称自由化能提升增长。但是仔细观察证据就会发现相当不同的关系……恰是出口——而不是贸易壁垒的消除——是增长的驱动力。直接集中于贸易壁垒的消除的研究表明自由化和增长几乎没有什么关系。快速自由化的倡导者尝试了一种知识的小把戏，希望对全球化好处的粗略的讨论就足以作为他们的论据。

爱德华（Edwards，1992，1993，1998）和多拉尔（Dollar，1992）早期的研究表明在外向型国家中，贸易扭曲的消除和各国的增长之间是正相关的。然而，这一研究被罗德里格斯和罗德里克（Rodriguez and Rodrik，2000）无论是从方法论基础上还是稳健性的缺乏上，都提出了严厉的批判。他们自己发现，无论进口关税还是由非关税壁垒包含的进口比例与人均收入增长（控制其他变量）之间都没有显著的关系。

多拉尔和克雷（Dollar and Kraay，2004）的研究是非常有影响力的，尤其是对世界银行的影响很大。他们采用了 73 个发展中国家从 20 世纪 70 年代到 90 年代的样本，并且根据各国贸易（出口加进口）占 GDP 的比例进行排序。前三分之一的国家被称为"后 20 世纪 80 年代的全球化者"，并把这些国家（共 24 个）和样本的剩余国家进行比较。几十年来，"全球化者"的国家人均收入的增长比"非全球化者"快得多。多拉尔和克雷对世界银行看法的影响能从其 2002 年的报告《全球化、增长和贫困》中鲜明地看出，该报告宣称：

> 大约有 24 个发展中国家——有 30 亿人口——在过去 20 年中它们的贸易对收入的比率上升了一倍。发展中世界中其余国家的贸易比 20 年前还少。较为全球化的发展中国家使它们的人均增长率从 1960 年的 1％增加到 20 世纪 70 年代的 3％、80 年代的 4％和 90 年代的 5％……发展中世界中的其他国家——人口大约为 20 亿——逐渐被边缘化了。

然而，多拉尔和克雷的结果需要小心对待。道瑞克和戈里（Dowrick and Golley，2004）的研究表明"全球化"国家的快速增长完全是由于中国和印度的快速增长。如果这两个国家从样本中排除，剩余的 22 个"全球化"国家在 1980—2000 年间的增长要慢于"非全球化"国家。他们的研究也表明"全球化"国家并不是最开放或最自由的国家。它们的贸易占 GDP 的份额增长最快，但是各国都是起点低，至少直到 20 世纪 90 年代之前，仍然不比"非全球化"国家经济开放。在 20 世纪 90 年代"全球化"国家的关税仍旧高于"非全球化"国家。

另外一个关于贸易导向和增长的主要的有影响力的是萨克斯和华纳（Sachs and Warner，1995）的研究，他们采用了 79 个国家 1979—1989 年间的数据，发现开放经济体（见前面对"开放"和"封闭"的定义）比封闭经济体的增长平均快 2.44 个百分点。然而，罗德里格斯和罗德里克（Rodriguez and Rodrik，2000）认为并不是以关税和非关税壁垒来区分两类国家，而是以黑市汇率溢价和国家对出口的垄断的结合来区分。黑市汇率和动荡的宏观经济环境——债务、贸易条件恶化和战争高度相关——并且这是它们经济增长较慢的主要原因。维克瑞多和韦尔奇（Wacziard and Welch，2008）将萨克斯-沃纳的研究扩展到 20 世纪 90 年代，78 个国家被划分为开放国家，27 个被划分为封闭国家（相比之下，在萨克斯和沃纳研究的时期中有 31 个开放国家和 74 个封闭国家），并且发现开放度对经济增长没有显著影响。

格里纳韦等（Greenaway et al.，1998，2002）在一个"新"增长理论框架（见第5章）中对贸易自由化和增长之间的关系进行了检验，使用73个国家1975—1993年间的面板数据分析。他们使用不同的自由化指标来寻找滞后效应。他们发现自由化的第一年的影响是负向的（虽然不是显著的）；第二年是正向的但是不显著，但是第三年是正向显著的。这就意味着自由化对增长的J曲线效应，这种效应需要花费时间。另一方面，没有证据表明正向的影响是否会持续下去。

总之，我们看到有些证据表明贸易自由化促进了增长以及生活水准更高的增长；另一方面，结果不是一直稳健的，且取决于使用的自由化的测量指标、选取的时间段和估计方法。罗德里格斯和罗德里克（Rodriguez and Rodrik，2000）总结了他们对贸易导向和经济增长的评价，他们指出，使用的开放和自由化的指标要么不是很好的度量贸易壁垒的指标，要么与其他决定国内绩效的因素高度相关。他们特别担忧把贸易政策改革放在优先位置已产生了一个不可能实现的预期，还可能阻止其他制度改革，而这些改革对经济绩效将会有更大的影响。换言之，贸易自由化不能视为对全面贸易和发展战略的一个替代。引用罗德里克（Rodrik，2001）的话说："不可能依靠深度贸易自由化来实现高经济增长率，因此，在主要组织追求的发展战略中一般把自由化置于最优先的地位来强调是不值得的。"

□ 七、 贸易自由化、 贫困和国内不平等

1. 贫困

从贸易自由化和大量的贸易中可能会获得静态效率利益，但是如果国内企业随着贸易壁垒下降不具有竞争力以及那些失业的人不能找到其他工作，也将会有福利损失。换言之，一个国家从贸易中获得的利益不能在一国内平等分配，一些人可能会有绝对的损失。乔治（George，2010）引用在一些穷国生产损失超过20％作为自由化的结果。

如果更多的贸易带来更快的经济增长，那么这应使更多人脱贫并且降低贫困率，这取决于增长对贫困率的弹性（见第2章），但是如我们前文所看到的，贸易自由化不能保证较快的经济增长，即使贫困率下降了，如果相对于一国最穷的人而言最富的人获益，收入分配也可能仍然变得更加不平等。

贸易自由化对贫困的影响主要取决于其对就业和价格的影响。社会中有两个主要群体需要区分：一个群体是工人（或工资获取者），另一个群体是生产者（或利润获取者）。在后者中不仅包括公司和企业，也包括个体经营者，他们既是消费者又是生产者，如农村地区的农民，以及那些在城市地区小型服务部门工作的人员。

工资获取者将以三种主要方式受到贸易自由化的影响：工资率、就业和他们消费的商品的价格。可能性有很多种。如果自由化提高了生产率，而且实际工资提高，工人将会获益。然而，在进口竞争活动中的竞争性的增加可能会破坏就业并降低工资。在肯尼亚，棉花种植和纺织生产受到自由化的严重冲击。棉花生产在20世纪80年代中期到90年代中期下降了70％，并且10年间纺织业就业岗位从120 000个下降到85 000个（Christian Aid，2005）。自从1994年签署NAFTA自由贸易协定以来，200万墨西哥种玉米的农民失去了工作，因为他们竞争不过来自美国的享受补贴的玉米。更为全面的关

于贸易自由化对劳动力市场的影响的探讨见案例 15.1。

▶ **案例 15.1**   **全球化和制造业就业**

全球化导致了在工人间产生了赢家和输家，由此立即带来了两个问题：对就业而言，是赢家多于输家吗？谁可能成为赢家和输家？

由东英吉利大学以及孟加拉国、肯尼亚、南非和越南当地研究者一起进行的研究，探寻贸易流和外国投资的改变对四个国家的制造业就业的影响。所有四个经济体在 20 世纪 90 年代日益开放。然而，在制造业就业方面，它们的经验存在天壤之别。在越南，1990—2000 年间创造出超过 90 万个制造业的就业岗位，20 世纪 90 年代上半叶在孟加拉国也创造出类似数目的岗位。相比之下，在南非制造业就业（至少在正规部门）实际是下降的而失业上升。制造业就业在肯尼亚逐渐上升，但是仍然处于相对低的水平。

进口和出口

该研究估算了出口增加和进口增加的渗透对就业的影响。确认了出口增长对 20 世纪 90 年代越南和孟加拉国的就业增加有显著的贡献。然而，在南非虽然出口扩展对就业确实有贡献，但这不足以抵消就业的整体下降。在肯尼亚，制造业出口对就业增长没有贡献。所有四个国家在 20 世纪 90 年代都经历了进口增长的渗透，意味着从就业的角度而言，与从只看出口的表现的角度相比，较大开放度的整体影响不太正面，或更为负面。然而，在越南，或从更温和的程度来看还有孟加拉国，贸易变化所创造的净就业仍然是显著的。

技能和性别影响

该研究也考虑制造业全球化的技能和性别影响。来自肯尼亚和南非的证据表明，存在一个与较大开放度相关的技能偏向，即倾向于对有技能工人的需求的增加快于对无技能工人的需求的增加。但是，在越南和孟加拉国，需求的增长主要集中在无技能工人。在两个亚洲国家，大量的出口工作被妇女填补，每一美元产出中出口雇佣的妇女要远高于进口竞争性行业所雇佣的妇女。在非洲刚好相反，女性工人在主要的出口行业中远没有占据主导地位。该研究强调全球化对南方的劳动力市场的影响。研究发现：

（1）全球经济一体化在孟加拉国和越南带来了无技能的工作数目尤其是女性就业者的显著增加。

（2）作为更大开放度的结果，在肯尼亚和南非就业机会的创造最少，而且偏向于更有技能的工人。

（3）在出口增长受限的地方，来自进口的日益增加的竞争可能会显著降低就业的影响。

（4）除非创造出显著数量的无技能的就业机会，否则全球化不可能导致减贫。

这些发现表明：

（1）较大的开放度并不必然——但是能够——带来就业的增加，而就减贫而言不是万灵药。

（2）资源禀赋、市场准入和地理位置的特殊环境在决定全球化对贫困的可能影响方面发挥了作用。

（3）贸易政策也能在确保出口行业增加就业的利益不被增加的进口渗透完全抵消的情况下发挥作用。

资料来源：Jenkins and Sen，2003.

实际收入也依赖于消费品的价格。价格变动会带来分配效应，这取决于每个工人篮子中每种商品的权重。如果食品价格下降，穷人要比富人收益更多，因为他们在食品上的花费占他们收入的比例较高。然而，如果自由化提高了食品的价格，例如由于消除了补贴，穷人可能会遭受严重痛苦。

生产者也会通过各种方式受到影响，尤其是通过产出价格、投入品价格和自我雇佣者购买的一篮子消费品的价格。生产者价格会随着贸易自由化下降。在塞内加尔，自由化之后，农民获得的西红柿的价格下降了50%，西红柿产量下降了70%，使得很多农民无法种植经济作物（Christian Aid，2005）。但是投入品的价格也会下降，所以生产者获利还是受损取决于他们的产出和投入所具有的保护结构。

如果从案例研究中得出了一般结论，那么似乎当把所有的价格和工资的影响都考虑进来时，农村家庭倾向于受损，而城市家庭倾向于获利，至少在工人仍可以保住工作的情况下如此。拉瓦雷（Ravallion，2006）在其对摩洛哥和中国的贸易自由化的微观案例研究的基础上总结道："最脆弱的家庭是以农业为生的农村家庭，他们拥有相对较少的劳动力，通过人口流动与外界经济维持微弱的联系。"拉瓦雷也对75个国家关于贸易自由化和贫困率的关系至少进行了两次关于贫困家户的调查（总共178个案例），发现没有显著的关系，无论是正的还是负的。他得出结论说："很显然，在一个给定的贸易扩张速率中，减贫率存在相当大的差别"。然而，相同地，他说："基于国别比较的数据可得性，很难坚持这样的观点，一般而言，贸易扩张在发展中国家对减贫是一个强有力的力量"。

同样地，温特等（Winters et al.，2004）从他们对贸易自由化和贫困的评述中得出结论说：

> 贸易自由化和贫困间没有简单的关系。理论提供了较强的假设，通常贸易自由化从长期来看应缓和贫困……然而，同样，它并没有断言自由化的静态和微观经济效应对穷人总是有利的。贸易自由化必然意味着分配变化；它会减少一些人的福利（至少在短期），而这些人中有些可能是穷人。[2]

随着贸易自由化的进行，要保护穷人，各国需要考虑一些政策问题：

（1）自由化的顺序。为了降低调整的损失，需要仔细对待自由化的顺序，这样脆弱部门就会有时间来进行调整。

（2）社会安全网的提供。对那些已经很穷的人，以及受到自由化不利影响的人，政府需要把他们纳入社会安全网，例如，以失业和收入保险的形式。这些能得到世界银行计划的支持。

（3）劳动力流动性和培训。改善工人的流动性和工人的培训能够帮助那些失业的人找到新工作。

（4）市场的发展。为了利用新市场的机会，无论是传统还是非传统活动中的穷人和其他弱势群体都需要培训和技术援助。信贷的可得性对新企业开工尤为重要。

（5）基础设施的发展。在农业，良好而又便宜的交通对于允许贫穷农民利用新市场的机会是很重要的。他们应该是"贸易援助"计划的核心内容。

（6）减贫战略文件。需要自觉做出努力，把扶贫贸易战略和减贫战略文件有机结合起来，这个减贫文件是国家为满足有资格得到债务减免的条件而为国际组织如世界银行准备的（见 UNCTAD，2004）。

2．收入不平等

现在我们进入贸易自由化对各国内部工资和收入不平等的影响这一问题的讨论，这与对贫困或贫困率的影响不一定一样。贫困可能下降，但是工资和收入不平等可能会提高，因为归于高收入获得者的收入份额比归于最低收入阶层的收入份额提高得多。一般地，当贸易自由化发生时，收入分配发生怎样的变化取决于工资分配受到怎样的影响、财产分配如何变化以及财产的回报率如何。哥德堡和帕沃克里克（Goldberg and Pavcnik，2007）在他们对发展中国家的全球化的分配效应的观察中指出："虽然不平等有很多不同的维度，对发展中国家所有现存的不平等的度量似乎表明不平等在提高，在一些情况下变得更为严重"。表 15—2 给出了 20 世纪 90 年代选择的一些发展中国家的基尼系数（作为衡量分配的指标——见第 2 章），最近的数据来自世界银行。一般地，基尼系数在拉丁美洲要高于亚洲或非洲，但是能看出在过去 10 年左右，在大多数国家中不平等在持续增加。巴西和委内瑞拉明显地例外，这两个国家实施的审慎的收入再分配政策提高了穷人的收入。

表 15—2　　　　　　在选取的发展中国家中以基尼系数度量的收入不平等

国家	20 世纪 90 年代最早期[1]	21 世纪最近期[2]
孟加拉国	28.3	33.4
玻利维亚	42.0	60.1
巴西	63.4	57.0
智利	56.5	54.9
中国	41.5	46.9
哥伦比亚	51.3	58.6
多米尼加	50.5	51.6
埃及	32.0	34.4
加纳	33.9	40.8
洪都拉斯	52.7	53.8
印度	33.8	36.8
印度尼西亚	31.7	34.3
牙买加	41.1	45.5
墨西哥	50.3	46.1
尼日利亚	37.5	43.7
巴基斯坦	31.2	30.6
秘鲁	44.9	52.0

国家	20 世纪 90 年代最早期[1]	21 世纪最近期[2]
菲律宾	40.7	44.5
斯里兰卡	30.1	40.2
泰国	46.2	42.0
委内瑞拉	53.8	48.2
赞比亚	46.2	50.8

资料来源：1. 世界银行，《1997 年世界发展指数》，表 2—6（华盛顿，DC：世界银行）。
2. 世界银行，《2007 年世界发展指数》，表 2—7（华盛顿，DC：世界银行）。

收入不平等的主要原因是有技能和无技能工人间的工资不平等。正统的贸易理论（如：赫克歇尔-俄林理论）预测穷国的工资不平等会缩小，因为它们在存在比较优势的商品的生产和出口上使用大量的无技能工人，相对于有技能工人，无技能工人的工资会提高。但是这种缩小没有发生。罗宾斯（Robbins，1996）、弗里曼和奥斯坦德普（Freeman and Oostendrop，2001）、朱和柴夫勒（Zhu and Trefler，2005）以及安德森（Anderson，2005）就穷国有技能和无技能工人工资的不平等扩大的世界性趋势都给出了广泛的证据。对此主要有四个原因：

（1）穷国之间的竞争。传统理论采用两国的世界——富国和穷国。但是穷国间互相贸易——例如，墨西哥和中国。墨西哥和美国的贸易，相对于墨西哥国内的有技能工人，会提高无技能工人的工资，但是与中国的贸易会降低墨西哥国内的无技能工人的工资。

（2）外国直接投资流入穷国，并且富裕的发达国家把投入品的生产转移到穷国，或向穷国外包（见 Feenstra 和 Hanson 的模型，1997）。这就增加了对穷国有技能工人的需求。

（3）在穷国，与贸易相关的技能偏向型技术变革，或者作为提高竞争力和试图追赶的结果，或者产生于从富国进口机器的增加，而这会增加对有技能工人的需求（见 Wood，1993，1995，1997）。

（4）如果贸易自由化导致国际收支问题和经济收缩，这会减少对无技能工人的需求并且降低了相对工资（见 Arbache et al.（2004）对巴西的案例研究）。

有技能和无技能工人间的工资差异不是收入不平等的唯一来源，虽然根据哥德堡和帕沃克里克（Goldberg and Pavcnik，2007）的研究，收入不平等倾向于与工资不平等同向变动。更大的贸易开放度会改变男性和女性收入的差距，一国内地区间的差异以及农村和城市地区的差异也会改变资产回报率——所有这些都会影响收入不平等的度量，如基尼系数。证据是什么？

最广为人知和"乐观"的观点是，贸易开放不会恶化收入分配，增长对穷人是有利的，这些观点来自多拉尔和克雷（Dollar and Kraay，2002，2004）的研究。第一，他们绘制了超过 100 个发达国家和发展中国家的基尼系数对贸易份额的变化图，发现它们之间没有联系。第二，他们选取了 80 个国家近 40 年的数据，将最穷的 20% 的人口的人均收入增长对人均收入平均增长进行了回归，发现它们之间的关系是 1∶1，也就是说，单位弹性和开放水平对系数没有影响。考虑所有的反全球化运动的主张和负面的宣传，作者惊奇地发现他们没有发现开放度对穷人的负面影响。他们做了不同的稳健性检验而结论仍与他们原来的一致，就是"贸易的开放度增加了穷人的收入，在相同的程度上也增加了社会上其他家庭的收入"。

然而，这并不是这个领域大多数其他研究的普遍共识。一项直接相反的研究是爱德华（Edward，2006）的研究，他使用世界消费数据，发现近10亿人处于消费分配的第50～70百分位之间，1993—2001年间的消费几乎没有变化，并且每天生活标准为2美元的穷人中，他们的消费增长对平均增长的比率不是1：1而是1：2。他总结道："增长对穷人有利，但对富人更有利"。

对贸易自由化对收入分配的影响做过最详尽研究的是米拉诺维奇（Milanovic，2005）。他在对现有文献进行述评时评论道：

> 结论几乎是全方位的，从开放减少了穷人的实际收入到开放提高了穷人的收入而在比例上少于富人收入的增加，再到相对条件下穷人和富人的收入得到相同的提高。然而，需要注意的是，没有结果表明开放减少了不平等；即穷人收入的提高超过了富人收入的提高——更不用说穷人的绝对收入提高得更多。

米拉诺维奇的研究选取了1988年95个国家与1993年和1998年113个国家321个家户收入调查，覆盖了世界人口的90%。收入按等分法来划分，不平等用 i 等份（$i=1～10$）人口的收入相对于整个人口的平均收入水平来度量。然后，对每等份而言，收入不平等与开放度（用总贸易对GDP的比率来度量）相关联，也与和收入水平相互作用的开放度相关联，以此检验开放度对不平等的影响是否随收入水平的变化而变化。出现了两个惊人的结果。第一，开放度的提高减少了后6等份的收入份额。第二，一国人均收入越低，开放度对不平等的不利影响就越大。穷人相对于富人只有当人均收入达到按1990年价格计算大约为7 500美元时才开始获益。巴罗（Barro，2000）和斯普里姆伯格等（Spilimbergo et al.，1990）也发现开放度会恶化收入不平等，且达到某一点之后，其效应递减。米拉诺维奇总结道："因此开放度似乎尤其是对穷国的穷人和中等收入阶层有负效应——直接与从标准的赫克歇尔-俄林框架预测出的结果相反。"

□ 八、 贸易自由化和国际不平等

不仅穷国内部收入分配随时间日益扩大，而且穷国和富国间的收入分配也在扩大。我们在第2章提供了证据。国际不平等的未加权的基尼系数（选取每个国家的未对人口规模加权的人均收入平均值作为单一的观测值）显示自1820年以来历史性的稳定上升，并且从1952年起在贸易自由化的战后时期也呈同样趋势。国际不平等的人口加权的基尼系数表明由于人口大国（如中国和印度）的快速增长，近年略有下降。如果把中国从样本中剔除，人口加权的基尼系数也显示上升。全球不平等的基尼系数（考虑国家内部的收入分配，也包括国家间的）随时间增加，但是近年来相对稳定，因为国家间不平等（人口加权）已略微下降，国家内部收入不平等已增加，尤其是在中国的农村和城市部门。

问题是：全世界这种持续上升的不平等多少是由贸易自由化带来的？自由贸易均衡还是不均衡？这不是一个容易回答的问题，但是可以尝试回答一下。一种方法论思路是用开放度指标和人均收入水平（PCY）相互作用来检验开放度的影响是否随发展水平的变化而变化。这也是道瑞克和戈里（Dowrick and Golley，2004）所做的，他们选取了100多个国家两个不同时期（1960—1980 年和1980—2000 年）的数据。对于第一个时期，1 个百分点的贸易份额的增加与增长上升 0.11 个百分点相联系，并且国家越穷，来自开放度的收益就略微越大，意味着贸易自由化是趋同的一股力量。但是对于第二个时期，这种结果相反。现在贸易份额对 PCY 的增长是负向的，而且穷国要比富国处于更加不利的地位，从而导致趋异。把 1980—2000 年间的样本国家分为 30 个最穷的国家和其余国家，结果表明最穷国家的贸易份额对增长没有显著的影响，但是，对贸易份额 1 个百分点的增加，较富的国家获得大约 0.012% 的增长。初级产品上的专业化在 1980—2000 年间对增长存在强烈的负效应，平均减少近 1%；而在穷国组影响甚至更强烈，相差 1.7%。道瑞克和戈里的结论是："贸易自 1980 年以来在各国间促进了生产率的明显分化"。

高斯（Ghose，2004）也对这个问题进行了检验，并得出了一个更为中性的结论。他选取了 1981—1997 年间 96 个国家的数据，并检验了贸易/GDP 比率的变化率（作为度量贸易自由化的指标）与 1981 年 PCY 和人口规模之间的关系。总的来说，他发现贸易自由化对增长绩效的影响在穷国和富国大致相同，所以，贸易自由化对国际不平等没有明显影响。另外，在贸易绩效和人口规模之间似乎有一个正向关系，这可能有助于上文提到的人口加权的基尼系数的下降。结果受到中国和印度——世界上两个人口最多的国家的严重影响。这两个国家在 1981 年贸易起点都非常低。然而，在这两种情况下，出口增长而不是贸易自由化本身是驱动力。

我们可以自信地说，很少有证据表明，如正统的贸易和增长理论预测的，自由贸易有助于缩小国家间的收入差距。虽然国家间贸易在增长，但收入差距与以往一样大。

□ 九、 自由贸易对发展的不利影响

贸易自由化国家似乎比非自由化国家发展更好这一事实并不意味着发展中国家应该尽可能快地自由化，也不意味着保护和政府干预在提高贸易和增长绩效方面不起作用。其实，我们已经看到，这正是很多成功的东亚国家在过去所做的事情。在历史上，除了英国之外——它是第一个工业化的国家——没有一个国家是在自由贸易基础上发展起来的。欧洲、北美和斯堪的纳维亚都是凭借关税和非关税保护发展起来的（见 Chang，2002，2005，2008；Reinert，2007）。贸易自由化不是对贸易和发展战略的替代。

所以，现在我们来考察一下坚持自由贸易的潜在的不利影响以及作为这一主张基础的比较成本学说的弱点。像大多数微观福利理论一样，比较成本—自由贸易论是一种静态理论，它是建立在限制性的和非常不现实的假定基础上的。例如，这个理论假定各国存在充分就业（否则，增加商品生产就不会有机会成本），从而资源和产品的价格反映了它们的机会成本（即完全竞争存在），而且假定要素禀赋是既定的、不可改变的。并且，这个理论忽视了自由贸易对贸易条件的影响以及贸易本身可能对比较利益产生的动态反馈影响。结果可以说，比较优势和自由贸易原理在发展中国家的环境中不是一个非常有用的概念，因为发展中国家需要迅速的结构变化，不仅关心短期效率，而且关心长期发展。如许多经济学家评论的那样，比较优势学说在解释过去的贸易格局时也许是适

用的，但在指导未来的贸易格局使之成为发展的一个刺激时，它的用途是有限的。

问题并不在于应不应该贸易，而在于应不应该像比较成本学说所暗示的那样自由贸易。贸易保护——至少是在发展初期——应该更好地满足发展中国家长期发展的需要。

自由贸易学说所忽视的发展因素有很多。第一，它忽视了自由贸易对国际收支和贸易条件的影响。如果由于商品价格不同，需求的收入弹性各异，对不同商品的需求以不同比率增长，那么自由贸易将会使一些国家获益，而使另一些国家相对受损。简言之，不能撇开国际收支和贸易条件来讨论自由贸易。在古典理论中，托伦斯、J. S. 穆勒、马歇尔、艾奇沃斯和陶西格都承认，一国单方面地从贸易保护转变为自由贸易，将会导致贸易条件于己不利。但大多数自由贸易论者忽视了这个论点。一般说来，暗含的假定是，从贸易保护转向自由贸易将不会改变贸易条件，即便贸易条件改变了，贸易利益也会超过不利的贸易条件所带来的损失。如果贸易条件的影响抵消了贸易利益，这就似乎为实行贸易保护提供了一个合理的根据。这就是现代保护主义者的论据之一（见下文）。

自由贸易理论所忽视的第二个因素是，某些活动具有报酬递增性质，而另一些活动具有报酬递减性质。最容易产生报酬递减的商品是初级产品，因为初级产品的技术进步范围可能要比工业制成品的技术进步范围小。如果是这样，就可以预期初级产品价格相对于制成品价格的比率是上升的；如果商品的价格是无弹性的，初级产品生产的规模报酬递减就不是很重要。然而，实际上，有很多人工合成产品可以代替初级产品；另外，对初级产品的需求相对于供给来说，其增长速度要比工业制成品需求的增长速度低。这两个原因导致初级产品的贸易条件逐步恶化。但是，不论贸易条件怎么变化，以具有报酬递减性质的活动作为基础，尤其是按照第 8 章中讨论的因果累积理论，提出贸易和发展政策都是不合常理的。

坚持比较优势学说的第三个不利影响是，自由贸易往往会使一国过度地集中于某几种产品的生产上，从而极易受外部环境的影响。由于这种过度的专业化，国际收支可能会出现严重的不稳定，从而可能对发展造成危害。

第四，静态的比较成本分析忽视了这样一个事实：比较优势是能够通过有目的的政策以促进某些活动而改变的。没有理由说各国应该被迫永远生产和出口同样的产品。没有一个国家具有生产工业品的自然能力。既然是技术和资本积累，而不是自然资源，是贸易的基础，比较优势就不是事前决定的，可以预测的。豪斯曼和罗德里克（Hausman and Rodrik, 2003）描述了国家是如何努力在一些不起眼的有利可图的市场上发现商机的。这里仅举出几例：孟加拉国的帽子，哥伦比亚的插花，巴基斯坦的足球和床单，以及印度的软件。如果要给出什么解释，这就是企业家的试错。如果比较优势不是自然给予的，而是能够改变的，支持初期贸易保护的理由就会得到加强（古典的幼稚工业保护论）。

第五，应该记住，比较优势概念是以私人成本计算为基础的。但是，在第 11 章我们发现，在发展中国家中，由于存在外部效应，社会成本常常与私人成本大相径庭，社会收益可能会超过私人收益。如果在工业中私人成本超过了社会成本（这可能是由于工资率被人为地定高了），而从工业项目中产生的社会收益又高于私人收益，则保护工业以鼓励劳动从其他活动转到工业，从而使社会和私人成本及社会和私人收益相等，就是有充分理由的。

最后，某些产品出口的增长对其他生产活动只具有很小的次级影响，初级产品就是这样的产品。大量证据表明，初级产品的出口增长没有像工业制成品出口扩张那样对发展产生影响。原因不难理解。初级产品生产的前向联系和后向联系都很小，而且在历史上它是由外国企业从事的，结果是利润的流出。自由贸易学说也忽视了贸易格局的次级影响。

第四节 贸易保护理论与发展战略

□ 一、保护理论：关税和补贴

我们已经看到，国际贸易对各国都是有利的，但这并不意味着贸易越自由越好。从经济的长期发展角度看（与比较优势学说只考虑静态短期相反），自由贸易有诸多不利影响，这些都被自由贸易理论忽视了。此外，自由贸易也不能保证使贸易的利益在各国之间公平分配，然而，这个问题对于看重其在国际上的绝对地位和相对地位的国家来说是一个重要的考虑因素。

我们可以把支持贸易保护的论点概括如下（见 Johnson, 1964）。第一是纯经济的论点，它包括支持把保护作为增加实际产出或收入的手段的所有理由：（1）幼稚工业论点——使工业达到最低平均生产成本的最优规模；（2）生产的外部经济的存在，即生产的社会成本低于生产的私人成本；（3）国内劳动市场的扭曲，使得使用劳动的社会成本低于其私人成本；（4）由国际贸易中的垄断力量造成的国际扭曲，使产品之间的国内转换率与国外的转换率不一致，支持保护的这个论点通常被称作最优关税论点。

除了以上四点之外，还应加进前面强调过的两个因素：由贸易结构引起的贸易条件恶化和国际收支困难。约翰逊（Johnson, 1964）和其他新古典主义者认为，这些都不是理由。在贸易条件情形下，对于一个小国来说，进口品的限制将不会降低进口品的价格。在国际收支情形下，只要允许汇率自由波动，均衡就能自动达到。

贸易条件理论可能是正确的，但国际收支理论却把经常账户上的国际收支均衡——它影响实际经济——与外汇市场上的均衡混为一谈了。这两种平衡是不相同的。根据定义，浮动汇率将会使外汇市场达到均衡，但它不一定使经常账户的国际收支达到均衡。如果贸易条件恶化和国际收支困难限制了增长并引起失业，劳动的社会成本可能低于私人成本，这是国内扭曲和支持贸易保护的经济理由。

第二是支持保护的非经济论点，即为自己的利益而不是为了增加产出和收入而实行保护。不惜一切代价实现工业化或者追求一种自给自足的发展战略，就是这种非经济论点的事例。

在概述了支持贸易保护的论点之后，现在需要讨论的问题是：贸易保护的最佳手段是什么？可以证明，只是在特殊环境下，即当扭曲是国际性的（最优税收论点）和以自给自足作为目标时，关税才是适当的。所有其他支持保护的论点都支持补贴，原因是，如果只在国内存在扭曲，关税将会引起进一步的扭曲，按照次优理论，不可能预先知道这种情况是变好了还是变坏了。

我们用图 15—6 来说明这个论点。图中，国内生产的商品在国内是扭曲的，使得私人生产成本（$S'S'$）比社会成本（SS）高 $d\%$。需求曲线是 DD，该商品也可以按照国际价格 P_T 进口。在自由贸易的条件下，国内生产者将最多生产 OQ_1，供求缺口 Q_1Q_4 只能从国外进口。如果对国内生产者给予 $d\%$ 的补贴，O_1Q_2 的进口就可以被增加的国内生产所取代，并产生一笔实际储蓄，其量由阴影 A 的面积来表示。如果把对国内厂家补贴改为对进口品课征 $d\%$ 的关税，国内产出也会增至 Q_2，生产者可以获得同样的收入。但是，因为国内价格将提高到 $P_T(1+d\%)$，消费者剩余由于消费减少 Q_3Q_4 而受到损失，其量等于阴影 B 的面积。消费者剩余的损失可能大于实际收入的增加，使总福利减少了。补贴与关税之间的利益平衡取决于供给与需求曲线的斜率。在这种情况下，对劳动的补贴显然是最好的。

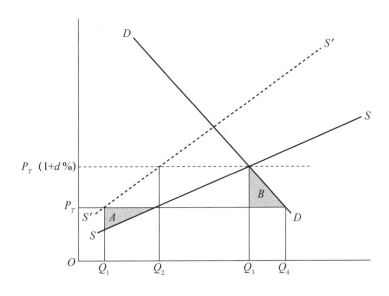

图 15—6　贸易保护的福利收益和损失

现在我们来考察关税与补贴的相对优点，在这里，支持保护的理由是非经济上的。例如，假设保护的目标只是增加国内产出。在这种情况下，补贴比关税要好，因为关税产生消费成本，却没有使产出增加。考虑一下图 15—7。假定不存在国内扭曲，SS 曲线代表生产的私人成本和社会成本。现在假设目标是把国内生产从 Q_1 增加到 Q_2。用 $d\%$ 的关税和补贴，使用相当于阴影面积 A 的资源，这一产出增量可以达到。但是，由于价格从 P_T 上升到 $P_T(1+d\%)$，如果征收 $d\%$ 的关税，则国内产出也可增加到 Q_2，但消费成本将增加相当于阴影 B 的面积。

如果一国的目标是自给自足和减少进口，那么我们可以证明关税是成本最小的，原因是，提高关税既可以减少国内消费，又可以增加国内产出，而补贴只能增加国内产出。再看图 15—7。对进口品课征 $d\%$ 的关税使进口减少到 Q_2Q_3，其成本等于 $A+B$。若用补贴来使进口减少相同的量，就需要补贴超过 $d\%$，才能使国内产出额外增加 Q_2Q_5（它等于由于关税而减少的消费量 Q_3Q_4）。这使得额外成本等于面积 $C+D$。由于 $C>B$，补贴政策的成本显然大于关税的成本。

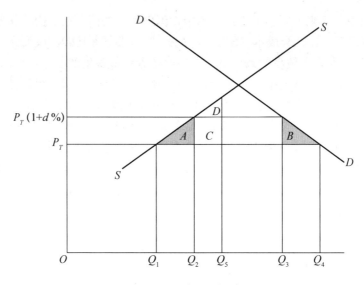

图 15—7 　关税和补贴

　　如果补贴是最好的手段，它们就能够通过免税有效地做到一点。如果是对现有税收的豁免，这将对政府的预算收入产生影响。但从长远的观点看，补贴由于刺激了产出的增加，因而能够自我筹集资金。

　　反对关税而支持补贴的进一步理由是，关税是非常内向型的贸易保护手段，而补贴是更为外向型的贸易保护手段。关税调整国内价格结构以适应高的国内成本结构，这可能导致资源配置的无效率和当进口替代政策停止时使出口品很难在国际市场上进行竞争。与关税不同，补贴调整国内的成本结构使之适应国外低的价格结构，使出口在国际市场上更容易参与竞争。

□ 二、 有效保护

　　然而，在评价关税结构对贸易的限制性影响时，仅考虑完税商品的名义关税是不够的。[3]名义关税率不能衡量一个生产者在没有遭遇竞争和失去市场时是多么无效率（或成本高昂）。这是由增加值保护来计量的。所谓增加值指的是产出价值和投入价值的差额。对增加值的保护被称为有效保护率。由于增加值是产出值和投入值的差额，在度量保护程度时，不仅对产出课税是重要的，而且对投入课税也是重要的。

　　正规地说，用国内增加值减去按国际价格表示的增加值，再用这个差额除以后者，便可得到有效保护率。于是，对 X 部门的有效保护率可以定义如下：

$$EP_X = \frac{V'_X - V_X}{V_X} = \frac{V'_X}{V_X} - 1$$

其中，V'_x 为保护下的 X 部门的增加值，V_X 为在自由市场条件下即世界价格水平下该部门的增加值。国内增加值等于该部门的销售收入减去中间投入总值，所有价值是按国内市场价格加总的。也就是说，在这里，计入了关税对最终产品价格的影响以及进入最终产品的投入品价格的影响。自由市场上的增加值可用同样的方法算出，但在计算最终产品和投入品时不把关税包括在内。显然，有效保护率的高低依赖于三个变量：（1）对产出的名义关税水平；（2）增加值对总产出的比率；（3）对工业投入品的名义关税水平。名义关税水平越高，对进口投入品的关税越低，增加值对总产出的比率越高，有效保护率就越高。如果对最终产品的关税很高，而对投入品的关税很低，国内增加值就可能很高；反过来说，自由市场上的增加值就很低，从而产生很高的有效保护率，有时甚至超过了1 000％。

我们来举一个数字例子。假定印度的纺织品在国际市场上的售价为5美元，其中原料成本为3美元，其增加值为2美元。现假定一发达国家对印度的纺织品进口征收20％的关税，而国内生产者对纺织品原料的进口征收10％的关税。为了保持竞争力，国内纺织品生产者生产的纺织品价格不能高于6美元。于是，纺织品的国内增加值就等于6美元减去原料成本和原料进口税，即6美元－（3美元＋0.30美元）＝2.70美元。有效保护率就是国内增加值与印度增加值（即由世界价格表示的增加值）之差除以印度增加值所得的比率，即：（2.70－2)/2＝35％。这个保护率就等于最终产品关税提供的对增加值的补贴（1美元÷2美元＝50％）和由原料进口税所产生的增加值隐含税（0.30美元÷2美元＝15％）两者的差额。这个35％就是在发达国家中在不丧失竞争优势的条件下生产成本增加的程度；或者换句话说，印度的纺织品生产者要在发达国家的市场上进行竞争，就必须使纺织品具有更高的生产率。

有效保护率几乎总是高于名义保护率。在一个极端上，如果一国对进口的原料免税而对最终产品课税，有效保护率就必定会超过名义保护率。在另一个极端上，如果一国对进口原料课税而对进口的最终产品免税，有效保护率就是负数。[4]

有效保护率的计算还取决于一国汇率的高低。如果一国在贸易保护的情况下高估了本国货币汇率，用本国货币计算的进口投入品的价格就会被低估，这将会影响国内增加值和国际市场增加值的计算结果。如果对这个因素不作出调整，有效保护率就只能被称为"毛保护率"，经过调整后计算的有效保护率被称为"净保护率"。

以上例子假定全部投入品都进入世界贸易，然而在实践中，有一些投入品是不参加世界贸易的，而它们的价格既进入了总产出的价值也进入了总投入的价值。倘若在计算中忽视了保护对非贸易品的价格的影响，有效保护率将会被高估。实际上，估计保护对非贸易品的价格的影响是很困难的。

有效保护理论表明，同样的名义关税的削减意味着有效保护率不同程度的变化，因此，发展中国家对所有商品全线削减关税可能是不明智的。削减初级产品的关税相对于削减制成品的关税，能够提高有效保护率。我们已经指出，就长期发展前景而言，制成品出口更为重要。发达国家的平均名义保护率大约为4％，而针对发展中国家商品的有效保护率可能在30％左右。发展中国家本身可能会给本国生产者非常高的有效保护率。

□ 三、 进口替代和出口促进

在经济发展的早期阶段，利用关税实行进口替代的保护主义战略无疑是最容易做的事情。很多国家，特别是拉丁美洲国家在20世纪50—70年代都曾经实行过这种政策。然而，进口替代也分不同的阶段，有些比另一些更容易。第一个阶段也是最容易的阶段，即用国内产品来替代非耐用消费品（如服装、鞋类、皮革制品和木材制品）的进口。工业化初期的国家比较适合生产这些产品，因此不需要太多的保护。这个阶段结束以后，如果继续推行进口替代战略，则为了保持经济的增长率，就需要对其他产品进行替代。这就进入了进口替代的第二个阶段。

这个阶段的问题是，需要有较高的保护率，因为像钢铁和生产者耐用品之类的中间产品的生产是较大规模经济的——内部的和外部的——因此，如果产出太低，其单位成本就相当高。高保护率的问题是，造成资源配置的低效率，并且更为重要的是，由于使成本和汇率保持在高水平上，它相当于对出口品征税。由保护性的进口替代政策所产生的成本和扭曲的例子有很多。进口替代将使收入的分配有利于有较高进口倾向的城市部门和高收入阶层，因此会使国际收支状况恶化。由于保护提高了工业品相对于农产品的价格，它等于是对农业征税。而且，由于保护人为地维持高汇率，从一个既定量的农产品出口中所得的以本国货币表示的收入就会减少，这可能会抑制农产品的出口。再者，进口替代鼓励了资本集约型活动，可能会使失业问题更加严重。

尽管第二阶段的进口替代存在这么多危险，但在第二次世界大战刚结束的年代，很多拉丁美洲国家、东南亚国家和东欧国家还是采用了这一战略。结果，这些国家的工业制成品出口受到阻碍，贸易条件变得不利于这些国家的农业，抑制了农业产出的增长，降低了国内对工业品的需求的增长。在 20 世纪 60 年代，在一些国家进行了改革，但是在拉丁美洲国家与东南亚国家和地区之间，改革的重点和方法有很大的区别。拉丁美洲国家一般都采取了既有利于国内生产又有利于出口的更为外向型的政策。尽管对出口给予了补贴，但是出口商仍然需要使用国内的投入，而这些投入品仍然是在保护下生产出来的。因此，相对于国内市场保护来说，补贴一般不足以对出口提供刺激，因而，整个形势还是持续地倾向于进口替代。与之相反，在东亚和东南亚的国家和地区中，政策始终是持续不断的出口扩张。在日本、韩国、新加坡、中国台湾以及其他国家和地区，采取的政策是坚定不移地鼓励出口扩张。现在很多发展中国家尝试效仿这种路径，取得了不同程度的成功。

第五节　普雷维什学说[5]

□ 一、发展中国家的另一种贸易理论

劳尔·普雷维什（Raúl Prebisch，1901—1986）是最早对现有的国际劳动分工对发展中国家的互利性提出质疑的发展经济学家之一。普雷维什是从国际收支的角度而不是从实际资源的角度来考察贸易同发展的关系的。他的主要观点是，自由贸易对发展中国家的贸易条件和国际收支的不利影响要远远超过资源有效配置的好处。普雷维什关心两个不同的但又相互关联的现象：第一，通过恶化贸易条件使技术进步的好处由发展中国家转移到了发达国家；第二，不同类型的产品的需求收入弹性是不同的，这会对国际收支产生影响。他把整个世界划分为工业"中心"和"外围"国家，然后在国际贸易理论的传统两国两商品框架中进行分析——把发展中国家视为初级产品生产者（"外围"），把发达国家视为工业产品生产者（"中心"）。

□ 二、技术进步和贸易条件

如前所述，从理论上说，贸易条件可能是向有利于发展中国家的方向变动的。首

先，初级产品的生产具有报酬递减性质；其次，制造业的技术进步比农业的技术进步更为迅速。如果产品的价格主要由生产成本决定，从理论上说，初级产品价格对工业制成品的价格之比应该是逐步提高的。但是，普雷维什（Prebisch，1950）指出，这个比率显示出长期下降的趋势。他对这一点以及技术进步的利益从发展中国家流向发达国家的原因给出了两点解释。第一个解释是有关收入和生产率之间的关系。他指出，在发达国家中，要素收入随着生产率的提高而提高，但是在发展中国家里，由于人口压力和剩余劳动巨大，要素收入的提高比生产率的提高要慢得多。因此，与发展中国家相比，发达国家的最终产品价格上升的压力更大，这就引起了价格比率向与技术进步速度所表现出来的相反方向变化。以上原因都是从供给角度来说的。

第二，从需求方面来看，随着世界收入的增长，对初级产品的需求与对工业产品的需求相比增长缓慢。有两个原因可以说明这一点：（1）很多初级产品由于是必需品本质上需求收入弹性低；（2）很多初级产品已经被人造替代品所替代，例如人造橡胶代替了天然橡胶。图15—8把需求和供给因素结合了起来。从图中看到初级产品的贸易条件随时间将可能发生什么变化。

在中心，工业品的供给与需求曲线是比较有弹性的，而在外围，初级产品的供给和需求曲线是比较无弹性的。这两个部门的需求与供给曲线相交，使工业和初级产品的价格相等（即贸易条件为 1）。在中心，技术进步将使供给曲线 SS 向外移动，但我们假定，工资成本的增加把它推回到 S_1S_1。与中心相比较，外围的技术进步使供给曲线移到 S_1S_1，但是，没有因工资成本上升而向内移动。在中心，工业品的需求从 DD 增长到 D_1D_1，增长较多；而在外围，初级产品的需求增长缓慢。工业品价格上升到 P_{I2}，而初级产品的价格实际上下降到 P_{P2}。初级产品的贸易条件由于与产品性质相联系的基本经济原因和生产这些产品的国家的制度结构而趋于恶化，恶化的量为 ab。

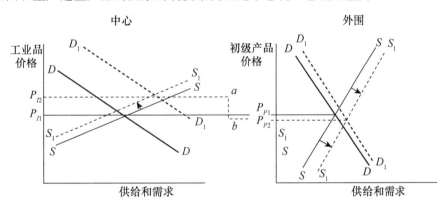

图15—8　贸易条件的变动

普雷维什对初级产品贸易条件的长期恶化还提出了一个独立的假设：棘轮效应的作用。初级产品的价格相对于工业制成品的价格，在经济萧条时期下跌，在经济高涨时期上升，但前者的下跌程度比后者的上升程度要大。图15—9说明了这种不对称的周期导致了贸易条件的长期下降趋势。

然而，不对称假设似乎在二战以来的年份中没有得到支持（Thirlwall and Bergevin，1985），在 1900 年以来的更长的时期中也没有得到支持（Diakosavvas and Scan-

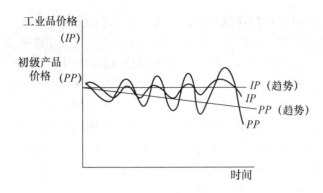

图 15—9　不对称周期

dizzo，1991），但有几种产品如稻米、棉花、橡胶和咖啡除外，而且即便如此，萧条时期的价格弹性与繁荣时期的价格弹性之间的差别也是相当小的。

□ 三、 产品需求的收入弹性和国际收支

普雷维什所指出的对发展中国家不利的第二个因素，就是不同类型产品的需求收入弹性的差别对国际收支产生的影响。如前所述，一般都认为，大多数初级产品的需求收入弹性比工业制成品的需求收入弹性小。前者一般都小于1，根据恩格尔定律，这会使花费在这些产品上的收入所占比重逐渐下降。在两国两商品例子中，初级产品的需求收入弹性较小，意味着对于一个既定的世界收入增长，生产初级产品的发展中国家的国际收支相对于生产和出口工业制成品的发达国家的国际收支来说，将会自动地趋于恶化。一个简单的例子可以说明这一点（也可见第8章）。

假设发展中国家出口品的需求收入弹性为0.8，世界收入的增长率为3.0%，发展中国家出口的增长率即为2.4%。如果发达国家出口品的需求收入弹性为1.3，世界收入的增长率也为3.0%，发达国家出口的增长率就会达到3.9%。由于世界上只存在这两类国家，发展中国家的出口即为发达国家的进口，而发达国家的出口即为发展中国家的进口，于是，发展中国家的出口增长了2.4%，但其进口却增长了3.9%。反过来，发达国家的出口增长了3.9%，其进口却只增长了2.4%。如果起初发展中国家和发达国家的国际收支都是平衡的，那么现在发展中国家的国际收支自动地出现逆差，而发达国家出现顺差。这种状况对贸易条件产生了进一步的影响：随着进口的增长快于出口的增长以及国际收支的恶化，发展中国家的贸易条件因本国货币汇率贬值也将趋于恶化。如果发展中国家的进出口皆无弹性，那么这将会引起它们的国际收支进一步恶化。

我们容易看到，对于发展中国家，平衡国际收支的代价就是放慢增长速度。如果发展中国家的出口以2.4%的速度增长，其进口增长的速度就必须限制在2.4%以内。这就是说，在对进口品的需求收入弹性为1.3的条件下，发展中国家要想平衡国际收支，其增长速度必须限制在2.4%/1.3＝1.85%这个水平上。如果不能借入国外资金来填补外汇缺口或者改变出口结构，对初级产品和工业制成品的需求收入弹性的差别就会使初级产品生产国的增长速度放慢——使"发展差距"永久化。

由于国际收支和贸易条件原因——这两者是相互联系的——普雷维什支持发展中国家的进口替代和对某些国内产品生产实行保护。普雷维什的国际收支观点加强了保护幼

稚工业和最优关税（贸易条件改善）的论点。

普雷维什认为，保护可使发展中国家得到一些好处。首先，保护使稀缺的外汇能够在不同的进口品之间进行分配，并能帮助纠正因为对某些进口品的需求收入弹性很高而导致的国际收支不平衡。其次，保护能够帮助压缩对某些进口品的需求，从而阻止贸易条件的恶化。再次，保护能够提供机会，它可以使出口产品多样化，开始生产并向国际市场出口那些需求收入弹性较高的产品。但是，按照我们前面的论点，关税保护只有当保护不使国内发生扭曲现象时才是适当的。

□ 四、 贸易条件的最近趋势

1. 初级产品

贸易条件的变动对初级产品和发展中国家是否不利，这是一个经验问题。普雷维什最初表明，在1876—1938年间，初级产品的贸易条件平均每年下降0.9%。1949年在联合国工作的汉斯·辛格的研究也表明，在这一时期，初级产品的贸易条件平均每年下降0.64%。从此，关于初级产品贸易条件下降的普雷维什-辛格命题（Prebisch-Singer thesis）诞生了（见Singer，1950）。在一项有关普雷维什研究的详细再评中，斯普劳斯（Spraos，1980）证实了这一历史趋势的恶化情况，但下降比率只有0.5%，比普雷维什和辛格的低，并且就产品质量的变化、运输成本等因素对统计数字进行了矫正。但是，把数据扩展到1970年，斯普劳斯得出的结论是：这一下降的趋势不明显。不过，萨普斯弗德（Sapsford，1985，1988）表明，正是战时结构改善（1940—1951年）使整个趋势看上去不存在。如果这个过程被分成两个阶段——战前阶段与战后阶段，这两个阶段的下降趋势仍然存在，在1900—1982年整个时期，不包括战时的结构性中断，估计的贸易条件下降趋势是每年1.2%。

☞

汉斯·辛格（Hans Singer）

1910年生于德国埃尔伯费尔德，卒于2006年。他在1933年作为难民来到英国，在剑桥大学师从凯恩斯攻读博士学位。他于1947年进入联合国并对一些机构如世界银行的国际发展协会、联合国开发计划署和世界粮食计划署的建立是有贡献的。同时，他执教于纽约的社会研究新学院。1969年他加入萨塞克斯大学的发展研究所，在那里他出去旅行并到处演讲，为一些国家和发展机构做咨询工作。从他多产的著述中看到，他支持世界上的穷人，并且是一个国际援助的热忱的倡导者。与普雷维什的名字联系在一起的是关于初级产品贸易条件下降的一篇论文。

自从斯普劳斯和萨普斯弗德对普雷维什-辛格命题的最初估计以来，对这个命题的研究非常多，这些研究使用不同的时期和不同的统计估计方法。在世界银行工作的格里利和杨（Grilli and Yang，1988）建立了他们自己的贸易条件系列，也考察了单个商品，但也得出了与萨普斯弗德类似的结论。他们指出，在1900—1983年间，所有初级产品的贸易条件每年下降0.5%。对于非燃料商品（不包括战时的结构性中断）每年下降0.6%。对于单个商品，贸易条件下降趋势估计如下：食品是每年−0.3%，谷物是每年

－0.6％，非粮食农产品是每年－0.8％，金属是每年－0.8％。只有饮料有了提高：每年为 0.6％。布利尼和格里纳韦（Bleaney and Greenaway，1993）把格里利－杨的数据更新到 1991 年，估计贸易条件每年下降 0.8％，不过在 20 世纪 80 年代早期有一个结构性中断。这是因为世界经济衰退和发展中国家为了摆脱债务困难而对出口作出的供给反应。

另一项研究是在 IMF 工作的卡辛和麦克德莫特（Cashin and McDermott，2002）进行的，考察 1862—1999 年间非粮食商品的名义和实际价格（如：贸易条件）的趋势和周期。两项指数的曲线图如图 15—10 所示。

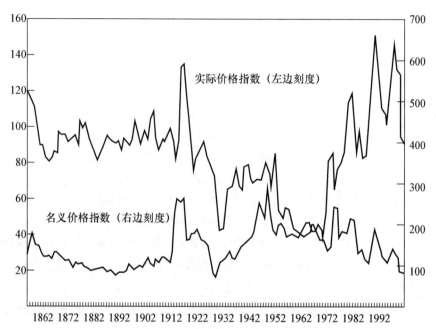

图 15—10　非粮食初级产品的名义和实际价格指数，1862—1999 年

1862—1932 年间的名义价格相对稳定（除了第一次世界大战期间外），但是随后是不稳定的上升趋势。然而，实际价格指数或初级产品的贸易条件一直是呈大体上不稳定的下降趋势。在整个 1862—1999 年间平均下降趋势为每年 1.3％。从 1862 年的指数120 到 1999 年的指数 20，实际商品价格失去了它们价值的 85％。或换句话说，在 1999年初级产品只能买到它们在 1862 年所能购买的工业品的 20％。这表明了实际收入的大量损失。如果把 1951 年或 1973 年商品繁荣作为分析的起点，估计的下降趋势甚至更严重。

卡辛和麦克德莫特也集中分析了实际商品价格周期的程度和长度，而且他们认为这比下降趋势更为严重。他们发现自 1913 年以来一年内年均价格变动超过 20％的次数有13 次。这是严重的波动。他们也发现价格下降平均要比价格上升持续时间长（4.5 年相比于 3.6 年）。

作者从他们的研究中得出结论说："虽然实际商品价格有下降的趋势，但这和政策几乎没有关系，因为它和价格的可变性相比是很小的。相反，商品价格快速的、不可预期的和常常大幅度的变动是它们行为的重要特征。这种变动对贸易条件、实际收入以及

发展经济学（第九版）

依靠大宗商品的国家的财政状况可能有严重的后果，并且对宏观经济稳定的实现有深远的意义。"

布拉特曼等（Blattman et al.，2007）对历史上贸易条件波动和增长之间的关系进行了考察，选取 35 个国家 1870—1939 年间的数据，发现存在负向关系，这是"外围"初级产品生产国家和工业国家间的收入差距在这个时期扩大的重要原因之一。波动性的一个主要不利影响是遏制了外国直接投资。

2. 发展中国家

前已指出，初级产品相对于制成品的贸易条件与发展中国家相对于发达国家的贸易条件不一定相同，因为两类国家都出口和进口两类商品（虽然以不同的比率），但在实践中，这两种情况（两类国家和两类商品）可能存在着密切的重叠和平行变动。萨卡（Sarkar，1986）考察了发展中国家相对于发达国家的出口价格，也考察了发展中国家向发达国家的出口价格相对于发达国家向发展中国家的进口价格（两者都不包括燃料）。在第一种情况下，贸易条件的下降趋势是每年 0.51%；在第二种情况下，相对下降是每年 0.93%。

布利尼和格里纳韦（Bleaney and Greenaway，1993）发现，在 1955—1989 年间，初级产品贸易条件 1% 的下降就转化为整个发展中国家贸易条件 0.3% 的下降；而在发展中国家中，非洲和拉丁美洲贸易条件的下降程度要大得多，因为这些地区比亚洲更为依赖初级产品的出口。

萨卡与辛格（Sarkar and Singer，1991，1993）也考察了 1970—1987 年间发展中国家出口的制成品相对于发达国家的贸易条件，发现平均每年下降约 1%。如果这种情况是正确的[6]，似乎发展中国家遭受了双重危险。不仅它们的初级产品的价格相对于制成品的价格下降了，而且它们的制成品出口的价格相对于发达国家也下降了，无疑这是对它们出口的商品构成的反映——它们出口的制成品大部分是低附加值的且在世界市场上需求收入弹性较低。这点被厄顿（Erten，2010）的研究所证实，他使用 UNCTAD 的数据（如：主要出口初级产品的国家、主要出口制成品的国家、最不发达国家、重债国家）对不同的发展中国家组的贸易条件进行了详细的考察，发现从 1960 年到 2006 年在所有情形下它们的贸易条件年均恶化在 1%～3% 之间，在 20 世纪 70 年代中期有一个严重的结构性断裂。

最后，还必须提到易货贸易条件（barter terms of trade）或商品贸易条件——它衡量出口对进口价格的比率——和收入贸易条件（income terms of trade）——它是出口对进口价格之比与出口量的乘积 $(P_x/P_m) \times Q_x$ ——之间的区别。收入贸易条件是对出口对进口的总购买力的一种计量方法。从发展的观点来看，按照人均收入计量，收入贸易条件也许是比易货贸易条件更为合适的概念。例如，由于出口国的效率提高了，出口价格相对于进口价格可能下降了，结果出口扩大的比率要大于价格下降的比率。在这种情况下，易货贸易条件恶化了，但刺激了经济发展。还要记住，当一些国家使本国货币贬值时，它是有目的地恶化其易货贸易条件，以期改善国际收支，通过改善收入贸易条件来为促进实际收入更快的增长提供可能性。另一方面，如果对一国出口品的需求是缺乏弹性的，那么易货贸易条件的下降也将意味着收入贸易条件的恶化。

在长期，如果世界贸易是上升的，所有国家都能经历一个收入贸易条件的改善。问题不是谁是获益者，谁是受损者，像在易货贸易条件中所表现出来的那样，而是收入贸易条件改善的相对比率是什么？

第六节　公平贸易

□ 一、 发展中国家的贸易政策

发达国家向发展中国家鼓吹贸易自由化和自由贸易的好处，得到了诸如 IMF、世界银行和世界贸易组织（WTO）等多边机构的支持，但是它们自己并不去实践它。特别是，富国仍然用补贴和关税保护它们的农业部门，使得贫困的发展中国家在世界市场上同发达国家竞争变得困难了，有时甚至是不可能的。在案例 15.2 中棉花的例子突出表明了这一点。在欧盟（EU）和美国每年对农业的补贴金额超过 4 000 亿美元，超过了非洲 GDP 的一半。在欧盟每头奶牛每年的补贴是 800 美元，比生活在发展中国家至少 20 亿人口的平均人均收入还高。发达国家还对从发展中国家进口的农产品征收关税，并补贴出口。从发展中国家进口农产品的平均关税为 23%。美国种植水稻的农民收到的补贴为 72%。来自发达国家农工商综合企业人为地倾销便宜的粮食，摧毁了发展中国家数以千万计的小农。

▶ **案例 15.2**　　　　　　　　　**棉花的不公平贸易**

美国每年对 25 000 个植农补贴 33 亿美元，深刻影响到非洲西部和中部的国家布基纳法索、贝宁、乍得和马里的 1 000 万棉农的生计。对美国棉花生产者的这项补贴是美国对整个非洲的援助预算的三倍。悲剧是世界银行以比较优势为借口鼓励这些非洲国家生产更多的棉花，但是它们发现不可能与这种补贴进行竞争。在 2002 年 WTO 多哈回合谈判中美国贸易代表厚颜无耻地告诉非洲棉农："你们应该去干别的事情"。

对农业的保护也被给予很多低附加值的制造业产品，这些产品在发展中国家有静态的比较优势——尤其是对于品种繁多的纺织品。对发展中国家出口的贸易壁垒使这些国家每年损失近 1 000 亿美元，这和它们收到的官方发展援助的金额相等。

当回到自由贸易的现实时，全然不同于说辞，明显对富裕的发达国家是一套规则，而对于发展中国家又是另外一套规则。随着初级产品贸易条件的持续下降，并且在世界市场上发展中国家的农业产品受到了歧视，发达国家和发展中国家之间的贸易不可能是公平的。富国和穷国的赛场不在一个水平上，并且富国似乎想继续保持这样。发展中国家想要的是公平贸易而不是自由贸易。[7]

世界贸易组织成立于 1995 年（前身是关税和贸易总协定——GATT——成立于 1947 年），是主要协商各成员间多边关税减免的国际组织。然而，直到现在，令人无法理解的是在农业商品上没有成功实现自由贸易。贸易谈判的肯尼迪回合（1964—1967 年）、东京回合（1973—1979 年）和乌拉圭回合（1986—1993 年）都主要集中在制造业产品贸易的关税削减上（对发展中国家有一些优惠待遇）。到 1999 年的西雅图，发展中国家开始就农业保护问题发出它们的声音，但是谈判以失败告终。富国拒绝在农业上做出任何让步，而且贸易回合谈判在相互指责和街头暴力抗议中瓦解。2001 年 11 月，多哈回合谈判开始。这本应是一轮"发展"的回合谈判（帮助穷国），但是在 2009 年，谈判以未达成任何协议而告终，因为发达国家坚持仅削减农场补贴和贸易壁垒，前提是发展中国家允许它们进入其制造业商品和金融服务业市场，并且实施更严格的竞争规则和在政府采购中透明化。美国对多哈回合谈判破裂的反应是，开始与政治上认同的国家进行双边贸易谈判。

对发达国家和发展中国家之间更公平的贸易谈判的主要多边压力集团是联合国贸易和发展会议（UNCTAD），该会议于 1964 年第一次在日内瓦召开。普雷维什时任秘书长。该组织还作为一个连续的压力集团，其目标是通过贸易和援助帮助发展中国家。这些目标如下：通过减少贸易限制更容易地进入发达国家的市场；更稳定的商品价格；促使发达国家的援助提升到其 GNP 的 0.7%；在出口收入波动和贸易条件恶化时，对发展中国家进行补偿。

在说服发达国家对发展中国家的出口给予优惠进入方面取得了一些有限的成功，但主要是在制造业产品领域，这对较大的、较先进的发展中国家有利。

也许，迄今为止，帮助较穷的发展中国家签订的最有意义的谈判协议是《洛美协定》（Lomé Convention），它是 1975 年由欧洲经济共同体（EEC，现在成为欧盟，EU）以及非洲、加勒比和太平洋地区 46 个（现在是 77 个）发展中国家（所谓的 ACP 国家）共同签署的。《洛美协定》允许所有发展中国家的制成品和 90% 的农产品自由进入欧洲市场。此外，为了稳定 12 种主要商品达成了一项协议（即所谓的 Stabex scheme），《洛美协定》还通过欧洲发展基金（EDF）把援助分发给 ACP 国家。自 1975 年以来，该协定已重新谈判了 5 次。2000 年，在科托努达成的最新协议计划维持 20 年，可能每 5 年修订一次。2000 年，Stabex 计划停止执行。取而代之的是，对出口收入波动的支持将来自 EDF，作为和每一个 ACP 国家签署的国家支持战略（Country Support Strategy）的一部分。

在志愿部门（voluntary sector），公平贸易运动（Fair Trade Movement）势头高涨，得到了广泛的支持，并且对很多发展中国家的贫困农民的生活带来了一些改善。该运动成立于 1979 年，主要目标是确保生产者的价格高于世界价格，在生产成本之上有一个充分的溢价，允许生产者合作社对社区项目投资，如住房、医疗保健和公共设施。有超过 60 个国家的 700 多万农民和他们的家庭参与并因此而获益。进口商的公平贸易产品如咖啡、茶叶、巧克力、糖、香蕉、果汁等，必须直接从公平贸易认证的生产者那里购买，并且同意和他们建立长期和稳定的关系。这就杜绝了中间商或垄断者——它们通常是很多初级产品的大型跨国公司。公平贸易运动鼓励农民加入合作社，使他们在与买家的交易中具有更大的话语权。很多超市和其他直销店现在囤积了范围广泛的公平贸易产品。零售的价值仍然微不足道，但是据预测到 2015 年仅英国就能增加到超过 6 亿英镑。全球公平贸易的销售额会超过 15 亿美元。然而，遗憾的是，公平贸易运动不能够改变基本的经济力量，使得农产品的价格相对于制造业产品和服务的价格走低。对于这种困境的唯一的长远解决办法就是结构转变，这就需要对新的产业进行保护；这是富裕的发达国家不愿意看到的情况。它们想进入贫穷的发展中国家的市场，而继续保护它们自己的市场。然而，公平贸易运动能够对增强公众对于全球贸易体系不公平的意识作出重要贡献，而这种意识能够对富裕的发达国家政府施加压力，促使其对发达国家和发展中国家相互贸易的条款进行根本性的改革。

□ 二、 促进发展的贸易战略

那么穷国应该寻求什么样的贸易战略呢？首要的目标是必须获得动态比较优势。对于这一点，一个经济体的私人部门需要得到政府的支持，以激励和各种"保护"的形式来减轻投资风险。一方面是要反对反出口偏向的论点；另一方面是要反对穷国应放弃对国内产业所有形式的保护的论调。改善发达国家对穷国出口品的市场准入，只是使静态比较优势永久化。如罗德里克（Rodrik，2001）在为多哈回合贸易谈判做准备时指出的，"在涉及发展的地方，在南方减少政策自主权来换取北方改善市场进入是一个亏本的讨价还价"。穷国需要时间和政策空间来培育新的（幼稚）产业活动，与发达国家在历史上所做的以及一些新兴工业化经济体现在仍然做的一样。正如豪斯曼和罗德里克（Hausmann and Rodrik，2003）在他们对"自我发现"概念的重要研究中提到的："事实是，世界上最成功的经济体在过去繁荣的几十年中所做的事情就是与失败（如保护）具有最普遍联系的事情，这些事情是不可能轻易被放弃的。"

☞

丹尼·罗德里克（Dani Rodrik）

1957 年生于土耳其伊斯坦布尔。他是哈佛大学政治经济学教授，同辈中最重要的发展经济学家之一，研究方向是制度对经济发展的重要性以及贸易与发展的关系。在其著作《贸易的全球治理：仿佛发展是真正重要的》中，他对自由贸易正统思想和世界贸易组织进行了强烈的批评。另外，他和李嘉图·豪斯曼以及其他人开创了把"自我发现"和"增长诊断"联系起来的发展经济学的新思想，并且对"增长加速"的分析做出了重要的研究。他的很多思想包括在其最新的著作《一个经济学，很多政策处方》中。

豪斯曼和罗德里克的观点是，一个国家在发现其擅长生产什么的过程中存在着很多随机性，缺乏保护减少了投资于它所发现的那种商品和服务的激励。贫困而劳动力丰富的经济体可以生产和交易数以千计的东西，但是实际上它们的出口高度集中。有时，不到 10 种产品却占总出口的 50％以上。孟加拉国和巴基斯坦处于相同的发展水平，但是孟加拉国专业生产帽子而巴基斯坦专业生产床单。这种专业化不是资源禀赋的结果；这是有进取心的企业家"发现"（事后的）相对成本的机会选择的结果。其他"机会"投资包括哥伦比亚出口到北美的插花、毛里塔尼亚出口到欧盟的骆驼奶酪、马拉维的高产玉米和汤加的南瓜。豪斯曼和罗德里克的观察和模型的政策含义是政府需要鼓励企业家精神和事前投资新的活动，但是事后排挤低效率公司和部门。干预需要尽可能地区分创新者和模仿者。贸易保护的标准形式证明不是理想的政策工具，因为它们不加任何区别，而只是在国内市场销售那些产品获取利润。出口补贴要避免反出口偏向，但是仍然不能区分创新者和模仿者，并且无论如何根据 WTO 规则都是非法的。最好的政策是公共部门贷款或担保，向创新者提供支持，并且如果企业表现得不好，则作为"大棒"来使用。

另外，为了发展，国际社会还能做很多事情以促进贸易，这与为追求贸易自由化自身截然相反。整个世界贸易体系对大多数发展中国家是不利的。第一，因为它们依赖于初级产品（自然资源的"诅咒"）和低附加值的制造品；第二，因为支配富国和穷国间贸易的"游戏规则"偏向于富国；第三，贸易改革的日程主要是由富裕的发达国家制定的。对初级产品唯一的永久解决办法是结构转变，这需要建立新的非传统产业；但是富裕的发达国家对这种举动怀有敌意。它们想要自由进入穷国市场，而继续保护它们自己的市场。最近的例子是正在进行的欧盟（EU）以及非洲、加勒比和太平洋国家（ACP）之间关于经济伙伴协议替代ACP国家被用于在《洛美协定》下享受贸易优惠的辩论。EU坚持认为贫困的发展中国家应该减少对制造业产品和服务业进口的限制，作为回报，对于它们的农产品可以继续进入欧盟市场。欧盟拒绝考虑自由贸易EPAs的另外的选择，但是欧盟自己也承认EPAs会导致很多穷国制造业部门的崩溃。如斯蒂格利茨（Stiglitz，2006）在其著作《让全球化发挥作用》中提到的，"美国和欧盟对自由贸易的争辩达到炉火纯青，而同时着力于保护它们自己免于从发展中国家进口的贸易谈判"。如果发达国家真的想要帮助贫困的发展中国家，它们可以削减和废除所有商品的关税和壁垒。此外，发展中国家可能被允许"保护幼稚产业"，这等同于货币贬值，但是对为公共产品的支出而提高财政收入有好处。对于穷国关税削减的缺点之一是税收的损失。

如果贸易是为了促进发展，现在管理世界贸易的世界贸易组织（WTO）需要彻底改革和重新思考（Wade，2003）。建立WTO（1995）的协议所列的目的之一就是：

> 提高生活水准，确保充分就业以及实际收入和有效需求的巨大和持续增长，扩大产品和服务的生产和贸易，同时顾及到可持续发展的目标，寻求既能保护和维持环境，又能提升保护环境的手段，其方式是该手段应与它们各自在不同发展水平上的需要和关切相一致。

这个目标是值得赞赏的，但遗憾的是，语言与现实相脱节，因为WTO视贸易自由化和经济发展为同义词。然而，正如我们看到的那样，历史的和当代的证据是，在决定早期经济发展阶段的经济成功中，国内经济政策、制度建设和投资机会的促进要远比自由贸易和贸易开放重要得多。罗德里克（Rodrik，2001）提醒我们（如同Chang 2002，2005，2008和Reinert，2007）："没有一个国家仅仅是简单地通过开放外贸和投资发展起来的。诀窍在于要把世界市场提供的机会与国内投资和制度建设战略结合起来，以刺激国内企业家的动物精神。"

但是，在WTO规则下，例如，在20世纪60年代、70年代和80年代，韩国、中国台湾和其他东亚国家和地区为促进经济发展所做的所有事情现在都被严格限制了。一些国家打破了这些规则，取得了令人瞩目的成功。中国就是一个很明显的例子，但是另外一个例子是越南，虽然促进FDI和出口，但也对其国内市场进行了保护，维持进口垄断并从事政府贸易。WTO应该把试图最大化贸易流量转变为理解和评估什么样的贸易体制能使单个穷国发展的可能性达到最大。需要一个新的世界贸易秩序来为穷国说话；

贫困的发展中国家需要在体制改革中有更大的发言权。

第七节　国际商品协定与援助

□ 一、国际商品协定[8]

不仅发展中国家，甚至整个世界经济，都深受初级产品价格任意波动之苦。首先，如前所述，初级产品相对于工业品的价格长期下降，直接使发展中国家的收入和福利减少。其次，初级产品价格比工业品价格易于发生更大的周期性波动。

初级产品价格的易变性有一些有害的结果。第一，它导致发展中国家外汇收入和国际收支状况非常不稳定，使投资计划和经济管理变得更难实行。第二，由于经济制度的不对称性，价格的变化不定可能会使整个世界经济萧条趋势与通货膨胀倾向同时存在。当初级产品价格下降时，对工业品的需求下降，但这些产品的价格可能会向下刚性。当初级产品价格上升时，这些工业品的价格会迅速地随之上涨，政府通过减少需求来控制通货膨胀。其结果是滞胀。第三，初级产品的价格变化无常导致贸易条件变化不定，它可能不反映初级产品与工业品在两个市场上供求相等这一意义上的均衡贸易条件的变动。在这种环境下，如果初级产品价格太高，世界经济增长就变成供给约束型；如果它们太低，后者就变成需求约束型（见第 6 章）。由于这些宏观经济的原因，努力使初级产品（包括石油）市场保持稳定的理由是非常充分的。

然而，价格下降会是剧烈而又持续的。卡辛等（Cashin et al.，2000）考察了 1957—1998 年间 60 种商品的价格冲击，发现它们是典型地长期持续而不是仅仅短暂偏离，17 种商品所经历的价格冲击持续时间超过 5 年。这就意味着长期的价格萧条，使得价格稳定和收入补偿计划更加难以管理，而且代价高昂（见下文）。

初级产品价格不稳定问题不是一个新问题。凯恩斯在二战以前和期间曾经思考过这个问题。在 1942 年关于"初级商品国际调控"的备忘录中，他指出，战前国际贸易中最大的灾祸之一就是世界初级产品价格波动太大且太快……防止这些商品价格过度的波动是调节的主要目的。"（Moggridge，1980）。

凯恩斯在提出他的看法和建议之后，为建立一个商品控制国际机构制定了一个更为详细的计划——该国际机构代表主要的生产者和消费者，该机构的主要任务是购进和存储特殊商品，以低于固定基础价格的 10% 的价格购进这些商品，以高于其 10% 的价格销售它们（Moggridge，1980）。图 15—11 图解说明了计划如何实施。

P_n 是固定的基本价格。当价格上升超过 10% 的上限值时，商品控制计划会卖出，使价格回落到"正常"价格。类似地，当价格下降超过 10% 的下限值时，商品控制计划会买进，使价格上涨到合理范围内。基础价格必须按照存量的增减幅度进行调整，指明价格是太低还是太高。如果生产不作调整（至少向下调整），凯恩斯认识到，生产限额就必须实行。在整个生产和消费中心，商品储存量应该尽可能大些。

这个建议作为对于迅速解决饥荒问题的一个手段是有现实意义的。可以在国际监督下在全世界建立一个粮食储备体系，用来储备剩余粮食，在急需时随时可以调用。凯恩

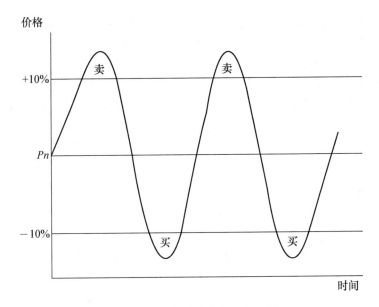

图 15—11　凯恩斯商品控制计划

斯方案中建议，储存和持有商品所需的资金应该根据他的建议提供给国际清算联盟，该机构充当一个国际中央银行的作用，对商品控制进行记账。

当前，储存和持有商品的资金可以通过 IMF 发行特别提款权来提供（见第 16 章）。像商品控制之类的计划对于缓解国际经济周期以及相应后果可以发挥重要的作用。凯恩斯的战时建议提出以来，70 多年时间已经过去了，但初级产品价格的大起大落仍然困扰着世界经济。世界仍然缺少必要的国际机制来矫正作为世界经济不稳定的重要原因的初级产品价格的波动。

在不久以前，有 5 个国际商品协定（糖、锡、橡胶、咖啡和可可）正式签订了，占发展中国家非石油出口的 35％ 左右——但是困难仍然存在。[9]

关于所有协定的基本问题是让供给者在面临价格下降时遵守限制产出的配额。参与者必须有一个共同的目标。最成功的商品协定是欧盟共同农业政策（CAP），但是这对发展中国家是没有帮助的。

发展中国家出口收入由于价格下降而发生的较小波动就能抵消任何一年对发展中国家的外国援助的整个价值。大体说来，出口收入 10％ 的下降相当于 1995 年官方发展援助一年的总额。似乎是，稳定出口收入至少像外国援助一样重要。[10]一般地说，不稳定的出口收入是价格和数量变化的产物。收入的大幅度波动可能与 4 个因素密切相关：供求的过度变动；供求的低价格弹性；过分地专业化于一两种商品的生产和出口；出口集中于特殊的市场。

如果不稳定的原因产生于供给方面，稳定价格当然不会稳定收入。在短缺时降低价格，在过剩时提高价格。如果存在过度供给的趋势，需求是缺乏价格弹性的，价格稳定就会维持收入，但价格稳定将进一步刺激供给，于是，必须实行生产配额；如果生产国是按满足公平而不是效率原则分配生产配额的，这将会导致生产的无效率。

这不是说没有必要进行补偿，而是说应该避免使用鼓励过度生产或无效率的方法。让价格反映市场水平，生产国在长期协定下由受益者进行补偿可能更好些。补偿被用来鼓励一些生产者进入其他生产活动。或者，在出口不稳定产生于国内供给变动的情况下，可以制定收入补偿方案。另外，一些价格稳定方法也被提了出来，包括缓冲储存方案、出口限制方案和价格补偿方案。下面我们将简要地讨论这些方案。

缓冲储存方案是指在价格极低时全部买下商品存量，在价格极高时把它们卖出去。这种方案的成功取决于管理者的预见性。当价格相对于期货价格较低时必须买进；当价格相对于期货价格较高时卖出。显然，缓冲储存方案只适用于熨平价格波动。如果累积的商品存量不大，它们就不能解决价格的下降趋势。而要囤积大量商品，同时可能要以较低的价格销售出去，就要有大量的资金支持。储存方案只适用于容易储存的商品，而且储存成本不能太高。除了国际储存方案之外，各国政府为了稳定价格常常通过商品管理委员会采取积极行动。但是，问题仍然是，如果出现超额供给，政府将获得大量的商品存货，维持价格的预算负担就会变得难以承受。

出口限制方案涉及通过限制市场供给来维持价格。出口限制方案的实质就是，主要生产者或代表生产者利益的国家联合起来，为防止价格下降而同意限制产品的生产和出口，以便从较小的供给中维持或增加收入（如果该产品是无需求弹性的）。在实践中，对这种方案的维持和监督非常困难，主要因为破坏或者拒绝参加这个方案对每个国家或每个生产者来说具有极大的吸引力。

出口限制方案有很多缺点。第一，需求在长期不可能是无弹性的，所以，通过限制供给来提高价格在长期可能会减少出口收入。出口限制方案可能会最终导致对产品的替代，使销售下降。第二，由于各国之间的任意出口配额和一国中生产者之间的生产限额，出口限制方案可能会导致资源配置无效率，除非这个限额经常修改以适应生产者之间和世界各地区之间生产效率的变化。出口限制方案通常是由生产者卡特尔实施，经典的例子是石油生产国所属的石油输出国组织（OPEC），在 1973—1980 年间推动原油价格上涨了 800%（虽然没有那么成功，自此以后价格稳定在一个持续高位的水平）。

但是，发展中国家不仅是原材料的生产者，它们也是消费者。一些国家可能从生产和出口一种商品中获得利益，但另一些进口和消费这种商品的国家则遭受损失。所有原材料都很贫乏的发展中国家是完全得不到好处的。不清楚的是，除了像石油这种特殊商品之外，产品生产和价格的垄断将必然会把收入从发达国家转移到作为一个整体的发展中国家。如果是这样，穷国生产者和富国使用者的双边商品协定作为保证所有发展中国家都受益的手段，可能是更为有利的。

价格补偿方案即为上述的双边安排形式。例如，如果商品价格下降了，两国可以就可变的补偿数量达成协议，以便进口国在价格下降到预先规定的"正常"价格以下时向出口国支付一个更多的货币额。由于这个方案不包括对产出和限额的限制，这种安排就有把定价和商品安排的效率方面与其分配方面分开的优点。商品以世界价格进行贸易，而且非完全补偿还可以保证，如果世界价格下降了，一些国家将决定转移资源，从而维持一定程度的配置效率。

没有理由说，价格补偿方案不应该与其他形式的国际商品协定同时实施。实际上，如果商品价格持续下降，限制方案与价格补偿方案有必要同时采用，否则，进口国将可能永久地补偿出口国，这可能是不受欢迎的。在这种情况下和在价格支持的情况下，也可能会出现一种援助代替另一种援助的危险。如果发达国家持续支付的初级产品的价格高于市场价格，而同时认为，对发展中国家的经济援助的主要约束是国际收支平衡，那么它们可能会使用价格补偿协定作为削减其他援助形式的借口。如果真是这样，初级产品生产国以比自由市场更高的价格和更高的出口收入形式所获得的收入就可能被其他形式的损失所抵消。

如果价格的波动产生于供给方面，而不是需求方面，价格补偿对稳定出口收入就是有害无益的。这一点可以用图 15—12 来说明。市场价格是由供给曲线（S_1S_1）和需求曲线（D_1D_1）的交点确定的，产生均衡价格 P_1。现在假设需求曲线下降到 D_2D_2，引起价格下降到 P_2。价格下降之前的收入是 OP_1XS_1；价格下降之后的收入为 $OP_2X_1S_1$。假定 P_1 是在价格补偿方案下达成的"正常"价格，P_2C 表示在需求下降之后价格偏离正常价格时的适当价格补偿额。在价格补偿方案下的总收入将是 OCC_1S_1，这不比价格下降前的总收入少多少。但是，考虑一下由供给从 S_1S_1 增加到 S_2S_2 所引起的价格的等量下降。在同样的价格补偿方案下，总收入现在是 OCC_2S_2，它大大超过了价格下降以前的最初的总收入 OP_1XS_1。反之，如果供给下降了，价格上升到正常价格以上，收入就会比价格上升前的少，因为出口国将可能补偿进口国——除非这个方案只是单边起作用！

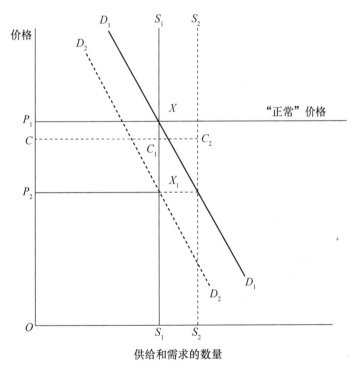

图 15—12 价格补偿和出口收入

克服价格补偿方案不稳定的唯一方法是建立**收入补偿方案**，该方案不仅考虑价格变化，而且考虑数量变化。实践中的困难是为"正常"的收入水平达成协议。如果产出增长率趋势对大多数商品是正的，确定一个固定的"正常"收入水平就是不公平的。

大多数收入补偿方案的实施方法是，每年的补偿是以偏离前几年移动平均的实际出口收入为基础的。IMF 补偿和紧急经济援助机构是按照这些方法来管理的，我们将在下一章中讨论这一点。Stabex 方案——由欧盟在《洛美协定》下实施的方案——是收入补偿方案的另一个例子。但是，实施这个方案必须有充足的资金。而且，补偿要支付给政府，所以，生产者不一定得到这笔收入。

为了出口收入的稳定和更大程度的确定性，生产者和政府越来越多地关注风险管理的期货市场。能够在期货市场上提前销售使生产者的价格和收入有一个保证，但这要视供给情况而定。但是，期货市场还很不完善，一年以上的预付保证金常常不存在。在私人风险管理不存在的地方，公共补贴的机构有理由增加穷国商品生产者对价格波动的保险——或许保证生产商的价格下限。长期来看，这可能要比补偿各国商品价格波动更划算。

□ 二、 贸易与援助

近年来，"要贸易，不要援助"在发展中国家中已经成为流行口号。由出口而获得的一单位外汇是否就比由国际援助而获得的一单位外汇的价值更高？这一口号是否更多是发展中国家对过去借款（其好处可能被遗忘了）所产生的偿债问题的可以理解的反应，抑或是对伴随国际援助而来的国外的政治干预和影响的反应？

如果援助恰如其字面所告诉我们的那样是无偿转移，约翰逊（Johnson，1967）已经证明，从贸易获得的一单位外汇绝对没有从国际援助所获得的一单位外汇那样有价值。其原因是：出口并没有给投资直接提供追加的资源，它只不过是通过提供机会把国内资源转化成产品和服务，这种转化比只是依靠国内资源转移要便宜些，从而间接地获得利益。另一方面，援助不仅直接提供了资源，而且通过节省进口替代所带来的超额成本，间接提供了投资资源。这样，出口相对于纯援助的价值可表示为：

$$\frac{cX}{(1+c)A} \tag{15.5}$$

其中：X 为出口价值，A 为纯援助的价值，c 为进口替代的超额成本比率。进口替代所带来的超额成本越高，出口的相对价值就越高，但是，由于 $c<(1+c)$，一定量的出口价值绝不可能达到等量纯援助的价值（$X=A$）。然而，援助可能与购买某些更高价格的商品和服务捆绑在一起，这一情况的存在使得上述结论有所改变，但是可以证明，为了使援助的价值不超过贸易的价值，进口替代的超额成本与捆绑产品的超额成本必须相当高。设 r 为捆绑产品价格对自由市场上同样产品价格的比率。于是，出口的相对价值可记为：

$$\frac{cX}{(1+c)A} \times r \tag{15.6}$$

如果 $cr>(1+c)$，出口的价值就会超过援助的价值。c 与 r 的不同组合可能被认为满足这个条件，但 c 和 r 都必须相当高，例如，$c=2.0$，$r=1.5$。

但是，更重要的考虑是，在"要贸易，不要援助"的口号中，"援助"一词不应从字面上来解释。发展中国家不是把贸易同纯援助进行比较，而是把贸易同等值外援（foreign assistance）的援助成分（aid component）进行比较，或者只是简单地把贸易同等量的外援进行比较。如果这就是实际的比较，就产生了两个问题：第一，在何种条件下，贸易比援助更有价值？第二，哪种比较是最适当的？

首先考虑出口同等量外援的援助成分的比较。如果这就是发展中国家想要进行的比较，约翰逊公式就要作出修改，设 $A=Fg$，其中，A 是援助的名义数量（见第 4 章），F 是外国援助的名义数量，g 代表该援助成分占名义援助量的比例（即赠与率）。用 Fg 代替表达式（15.5）中的 A，我们便得到出口相较于等量外援的援助成分的相对价值：

$$\frac{cX}{(1+c)Fg} \tag{15.7}$$

如果援助是捆绑式的，则有：

$$\frac{cX}{(1+c)Fg}\times r \tag{15.8}$$

从式（15.7）中，如果 $c>g(1+c)$；从式（15.8）中，如果 $cr>g(1+c)$，那么出口的价值便超过等量外援的援助成分的价值。总之，进口替代的超额成本（c）越大，捆绑援助的超额成本（r）越高，外援的赠与率（g）越低，出口的相对价值就越高。不过，结果仍然是这样，即：要使出口价值超过等量外援的援助成分的价值，c 和 r 必须相当高，g 必须相当低。

但是，即使出口价值同等量外援的援助成分的比较表明出口的价值更高，它也未必能证明"要贸易，不要援助"的口号是正确的。式（15.7）和式（15.8）假定，只有外援的援助成分节省了进口替代的超额成本。事实上，任何条件的国外借款均可节省这笔成本。如果这是正确的话，就有强烈的理由认为，强调"要贸易，不要援助"口号的比较应该就是出口价值同等量外援本身价值的比较。后者提供的资源直接等于 Fg，间接地等于 Fc。于是，出口与等量外援相比较的相对价值可表示为：

$$\frac{cX}{Fg+Fc}=\frac{cX}{(g+c)F} \tag{15.9}$$

对于捆绑援助，可以写成：

$$\frac{cX}{(g+c)F}\times r \tag{15.10}$$

在这两个公式中，出口价值超过等量外援价值的条件显然比出口价值超过等量外援的援助成分的价值的条件更严格了。如果不考虑捆绑的潜在超额成本，只要援助中有一些赠与成分（即只要 $g>0$），外援就始终比等量出口价值更高。

如果不考虑出口和援助这两种资源所产生的第二轮影响和副作用，g、c 和 r 的值就为一国比较贸易和援助的价值大小提供一个实际的指导。[11] 对于大多数发展中国家来说，g、c 和 r 的值可能证明"要贸易，不要援助"这个从狭义角度理解的口号是不正确的。如果考虑第二轮的影响，有两个问题是需要研究的：第一，国外资源的生产率与由出口释放的资源的生产率究竟哪个高？第二，由出口而增加的储蓄和因外援而增加的储蓄究竟哪个多？关于第一点证据很少，但是关于第二点，正如我们在第 14 章中所看到的那样，外国援助有时可能会抑制储蓄，而出口收入则可能有助于刺激储蓄。有一些外国援助被"消费"了，这一点是不用争论的，然而，这个因素并不重要。问题是，出口和国外援助究竟何者使投资增加得最多？如果国外援助的 50％ 被"储蓄起来"，而出口部门的储蓄倾向也为 50％，则国外援助和出口这两种外汇来源对经济增长做出的贡献就是完全一样的。

至今尚无证据表明：国外援助的"储蓄"倾向比出口部门的储蓄倾向低。假设出口收入可能高度集中在政府或跨国公司手里，出口收入的储蓄倾向就可能高。假设储蓄倾向是 0.6，那么要使外援对储蓄的贡献没有出口对储蓄所作的贡献大，40％ 的外援必须被"消费"。这是不可能的。如果有可能的话，那么出口和援助对经济产生的次级影响更多地有利于援助。

■ 小结

1. 无论是历史上还是二战以来当代的世界经济中，贸易（或更准确说，出口增长）对很多国家而言都是增长的"引擎"。

2. 然而，自由贸易理论并没有保证贸易收益公平地在富国和穷国之间分配。这一点取决于贸易条件和不同模式的专业化的国际收支结果。

3. 存在如下收益：贸易静态收益，它以比较优势定律为基础；贸易的动态收益，它来自更大的市场和知识流动；以及通过允许超过国内消费的剩余产品出口（例如：很多自然资源产品）而获得的收益。

4. 自二战以来，在始于 1947 年的 GATT 和始于 1995 年的 WTO 的支持下，存在一个广泛的贸易自由化和贸易增长。

5. 发展中国家的贸易自由化促进了出口增长，但是使进口增加更多，从而恶化了国际收支。

6. 贸易自由化对发展中国家的绩效的总体效应是令人失望的。很难辨别出正的增长效应；对减贫的影响也微乎其微，而且各国内部的收入分配恶化了。

7. 自由贸易对发展有很多不利之处。比较优势定律是静态的而且没有考虑商品生产和贸易的供给和需求特征，从而影响到各国未来的增长绩效。有一些为保护作辩护的令人尊敬的经济观点，包括幼稚产业论。

8. 结构转变对于发展中国家在非传统产品上获得新的比较优势是重要的。出口什么是重要的。

9. 理想地，进口替代和出口促进应双管齐下，如同在最成功的许多东南亚国家而现在在中国所发生的那样。

10. 初级产品的贸易条件持续恶化（首先是由普雷维什和辛格在 1950 年提出的），初级产品的价格周期损害了很多发展中国家的经济。这就要求国际商品价格稳定计划。

11. 发展中国家需要的是公平贸易，而不是自由贸易。

12. 在提供发展资源方面，贸易未必比援助更有利。这取决于资本流入的条件和进口替代的额外成本。

问题讨论

1. 贸易的静态利益与动态利益之间的区别的实质是什么？
2. 在发展中国家的环境中，自由贸易理论中哪些基本假定可能被违反了？
3. 为什么贸易条件具有不利于初级产品和初级产品生产国的趋势？经验证据表明了什么？
4. 概述一下支持贸易保护的各种论点。
5. 在什么条件下，关税是最好的保护政策？
6. 讨论一下进口替代和出口促进的相对优点。
7. 为什么区域贸易协定（RTAs）要劣于一般化的自由贸易？
8. 贸易自由化对发展中国家的出口和经济增长的影响是什么？
9. 在什么程度上，你认为"东亚奇迹"是建立在出口引导的增长基础上的？
10. 为什么有些经济学家认为，贸易的利益应该从贸易对国际收支影响这个角度来考察，而不应该从实际资源扩大这个角度来考察？
11. 发达国家和发展中国家之间什么方式的贸易是不"公平"的？
12. "有效保护"概念是什么意思？它是如何衡量的？
13. 不稳定的商品价格对一国和对整个世界经济带来什么问题？
14. 稳定初级产品价格和出口收入的理论和实际困难是什么？

注释

[1] 后面的分析主要是依据 Robson（1988）的研究。

[2] 也见《世界发展的特殊问题》（Thorbecke and Nissanke，2006）关于通过贸易自由化能影响贫困的传导机制。

[3] 对这个问题最初的理论阐述，见 Corden（1966）。还可参见 Balassa et al.（1971）。

[4] 学生可以使用有效保护率的公式，自己去证明这些命题。

[5] 普雷维什（Prebisch，1950）。也见其最后来的研究（1959）. 普雷维什是1950—1963年拉丁美洲经济委员会（ECLA）执行秘书以及1963—1969年联合国贸易和发展会议（UNCTAD）秘书长。

[6] 这个结果受到布利尼（Bleaney，1993）特别是阿萨卡罗拉（Athukorola，1993）的质疑，他们指出，这个结果显然取决于在制成品价格系列中是否包含有色金属在内。但是，反驳的意见可看萨卡和辛格的答复（Sarkar and Singer，1993）。

[7] 见乐施会对世界不公平的贸易体系引人注目的指责《操纵规则和双重标准：贸易、全球化与反贫困》（2002）。

[8] 关于本节所涉及的问题的最新讨论，见 Maizels（1987）和 Gilbert（1996）。

［9］对国际商品协定和一般商品问题的全面讨论，见 Maizels（1992）和 Gilbert（1996）。

［10］关于不稳定的度量和对不稳定对发展中国家经济的影响的经验证据的总结，见 Lim（1991）和 Love（1987）。

［11］关于说明性的计算，见 Thirlwall（1976）。Morrissey and White（1993）认为，只有援助的面值应该按照捆绑超额成本而不是偿还缩减。但这没有什么实际意义。

关于贸易的网站

贸易谈判

WTO www. wto. org

公平贸易

乐施会 www. maketradefair. com

公平贸易基金会 www. fairtrade. org. uk

新经济基金会 www. neweconomics. org. gen/

贸易协定

南方共同市场 www. mercosur. org

北美自由贸易协定 www. mac. doc. gov/nafta

WTO WATCH www. wtowatch. org

第 16 章

国际收支、国际货币援助与发展

我们已经看到，发展中国家的贸易结构是如何导致严重的国际收支困难的，而这种困难可能是对增长的一个阻碍；很多发展中国家在抵御对它们出口收入和进口支付产生不利影响的外部冲击时是多么脆弱。

本章我们将阐述一个简单的国际收支约束型增长模型，首先没有资本流动，而后容许资本流入为经常账户赤字筹资。模型表明，增长与经常账户均衡一致取决于四个主要因素：（1）实际贸易条件发生的变化（或实际汇率）与出口和进口的价格需求弹性；（2）世界收入的增长；（3）一国出口的收入需求弹性；（4）进口的收入需求弹性。我们要说明的是如果实际贸易条件不变，一国的增长率接近于出口增长对进口的收入需求弹性的比率。

模型有些政策建议与汇率政策有关：改善出口的收入需求弹性的产业政策和减少进口的收入需求弹性的贸易政策。考虑不同类型的汇率体制，从固定盯住汇率制度到自由浮动汇率制度，并且叙述一下引以为戒的 1997 年东亚金融危机。

有资本流动的模型显示资本流入是如何放松经常账户均衡的约束的，但额外的增长是微不足道的，因为经常账户赤字对 GDP 比率（和国际债务对 GDP 的比率）有一个限制。

IMF 最初的目的是为各国提供短期的国际收支支持，并且通过多种工具来实现这个目标：普通提款权、扩展贷款、补偿融资贷款、外部冲击贷款、减贫增长贷款以及其他特殊贷款。但是 IMF 的贷款是有条件的，贷款越多，条件越苛刻。我们考察了发展中国家的基金项目的结果，并且对实施的政策提出了批评。

本章最后讨论特别提款权对发展中国家潜在的援助。如果没有特别提款权，发展中国家就只能通过使经济紧缩来调整国际收支困难。

第一节　国际收支约束型的增长

一、 国际收支约束型增长模型

穷国一直处于赤字状态，但赤字按内部和外部经济环境不同而不同。例如，在 20 世纪 70 年代，由于 1973 年和 1979 年末的石油冲击以及世界经济增长的放慢，赤字大幅度上升，尽管国内经济增长的放慢减少了对非石油进口品的需求。在 20 世纪 80 年代早期，由于大多数发展中国家为了从不断下降的出口收入中偿还债务而被迫进行调整（即紧缩），赤字减少了。自从 20 世纪 80 年代末以来，赤字又增加了，这是由国内经济的恢复和国际资本市场恢复贷款的更大意愿所致。1996 年的赤字是 980 亿美元，泰国、印度尼西亚、菲律宾、马来西亚和韩国占到一半多，它们在 1997 年都经历了严重的金融危机。这些国家不得不进行再调整，并且自 2002 年以来东亚和太平洋地区拥有较大的外汇储备。现在中国拥有巨额的外汇储备，但是在很多非洲国家赤字超过 GDP 的 10%。对于任一国家或洲，任何所观察到的事后的赤字都是对它进口支付值和出口收入值之间的差额筹措资金的能力和意愿的衡量。

每个国家都存在一个经济增长率，它与经常账户上的国际收支均衡以及经常与资本账户上的总量平衡相适应。哪些因素决定与经常账户平衡和总量平衡相适应的经济增长率？如果我们规定均衡方程和进出口需求的决定因素，就会立即知道主要因素的重要性，以及评价各国和国际社会为提高发展中国家与国际收支均衡相适应的增长率而采取的各种政策措施。[1]

如果用一个国家自己的货币作为计量单位，该国的经常账户国际收支平衡可表示如下：

$$P_d X = P_f ME \tag{16.1}$$

其中，X 为出口数量，P_d 为出口品的平均价格水平，因而，$P_d X$ 即为该国用本国货币表示的出口总值；M 为进口数量，P_f 为进口品的平均（外国）价格水平，E 为名义汇率（按照外国货币的国内价格计量，因此，它把用外国货币表示的进口品转换为国内货币等值），因而，$P_f ME$ 为该国用本国货币表示的进口总值。

在一个增长的经济中，使国际收支仍然保持均衡的条件是，出口收入的增长率与进口支出的增长率相等，即有：

$$p_d + x = p_f + m + e \tag{16.2}$$

其中，小写字母代表式（16.1）中变量的变化率。

现在我们来考察进口量和出口量的增长由哪些因素决定。出口需求可能主要取决于两个因素：第一，用同一种货币衡量的出口品相对于国外同种商品的价格；第二，世界收入水平，它决定了对该国出口品的购买能力。同样，进口需求也可能取决于两个因素：第一，进口品相对于国内同类产品的价格；第二，国内的收入水平。如果假定进出口产品的需求价格和收入弹性不变，我们便可以把出口函数和进口函数分别写成：

$$X = A \left(\frac{P_d}{P_f E}\right)^\eta Z^\varepsilon \tag{16.3}$$

和

$$M = B \left(\frac{P_f E}{P_d}\right)^\psi Y^\pi \tag{16.4}$$

其中，Z 代表世界收入水平，Y 代表国内收入水平，η 为出口需求的价格弹性（$\eta < 0$），ε 为出口需求的收入弹性（$\varepsilon > 0$），ψ 为进口需求的价格弹性（$\psi < 0$），π 为进口需求的收入弹性（$\pi > 0$），A 和 B 为常数。

如果式（16.3）、式（16.4）中各变量的变化率很小，我们能够看到，出口和进口的增长就取决于：

$$x = \eta(p_d - p_f - e) + \varepsilon(z) \tag{16.5}$$
$$m = \psi(p_f + e - p_d) + \pi(y) \tag{16.6}$$

换言之，出口增长取决于：（1）国内价格相对于同类产品的国外价格的变化率减去汇率的变动，乘以出口需求的价格弹性的乘积；（2）世界收入水平的变化以及出口需求的收入弹性。此处，我们排除了发展中国家在世界市场上按照现行价格无限出售产品的可能性，因为这意味着需求的收入弹性和世界购买力的变化是不重要的，出口增长只是由供给决定的。对于某些小国的某些商品，这可能是正确的。但需求不重要的观点却经不起经验的检验。在国际贸易中，几乎不存在纯粹的价格接受者。

同样，进口的增长也取决于两个因素：（1）进口商品价格相对于国内替代品价格的变化率加上汇率的变动，乘以进口需求的价格弹性的乘积；（2）国内收入水平（作为支出的一个替代指标）的变动以及进口需求的收入弹性。

由于进口的增长依赖于国内收入的增长，如果我们将方程（16.5）和方程（16.6）代入方程（16.2）（给出国际收支长期均衡的条件），就能得到一个表达式，它表示一国的收入增长与经常账户均衡相适应。该表达式依存于几个关键的变量和参数：

$$p_d + \eta(p_d - p_f - e) + \varepsilon(z) = p_f + \psi(p_f + e - p_d) + \pi(y) + e \tag{16.7}$$

于是：

$$y = \frac{(1 + \eta + \psi)(p_d - p_f - e) + \varepsilon(z)}{\pi} \tag{16.8}$$

在开始讨论之前，我们用几句话概述一下这个增长率取决于哪些因素——如果经常性账户赤字不能填补，这些因素就成为约束条件。

第一，它取决于一国实际贸易条件的变化率（$p_d - p_f - e$）。实际贸易条件是指一国用同一货币衡量的出口对进口的价格之比（$P_d / P_f E$）。如果（$p_d - p_f - e$）> 0，那么这个价格比率的上升将提高与经常账户均衡相适应的实际收入增长率；反之，这个价格比率的下降将降低国际收支均衡条件下的实际收入增长率。这就是对收入增长的纯贸易条件效应。

第二，如果实际贸易条件发生了变化，收入增长率就决定于出口（η）和进口（ψ）的需求价格弹性；后者决定了进口和出口对相对价格变化的反应程度。[2]

第三，一国的经济增长取决于别国的经济增长率（z）——这清楚地表明了世界经济的相互依存性——但是，一国相对于其他国家的增长率主要取决于出口需求的收入弹性（ε），而后者又依赖于国外消费者的偏好、出口产品的特性以及一切在国际贸易中决定产品需求的各种非价格因素。一些国家之所以比另一些国家有更健全的国际收支和更高的增长率，重要原因之一就是它们在世界贸易中生产和出口的产品独特的性质。

第四，一国的增长率取决于该国对进口品需求的收入弹性（π）。π 越高，与经常账户上国际收支平衡相一致的经济增长率就越低。

在这些因素中，我们能够看到，维持发展中国家的贸易条件、汇率政策、国际凯恩斯主义维持世界收入增长以及诱发结构变化的政策——通过出口鼓励或进口替代——以便提高出口需求的收入弹性和降低进口需求的收入弹性的理论依据是什么。下面我们将依次讨论这些问题。

□ 二、 贸易条件

一国贸易条件恶化（在其他条件不变的情况下，进口价格比出口价格上升得快）的后果是：恶化了一个既定增长率下的国际收支；或者换个说法，降低了与经常账户均衡条件相适应的收入增长率。例如，在方程（16.8）中，如果进口价格每年上升 10%，而出口价格每年只上升 5%，这就意味着 y 比贸易条件不变时的增长率低。在理论上，这种"贸易条件效应"是可以通过对本国货币不断升值来抵消的，即 E（$e<0$）的连续下降。但是，几乎没有发展中国家可以随心所欲地不断提高本国货币的价值。实际贸易条件的稳定依靠或指望通过国际商品协定来稳定发展中国家的出口相对于它们进口的价格。在这种分析框架下，贸易条件协定的理论根据是显而易见的。

然而，贸易条件的恶化是否总是坏事，这一点并不清楚。因为出口收入和进口支出，继而国际收支均衡增长率将发生什么变化，不仅取决于相对价格的变化，而且取决于出口和进口对价格变动的数量反应。因为价格弹性 η 和 ψ 被定义为负数，因而，从公式（16.8）可知，倘若这两种弹性值之和超过了 -1，则 $p_d<p_f$ 意味着 y 比 $p_d>p_f$ 时的值要大。换言之，当出口价格上升得比进口价格慢时，该国进口某一定数量的外国商品相对于出口而言支付的更多了，但是，因贸易条件恶化而造成的进口相对于出口的减少，则会足以抵消上述影响。然而，倘若因发展中国家产品的性质（例如，初级产品）而使出口需求的价格弹性很低，同时，由于发展中国家进口的均为必需品，因而进口需求的价格弹性也很低，那么当贸易条件恶化时，发展中国家的国际收支就会恶化，为保持国际收支均衡，增长速度必然受到限制。在这种情况下，国际商品协定就显得非常重要了；如果出口价格对进口价格的比例上升了，这种协定对增长就是有利的。我们在第 15 章讨论了旨在稳定出口价格或改变出口和进口的相对价格的各种商品方案。我们还指出，如果出口供给发生波动，这将不一定稳定出口收入。国际社会对这一点的反应是设计各种方案以补偿出口收入的损失。目前存在的唯一的重要方案是 IMF 的补偿和应急贷款（见下文）。

稳定发展中国家出口价格和维持它们的收入的另一个理由是，由于世界经济是相互依存的，价格和收入不稳定将会使整个世界经济和发展中国家的经济陷入萧条。发展中国家出口价格的降低和收入的减少将使它们对工业品的购买力下降，这会引起经济衰退，而初级产品价格的上升由于引起了工业制成品价格的上升和使发达国家不得不采取通货紧缩措施，因此也可能会引起萧条。为了使世界经济平稳地增长，我们有充分的理由来稳定初级产品的价格，以便使生产和出口初级产品的生产者的购买力与供给同步增长。一个建议是使用特别提款权（SDR）（见下文），在出现供给过剩时，买下这些初级产品，以便稳定它们的价格，这与第 15 章讨论的凯恩斯的"需求控制"方案是一致的。

□ 三、 汇率和贬值

现在我们假定，一国出口价格上升得比进口价格快，因而该国的贸易条件得到了改善，但是出口需求的价格弹性与进口需求的价格弹性之和超过 1，这时，将会有什么情况发生呢？这将会恶化国际收支和降低国际收支均衡条件下的增长率。正是在这种情况下，汇率贬值可能是比较适当的，而且常常被采用。从方程（16.8）中可以看到，如果一国的价格上升超过了其他国家的价格上升（$p_d > p_f$），原则上这可以通过允许汇率持续下降到与 p_d 和 p_f 之差相同的比率来补偿，由此该国产品的竞争力可以维持。传统的国际收支调节理论以及国际货币基金（IMF）对经历国际收支困难的国家坚定奉行的政策就是使汇率贬值。但是，上述政策的理论根据是预先假定：（1）国际收支困难的根源就是价格的无竞争性；（2）要使贬值降低国际收支不平衡，价格弹性是"正确的"（即进出口需求弹性之和大于 1）；（3）实际贸易条件（或实际汇率）是可以通过贬值来改变的。

实际上，名义汇率的降低，即 $e > 0$，或者可能导致 P_f 的下降（$p_f < 0$），或者可能导致 P_d 的上升（$p_d > 0$），这两者的变化将使贬值的效果相互抵消（见方程（16.8））。在贬值国出口产品竞争性增强时，如果别的国家想使自己的产品保持竞争性，P_f 下降就有可能发生。这就是著名的"为市场定价"，它是指出口国在名义汇率变动时调整它们的利润加成比例，以便在世界市场上维持竞争力。由于汇率贬值使进口品的国内价格上升，P_d 也可能会上升，接着就可能出现工资—物价螺旋式上升。不管采用哪一种情况，用同一种货币衡量的进出口产品的相对价格都会在短期内恢复到其原有水平，在这一点上，贬值的作用就会消失。爱德华兹（Edwards，1989）考察了降低一国实际汇率的贬值效果。他研究了 1962—1982 年间 25 个发展中国家的 39 个贬值案例，发现在大多数情况下，贬值在 3 年内被国内通货膨胀抵消了。如果要使贬值发挥作用，贬值还要得到限制性的货币和财政政策的支持，但这可能会导致失业。卡明和罗杰斯（Kamin and Rogers，2000）对墨西哥的一项详细的案例研究表明，贬值几乎总是与高通胀和经济萎缩相关。

还要注意的是，本国货币的一次性贬值，并不能使该国长期保持在更高的增长道路上，而同时又使国际收支保持平衡。除非贬值的同时能够导致有利的结构变化，否则要想在平衡国际收支的前提下保持经济高速增长，一国就必须不断地降低本国货币价值（即 $e > 0$ 长久成立）。因此，各国在决定把货币贬值作为解除对增长的国际收支约束的解决办法之前，必须小心地审视目前各方面条件。有三个主要的担忧。

首先，对于一个严重依赖进口的开放型国家来说，提高进口品的国内价格，可能是一种高度通货膨胀性的政策，如同很多国家已经发现贬值带来了成本高昂，特别是在拉丁美洲。有些国家鼓起勇气抵制以贬值为条件的 IMF 的资金支持。在它们看来，首写字母 IMF 代表的是通货膨胀（inflation）、穷困（misery）和饥饿（famine）。

其次，贬值可能是危险的，因为它过早地把资源转移到可贸易产品部门，而在这个部门中，生产率可能比不可贸易产品部门的低。这一点由尤托波罗斯（Yotopoulos, 1996）强有力地证明了，他相信，由于国际收支中资本账户的软弱，实际汇率有被低估的倾向，这就会使名义汇率降低。因此，在发展的早期阶段，发展中国家通过对外汇市场实行控制和干预防止名义汇率贬值。只有当外汇市场发展得相当成熟了，本国货币不被外部世界看成是软通货，才能开始让外汇市场自由化。20 世纪 70 年代和 80 年代的大多数年份中，在其他因素不变的条件下，尤托波罗斯研究的 33 个国家的实际汇率与人均收入的增长之间呈现出负相关关系。

第三，货币贬值的结果是使贬值国首先在那些导致国际收支困难的产品的出口上变得更有竞争力。货币贬值可能鼓励具有高价格弹性的新产品（工业制成品）的出口，但对于那些需求价格弹性低的传统产品的出口来说，贬值可能起不了很大的促进作用。例如，如果一国是世界市场上较大的供给者和价格制定者，货币贬值与低价格弹性结合在一起将会使出口收入减少。如果该国是价格接受者，那么贬值会提高这种产品的国内价格，引发通货膨胀。诚然，贬值可能会使出口产品的生产变得更为有利可图，因而可能会导致这些产品的供给大幅度增加，但是，就刺激供给增加而言，可以采用其他一些办法，这些办法与贬值相比，可能导致更少的通货膨胀。下文将会讨论在发展中国家可用的不同类型的汇率体系。

□ 四、 IMF 关于贬值的供给方面观点

货币贬值以及允许出口品的外国货币价格降低，提高了可贸易产品相对于非贸易产品的价格，使国内出口商所获得的每单位外汇可以换得更多的国内货币额，因此，也可以增加出口的获利性。IMF 最初承认，在发展中国家（尤其是作为一个整体）出口和进口的产品中，有很多是需求价格弹性低的产品。但现在该机构则越来越多地把供给方面观点作为贬值的依据。如果产出被刺激增加了，这将会在某种程度上减轻由贬值和相应的支出缩减政策所造成的总货币需求的紧缩。

IMF 对贬值的供给方面观点是由纳萨希比（Nashashibi, 1980）在考察苏丹的情况时提出来的。这种方法首先要求计算用于可贸易产品生产的每单位国内资源的外汇收入。然后，出口（和进口替代）活动按照利润率大小安排，而且根据供给的论点，一次适当的贬值足以保证传统出口品的利润率，也许还鼓励建立新的活动。例如，如果苏丹当前汇率是 2 美元兑换 1 苏丹英镑，对大多数商品来说，计算的每单位国内资源的外汇收入比这个汇率要低，为出口生产显然就是无利可图的，于是，汇率应该贬值，使可贸易产品的生产都能获得正常的利润。每单位国内资源的外汇收入可以表示如下：

$$C = \frac{(P_x X - P_m M)r}{P_d D} \tag{16.9}$$

式中，X 代表出口，P_x 为用国内货币表示的出口品世界价格，M 为进口投入品数量，P_m 为用国内货币表示的进口投入品价格，D 为投入生产的国内资源数量，P_d 为国内投

入品价格，r 是用国内货币的外国价格表示的汇率。如果 $C>r$，在当前汇率下，生产就是无利可图的。

从方程（16.9）中清楚地看到，如果贬值提高了利润率，$(P_x X - P_m X)/P_d D$ 的上升必须大于 r 的下降。遗憾的是，这种情况不可能必然就会发生。它取决于 $P_x X$、$P_m M$、P_d 和 D 对 r 的变化的反应。这种观点暗含的假定是，发展中国家是价格的接受者；P_x 将与贬值同比例地上升；X 将会增加；M 将会减少；这些有利的影响不被 P_x 和 $P_d D$ 的上升所抵消。实际上，贬值不会完全传导给出口价格（P_x）；出口供给的弹性由于结构刚性和要素不流动性而很低；进口价格和国内价格的弹性可能非常高。最终结果可能是，出口的利润仍然维持不变。这是诺尔丁-侯赛因与本书作者（Nureldin-Hussain and Thirlwall，1984）对苏丹的贬值的详细研究所得出的结论。这项研究考察了棉花、花生、芝麻和阿拉伯树胶生产的利润率问题。

苏丹与很多其他发展中国家被布兰森（Branson，1983）在其贸易结构与贬值的分类讨论中归于"刚性国家"类。所谓"刚性国家"是指那些生产农产品原料为主的、供给弹性很低的国家和那些在短期对进口品尤其是对作为中间产品的进口品的需求缺乏弹性的国家。此外，对出口品需求的价格弹性可能很高，但不是无穷大，实际工资可能是黏性的。在这些环境下，与"结构性"干预相比，贬值可能是提高每单位国内资源的外汇收入的次优政策。

□ 五、 世界收入的增长和结构变化

现在我们来考虑公式（16.8）中的 z，即世界收入的增长。对于世界收入的增长，任何单个国家都不可能有很大的影响力。但是，由于所有的国家都由贸易联系在一起，各国的相互依存和全球繁荣的重要性也是显而易见的。超国家机构的首要职能应该是，在面临外部冲击时保持世界收入和贸易增长，防止 20 世纪 30 年代整个世界经济萧条时各国所采取的以邻为壑政策的重演。IMF 的宗旨就是防止 20 世纪 30 年代萧条情况的再次出现，就是各国克服国际收支困难，避免求助于普遍的贸易保护主义——在全球经济螺旋式下降时，这种保护主义把失业从一国出口到另一国。今天，这个同样的目的引起了出口剩余的回笼和管理贸易的计划的实施。这就是说，在一些国家国际收支长期赤字而另一些国家长期盈余的情况下，解除国际收支对赤字国的增长的约束已成为当前国际社会的主要目标。这是我们在第 1 章中讨论的布兰德报告的主要观点，以及在 2008 年造成对世界经济打击的金融和经济危机期间各国的主要顾虑。

尽管单个国家都没有控制世界收入增长的能力，但每个国家确实对其出口需求的收入弹性有一定的控制能力，而后者在世界收入增长的条件下决定出口增长的速度。同样，每个国家都对进口品需求的收入弹性也有一定程度的控制，因为这两个参数都是由参加国际贸易的产品性质和类型所决定的。因此，它们是由奉行的经济和贸易战略所决定的。

在第 15 章中，我们已讨论过进口替代和出口促进两种战略。进口替代的目标是降低对进口品需求的收入弹性，但是，这一战略有其局限性，政策本身可能在创造出一个刚性的、无效率的产业结构的同时，降低国外出口品需求的收入弹性。一个更为有效的战略是集中力量来提高出口需求的收入弹性，同时，如果生产的出口品也与进口品存在

竞争，它也可能降低进口需求的收入弹性。几个东南亚国家过去一直在不懈地实施这一战略，并取得了成功。

□ 六、 国际收支约束型增长模型的应用

在方程（16.1）和方程（16.2）中论述的国际收支约束型增长模型在多大程度上符合发展中国家的经验呢？或者换句话说，方程（16.8）是在多大程度上预测发展中国家的增长率呢？为了回答这个问题，对模型简化是很方便的，或者假定需求价格弹性（$\eta+\psi$）没有显著偏离单位 1，那么方程（16.8）就可以变成 $y=\varepsilon z/\pi$，或长期国际贸易中相对价格不变（或实际汇率不变），在这种情况下，方程（16.8）可以变成 $y=\varepsilon z/\pi=x/\pi$。后者常常被叫做动态的哈罗德贸易乘数结果，它是静态贸易乘数的动态结果 $Y=X/m$ 的对应概念，其中，Y 是收入水平，X 是出口收入，m 是进口的边际倾向，$1/m$ 是外贸乘数（Harrod，1933）。会发现一国是增长绩效的国际收支约束型的初步证据，其实际增长接近或略微超出其国际收支均衡增长率（由可持续长期资本流入融资——见下文），与国内资源的未充分利用结合在一起。

有很多把这个简单模型应用到单个发展中国家或发展中国家组的研究，例如安萨尔等（Ansari et al.，2000）选择了一些东南亚国家进行研究；莫瑞诺-布里德和佩雷斯（Moreno-Brid and Perez，1999）对中美洲国家的研究；佩拉顿（Perraton，2003）对一些发展中国家的研究；莫瑞诺-布里德和帕切克-洛佩斯（Moreno-Brid，1998；Pache-co-López，2005）对墨西哥的研究；内尔（Nell，2003）对南非的研究；以及拉兹米（Razmi，2005）对印度的研究。[3]一些亚洲和拉丁美洲国家的结果如表 16—1 所示。大多数情况下，不可能拒绝实际增长率 y 等于国际收支均衡增长率（x/π）。对于墨西哥尤其正确，该国显示在 1985/1986 年自由化后的增长放缓，原因是进口的收入需求弹性大幅度增加，而出口增长率没有相应增加。出口增长几乎不变；进口的收入需求弹性翻番，并且可持续增长率下降一半。

表 16—1　　　　　　　　对发展中国家国际收支约束型增长模型的应用

国家	实际 GDP 增长率（y）（%）	出口增长率（x）（%）	进口收入弹性（π）	预计在国际收支平衡约束下的增长率（%）
亚洲国家[a]（1970—1996 年）				
印度尼西亚	6.90	16.3	2.98	5.47
马来西亚	7.40	14.5	2.25	6.44
菲律宾	3.70	9.9	1.92	5.16
泰国	7.60	13.0	2.86	4.55
拉丁美洲国家[b]（1950—1996 年）				
哥斯达黎加	4.7	5.8	1.10	5.26
萨尔瓦多	3.4	3.3	1.75	1.88
危地马拉	3.8	4.4	1.35	3.34
洪都拉斯	3.8	2.7	3.70	0.73

国家	实际 GDP 增长率（y）（%）	出口增长率（x）（%）	进口收入弹性（π）	预计在国际收支平衡约束下的增长率（%）
尼加拉瓜	2.6	3.4	2.04	2.10
墨西哥[c]（1968—1983 年）	5.52	9.17	1.57	5.85
墨西哥[c]（1984—1999 年）	2.79	9.14	3.14	2.91
墨西哥[d]（1973—1985 年）	5.0	9.0	1.3	6.9
墨西哥[d]（1986—1998 年）	2.8	9.2	3.1	2.9

资料来源：a. Ansari，Hashemzadeh and Xi，2000.

b. Moreno-Brid and Perez，1999.

c. Moreno-Brid，1998.

d. Pacheco-López，2005.

佩拉顿（Perraton，2003）用 51 个国家 1973—1995 年间的样本数据对模型进行了检验。用方程（16.5）和方程（16.6）对出口和进口的需求函数进行了估计，从中得出了长期的收入和价格弹性的估计值。然而，只能得出 27 个国家稳定的进口的收入需求弹性（π）的估计值。对这些国家，动态的哈罗德外贸乘数（x/π）对实际增长绩效是个很好的预测。如果使用森哈吉（Senhadji，1998）对进口的收入需求弹性的估计值，则给出更强的结果。这些研究的结果对我们上一章所讨论的出口导向型增长的思想和重要性增加了分量。

□ 七、 资本流动

在以上讨论中，我们一直假定，保持国际收支经常账户平衡的要求限制了增长。当然，在实践中，一国的经常账户是可以出现赤字的，而且有时时间还比较长，这是因为赤字可以通过各种来源的国外资本流入来弥补。为达到较高收入水平，进口总值是可以超过出口总值的，其差额由资本流入净额决定。我们可以写出总量国际收支平衡公式：

$$P_d X + C = P_f ME \tag{16.10}$$

式中，P_d、X、P_f、M 和 E 的含义同式（16.1），C 代表以本国货币衡量的国外资本流入净额（包括本国储备的减少）。取该恒等式的变化率，我们就有：

$$\frac{E}{R}(p_d+x)+\frac{C}{R}(c)=p_f+m+e \tag{16.11}$$

其中，E/R 和 C/R 分别代表用于支付进口的出口收入（E）和资本流入（C）占总收入（R）的比例。如果将方程（16.5）和方程（16.6）的 x 和 m 代入方程（16.11），我们便能求出与总量国际收支均衡相联系的经济增长率。这个增长率取决于前文所述的所有因素，同时也取决于实际资本流入的增长率。通过替代，我们获得如下增长率公式：

$$y=\frac{(1+\frac{E}{R}\eta+\psi)(p_d-p_f-e)+\frac{E}{R}[\varepsilon(z)]+\frac{C}{R}(c-p_d)}{\pi} \tag{16.12}$$

这个模型被称为动态的哈罗德贸易乘数结果的扩展形式（即扩展到考虑资本流入）。

除了两个出口弹性 η 和 ε 上附加了一个权数 E/R 之外；方程（16.12）同方程（16.8）的唯一区别是增加了一项 $(c-p_d)$，它度量实际资本流入的增长（名义资本流入增长率 c 减去通货膨胀率 p_d）。这样，当资本流入增长率为正时，国民收入的增长率要高于经常项目上国际收支平衡约束下可达到的增长率。但另一方面，必须说，一个连续的正的资本流入增长率意味着债务负担不断增加，这种情况是不可能长期维持的。所以，运用经常项目赤字办法来支持经济增长在长期是一个不可行的选择。必须奉行其他的长期战略，这些战略在保持经常账户平衡的基础上，考虑增长率的决定因素。[4]

这个模型被诺尔丁-侯赛因（Nureldin-Hussain，1995）运用于非洲和亚洲1970—1990 年间的样本分析，得出了有意义的结果（见表 16—2）。每个国家（地区）的增长率（第（1）栏）按照方程（16.12）分解为三个部分：第一个部分是贸易条件效应，第二个部分是出口数量效应；第三个部分是实际资本流入效应。可以看到，该模型对大多数国家（地区）都是非常适用的。但是，各国（地区）之间不同效应的贡献是不同的，非洲与亚洲也是不同的。非洲比亚洲增长慢得多，平均起来，非洲增长的一半以上（不包括来自石油出口的增长）是由资本流入提供资金的。贸易条件的变动对非洲的经济增长产生了不利的影响。相反，在亚洲，增长的很大一部分是由出口迅速增长带来的，而贸易条件变动对经济增长产生了有利的影响。

表 16—2 扩展的动态哈罗德外贸乘数的估计，1970—1990 年（年均百分比）

	实际增长率 (1)	贸易条件效应 (A) (2)	出口数量效应 (B) (3)	实际资本流入效应 (C) (4)	预计增长率＝ ((A)＋(B)＋(C)) (5)
非洲国家					
埃及	6.9	−2.37	4.36	7.31	9.30
刚果（金）	6.59	0.42	3.88	2.38	6.67
肯尼亚	6.24	−0.50	1.62	5.59	6.71
毛里求斯	5.80	0.92	5.13	0.19	6.23
突尼斯	5.69	0.87	5.24	1.48	7.59
布隆迪	5.60	1.69	3.21	−1.26	3.65
喀麦隆	5.50	−1.12	7.08	0.00	5.97
加蓬	5.10	0.49	6.81	−0.04	7.33
阿尔及利亚	4.90	10.15	4.21	−8.72	5.64
摩洛哥	4.62	−1.34	2.83	3.47	4.96
科特迪瓦	4.50	0.39	4.23	0.81	5.43
莱索托	4.40	−3.43	6.62	1.55	4.74
布基纳法索	4.20	−5.17	3.03	5.63	3.50
索马里	3.40	−1.10	0.20	5.00	4.07
津巴布韦	3.23	−2.40	2.23	−1.24	−1.41
苏丹	3.10	0.14	1.13	1.92	3.20
贝宁	2.90	1.44	0.96	1.35	3.75

	实际增长率 (1)	贸易条件效应（A）(2)	出口数量效应（B）(3)	实际资本流入效应（C）(4)	预计增长率＝((A)＋(B)＋(C))(5)
坦桑尼亚	2.90	0.33	−0.55	5.01	4.79
多哥	2.90	0.08	2.31	0.61	3.00
塞内加尔	2.67	0.23	1.56	1.05	2.83
尼日利亚	2.50	2.37	1.28	−1.17	2.48
南非	2.42	−1.03	1.32	7.74	8.03
毛里塔尼亚	2.30	0.68	1.58	0.42	2.69
埃塞俄比亚	2.20	−0.09	0.74	2.53	3.17
塞拉利昂	1.58	−0.23	−0.67	2.65	1.75
赞比亚	1.40	−0.31	−1.29	0.58	−1.02
加纳	1.40	−3.81	0.15	2.88	−0.79
尼日尔	0.81	−5.07	1.79	3.47	0.20
马达加斯加	0.48	−0.10	0.06	0.95	0.91
平均值	3.66	−0.27	2.45	1.80	3.98
不包括石油出口国的平均值	3.40	−0.84	1.99	2.49	3.64
亚洲国家(地区)					
韩国	9.11	−0.81	13.47	−2.49	10.17
中国香港	9.07	−0.07	8.34	1.01	9.28
印度尼西亚	10.76	1.82	3.18	5.76	7.58
中国内地	8.20	−0.02	6.43	0.26	6.67
马来西亚	7.08	−0.69	6.60	2.21	8.12
泰国	6.80	0.96	5.45	2.61	9.02
巴基斯坦	5.04	−0.44	4.28	4.40	8.24
印度	4.31	−0.85	3.16	1.96	4.27
斯里兰卡	4.30	−0.65	2.33	3.00	4.68
日本	4.20	−1.42	9.73	−4.63	3.68
菲律宾	3.70	0.22	2.00	0.26	2.48
平均值	6.60	−0.18	5.91	1.31	6.74
不包括日本和韩国的平均值	6.58	0.03	4.46	2.39	6.70

资料来源：Nureldin-Hussain，1999.

诺瑞丁-侯赛因（Nureldin-Hussain，2001）同样使用了这种带有资本流入的国际收支约束型增长模型作为对哈罗德-多马模型的一个替代，计算如果到2015年非洲贫困减半所需的资金要求。他得出的结论是，给定所隐含的经常账户赤字和必要的资本流入，所需的增长率是不能达到的。一般说来，资本流入需要超过 GDP 的 20%。

第二节　发展中国家的汇率制度与东亚金融危机

□ 一、发展中国家的汇率制度

所有的国家对汇率制度都有一个广泛的选择，从完全固定的到自由浮动的，或者两者之间的很多选择。发展中国家选择哪种制度取决于当时的环境；取决于其他国家使用的汇率安排，以及经济政策的长期目标。例如，一国希望追求汇率的稳定性，因为浮动汇率的不稳定性和明显的缺点，在这种情况下，它希望选择一些固定汇率体制的形式。或者反过来，一国希望使用其汇率来达到国内经济的一些实际目标，如较快的增长率和充分就业，因此为实际汇率设定一个目标。由于国内和国外价格经常变动，实际汇率目标要求名义汇率频繁变动，在这种情况下，国家将希望选择浮动汇率体制的一些形式。另一方面，如果通货膨胀是国内最严重的问题，为了维持一个既定的实际汇率进行货币贬值，就可能简单地使通货膨胀加剧，一国希望将其货币锚定另一国的货币或甚至采用另一国的货币，以期获得货币可信度。这是钉住汇率制的一个极端的例子。另外，会有资本流动的问题。如果一国让其资本市场和国际收支资本账户自由化，且资本可以自由流入和流出，那么一国要追求一个汇率目标，同时采取独立的货币政策，即使不是不可能的，也是很困难的。例如，资本流出会带来货币的贬值。阻止贬值的唯一有效方式是提高国内利率，这会使国内经济变得萧条。相反的困境是资本流入。唯一使内部和外部均衡一致的方法是控制资本流动，或容许汇率浮动。理论上说，自由浮动允许一国追求与国内经济目标相适应的完全独立的货币政策，但是在实践中没有国家对其汇率值是完全无动于衷的，尤其是外汇市场的特点就是汇率大大地超过其实际"均衡"值。有几个实例表明，在选择汇率制度时各国需要谨记一些因素和条件。[5] 表 16—3 提供了一系列的选择，从固定汇率到浮动汇率。

表 16—3 　　　　　　　　　　　汇率制度的类型

固定汇率制度	中间汇率制度	浮动汇率制度
货币委员会	钉住汇率	自由浮动
货币联盟	爬行钉住	管理浮动
美元化（或使用另一国货币作为本国货币）	汇率区间 爬行区间	

每个国家必须根据其自身的情况找到自己的解决方案。IMF 通常会尊重一国的汇率体制的选择，并且给出支持这种选择的意见。不同的选择会在下文讨论，但是过去30 年左右的历史经验显示出三个广泛的政策结论（Fischer，2001）：（1）介于硬钉住汇率制和浮动汇率制中间的制度（可能会被称为"软"钉住）在不控制资本的情况下是不可持续的。（2）当国家从中间的制度向区间的两端转变（更多的是向浮动汇率制转变而

不是硬钉住汇率制）时，广泛的灵活汇率安排仍然是可能的。（3）各国对汇率变动都不是漠不关心的，所以独立的汇率浮动不是一个选择，它可能是危险的。现在我们简要考虑一下表 16—3 列出的不同形式的汇率制度，以及它们的优点和缺点。

货币委员会（currency boards）是硬钉住的一个极端的形式，要求一国每单位货币发行要有等量的外汇储备作为支撑，例如美元。非洲独立前在英国的统治下，货币委员会制度在非洲被广泛地实行。最近，阿根廷决定以这种方式把其货币和美元锚定，但是最后没有成功。把一个弱势货币和一个强势货币联系在一起，这对反通胀以获取货币信用是一个有用的工具。确实，这个制度让我们回想起旧的金本位制度，它要求货币发行需要以黄金为后盾，根据国际收支和国际储备的变化增加和减少货币供给。货币委员会制度有两个严重的缺点。第一是企业家投资的信贷对贸易需求是没有弹性的（因为它主要依靠美元储备的可得性）；第二是如果储备货币升值，那么本币会随之升值。这会导致和其他贸易伙伴严重的竞争问题，而且会损害出口和国际收支。由于在 2000—2001 年随着美元升值，阿根廷进入严重的衰退，货币委员会制度最后被废除了。

另外一个硬钉住的极端例子是**货币联盟**，在联盟内，各国决定共同使用一种货币，这样根据定义联盟成员国之间的汇率就消失了。如果各国觉得多重货币、汇率波动性和不确定性严重损害贸易，而且放弃货币独立性的总收益超过成本，那么它们可以决定加入一个货币联盟。**最优货币区**（区内成员国的收益超过成本）的条件有：（1）经济周期是同步的，经济冲击是对称的，这样单一的货币政策才适合所有的成员国；（2）劳动和资本自由流动；（3）财政转移支付机制用于帮助不利的地区；（4）多重货币严重损害贸易。一国要知道收益是否会超过成本绝不是件容易的事情，决策通常是根据政治和经济原因作出的。然而，重要的是要强调，一国没有汇率来防范其对手伙伴这一事实，并不意味着该国能避免国际收支问题，它们仅仅是换一种形式出现而已（Thirlwall, 1980）。如果进口计划超过了出口计划，国际收支困难将体现在产出下降和失业上升，除非能在货币联盟成员国间有补偿性资本转移。西非法语区是货币联盟的一部分，它们现在使用欧元作为统一货币，而现在世界上最大的货币联盟是由欧盟 16 个国家组成的，使用欧元作为其统一货币。

另外一种硬钉住形式就是简单地使用另一国的货币，使用美元的情形被称为美元化。就货币和汇率政策而言，该国变成货币发行国的附属。这也是不能管理它们自己事务的国家的最后选择。近年来，厄瓜多尔和萨尔瓦多已美元化了。

钉住汇率是固定汇率，但可以调整。这种制度是 1944 年在布雷顿森林体系所确立的，按照这一制度，每个国家的货币都要钉住美元，这样所有国家间的双边汇率也是钉住的。该体系被称为"可调整钉住汇率制度"，这是因为，如果各国发现它们的基本国际收支不均衡，出现了不可持续的赤字，它们被容许对美元继而其他货币的汇率进行调整。该体系使汇率稳定，并且避免了各国竞争性贬值，如 20 世纪 30 年代出现的以邻为壑的政策就具有这种特点，但是该制度在资本流动不断增加的世界里被证明是难以维持的。这对任何想钉住其汇率的国家是个问题。如果一国货币处于压力下，那么钉住汇率制的存在对于投机者有一个单向选择。货币市场预期钉住汇率只能往下调整，于是使得货币对投机攻击变得很脆弱。在有大量的资本自由流动时，维持一个钉住汇率而同时试图追求独立的货币政策是很难的，因为利率必须用于保护货币。正是大量的投机性资本的流动，而美国又没有能力履行美元换黄金的承诺，才导致在布雷顿森林体系建立起来的国际货币体系在1972年瓦解。自此，其他国家试图建立钉住汇率大都是类似的命运。引用费舍尔（Fischer，2001）的话："近年来，固定的或钉住的汇率是每次新兴市场重大金融危机的主要原因——1994年底的墨西哥；1997年的泰国、印度尼西亚和韩国；1998年的俄罗斯和巴西；2000—2001年的阿根廷和土耳其。"

如果某国决定要钉住自己的汇率，对于钉住有三种广泛的选择：（1）钉住单一的货币，如美元、英镑或欧元；（2）钉住反映和该国贸易的个别定制的一篮子货币；（3）钉住共同的货币篮子，如特别提款权（SDR），自2001年以来就是世界四种主要货币的加权货币篮子，这四种货币是美元、日元、欧元和英镑。问题是选择哪种钉住？这将取决于该国想要达到的目标是什么。如果是为了宏观经济稳定，仅钉住一种货币不可能是最优的，因为一国的汇率变动可能和其自身的国际收支没有关系，而是会按照被钉的货币国的国际收支而变化。理想地，把经济作为一个整体，钉住汇率需要抵消个别双边汇率变化对整个经济的影响。这需要钉住一篮子货币，这个货币篮子中的权重应反映该国和其贸易伙伴的总贸易（出口和进口）的方向和弹性。钉住共同的货币篮子，如SDR，可能优于只钉住一种货币，但是劣于个别定制的一篮子货币。

要保留固定汇率的优点，但是又使投机压力达到最小，能建立对货币贬值的预期，就有多种更为灵活的中间汇率制度。

一种可能性是**爬行钉住汇率制**。在爬行钉住下，一国要在协议的波动幅度内维持其钉住汇率，这个幅度等于在协议的前一时间段的市场汇率的移动平均。如果环境是有保障的，这就使得一国的货币价值逐渐降低，与此同时，既避免了在可调整钉住汇率制度下货币的剧烈贬值，又避免了在自由浮动汇率制度下的过度贬值的可能性。为了避免对货币的投机，利率提高的幅度等于容许的贬值率。

一种对爬行钉住汇率制度的变异：**汇率区间制度**，指国家容许汇率在一个特定的区间波动。爬行汇率区间制是容许汇率波动区间自身随时间波动。

对灵活性最极端的是容许货币在完全没有干预的情况下的完全独立地浮动。这意味着一国对其汇率完全放任自流。实际上，如果涉及宏观稳定，没有一个国家能对汇率漠视不管。汇率容易出现疯狂的超调，极具破坏性，而且货币的快速贬值会通过提高进口的国内价格成为通货膨胀的主要源泉。同样需要强调的是，虽然根据定义，自由浮动能保证外汇市场的均衡（因为汇率是外汇供给和需求均衡时的价格），但并不能保证国际收支经常账户的均衡，因为进口和出口的需求弹性可能未处于恰当的范围内。如果赤字能由外国贷款提供资金，那么这会涉及债务的不可持续的累积。

近年来，虽然很多国家宣传朝着更大的汇率灵活性的方向行动，但实际上它们仍然在干预。这被称为有管理的浮动汇率制度。各国没有汇率目标、没有钉住、没有官方浮动区间，但是它们根据每天的情况进行干预。对汇率的管理要比对资本流动的控制容易。对资本的管制使中国免受汇率动荡的影响，而1997年汇率动荡严重打击了东南亚很多国家（见下文）。1998年，马来西亚对资本实施管制，以便能够更有效地管理汇率（见Athukorala，2001）。智利短期对资本流入征税，以便它能实施货币紧缩政策来控制通货膨胀，而不会带来资本流入的不稳定。

最后，需要说明的是，发展中国家的最优的汇率战略应能认识到大多数国家的二元结构，而且对所有商品实施单一的汇率可能是不适当的。要么需要一个二元汇率，要么有一个税收和补贴制度来达到同样的效果。[6]在一个二元汇率体系下，一个固定的（官方的）汇率应用于初级产品出口（和用于基本进口品以保持它们在国内价格较低），一个自由（贬值的）汇率应用于具有高价格需求弹性的制造品出口（和非基本的进口品）。出现外汇短缺时，自由汇率会带来外汇的国内价格高于官方汇率。自由汇率越高，或贬值程度越大，对制造品出口的刺激越大，对非基本进口品的抑制越大。

二元汇率的主要管理问题是要把两个市场分开，确保来自初级产品的出口收入按官方汇率上缴，而以官方汇率购买的外汇被用于基本进口品。前者可以通过国家销售局完成，后者通过严格的许可实现。货币拍卖——把外汇卖给用于非必需品目的的最高出价者——是另外一种二元（或多元）汇率政策。在 IMF 的早年，二元和多元汇率是受到抑制的，被认为是对自由贸易和交换的干扰，但是近年来对其表现出更大的宽容。

最近对各国实行的汇率制度和实体经济运行之间的关系的研究观点如下：（1）在钉住汇率制度下，通货膨胀低，产出增长没有受到影响，但是产出波动比在弹性汇率制度下要高（Ghosh et al.，2002）。（2）钉住汇率制度要比浮动汇率制度更容易遭受货币危机，尤其是在与国际金融市场联系更紧密的国家，但是中间制度要比硬钉住或自由浮动制度这两个极端形式甚至更容易遭受危机（Bubala and Otker-Robe，2004）。（3）具有灵活的汇率制度的国家要比具有固定汇率制度的国家更容易吸收贸易条件冲击，所以产出波动更小（Broda，2004）。

当前，各国（地区）追求汇率制度的不同形式如表 16—4 所示。

表 16—4　　　　　　　　　各国（地区）按汇率制度的分类

汇率制度安排（国家（地区）数）	汇率锚			
	美元	欧元	组合	其他
无单独法定货币的汇率制（10）	厄瓜多尔	秘鲁	黑山	基里巴斯
	萨尔瓦多	巴拿马	圣马力诺	
	马绍尔群岛	东帝汶		
	密克罗尼西亚			
货币委员会安排（14）	安提瓜和巴布达	圣卢西亚	波黑	文莱
	吉布提	圣文森特和格林纳丁斯	保加利亚	达鲁萨兰
	多米尼克		爱沙尼亚	
	格林纳达		立陶宛	
	中国香港			
	圣基茨和尼维斯			

续前表

汇率制度安排 （国家（地区）数）	汇率锚				
	美元		欧元	组合	其他
其他传统的固定 汇率制（68）	安哥拉	塞舌尔	贝宁	斐济	不丹
	阿根廷	塞拉利昂	布基纳法索	科威特	莱索托
	阿鲁巴岛	所罗门群岛	喀麦隆	利比亚	纳米比亚
	巴哈马	斯里兰卡	佛得角	摩洛哥	尼泊尔
	巴林	苏里南	中非共和国	俄罗斯	斯威士兰
	孟加拉国	塔吉克斯坦	乍得	萨摩亚	
	巴巴多斯	特立尼达和多 巴哥	科摩罗	突尼斯	
	白俄罗斯	塔吉克斯坦	刚果（布）		
	伯利兹	阿联酋	科特迪瓦		
	厄立特里亚	委内瑞拉	克罗地亚		
	圭亚那	越南	丹麦		
	洪都拉斯	也门	赤道几内亚		
	约旦	津巴布韦	加蓬		
	哈萨克斯坦		几内亚比绍		
	黎巴嫩		拉脱维亚		
	马拉维		马其顿		
	马尔代夫		马里		
	蒙古		尼日尔		
	荷属安的列斯		塞内加尔		
	阿曼		多哥		
	卡塔尔				
	卢旺达				
	沙特阿拉伯				
汇率目标区内固定 汇率制（3）			斯洛伐克	叙利亚	
				汤加	
爬行钉住汇率制 （8）	玻利维亚	伊拉克		博茨瓦纳	
	中国内地	尼加拉瓜		伊朗	
	埃塞俄比亚	乌兹别克斯坦			
爬行区间浮动 汇率制（2）	哥斯达黎加			阿塞拜疆	

汇率制度安排 (国家（地区）数)	汇率锚			
	美元	欧元	组合	其他
无先定汇率变化路径的管理浮动汇率制（44）	阿富汗	肯尼亚	缅甸	秘鲁
	阿尔及利亚 格鲁吉亚	老挝	尼日利亚	罗马尼亚
	亚美尼亚 几内亚	利比里亚	巴基斯坦	圣多美和普林西比
	布隆迪 危地马拉	马达加斯加	巴布亚新几内亚	塞尔维亚
	柬埔寨 加纳	马来西亚	巴拉圭	新加坡
	哥伦比亚 海地	毛里塔尼亚	乌干达	苏丹
	多米尼加 印度	毛里求斯	乌克兰	坦桑尼亚
	埃及 印度尼西亚	摩尔多瓦	乌拉圭	泰国
	冈比亚 牙买加	莫桑比克	瓦努阿图	
	吉尔吉斯斯坦			
自由浮动汇率制（40）	阿尔巴尼亚 塞浦路斯	爱尔兰	荷兰	南非
	澳大利亚 捷克	以色列	新西兰	西班牙
	奥地利 芬兰	意大利	挪威	瑞典
	比利时 法国	日本	菲律宾	瑞士
	巴西 德国	韩国	波兰	土耳其
	加拿大 希腊	卢森堡	葡萄牙	英国
	智利 匈牙利	马耳他	索马里	美国
	刚果（金） 冰岛	墨西哥	斯洛文尼亚	赞比亚

资料来源：IMF，2008.

□ 二、 东亚金融危机： 一个警世的故事[7]

东亚金融危机在 1997 年 7 月爆发，当时泰铢处于巨大的压力之下，政府被迫放弃固定汇率，并且允许货币浮动，以避免其国际债务的违约。这一举动很快在该地区漫延，导致数周之内泰国、印度尼西亚、马来西亚、菲律宾和韩国的货币崩溃。随着货币崩溃，这些国家的股票市场暴跌，传播到其他经济体如新加坡和中国香港，那里的货币仍然相对稳定。风暴很快就变成了重大的世界金融危机，不仅对区域增长绩效造成剧烈影响，而且大幅度降低了世界经济增长。1997 年在东亚所发生的事情为我们提供了一个启发性的案例研究和一个警世故事：对各国试图通过短期资本流入填补较大的国际收支赤字，同时又维持固定汇率是危险的。更令人瞩目的是，IMF 没能发现危机在逼近。

问题是，为什么正是这个先前被经济学家和评论家描述为代表了一个"增长奇迹"的地区，却陷入战后时期世界上最严重的衰退之一？财政浪费和宏观经济不稳定能被排除，这些在 20 世纪 80 年代和 90 年代困扰着拉丁美洲。在东亚，大多数重要的宏观经济指标大体上都是健康的。一般地，财政收支盈余，通货膨胀低，而且国内储蓄和投资占 GDP 的比例在世界上是最高的。然而，有时亚洲五国对外账户出现较大的不平衡。如我们在本章前面所讨论的，没有一个国家的长期增长能快于与国际收支经常账户均衡相容的速度，除非能为持续增长的赤字提供资金——一般而言这是不可能的。东亚危机主要产生于它的国际收支赤字由波动性大的短期资本流入来填补，因此是不可持续的，而且由脆弱的（内部）金融结构和不谨慎的贷款导致了进一步的恶化。

东亚 5 国 1992—1998 年间的国际收支赤字（以及赤字占 GDP 的比例）如表 16—5 所示。

表 16—5　　国际收支经常账户，1992—1998 年（百万美元和占 GDP 的百分比）

国家	1992 年	1993 年	1994 年	1995 年	1996 年	1997 年	1998 年
泰国	−6 304 (−5.7)	−6 159 (−4.9)	−7 862 (−5.4)	−13 248 (−7.9)	−14 380 (−7.9)	−3 130 (−2.0)	13 500 (11.5)
印度尼西亚	−2 780 (−2.0)	−2 940 (−1.9)	−3 488 (−2.0)	−6 987 (−3.4)	−8 069 (−3.4)	−1 698 (−1.4)	1 423 (1.1)
菲律宾	−858 (−1.6)	−3 016 (−5.5)	−2 950 (−4.6)	−1 980 (−2.7)	−3 953 (−4.7)	−4 351 (−5.3)	1 300 (2.0)
马来西亚	−2 167 (−3.7)	−2 991 (−4.7)	−4 521 (−6.2)	−8 470 (−9.7)	−4 956 (−5.0)	−4 791 (−5.3)	5 113 (8.1)
韩国	−3 939 (−1.3)	939 (−0.3)	−3 868 (−1.0)	−8 507 (−1.9)	−23 005 (−4.7)	−8 167 (−1.8)	40 039 (13.2)

资料来源：亚洲开发银行，1998 年。

可以看出在危机前几年赤字占 GDP 的百分比平均在 2％～10％之间。从历史的经验和最近拉丁美洲的经验来看，最大可持续赤字对 GDP 的比率似乎是在 2％～3％（取决于环境），若超过这一比例，金融市场就开始变得紧张了。如果赤字由创造债务的流量提供资金（例如，商业银行贷款和非银行私人贷款），外部债务占 GDP 的比率将会开始上升，而且债务偿还占出口收入的比率也会上升。各国对外部冲击变得日益脆弱，如果债务是私人持有，就会出现资本外逃的可能；如果债务是公共持有，就会出现债务违约。最终，所有的债务必须用国际收支盈余来偿还。

20 世纪 80 年代占主导地位的学术正统思想得到 IMF 的赞同，认为国际收支经常账户赤字不应当视为一个问题，只要它们不和政府财政赤字相联系。在这些环境下，国际收支赤字仅仅是一个经济主体之间的私人问题，涉及消费的跨期分配。东亚危机表明这种观点是严重的误导。在发生 1997 年危机的前四年，亚洲 5 国中没有任何一个国家有财政赤字。正统理论始终忽视的是这样一种状况的脆弱性——在这种状况下，产出的快速增长是由创造的债务流量点燃的，而这些债务是必须用外汇来清算和偿还的，而且资本流出能像流入一样快速，这就是货币稳定性和高利率的全部意义，而为控制货币传导所需的高利率对实际经济有毁灭性的影响。国际收支赤字在多大程度上具有可持续性部分取决于资本流入的性质。至少有四种主要类型的资本流入，每种都有其自身的特点和相关的问题：官方资金流动；外国直接投资（FDI）；证券投资；由银行和其他机构提供的商业贷款。表 16—6 给出了亚洲 5 国危机前这些资金流量的相对重要性。

表 16—6　　　　亚洲 5 国赤字的外部融资，1994—1997 年（百万美元）

	1994 年	1995 年	1996 年	1997 年
外部融资净额	47.4	80.9	92.8	15.2
FDI	4.7	4.9	7.0	7.2
证券投资	7.6	10.6	12.1	−11.6
商业银行贷款	24.0	49.4	55.5	−21.3
非银行贷款	4.2	12.4	18.4	13.7
官方资金净流	7.0	3.6	−0.2	27.2

资料来源：UNCTAD，1998.

官方资金流动在为赤字融资方面是最有帮助的，因为还款条件是最有利的，但是它们在 1997 年只起到很小的作用，而且在 1996 年为负。但是当 1997 年危机来袭时，它们占据了主导地位。同样，FDI 也是有益的，因为它代表着更稳定、更长期的投资，而且不会像贷款一样涉及一个未来固定偿还责任。在 20 世纪 90 年代早期直到 1997 年，所有的亚洲 5 国，尤其是马来西亚，接受了大量的直接投资的流入，有利于维持赤字。另外两类资金流量不稳定性就要大得多。在 20 世纪 90 年代有大量的短期资本流入亚洲 5 国，由于金融自由化才使其成为可能。这些流量——证券投资和很多形式的私人贷款——从 1994 年的 360 亿美元增加到 1996 年的 860 亿美元。在 1997 年之前这些不稳定的资金流量占外部融资的比例超过了 60%。金融危机的直接原因是这些短期资本流入的快速逆转。因而，为了理解危机和未来，需要回答两个问题。第一，危机之前的几年是什么原因导致了日益增多的资本流入——或换句话说，这些国家是如何能为日益增长的国际收支赤字筹资的（至少有段时间）？第二，为什么有突然的资金外逃？

对第一个问题的回答是，在 20 世纪 90 年代早期，由于多种原因，东亚被证明是对外国资本有吸引力的地方。各国或明或暗地把它们的汇率和美元相联系，并致力于捍卫这种关系。在很多外国贷款人和东亚借款人的眼里，这一点消除了由汇率下降带来的风险因素。也有一个例外，就是政府会始终为陷入困境的大金融机构或公司提供帮助。发生在 20 世纪 80 年代中期泰国和马来西亚的金融危机以及 1994 年印度尼西亚的金融危机，经过政府干预和帮助得到了解决，这就证实了这个观点：政府隐性地为国内金融机构和公司提供保险。这就弱化了银行的市场自律——如果政府隐性保证存款，投资者就没有必要提现，即使他们相信银行在其贷款政策上草率而为。

对该地区作为维持快速增长并伴有高回报率的对象的认知，导致外国资本如潮水般涌入。自由化也导致东亚的银行和公司大量从海外借款。汇率是固定的这一信念意味着没有必要套期保值，并且创造出对短期借款的偏向。东亚公司从海外的大量借款也是由国内地区银行系统高额的中介成本所致。从海外融资的成本更低。

问题直到很晚才发现，资本市场的迅速自由化暴露了东亚金融体系一些严重的缺陷，这些缺陷只是事后来看非常显然。问题是很多金融中介是通过银行系统的。有发展良好的股票市场，但是债券与其他证券市场发展不足，这样公司外部融资主要就通过银行系统。债权比率在这个地区很高，以韩国为例，在 1996—1997 年达到 3.55。问题是早期银行体系显示的一些根本性弱点被快速增长所掩盖，并没有被国际资本市场所感知。银行的资本充足率低，对私人或相关集团贷款的法律限制是不能令人满意的，而且没有得到严格执行，银行运作缺乏透明度。如世界银行（1998）评论道：

> 银行较弱的治理常常会直接或间接地受政府政策影响，此外，银行的绩效也较差。或许最重要的弱点是银行有限的制度发展。例如，很多贷款是在担保而不是现金流的基础上发放的，因而使得对潜在项目的获利性和风险分析的需要变得模糊了。信贷的发放不是基于现金流的预测、实际的敏感性分析和可收回抵押品的价值，而是倾向于流向与政府或私人银行所有者有关的借款人手中，以及受政策支持的部门。

问题在一定程度上被银行似乎是盈利的事实所掩盖。世界银行注意到"成本收入比……未显示总量无效率"。然而，存在一个明显的政府担保这一事实导致了道德风险的问题。因为银行和公司不可能承受任何失败的成本，这就诱使银行去从事高回报但高风险的投资。如果投资失败，它们将不会去承担成本，而是由政府来收拾。[8]

因而，对危机的解释是，在 20 世纪 90 年代，大量的资本流入导致国内银行轻率地放款，以及信贷的快速扩张，从而导致资产和房地产泡沫。后者甚至鼓励了更多的资本流入。然而，一旦市场情绪发生变化，自我实现的发展预言就会导致资本外逃的恶性循环，汇率下降以及地区性股票交易崩溃。一旦资本开始流出这一地区，汇率就开始下降，没人愿意持有用国内货币度量的资产。由货币贬值导致的资本损失可能要远高于任何高回报率，或者为试图恢复信心而施行的高利率带来的可能收益。很多外国贷款是短期的这一事实意味着资本外流速度很快。而且，它们不包含在外汇储备中。短期债务对外汇储备的比率在韩国是 2∶1，在印度尼西亚是 1∶7，在泰国是 1∶5，在菲律宾是 0∶8，在马来西亚是 0∶6。

炸药桶已建好，一个微小的激发就可引爆。所有危机需要的就是一个扳机：泰国提供了这个扳机。第一，由于经济管理不善，泰国把大多数外汇储备锁定在远期合约里，不是如市场最初的想法那样有 300 亿美元供其支配，而只有 14 亿美元可用，等于仅能用于两天的进口。第二，该国正在挣扎中的金融机构有来自中央银行未偿付的贷款，超过 80 亿美元。支持这些机构的成本变得如此之高，到了 6 月底，泰国政府宣布不再继续支持金融一号（该国最大的金融公司，它吸收了大量的政府贷款）。顷刻之间，这一宣布实际上是撤回政府作为最后贷款人的承诺，使得风险溢价飞速升高。在这一宣布的五天之后泰国政府被迫让泰铢自由浮动，而不是使其国际债务违约，这并不是巧合。一旦一个国家放弃其对维护汇率制度的承诺和为其表现较差的银行提供帮助，这就使得其他国家做同样的事情变得更容易了（对后来国家名誉的国际谴责就大大减少了）。从而，国际市场对其他国家也开始日渐紧张，于是危机扩散开来。

简而言之，这是一个故事。东亚金融危机暴露出亚洲增长过程中的一些根本性的弱点，虽然不是起初导致快速增长率的基本因素。尤其是，它表明了在对国内银行制度建

发展经济学（第九版）

立一个充分的监管控制之前就让国际资本流动自由化是危险的，相对于 GDP 日益增多的国际收支赤字，由短期资本流动来融资也是危险的。这对其他国家也是个警告。国际收支成为国家增长绩效的最终约束。

第三节 国际货币体系和发展中国家

□ 一、 国际货币基金组织的职能

世界国际货币体系主要是由国际货币基金组织（IMF）管理的。该组织是在 20 世纪 20 年代和 30 年代世界大萧条之后，国际社会在为二战后的和平建设作准备时，于 1944 年在美国的布雷顿森林会议上成立的。当时，人们对一战之后各国普遍采取的保护主义和以邻为壑政策对世界经济所造成的灾难性后果可能在二战以后重新抬头感到忧心忡忡。所以，IMF 最初是作为一种稳定世界经济的组织而设立的，当时并未打算让它成为一种促进经济发展的机构。它所提供的贷款均为短期的，主要用于解决成员国短期的国际收支困难。促进经济发展的责任由 IMF 的一个姊妹机构——世界银行承担，该机构与 IMF 是同时设立的。由于 IMF 不允许创造货币，它的创建者之一约翰·梅纳德·凯恩斯就经常抱怨说，他所建议的是建立一家银行，结果却建立了一个基金；而这个基金事实上却被称作银行！

然而，多年来，尤其是在近几年，IMF 的作用发生了变化。它逐渐成为贫穷国家的银行管理者，其活动更像一家开发机构，已经开始向发展中国家提供较长期的贷款，用于解决结构性国际收支困难。世界银行的职能也发生了变化，它也像 IMF 那样，为解决成员国国际收支困难发放贷款，被称为结构调整项目贷款（见第 14 章）。IMF 相继在 1986 年建立了结构性调整贷款（见下文），在 1987 年建立了加强型结构性调整贷款。IMF 和世界银行的职能似乎正在融合，它们认识到国际收支是对发展中国家产出增长的主要长期约束。

现在，IMF 和世界银行就处于困难之中的发展中国家应该实行的改革和政策问题达成了比较一致的意见，有时被称为"华盛顿共识"（Washington Consensus）。华盛顿共识是在 1989 年首先由国际经济学研究所的约翰·威廉姆森创造的，涉及的是拉丁美洲的改革日程，他认为 IMF 和世界银行应该批准这个议程（见 Williamson, 1990, 1993）。改革迅速被看作是广大发展中世界的模式。威廉姆森建议的一篮子改革方案包括如下内容：财政原则；公共支出重新转向教育、卫生和基础设施投资；税制改革——扩大税基和削减边际税率；利率由市场决定并且实际利率为正但比较适度；竞争性汇率；贸易自由化——用较低的统一关税代替数量限制；对外国直接投资开放；国有企业私有化；放松管制——废除阻碍进入或限制竞争的法规，那些关于安全、环境和消费者保护的法规除外，审慎监管金融机构；产权的法律保护。

这个共识赞美了自由市场和自由贸易对于促成经济更快进步的积极作用（见 Taylor, 1997），但是威廉姆森反对把共识解读成为"新自由主义"，因为新自由主义也信奉政府对经济和社会事务最小干预的政治意识形态；低税率、个人主义以及对由市场力

量带来的收入分配的一般冷漠。

这个共识的精髓在经济学家之间还是个有争议的问题，但是它起初的呼吁并没有持续太长时间，因为20世纪90年代在IMF和世界银行的压力下，一些采用改革方案的发展中国家陷入了严重的金融和经济危机，政府垮台了，生活水平下降而且使得数以百万计的人境况恶化了。自由市场力量变成了和政府管制一样具有破坏性和毁灭性。经济学家现在质疑放松管制和市场自由化的步伐和次序，并且呼吁在建立强大的国内制度和政策之前，各国不要对外开放进口和外资流入。需要把制度建设和市场自由相结合，这一观点有时被称为"后华盛顿共识"。然而，IMF和世界银行的意识形态和实际政策制定已经很难改变了。

有一个国家顶住了华盛顿共识的压力，这个国家就是中国。它决意建立自己的发展战略，即不容许经济受到自由市场资本主义那种不受约束的力量的冲击，无论是国内的还是国际的。这种做法被称为"北京共识"（Beijing Consensus），并且越来越对其他（较大的）发展中国家（例如巴西）有吸引力，这些国家在寻找制定政策的另外一种方法，它把人民的需要放在首位，而不是把银行家和国际投机者的利益放在首位。中国宣布的目标是实现快速的可持续增长，与公平和减贫相结合。中国认识到要达到这个目标需要一定程度上的经济独立以隔离世界经济的动荡。这使得它对自由贸易和国际资本的自由流动很谨慎，但对吸引长期外国直接投资则比较积极。中国是幸运的，大到足以（和足够稳定地）走自己的路。很多发展中国家要么太小、太脆弱，要么太不稳定，不能抵制正统主张，因为它们依赖于IMF和世界银行的贷款支持。

□ 二、 国际货币基金组织是如何运作的

国际货币基金组织（IMF）基本上是一个信贷机构。它对发展中国家提供的金融援助或流动性来源主要有四种：第一，从IMF提供的普通基金中提款；第二，在某些特别基金下提款；第三，对低收入国家的贷款；第四，特别提款权的定期发行。

成员国的提款权，特别提款权的分配份额，实际上对基金的捐款以及投票权都是以配额为基础的。每一个成员国都须向IMF缴纳与其配额相等的资金，其中的25％必须用储备资产形式缴纳，余下的部分则可用本国货币缴纳。最初的配额根据与各国经济条件有关的公式确定，这些经济条件包括生活水平、在国际贸易中所占的份额，等等，然后，根据其他国家的条件以及配额等再做调整。美国在所有的成员国中分配的份额最大，目前在2 120亿美元特别提款权限额捐款总值中达到370亿美元。当成员国从基金提款时，它们用本国货币买进所需的货币；在还款时，则用IMF可以接受的外汇购回本国货币。限额规模在连续性评估下得出。2008年第13次对限额的一般性评估建议不增加。事实上，自1998年以来就没有增加过。

IMF可以从任何成员国借入货币以补充自己的限额资源。这已根据1962年1月的借款总协定（General Agreement to Borrow，GAB）被制度化了。起初，这个协定只涉及10个工业化国家为期4年的安排，自那以后，该协定作了几次延长。IMF也从私人资本市场上借款，同时也与一些国家做双边的借款安排。

IMF也为它的特别资金借款，作为从一些成员国回笼国际收支盈余资金的手段。IMF认为，在安排资金回笼过程中，它无意取代一般商业银行，然而，如果它能够向

成员国提供更大的金融资源，就能够更有效率地和更有说服力地支持赤字国采取调整政策。所以，IMF 在主要依赖成员国缴款获得资金的同时，也不断地在市场上借款。由于 IMF 把向国际收支长期不平衡（相对于它们的增长目标而言）的国家提供期限越来越长而额度越来越大的资金作为自己的职责，所以它对资源的需求量在不断增加。

从 IMF 取得资金的国家一般都被要求把实行调整国际收支计划作为支持的条件。这种要求被称作"条件限制"，它反映了 IMF 的原则：提供资金和调整必须同时进行。关于什么叫做国际收支平衡，并未做硬性定义。它并不一定指经常账户的平衡，但是，标准的定义必须有利于贸易和支付的自由，以维持 IMF 基本的自由贸易哲学。要求执行的国际收支调整计划一般包括：货币贬值、限制政府支出和货币供给、同时实行贸易和资本流动的自由化。

这些限制条款惯例是在 20 世纪 50 年代和 60 年代美国的压力下发展起来的，曾受到严厉的批评（见下文）并经过持续性的检讨。它们很尖锐，但是或许与以前比已不是那么尖锐了。成员国被鼓励在国际收支问题变得尖锐之前就向基金磋商借款，并且认识到，成员国需要一个更长的调整时期。IMF 在帮助成员国制定调整计划时，将适当地考虑该国的社会、经济和政治特点（虽然仍然没有太多证据证明这一点）。基金现在意识到与某一可接受的经济增长率有关的国际收支困难，可能不仅与相对价格的扭曲和政府的支出过多有关，而且可能与一国的结构特点有关。因此，重点也从需求缩减转移到供给政策来增加资源配置效率和供给潜力。[9]

□ 三、 普通提款权

IMF 的普通提款权由两个部分构成：（1）黄金或储备部分，它通常占成员国限额的 25%，相当于不是用本国货币支付的限额部分；（2）信贷部分，它等于 100% 的成员国限额，但也可以高于这个比率。

信贷部分被分为四个部分，获得的部分越高，就越难且成本越高。对于储备部分提款不附加任何条件限制。在信贷部分提款中，附加在第一个部分的条件通常是要求设计一个方案，证明为克服国际收支困难已作过一定的努力。更高信贷部分的货币购买要求的条件更严格一些，需要借款国有重大的理由。购买在这里是作为备用安排（stand-by arrangement），而不是直接购买；在贷款之前，必须满足与政府支出和货币供给指标有关的业绩标准。要求有一个强大的计划来纠正国际收支不均衡。在一般情况下，备用安排的期限是 12～18 个月，但可以延长到 3 年，每笔提款在 3～5 年内偿还。

□ 四、 中期贷款

这项贷款设立于 1974 年，它允许发展中国家借款可以超过其限额，而且期限可以比在普通提款权下所允许的期限更长。中期贷款安排给予成员国的援助期限可以达到 3 年，偿还期限可以扩大到 4～10 年。在中期贷款下提款额度在 3 年期中可以超过限额的 100%，但条件更为严格了。申请贷款的国家必须每 12 个月提供有关政策和措施的详细报告书，资源按照绩效标准分期发放。然而，这种贷款代表了一个重点的重大而有意义的转变，即从把国际收支看作稳定问题转到把国际收支看作对增长的基本的长期约束，而这种约束在短期是不能消除的。自 2000 年以来提款额达到 500 多亿特别提款权。

这个备用的中期贷款安排是 IMF 支持发展中国家国际收支的最重要来源，但其他特别贷款已变得越来越重要了。从 2000 年到 2008 年，在每个贷款下全部未偿还信贷如表 16—7 所示。

表 16—7　　　　　按贷款和政策分的未偿还 IMF 信贷，2000—2008 年

	2000 年	2002 年	2004 年	2006 年	2008 年
预备贷款协议	21 410	28 612	42 100	11 666	5 171
扩充贷款协议	16 808	15 538	13 751	7 477	687
补充储备贷款	—	5 875	6 028	—	—
补偿贷款	3 032	745	120	84	38
体制转轨贷款	2 718	1 311	154	8	—
小计（GRA）	43 968	52 081	62 153	19 227	5 896
结构调整贷款	456	341	86	9	9
减贫与增长贷款	5 857	6 188	6 703	3 819	3 873
信托基金	89	89	89	89	66
总计	50 370	58 699	69 031	23 144	9 844

资料来源：IMF，2008.

□ 五、　特别贷款

除了普通提款权之外，发展中国家还获得了一些特别贷款，这些特别贷款在一些特殊时期存在，主要是为了帮助发展中国家克服由国际收支问题造成的困难。有三种永久性贷款——补偿贷款（CFF）；补充储备贷款（SRF）和紧急援助贷款。此外，还有对于低收入国家的减贫与增长贷款（PRGF）以及外生冲击贷款·（ESF）。

截至 2009 年，关于 IMF 援助规模的准则允许成员国获得的贷款资源达到限额的 100%，扣除到期偿还贷款部分，累积贷款额可达限额的 300%。这些提款还不包括补偿和应急贷款、缓冲储存贷款和增加的结构性调整贷款。所有援助都与限额有关，当然，限额与需要无关。现在，我们考察一下这些特别贷款的有关情况。

1. 补偿贷款（CFF）

CFF 是由 IMF 为补偿发展中国家出口收入连续 5 年低于平均数出现的短缺而设立的第一个特别贷款。1988 年，它改名为补偿和应急贷款，但是在 2000 年去掉了"应急"。最初，这种贷款使成员国提款数量最大可以达到其限额的 25%，因为假定这种外汇短缺是暂时的；但是现在，除了在普通贷款下的借款之外，这种贷款最高可达限额的 45%。

1979 年，旅行和工人汇款收入差额包括在补偿计划中，1981 年扩大到包括进口谷物增加的成本，按照在一个既定年份这种产品的进口成本低于前 5 年平均成本的差来计算。为了把其他不可预见的可能性包括在内，一项选择性的款项是可以利用的。1963—

1996 年间，总的 SDR 提款额超过 200 亿，但是自 20 世纪 90 年代中期很少用到该贷款。表 16—7 显示了 2000—2008 年间的提款情况。

2. 补充储备贷款（SRF）

SRF 在 1997 年建立，为了应对前面讨论的东亚金融危机。其主要集中在国际收支中的资本账户，而且其目的是为了帮助由于市场信心的突然丧失带来了严重的国际收支问题的成员国。SRF 不受通常的配额约束，但是要基于一个国家的金融需要、向 IMF 还款的能力及其追求重建信心的政策。三年提款期内必须还款。

3. 紧急援助贷款

自 1962 年以来，基金为与自然灾害相关的国际收支困难的国家提供快速的中期援助；自 1995 年以来向遭受国内动乱或国际武装冲突之后的国家提供贷款。

4. 减贫与增长贷款（PRGF）

PRGF 于 1999 年成立，用来替代加强型结构调整贷款（ESAF），是 IMF 的一项用来援助穷国面临的持续性国际收支问题的贷款。该想法是，在 IMF 和世界银行在减贫上保持新重点的情况下给 ESAF 一个更明确的反贫困焦点——该贷款也因此而改名。在 PRGF 支持下的项目，预期是基于由借款人在与民间团体和关心发展的各类组织的合作中设计出来的战略。它被设计来与由 IMF 和世界银行（见第 14 章）发起的重债穷国减债计划（HIPC）一道工作，其目的是为穷国减免债务，这种减免要求准备减贫战略文件。在 PRGF 贷款下，低收入国家可以在 3 年期贷款安排下达到限额的 140%，利率为 0.5%，付款之后在 5.5～10 年之间偿还。到 2008 年，37 个国家已获得超过 300 亿的 SDRs 的贷款支持。

上文提到的各种贷款的提取金额占每个成员国份额的百分比如表 16—8 所示。在案例 16.1 中，对 IMF 给予的金融援助和施加的条件进行了一个总结。

表 16—8　　　　IMF 贷款的限制，2008 年（占成员国份额的百分比）

预备和扩充贷款协议[1]	
年度	100
累积	300
特别贷款	
补充储备贷款	无
补偿贷款	
出口收入不足	45
超额谷物进口成本	45
减贫与增长贷款	
3 年期	
常规	140
例外	185

1. 在特殊情况下，可能会超出这些限制。
资料来源：IMF，2008.

               IMF 贷款

贷款（设立年份）	目的	条件	限制
信用贷款和中期贷款			
预备安排（1952）	为出现短期特征的国际收支困难的成员国提供中期帮助。	采取政策提供信心，在一个合理的期限内成员国的国际收支困难将会得到解决。	年度：配额的 100% 累积：额度的 300%
中期基金贷款（1974）（扩大的安排）	为支持成员国的结构改革的较长期援助，以解决长期性质的国际收支困难。	采取三年计划，包括结构改革议程，以及未来 12 个月详细的年度政策报告。	年度：配额的 100% 累积：额度的 300%
特别贷款			
补充储备贷款（1997）	对由于市场信心危机导致的国际收支困难提供的短期援助。	仅在预备贷款安排或扩展贷款安排相关的项目下能够获取，并且要加强旨在解决市场信心丧失的政策。	没有进入限制；仅根据获取相关常规贷款的安排获得，否则会超出年度或累积的限额。
补偿贷款（1963）	为临时出口不足或谷物过度进口提供的中期援助。	仅在如下情况下可以获得：当不足/过度大大超出当局的控制时；当成员国达到信用贷款安排的上限条款限制时；或当除不足/过度之外其国际收支状况令人满意时。	出口和谷物各自构成配额的 45%。两者组合起来构成配额的 55%。
紧急援助贷款	对由于以下情形相关而出现的国际收支困难提供的帮助：		通常是配额的 25%，不过在一些特殊情况下，可以获得更大的额度。
（1）自然灾害（1962）	自然灾害	为克服国际收支困难做出合理的努力。	
（2）冲突之后（1995）	内乱、政治动乱，或国际武装冲突之后。	聚焦制度和管理能力的建设，为获取上限信用贷款安排或 PRGF 铺平道路。	

续前表

贷款（设立年份）	目的	条件	限制
对低收入成员国的贷款			
减贫与增长贷款（1999）	对由结构性质导致的持久性国际收支问题提供长期援助；以减贫式增长为目标。	采用三年期 PRGF。PRGF 支持的项目是基于一个减贫战略，该战略是一国在参与式过程中和把宏观经济的、结构的以及减贫的政策有机结合起来时而准备的。	配额的 140%；特殊情况下配额的 185%。
外部冲击贷款（2006）	为解决由于突然冲击导致的暂时国际收支需要提供短期援助。	采用 1～2 年有关宏观经济调整的项目，允许成员国对冲击进行调整和结构改革，而这些调整和改革对于为应对冲击而进行的调整，或对于减轻未来冲击的影响被认为是重要的。	年度：配额的 25%（年度可得标准）；累积配额的 50%，例外情况下除外。

资料来源：IMF，2008.

5. 外生冲击贷款（ESF）

这是在 2005 年设立的，但是资金仍然没有完全到位。它为面临外部冲击的低收入国家提供政策支持和金融援助，这些冲击包括商品价格变动、自然灾害和由邻国事件引起的贸易中断。没有进入减贫与增长贷款支持的项目但有资格使用减贫与增长贷款的国家是可以利用这项贷款的。ESF 项目在时间长度上设计为一到两年，没有期望早还款。

6. IMF 的其他活动

除了为成员国提供资金和贷款，IMF 还有一些其他与世界经济平稳运行相关的责任，包括监管汇率和促进世界金融体系的健康。

IMF 的一项授权是监控各国的外汇政策。最初的 IMF 章程第一部分第四条款（1947）声明成员国应当"避免操控汇率……防止有效的国际收支调整或获取对其他成员国不公平的利益"。通过操作汇率，IMF 是指成员国沉迷于保持汇率低估这样的实践，以便达到维持大量的国际收支盈余的目的。然而，对汇率水平的评估是不容易的，因为一个"均衡"汇率取决于如何定义一国内部平衡，以及什么样的国际储备水平被认为是最优水平。对于不同水平的就业和失业、不同的增长率和不同的外汇储备对进口的比率，均有不同的"均衡"汇率。但是无论如何，除了劝告之外，基金缺乏任何权力影响各国的汇率政策。对持续性盈余的国家进行罚款制裁，这是凯恩斯在布雷顿森林会议上提议的，但从来没有被采纳过。关于促进良好的金融体系，见案例 16.2。

▶ **案例 16.2** **促进良好的金融体系**

IMF 促进成员国的金融体系健康的主要渠道是不间断的多边和双边监督、贷款项目的设计和技术援助。由 IMF 和世界银行在 2005 年 9 月出版的《金融部门评估手册》为在评估金融体系和设计政策响应中的关键问题和健康的实践提供了信息。

IMF 努力通过深化其对金融体系议题的覆盖、更好地识别金融体系的优点和缺点来改善监督程序，从而降低频率和减少潜在金融体系问题的强度。

IMF 支持的项目通常包括强化成员国金融体系的措施。除了提供金融支持外，IMF 帮助成员国识别和诊断金融体系问题；为系统改革和银行改革设计战略；确保这种战略与适当的宏观经济和其他结构政策一致，并得到支持。

由 IMF 提供的技术援助帮助成员国实施特定的措施，这些措施将会加强它们的金融基础设施。这种援助包括提高货币和财政管理的建议和培训；外汇兑换和资本市场的发展；支付系统和存款保险安排的设计；银行法律框架的发展和审慎监管以及监管能力；系统性银行改革的战略。

资料来源：*IMF in Focus*，September 2006.

□ 六、 对 IMF 的批评

IMF 对发展中国家的政策处方过去是——现在仍然是——基于贷款与调整的混合。关于国际机构提供资金以减轻国际收支调整的负担的必要性，是很少有人持异议的。但是，IMF 的调整政策受到了严厉的批评，以致有人认为，这种政策是"反发展的"（anti-developmental）。在调整问题上，IMF 受到其自身的信念和哲学以及新古典经济理论传统的束缚。IMF 否认它的经济政策思路是僵化的教条，但它显然有它基于华盛顿共识的特定的哲学。它支持国际经济体系的主要倾向是，偏向资本主义而反对社会主义，支持私人投资而不支持公共投资，赞美自由贸易和价格机制作用的美德，鼓励私人资本在发展中国家的自由流入和流出。戈尔（Gore，2000）认为这个共识是在 IMF（和世界银行）中产生的，不过是一个范式从政府引导发展的思想转向以市场为导向的政策。在日益全球化的世界里认识发展问题的方式发生了深刻的变化，而 IMF 的政策是对世界经济中的这些改变作出的反应。然而，事实仍然是一种特定的正统思想被应用于大多数发展中国家，好像这些发展中国家是均质的群体，并且能够精确地按同样的方式正确对待。

约瑟夫·斯蒂格利茨（Joseph Stiglitz，2002），前世界银行首席经济学家，曾严厉批评 IMF 通过鼓励早熟的内部和外部金融自由化为全球金融的需要服务，而不是为全球稳定的需要服务。他讽刺 IMF 的方法，描述了他所称的对每个国家的四步骤项目，不管情况如何，而且在 IMF 官员到达这个国家之前就已经拟好了草稿，让相关国家自愿签字。没有签字，没有帮助！每个项目包括四项核心要素：（1）国有行业的私有化；（2）资本市场自由化；（3）基于市场的定价；（4）自由贸易。

资本市场自由化对很多还没有做好准备和能够应对游资进出容易的很多国家是个灾难。事实上，IMF 已经承认过早地对资本自由流动开放型经济体构成了"等着要发生的事故"，并且现在承认资本管制在一些情况下是合理的。无疑，基金被 1997 年东亚危机震动了，即使有大量的经常账户赤字的累积和资本已经开始流出东南亚，在危机来袭之前的很长一段时间，基金也没有预测到危机将会发生。

以市场为基础的定价体系也在很多情况下是灾难性的，导致了国内动乱。1998 年，当印度尼西亚对穷人的食物和油料补贴被取消时，该国爆发了骚乱。

自由贸易，我们在第 15 章看到过，从发展的观点来看不是最优的。如果进口增长快于出口，国际收支就会恶化。

新自由主义的、新古典的经济思想和政策制定的思路在某种程度上粉饰了 IMF 对国际收支问题的诊断以及适当的解决办法。国际收支赤字一成不变地被认为是与价格无竞争性和超额货币供给有关，或者是由后者造成的，因此，必须通过货币贬值和需求紧缩来解决。IMF 仍然缺乏全面的理论体系来解决有关贬值的两个问题：第一，货币价值高估的程度是怎样决定的？第二，从货币价值高估到均衡汇率的最优调整速度是怎样决定的？为了符合 IMF 的哲学，贬值和紧缩必须与按相反方向起作用的其他措施（如放松外汇控制、解除进口限制以及取消补贴和价格控制）同时实行。

IMF 的批评者批评说，对穷国是一个规则，对富国又是一个规则。这种批评是有一些道理的。作为援助的一个条件，要求穷国必须解除对外汇和进口的控制，但另一方面，富国却继续对来自发展中国家的进口品施加限制。为支持自由化计划，被支持国家必须大幅度降低总需求，以便与为取得国际收支均衡而进行的货币贬值相适应，其结果必然是增长放慢和失业增加。国际收支不均衡的症状是消除了，但不均衡的长期趋势的根源并没有消除。正如我们在前一章中指出的，大多数发展中国家的国际收支问题从性质上说主要是一个结构性问题，与它们所生产和交换的产品性质有关。这意味着国际收支调整方法与连续贬值、需求紧缩和削减公共部门的方法是非常不同的。至少它要求有双重汇率和这样的政策——通过使用补贴与管制的明智混合——来改变生产结构。

对 IMF 的另一个批评是，它忽视了国际收支的结构性盈余——与结构性赤字相对应。批评者认为，调整的负担应该是在赤字国和盈余国之间更为公平地分摊，而不是像现在这样让发展中债务国承受主要负担。如果盈余国不努力通过扩张它们的经济或对自己的货币升值来调整经济，赤字国就有权对这些国家的产品实行歧视性政策。这就是"稀缺货币"观点的复活，即这些赤字国家有权控制从"稀缺货币"国家即盈余国家进口产品。

批评者还认为，如果 IMF 真诚地既关心对国际收支的支持又关心发展，它就能够把所有新发行的特别提款权分配给发展中国家，用于购买发达国家的产品。发达国家向发展中国家出口产品，换得特别提款权，如果在交换中不能获得储备金，这些国家就有可能采取其他办法来获得它们。我们将在后面讨论这个问题。

IMF 近年来对其中一些批评变得敏感了，尤其是指责它是"反发展的"。和世界银行一起，IMF 现在宣布其自身致力于减贫和容许各国通过 PRSPs 的建立"拥有"它们自己的政策。政府现在仅需指明一些与减贫、卫生和教育有关的几个一般的结果，取代了各国必须满足一大堆贷款支持的单个条件。但是，它会在多大程度上改变其对国际收支困难的态度以及对贬值和通缩的需要，现在仍是个悬而未决的问题。

另外，IMF 现在有一个独立评估办公室（IEO），成立于 2001 年，对其贷款活动进行监控并对其贷款政策的效果进行研究。IEO 选择三个主题作为其初期研究：IMF 支持的项目的财政调整；IMF 在三次资本账户危机中的作用（1997—1998 年的印度尼西亚和韩国以及 1998—1999 年的巴西），以及延长 IMF 资源的使用。凯南（Kenen，

2004）对目前的研究结果进行了评述。关于财政政策，IEO 批评说，IMF 的项目没有足够重视提高所得税和财产税以及与逃税作斗争，而是过于重视在财政危机阶段削减公共就业或限制工资。一般说来，财政政策不是"太紧"，虽然财政结果通常要比预测的紧。然而，1997—1998 年，在韩国和印度尼西亚，由于 IMF 没能预见到投资和产出的崩溃，财政紧缩太严重，结果 IMF 的政策使得境况更加恶化。在第三个问题上，近年来延长使用 IMF 的资源已增多，如同凯恩斯曾说过的："如果你欠银行一点，银行就拥有你，倘若你欠银行很多，你就拥有银行！"IMF 不愿意从这些国家退出，以防它们一点也不还。评估得出了一些有意义的结论，它们具有一般的启示：（1）过分详细的限制条款似乎是无效率的；（2）强调政策规则或程序的条件，而不是相机行事的一次性行动，似乎最有效率。

梅茨尔委员会，由美国国会委任，在 2000 年的报告中建议 IMF 应从发展领域中全部撤出并且集中于发挥为新兴经济体面临的金融危机提供最后贷款的贷款人的作用。这将是对其最初职能的一种回归，最初职能是在国家发生短期国际收支困难时贷款给它们。类似地，世界银行应减少其活动，仅贷款给真正穷困的国家，贷款应局限于人均收入少于 4 000 美元且信用评级低的那些国家。对于最穷的国家，应该是捐赠而不是贷款。给亚洲和拉丁美洲贷款可以留给这些地区的地区发展银行。总之，IMF 和世界银行的直接活动应该有一个更明晰的区别。如果接受，这确实是对布雷顿森林体系原始概念的回归，世界银行扮演一个发展机构，基金应该像一个银行，在紧急情况下才救助，但是不会涉及各国关注的详细的政策制定本身。朝这个方向行动将会消除很多对 IMF 的批评。

□ 七、 IMF 项目的实施效果

IMF 项目对有关国家经济实绩的影响是非常混合的。在一项早期研究中，赖克曼和斯蒂尔逊（Reichmann and Stillson，1978）考察了 1963—1972 年间 IMF 项目在发达国家和发展中国家的影响，它把项目实施之后两年与实施之前两年进行比较。考虑整个国际收支（包括经常性账户和资本账户），发现在考察的 75 个例子中，只有 18 个显示出在统计上的显著改善，有 4 个显示出实际的恶化。在项目实施前通货膨胀率超过 5% 的 29 个例子中，有 6 个恶化了，有 16 个没有明显变化。就 GDP 增长来说，在考察的 70 个例子中，33 个有明显的改善，但有 28 个却恶化了。多纳万（Donavan，1982）对非石油发展中国家 1971—1980 年间的研究显示出类似的格局：国际收支有的改善了，对增长的影响是混合的，而且有些国家具有通货膨胀趋势。

基利克（Killick，1984）和他的助手在 1964—1979 年间对过去 30 多年 IMF 由更高条件贷款（upper-tranche credits）支持的稳定项目进行了重要分析之后，拥护他们所谓的"国际收支的真实经济方法"或"在增长中调整"。这是一个更为灵活的供给方法，而需求管理处于从属地位。

中期贷款和结构调整贷款的目的之一是要 IMF 解决结构性不均衡，但从前一种贷款形式来看，这些项目与传统的需求管理计划——货币和财政紧缩与贸易自由化和某些生产刺激相配合——没有多少差别。

在对 IMF 有关发展中国家的项目的跟踪研究中，基利克（Killick，1995）批评

IMF 过分地依赖条件限制和实绩标准，这就必然会导致 IMF 计划的破产。为了避免破产和对 IMF 资源的压力，他要求放松标准化的一揽子改革措施，更多地强调各国自己实施的稳定与改革计划。首先，该计划应该确定一个至少高于人口增长 1% 的增长指标，以及为达到这一指标应该调动的充足资金。基利克发现，IMF 项目的主要受害者是投资，没有证据表明，IMF 贷款为私人投资起到了催化剂的作用。

兰斯·泰勒（Lance Taylor，1988）报告了对 18 个国家的研究结果，由位于赫尔辛基的世界发展经济学研究院（WIDER）赞助。作者对国家的研究的主要发现是："过去的政策原本可以设计得更有效果，基金和世界银行式的项目在第三世界无论是对稳定还是对增长和收入分配都不是最优的"。这是来自世界上一些主要发展经济学家对政策的严厉谴责。有一些由 IMF 实施的其他项目，但是它们更多的是干预主义，以及更直接地关注目标而不是精密工具。选择性进口控制、出口补贴、多重汇率、低利率等都有一定的作用，但是这些都是 IMF 不赞同的。

IMF 实施了其自身内部对项目的研究，自然更加乐观，但是意识到项目设计能够改进。在对 1988 年中到 1991 年中期间 IMF 批准的 45 项贷款安排的研究中，谢德勒（Schadler，1996）报告了对外账户显著获益，但是实质上在通胀、投资和增长方面没有改善。给出了四种解释：（1）各国来找 IMF 太晚了；（2）过度强调国际收支均衡的对外目标而不是国内目标；（3）货币目标的分裂；（4）对提高国内储蓄不够重视。

由普沃斯基和弗里兰（Przeworksi and Vreeland，2000）以及德勒埃（Dreher，2006）所做的 IMF 项目对人均收入增长的影响的最新研究显示了一个负效应。后者的研究对 98 个国家 1970—2000 年间的数据进行了检验并发现整体上是每年（平均）1.7个百分点的负效应，尽管对条件的遵守缓和了负效应。德勒埃推测的是："需求压缩的短期效应发生得非常快，而承诺措施后来发现遵守了政策条件中更多的结构方面"。

□ 八、 特别提款权与发展中国家

增加资源向发展中国家流动的一种可能性是，从作为一种国际支付手段的无成本的 SDRs 发行中归于发达国家的储蓄要全部或者绝大部分分配给发展中国家。

IMF 的特别提款权成立于 1969 年 7 月。到目前为止只分配了四次 SDRs：1970—1972 年间 93 亿；1979—1981 年间 121 亿；2009 年 1 612 亿；以及在 2008—2009 年世界经济衰退和金融危机后一次性注入 215 亿，主要是分配给低收入国家。

SDRs 在各国之间的分配的规范基础是成员国在 IMF 的认购份额。这意味着近70% 的新的国际货币创造被分配给世界上最富裕的国家，而最穷的国家只获得 30%。如果 SDRs 以人均为基础分配，分配将会几乎完全逆转。

没有人对国际货币如 SDR 对整个世界的潜在利益进行过质疑，但是对目前的分配有一些异议，原因是有利于发展中国家的 SDRs 再分配能够增进世界福利。一方面，发展中国家的国际收支调整的成本一般要高于那些发达国家，这自身就构成了对修改目前分配规则的经济上的论据。但是第二，SDRs 代表一种社会储蓄，因为生产它们不耗费成本（不像黄金），并且不需要由出口来挣得（不像美元）。对 SDRs 的社会储蓄应该分配给发展中国家的这种观点已经产生了关于所谓的发展援助和 SDRs 的联系（这些联系会带来一些好处）的一些建议。

第一，如果特别提款权能够定期增加，将它与发展援助联系在一起就可以提供一种有用的机制——通过这一机制，总量发展援助能够有保证地随世界贸易和生产的增长而增加。而在目前情况下，无法保证援助随世界收入增长而增长，因为目前的援助项目要视援助国的国际收支状况而定。

第二，联系方案将会提高无捆绑援助在总量国际援助中所占的比重，而且也不会像一国单方面取消援助捆绑一样，对援助国造成任何储备损失。所有援助国在向发展中国家提供出口品的同时将增加自己的外汇储备。

第三，如果上述联系方案由类似世界银行或其附属机构这样的国际金融机构负责实施，这些多边机构就可以定期获得一个固定的资源流量，而不必与各国政府进行旷日持久的谈判。

把特别提款权和发展援助之间联系起来的想法从历史上可以追溯到凯恩斯。在1944年的布雷顿森林会议上，为了共同一致的目标，凯恩斯提出了建立具有发行货币权力的"国际清算同盟"的计划。该机构不仅要发挥世界中央银行的功能，而且也可以向追求国际共同目标的国际机构发放贷款，尤其是当时为战后救济工作和国际商品管理发放了贷款。

提出这种联系的建议大致可分为三类：（1）直接联系；（2）有组织的联系；（3）非组织的（或间接的、自愿的）联系。

关于直接联系，最简单的方法就是直接向发展中国家分配更多的特别提款权，在2009年已完成。或者，应增加发展中国家在IMF中的配额。

有组织的联系就是指这样一种可能性，把特别提款权经由发达国家或者发展机构或两者分配给发展中国家。

在这些建议中，把特别提款权直接分配给发展机构大概优点最多、弊病最少。发展机构在IMF设立账户，IMF把特别提款权直接记在它的存款账户上。然后，该发展机构向发展中国家按通常方式发放贷款。当获得贷款的发展中国家用这笔资金向出口国购买商品时，IMF就把这笔特别提款权从该发展机构账上转移到出口国账上。该进口国然后就用本国的货币支付给出口国。这一方案的优点是，简单易行且不必对IMF的协定条款作太大的修正。

与有组织的联系密切相关的计划——与联合国贸易和发展会议建议类似——是西托夫斯基（Scitovsky，1966）提出的。该计划建议为那些具有外贸赤字而资源处于失业状态的国家发行新国际货币，而这些国家将放弃用本国货币作为交换手段。然后，这种新货币贷给发展中国家，但是，这些新货币只能在发行国家使用。这种方法有几个目的。它将为发展中国家提供无须偿还的进口品，同时对发达国家也没有机会成本，同时还可以解决发达国家的国际收支赤字问题。西托夫斯基方案背后的思想是消除世界经济中的通货膨胀倾向。

自愿联系指的是这样一种情况：只要新的特别提款权被分配了，发达国家就同意为多边援助机构自愿提供捐款。这种捐款是用本国货币支付的，但每个捐款国的特别提款权的分配份额是一致的。这种建议的缺点是它的自愿性质——这其中可能会发生一两个主要国家不愿捐款，或者捐款数额依其国际收支状况而定。这就会使自愿联系方案带有很大的不确定性。而且，这些国家政府必须同意拨款，这样就可能会遇到同定期外援拨款一样的困难。自愿联系似乎没有很多可取之处。

对于上述各种联系方案有很多批评意见，但是没有一种具有充分的说服力。有人反对这种联系的理由是，应该把储备的创造和实际资源的转移区别开来。然而，在历史上，把两者分开的情况从未发生过，资源转移总是与黄金和美元的获得联系在一起的。因为特别提款权节约了实际资源，在储备创造过程中，储蓄应该分配给发展中国家是完全恰当的。

第二种反对意见是，这种联系意味着国民政府丧失了对援助的赠与分配的民主控制。在这种联系体制下，援助的分配和负担取决于特别提款权花费在什么地方，而这一点又是很难精确预测的。这个反对意见并没有很强的说服力，主要有两个原因：同样的批评意见可以针对任何形式的无捆绑双边援助，也可以针对不是100%执行的捆绑援助。援助的金融负担与援助的实际资源负担之间从来就没有自动的联系。这一切取决于提供援助的国民政府是否想要转移资源给别的国家，而这又主要依赖于它们的国际收支政策。

第三种反对意见认为，联系可能具有通货膨胀性质。诚然，发展中国家获得新的国际货币，一般都不会用之增加本国储备而大多用于进口。但是，由此产生的对发达国家的要求权是否会在发达国家中导致通货膨胀，要看发达国家是否愿意按照要求权转移实际资源。事实上，特别提款权作为国际货币比美元作为国际货币可能具有更少的通货膨胀性，因为前者建立了一个对国际货币的多边控制机制，而后者则是由美国单方面控制的。由于对美元的需求增加，美国可能会不受反通货膨胀规则的约束，而其他国家通常则受其约束。

最后一种反对意见是，在这种联系体制下，发展援助就不可能增加，因为发达国家的政府将会削减它们正常的对外援助预算拨款。批评者认为，要发达国家按照这种联系而不是其他形式增加对外援助，是非常不可能的。这种批评也可能遭到反驳。首先，援助的两种形式对储备的影响是不一样的。传统的援助恶化了援助国的国际收支，而联系计划将会改善花费特别提款权的国家的国际收支，从而改善储备状况。其次，政府常常愿意为特殊目的提供援助，这种愿望并没有因有了联系就减弱了。而且，因为一国要知道通过这种联系它将提供多少援助是非常困难的，因此，一国要抵消它也是非常困难的。到目前为止，对这种联系的讨论还不是太多，国际货币界应该对此问题进行更多的研究。引用皮兰德罗的话，如果在找寻政策时曾有一种工具，那就是特别提款权！

■ 小结

1. 在很多发展中国家对产出增长的主要约束是国际收支经常账户的赤字，或换句话说，缺少外汇来支付进口。

2. 国际货币基金组织（IMF）成立于1944年布雷顿森林会议，给暂时出现国际收支困难的国家提供金融支持，但是发展中国家的赤字是结构性和长期的，这与它们出口和进口商品的性质有关。

3. 一个国家的增长率与经常账户的国际收支均衡是否一致，取决于实际汇率的改变、出口和进口价格需求弹性、世界收入增长以及出口和进口的收入需求弹性。

4. 如果实际汇率一直是不变的，长期 GDP 增长率接近于出口量增长率和进口的收入需求弹性之比。

5. 资本流入能解除国际收支对增长的约束，但对于赤字（国际债务）对 GDP 的可持续比率的真实值来说只是一个很小的量。

6. 为永久提高一国增长率并与国际收支均衡一致，货币贬值必须是连续性的——但是货币贬值会导致较高的通货膨胀。

7. 不可能为所有发展中国家建立一个单一的汇率体制。每个国家需要选择自己的与其他经济目标一致的体制。

8. IMF 有很多贷款项目，但是它们都和一国在 IMF 的份额的规模联系在一起，而不是与该国面临的困难程度联系在一起。

9. IMF 限制条款由于导致通货紧缩并且对各国的环境和需求不敏感而遭到猛烈的批判。IMF 政策的结果是令人失望的。

10. 特别提款权（SDRs）作为一种金融支持，能分配给发展中国家，在发达国家中支出。这会增加后者国家的储备，把资源转移给发展中国家。

发展经济学（第九版）

■ 问题讨论

1. 一国出口和进口的需求取决于什么因素？
2. 一国的货币贬值能够保证经常账户上国际收支均衡吗？
3. 发展中国家实行双重汇率的理由是什么？
4. 什么因素决定一国出口需求的收入弹性？
5. 发展中国家为什么比发达国家更容易遭受国际收支不均衡？
6. 在选择一国的汇率体制时需要考虑什么因素？
7. 1997 年发生在东南亚的金融危机的教训是什么？
8. IMF 的普通贷款和特别贷款是怎样进行的？你对 IMF 的限制条款理解多少？
9. 在对发展中国家的支持政策上，IMF 受到哪些批评？
10. IMF 对发展中国家的政策的效果如何？
11. 特别提款权是如何能够既作为援助发展中国家的工具，同时又作为发达国家就业创造的手段的？

■ 注释

[1] 对这个模型最初的发展，见 Thirlwall（1979）。关于最新的文献评述，见 Mc-Cmobie and Thirlwall（1997，2004）。

[2] 对估算的出口和进口需求函数的最新评述，见 Senhadji and Montenegro

518

(1999) 和 Senhadji（1998）。

　　［3］对这些和其他论文的文集，见 McCombie and Thirlwall（2004）。

　　［4］对这个模型最初的发展，见 Thirlwall and Nureldin-Hussain（1982）。

　　［5］对发展中国家的汇率政策的有用的评述，见 Argy（1990）；Frenkel（1999）；Fischer（2001）；Ghosh，Gulde and Wolf（2002）。

　　［6］对二元汇率进行论证的早期经典文献是 Kaldor（1964）。

　　［7］本节主要利用了 McCmobie and Thirlwall（1999）的研究。

　　［8］The World Bank，*East Asia*：*The Road to Recovery*（Washington，DC：World Bank，1998）.

　　［9］对 IMF 限制条款实践的演化的全面评述，见 Guitian（1982）和 Dell（1981）。

关于国际收支和 IMF 的网址

IMF www. imf. org

UNCTAD 统计学手册 http：//stats. unctad. org/

1997 年东南亚危机

鲁里埃尔·鲁比尼的网站 www. stern. nyu. edu/~nroubini/asia/AsiaHomePage. html

译后记

瑟尔沃（A. P. Thirlwall）是英国肯特大学（University of Kent）教授，当代著名发展经济学家。他长期从事经济发展理论与发展中国家经济发展问题的研究，著述甚丰。他在发展经济学中的突出贡献是强调在开放经济下国际收支在发展中国家经济发展中的重要作用。这些理论和思想在他的教科书中都有体现。他编写的《发展经济学》教材自1972年首版以来多次修订，到2011年已出版了9版。时间过去了40多年，该教材在世界上依然畅销不衰，这足以说明他的教材广受高校发展经济学教师和学生的欢迎，该书与美国著名发展经济学家托达罗等（M. Todaro et al.）的《经济发展》（前四版的书名为《第三世界的经济发展》，自1977年以来出版了12版，2014年为第十二版）和珀金斯等（D. H. Perkins et al.）的《发展经济学》（1983年以来出版了7版，2012年为第七版）并列为三部发展经济学经典教材。

译者于1998年在英国肯特大学访问时，与瑟尔沃教授接触较多，并且听了他主讲的"增长与发展"课程。那时，他的《发展经济学》教材第六版即将出版，我当即表示愿意把他的教材翻译成中文，对此他很高兴。新版于1999年出版，我花了半年时间把该书翻译成了中文，于2001年以《增长与发展》的书名在中国财政经济出版社出版，他还欣然为该书中文版专门撰写了序言。在最新的第九版中文版出版之际，他应译者之邀写了一个新的中文版序言。

这里值得一提的是，他在第六版中文版序言中充满信心地预言："我相信，中国拥有的一切经济和政治因素将使它在未来三四十年中成为世界上最大的经济体和最富有的经济体之一。"在时隔14年之后的今天，他在第九版中文版序言中仍然保留了这个预言，只不过把三四十年改为二三十年。令人惊奇的是，作为一个长期从事发展问题研究的外国发展经济学家，他对中国的预言不是一种祝愿，而是一种基于中国经济发展实践的科学推断。事实上，中国在2010年就超过日本成为世界第二大经济体，根据目前的发展趋势，再过 20 年甚至更少的时间，瑟尔沃的预言是可以实现的。

　　该书第九版于 2011 年出版，书名改为《发展经济学：理论与证据》（前八版的书名都是《增长与发展：特别针对发展中国家》）。与第六版相比，第九版无论在章节上还是内容上都进行了很大的改动，绝大部分数据也更新了。不过，该教材仍然保持了原有的风格和特色，结构完整，思路清晰，表述准确。但要指出的是，该书有一个很大的缺点，就是对每章的节和目没有作区分，这不符合中国人的阅读习惯，对于读者尤其是对于大学生理解该书的篇章结构和逻辑关系会带来一定的不便。因此，译者根据该书的逻辑关系，对该书的节和目进行了重新安排和组合，因此，本书的节和目（篇和章没变）与原书不尽一致，比原书的篇章结构更为清晰。

　　该书新增部分的初译工作是由崔文俊博士完成的，我对全书译稿进行了两次较大的校改。中国人民大学出版社有意出版该书第九版中文版并约我重新翻译，我欣然接受了，出版社高晓斐老师对此做了大量工作，在此我向人大出版社和高晓斐老师表示衷心的感谢！

郭熙保

2015 年 4 月 10 日于武汉大学珞珈山

译后记

521

序号	书名	作者	Author	单价	出版年份	ISBN
1	空间数据分析:模型、方法与技术	曼弗雷德·M.费希尔等	Manfred M. Fischer	36.00	2018	978-7-300-25304-6
2	《宏观经济学》(第十二版)学习指导书	鲁迪格·多恩布什等	Rudiger Dornbusch	38.00	2018	978-7-300-26063-1
3	宏观经济学(第四版)	保罗·克鲁格曼等	Paul Krugman	68.00	2018	978-7-300-26068-6
4	计量经济学导论:现代观点(第六版)	杰弗里·M.伍德里奇	Jeffrey M. Wooldridge	109.00	2018	978-7-300-25914-7
5	经济思想史:伦敦经济学院讲演录	莱昂内尔·罗宾斯	Lionel Robbins	59.80	2018	978-7-300-25258-2
6	空间计量经济学入门——在R中的应用	朱塞佩·阿尔比亚	Giuseppe Arbia	45.00	2018	978-7-300-25458-6
7	克鲁格曼经济学原理(第四版)	保罗·克鲁格曼等	Paul Krugman	88.00	2018	978-7-300-25639-9
8	发展经济学(第七版)	德怀特·H.波金斯等	Dwight H. Perkins	98.00	2018	978-7-300-25506-4
9	线性与非线性规划(第四版)	戴维·G.卢恩伯格等	David G. Luenberger	79.80	2018	978-7-300-25391-6
10	产业组织理论	让·梯若尔	Jean Tirole	110.00	2018	978-7-300-25170-7
11	经济学精要(第六版)	巴德·帕金	Bade, Parkin	89.00	2018	978-7-300-24749-6
12	空间计量经济学——空间数据的分位数回归	丹尼尔·P.麦克米伦	Daniel P. McMillen	30.00	2018	978-7-300-23949-1
13	高级宏观经济学基础(第二版)	本·J.海德拉	Ben J. Heijdra	88.00	2018	978-7-300-25147-9
14	税收经济学(第二版)	伯纳德·萨拉尼耶	Bernard Salanié	42.00	2018	978-7-300-23866-1
15	国际宏观经济学(第三版)	罗伯特·C.芬斯特拉	Robert C. Feenstra	79.00	2017	978-7-300-25326-8
16	公司治理(第五版)	罗伯特·A.G.蒙克斯	Robert A. G. Monks	69.80	2017	978-7-300-24972-8
17	国际经济学(第15版)	罗伯特·J.凯伯	Robert J. Carbaugh	78.00	2017	978-7-300-24844-8
18	经济理论和方法史(第五版)	小罗伯特·B.埃克伦德等	Robert B. Ekelund. Jr.	88.00	2017	978-7-300-22497-8
19	经济地理学	威廉·P.安德森	William P. Anderson	59.80	2017	978-7-300-24544-7
20	博弈与信息:博弈论概论(第四版)	艾里克·拉斯穆森	Eric Rasmusen	79.80	2017	978-7-300-24546-1
21	MBA宏观经济学	莫里斯·A.戴维斯	Morris A. Davis	38.00	2017	978-7-300-24268-2
22	经济学基础(第十六版)	弗兰克·V.马斯切纳	Frank V. Mastrianna	42.00	2017	978-7-300-22607-1
23	高级微观经济学:选择与竞争性市场	戴维·M.克雷普斯	David M. Kreps	79.80	2017	978-7-300-23674-2
24	博弈论与机制设计	Y.内拉哈里	Y. Narahari	69.80	2017	978-7-300-24209-5
25	宏观经济学精要:理解新闻中的经济学(第三版)	彼得·肯尼迪	Peter Kennedy	45.00	2017	978-7-300-21617-1
26	宏观经济学(第十二版)	鲁迪格·多恩布什等	Rudiger Dornbusch	69.00	2017	978-7-300-23772-5
27	国际金融与开放宏观经济学:理论、历史与政策	亨德里克·范登伯格	Hendrik Van den Berg	68.00	2016	978-7-300-23380-2
28	经济学(微观部分)	达龙·阿西莫格鲁等	Daron Acemoglu	59.00	2016	978-7-300-21786-4
29	经济学(宏观部分)	达龙·阿西莫格鲁等	Daron Acemoglu	45.00	2016	978-7-300-21886-1
30	发展经济学	热若尔·罗兰	Gérard Roland	79.00	2016	978-7-300-23379-6
31	中级微观经济学——直觉思维与数理方法(上下册)	托马斯·J.内契巴	Thomas J. Nechyba	128.00	2016	978-7-300-22363-6
32	环境与自然资源经济学(第十版)	汤姆·蒂坦伯格等	Tom Tietenberg	72.00	2016	978-7-300-22900-3
33	劳动经济学基础(第二版)	托马斯·海克拉克等	Thomas Hyclak	65.00	2016	978-7-300-23146-4
34	货币金融学(第十一版)	弗雷德里克·S.米什金	Frederic S. Mishkin	85.00	2016	978-7-300-23001-6
35	动态优化——经济学和管理学中的变分法和最优控制(第二版)	莫顿·I.凯曼等	Morton I. Kamien	48.00	2016	978-7-300-23167-9
36	用Excel学习中级微观经济学	温贝托·巴雷托	Humberto Barreto	65.00	2016	978-7-300-21628-7
37	宏观经济学(第九版)	N·格里高利·曼昆	N. Gregory Mankiw	79.00	2016	978-7-300-23038-2
38	国际经济学:理论与政策(第十版)	保罗·R·克鲁格曼等	Paul R. Krugman	89.00	2016	978-7-300-22710-8
39	国际金融(第十版)	保罗·R·克鲁格曼等	Paul R. Krugman	55.00	2016	978-7-300-22089-5
40	国际贸易(第十版)	保罗·R·克鲁格曼等	Paul R. Krugman	42.00	2016	978-7-300-22088-8
41	经济学精要(第3版)	斯坦利·L·布鲁伊等	Stanley L. Brue	58.00	2016	978-7-300-22301-8
42	经济分析史(第七版)	英格里德·H·里马	Ingrid H. Rima	72.00	2016	978-7-300-22294-3
43	投资学精要(第九版)	兹维·博迪等	Zvi Bodie	108.00	2016	978-7-300-22236-3
44	环境经济学(第二版)	查尔斯·D·科尔斯塔德	Charles D. Kolstad	68.00	2016	978-7-300-22255-4
45	MWG(微观经济理论)习题解答	原千晶等	Chiaki Hara	75.00	2016	978-7-300-22306-3
46	现代战略分析(第七版)	罗伯特·M·格兰特	Robert M. Grant	68.00	2016	978-7-300-17123-4
47	横截面与面板数据的计量经济分析(第二版)	杰弗里·M·伍德里奇	Jeffrey M. Wooldridge	128.00	2016	978-7-300-21938-7
48	宏观经济学(第十二版)	罗伯特·J·戈登	Robert J. Gordon	75.00	2016	978-7-300-19778-4
49	动态最优化基础	蒋中一	Alpha C. Chiang	42.00	2015	978-7-300-22068-0
50	城市经济学	布伦丹·奥弗莱厄蒂	Brendan O'Flaherty	69.80	2015	978-7-300-22067-3
51	管理经济学:理论、应用与案例(第八版)	布鲁斯·艾伦等	Bruce Allen	79.80	2015	978-7-300-21991-2
52	经济政策:理论与实践	阿格尼丝·贝纳西-奎里等	Agnès Bénassy-Quéré	79.80	2015	978-7-300-21921-9
53	微观经济分析(第三版)	哈尔·R·范里安	Hal R. Varian	68.00	2015	978-7-300-21536-5
54	财政学(第十版)	哈维·S·罗森等	Harvey S. Rosen	68.00	2015	978-7-300-21754-3
55	经济数学(第三版)	迈克尔·霍伊等	Michael Hoy	88.00	2015	978-7-300-21674-4
56	发展经济学(第九版)	A.P.瑟尔沃	A. P. Thirlwall	69.80	2015	978-7-300-21193-0

序号	书名	作者	Author	单价	出版年份	ISBN
57	宏观经济学(第五版)	斯蒂芬·D·威廉森	Stephen D. Williamson	69.00	2015	978 - 7 - 300 - 21169 - 5
58	资源经济学(第三版)	约翰·C·伯格斯特罗姆等	John C. Bergstrom	58.00	2015	978 - 7 - 300 - 20742 - 1
59	应用中级宏观经济学	凯文·D·胡佛	Kevin D. Hoover	78.00	2015	978 - 7 - 300 - 21000 - 1
60	计量经济学导论:现代观点(第五版)	杰弗里·M·伍德里奇	Jeffrey M. Wooldridge	99.00	2015	978 - 7 - 300 - 20815 - 2
61	现代时间序列分析导论(第二版)	约根·沃特斯等	Jürgen Wolters	39.80	2015	978 - 7 - 300 - 20625 - 7
62	空间计量经济学——从横截面数据到空间面板	J·保罗·埃尔霍斯特	J. Paul Elhorst	32.00	2015	978 - 7 - 300 - 21024 - 7
63	国际经济学原理	肯尼思·A·赖纳特	Kenneth A. Reinert	58.00	2015	978 - 7 - 300 - 20830 - 5
64	经济写作(第二版)	迪尔德丽·N·麦克洛斯基	Deirdre N. McCloskey	39.80	2015	978 - 7 - 300 - 20914 - 2
65	计量经济学方法与应用(第五版)	巴蒂·H·巴尔塔基	Badi H. Baltagi	58.00	2015	978 - 7 - 300 - 20584 - 7
66	战略经济学(第五版)	戴维·贝赞可等	David Besanko	78.00	2015	978 - 7 - 300 - 20679 - 0
67	博弈论导论	史蒂文·泰迪里斯	Steven Tadelis	58.00	2015	978 - 7 - 300 - 19993 - 1
68	社会问题经济学(第二十版)	安塞尔·M·夏普等	Ansel M. Sharp	49.00	2015	978 - 7 - 300 - 20279 - 2
69	博弈论:矛盾冲突分析	罗杰·B·迈尔森	Roger B. Myerson	58.00	2015	978 - 7 - 300 - 20212 - 9
70	时间序列分析	詹姆斯·D·汉密尔顿	James D. Hamilton	118.00	2015	978 - 7 - 300 - 20213 - 6
71	经济问题与政策(第五版)	杰奎琳·默里·布鲁克斯	Jacqueline Murray Brux	58.00	2014	978 - 7 - 300 - 17799 - 1
72	微观经济理论	安德鲁·马斯-克莱尔等	Andreu Mas-Collel	148.00	2014	978 - 7 - 300 - 19986 - 3
73	产业组织:理论与实践(第四版)	唐·E·瓦尔德曼等	Don E. Waldman	75.00	2014	978 - 7 - 300 - 19722 - 7
74	公司金融理论	让·梯若尔	Jean Tirole	128.00	2014	978 - 7 - 300 - 20178 - 8
75	经济学精要(第三版)	R·格伦·哈伯德等	R. Glenn Hubbard	85.00	2014	978 - 7 - 300 - 19362 - 5
76	公共部门经济学	理查德·W·特里西	Richard W. Tresch	49.00	2014	978 - 7 - 300 - 18442 - 5
77	计量经济学原理(第六版)	彼得·肯尼迪	Peter Kennedy	69.80	2014	978 - 7 - 300 - 19342 - 7
78	统计学:在经济中的应用	玛格丽特·刘易斯	Margaret Lewis	45.00	2014	978 - 7 - 300 - 19082 - 2
79	产业组织:现代理论与实践(第四版)	林恩·佩波尔等	Lynne Pepall	88.00	2014	978 - 7 - 300 - 19166 - 9
80	计量经济学导论(第三版)	詹姆斯·H·斯托克等	James H. Stock	69.00	2014	978 - 7 - 300 - 18467 - 8
81	发展经济学导论(第四版)	秋山裕	秋山裕	39.80	2014	978 - 7 - 300 - 19127 - 0
82	中级微观经济学(第六版)	杰弗里·M·佩罗夫	Jeffrey M. Perloff	89.00	2014	978 - 7 - 300 - 18441 - 8
83	平狄克《微观经济学》(第八版)学习指导	乔纳森·汉密尔顿等	Jonathan Hamilton	32.00	2014	978 - 7 - 300 - 18970 - 3
84	微观经济学(第八版)	罗伯特·S·平狄克等	Robert S. Pindyck	79.00	2013	978 - 7 - 300 - 17133 - 3
85	微观银行经济学(第二版)	哈维尔·弗雷克斯等	Xavier Freixas	48.00	2014	978 - 7 - 300 - 18940 - 6
86	施米托夫论出口贸易——国际贸易法律与实务(第11版)	克利夫·M·施米托夫等	Clive M. Schmitthoff	168.00	2014	978 - 7 - 300 - 18425 - 8
87	微观经济学思维	玛莎·L·奥尔尼	Martha L. Olney	29.80	2013	978 - 7 - 300 - 17280 - 4
88	宏观经济学思维	玛莎·L·奥尔尼	Martha L. Olney	39.80	2013	978 - 7 - 300 - 17279 - 8
89	计量经济学原理与实践	达摩达尔·N·古扎拉蒂	Damodar N. Gujarati	49.80	2013	978 - 7 - 300 - 18169 - 1
90	现代战略分析案例集	罗伯特·M·格兰特	Robert M. Grant	48.00	2013	978 - 7 - 300 - 16038 - 2
91	高级国际贸易:理论与实证	罗伯特·C·芬斯特拉	Robert C. Feenstra	59.00	2013	978 - 7 - 300 - 17157 - 9
92	经济学简史——处理沉闷科学的巧妙方法(第二版)	E·雷·坎特伯里	E. Ray Canterbery	58.00	2013	978 - 7 - 300 - 17571 - 3
93	管理经济学(第四版)	方博亮等	Ivan Png	80.00	2013	978 - 7 - 300 - 17000 - 8
94	微观经济学原理(第五版)	巴德·帕金	Bade, Parkin	65.00	2013	978 - 7 - 300 - 16930 - 9
95	宏观经济学原理(第五版)	巴德·帕金	Bade, Parkin	63.00	2013	978 - 7 - 300 - 16929 - 3
96	环境经济学	彼得·伯克等	Peter Berck	55.00	2013	978 - 7 - 300 - 16538 - 7
97	高级微观经济理论	杰弗里·杰里	Geoffrey A. Jehle	69.00	2012	978 - 7 - 300 - 16613 - 1
98	高级宏观经济学导论:增长与经济周期(第二版)	彼得·伯奇·索伦森等	Peter Birch Sørensen	95.00	2012	978 - 7 - 300 - 15871 - 6
99	宏观经济学:政策与实践	弗雷德里克·S·米什金	Frederic S. Mishkin	69.00	2012	978 - 7 - 300 - 16443 - 4
100	宏观经济学(第二版)	保罗·克鲁格曼	Paul Krugman	45.00	2012	978 - 7 - 300 - 15029 - 1
101	微观经济学(第二版)	保罗·克鲁格曼	Paul Krugman	69.80	2012	978 - 7 - 300 - 14835 - 9
102	克鲁格曼《微观经济学(第二版)》学习手册	伊丽莎白·索耶·凯利	Elizabeth Sawyer Kelly	58.00	2013	978 - 7 - 300 - 17002 - 2
103	克鲁格曼《宏观经济学(第二版)》学习手册	伊丽莎白·索耶·凯利	Elizabeth Sawyer Kelly	36.00	2013	978 - 7 - 300 - 17024 - 4
104	微观经济学(第十一版)	埃德温·曼斯费尔德	Edwin Mansfield	88.00	2012	978 - 7 - 300 - 15050 - 5
105	卫生经济学(第六版)	舍曼·富兰德等	Sherman Folland	79.00	2011	978 - 7 - 300 - 14645 - 4
106	宏观经济学(第七版)	安德鲁·B·亚伯等	Andrew B. Abel	78.00	2011	978 - 7 - 300 - 14223 - 4

图书在版编目（CIP）数据

发展经济学：第9版/（英）瑟尔沃著；郭熙保，崔文俊译. —北京：中国人民大学出版社，2015.7
（经济科学译丛）
ISBN 978-7-300-21193-0

Ⅰ.①发… Ⅱ.①瑟…②郭…③崔… Ⅲ.①发展经济学 Ⅳ.①F061.3

中国版本图书馆 CIP 数据核字（2015）第 088516 号

经济科学译丛
发展经济学（第九版）
（英）A. P. 瑟尔沃 著
郭熙保 崔文俊 译
Fazhan Jingjixue

出版发行	中国人民大学出版社		
社 址	北京中关村大街 31 号	**邮政编码**	100080
电 话	010 - 62511242（总编室）	010 - 62511770（质管部）	
	010 - 82501766（邮购部）	010 - 62514148（门市部）	
	010 - 62515195（发行公司）	010 - 62515275（盗版举报）	
网 址	http://www.crup.com.cn		
经 销	新华书店		
印 刷	涿州市星河印刷有限公司		
规 格	185mm×260mm 16 开本	**版 次**	2015 年 7 月第 1 版
印 张	34 插页 2	**印 次**	2020 年 6 月第 4 次印刷
字 数	772 000	**定 价**	79.80 元